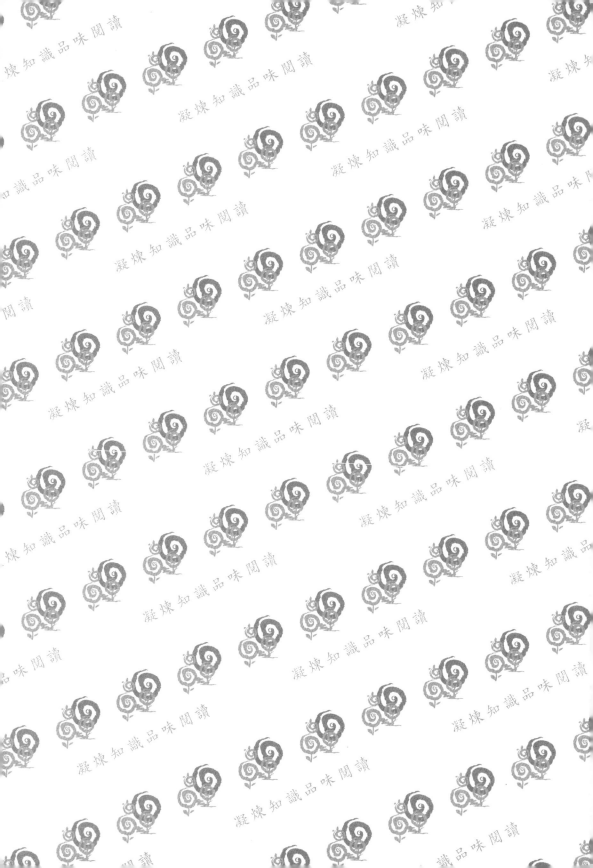

正向心理學

Positive Psychology

史蒂夫・鮑姆嘉納 (Steve R. Baumgardner)

瑪麗・克羅瑟斯 (Marie K. Crothers)——著

李政賢——譯

五南圖書出版公司 印行

Positive Psychology

Steve R. Baumgardner, Marie K. Crothers

Authorized translation from the English language edition, entitled POSITIVE PSYCHOLOGY, 1st Edition, ISBN: 0131744410 by BAUMGARDNER, STEVE; CROTHERS, MARIE, published by Pearson Education, Inc. publishing as Prentice Hall, Copyright © 2009 by Pearson Education, Inc., Upper Saddle River, New Jersey,07458.

CHINESE TRADITIONAL language edition published by WU-NAN BOOK INC., Copyright © 2011

前　言

正向心理學是晚近10年間，心理學界興起的一個新興領域。派特森（Peterson, 2006）曾說：正向心理學源遠流長，但正式歷史卻相當短。言下之意是說，自古以來，哲學家與心理學家對於人性的正向或積極面向，始終抱持相當大的興趣；只不過，直到近年來，才開始有心理學家針對正向的人類行為，認真而嚴肅地投入並展開各種相關課題的實徵研究。目前，正向心理學仍然處在新興階段，包含了來自心理學諸多領域的研究與理論，共同的焦點則是著眼於人類行為的正向或積極面向。近年來，雖然陸續出現若干本正向心理學的大學教科書，但是這個領域仍然處於初期發展階段，就目前已發行的大學教科書來看，主要形式不外乎摘選專業期刊論文、研究所與專業用的研究與理論選集，以及深入探討某些特定主題的專論。

有鑑於此，本書的主要目標有三：

目標一：以平易近人的陳述，把正向心理學重要的實徵研究成果與理論介紹給大學生。具體而言，我們希望透過深入淺出的介紹，適度縮短正向心理學專業領域與一般大學生之間的學術距離，藉此讓原本可能較為艱澀而複雜的學術論文資料，轉化為一般大學生程度的讀者比較容易親近的陳述。

目標二：呈現正向心理學領域的核心主題，而且希望呈現的方式能夠讓讀者感受到，這個新興的心理學領域持續帶來的諸多振奮人心，而又多采多姿的豐富研究成果。正向心理學將學術觸角伸入人生的諸多重要課題，例如：(1)探索美好人生的意義；(2)人們如何追尋快樂幸福；(3)生活的滿意從何而來；(4)如何面對人生的各種挑戰。因此，正向心理學探討的課題不只具有學術研究的意義與價值，更與人們日常生活關切的重要事務息息相關。我們希望，透過本書刻意經營的脈絡鋪陳，可以讓讀者在覽讀、研習之餘，也能夠體會到學術研究與日常生活之間的關聯與趣味，還可以激發讀者應用理論、研究發現，提升個人或其他人的生活。

目標三：如實呈現此新興領域的開發中風貌，並適度保存研究與理論的複雜度。因此，本書選擇了許多正向心理學有待開發的議題與觀點，並且特

別網羅許多實徵研究，以及學者們根據研究發現與成果提出的理論解釋。雖然，第十二章頗多篇幅用來陳述，讀者如何可能使用正向心理學知識，來增進個人快樂幸福；但是整體而言，這並非本書主要訴求。正向心理學重點主要還在探討美好人生的意義，如果要談到美好人生的實現方法與途徑，至少就目前而言，正向心理學能夠提供的仍然相當有限，而且也還不夠成熟。

總而言之，正向心理學方興未艾，就像青春洋溢、活力四射的新世代，前途無可限量。就目前而言，沒人知道未來版圖將會納入什麼樣的新知。

本書訴求的讀者群

本書的設計是要作為大學部正向心理學課程的教科書。我們詳細介紹研究主題的關鍵內容、方法論議題，以及理論層面的多重觀點與爭論。基於此等理由，我們建議學生最好具備社會科學的背景。最好是大二以上，而且修過心理學或是社會學導論或入門課程。授課教授可能會有興趣把這門課程開設為二、三年級的研討課，也可能會希望選列重要期刊的相關文獻，作為補充教材。如果，修課規定要求學生閱讀、回顧評論專業期刊的研究論文，那麼我們建議，修課條件最好要求學生具備心理學或社會學研究法的背景。

主題組織

我們相信，本書十二章的內容適切含括了正向心理學的核心教材。我們選材的標準是著眼於，頻繁出現於過去十年間有關正向心理學的主要選集與大學用書的主題。關於正向心理學的教科書，目前其實不存在正式認可的明確主題。不過，我們相信大部分熟悉此領域的專業人士應該會同意，我們收錄的內容已經涵括了大部分重要的正向心理學領域，值得介紹給大學生。

個別主題與整合式的主題，在正向心理學這個新興領域仍然不是很多，而且也還處於稚嫩的發展階段。不過，我們在第一章提供了正向心理學發展史的綜合回顧，也介紹說明促成正向心理學興起的議題與關懷問題。首先，讀者會注意到本書的第一個核心邏輯：以往的傳統心理學偏重於人類負向的心理層面，而正向心理學探討的大多是傳統心理學嚴重忽略的部分。其次，讀者應該會注意到，正向心理學理論與研究乃是建立在若干心理學次級

領域的基礎之上。摘要介紹這些次級領域的根源，提供了本書其他章節含括主題的組織架構。最後，正向心理學的發展與當代美國社會的文化背景有相當關聯，甚至可以說正向心理學就是當代文化的一部分。至少就部分原因而言，正向心理學的興起乃是對於美國一種明顯之弔詭的正視——富裕的弔詭：在物質層面極度富裕的同時，心理層面的福樂安適卻每下愈況。

除了第一章導論確立的各項大型主題之外，在第二章，我們會詳細討論另外兩項主題：「幸福快樂的意義與測量」。幾乎所有正向心理學探討的議題都是關於福樂安適、美好人生的意義，以及如何實現美好人生。快樂健康的人，應該如何加以描述呢？福樂安適包括生理、情緒、心理與社會層面的正向生活機能。在正向心理學的發展過程，出現兩種取向的研究與理論：享樂主義取向與幸福主義取向。享樂主義取向強調，個人對於自己生活品質的主觀感受判斷。享樂主義的觀點是把幸福安樂具體定義為三個要點：大量的正向情緒經驗、相對少量的負向情緒經驗，以及生活滿意度。另一方面，幸福主義取向（幸福主義的字根「*daimon*」是指「真實自我」的意思）則是把福樂安適描述為：符合健康與最佳生活機能之判斷標準的內在才能、價值、優良特質與潛在能力。從幸福主義的觀點來看，福樂安適與心理健康有密切的關聯，而心理健康則源自於認清自我的內在潛能、成功適應生活的諸多挑戰，以及發揮正向的生活機能。幸福主義的觀點尋求描述，健康與最佳生活機能的個人可能具有哪些特質。幸福主義觀點的研究學者指出，享樂主義取向的理論與研究並沒有回答人們為*什麼*快樂或不快樂，也沒有回答人們為*什麼*對生活滿意或不滿意。

在正向心理學領域，許多研究與理論都可以歸類為上述的其中一種取向。第二章將會對照比較享樂主義與幸福主義這兩類取向，而且會凸顯兩者的互補性，而不是相互衝突。學生在閱讀第三章以後的章節，將會一再重複回溯這兩類取向與觀點，尤其在研究與理論同時整合了上述兩類取向的時候，這兩類取向與觀點將會提出來對照比較，以便提供引導架構，編排組織採用這兩類取向的研究。

在各章節呈現的主題當中，也反映出享樂主義與幸福主義的對比觀點。這兩類取向基本上導向兩條有些相互區隔的研究路線。比方說，享樂主義取向的研究主要是探討快樂與主觀幸福安樂感的相關題材；相對地，幸福

主義取向的研究則是聚焦於發展描述正向的心理健康、成功的老化，以及最佳生活機能。藉由這兩類取向與觀點，可以幫助學生整合與區分正向心理學許多的主題、理論與研究路線。綜合來看，享樂主義與幸福主義的觀點讓讀者可以一窺正向心理學各項主題、理論與研究之間互補的全盤面貌。

把學生放在心上

本書撰寫期間，我們始終把學生放在心上，畢竟這書主要就是為學生而寫。我們非常努力，希望能夠維持讀者對於收錄題材本身的內在興趣。我們邀請大學生閱讀本書草稿，並且認真看待他們給的評語，特別是針對文章可讀性與趣味性的評語，作為修稿改寫的參考。此外，我們提供了許多具體例子，邀請讀者提供個人生活經驗的反思想法。我們認為，這樣的做法非常有助於學生體會研究發現、概念、理論的意義與重要性。正向心理學廣受學生歡迎的一個理由就是，相當容易就可以應用正向心理學來理解個人的生活經驗。學生提供的讀後意見，讓我們深具信心，這本寫給大學生的教科書確實有達到我們預期的兩項目標：清晰好讀易懂，而且符合內在興趣。

焦點段落

本書在各章節採取特寫方式聚焦呈現，在正向心理學發展的過程中，扮演型塑角色的各項研究、方法與理論。收錄材料的原則包括：有趣而且讓人願意認真投入的研究發現、個別領域的代表性或重大研究，或是新的研究法與新理論。焦點段落提供正向心理學特定議題研究的詳細檢視，可以用來補充各章節介紹之普通層面的論述題材。焦點段落不是與各章節內容各自為政的區塊，學生應該不要忽略不讀焦點段落。換個方式來講，焦點段落並不會插入干擾各章節主要論述的順暢進行，而是希望藉此延伸擴大章節論述的重要理念，並且提供更詳細而具體的細節。

本章摘要問題

每一章結尾處列出若干摘要問題，希望藉此引導學生回顧複習該章的重點。摘要問題的排列，基本上是依照節次順序。目的是著眼於複習與準備考試，而不是要激發創意批判檢視各章節的論述，或是正向心理學的應用。中

等程度的學生都應該有能力回答這些問題。基本上,這也就是學生應該具備的正向心理學基本知識學能。要回答這些問題,學生必須研讀與理解正向心理研究與理論的主要論點和詳細的支持證據。學生可以利用這些摘要問題來複習與準備考試,以及檢視自己對於各章節內容重點的掌握程度。

關鍵字與核心概念

正向心理學的發展已經建立了不少專有用語。要理解任何新領域,當然不可忽略關鍵字與核心概念。各章節的重要用語和概念,都會以粗體字加強,另外在各章結束之處,也會摘列若干重要的用語,以供複習回顧。

網路資源

網路上有許多資訊相當豐富的網站,可供探索正向心理學。在各章結束之處,我們提供了若干相關網站,並附上簡要描述說明。由於網址變更的情況極為普遍,而且新的網路資源也不斷出現,因此除了提供網址之外,我們也會建議關鍵字,以供讀者自行上網搜尋。

延伸閱讀

焦點研究/理論/方法論的段落回顧討論了若干重量級的論文,希望透過深入淺出的介紹,引領讀者學術期刊論文的專業導向的艱澀,授課教師指定學生閱讀評論的文章,有許多部分都已經在焦點段落當中有詳盡的介紹。就此原因而言,延伸閱讀強調回顧討論正向心理學的某特定領域與相關資源,因為理論與日常生活的連結,讀者應該會有興趣自行延伸閱讀。

課題組織

第一章——什麼是正向心理學?(What is Positive Psychology?)

描述介紹正向心理的發展史,著眼於此領域探討的議題,尤其是過去心理學疏於檢視的議題。正向心理學的根源來自心理學的若干次級領域,以及北美文化的廣大脈絡。這章的主要目的,是要提綱挈領協助讀者認識正向心理學的預設、目標、研究,以及學界對於這個新興領域的各種定義。

第二章——快樂幸福的意義與測量（The Meaning and Measure of Happiness）

詳細討論心理學家如何定義與測量福樂安適與快樂幸福。我們邀請讀者思索自己會如何定義快樂幸福與美好生活，然後拿自己的觀點來對照比較正向心理學的相關理論概念。研究與理論的組織主要是以享樂主義與幸福主義兩種觀點為基礎。本章收錄了若干量表、問卷，讀者可以看看，正向心理學如何測量快樂幸福與福樂安適。讀者也可以自行上網填寫該等測驗，了解自己的快樂幸福或福樂安適。這一章最後對照比較這兩種觀點對於快樂幸福的定義與測量。後面各章討論個別主題時也都會涉及這兩種觀點。

第三章——正向情緒與福樂安適（Positive Emotions and Well-Being）

本章回顧討論，正向情緒對於個人身心健康與各種人生任務成敗的影響。對於傳統心理學而言，這些新的研究方向是相當興奮而令人期待的。長久以來，心理學家已經確認，負向情緒可能減損個人對抗疾病與因應壓力的能力。正向心理學則提供了新的焦點，開始關注正向情緒如何可能提高免疫系統的功能，以及建立有助於成功因應生活挑戰的心理與社會資源。正向情緒似乎和負向情緒一樣，都具有生物性的根源，而且也有相當的影響力。許多研究一致顯示，正向情緒有益於心理健康，並且有助於個人取得更好的成就。本章最後一節討論，人們可以用什麼方法來積極培養正向情緒，以增進個人的福樂安適和因應技巧。

第四章——生命反彈復甦力（Resilience）

這一章是禮讚人類面對逆境的強韌生命力。有關兒童發展、成年、老化、臨床疾病、創傷與失落的因應等研究都發現，有相當多的人從逆境之中反彈復甦，甚至更加苗壯。安‧瑪絲汀（Ann Masten）特別用「平凡人的神奇力量」，來形容這種反彈復甦的反應，意思是指面臨重大人生挑戰，平凡人也可能展現驚人的力量。這章描述反彈復甦的心理與社會資源，以及重大創傷如何可能促使個人成長。

第五章——快樂幸福與人生的客觀狀態（Happiness and the Facts of Life）

這一章回顧討論，以享樂主義觀點為基礎的重要研究發現。我們邀請讀者思索，雖然一般人普遍認為，年齡、性別、居住生活地點等人生客觀狀態的因素，對於個人的快樂應該會有相當程度的影響，但是許多實際研究結果卻發現這些因素的影響程度其實並不大。只有婚姻似乎有比較顯著的關聯。正向心理學提出了若干解釋，說明為什麼人們很難預測生活事件與人生階段的衝擊。從本章回顧評論這些研究與解釋當中，讀者也可以了解，為什麼人生週期各種客觀狀態與個人健康、幸福快樂之間只有相當薄弱的關聯性。

第六章——金錢、快樂幸福與文化（Money, Happiness, and Culture）

這一章首先討論「富裕的弔詭」。過去40年以來，在美國與西方社會，個人收入與物質享受水準顯著激增；但是，大規模的國際調查研究卻發現，這些國度一般民眾的快樂程度卻是沒有同步提升。本章的主要目的就是回顧討論關於金錢—幸福快樂缺乏關聯的研究與理論。其中，大部分的研究涉及國際幸福快樂水準的對照比較。本章最後一部分則是介紹討論若干特定文化對於幸福快樂的定義方式。

第七章——個人目標——開啟福樂安適的門窗（Personal Goals as Windows to Well-Being）

個人目標的研究方興未艾，豐碩的研究成果提供了絕佳管道，讓我們得以仔細檢視各種型態的個人動機，以及該等動機對於健康和幸福快樂的影響。人生週期各階段，人們的行為很多都是為了要完成重要的個人目標。個人目標讓我們的生活比較有組織，也比較能夠看清個人努力的方向。這一章回顧評論重要理論與研究發現，幫助回答*什麼*目標與動機最有可能增進個人福樂安適。我們會檢視個人目標的*內容*（追尋*什麼*目標），以及目標背後的*動機*（*為什麼*追尋那樣的目標）。最後一節，探討物慾主義對於個人幸福安適的影響，並且回顧評論過度物慾主義的起源與其負向後果的研究。

第八章——自我規範與自我控制（Self-Regulation and Self-Control）

自我規範與自我控制是達成個人重要目標的關鍵要素。缺乏自我控制，個人目標純粹就只是希望或慾望，實現的機會微乎其微。現今社會，許多人生活忙碌匆促，有許多目標必須或想要去完成，時間的需求特別緊迫，因此自我規範就顯得格外重要。要專注心力，持之以恆，完成個人追尋的諸多目標，這過程充滿挑戰。自我規範的研究幫助釐清這些挑戰，以及可能克服該等挑戰的方法。本章檢視以下課題：(1)自我控制在成功人生所扮演的重要角色；(2)描述自我規範歷程的重要模式；(3)自我控制的歷程如何與為何瓦解；(4)可能衍生自我規範的諸多難題因而特別難以達成的個人目標類型；(5)自我規範的改善方法，以便達成個人目標。

第九章——正向的心理特質（Positive Traits）

回顧與評論有關正向心理特質的研究，所謂「正向」心理特質就是有益於人類健康、快樂幸福的特質。正向心理特質幫助解釋，為什麼某些人就是比其他人來得快樂些。研究顯示，福樂安適的個別差異有相當比率可能和基因與生物因素有關。本章首先回顧介紹支持上述論點的研究，討論基因—快樂關聯可能涉及的生理與心理歷程。本章後半段則是聚焦討論，與個人快樂／健康特徵有緊密關聯的人格特質與自我概念。這些研究比較若干對照組的人，在人格特質與自我概念等方面有何差異，其中包括：快樂者vs.不快樂者、自尊高vs.自尊低、樂觀vs.悲觀。有相當多的討論是關於這些心理特質如何與為何有益於福樂安適。

第十章——人類的美德：品格、智慧、宗教（Virtue and Strengths of Character）

本章首先討論，人類美德與品格對於個人與社會整體福樂安適的重要性。長久以來，心理學家一直避免品格的研究，但是最近已經大為改觀。大規模的跨國《行動價值方案》，最後並彙集豐富的研究成果，出版了《人類美德與品格分類手冊》（Peterson & Seligman, 2004）。這項研究案的目的是發展一套可供描述普世人類美德與品格的分類系統。這套分類系統包括六

大類24項獲得古今各文化認可的美德與品格。除了綜合回顧評論《行動價值方案》之外，本章也詳細回顧討論其他重要的人類美德與品格，包括：智慧、宗教／性靈、感恩、寬恕，聚焦介紹該等重要美德與品格對於個人生活的重要性，以及在個人福樂安適扮演的角色。比方說，美國全國調查研究顯示，絕大多數的美國人深信，宗教與性靈對於個人生活具有相當的重要性。心理學研究肯定，宗教／性靈的信仰與修行有益於個人福樂安適，特別是增進個人因應人生諸多困境的各種資源。

第十一章──親近關係與福樂安適（Close Relationships and Well-Being）

長久以來，情感關係對於人類健康、快樂與幸福的重要性，一直被稱為心理學領域的「根深柢固的真理」。在人類生活的所有面向當中，與他人的關係對於個人的快樂幸福與福樂安適有著最顯著而重大的影響。弔詭的是，情感關係固然可以帶給當事人絕大的喜悅與幸福，同時也可能讓人深陷痛不欲生的悲痛與折磨。這一章回顧討論，區別健康與不健康親近關係的特徵。文獻記載了相當多有關良好情感關係的益處，也針對親近關係與福樂安適的關聯，提供了頗多的解釋。本章從文化脈絡的背景，來回顧討論這方面的議題。另一方面，過去40多年來，劇烈的社會文化變遷，已經對婚姻體制帶來了相當大的衝擊，離婚變成相對容易而且流行的現象。這章最後檢視，結婚多年而依舊維持婚姻生活幸福快樂的伴侶，藉由他們過來人的成功經驗之談，提供婚姻成功的秘訣。

第十二章──零度以上的人生（Life Above Zero）

本書最後一章，目的有二。第一個目的，是要回顧、評論與摘要整理，正向心理學關於美好人生的心理學基礎。第二個目的，是要建議，實現美好人生的方法。最近，正向心理學家凱斯提出了一項突破性的「完全心理健康」模式（Keyes, 2007），強調應該超越以往聚焦於沒有病痛就是健康的傳統觀點。凱斯的論述凸顯了正向心理學的一個重要前提：健康與快樂幸福的基礎不只是沒有病痛，或沒有不快樂；美好的生活必須要*有出現*正向的優點，而不只是*沒有出現*負向的缺陷。除了凱斯的模式之外，本章也會回顧

討論先前各章介紹過的其他有關健康、幸福快樂、美好生活的重要模式。我們回顧評論，若干有希望而且有實徵基礎支持的策略。其中，有一種改善福樂安適的綜合性做法，就是著眼於正念內觀的心理狀態。西方心理學與東方哲學都指出，正念內觀與福樂安適的改善有緊密關聯。日益增多的文獻檢視，正念內觀的意義、效益與實踐，結果也都支持，正念內觀確實有助於個人邁向正向心理學家描述的「美好人生」。

限制與說明

有些讀者可能會納悶，為什麼本書沒有專章介紹諸如：工作、休閒、學校與家庭之類的重要文化體制。個人的行為很明顯會受到這些文化體制的型塑。塞利格曼（Seligman, 2003）也表示，正向心理學有一項目標，就是要研究與促進有助於個人福樂安適的體制。我們之所以決定，不另行開設專章討論這些題材，主要有以下幾點考量。

第一個考量是，我們的論述雖然聚焦於個人行為，但是在探討相關主題，或是介紹討論正向心理學當前理論或研究時，如果體制與社會脈絡背景占有重要的地位，那麼在這些情況下，我們當然就會列入討論體制的相關題材。一個相當醒目的例子就是，柯芮‧基斯（Cory Keyes, 2005, 2007）的正向心理健康模式，這個以實徵經驗為基礎的新興模式，給心理健康專業領域帶來革命性的發展方向。另外一個例子是，個人目標研究與工作、休閒之間的連結關係。有關令人滿足而且有意義的個人目標的研究，當然可以提供相當清楚的建議，幫助人們釐清如何選擇令人滿意的職業生涯與休閒活動。

第二個考量是，目前可以運用於其他體制的正向心理學研究數量仍然相當有限。我們相信，假以時日，當正向心理學的發展日益成熟之後，當然可能提供改革教育、工作、家庭、社區，乃至於國家政策的論述基礎。不過，就目前而言，除了極少數的例外，正向心理學能夠給社會革新提供的啟示，充其量還只是停留在純供參考的稚嫩階段。正向心理學提供人性的正面形象，聚焦凸顯良善的特質與優點。讀者應該不難想像，正向心理學這種正向看待人性的觀點與可能蘊義，應該對於社會改革、教育、工作、社區，有著相當深遠的啟發作用，也具有很高的參考應用價值。事實上，最近就有一本《正向心理學的實務應用》（*Positive Psychology in Practice*）（Linley &

Joseph, 2004）。這本論文精選合輯非常值得實務從業人士參考應用，其中就列出了對於教學、工作、社區營造、心理諮商等領域的諸多啟示蘊義。我們回顧評論了其中許多的啟示蘊義，不過，我們並不相信，就目前的理論與實證研究而言，可以支持我們另闢專章來呈現該等主題內容。

　　最後一點考量是，我們選擇不回顧評論心理學與社會學有關體制生活主題的文獻（例如：工作、家庭、休閒），或是從該等文獻當中擷取適合正向心理學的模式或理論。我們決定將該等主題留給專門研究社會與體制生活的專家學者。

目錄

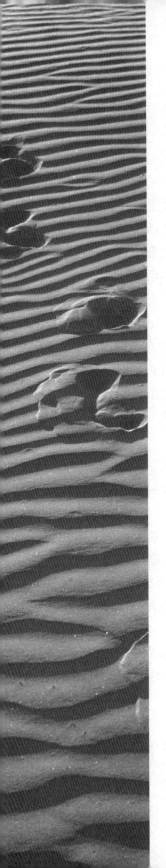

第一章

什麼是
正向心理學？

1.1. 傳統心理學

　　學生時代，教授語重心長提醒我們，想要在心理學界闖出名號，最穩當的捷徑就是盡量發表揭發人性陰暗面的研究，越是駭人聽聞，功成名就的機會也就越大。教授這番論調諷刺意味不小，不過倒也不是純心要挖苦為了沽名釣譽而不擇手段的不肖同行，真正用意無非是要凸顯一般人對於人性黑暗面無以復加的迷戀。

　　例子不勝枚舉，隨便順手拈來，就可以舉出一大堆耳熟能詳的例子。比方說，修過普通心理學的大學生幾乎都不會錯過大名鼎鼎的史丹利·米爾格蘭（Stanley Milgram, 1974），以及他那惡名昭彰的服從權威實驗。

米爾格蘭的服從權威實驗

在身穿實驗室白袍的工作人員指示之下，參與實驗者必須依照指示，對於簡單學習任務作答出錯的中年男子，施以電擊處分。

在實驗過程中，中年男子每出錯一次，懲罰的電擊強度就必須逐次升高，該名男子會發出各種表達抗議的反應，包括：拒絕繼續參加實驗、淒慘的抗議嘶吼、要求立刻放他出去、抱怨心臟不舒服。很明顯可以看得出來，實驗參與者對於該名男子受到電擊處分的遭遇，感到頗為困擾不安。

雖然如此，實驗結果發現，還是有66%的參與者從頭到尾完全服從實驗者的指令，持續施以電擊處分，直到最高的強度，也就450伏特。在電擊控制台上，參與者可以清楚看到警告標語：「450伏特——致命危險！」

所以，人性到底有多惡劣呢？根據米爾格蘭的經典研究，只要具有合法地位的權威人士略施壓力，就有可能讓普通人違背個人判斷力與道德價值，做出麻木不仁的行為。這樣看來，光靠人性顯然無法確保人類社會得以免於各種殘酷暴行的危害。

也許有人會質疑，米爾格蘭實驗揭發的那種盲目服從權威的情形，很可能只是實驗室產物，不見得反映真實的人生。但是，在現實人生，各種盲目服從權威的殘暴事件卻屢見不鮮。二次世界大戰期間，艾希曼（Adolph Eichman）在納粹集中營擔任要職，幹盡各種傷天害理的暴行。接受審判期間，艾希曼一再辯稱，自己的所有行事都只是遵守命令、盡忠職守。對於這種駭人聽聞的心態，哲學家漢娜·鄂蘭（Hanna Arendt）給了一個傳神至極的說法：「邪惡罪行平常心」（the banality of evil）[1]（Arendt, 1963）。

鄂蘭提出「邪惡罪行平常心」這個概念，就是要凸顯，一般人都認為，像納粹集中營那樣天理不容的暴行，必然是出自某些異於常人的異端惡魔（例如：包藏禍心的狂熱分子，或是反社會人格的病態冷血惡魔）；但是

---

[1] 關於「the banality of evil」的中文翻譯，有些直接譯成「平庸的邪惡（罪惡）」，或是「邪惡（罪惡）的平庸化」，這樣的翻譯值得商榷之處在於，可能誤導讀者望文興義，誤以為是要表達「邪惡罪過本身是平庸的」，也就是指小奸小惡、沒什麼大不了的小過失。如此一來，就無法掌握到原作者所要傳達的對比意涵。

相對於此，鄂蘭卻發現，人們往往忽略了那些正常如你我的平凡人物，也有可能犯下同樣喪心病狂的邪惡罪行，而且他們在從事該等惡行時，卻又抱持著稀鬆平常的心態，當成日常例行事務來完成。就像米爾格蘭實驗參與者一樣，純粹只是抱持平常心，遵守實驗者下達的命令，完成本分職責。

正向心理學家不免要提出質疑，為什麼心理學界沒有等量齊觀的正向心理研究，來探討人性的光明面？這當然不是因為人類世界不存在善良的人性。比方說，二次大戰期間，有人甘冒殺身之禍，暗中協助猶太人逃離納粹迫害；鐵達尼號的神職人員，犧牲自己的逃生機會，成全其他乘客；911恐怖攻擊事件當中，奮不顧身，拼命救人的消防隊員、警察，以及普通民眾。

正向心理學的一個基本前提就是，傳統心理學的發展有失平衡，過度聚焦負向心理，而嚴重輕忽了正向心理。正向心理學並不是否認負向心理的存在，也沒有暗示，心理學完全只關注負向心理。持平而論，新興的正向心理學，抱持的是比較平衡的觀點，在擁抱人性的生命力與光明面向的同時，也沒有否認人性的弱點，以及為非作歹的邪惡能力。

就個人而言，生活有歡樂，也有悲哀。但是，傳統心理學多半著眼於不好的遭遇。比方說，有研究調查修過普通心理學的大學生，結果顯示，他們回憶所學多半屬於人類的負向心理或行為，例如：心理疾病，以及米爾格蘭的研究（研究回顧與評論，請參閱Fineburg, 2004）。正向心理學的目標就是希望能夠透過補充正向的觀點，以便扭轉如此嚴重失衡的情況。

1.1.1　傳統心理學聚焦負向心理的理由

理由一：負向心理普遍被認為比較具有真實性

批評心理學過度偏重負向的人，很容易就把罪魁禍首指向佛洛依德（Sigmund Freud）。毫無疑問，佛洛依德的主張確實曾經舉足輕重，大家都或多或少相信他宣揚的信念：在人們日常謙恭有禮的面貌底層，其實隱藏著自私自利的動機。

比方說，你犧牲自己讀書的時間，幫忙室友完成一份難度頗高的作業。表面上看起來，好像是滿正向的利他行為；但是，有人可能會辯稱，這

樣做其實只是為了滿足主宰他人的需求，以及彰顯個人的優越感。又比方說，你之所以捐血，純粹是因為某位捐血站義工的吸引。你全心投入協助低薪勞工的社會運動，但是依照佛洛依德的看法，你的初衷很可能只是為了要補償童年慘痛經驗烙下的匱乏感或罪惡感。

佛洛依德相信，人類行為主要是受到自私驅動力的驅策，必須以建設性的方式予以控制和疏導，社會與個人才能發揮有效的功能。不過，佛洛依德倒也不是認為，自私的動機全然都是不好的。依照他的看法，該等動機純粹只是人類與生俱來的需求與衝動。不過，在佛洛依德的盛名影響之下，確實相當程度導致心理學領域特別傾向探索人性的陰暗面。

不容否認，有些表面上看似正向的行為或特質，骨子裡可能包藏著負向的動機。然而，正向心理學所要強調的是，情況並不總是如此悲觀。從正向心理學的觀點來看，正向的心理特質與動機，就像負向的心理特質與動機一樣，具有自足而立的真實性，可以讓人肯定人性的光明面。

除了佛洛依德的影響之外，還有來自科學立場的觀點，質疑正向心理學研究課題的合法性。這派觀點認為，正向心理學研究的課題不外乎大眾心理學的遺緒。在傳統心理學的觀點之下，大眾心理學和坊間各種談論自助的心理書刊，充其量只是茶餘飯後的無稽之談，缺乏嚴謹的科學方法與實徵研究證據的支持。許多心理學家認為，坊間各種自助產業的蓬勃發展，恰恰凸顯出一般民眾太容易聽信那些旁門左道的無稽之談，從而也更加肯定嚴謹科學研究的重要性。對於抱持這種看法的心理學家而言，如果你說他或她的研究有些像是大眾心理學，那肯定會惹得對方引以為奇恥大辱。

我的一位學生對於正向心理學有如後的描述：「正向心理學就是有科學作基礎的大眾心理學。」這描述還滿傳神的，因為正向心理學的研究課題確實和大眾心理學長久以來主要的關切議題，有著頗多雷同之處。目前，正向心理學研究的主要課題包括：快樂／幸福、愛、希望、寬容、創傷後正向成長，以及正向樂觀態度對於健康的益助效應。到社區附近書店，找到大眾心理學專區，迅速瀏覽陳列的書籍名稱，應該不難看出其中諸多雷同之處。

總而言之，傳統心理學之所以聚焦負向心理，究其根源乃是由於人們普遍抱持負向的觀點來看待人性的根本。另外，還有一個理由則是質疑正向心理學的研究課題缺乏科學基礎。

理由二：負向的事物比較重要

　　研究顯示，人們之所以認為負向心理與行為比較重要，而且比較容易受到負向事物吸引，對於正向事物則是興趣缺缺，這樣的偏向很可能是反映出一種普遍的心理傾向。也就是說，這種偏向很可能是內在於人性與生俱來的一種普遍傾向。就拿人類行為來看好了，**「壞的總是比好的更強而有力」**[2]（Baumeister, Bratslavsky, Finkenauer, & Vohs, 2001）。

　　舉研究實例來看，印象形成的研究顯示，吾人對於他人的印象，受到負向特徵與行為的影響程度，遠大於正向特徵與行為的影響，這也就是所謂的「負向特質偏見」（trait negativity bias）（Covert & Reeder, 1990; Rozin & Royzman, 2001）。另外，親密關係滿意度研究也顯示，相較於正向行為而言，衝突與負向行為的影響程度顯著比較高（Reis & Gable, 2003）。研究強烈顯示，一次負向的事情就可以抵消許多次良善的舉動，一項壞的特質就可能摧毀一個人的好名聲。

　　負向事物之所以擁有如此強大威力，部分原因可能是由於人們似乎認定生活應該大抵是平順或OK的。每天生活經驗當中，出現好事或不好不壞的頻率應該比較高，至於壞事或不好特質的頻率則比較低。兩相比較之下，一旦發生負向事物，自然就會比較顯著突出，容易吸引人們注意。確實有研究支持如此看法，由於正向事情比較普遍，一旦有負向事情發生，就會顯得出乎意料，因此就會給予較多的關注（Gable & Haidt, 2005）。

　　這種傾向注意「壞事」而相對輕忽「好事」的心理傾向，也可能反映出適應的演化行為（Reis & Gable, 2003）。厭惡的事情或負向的行為可能代表對人的某種威脅，為了生存起見，自然就應該給予較多關注。這種演化的觀點，也許可以用來解釋普拉托和約翰（Pratto & John, 1991）描述的「負向社會資訊擁有吸引人們關注的強大能力」。

　　因此，心理學之所以特別著重於負向事物，很可能就是因為心理學家也是人，自然比較容易受到負向事物的吸引，也比較有興趣探討影響人類行為最重大的事物。

---

[2]　這句話的英文原始說法如後：
bad is stronger than goodness.

理由三：疾病模式

根據塞利格曼（Seligman, 2002a, 2002b, 2003）的看法，疾病模式（disease model）在心理學領域占有主宰的地位，影響所及，導致研究焦點著重於負面的病變疾痛之處理，而比較不重視正面的心理能量之建立。疾病模式對於治療心理疾病貢獻較多。基於此項模式，心理學建立了關於心理疾病的大量知識，同時也發展了一套有效描述人類心理病理的語彙。

不過，黎弗和辛格（Ryff & Singer, 1998）則有不同的見解，他們主張，心理學不應該只是修補破碎心理的店舖。如果目標是要倡導心理健康，以及預防心理疾病，那麼疾病模式的價值就比較有限，難以發揮積極的效用。在疾病模式主宰之下，心理學家對於心理健康的認識，遠遠比不上對於心理疾病的認識。總之，沒有心理疾病絕不等同於心理健康。可惜的是，我們對於心理健康的理解實在相當貧乏；再者，也缺乏一套通用而有效的語言，可以詳實描述心理健康的諸多特徵。心理疾病的去除，並不能確保人們就可以擁有健康、積極奮發，而且欣欣向榮的人生。

從上述事實，我們可以看出，心理學偏重負向層面的另一個因素可能就在於，以疾病模式為基礎的出發點，希望能夠藉由研究心理病變，以減輕人類的痛苦。

1.2. 正向心理學

馬汀・塞利格曼（Martin Seligman）堪稱當代「正向心理學」之父，正式提出以「正向心理學」，來標示這個有別於傳統心理學的新領域。

1998年，時任美國心理學會會長的塞利格曼（Seligman, 1998），在發表大會致詞席間，籲請心理學界致力推動研究焦點的轉向──從以往著重於研究與消除人類的負向行為，轉而嘗試研究與促進人類的正向行為。他反問與會代表，為什麼心理學不應該研究「喜樂、勇氣」之類的議題。塞利格曼特別舉出，長久以來心理學嚴重失衡的現象，太多的心力都專注在人性的陰暗面與弱點，以及心理病痛的排除，卻很少關注人性的良善光明面，以及心

理健康的促進。塞利格曼希望，正向心理學可以擴展心理學的範圍，不再只是局限於疾病模式，而能夠以更積極的態度，有系統地開展人類心理健康的研究。觀諸演講結束滿堂起立喝采的盛況，可以想見當時大家對於塞利格曼此一革新理念的熱烈支持。

新興領域並不是憑空而降。回顧心理學發展史，我們可以觀察到，正向心理學關切的議題與觀點，其實已經零星出現若干代表性的前例。舉例而言，塞利格曼和契克森米哈賴（Seligman & Csikszentmihalyi, 2000）指出，早在1930年代，特爾曼（Terman, 1939）針對天才兒童的研究，以及有關婚姻幸福／快樂決定因素的探索（Terman, Buttenwieser, Ferguson, Johnson, & Wilson, 1938），就是著眼於正向心理特徵與功能的研究先例。主觀幸福或安適的研究雛形可以追溯到1920年代，後來更因蓋洛普民意調查技術，而有了長足的進展（Diener, Lucas, & Oishi, 2002）。

到了1960年代，極盛一時的人本心理學，極力主張應該矯正當時主流心理學界過度偏重負向心理的傾向，也給正向心理學的發展注入一股強心針。當時極富盛名的人本心理學家，亞伯拉罕·馬斯洛（Abraham Maslow）和卡爾·羅傑斯（Carl Rogers）一致相信，人性本質基本上乃是正向的。他們堅信，每個人都有與生俱來的正向潛能，而人生最大的動力就是尋求該等潛能的充分實現。人本心理學家相信，心理學的目標應該是研究如何幫助人們開創健康的人生。

目前，正向心理學已經是一個確立基礎的心理學領域，主要就在於累積了數量可觀的研究與理論，再者，多年努力的成果也贏得科學心理學界的尊重。時至今日，心理學家可以名正言順探討希望、寬容、或是正向情緒對於身心健康的益處，而無須感覺好像背棄了嚴謹的科學精神，也不會因此被貶低為不入流的大眾心理學家。

正向心理學目前並沒有普遍接受的範圍定義與內涵，而是以正向的心理與行為作為樞紐，網羅諸多心理學領域的相關研究與理論。以下擇要簡述介紹各別領域，包括：健康心理學、臨床心理學、發展心理學、調查研究與主觀幸福安樂、社會心理學、人格心理學與宗教心理學。透過這些心理學既存領域的研究與理論，希望能夠幫助讀者，對於正向心理學的大致輪廓與內涵有些概括的認識。

1.2.1　健康心理學

　　正向心理學和健康心理學有著許多的共同點（Taylor & Sherman, 2004）。長久以來，健康心理學家一直希望證實，負向情緒可能會導致人們生病，而正向情緒則有助於身心健康。不過，一直到最近，才開始有科學與生物的基礎研究，探索其中可能存在的生物層面的證據。

　　過去數十年來，心理學界對於身體—心理關係的認識，已經有了長足的進展。研究發現證實，壓力、憤怒、怨恨、焦慮、擔憂，確實對於人們的健康存有潛在的威脅（Cohen & Rodriguez, 1995; Friedman & Booth-Kewley, 1987; Salovey, Rothman, & Rodin, 1998; Taylor, 1999; Vaillant, 1997, 2000）。箇中牽涉的影響路徑與作用機轉相當複雜，許多方面仍然處於初探階段。其中涉及了大腦、神經系統、內分泌系統、免疫系統（Maier, Watkins, & Fleshner, 1994）。許多研究顯示，長期處於情緒高壓之下，人特別容易生病（Cohen, 2002; Kiecolt-Glaser & Glaser, 1987; Ray, 2004; Vaillant, 1997）。壓力與負向情緒之所以對於個人健康有害，很可能是因為免疫系統的正常功能受到壓抑，因此降低了人們抵抗疾病的能力。

　　相對於著重探索負向情緒對於健康的壞處，正向心理學家特別感興趣的是探討正向情緒對於健康的益處。參照最近的研究，我們可以發現，正向情緒似乎有助於恢復或保持身心健康。正向情緒很可能驅動生理、心理與社會等方面的資源，從而增進生理安適、情緒健康、因應技巧，以及心智機能。芙德麗克森（Fredrickson, 2001）提出的正向情緒擴展與建設理論，綜合總結了正向情緒（諸如：喜悅、滿足、興致、愛意、榮耀）對於身體與心理的諸多益處。此項理論主張，正向情緒「擁有一種共通的能力，可以擴展人們的思考—行動能量，建立持久的個人資源，包括生理與心智的資源，以及社會與心理的資源」（p.219）。

　　心理學家逐漸揭開情緒背後涉及的諸多生理歷程的同時，也給正向心理學提供了生理學方面的基礎。我們似乎可以合理結論，正向情緒在生理與演化等方面扮演的角色，其重要性絕不亞於負向情緒，因此當然值得投入研究。為了要說服大家接受心理學應該致力於恢復平衡的研究生態，首要之務就是透過實徵研究，讓人信服正向情緒對於生活確實有著舉足輕重的價值。

1.2.2　焦點研究：正向情緒與長壽——修女研究

　　擁有大量的正向情緒，是否比較容易讓人延年益壽？聽起來蠻合理的，但是對於心理學家而言，要怎麼做，才能妥善處理各種可能影響人們健康的複雜因素，從而顯示正向情緒確實發揮某種顯著而穩定的影響效應？

　　就這層奠定正向心理學價值的根本關懷而言，「修女研究」或許注定要成為正向心理學的經典研究。

修女研究[3]

　　修女研究（Nun Study）的研究團隊包括：美國肯塔基大學的丹娜、史諾頓和弗萊森（Danner, Snowdon, & Friesen, 2001）。這項研究發表於《性格與社會心理學期刊》，正式名稱：〈早年生活的正向情緒與長壽：修女研究成果報告〉。丹娜和同僚檢視180位修女正向情緒和壽命長短的關係。

　　為什麼選擇修女為研究對象？因為修女的特殊生活型態，可以讓影響健康的諸多因素獲得相當程度的控制，具體而言，修女不會過量抽煙或喝酒，生活相對規律、沒有生養兒女、飲食平淡而且大同小異。有這麼多相同的生活特性，因此可以大幅度排除許多可能居中影響長壽效應的干擾變數。

　　基於什麼樣的前提，導致研究者認為，可以透過個人的情緒生活，來預測長壽與否？這可分為以下四個方面來回答：

1. 先前的研究（請參閱該研究報告的〈研究背景介紹〉）支持情緒與健康之間有所關聯。有研究顯示，負向情緒可能抑制免疫系統與其他生理機能，因此可能增高生病的危害。反之，正向情緒似乎有助於提升該等機能，因此可能降低生病的危害。

2. 研究發現，個人的性情似乎能夠維持相當程度的穩定性，幾乎終其一生都不會有太大的變化。換言之，個人的情緒生活經驗與表達，是偏向喜悅樂觀，抑或是偏向憂鬱悲觀，大致是終生穩定不變的。

---

[3]　英文論文原始標題如後：
Positive emotions in early life and longevity: Findings from the Nun Study.

3. 研究顯示，性情會影響個人如何來因應生活的挑戰與壓力。相較於性情憂鬱悲觀的人，性情喜悅樂觀的人會有比較好的因應。

4. 研究顯示，書寫生活重大事件可以捕捉個人的基本情緒生活樣貌。當我們書寫個人認為重要的事情之時，我們其實也就表達出諸多的情緒，從而反映出個人的基本性情。

綜合上述的研究文獻回顧，研究者合理結論，藉由自傳體的早年生命故事書寫，可以捕捉情緒表達的基本面向。再透過該等情緒表達的差異，就可以預測健康與長壽狀況。

參與研究的修女，依照研究者要求，撰寫一篇簡短的自傳，扼要說明個人皈依宗教信仰的誓約，篇幅約為2或3頁。書寫的日期是在1930、1940年代，當年這些修女年紀大約22歲，剛剛開始展開修女的生活。研究者從教會的檔案庫取得該等自傳，然後進行編碼，分別統計各篇自傳出現正向情緒、負向情緒與中性情緒的次數。因為負向情緒出現的次數極少，所以研究者決定專心分析正向情緒的字眼與字句，以及正向情緒表達的不同類型。

以下摘錄兩則自傳，第一篇，正向情緒較少；第二篇，正向情緒較多。

修女A自傳，正向情緒較少

我出生於1909年9月26日，家中有7個小孩，5個女生，2個男生，我排行老大……。我的修女候選資格審核是在修會總院見習一年，在那兒，我教授化學。第二年，是在聖母學院。承蒙天主恩典，我矢志竭盡所能，奉獻修會，致力傳教，靜修個人聖潔

修女B自傳，正向情緒較高

天主賜予我無上恩典，讓我的生命有了最美好的開始。過去這一年，我在聖母學院，完成修女候選資格進修。現在，我滿懷喜悅，衷心期盼領受聖母常恩，迎接與天主之愛結合的生活。

根據編碼系統，統計各篇自傳出現正向情緒的次數，以茲代表個別修女早年情緒生活樣貌。然後，在時隔60年之後的2001年，研究者將上述統計資料，拿來與該等修女的存歿進行對照分析。其中，仍然在世的修女年齡界

於75歲至94歲之間，另外有42%的修女已經不在人世。

　　結果相當驚人。研究者發現，壽命長短與早年正向情緒有著極為強烈的關聯。自傳字句表達正向情緒的次數每增加1.0%，相對應的死亡率就減少1.4%。再者，正向情緒種類多的修女比正向情緒種類少的修女，平均壽命高出10.7年。生性最樂天開懷的修女，比起最抑鬱寡歡的修女，壽命至少高出10年以上。以80歲為基準，最抑鬱寡歡的修女有60%已經過世；相對地，最樂天開懷的修女則只有25%不在人世。圖1.1顯示，從75歲開始，就出現正向情緒與存活率的連結關係。以85歲而言，最樂天開懷的修女（第四分位數）是80%，最抑鬱寡歡的修女（第一分位數）則為54%。以90歲而言，這兩組的存活率分別是65%、30%。到了94歲，分別是54%、15%。

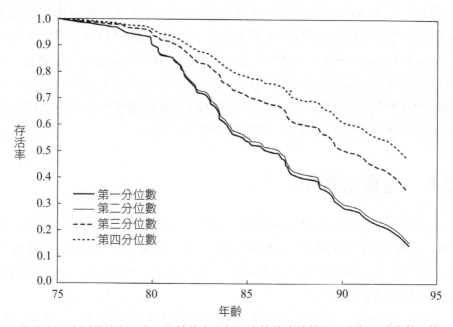

180位修女75歲以後的存活率，依據修女早年正向情緒表達等級，分為四分位數：第一分位數正向情緒表達最低，第四分位數正向情緒表達最高。

圖1.1　正向情緒與壽命長短函數關係圖

資料來源：Danner, D. D., Snowdon, D. A., & Friesen, W. V. (2001). Positive emotions in early life and longevity: Findings from the Nun study. *Journal of Personality and Social Psychology, 80*, 804-813. 美國心理學會版權所有，翻印轉用許可。

根據修女研究的結果,「別擔心,開心就好」顯然是最好的忠告。稍後在第三章,我們會討論正向情緒與健康安樂的關係,屆時會介紹相關研究,進一步探討解釋為什麼正向情緒比較容易讓人長壽。

1.2.3　臨床心理學

在臨床心理學界,有不少人對於完全依賴疾病模式的做法,感到相當無奈與不滿,這種失望之情也是促成正向心理學發展的主要動力來源。心理健康專業人士開始以不同觀點,來看待本身工作,不再只是致力於減輕案主心理層面的痛苦。減輕心理難題當然是重要使命;但是許多臨床人員逐漸轉移目標,開始關注疾病的預防,以及積極倡導心理健康的做法。

隨之而起的就是發展正向心理健康的模式。換言之,與心理疾病遙遙相對的是什麼樣的個人特徵與生活型態?在這兒,我們看到了基斯和海德(Keyes & Haidt, 2003)描述的「心理興盛」(flourishing)。在過去,心理健康的定義主要是著眼於沒有生病,重要的任務就是建立描述與診斷心理疾病的標準和語言。而目前,正向心理學的一個目標就是要以正向觀點出發,建立另外一套描述與判斷心理健康的標準和語言。

1.2.4　發展心理學

長久以來,發展心理學家關注的一項焦點就是,檢視威脅心理發展的各種因素。根據缺損聚焦模式,兒童的成長環境如果屬於不利的狀態(例如:貧窮、虐待、家長酗酒或是心理疾病),那麼該等孩童的社會、認知與情緒發展很可能就會嚴重缺損。

不過,從1970年代以後,這樣的看法已經逐漸有所改變。許多精神科醫師和心理醫師開始注意到,若干遭受逆境創痛的孩童與成年人,居然展現驚人的反彈復甦(Masten, 2001)。反彈復甦(resilience)的例子——「即便遭受嚴重威脅適應或發展的困境,卻還能夠否極泰來」(Masten, 2001, p.28)——其實比先前想像的還要來得普遍。在這兒,反彈復甦能力也就成為正向心理學的另外一項重要主題。

其中，最有意思的概念也許就是**創傷後成長**（**posttraumatic growth**，縮寫**PTG**），這個概念凸顯的是與創傷後壓力症候群（posttraumatic stress disorder，縮寫PTSD）強烈相反的面向。研究文獻記載了頗多創傷後成長的例子，包括：重大疾病、痛失愛人，或是重大意外與傷殘（Ryff & Singer, 2003a）。遭遇如此事故之餘，許多人表示，更懂得欣賞生命的美好，也更懂得珍惜心愛的人，更明白自己擁有的生命韌性，也看得更清楚自己生活的意義與價值。

在反彈復甦力與創傷後成長的研究當中，讀者應該可以清楚見識，正向心理學對於人類生命韌性與正向因應能力的重視。

1.2.5　調查研究與主觀幸福安樂

長久以來，民意調查一直是許多社會心理學家與社會學家頗為倚重的研究工具。其中，對於正向心理學而言，最值得一提的就是生活品質的調查研究。當代研究幸福／快樂最著名的學者首推艾德・迪勒（Diener, 2000）。他首開先河，創立了以**主觀幸福安樂**（**subjective well-being**，縮寫**SWB**）為理論概念核心的調查研究。

SWB的測量乃是評估生活滿意程度，以及正向和負向情緒的頻率。在迪勒倡導之下，已經累積了饒富意味而且可信度頗高的豐碩成果（例如：Diener, 2000; Diener, Suh, Lucas, & Smith, 1999; Myers, 2000a）。其中，最值得注意的發現，就是金錢或財富對於幸福／快樂的影響極為有限。收入增加，以及享有基本生活需求以外的消費商品，這些都不必然提升幸福／快樂的程度。你也許會夢想，贏得樂透彩百萬美元之後，應該會從此幸福美滿。可是，研究結果發現，樂透彩大獎得主很快就回復到未得獎前的快樂水準（文獻回顧評論，請參閱Csikszentmihalyi, 1999; Diener, 2000）。

此外，調查研究還引發了一個有趣的問題：如果，金錢無法買到幸福／快樂，那麼什麼才可以呢？這就促使我們開始思考正向心理學的若干研究課題。一旦基本生活需求獲得滿足之後，客觀的生活條件（諸如：個人薪資或收入、你的年齡、種族、性別）對於幸福／快樂程度，只能發揮極為有限的影響效應。所以，快樂與否關鍵很可能就涉及當事人主觀心理因素。於是，

正向心理學家開始運用調查研究，檢視個人特質與心理狀態等方面的主觀因素，希望從中找出有助解釋幸福／快樂的根源所在。大部分研究聚焦於個人特質與心理狀態。其中個人特質因素包括：自尊心、外貌吸引程度、樂觀、智力、外向；心理狀態因素則包括：工作情境、宗教參與投入、朋友的數量、婚姻狀態、友誼的品質。綜合而言，這些個人特質與心理狀態因素，可以解釋正向心理學的一個重要問題：「為什麼有些人比其他人更容易感到快樂、幸福？」

1.2.6　社會心理學、人格心理學與宗教心理學

社會心理學家對於個人社交生活滿意度，以及社會網絡支持的相關研究，也提供了正向心理學家豐富的基礎，有助於進一步探索各種社會心理因素對於健康、幸福／快樂的影響作用（例如：Baumeister & Leary, 1995; Ryff & Singer, 2000; Taylor, Repetti, & Seeman, 1997; Uchino, Cacioppo, & Kiecolt-Glaser, 1996）。

生活的滿意建立在一個重要的基礎，那就是人際關係與情感關係的滿意，諸如：幸福／快樂的婚姻，以及親密的好朋友。社會心理學家也促使我們提高文化層面的敏銳感受力，更細心關注不同文化對於幸福／安樂、快樂的差別觀感。比方說，美國與日本對於幸福／快樂的概念就有相當的差別。

除了探索幸福／快樂的文化差異問題之外，社會心理學家也致力於揭發先進消費社會當中富裕與物慾潮流的陰暗面向（例如：Cushman, 1990; Kasser & Kanner, 2004）。研究顯示，追求物質享受的人在追名逐利的同時，也犧牲了重要的心理需求，從而減損了幸福／快樂與生活滿意度。相關研究成果擴展了正向心理學家對於人類適應作用的理解，有助於解釋，為什麼收入增加或贏得樂透彩大獎，只具有提高快樂水準的短期效應（Diener & Oishi, 2005）。簡言之，金錢之所以買不到恆久的快樂，原因就在於適應的心理作用，事過境遷之後，興奮的心情就會回復到原本平常的快樂水準。

另一方面，人格心理學家也確認了若干正向的個人特質與優點，很可能扮演健康與幸福／快樂的基礎角色。這方面的研究包括：

1.探索快樂天性氣質的基因基礎（例如：Lykken, 1999）。

2. 探討與幸福／安樂有關的人格特質，例如：樂觀（Peterson, 2000; Seligman, 1990）、自尊（Baumeister, 1999）、外向（McCrae & Costa, 1997）、正向的人生展望（例如：Taylor, 1989; Taylor & Brown, 1988）。

3. 研究個人生活意義與目標的追尋如何有助於增進幸福／快樂（Emmons, 1999b）。

社會心理學與人格心理學關於宗教與道德的研究，也促使正向心理學更深入認識與體會該等因素在個人生活所扮演的關鍵角色（例如：Pargament, 1997; Spilka, Hood, Hunsberger, & Gorsuch, 2003）。對於許多人而言，宗教乃是個人幸福／安樂的重要根源所在。因此，宗教也成正向心理學研究的一項重要主題。

品格的研究也占有相當重要的地位，因為美好生活的意義，或是「何謂有價值有意義的人生？」都與品格有密不可分的關聯，諸如：誠信、正直、仁慈、智慧（Peterson & Seligman, 2004）。因此，品格的修養與展現當然會關係到個人與他人的幸福／安樂。比方說，寬容（McCullough, 1999）與感恩（Emmons & McCullough, 2004）的舉止，都可能促使當事人雙方的生活滿意度獲得提升。

1.3. 正向心理學的預設、目標與定義

當初，塞利格曼之所以登高一呼，倡議成立正向心理學，其中一個很重要的出發點，就是希望能夠扭轉原本心理學偏重一方（負向心理與行為）而嚴重失衡的研究生態。因此，我們不難想像，如果正向心理學的發展重蹈覆轍，成為同樣偏重一方的專殊領域，那塞利格曼應該會相當感慨，甚至大失所望吧。值得慶幸的是，就目前看來，正向心理學的發展可說是海納百川，兼容並蓄，匯集了許多不同領域的研究與理論。

總結上述討論，我們可以指出貫穿正向心理學發展的若干共通主題。首先，正向心理學的主要預設就是，傳統心理學領域的發展有失平衡

（Simonton & Baumeister, 2005）。因此，正向心理學的一個主要目標就是希望能夠找回適當的平衡。這項目標反映在兩個有待未來進一步發展的研究與理論方向：

1. 增進心理學對於人類正向行為的理解，藉此平衡主流心理學研究與理論的嚴重負向傾斜（Sheldon & King, 2001）。就此目標而言，正向心理學家必須努力克服學界對於正向心理學研究課題的質疑（尤其是針對該等課題缺乏科學標準與合法學術地位的諸多批評）。

2. 在主流疾病模式為基礎的心理疾病分類與陳述語言之外，以實際經驗作為立論基礎，另行開發一套闡明人類健康機能的理論與陳述語言（Keyes, 2003）。尤其是如果正向心理學的目標，是希望能夠透過促進健康的生活型態來預防疾病的發生，那麼就有要對於健康有更全面而深入的認識；因此，建立一套足以分庭抗禮的理論與語言，當然就很重要了（Ryff & Singer, 1998）。

接下來，讓我們一塊兒來看看，正向心理學家如何來定義這個新興的領域。

1. 薛爾頓和金恩（Sheldon & King, 2001）主張，正向心理學「不多也不少，就是關於平常人的優點與美德的科學研究」（p.216）。此一定義強調心理學應該多多關注平常人的生活，而且強調其中應該是具有相當程度的正向意義與價值。

2. 蓋博和海德（Gable & Haidt, 2005）則提議，正向心理學應該是「研究對於個人、群體與機構之興盛與最佳機能有所助益的條件與歷程」（p.104）。這項定義與塞利格曼（Seligman, 2003）主張的正向心理學三大支柱，頗有異曲同工之妙。正向心理學三大支柱分別是：(1) 正向的主觀經驗（諸如：喜悅、快樂、知足、客觀、希望）；(2) 正向的個人特質（諸如：有益心理健康的個人優點與美德）；(3) 有益個人健康與快樂的正向社會體制與社群。

上面列舉的是關於正向心理學的總括定義。接下來，我們要介紹的是正向心理學之下的次級領域。首先，塞利格曼與同僚提議，正向心理的核心課題——幸福／快樂，應該可以分割成三大面向，分別是：(1) 歡樂的人生；(2) 認真的人生；(3) 有意義的人生（Seligman, 2003; Seligman, Rashid, &

Parks, 2006）。

這三大面向分而合一，展開了正向心理學的兩大主題（相關文獻回顧與評論，請參閱第二章），亦即，正向心理學是關於最佳生活機能與快樂／幸福的科學研究。

1. **歡樂的人生（pleasant life）**：強調幸福／快樂是個人渴望獲得的美好狀態，也就是一般人所謂的「美好的人生」（good life）。這方面的理論與研究旨在決定歡樂人生的影響因素。具體而言，什麼樣的生活狀態與個人特質可以讓人感到快樂、滿足，以及自我實現？

2. **認真的人生（engaged life）**：強調幸福／快樂就是積極投入參與某些活動（例如：工作與休閒），以及和他人的關係，從而得以表現個人的才能與優點，並且使得自己的生活變得有意義與目的。

3. **有意義的人生（meaningful life）**：強調幸福／快樂是來自超越個人小我的利害考量，投入、奉獻、犧牲小我，以完成大我的理想。誠如塞利格曼與同僚所言，所謂的「大我」也就是各種「正向的體制或組織」，例子包括：宗教社群、個人的人生哲學、家庭、慈善組織、或是有關政治、環境、社會等方面的抗爭理想。總之，充實而美滿的人生就是和某種「大我」產生連結（Seligman et al., 2006, p.777）。

1.3.1　零度以上的人生

總結而言，我們可以把正向心理學視為關於零度以上人生的研究。在此，所謂的零度就是指分隔健康與疾病，以及快樂／幸福與否的分界線。傳統心理學多半著眼於零度以下（含零度）的生活，而極少論及零度以上的生活。正向心理學就是要帶領我們，將注意焦點從疾病與不快樂的零度以下的負向生活，轉而朝向零度以上、有正向價值的人生，也就是有意義、有目標，充實而美滿的快樂人生。

就此而言，正向心理學致力探討的就是定義與促進美好生活的諸多因素，包括：個人特質、生活狀態、個人選擇、生活事件與活動、與他人的關係、超越個人小我的目標，以及諸多社會文化的因素。

總結上述定義與促進美好生活的諸多因素，並且參考其他正向心理學家

提議的定義判準，我們在此提出正向心理學的綜合定義，卓供參考。

正向心理學的綜合定義

　　正向心理學是關於如何促進美好人生的科學研究。在此，界定美好人生的衡量標準包括：快樂／幸福、身體與心理健康、有意義的人生，以及個人優點與美德。至於促進美好人生的因素則包括：個人特質、人生抉擇、生活狀態，以及社會文化因素。

1.3.2　文化與美好人生的意義

　　每一個文化對於美好人生，以及充實美滿人生的意義，都有其獨特的觀點。箇中反映出個別文化特有的理想、價值，以及哲學／宗教傳統（Ryff & Singer, 1998）。由於正向心理學大抵是源自西方文化的產物，因此不免讓人懷疑，正向心理學關於健康與快樂的理念，是否只反映出西方文化的觀點，可能不見得適用於其他的文化。

　　對於正向心理學家而言，這個問題大抵上乃是實事求是的問題，不過這當中還是難免涉及了文化層次見仁見智的爭議。對於正向心理學這樣仍處於發展階段的新興領域而言，當然不會希望強制規定「一體適用」的定義，彷彿全人類只有一種合乎該定義的美好生活。相反地，正向心理學的研究人員多半致力於「異中求同」，融會貫通個別文化獨特的美好生活理念，從中整理出美好人生的判斷基準，該等判斷基準必須夠寬廣，足以涵括所有文化的美好生活理念，同時又能夠保持適當的彈性，足以彰顯個別文化的特色，以及彼此之間的文化差異。

　　跨文化的研究發現，不同文化之間，美好生活的意義與特徵確實存在著相同與相異之處。透過廣泛的文化比較研究，研究人員不只尋求尊重個別文化的個殊特色，同時也希望能夠發掘跨越文化界線的普遍特徵，亦即大部分或所有文化一致認同的美好生活的意義，以及正向的人類特質。有關這方面

的詳細討論，請參閱本書第六章和第七章。

1.3.3　為什麼目前需要正向心理學？

為什麼目前這個時代，正向心理學突然開始吸引如此多的心理學家熱情投入？過往歷史當中，心理學界也曾經多次發出類似的呼籲，但是，為什麼直到最近這段時期，心理學家才彷如大夢初醒，聽見了如此的呼籲？

新的理念之所以能夠順利浮出檯面，其中部分原因就在於，該等理念適時捕獲了當時歷史時空之下最重要而且突出的核心主題，這也就是歷史學家所謂的「時代精神」（Zeitgeist）。若干作者（例如：Keyes & Haidt, 2003; Seligman & Csikszentmihalyi, 2000）論稱，正向心理學以切合時代精神的方式，適時回應了1990年代浮現於美國社會與心理學界日益關切或憂慮的重大議題，持續引領潮流，迎向21世紀的全新挑戰。

在這當中，最驚悚的時代隱憂就是，整個社會富裕水準達到了史無前例的高度，然而在此同時，焦慮不安的心理問題也蔓延社會各個角落。契克森米哈賴（Csikszentmihalyi, 1999）於《美國心理學人雜誌》發表了〈如果我們真的如此富裕，為什麼還會不快樂呢？〉[4]，一針見血道出了當前社會的空前隱憂。簡言之，該文發人深省指出，物質富裕的指數，舉凡個人收入、個人電腦、DVD影音光碟放映機、國民生產毛額GNP，再再顯示當今社會富裕程度已經遠遠超越了30年前。然而，各種紛擾不安與不快樂的指數也隨之連番激升。這種社會越富裕，全民卻反而越不快樂的奇怪社會現象，就是邁爾斯（Myers, 2000b）所謂的**「富裕的弔詭」**（**paradox of affluence**）。

「痛苦指數」（misery index）包括：離婚率、兒童受虐、貧窮童年、青少年自殺。塞利格曼（Seligman, 1998）強調指出，我們現在擁有的財富約為40年前的兩倍，但是人們憂慮的可能性更是高出9倍有餘。根據許多臨床心理學家的觀察，當前美國社會心理憂鬱的蔓延情形，已經達到流行

4　英文論文原始標題如後：
If we are so rich, why aren't we happy?

疫情的地步。在許多反映社會的電影與記錄片中，也可以看到創作者深入刻畫、探討富裕社會背後心靈空虛、苦悶的陰暗面向，例如：《美國心‧玫瑰情》（*American Beauty*）、《科拜倫高中殺人事件》（*Bowling for Columbine*）。

美國PBS公共電視台也以深入調查報導的方式，記錄拍攝了《洛克郡少年沉淪錄》（*The Lost Children of Rockdale County*）（Frontline, 2002）。這部影片實境記錄了一群家境優渥的青少年，他們從小備受寵愛，衣食無缺，想要什麼，父母都會大方買給他們。缺乏管教之餘，這些嬌生慣養的紈褲子弟，終日放蕩遊樂、沉緬於集體性愛遊戲，終於爆發了難以收拾的性傳染病。在媒體大肆報導之下，這些孩子親口說出了個人苦悶的生活，也讓世人看見了他們空虛的內心世界，以及徬徨頹廢的荒唐人生。

或許，不堪聞問的社會慘痛真實背後，終歸還是那句老生常談的至理名言：「金錢買不到幸福／快樂」。了解這層道理之後，我們緊接著就必須再追問，那麼如何才能找到安樂與充實的人生？可惜，傳統心理學顯然力有未逮，不太能夠提供迫切急需的答案。也是因此的緣故，正向心理學才有了趁勢崛起的機緣。這期間，911恐怖攻擊事件更凸顯了當代社會與個人的安全問題。不過，正向心理學關注的當然不限於此，除了密切關注各種衝擊當前不確定年代的重要議題之外，更努力企圖解開許多亙古恆新的人類大哉問。

1.4. 最後兩點聲明

1.4.1　正向心理學不是心理學的對立面

談論正向心理學的發展緣起，少不了就會凸顯此一新興領域和「傳統心理學」的差異。不過，這種新舊對照的做法，其實是一種權宜的策略運用，主要是希望藉由「不是什麼……」的否定描述，從而讓讀者比較容易掌握與肯定「是什麼……」。但是，這種做法也不無可能導致讀者留下不適切的印象，誤以為正向心理學就是全盤否定或反抗既有的心理學。不容否認，心理

學家長久以來的努力已經讓我們對於人類行為有了相當深廣的了解，在心理疾病的治療方面，也取得豐碩的成果。

所以，在這兒，我們的第一點聲明就是，正向心理學家主要的關懷，並不是要推翻心理學過往建立的研究成果，而是要致力於探索過去忽略而未曾開發的領域。如果說正向心理學有所謂的抗衡立場，那麼主要批評或關注的焦點乃是希望，改善過往心理學片面傾向負向心理的失衡狀態。

根據薛爾頓和金恩（Sheldon & King, 2001），正向心理學所要傳達的最根本宗旨就是：「正向心理學因此是一種努力與嘗試，希望心理學家能夠採取比較開放的觀點，來看待及欣賞人類的潛能、動機與能力」（p.216）。總之，正向心理學旨在擴展心理學對於人類行為的理解，而不是要取代既有的心理學。

1.4.2 正向心理學與維持現狀

正向心理學的研究顯示，個人的健康與幸福／快樂有相當程度取決於吾人對於生活所持的態度。不過，這是否就意味，生活的情境因素就無關緊要呢？假設，你家徒四壁，失業多時，住家附近又緊鄰犯罪氾濫的區域，在這樣的現實狀況之下，你是否還會覺得，你的態度可以完全決定自己快樂與否，而不會受到上述現實狀況的影響？如果，快樂與否只牽涉到個人的態度，而與金錢不太有關係，那麼我們是否可以無須理會社會上的貧窮問題？

換個方式來講，正向心理學在探索與肯定有助於個人快樂、幸福、健康的生活態度、能力與各種資源的同時，是否也等於合理化資源與權力分配不平均的正當性，從而為虎作倀，支持維護缺乏公平正義的社會現狀？如果，幸福快樂純屬個人主觀因素的產物，而與物質因素不太有關聯，那麼我們又何須在意社會上各種物質資源分配是否合乎公平正義呢？

有若干理由可以澄清，正向心理學並沒有合理化維持社會現狀的立場與做法，分別簡述如後：

1. 外在生活狀態對於個人生活品質確實非常重要。面臨生活困境之餘，要繼續維持正向的態度恐怕也是有其限度。一般而言，貧窮的人比衣食無缺的人來得不快樂些；再者，若干創痛，例如：配偶過世，確實

會給個人的快樂帶來深遠的影響（Diener, 2000）。

2. 大部分關於主觀幸福／安樂的研究，對象都是生活條件相對舒適的人士，因為基本需求不虞匱乏，所以影響生活滿意度的因素當然就會傾向落在心理與社會的層面。以美國為例，大部分民眾似乎都還算是生活快樂（Myers, 2000a），這種社會現象可能反映出，美國民眾普遍享有擇其所愛的自由，得以隨心所欲追尋個人志趣的生活目標。影響所及，美國人普遍就比較容易感到樂觀與滿足，快樂自然而然發諸心而形於外了。樂觀、滿足、快樂，這些都是建立在經濟生活安定的前提之上。不過，反過來說，擁有財富與物質享受，並不能保證快樂或滿足。在這兒，正向心理學傳達的另一個道理就是：物質匱乏會讓生活慘澹難受；但是財富雄厚倒也不見得就會讓生活快樂、充實。

3. 關於快樂的原因與資源分配公平正義的問題，最好分開解決。也就是說，不論正向心理學研究發掘的快樂／幸福來源是什麼，人們還是得面對處理公平正義的議題。公平、人人機會平等、公平待遇，這些都是美國的基本價值。因此我們身為正向心理學家當然責無旁貸，必須在自己能力所及的範圍之內，努力去促進該等理想的實現。歧視與不平等可能造成悲慘的生活；然而，機會平等是每個公民都應該享有的權利，不應該因為個人主觀感覺不同而有所差別。沒有人需要先證明自己淒慘可憐或不快樂，才有權利獲得公平待遇或平等機會。

本章 ✊ 摘要問題

1. 從正向心理學的觀點來看，為什麼米爾格蘭的研究呈現的是一種有失平衡的人性觀點？

2. 為什麼人們傾向認為，人類行為的負向層面比正向層面更具有真實性？

3. 為什麼負向行為比正向行為受到更多的重視？

4. 疾病模式如何促使傳統心理學傾向採取聚焦負向層面的觀點？

5. 根據塞利格曼的看法，為什麼需要發展正向心理學？正向心理學和人本心

理學有何關聯？

6. 根據健康心理學最近的研究顯示，正向情緒與負向情緒對於身體健康分別有哪些不同的影響作用？

7. (1)「修女研究」是根據哪些基礎，從而導出可以透過情緒生活來預測壽命長短的研究假設？

　 (2) 請簡短描述「修女研究」的研究設計與主要發現。

8. 為什麼臨床心理學對於正向心理學感到興趣？請舉出兩個理由，並簡短描述說明。

9. 發展心理學家關於反彈復甦力與創傷後成長的研究，對於正向心理學有何貢獻？

10. 調查研究顯示，金錢對於個人的快樂／幸福有何影響效應？

11. 社會心理學與人格心理學對於正向心理學有何貢獻？請舉出三個例子，並簡短描述說明。

12. 正向心理學的主要預設和目標是什麼？

13. 請描述說明塞利格曼如何以三個組成面向來定義快樂。

14. (1) 為什麼正向心理學被認為是一種關於零度以上人生的研究？

　 (2) 本書作者如何綜合定義正向心理學？

15. 哪些文化上的變遷與弔詭因素，可能促成正向心理學的發展？

16. 為何說正向心理學與傳統心理學乃是互補，而不是相反或對立的關係？

17. 請討論正向心理學與維持社會現狀之間牽涉的相關議題。

關鍵字

壞的比好的更強而有力（bad is stronger than the good）

疾病模式（disease model）

主觀幸福安樂（subjective well-being）

創傷後成長（posttraumatic growth）

歡樂的人生（pleasant life）

認真的人生（engaged life）

有意義的人生（meaningful life）

富裕的弔詭（paradox of affluence）

網路資源

· 正向心理學

http://www.positivepsychology.org

正向心理學中心（Positive Psychology Center）官方網站，隸屬美國賓州大學。站內提供正向心理學的目標、研究與理論，內容相當豐富。

http://www.apa.org

美國心理學會官方網站，站內提供有關正向心理學文章與書籍的資訊。

http://www.pos-psch.com

「正向心理學每日新聞網」（Positive Psychology News Daily），美國賓州大學碩士學程研究生設置。站內收錄正向心理學的最新研究，以及其他「好玩」的資訊。

· 修女研究

http://www.mc.uky.edu/nunnet

「修女研究」專屬網站，隸屬美國肯塔基大學，站內提供修女研究以及相關研究的資訊。

· 真實性的快樂

http://www.authentichappiness.org

正向心理學鼻祖馬汀·塞利格曼暢銷著作《真實性的快樂》（*Authentic Happiness*）專屬網站。站內提供正向心理學研究摘要，以及各種正向心理學的自我評量測驗。

 延伸閱讀

Argyle, M. (2001). *The Psychology of happiness* (2nd ed.). Great Britain: Routledge.

Aspinwall, L. G., & Staudinger, U. M. (Eds.). (2003). *A psychology of human strengths: Fundamental questions and future directions for a positive psychology*. Washington, DC: American Psychological Association.

Gable, S. L., & Haidt, J. (2005). What (and why) is positive psychology? *Review of General Psychology, 9*, 103-110.

Keyes, C. L. M., & Haidt, J. (Eds.). (2003). *Flourishing: Positive psychology and the life well-lived*. Washington, DC: American Psychological Association.

Linley, P. A., & Joseph, S. (2004). *Positive psychology in practice*. Hoboken, NJ: Wiley & Sons.

Myers, D. G. (1992). *The pursuit of happiness*. New York: Avon Books.

Seligman, M. E. P., & Csikszentmihalyi, M. (2000). Positive psychology: An introduction. *American Psychologist, 55*, 5-14.

Sheldon, K. M., & King, L. (2001). Why positive psychology is necessary. *American Psychologist, 56*, 216-217.

Snyder, C. R., & Lopez, S. J. (Eds.). (2002). *Handbook of positive psychology*. New York: Oxford University Press.

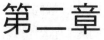

第二章

快樂幸福的
意義與測量

這一章要開始來探索心理學如何回答一些亙古恆新的人生大哉問。什麼是美好人生？怎樣才算有價值、有意義的生活？快樂與幸福的基礎是什麼？

西方文明伊始的古希臘時代以來，人們就不斷思索這些問題的答案。美好的人生是否建立在以最小的痛苦，追求最大的歡樂，就像伊比鳩魯學派主張的享樂主義那樣？抑或是如同斯多葛學派禁慾取向的享樂主義，應該清心寡慾，以便痛苦得以降到最低程度？又或者，誠如亞里斯多德提出的幸福主義（*eu-daimonic*），快樂應該從真理的表達當中去發掘，也就是通過實現真實的自我，從那當中就可能尋獲美好的人生？

回過頭來，讓我們再來看看日常的現實生活，每天當人們碰面打招呼的時候，少不了會彼此問候：「最近過得如何？」（How are you doing?）回答這

樣的日常問題，當然很少人會引經據典，鑽到哲學古籍裡頭去尋索答案。人們脫口而出的答案，不論是不錯、很好、馬馬虎虎，或是不太好、糟糕透了，或多或少也都反映出個人對於福樂安適狀態的一種自我評估。

接下來，讓我們把問題的層面擴大，「我們*整體社會*過得如何？」在回答之前，我們就必須慎重考量，快樂與美好生活的定義是什麼。我們心中嚮往的理想社會反映出社會整體的美好生活。家長、老師、政府、宗教都會以實現該等美好生活為目標，鼓勵或倡導應該擁有的個人品行或行為規範。就個人而言，每個人對於自己想要的生活，也都有若干的想法或期待，我們會設立生活的目標，努力去追尋心中美好的人生。

大抵而言，多數人都希望擁有快樂而圓滿的人生。問題就在於，什麼是快樂而圓滿的人生？正向心理學主要是從個人主觀心理的觀點來切入這個問題。這意思就是說，重點會擺在探討人們會如何根據個人對於生活品質的評量標準，來判斷自己的福樂安適狀態。

2.1. 為什麼需要建立福樂安適心理學？

美國人針對集體生活與個人生活的許多面向，蒐集了許多資料，用來計算、評比、測量「我們社會整體過得好不好？」透過各級政府以及民間機構蒐集的統計資料，我們可以見識到社會整體生活諸多面向呈現的樣貌。

經濟指數評估的是總體經濟的狀態，其中包括：失業率、貧窮人口總數、國民年收入、房貸利率、股市表現。社會指數評估民眾的健康、家庭與社區的社會福利狀態（Diener, 1995; Diener & Suh, 1997）。衡量身體健康的統計數字包括：國民平均壽命、罹患重大疾病的人數（例如：癌症、心臟病、愛滋病）、新生嬰兒死亡率、投保健保的百分率。心理健康的統計數字包括情緒障礙問題者的百分率，例如：憂鬱症、藥物濫用、焦慮症、自殺。社區與家庭的福祉則包括以下統計數字：離婚、單親家庭、清寒家庭、未婚媽媽、受虐兒童、重大犯罪、自殺。

總合而言，上述統計數字可以代表一個國家的**痛苦指數（misery**

index）。痛苦指數越高，就表示該國民眾承受的問題越多、越嚴重，生活品質也就越不好。貧窮、憂鬱、重病又沒有健保、失業、家人自殺這些都是導致痛苦的來源。大多數的人應該都會同意，降低痛苦指數乃是政府社會、經濟政策的重要目標。在心理學界，許多研究與實務都是致力於預防與處理痛苦指數的相關問題。正向心理學家同意，這些問題確實很重要，也非常值得投入心力去解決。不過，正向心理學提議，上述的統計資料所提供的社會福利圖像其實不甚周延，還可能有誤導之嫌，不足以充分而確實回應「我們過得好不好？」這個攸關全民福祉的問題。

2.1.1 客觀測量 vs. 主觀測量

很早以前，許多研究人員就已經發現，衡量個人客觀生活狀態的經濟指數和社會指數（例如：收入、年齡、職業），與個人對於自我幸福安樂的判斷，彼此的相關程度非常薄弱（Andrews & Withey, 1976; Campbell, Converse, Rodgers, 1976）。

迪勒（Diener, 1984）在回顧上述研究文獻之後，評論道：主觀的幸福安樂（subjective well-being，縮寫SWB）乃是衡量幸福安樂不可或缺的要素，其中包括：生活滿意度，以及正向和負向的情緒經驗。反觀上述只針對客觀生活狀態的統計指數，顯然都忽略了這個關鍵的層面。

主觀幸福安樂（亦即日常口語所說的快樂），反映出個人對於自我生活品質的判斷。從主觀幸福安樂的觀點來看，經濟指數和社會指數並沒有提供完整的全貌，因為該等指數沒有直接評估人們對於自我生活的滿意或快樂感受程度（Diener & Suh, 1997）。雖然，這些指數描述了人們生活的某些「事實」，但是並沒有讓我們知道，人們對於該等事實的看法與感覺。

為什麼對於決定個人幸福安樂而言，個人的主觀感受占有很重要的角色呢？簡述若干理由如後：

1. 不同的人對於相同的情境（經濟與社會統計數據）可能有截然不同的感受與反應，可能是因為個別的期待、價值與過往經驗不同所致。主觀的評量有助於我們站在個別的觀點來詮釋各項「事實」。
2. 快樂與生活滿意本身就是很重要的生活目標。美國獨立宣言明文規

定：「追求快樂」乃是美國人不容剝奪的權利。調查研究也顯示，人們普遍把快樂列為生活重要目標的前幾名。比方說，橫跨42個國家，7,000名大學生的調查研究發現，各國的學生都把追求快樂與生活滿意，列為最重要的生活目標之一（Suh, Diener, Oishi, & Triandis, 1998）。在許多人的觀念當中，快樂乃是構成美好生活與理想社會的核心要素（Diener, Oishi, & Lucas, 2003）。

如果我們認為，經濟指數與社會指數就可以充分反映人們快樂與滿足的狀況，這就有可能會產生誤導的印象。研究顯示，個人的快樂程度取決於許多因素，而其中有許多是經濟指數與社會指數無從測量的。

比方說，個人所賺錢財多寡和快樂程度高低，兩者之間關聯其實相當薄弱（Csikszentmihalyi, 1999; Diener, Suh, Lucas, & Smith, 1999）。在過去50年間，平均個人所得翻升了三倍，但在同一時期，戶口普查結果卻發現，人們感受的快樂／幸福並沒有隨之上升。很明顯地，社會統計資訊確實能夠告訴我們，什麼樣的人可能會不快樂。20%的美國人感到憂鬱，依照定義來看，這些人就是對自己生活不滿意（Kessler et al., 1994）。不過，大部分的全國統計資訊無法告訴我們誰可能快樂。假設，我們知道某人有一份好工作，不錯的收入，已婚，擁有自己的房子，心身健康，然而我們還是不知道，這樣一個人是否快樂或滿足。

總而言之，迪勒與同僚論稱，要完整評估一個社會的生活品質，除了經濟指數與社會指數之外，還必須加上快樂的測量（Diener et al., 2003）。

2.1.2 負向功能 vs. 正向功能

另外，還有些研究者則認為，經濟指數與社會指數之類的統計資訊之所以不夠充足，乃是因為該等統計沒有納入考量人們的生活優勢能量、最佳生活機能（optimal functioning），以及正向心理健康狀態（Aspinwall & Staudinger, 2003; Keyes, Shmotkin, & Ryff, 2002; Ryan & Deci, 2001）。比方說，黎弗和基斯（Ryff & Keyes, 1995）主張，以六項要素來定義「心理福樂安適」（psychological well-being），分別是：自主性、個人成長、自我接受、生活目標、環境掌握、正向的人際關係。他們論稱，必須擁有這

些優勢能量，並且充分實現諸多潛能，才能算是福樂安適而且生活機能發揮完善的個人。

就此觀點而言，前述國家層級的諸多統計（特別是關於心理疾病）就是不充足的，因為只檢視了疾病的有無、負向或失常的機能，而沒有考量優勢能量與正向機能。心理健康統計主要著眼於心理疾病的病態症狀，而不是心理安適的正向標記（Keyes, 2002; Ryff & Singer, 1998）。誠如基斯所言（Keyes, 2003），沒有心理疾病不必然就代表心理健康。

基斯的主要分析結果請參閱圖2.1。如圖所示，每一年當中，大約有26%的美國成人遭受心理疾病。這是否意味，其餘74%的美國人就是心理健康呢？基斯的研究結果發現，事實並非如此。心理健康或心理興盛（flourishing）只有17%，而心理蕭瑟（languishing）則有10%。心理蕭瑟是指，感覺壓力或精神不振，但是程度還沒嚴重到心理疾病的診斷標準。

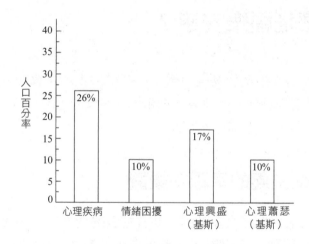

圖 2.1　心理疾病與心理健康

資料來源：Mental disorders data from National Institute of Mental Health. The numbers count: Mental disorders in America, Rev. 2006. Retrieved August 2007 at http://www.nimh.nih.gov/publicat/numbers.cfm Flourishing/languishing percentages from Keyes, C. L. M. (2007). Promoting and protecting mental health and flouring: A complementary strategy for improving national mental health. *American Psychologist, 62*, 95-108.

正向心理學論稱，缺乏主觀幸福安樂與正向心理機能的測量，就無法完整評估「我們過得好不好？」基於此點結論，迪勒和塞利格曼（Diener & Seligman, 2004）最近詳細檢視了福樂安適研究對於社會政策的連帶關係。他們呼籲，政府應該建立國家層級的福樂安適指數，以茲補足現行有所不足的經濟指數與社會指數。國家層級的福樂安適指數將可以透過有系統的評量方式，有效凸顯現階段尚未評量的若干重要的個人與集體生活特徵。這樣的指數對於社會政策，可以帶來重大而正向的效應，也會促使我們對於生活品質的看法有所改觀。目前，歐洲已經有若干國家開始正視這項議題，比方說，德國的國家社會經濟資料庫（German Socioeconomic Panel）與歐盟的民意調查（Eurobarometer）就是由政府機構主辦，針對民眾的生活滿意度和福樂安適，定期進行民意調查。

2.2. 什麼是福樂安適？

什麼是美好的人生？什麼是快樂？什麼樣的生活才算是令人滿意的生活？怎麼過活才算有價值、有意義？你希望什麼樣的生活？還有蓋棺論定之後，你希望別人如何看待你的一生？

2.2.1 享樂主義的幸福安樂觀

說到美好人生，也許大多數的人都會把長壽列為第一願望。不過，活得久不代表就是活得好，否則的話，就不會有人想要自殺，提早結束生命。因此，除了活得久之外，生活品質也是很重要的。談到生活品質，快樂應該是許多人列為願望表單的榜首。大部分的人應該會希望，能夠有快樂而又滿足的生活，最好是喜樂多過於悲苦。尤其在美國社會，快樂與否更是決定個人生活是否美滿的重要因素。享樂主義的幸福安樂觀，最主要的原則就是以快樂與否，作為判斷幸福安樂的重要根據（Kahneman, Diener, & Schwartz, 1999; Ryan & Deci, 2001; Waterman, 1993）。

　　心理學的享樂主義與哲學的享樂主義有許多相似之處。在哲學領域當中，雖然享樂主義有許多不同的派別（其中最古老的派別可以追溯到古希臘時期），但是整體而言，都有一個共通點，那就是主張生活的主要目標就是追尋快樂。在心理學領域當中，最具代表性的就是**主觀幸福安樂**（**subjective well-being**）的研究（Diener, 1984; Diener et al., 1999）。主觀幸福安樂的研究採取比較寬廣的快樂定義，而不只是狹義享樂主義的短期快樂或生理快樂。主觀幸福安樂包括以下三項構成要素：生活滿意度、正向情感性、負向情感性。

　　最近5年以來，以主觀幸福安樂模式為基礎理論架構的研究如雨後春筍（Ryan & Deci, 2001）。主要的研究議題集中在探討什麼樣的個人特質，以及什麼樣的生活經驗，可能讓人福樂安適。本書很大的篇幅會用來回顧與評論主觀幸福安樂模式的研究與理論。

2.2.2　幸福主義的福樂安適觀

　　生活快樂，就算是美好的生活嗎？如果，你的生活只有快樂，除此之外一無所有，這樣的生活你會滿意嗎？

　　在這兒，且讓我們來看看塞利格曼（Seligman, 2002a）提供的一個虛構例子。假設有一台神奇的「歡樂機器」，凡是套上這台機器的人，就可以一輩子快樂無虞，或是永遠處於任何一種自己渴望擁有的正向情緒。不過，請注意，一旦套上之後，就永遠無法卸除。如果，你有機會可以擁有這樣一台機器，你會選擇讓自己被套牢一輩子嗎？

　　初期，可能會覺得蠻喜歡的，但是再仔細想想，一輩子只能感受一種情緒經驗，不論遇到什麼狀況或問題，都只能是同樣的歡心喜悅或一成不變的正向反應，這樣單調的快樂人生，恐怕沒有人受得了吧。再者，有些負向的情緒經驗可能也有其本身無可取代的價值。比方說，恐懼的情緒感覺可以促使人們避開危險，從而有助於維護福樂安適。如果，完全沒有恐懼或其他負向情緒，我們很可能會做出很糟糕的抉擇。我們也許會很痛快，但是可能就沒辦法終老天年。

　　塞利格曼（Seligman, 2002a）認為，我們也可能自信自己有資格，可

以憑著個人擁有的正向特質，以及表現的正向行為，而名正言順得到各種正向的情緒經驗，因此基於這樣的緣故，而拒絕上述的神奇歡樂機器。脫離現實的歡樂，無法肯定或表現我們個人所具有的獨特性。

最重要的是，我們大部分的人之所以拒絕該歡樂機器，乃是因為我們相信，除了快樂與主觀的喜樂之外，生活還有其他許多值得珍惜的地方。或者，誠如塞利格曼（Seligman, 2002a）所言，人生還有一種更深刻，而且更「真實的快樂」（authentic happiness）。古典希臘哲學有很大的部分，就是在探索幸福、快樂與美好人生的深層意義。

根據瓦特曼（Waterman, 1990, 1993）的看法，心理學領域有兩大幸福／享樂主義觀點，分別是源自於古典哲學的享樂主義與幸福主義。享樂主義的幸福享樂主義主張，幸福快樂就是享受生活的各種樂趣。我們在日常生活當中經常說的快樂，大抵上就是反映這種觀點：我們享受生活；我們滿意自己的生活；我們生活當中，好的事情多過於不好的事情。

相對地，幸福主義的福樂安適觀則主張，幸福快樂就是自我實現，也就是表達與實現個人內在的潛能。其中，最完整的論述就是來自亞里斯多德的著作。根據這種觀點，美好的生活就是本諸個人的「*daimon*」而生活（所謂「*daimon*」，亦即真實自我）。換言之，幸福快樂乃是基於努力自我實現而產生的。在自我實現的過程當中，個人在生活當中，會努力發揮自己的才能，並且尋求滿足自己重視的需求與價值觀。幸福／快樂的古希臘字「*eudaimonia*」就是由「*eu*」（美好）與「*daimon*」（真實自我）兩個字根組合而成；換言之，實現真實自我就能夠完成美好的人生。

幸福主義的福樂安適觀和人本心理學頗有異曲同工之妙，例如：馬斯洛強調自我實現（Maslow, 1968），以及羅傑斯強調全人的生活機能（Rogers, 1961），而幸福主義的福樂安適觀則主張，融合該等理論觀點，以茲建立健康身心發展，以及最佳生活機能的判斷標準。

什麼樣的經驗可以使人獲得幸福論的幸福快樂？華特曼（Waterman, 1993）論稱，幸福論的幸福快樂乃是源自於個人真實自我呈顯的經驗（experience of personal expressiveness）。當我們全神貫注，投入從事足以表達個人價值觀的活動，我們就會進入個人真實自我呈顯的經驗，明白地展現自己是什麼樣的一個人。在這種情況當中，我們會有一種充實而有意義

的感覺，深刻感受到真實無妄的生命力，我們會清楚意識到個人的真實自我（我是什麼人）與理想自我（我應該是什麼人）。

在這兒，你也許會想問，享樂主義與幸福主義的幸福快樂觀究竟有多大的差別呢？能夠帶給人們歡樂的事情，是不是通常也能夠讓人表現個人的才能，實現個人的價值觀，從而獲得深刻的人生意義呢？華特曼認為，能夠帶來享樂主義樂趣的事情遠多於能夠產生幸福主義福樂安適的事情。舉凡喝酒、吃巧克力、泡湯，許許多多的事情都能夠帶來歡樂；但是，只有極少數的事情能夠牽動個人重大的價值與自我觀，從而產生深刻的人生意義。

幸福快樂的兩類觀點：幸福主義自我表達與享樂主義歡樂的對照[1]

為了檢視這兩種不同的主義，華特曼（Waterman, 1993）請一群大學生回答如後的問題：「請說出5項你認為對你很重要的活動，藉此來讓別人了解你是怎樣的一個人」（p.681）。這5項活動應該能夠反映與表現出答題者的個性、才能、價值觀。然後，研究者再針對個別活動，進行享樂主義歡樂性與幸福主義自我表達性的評量。

其中，享樂主義歡樂性的評量問題聚焦於：該等活動是否產生諸如：興高采烈、快樂、歡樂、樂趣等正向感覺。幸福主義自我表達性的評量包括如後的問題：該等活動是否帶來強烈的真實自我感、充實與圓滿的感覺、強烈投入的感覺，以及自我—活動適合度（self-activity-fit）。

研究結果發現，這兩方面的評量有著顯著的重疊。有二分之一至三分之二的時候，個人自我呈顯性的活動，同時也會產生相當程度的享樂主義歡樂。不過，對於某些活動而言，這兩方面的評量則有著相當明顯的各異其趣。享樂主義歡樂的活動比較傾向於給人輕鬆、興奮、滿足或快樂，也會讓人渾然忘我，忘了時間的流逝，也會讓人暫時把各種惱人的問題拋諸腦後。相對地，幸福主義的自我呈顯性活動比較傾向於產生挑戰感、勝任能力感、

1　英文論文原始標題如後：

Two conceptions of happiness: Contrast of personal expressiveness (eudaimonia) and hedonic enjoyment.

投入努力，而且會帶給人成長與發展技巧的機會。

2.2.3　焦點研究：正向情感性與有意義的人生

自從華特曼（Waterman, 1990, 1993）將幸福快樂分為享樂主義與幸福主義兩類觀點之後，有蠻長的一段時間內，只有少數幾位研究者針對這兩類主義觀點的異同展開對照研究。不過，最近有一項研究，蘿拉・金恩（Laura King）與同僚，重新檢視此一議題，她們對照探索正向情感性與生活意義之間的關係（King, Hicks, Krull, & Del Gaiso, 2006）。

正向情感性與有意義的人生經驗[2]

根據金恩等人（King et al., 2006）的研究定義，正向情感性（positive affect）是一種統稱說法，泛指各種歡樂情緒，諸如：喜悅、滿足、歡笑、愛。生活有意義（meaningfulness）則指稱，更具有個人自我呈顯與投入的活動，可以讓我們向外擴展個人的人生觀，甚至是超越現實俗世的宇宙觀。

金恩與同僚特別指出，正向情感性一直被認為是屬於享樂主義幸福享樂主義的核心構成要素，而與幸福主義的福樂安適比較沒有關聯。事實上，從幸福主義關於「美好生活」的觀點來看，追求歡樂的生活很可能會干擾人們投入追尋有意義的人生。相較於具有深度的人生目的，歡樂只不過是淺薄的替代品。歡樂生活與人生意義之間，近乎對立的差距實在是太明顯了，也許就是因為這樣的緣故，所以長久以來，一直沒有太多的研究者投入探索其中可能存在的相互連結。

不過，金恩等人的研究卻有不一樣的看法，她們質疑，正向情感性與生活意義之間的界線，可能並不像人們原本想像的那樣涇渭分明。正向情感性也許能夠增進人們發現生活目的與生活意義的諸多能力。

於是，金恩等人開始回顧相關研究文獻，結果發現有相當多的研究結果

---

[2]　英文論文原始標題如後：
Positive affect and the experience of meaning in life.

都指出，有意義的人生與正向心理機能，兩者之間存在顯著的關聯。體驗到自己的生活是有意義的，這樣的感受可以有效預測人生各階段的健康與快樂狀態。從人生困境當中找尋生活的意義，這有助於正向的因應與適應。生活的意義可能來自於個人立定的目標、滿足內在需求的活動、人際關係、改善自我的努力、超越俗世現實的哲學或宗教，舉凡這些都有助於擴展個人對於人生旅程的視野，也有助於個人從看似紛亂而零碎的世事當中，找出和諧、連貫而融洽的人生意義。

　　不論個人對於生活意義的看法是基於哪些基礎或來源，人們顯然都有能力可以大致判斷生活的目的與意義。因此，研究者在研究當中並沒有統一擬定生活意義的定義，而是讓每一位研究參與者自行參照使用個人對於生活意義的看法。結果發現，人們對於個人生活是否有意義與目標的感覺與判斷，和個人的福樂安適狀態有著極高的關聯性。

　　另一方面，正向情感性又如何可能增進生活的意義感呢？金恩等人相信，正向情緒會敞開個人的想像力與創造力，把眼前擔憂或關切的問題，擺放到更寬廣的脈絡當中，有助於想出更多不同的意義。就此來看，正向情緒也許就這樣增進了當事人的生活意義感。比方說，挑個風和日麗的一天，盡情漫步在山林之中，或是放學下班之後，呼朋引伴一塊尋歡作樂，在歡愉的心情之下，就可能促使你對於自己面臨的問題處境有不一樣的看法，或是重新發覺這樣或那樣的生活也是很有價值，很有意義的。

　　正向情緒也可能是有意義的活動或事件的標記。當個人的重大目標有所進展的時候，當事人會有一種飄飄然的美好感覺。自我評量生活滿意度的時候，如果評量者當下或最近心情很不錯，那麼自評的生活滿意度就可能隨之上揚。有意義與自我呈顯的活動往往伴隨著令人愉悅的感覺。這很有可能是因為，正向情感性與生活意義感的連結已經烙印在我們的大腦記憶當中。類似的道理，聖誕節期間的燈飾、節慶音樂，以及飄蕩在空中的特殊氣味，這些都有可能會讓人聯想起童年的歡樂時光。正向的情意很可能就這樣讓人聯想起各種美好生活的意義感。

　　透過一系列的六項研究，金恩與其同僚發現，正向情感性和生活意義之間確實呈現穩定的相互關聯。

1. 不論是全面性的判斷，或是每日的評量，正向情感性與生活意義都呈現相當高的相關性。

2. 就個人特質來看，相較於正負向情意特質者，正向情感性特質者傾向覺得自己的生活經常是充滿意義的。

3. 以一日為評量單位的研究來看，被評為有意義的一天，大抵而言，擁有較多的正向情緒經驗，以及較少的負向情緒經驗。

4. 日記當中出現諸如下列的字句：「今天，我感覺生活充滿意義，很有目標感。」或是「今天，我有一種感覺，明白我活在這兒是有道理的。」那麼當天往往也會有較多描述正向情緒的經驗。

5. 目標的追尋乃是生活目的感的重要來源。金恩等人研究針對個人目標評量的效應進行因素分析，結果發現，正向情感性和生活意義的增進有著顯著的相關。

6. 研究者應用初使促發技術，誘導參與者思考或感覺正向或負向的情緒，另外還包括沒有接受誘導的控制組。結果發現，相較於負向心情的對照組與控制組，正向心情的參與者傾向自評生活較有意義，而且也比較能夠清楚分辨有意義的實驗任務與無意義的實驗任務。

總而言之，金恩等人的研究指出，意義與正向情緒之間可能存在著雙向交互影響的關係。換言之，一方面，有意義的活動與成就會帶來歡樂與滿足感；另方面，正向情緒經驗則會增高生活意義與目的感。金恩等人的研究如此結論：「享樂主義的歡樂生活和比較『有意義的追求』之間，不應該是劃清界線互不相干」，「……有意義的生活，也少不了歡樂」（King et al., 2006, p.191）。

雖然，享樂主義與幸福主義的福樂安適觀之間，彼此有著明顯的重疊；不過，大抵而言，以這兩類模式為基礎的福樂安適研究路線，彼此之間還是區隔得蠻清楚的（Ryan & Deci, 2001）。享樂主義的研究路線，最具代表性的例子就是SWB主觀幸福安樂的研究。至於幸福主義的研究路線則包括：最佳機能研究、正向心理健康研究，以及心理興盛研究。

2.3. 主觀幸福安樂：享樂主義的基礎觀點

　　「主觀幸福安樂」（subjective well-being）和人們平常所說的「幸福／快樂」（happiness），兩者的意義內涵其實有許多共通之處。「主觀」是指存乎個人心裡的感受。也就是說，那是個人對於自我生活的一種評估，而不是來自外在觀察者或評量者的評估，也不是基於客觀資訊（例如：身體健康、工作狀態，或個人收入）而推論出來的結果。誠如邁爾斯和迪勒（Myers & Diener, 1995）所言：快樂與否，最終定奪還是得看「臭皮囊底下的那個人」說了算數（p.11）。

　　根據迪勒（Diener, 2000）對於SWB主觀幸福安樂的描述性定義，「SWB就是個人對於自我生活品質的評價，這評價同時涉及了情意與認知的層面。當他們感受許多愉快的情緒，很少不愉快的情緒；當他們投入有趣的活動；當他們經歷到許多歡樂的事情，很少痛苦的事情；當他們滿意自己的生活，在如此的感覺與認知之下，他們就會有很高的SWB」（p.34）。簡言之，一個人如果SWB很高，那麼他或她的生活就是美好的。文獻回顧當中，經常會把幸福／快樂（*happiness*）與主觀幸福安樂（*subjective well-being*）視為同義詞，並且交替使用。

2.3.1　主觀幸福安樂的測量

　　早期的研究乃是直接評量個人對於自我的幸福安樂感知。全國普查的研究，成千上萬的民眾接受訪查，調查受訪者對於幸福／快樂、生活滿意度，以及對於個人生活的諸多感覺（文獻回顧與評論，請參閱Andrews & Withey, 1976; Campbell et al., 1976）。訪查的題目可能類似下列的例子：

　　「整體而言，你對自己最近的生活有什麼感覺——你會說，非常快樂、有些快樂，或是不太快樂？」

　　「整體而言，你對自己的生活有多滿意？非常滿意、滿意，或是不太滿意？」

　　另外，有些研究人員則是請研究參與者檢視一系列的臉部表情圖樣

（請參閱圖2.2），從中挑選一張最能代表個人整體生活快樂程度的臉形（Andrews & Withey, 1976）。

最近研究普遍認為，SWB具有三項主要的構成要素：生活滿意度、正向情感性、負向情意，分別由不同的量表測量（Andrews & Robinson, 1992; Argyle, 2001; Diener, 2000; Diener et al., 1999）。生活滿意度是指，個人對於自己生活滿意程度的認知判斷。正向情感性是指，歡樂情緒（諸如：快樂或喜悅）的強度與頻率。負向情意是指，厭惡情緒（諸如：悲傷或憂慮）的強度與頻率。

上述SWB的三要素結構，已經獲得相當多研究的實證支持（例如：Bryant & Verhoff, 1982; Compton, Smith, Cornish, & Qualls, 1996; Lucas, Diener, & Suh, 1996）。這些研究樣本規模很大，而且也應用了許多不同種類的測量方式與量表工具；各項測量獲得的資料，再進行統計因素分析，檢視各項測量要素之間的關係。研究結果顯示兩項重要的發現：

1. 統計因素分析結果顯示，各項測驗量表都可以歸結為單一因素。這也就是說，即便SWB的測量有多樣化的諸多類型，但是所有的測量似乎都探測著相同的一個維度。

2. 研究也顯露，SWB具有三項主要的因素成分：「生活情境因素」、「正向情感性因素」、「負向情意因素」。這三項因素分別都與上述的共同維度呈現強烈相關，至於這三項因素彼此之間，則呈現中等程度的相關。這意味著，這三項因素乃是相對獨立的子維度，而且各自對於共同維度或母維度有著獨特的貢獻。

三項子因素相互關聯，而且指向一個共通的維度，這樣的結構關係，對於研究實務頗有些值得注意的蘊含意味，因為大多數的研究者並沒有全部測量三項子因素（Diener et al., 2003）。研究人員使用各種方式來測量SWB

圖 2.2　臉部表情圖樣快樂測驗

的其中某些要素，然後，透過文獻回顧評論或是後設分析，就可以從中進行對照比較或是綜合評鑑。

　　不過，迪勒（Diener, 2000）特別提醒，上述做法其實只是便宜行事的取巧做法。以科學評量的角度來看，比較理想的做法應該是三項構成要素都納入檢視。就此而言，需要更多研究人員持續投入開發更周延的SWB測量工具，這應該是攸關正向心理學未來發展的重要任務。

　　本書介紹的諸多SWB測驗量表，大部分都收錄在塞利格曼「真實快樂」（Authentic Happiness）網站（網站簡介與網址，請參閱本章附錄的網路資源），讀者可以自行上網，在線上測試自己的各種SWB測驗分數與分數所代表的意涵。

2.3.2　生活滿意度

　　多項題目的生活滿意度量表，由於信度與效度比較理想，因此已經逐漸取代了傳統單一題目的方式。其中，比較廣為採用的就是「生活滿意度量表」（Satisfaction with Life Scale）（Diener, Emmons, Larsen, & Griffen, 1985）。此量表包含5道題目，採用七點量尺的計分方式，受試者必須針對該等題目描述的情況，全面性地評量個人對自我生活品質，填入最貼近個人感知的分數，最後將5道題目的分數加總，即可得到生活滿意度分數（改寫自Diener, Lucas, & Oishi, 2002, p.70）。

　　迪勒等人（Diener et al., 2002）建議，可以採用如後方式，來詮釋量表總分代表的意義。

1. 總分20分以下，表示生活不滿意。其中，又可細分為：5-9分，極度不滿意；10-14分，大部分不滿意；15-19分，少部分不滿意。
2. 20分，表示普通，沒有特別滿意之處，也沒有特別不滿意之處。
3. 20分以上，表示生活滿意。其中，又可細分為：21-25分，少部分滿意；26-30分，大部分滿意；31-35分，極度滿意。

　　若干大規模的調查研究顯示，大部分的美國人總得分落在21-25分之間，也就是對自己的生活多少還算滿意（Diener et al., 1985）。

⌂【表2-1】生活滿意度

生活滿意度量表

1 非常不同意
2 不同意
3 些微不同意
4 沒有意見
5 些微同意
6 同意
7 非常同意

_____ *大致而言，我的生活接近於我的理想。*
_____ *我的生活狀況非常好。*
_____ *我滿意我的生活。*
_____ *截至目前為止，我已經得到人生最重要的事物。*
_____ *如果再活一遍，我不會想要改變任何事情。*

生活滿意度總分： _____

　　除了一般全面性的生活滿意度之外，還有特定領域的生活滿意度（domain satisfaction），來衡量生活滿意度，例如：工作滿意度、家庭生活滿意度、健康滿意度、休閒活動滿意度、社交關係滿意度，諸如此類的領域特定生活滿意度測量，計算加總個別評分或取其平均值，就可以用來代表整體生活滿意度。「生活品質」的研究就是採取這種方式，總合評量若干生活領域的滿意度，其中包括：身體健康滿意度、生活環境滿意度、身體外觀滿意度、性生活滿意度（文獻回顧與評論，請參閱Power, 2003）。

　　最近，迪勒等人主張，應該將領域滿意度納入，成為SWB的第四項構成要素，如此有助於增進SWB的周延性（Diener, Scollon, & Lucas, 2004）。領域滿意度的研究也可以讓研究者探索，哪些領域（例如：工作、家庭、健康）對於整體SWB影響效應最大。

2.3.3 正向、負向情感性與快樂幸福

有許多不同種類的測驗量表，可用來測量正向與負向的情緒經驗（文獻回顧與評論，請參閱Argyle, 2001; Larsen & Fredrickson, 1999; Lucas, Diener, & Larsen, 2003）。其中，有些量表只測量正向情緒，諸如：快樂或喜悅；有些量表則是正負兩類情緒都有列入測量。

比方說，布拉本恩（Bradburn, 1969）請人們以時間百分率回答若干有關正向與負向感覺的問題，如表2-2。

有一種比較普遍應用的評量方式，則是由人們自行評量，在某段時間之內，各種情緒經驗出現的頻率與強度。比方說，迪勒和艾莫斯（Diener & Emmons, 1984）運用九個形容詞，來評量情意的正負內涵。正向情感性的形容詞包括：快樂（happy）、愉快（pleased）、喜悅（joyful）、樂趣（enjoyment/fun）。負向情意的形容詞包括：擔心／焦慮（worried/anxious）、挫折（frustrated）、憤怒／敵意（angry/hostile）、不快樂（unhappy）、憂鬱（depressed/blue）。

另外，還有一套應用相當普遍的量表，就是華生等人合作開發的「正負向情意量表」（Positive Affectivity and Negative Affectivity Schedule，縮寫PANAS）（Watson, Clark, & Tellegen, 1988）。這套測驗使用五點量尺的評分法，來自我評量個人的感覺。

【表2-2】心理福樂安適

心理福樂安適量表
在過去幾個星期之內，你有多少時間（百分率）曾經有過下列的感覺：
‥‥‥對於某些事情感到特別興奮？
‥‥‥因為完成某些事情而感到開心？
‥‥‥因為某人稱讚你做的某些事情而感到自豪？
‥‥‥覺得自己一切都很稱心如意？
‥‥‥感覺意氣風發、志得意滿，好像全世界都在自己的腳下？
‥‥‥覺得離群索居，非常寂寞？
‥‥‥感覺忐忑不安，沒有辦法平心靜氣、安坐片刻？
‥‥‥心情非常低落，或不快樂？

☆【表2-3】正負向情意

正負向情意量表

1.	*2.*	*3.*	*4.*	*5.*
幾乎沒有	一點點	中等	頗為接近	極度近似

_____ 感興趣interested（正向）	_____ 易受激怒irritable（負向）
_____ 沮喪distressed（負向）	_____ 警醒alert（正向）
_____ 興奮excited（正向）	_____ 羞愧ashamed（負向）
_____ 懊惱upset（負向）	_____ 振奮inspired（正向）
_____ 強盛strong（正向）	_____ 緊張nervous（負向）
_____ 罪惡感guilty（負向）	_____ 有決心determined（正向）
_____ 驚嚇scared（負向）	_____ 專注attentive（正向）
_____ 敵意hostile（負向）	_____ 神經質jittery（負向）
_____ 熱切enthusiastic（正向）	_____ 積極active（正向）
_____ 得意proud（正向）	_____ 擔心afraind（負向）

　　這份量表的計分方式，加總計算正向情感性項目（共10項）的總得分，以及負向情意項目（共10項）的總得分，分別代表受試者正向情感性與負向情意的水準。透過這份量表，也可以看出哪一種情緒對於受試者的心情衝擊最大。

　　運用諸如PANAS之類的情緒量表，研究者可以測量情緒經驗的強度與／或發生頻率。比方說，若是要測量人們短期或即時的情緒經驗，就可以請受試者自行評量當下的感覺，或前一天的感覺。若是要測量長期的情緒狀態，那麼就可以請受試者針對前一週、上個月，或是過去幾個月期間，估算正向與負向情緒經驗的發生頻率。

　　還有些情緒量表，則是使用較長的形容詞，進一步將近似類型的情緒分組，成為若干子量表（文獻回顧評論，請參閱Lucas et al., 2003）。另外，也可以透過臉部或生理的情緒反應，來測量正向與負向情意。人類的臉部可以表達相當繁複、微妙而多樣的情緒。比方說，艾克曼和弗萊森（Ekman & Friesen, 1976, 1978）開發了一套「臉部表情編碼系統」（Facial Action Coding System）可以讓觀察者經過操作訓練之後，透過臉部肌肉群的特定運動，從中判定並詮釋觀察對象所表達的情緒。

2.3.4　焦點研究：笑容是否透露出個人未來的命運？

　　說到運用臉部表情來判定個人的情意特質，不同的笑容是否代表不同的性格特質，而且未來也可能會有不同的命運？針對這個饒富趣味的問題，哈克和肯特納（Harker & Keltner, 2001）合作了一項跨越數十年的縱貫研究，檢視笑容的類型是否可茲預測日後人生階段的生活品質。

女大學生畢業紀念冊照片正向情緒表情與個人性格和成年各階段生活品質的關係研究[3]

　　哈克和肯特納（Harker & Keltner, 2001）的這項研究發表於《性格與社會心理學期刊》。研究參與者總共有141位女生，她們是密爾斯學院1958和1960年畢業生，當年的年紀約為21或22歲。哈克和肯特納針對大學畢業紀念冊女大學生相片呈現的笑容，區分成兩種不同的類型，其中一種是杜氏笑容（Duchenne smile），這是發自內心、真情流露的自然笑容，就好像真的很高興，或是聽到很有趣的笑話，由衷綻放的笑靨。另外一種則是非杜氏笑容，這是勉強裝出來、不自然的笑容，感覺做作而不真實，就好像聽到不怎麼有趣的冷笑話，卻礙於情面，不得已勉強擠出的假笑。

　　當這些人27歲、43歲、52歲的時候，研究者再次與她們聯繫，請求提供有關個人性格、人際關係品質、婚姻狀態，以及個人的福樂安適等資訊。研究者希望藉由這些後續追蹤取得的資料，檢視當年畢業紀念冊照片的正向情緒表情，是否與個人性格有所關聯，以及能否用以預測日後不同人生階段的生活品質。

　　研究結果發現，兩組相較而言，杜氏笑容組呈現較少的負向情緒，勝任能力與情感連結比較強（其中，勝任能力的評定指標包括：心理專注力、組織能力、成就導向；情感連結的評定指標則為與他人連結關係的強度與穩定

3　英文論文原始標題如後：
Expressions of positive emotion in women's college yearbook pictures and their relationship to personality and life outcomes across adulthood.

度）。再者，她們的福樂安適水準比較高，身體與心理問題比較少。最有意思的發現是，杜氏笑容組比較多在27歲以前結婚，而且婚姻狀況比較穩定與滿足。

若干研究人員已經注意到，正向情緒有助於衝突的避免與化解，以及維繫情感關係的活力。杜氏笑容組的女性，其正向情感性自然流露的性格特質，可能有助於她們發展較多的社會、心理資源，因此能夠以比較富有創意的方式，解決生活面臨的諸多挑戰，也比較能夠發展和維持穩定與滿足的情感關係，整體生活也比較幸福、快樂。

2.3.5 情感性研究的若干議題

第一個議題是有關正向情感性與負向情感性是否相互獨立。換言之，正向感覺與負向感覺是否屬於單一維度相反方向的兩端（亦即彼此負相關）？

對於這個問題，研究人員看法分歧不一。如果，兩者真是同一維度相反方向的兩端，那麼這是否意味著，正向情緒出現的時候，就不會有負向情緒；反之亦然？又或者，正向與復向情緒乃是分屬不同的維度，各自有其不相同的成因與後果（中等程度的負相關）？如果是這樣的話，這就意味著，人們有可能在同一時間內，經歷到正向與負向的情緒。

對於正負向情緒究竟是單一維度（uni-dimension），抑或是雙重維度（bi-dimension），這兩種觀點分別都有獲得若干論述與實徵研究支持（請參閱Argyle, 2001; Diener & Emmons, 1984; Keyes & Magyar-Moe, 2003; Lucas et al., 2003; Watson & Tellegen, 1985）。最近，若干理論開始試圖化解此一爭論（例如：Keyes & Ryff, 2000; Zautra, Potter, & Reich, 1997）。論者以為，研究發現的中等程度負相關（r = −0.4至−0.5）似乎意味著，正向與負向情緒或多或少是相互獨立的兩個維度，不過各持己見的爭論至今仍然未有定論（Lucas et al., 2003）。

盧卡斯與同僚特別注意到，此一爭論發生的部分癥結就在於，情緒測量方式不同所致，尤其是測量採取的時間長短差別（Lucas et al., 2003）。舉例說明，假設有人問你，現在感覺如何，你回答說「快樂、輕鬆、快活」。在此同時，你應該不太可能會說，你同時也感覺「心情低落、緊張、不舒

服」。就短期的時間之內，正向與負向情緒可能呈現強烈程度的反向關係，這就比較傾向支持單一維度的觀點（Diener & Larsen, 1984）。

另一方面，如果你是針對上個月的情緒經驗，進行自陳報告，那麼有很高的機率，在那一個月當中，你可能會有正向情緒，也會有負向情緒。如果是針對較長的時間來測量的話，也許正向與負向情緒經驗就可能呈現獨立的關係，這就比較傾向支持雙重維度的觀點。總之，在爭論未獲得化解之前，迪勒（Diener, 2000）建議，最好正向與負向兩類情感都應該測量。

第二個議題，則是情緒經驗的強度與頻率對於SWB的貢獻，究竟哪個比較重要。迪勒與同僚（Diener, Sandvik, & Pavot, 1991; Schimmack & Diener, 1997）研究發現，情緒的頻率比情緒的強度對於SWB的貢獻程度比較大。幸福／快樂的感知主要乃是建立在多半時間感受到溫和程度的正向情緒，而比較不是因為有很強烈程度的歡樂或喜悅感覺。換言之，幸福／快樂的人就是有較多頻率的正向情緒，而且比較少有負向的情緒。迪勒與同僚（Diener, 1991）發現，強烈程度的正向情緒非常稀有，就算是最幸福／快樂的人，也很少有經歷到強烈的正向情緒。高SWB的人情緒自陳報告，有較高頻率的輕度或中度正向情緒，至於負向情緒頻率則比較低。

2.3.6　測量世界各地的快樂幸福

若干研究者使用比較全方位的「整體生活」（global "life-as-a-whole"）測量，來評量個人整體的幸福／快樂—不幸福／不快樂，而不訴諸正向與負向情意的個別測量。

比方說，「主觀快樂量表」（Subjective Happiness Scale，縮寫SHS），就是測量自我感覺個人快樂與否的程度（Lyubomirsky & Lepper, 1999）。這份量表包括4道題目，採用七點量尺的計分方式。

↗【表2-4】主觀快樂

主觀快樂量表

1.整體而言，我覺得自己

　　1　　　　2　　　　3　　　　4　　　　5　　　　6　　　　7

　不是很快樂的人　　　　　　　　　　　　　　　是很快樂的人

2.相較於大部分的同儕，我覺得自己

　　1　　　　2　　　　3　　　　4　　　　5　　　　6　　　　7

　比較不快樂　　　　　　　　　　　　　　　　比較快樂

3.有些人通常非常快樂，不管周遭發生什麼事情，都能自得其樂。你是這樣的人嗎？

　　1　　　2　　　3　　　4　　　5　　　6　　　7

　絲毫不相似　　　　　　　　　　　　　　　　非常相似

4.有些人通常非常不快樂，雖然不算憂鬱，卻總是難得高興。你是這樣的人嗎？

　　7　　　6　　　5　　　4　　　3　　　2　　　1

　絲毫不相似　　　　　　　　　　　　　　　　非常相似

總平均分數 = _____

　　這項量表的計分方式原則如後：將全部四道題目的分數加總，然後再除以4，即可得到總平均分數（界於1至7之間）。（請注意，由於第4題是反向的題目，因此分數必須反向記錄。）

　　總平均分數代表的意義：

　　1.4分以下，代表某種程度的不快樂。其中，2.5分以下，表示非常不快樂；2.5-4分，表示有些不快樂。

　　2.4分以上，代表某種程度的快樂。其中，4-5.5分，表示有些快樂；5.5-7分，表示非常快樂。

　　SHS「主觀快樂量表」測量的是個人對於自我感知快樂與否的整體性評量。雖然是屬於整體性的評量，但是這項量表與其他比較詳盡的正向、負向情意評量，還是有著相當高的相關性（Lyubomirsky, 2001）。因此，可以

概略作為代表正向與負向情意的一種還算蠻有用的簡便綜合評量。

2.3.7　主觀幸福安樂測量的信度與效度

為數可觀的研究顯示，採用自陳報告方式評量SWB各種構成要素的做法，都頗能發揮不錯的心理測驗品質，亦即具有不錯的信度與效度（相關文獻回顧與評論，請參閱Argyle, 2001; Diener & Lucas, 1999; Diener et al., 2004; Lucas et al., 1996, 2003）。

SWB測量的信度

就內部信度而言，主要乃是檢驗測量內部各題項之間的統一凝聚性（coherence）與連貫一致性（consistency）。如果，各題項的答案彼此呈現高度相關，那麼就代表該量表具有內部信度，也就是說，該量表測量的乃是具有內部統一凝聚的單一變數。生活滿意度量表，以及正向、負向情意測量，都具有相當高的內部信度（相關係數0.84左右）（Argyle, 2001; Diener, 1993; Pavot & Diener, 1993）。

再者，SWB的測量也顯現頗高的穩定度。在不同時間點，重複進行測量，都能獲得相當穩定的結果（亦即再測信度）。相關研究回顧評論發現，在4年前後期間，生活滿意度測驗重複施測結果，呈現中度穩定（相關係數大約0.58）；10至15年前後期間，也還有相當程度的穩定（相關係數接近0.30）（Argyle, 2001; Diener et al., 2004）。至於正向與負向情意的測量，在6至7年前後期間重複施測，歷次結果也呈現中度穩定（相關係數界於0.30至0.50之間）（Costa & McCrae, 1988; Watson & Walker, 1996）。

另外，許多研究檢視諸多不同情境的SWB測量，也都發現相當的穩定度。迪勒和拉森（Diener & Larsen, 1984）請研究參與者在一天當中的若干時段，記錄個人的SWB分數，連續記錄若干天之後，再由研究者針對結果，分成諸多不同情境（諸如：工作與休閒、獨處或社交互動、熟悉的環境或陌生的新環境）進行分析，結果發現，生活滿意度與正向／負向情意呈現相當高的相關性。

　　總而言之，這些研究顯示，人們對於個人生活的全面性評量，不論在不同時間或是在各種情境之間，都呈現相當的穩定度。不過，我們應該注意，SWB測量對於重大生活事件與生活變遷也具有相當的敏銳反應度（或譯做敏感度，sensitivity）。意思是說，SWB固然在不同時間點以及不同情境之間，能夠保持相當的穩定狀態，卻還是能夠敏銳反映重大生活事件或生活變遷的衝擊，至少在短期之中，會隨著該等衝擊而呈現出增高或降低的變化。實徵研究顯示，正向或負向的生活變化可能會影響當事人的快樂水準（例如：Headey & Wearing, 1991）。職場順心愉快、和朋友開心聚會、新的戀情、個人成就受到讚賞，諸如此類的正向生活事件，都可能會增加當事人的快樂與滿足感。相對地，工作不順心或受挫、和朋友爭執、戀情告吹、遭受批評，諸如此類的負向生活事件，都有可能讓人感覺不愉快，或不滿足。

　　不過，研究也顯示，正負向生活事件或情境變化引起的SWB增減，其時效都不會維持太久的時間（例如：Brickman, Coates, & Janoff-Bulman, 1978; Eid & Diener, 1999）。短則當天之內，長則數週或月餘，個人的SWB遲早都會回復到平常的水準。即便是重大的生活事件，像是被老闆開除，對於SWB的降低效應也不會超過數個月的期限（Suh, Diener, & Fujita, 1996）。當然，這當中還是有例外的情形，例如：喪偶或婚姻破裂，就有可能對SWB產生長時期的影響效應。喪偶很可能會讓鰥夫或寡婦的SWB一蹶不振；相對地，婚姻生活則可能提升SWB，而且維持居高不下（Winter, Lawton, Casten, & Sando, 1999）。

SWB測量的效度

　　如果，人們的SWB自陳報告是快樂的，他們的實際行為是否也會如此表現？還有，在別人眼中，是否也會覺得他們是快樂的呢？這就牽涉到測量的效度問題，也就是測量是否真的有達到其宣稱的功效。

　　不少研究支持SWB測量具有相當水準的效度。透過與若干他人評量方式的對照比較，SWB自陳報告的效度確實有獲得相當程度的證實，例如：同儕評量（Watson & Clark, 1991），家人、朋友的評量（Sandvik, Diener, & Seidlitz, 1993），以及配偶的評量（Costa & McCrae, 1988）。

　　回憶正向與負向生活事件，相較於不快樂的人，快樂的人回想比較多的正向生活事件（Seidlitz, Wyer, & Diener, 1997）。對照比較快樂者與不快樂者的SWB測量結果，也支持SWB測量的效度（Lyubomirsky, 2001）。SWB得分較高的人，比較傾向以正向的觀點來看待人生，對於未來展望有比較正向的期待，對於自己的能力也比較有自信。相對地，SWB得分較低的人，比較傾向聚焦於負向的生活事件，比較容易沉溺於自憐自艾的悲觀想法，面對問題的時候，也比較容易想不開。

2.3.8　經驗抽樣法

　　雖然，自陳報告式的整體性SWB評量，其信度與效度都有獲得相當的證據支持；但是，免不了還是會涉及潛在的誤差。其中，最主要的誤差來源，可能就是記憶的扭曲，以及自陳報告當時心情的影響作用。

　　讓我們舉個例子來說明自陳報告式的整體性SWB評量，可能會涉及哪些可能扭曲而導致報告結果產生誤差的心理歷程。首先，假設有人問你：「整體而言，你覺得自己最近這幾天生活過得好不好？」你會根據哪些基礎，而做出回答呢？

　　在理想的情況下，你可能會開始回想，最近自己發生了哪些重大的事件（包括正向與負向），然後再經過合理的評斷各項正向、負向事件的可能影響效應，再把全部的影響效應加總，最後就得到整體的快樂程度。但是，萬一你回想的都是美好而回味無窮的好經驗，或是全部都是糟糕透頂耿耿於懷的壞經驗，又或者你只會想到最近剛發生不久的事件，這麼一來，可能會對你的自陳報告帶來什麼樣的影響呢？還有，如果你當下的心情很好，或很糟，那又會怎樣呢？上述情況都有可能會扭曲你對於個人整體幸福／快樂水準的評量，從而導致報告結果產生誤差。實徵研究顯示，類似上述情緒經驗評量的自陳報告誤差確實有可能發生。

　　史瓦茲和史崔克（Schwarz & Strack, 1999）研究顯示，很多情況都有可能提高受試者自陳報告的生活滿意度，例如：訪談之前正好拾獲小額金錢、聽到國家代表隊贏得世界足球錦標賽冠軍，或是訪談地點位於令人愉悅的房間、當天氣候晴朗宜人。反之，如果訪談之前聽到國家代表隊輸球，或

是訪談地點是在吵雜、悶熱又骯髒的實驗室,當時又是陰雨潮濕的糟糕天氣,諸如此類的情況,都有可能使得自陳報告的生活滿意度因而降低。

凱尼曼與同僚研究指出,人們會以各種複雜而又有違常理的方式,來回憶或摘錄過往發生的情緒經驗(相關文獻回顧與評論,請參閱Kahneman, 1999)。如果依照常理來看,我們可能會認為,情緒事件時間持續越久,那麼當事人對於該等情緒的好壞評價就會隨之加深。

比方說,經歷時間漫長又不舒服的醫療檢驗或治療過程,應該會讓人給予較為負向的評價;相對地,如果同樣的醫療檢驗程序或治療過程,但是經歷時間比較短,那麼評價就比較不會那麼糟糕。不過,研究發現,接受結腸試鏡檢驗程序的病人,事後回顧評量痛苦與不舒服的程度,並沒有隨著檢驗時間比較長,而覺得比較痛苦或不舒服。再者,痛苦程度的即時評價也沒有隨著檢驗時間一分一秒的向前推進,而逐漸與時俱增,痛苦感受越來越強烈(亦即兩者之間並沒有呈現簡單線性的函數關係)(Redelmeir & Kahneman, 1996)。

這樣的現象該如何解釋呢?根據凱尼曼的論點,人們在評量整體情緒經驗的時候,答案會依循所謂的「尖峰—終端原則」(peak-end rule)。也就是說,整體性的評價主要乃是取決於兩項要素:情緒尖峰(最高點)的強度,以及情緒經驗終端的強度。至於情緒經驗的時間持續長度,則不會影響整體性的評價。

有許多不同類型的情緒事件整體評量研究都已經證實,尖峰—終端原則確實存在(Fredrickson & Kahneman, 1993; Kahneman, Fredrickson, Schreiber, & Redelmeir, 1993)。若干研究人員分別檢視許多種類的情緒事件,諸如:呈現分屍截肢情節的影片、把手泡進冰水、曝露於各種強度與時間長度的噪音。在諸如此類的情境之下,研究參與者必須在經驗進行過程當中,在規定的諸多時間點,隨時逐點評量(moment-to-moment measure,也寫作momentary measure)自己的情緒感受強度。另外,在該經驗結束之後,立即就整體的感受,給出整體性的情緒感受強度。研究結果一如尖峰—終端原則的預測:情緒經驗的整體評分比較接近尖峰強度與終點強度的平均值,而與逐點即時評量各個分段時間點的強度平均值,則有比較大的落差。

根據尖峰—終端原則,人們對於重大情緒事件的評價,會受到情緒強度

與情緒經驗終點的強烈影響，至於情緒經驗持續時間長短，則影響不大。人們似乎選擇性聚焦於情緒事件的若干特定面向，以茲代表和判斷整體的情緒經驗。凱尼曼相信，只有針對情緒經驗的進行過程，進行隨時逐點的評量，我們才能夠有機會揭開，總結評量據以判斷的基礎所在。整體式的總結評量無從讓我們辨識情緒經驗當中的哪些面向，對於個人的整體情緒感受影響最重大，也無法了解該等面向是透過什麼樣的組合，而產生整體的情緒感受。

由於自陳報告式的情緒評量可能會有所扭曲或誤差，因此若干研究人員主張，最好採用隨時逐點的評量方式，才有可能獲得比較準確的情緒經驗評量，而且也比較能夠揭顯SWB涉及的諸多潛在因素與歷程。

經驗抽樣法

有鑑於上述自陳報告評量的缺陷，拉森等人於是開發了一種替代的評量法——**經驗抽樣法**（**experience sampling method**，縮寫**ESM**）。這種評量法納入了多樣化的測量，可以讓研究者抽樣取得人們「一天生活」（day-in-the-life）當中的情緒經驗與生活事件（Larsen & Fredrickson, 1999; Stone, Shiffman, & DeVries, 1999）。

經驗抽樣法又可分為兩種形式，分別簡述如後：

1. 即時測量（real time measure）：在抽樣時間之內，每當情緒事件或感覺經驗發生的當下，就即時予以記錄。

2. 回溯測量（retrospective measure）：在事後，透過回憶來回溯記錄（例如：每天結束之前，記載當日發生的各項情緒事件與感覺經驗，亦即日記書寫法）。

相較而言，由於即時測量是採集當下發生的事情或感覺經驗，因此比較不至於像回溯測量那樣，可能受到記憶扭曲的干擾作用。

即時測量可以運用內建鬧鈴功能的手錶、隨身攜帶型傳呼器，或是掌上型電腦，以茲隨機或依照事前設定的時間點，通知研究參與者著手記錄當時自己正在做些什麼事情，以及有哪些感覺。比方說，史東等人（Stone et al., 1999）回顧相關研究文獻，對照比較參與者一天生活當中的隨時逐點評量，以及一天結束之後的整體總結評量，兩者之間的關係。結果發現，人們

對於一整天生活與心情的總結看法，最主要影響的因素就是當天結束的情形。

即時測量的一個問題就是可能會干擾研究參與者的正常作息，因為他們必須在研究者指示的某些時間點，停下手邊正在進行的事情，來填寫情緒測驗量表。對於在職場工作的參與者而言，由於必須打斷工作，還得占用工作時間，因此可能會讓人感到特別礙事而困擾。

回溯式ESM經驗抽樣法測量的做法是讓受測者重建與回顧已經發生過的事件、個人從事的活動，以及感覺經驗。雖然，現階段已經有各式各樣的回溯式ESM測量方式（相關文獻回顧與評論，請參閱Larsen & Fredrickson, 1999）可供選擇；但是，大家最常選用的還是日記法，因為使用最為簡易。使用這種測量方法的時候，只需要受測者在每天結束之前，依照指示規定填寫各式的測驗量表，連續記錄若干天即可。量表的題目多半是有關當天生活發生的重大生活事件以及情緒反應。測量的結果可以依照日期（例如：星期幾），或是重大事件（例如：個人的情感關係），來分類予以摘錄、分析、詮釋或討論。

比方說，研究顯示，個人的心情會隨著當時是星期幾，而呈現相當規律而可預測的變動（例如：Egloff, Tausch, Kohlmann, & Krohne, 1995; Larsen & Kasimatis, 1990）。你應該可以想像得到，在週末期間，人們的心情通常會比較好。這也許是因為週末的時候，人們有比較多的自由，可以隨心所欲選擇自己想做的事情，也比較有機會從事好玩的活動或社交互動（Reis, Sheldon, Gable, Roscoe, & Ryan, 2000）。

2.3.9 焦點研究法：我們如何度過一天的生活？

最近，凱尼曼和同僚（Kahneman, Krueger, Schkade, Schwarz, & Stone, 2004）在《科學期刊》（*Science*）發表了一種新的測量方法，叫做「一日經驗重建法」（**day reconstruction method**，縮寫**DRM**），據稱可以兼融即時測量法的準確度，以及日記書寫法的效率。

描述一日生活經驗特徵的調查法：一日經驗重建法[4]

DRM一日經驗重建法的具體實施程序簡述如後：

1. 首先，研究者告訴參與者，回想*前*一天發生的各項事件，可以想像自己就好像在看自己主演的電影，裡頭有一連串的劇情。在此同時，準備若干張不同的紙張，分別記載上午、下午、晚上發生的事件。研究者可以鼓勵參與者給每一項事件寫上標題，例如：「開車上班」、「購物」，或「休息」，這樣可以讓事件的回憶比較容易有所進展。

2. 寫完之後，參與者必須回答一系列的問題，包括：發生什麼事情（例如：通勤、工作、看電視、交際應酬）；發生在什麼地方（例如：在家、在公司或工作地點）；如果有涉及其他人的話，是和什麼人在一起（例如：老闆、朋友、子女，或是配偶）。

3. 接下來，參與者必須針對每一項記載的事件，使用一系列的正向與負向情緒形容詞（諸如：輕鬆、快樂、疲倦、挫折、焦慮、不耐煩），來評量自己對於該事件的情緒感知。

4. 此外，研究者還會請參與者提供個人基本背景資訊、工作或健康相關的資訊，以及有關生活滿意度和心情狀態的整體性評量。

為了測試這項新的方法，凱尼曼與同僚找了909位德州的上班族婦女展開研究。該等婦女平均年齡為38歲，平均家庭收入54,000美元。就族裔分類，其中有49%白人，24%非裔美國人，22%中南美裔美國人。

所有參與者依照一日重建法的規定，寫下前一天發生的重大事件或情緒經驗。大部分的事件或經驗為時約15分鐘至2個小時，平均時間長度為61分鐘。一天的平均事件或經驗數量為14件（次）。然後，再完成各項事件或經驗的正向與負向情意評量。其中，正向情感性的評分等於快樂、輕鬆、歡樂等感覺評分的平均值。負向情意評分等於挫折、懊惱、憂鬱、受騷擾、遭人貶抑、憤怒與擔心等評分的平均值。

---

[4]　英文標題如後：
A survey method for characterizing daily life experience: The day reconstruction method.

　　研究結果發現，整體而言，正向情感性的強度與頻率比負向情意高過許多。負向情意不但相當稀少，而且強度也傾向比較輕微；相對地，正向情感性則在每一次的情緒事件或經驗當中，幾乎都有出現。

　　再者，就正向情感性而言，當人們處於親密關係互動，例如：和另一半、家人或好朋友相處的時候，正向情緒感覺最強烈。社交活動的評價高居「樂在其中」（enjoying myself）名單的前幾名，在這方面，放鬆休息、吃東西、祈禱、靜坐冥想，這些活動也都獲得蠻高的評價。不過，有些意外的是，看電視的正向評價居然高過購物或睡午覺。更令人吃驚的是，「照顧子女」居然吊車尾，名列倒數第五名。看電視、煮飯做菜、購物、運動的正向評等，排名都在照顧子女之前。只有做家事、工作、通勤、回覆電子郵件，排名落在照顧子女之後。

　　照顧子女獲得「樂在其中」的低度評價，這凸顯了整體情意自陳報告評量與經驗抽樣評量的差異。凱尼曼等人回顧研究文獻顯示，人們（整體情意自陳報告）都說自己蠻喜歡照顧子女，也覺得養兒育女給自己相當程度的滿足感。但是，在日常生活當中，小孩子確實可能讓家長感到蠻傷腦筋的。顯然，我們對於照顧子女的整體情意評價，並不必然有忠實反映出日常照顧子女的具體經驗感受。

　　除了讓人們得以見識到上班族婦女「一天生活」情意經驗饒富意味的現象之外，這項研究的諸多結果也顯示，使用一日經驗重建法，和使用隨時逐點經驗抽樣法，兩者取得的研究結果有相當程度的近似度。這意味著，一日經驗重建法似乎可以有效提供準確的一日生活事件回顧。此外，相較於經驗抽樣法可能干擾受測者例行工作或生活作息，以及可能占用工作時間，一日經驗重建法就比較不會有類似的困擾。

2.3.10　經驗抽樣法 vs. 整體測量法

　　在先前的討論當中，我們曾經指出，整體性SWB的自陳報告具有相當不錯的心理測驗品質。SWB的三項構成要素（生活滿意度、正向情感性與負向情意）乃是彼此相互關聯，但是又各自保留其對於整體SWB的獨特貢獻。這三項要素的測量都具有內部的統一凝聚性，在不同時間測量也都能夠

保持相當的穩定性；此外，還能夠適度敏感地反映出生活情境的變化。不過，由於整體測量有賴於記憶與資訊的整合判斷，因此難免會受到記憶錯誤、尖峰─終端原則，以及當下心情的扭曲影響。相較而言，經驗抽樣法與一日經驗重建法，由於是訴諸即時或當天發生的生活事件或情緒經驗，所以比較不會受到記憶因素的干擾。

　　現在問題是，整體性的SWB自陳報告vs.經驗抽樣法（包括：一日經驗重建法），這兩類測量方式之間有什麼樣的關係呢？是否可以分出優劣高下，還是各有擅場，分別代表SWB的互補面貌呢？

　　關於上述問題，我們目前還沒有確定的答案，因為對於SWB的研究而言，經驗抽樣法仍然是相當新穎的發明。起初，研究人員是從效度檢驗的角度，來看待經驗抽樣法和整體自陳報告法之間的關係。換言之，也就是藉由檢視這兩類方法的評量結果是否呈現統計顯著相關，以茲論證整體自陳報告測量是否能夠有效測量SWB。如果確實如此，那麼我們就比較有信心，可以相信整體式的測量確實具有測量SWB的效度，而沒有受到記憶與其他因素的扭曲或誤差。就實際研究結果來看，情況仍然不甚明確。有些研究顯示，整體測量與經驗抽樣測量之間呈現中等程度的相關（例如：Kahneman et al., 2004; Sandvik et al., 1993）；另外有些研究則顯示，該等相關其實甚為薄弱（例如：Stone et al., 1999; Thomas & Diener, 1990）。

　　就目前為止，持平而論，整體測量與經驗抽樣測量可能有所關聯，但是仍然保持有各自的獨特性，並不完全相同。每一種測量可能分別探測到個人生活與心理的不同現象與面向。上述研究發現相關程度紛歧不一的結果，有部分原因可能就在於，個別研究使用的測驗敏感度有所差異。

　　經驗抽樣法對於抽樣時間內的心情變化特別敏感。經驗抽樣法可以有效捕捉某段時間之內的諸多時間點的生活事件對於情緒狀態的影響作用。比方說，相較於個性悶悶不樂的人，個性快樂的人會傾向以比較正向的觀點，來詮釋各種生活事件（包括負向事件）。因此可以預見，經驗抽樣法固然比較敏感於事件或情境對於SWB的影響作用，但是也不能完全否認個人的特質也有可能會影響當事人對於日常生活事件的情緒反應。

　　整體SWB的自陳報告測量。**整體測量（global measures）**受到個人基因天生性情與個人性格特質相當深的影響，諸如：外向、神經質、自尊、

樂觀（相關文獻回顧與評論，請參閱Diener & Lucas, 1999; Diener et al., 1999; Myers, 1992; Myers & Diener, 1995）。整體測量之所以呈現長期穩定度，其中有一個原因可能就在於穩定而持久的個人特徵。研究顯示，成人的性格特質非常穩定，就算過了好幾年的時間，也少有變動（Costa & McCrae, 1988）。整體的幸福安樂評量，由於是要求受測者來概括判斷個人的幸福安樂感知，因此比較敏感於受測者個人性格特質的影響，而比較不那麼敏感於個人當下心情狀態的影響。話說回來，個人當下的心情，尤其是心情激烈的狀況，確定還是會影響當事人對於整體福樂安適的評量。不過，如果當下情緒狀態真的是決定SWB的首要因素，那麼就不太可能會有那麼多的研究一再發現，幾乎不論任何時候，個人的福樂安適水準都維持相當程度的穩定水準。

　　未來研究當務之急應該致力於探索，整體性評量與ESM經驗抽樣法評量的相互關聯，以及這兩類評量方式可能提供的互補資訊。迪勒和塞利格曼（Diener & Seligman, 2004）發現，大部分的研究者只測量SWB的單一面向，而且太過於依賴。比方說，有些研究只測量生活滿意度，另外有些研究只測量正向情感性；但是，在討論研究發現的時候，卻都以該單一面向的研究結果概括代表整體SWB或快樂／幸福。然而，迪勒和塞利格曼促請研究人員應該更努力，尋求全方位而且更周延的SWB模式與測量方式，以便我們能夠更全面而深入認識複雜而多面的人類快樂／幸福。

2.4. 自我實現：幸福主義的快樂幸福基礎

　　SWB主觀幸福安樂的理論概念，就如同正向心理整體一樣，仍然處於開發中的過渡階段。雖然，SWB的三因子模式已經獲得為數頗多的研究實證支持。不過，在此同時，仍然有不少心理學家覺得不滿意，而主張應該另外再加入若干與幸福／快樂相關的個人特質、生活事件，以便能夠更周延地釐清幸福／快樂底蘊的心理因素與歷程。

　　舉例而言，塞利格曼（Seligman, 2002a; 2002b），以及迪勒和塞利格

曼（Diener & Seligman, 2004）就曾經多次論稱，福樂安適的概念應該要更
加寬廣，擴充納入「福樂暢流經驗」（flow experiences）（這是一種主動
積極投入，而致陶醉忘我的深度暢快境界）（Csikszentmihalyi, 1997）的
測量，以及生活意義的測量。

　　從幸福主義的觀點來看，幸福快樂乃是源自於個人內在潛能（亦即
daimon，真實自我）的發展與表達，其中包括個人的才能、人格與價值。
根據享樂主義的觀點，SWB主觀幸福安樂的測量應該問，人們「*是否*」快
樂？還有「*是否*」對於生活感到滿意？至於幸福主義觀點的幸福快樂測量也
應該問，「*為什麼*」人們會感到幸福快樂？

2.4.1　心理的福樂安適與正向生活機能

　　卡蘿・黎弗（Carol Ryff, 1989）在《性格與社會心理學期刊》，發表
〈只要有快樂，就一切圓滿了嗎？探索心理福樂安適的意義〉[5]。文中論
稱，主觀幸福安樂的三因子模式忽略了個人生活的若干重要特徵，而該等特
徵恰恰是賦予福樂安適意義的重要基礎。根據黎弗的論點，「福樂安適」
（well-being）不只是生活快樂而已。「福樂安適」應該是個人面臨人生逆
境而得以反彈復甦的來源，而且應該反映出正向生活機能、生命能量，以及
心理健康。

　　快樂的人是否也是心理健康的人？這問題的答案似乎是肯定的。畢
竟，我們實在很難想像，憂鬱症或躁鬱症的人也會是快樂的人。不過，換個
角度來看，陷入妄想信念的人，或是把自己的快樂建立在對於其他人的傷
害，諸如此類的人也許會感覺快樂，但同時卻又是心理有病的快樂。幸福主
義的福樂安適概念，是有考量到健康的幸福快樂與不健康的幸福快樂，這兩
者之間的差別。不過，享樂主義取向的SWB三因子模式，則缺乏有關正向
生命機能的概念論述，以及配套的評量。黎弗（Ryff, 1989）論稱，福樂安

---

[5]　英文標題：
　　Happiness is everything, or is it? Explorations on the meaning of psychological well-
　　being.

適與快樂都是建立在人類生命能量、個人成長與茁壯、發展等基礎之上。

基於上述的考量，黎弗與其同僚從性格心理學與臨床心理學領域，汲取了諸多正向心理健康的理論，從而綜合發展出一套「**心理福樂安適**」（**psychological well-being**，縮寫**PWB**）的模式。這套理論模式納入了上述領域關於正向心理機能，以及正向社會機能的描述（Keyes, 1998; Keyes et al., 2002; Ryff & Keyes, 1995; Ryff & Singer, 1998）。

這套理論模式原本的目的，是要用來描述人生週期各階段的正向生活機能；不過，後來擴充理論概念內涵，也能運用來描述正向的心理健康（Keyes, 1998, 2003; Keyes & Lopez, 2002; Keyes & Magyar-Moe, 2003）。這些研究者的目標是希望建立比較周延的SWB概念模式，以便能夠描述心理健康的正向層面。也就是說，心理疾病的定義是著眼於各種病理表現在外的症狀，這些研究人員要問的是：「心理健康與福樂安適表現在外的什麼？」基斯與同僚擴充發展的這套新的模式，融合了享樂主義與幸福主義的福樂安適觀點。

福樂安適的綜合概念構想，是融合了享樂主義與幸福主義的福樂安適觀點，其中涉及兩個層面：情緒的福樂安適，以及正向的生命機能（Keyes & Magyar-Moe, 2003）。情緒的福樂安適：主觀幸福安樂，包括三項構成要素：生活滿意度、正向情感性，以及負向情意。正向生活機能：心理層面的福樂安適，以及社會層面的福樂安適。整體而言，福樂安適就是總合了情緒福樂安適、心理福樂安適、社會心理安樂的全面統合狀態。這套綜合模式旨在以一種全方位的觀點，比較周延的提供主觀幸福安樂描述。以下介紹說明此一模式的主要元素（改編自Keyes, 2003, table 13.1, p.299; Keyes & Magyar-Moe, 2003, table 26.2, pp.417-418）。

情緒層面的福樂安適

正向情感性——正向情緒的經驗，諸如：喜悅或快樂。

　　過去30天期間，有多少時間，你感覺欣喜？神清氣爽？樂不可支？心平氣和？心滿意足而且充滿活力？

負向情意——負向情緒的經驗，諸如：不愉快或憂傷。

　　在過去30天期間，有多少時間，你覺得極度悲傷，沒有任何事情能夠讓你開心？心情緊張？心情浮躁或忐忑不安？感到人生毫無希望？覺得活得好累，沒有任何事情值得自己努力付出？

生活滿意度——生活知足與滿意的感覺。

　　在過去30天期間，有多少時間，你覺得滿意；生活充實？這段期間，整體而言，你對生活的滿意程度有多高？

快樂——滿足與喜悅。

　　這些日子以來，整體而言，你感覺生活快樂嗎？
　　過去一個星期，一個月，一年期間，你感覺（喜悅，歡樂，或幸福／快樂）的頻率有多高？

心理層面的福樂安適

自我接納——以正向態度看待與對待自己；接納自我的諸多不同面向；以正向的眼光看待過去的生活。

　　大抵而言，我覺得自己人生沒有什麼成就，滿失望的。（負向）

個人成長——感覺自己持續有所進展，而且做事有效能；以開放的心態對待新經驗與挑戰。

　　我認為，人生在世很重要的就是要能夠迎接新的經驗，從而挑戰個人對於自我與周遭世界的既有看法。

生活目的——擁有目標，生活具有方向感；感覺生活有意義，有目的。

　　我就是一天過了算一天，不怎麼思考未來的前途。（負向）

環境的主宰力——感覺有能力足以應付複雜的環境；有能力創造適宜自己的生活狀況。

　　每天應付不暇的事情，往往壓得我不見天日。（負向）

自主性——能夠自在而舒適地自行引導行為與人生的方向；擁有內在的標準；能夠抗拒來自他人或社會的負向壓力。

　　即使我的意見有別於大多數人的想法，我還是對自己的意見有信心。

正向人際關係——溫馨、美滿、相互信賴的人際關係；有同理心，以及發展和維持親密關係的能力。

我總覺得，維持親密關係很難，挫折感很深。（負向）

社會層面的福樂安適

社會接納——抱持正向的態度看待與對待他人，同時也能夠理解每個人都有其複雜之處。

樂善好施的人並不祈求回報。

社會實現——關心而且相信，人人都有潛在的能力；社會可以朝向正面的方向進化。

世界變得越來越美好，所有人的生活也越來越好。

社會貢獻——感覺自己的生活對於社會是有用的，而且獲得他人的重視。

我有一些有價值的東西，可以貢獻給這個世界。

社會凝聚——對於社會有所興趣，相信社會是有道理，或多或少合乎邏輯、可預測，而且有意義的。

我搞不懂，這世界究竟是怎麼了。（負向）

社會統整——感覺歸屬於某個社群；感受到來自社群的支持與慰藉。

我無法感受到，自己屬於任何可以稱為我的社群的所在。（負向）

這個模式相當複雜，總共分成15個面向，而且要發展每一種面向的測量工具，也是很艱難而繁重的工程，不過還是有些大規模的研究，開始展開測量工具的發展，以及信度與效度的檢核（研究文獻回顧與評論，請參閱Keyes, 2002, 2003; Keyes & Lopez, 2002; Keyes & Magyar-Moe, 2003; Keyes et al., 2002; Ryff & Keyes, 1995）。情緒、心理、社會等面向的福樂安適測驗，都有不錯的內在信度與效度。研究顯示，這三個面向彼此相關，但分別對於SWB有各自的貢獻。研究也顯示，這些測驗也與心理疾病的症狀呈現負相關。比方說，以憂鬱症為例，情緒福樂安適測驗的相關係數大約為-0.4；心理福樂安適測驗大約為-0.5；社會福樂安適測驗大約為-0.3。這些相關性顯示，這套擴充版的SWB模式，尤其適用於檢視福樂安適與心理健康之間的關係。

2.4.2　需求的滿足與自我決定理論

自我決定理論提供另外一種模式，以幸福主義的觀點為基礎，來闡述福樂安適的理論概念（Ryan & Deci, 2000, 2001）。

自我決定理論與內在動機的助長作用、社會發展與福樂安適[6]

雷恩和德西（Ryan & Deci, 2000, 2001）的這項研究發表於《美國心理學人期刊》。文中提出自我決定理論（self-determination theory，縮寫 SDT）。此理論主張，福樂安適源自於三項基本心理需求的滿足：自主、勝任能力、關係。自主的需求就是，希望個人的行動是出於自己的選擇，而不是基於他人的要求。勝任能力的需求，就是希望個人的行動能夠完成理想的目標，從而讓自己對於本身能夠更有自信。關係的需求，就是希望能夠與他人建立親密與正向的關係。雷恩與同僚的研究證實了需求滿足與福樂安適之間的關係（文獻回顧評論，請參閱Ryan & Deci, 2000, 2001）。

2.4.3　研究焦點：「美好的一天」有哪些構成要素？

「美好的一天」（good day）有哪些構成要素？「糟糕的一天」（bad day）又有哪些構成要素？

日常生活福樂安適的構成要素：自主性、勝任能力與歸屬感[7]

芮斯等人（Reis et al., 2000）的這項研究發表於《性格與社會心理學報》。文中指出，關於糟糕的一天，其構成因素已有相當多研究成果。研

---

[6]　英文標題：
Self-determination theory and the facilitation of intrinsic motivation, social development, and well-being.

[7]　英文論文原始標題如後：
Daily well-being: The role of autonomy, competence, and relatedness.

究顯示，負向的大小生活事件都有可能產生壓力與衝突，從而減損吾人福樂安適的感覺。例如：工作或學業不順利、與他人爭執或衝突、財務問題、生病，以及意外事故，都可能會產生挫折、失望，從而讓人感到憤怒或憂愁。

但是，美好的一天，又是如何一種情況呢？這方面的研究相對就比較缺乏。是否只要沒有負向生活事件（沒有挫敗、失望或衝突），就是美好的一天呢？感冒了，可能會讓人覺得難受；但是相對地，如果沒有生病，是否就會覺得快樂呢？在先前的討論當中，我們已經見識到，相關研究文獻的回顧似乎指出，正向與負向情緒可能是相互獨立的兩個維度，很有可能是因為這兩類情緒的成因乃是來自不同的來源。也就是說，「美好的一天」和「糟糕的一天」有可能各自涉及不相干的生活事件或經驗。

芮斯等人（Reis et al., 2000）的這項研究，其目的就是要回答「美好的一天」究竟具有什麼樣的心理意涵。他們為此擬定了三項研究問題如後：

1. 哪些種類的活動或事件，會讓我們覺得活得很愉快？

2. 該等活動或事件為什麼能夠讓人感到愉快？

3. 一天當中，當我們感覺愉快的時候，其中有多少是源自於個人特質，又有多少是源自於遭遇或經驗的活動、事件？

前述問題的答案，可以透過自我決定理論來加以闡述說明。這項理論主張，人類具有三種基本需求，分別是：自主性、勝任能力、歸屬感。若干學者論稱，這三項根本需求乃是每個人成長「不可或缺的養分」（Ryan & Deci, 2000）。換個方式來說，人必須擁有自主性、勝任能力與歸屬感，才稱得上是真正成長的人。

1. *自主性（autonomy）*：人們需要能夠有選擇的自由，從自主的行動當中，表達個人的價值、才能與人格特質。自主的人依循個人內在目標與興趣來決定行動的取向。們的生活接受內在目標的引導，行為的選擇會依循該等內在目標引導的方向，而比較不會受制於外在的獎懲。比方說，自主的人選擇職業不會以賺錢多寡為主要的考量；內在的滿足，以及從工作當中產生的意義感，才是比較重要的考量因素。

2. *勝任能力（competence）*：人們需要有能力可以有效迎接生活的諸多挑戰。有勝任能力者相信自己可以解決問題、達成個人的目標，妥善處理生活的諸多要求，而且能夠成功完成使命。

3. *情感連結感（relatedness）*：人們需要與他人有適度的親密感與連結關係。有足夠的技巧、善於發展與維繫親密關係的人，比較可能實現這方面的需求。

　　根據自我決定理論，這三項基本需求聯合構成了福樂安適的基礎。這三種基本需求既是個人特質，也是情境狀態。

1. 就個人特質而言，乃是指長期穩定的心理傾向。有些人明顯具有若干獨特的特徵：他們的行為與選擇總是發諸個人自主意識；他們總是相信自己的能力，勇於迎接新的挑戰；他們總是能夠順利發展和維持與他人的密切關係，並且能夠從中得到許多收穫與滿足。擁有這些特質的個人，上述三類基本需求比較容易獲得充分的實現，因此個人的福樂安適水準也會比較高。

2. 就情境狀態而言，乃是指個人在某時刻所置身的特定情境狀態。能夠滿足自主性需求的行動，必須達到如後的情境因素條件：該等行動必須是在自由的情況下選擇；必須讓行動者覺得有所收穫；必須要能夠表達行動者的興趣與才能。要滿足勝任能力的需求，必須達到如後的情境因素條件：成功完成具有挑戰性的任務；解決困難的問題；表現個人的才華與能力。勝任能力需求獲得滿足之餘，當事人會對自己的能力感到自信，並且對於個人取得的成就感到志得意滿。要滿足情感連結的需求，必須達到如後的情境因素條件：感覺自己和他人關係密切；和某人進行饒富意義的對話；享受親密伴侶、家人、朋友的共處時光。

　　芮斯等人（Reis et al., 2000）針對76位大學生，從特質與情境狀態兩類角度，來測量他們的自主性、勝任能力、情感連結等基本需求。根據自我決定理論的預測，特質與狀態的測量應該都會與個人日常的福樂安適水準有所關聯。換言之，特質（個人的自主性、勝任能力、情感連結等特質）與情境狀態（與需求滿足有關的日常活動）應該都會與較高的福樂安適水準有關聯。在特質的測量方面，研究者問學生以下三類問題：(1)有多頻繁投入自由選擇和具有個人意義的活動（自主性）；(2)面臨新任務與挑戰自信感覺的程度有多高（勝任能力）；(3)與他人依附的程度有多緊密（情感連結）。

　　另外，還有採用ESM經驗抽樣法，總共14天的日記，來測量情境狀

態。在每天入夜就寢之前，學生必須自行評量當天自己的福樂安適狀態（例如：感冒的症狀）。然後，他們得寫下當天自己花費最多時間的三件行動（不包括睡覺），並且解釋自己是基於什麼理由而做出該等行動。舉例而言，自主行動的理由可能包括：自由選擇、內在興趣、個人認同感與價值觀。相對地，非自主行動的理由則包括：外在情境的要求，或是規避罪惡感或焦慮感。參與者並且自我評量該等行動讓自己感覺勝任能力的高低程度。

參與者也以類似的方式，來自我評量日常情感連結需求的滿足情況。具體而言，參與者必須記錄當天花費最多時間的三件社交互動的事件，然後自我評量該等互動期間，自己感覺和他人互動的緊密或親近程度，以及該等互動滿足情感連結需求的高低程度。舉例而言，情感連結需求有得到滿足的情況包括：和他人相處愉快、感覺有人能夠理解、欣賞自己。至於情感連結需求沒有滿足或遭受挫折的情況則包括：社交互動期間感到不安全、過度自覺、敵意或憤怒。

研究結果吻合自我決定理論的預測，「美好的一天」確實和自主性、勝任能力、情感連結等基本需求的滿足有所關聯。個人特質的測量與福樂安適、正向心情的測量呈現正相關。平均而言，在研究的14天過程當中，自主性、勝任能力與情感連結等個人特質得分較高的學生，福樂安適與快樂測量的水準也比較高。

圖2.3顯示，在一週七天的週期當中，正向與負向情緒經驗、勝任能力、歸屬感與自主性的評分起伏變動情形。在任何一天當中，當活動或事件有助於提高個人自主性、勝任能力與情感連結，當事人當下的福樂安適感就會比較高，也會覺得比較愉快。這三項基本需求獲得滿足的程度越高，那麼福樂安適感與正向心情也會隨之提升。這三項基本需求相較而言，情感連結對日常福樂安適的影響效應最大。福樂安適感最好的日子通常伴隨有意義的社交互動交談，而其中最關鍵的就是包含被理解或被欣賞的感覺。

有趣的很，需求滿足的程度也與星期幾有相當顯著的關聯。你八成已經猜到，星期一的正向情緒評分最低。不過，負向情緒與勝任能力的感覺則不受星期幾的影響，每天的水準都相當平穩。這可能是因為，影響壞心情和勝任能力自信感的事件或活動，似乎比較沒有隨著星期幾而有規律化的變動。你也可能已經猜到，正向情緒、情感連結、自主性的評分最高的都落在星期

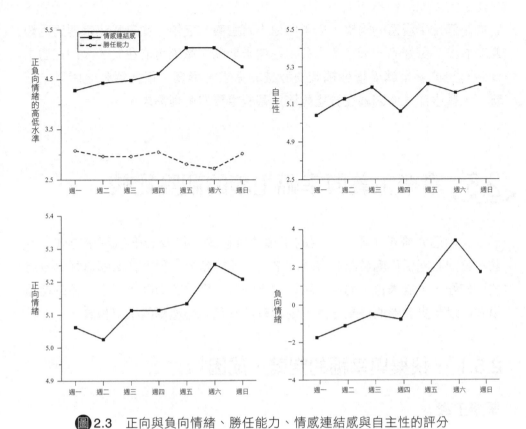

圖 2.3　正向與負向情緒、勝任能力、情感連結感與自主性的評分

資料來源：Reis, H. T., Sheldon, K. M., Gable, S. L., Roscoe, J., & Ryan, R. M. (2000). Daily well-being: The role of autonomy, competence, and relatedness. *Personality and Social Psychology Bulletin, 26*, 419-435. 美國心理學會版權所有，翻印轉用許可。

五、六、日。週末心情會比較好，這可能是因為人們比較有機會盡情享受個人喜歡的活動。

　　不過，這項研究也指出，美好的一天，即使是在週末，也不完全只是因為比較好玩而已。自主性與情感連結的需求在週末比較可能獲得滿足。星期一到星期五，我們時常必須遵循其他人的期望、規定或要求。週末的時候，我們比較能夠自由去做自己想做的事情，結果就會有較高的自我主導感與自我表達感，影響所及，自主性需求的滿足感連帶也就比較高。再者，週末的時候，比較會有和家人、朋友的聚會，這當中除了互動讓人感到愉快之外，

也同時滿足了親密的渴望，以及與他人有意義的連結。從自我決定理論的觀點來看，「美好的一天」多半發生在週末期間，原因可能在於，人們在週末比較有可能滿足諸多增進福樂安適感的需求。畢竟，任何活動之所以「好玩」，其中部分原因就在於能夠滿足某些重要的心理需求。

2.5. 享樂主義與幸福主義的觀點比較

我們已經檢視了兩種主要的幸福快樂模式，以及若干種測量方式。目前，正向心理學仍處於茁壯發展的階段，要論斷哪一種模式與哪幾種測量方式比較好，可能還言之過早。可以同意的是，繼續努力開發更全面性的理論模式，以及更精進的測量方式，絕對有益於正向心理學的未來發展。

2.5.1 快樂與幸福的定義、成因

享樂主義

享樂主義關於幸福快樂的觀點，主要呈現在主觀幸福安樂模式與測量。在這兒，幸福快樂的定義是，個人正向情緒與負向情緒，以及生活滿意度的整體評估。SWB測量得分高者，也就是幸福快樂的人，有比較多的正向情緒，比較少的負向情緒，生活滿意度也比較高。不過，SWB並沒有具體說明與測量個人快樂與否的發生*原因*。

主張享樂主義福樂安適觀點的學者認為，幸福快樂基本上乃是屬於實際經驗可研究徵驗的問題。換言之，他們主張，只要持續對照比較高低SWB者的個人特質與行為差異，假以時日，最後應該就可以找出幸福快樂的心理涵義與基礎。比方說，如果我們發現快樂的人是樂觀、擁有好的人際關係，還有一份有意義的工作，那麼我們似乎就可以據此推論人們快樂的理由。主觀幸福安樂研究採取的是一種「實徵研究驅動」的進路。換言之，先由實徵研究打前鋒，累積相當份量的事實資料之後，就可以從中著手建立理論。

　　針對這種進路，迪勒與同僚（Diener, Sapyta, & Suh, 1998）論稱，其優點是，不會以心理學家建構的幸福快樂定義，強加在人們身上。主觀幸福安樂讓人們得以根據個人的衡量標準，來判斷自己是否感到快樂、滿足。許多主觀幸福安樂研究的焦點就是要探索這種個人自我衡量標準的本質，並且希望最後能夠發展出足以解釋福樂安適之心理底蘊的理論。

幸福主義

　　幸福主義關於福樂安適的觀點，主要呈現在自我實現與正向心理健康的模式與測量。在這兒，幸福快樂的定義是，能夠發揮個人正向或最佳生活機能、滿足個人基本需求，以及實現內在潛能。幸福快樂的人就是能夠實現或是努力實現個人的潛能，充分發揮自我的生命機能，有能力勝任人生諸多的挑戰，而且擁有健康的心理生活。相對於享樂主義的觀點（沒有具體說明與測量個人快樂與否的發生原因），幸福主義觀點的倡議者則有具體闡明，幸福快樂與心理健康的基礎所在，包括：若干心理與社會特質、基本需求的滿足，以及有哪些行為或活動可以滿足該等需求。

　　主張幸福主義觀點的學者相信，福樂安適與快樂涉及的不止於情緒的快樂與生活的滿意感。福樂安適的模式應該要能夠闡明心理健康與有效的生活機能。採取幸福主義觀點的研究人員，特別有興趣發展福樂安適的模式，以茲描述正向生活機能與正向心理健康。

　　要達成這樣的目標，就必須要能夠清楚定義健康、幸福快樂的人究竟有哪些的特徵，換言之，就是需要一套關於福樂安適的理論。因此，相當多幸福主義觀點的研究傾向採取「理論趨動」進路。也就是，先行發展福樂安適的模式與理論，然後才開始進行實徵研究的檢驗。

享樂主義的幸福快樂（Hedonic Happiness）

　　享樂主義關於幸福快樂的定義是，個人正向情緒與負向情緒，以及生活滿意度的整體評估。主要呈現在主觀幸福安樂SWB模式與測量。研究採取「實徵研究驅動」進路。

幸福主義的福樂安適（Eudaimonic Happiness）

　　幸福主義關於福樂安適的定義是，能夠發揮個人正向或最佳生活機能、滿足個人基本需求，以及實現內在潛能。主要呈現在自我實現與正向心理健康的模式與測量。研究傾向採取「理論趨動」進路。

2.5.2　兩種主義之間的互補與重疊

　　整體而言，關於享樂主義與幸福主義之間的異同，我們會強調兩者的互補面向，而不去著眼於彼此的衝突面向。在人們對於美好生活的看法當中，似乎都反映出這兩種觀點。金恩和納帕（King & Napa, 1998）請研究參與者評比美好生活的構成要素，結果發現，享樂主義與幸福主義的觀點都獲得不相上下的評等。諸如：快樂與個人成長（Compton et al., 1996），或是快樂與個人生活能力與潛能的表現（Waterman, 1993），或是快樂與生活的意義（McGregor & Little, 1998）。

　　雖然，概念也許各有特色而有所區隔，但是享樂主義與幸福主義的福樂安適研究其實還是有相當多的重疊之處。這可能是因為，快樂而且生活滿意的人（享樂主義的意涵）也會傾向認為，自己的生活是充實而有意義的。換言之，他們比較能夠表現個人的才能、優點、價值觀，以及內在的潛能（幸福主義的意涵）。

　　所以，不論研究者檢測的是享樂主義的福樂安適，或是幸福主義的福樂安適，這兩種不同的觀點都會反映出現在研究的結果當中。兩種觀點結合，可以獲得更周延的理解。未來，我們應該可以預見，享樂主義觀點的實徵取

向研究與幸福主義觀點的理論取向研究之間最終的兼容並蓄，共同描繪出人類幸福快樂的周延圖像。在正向心理學的研究當中，這兩種觀點的著重焦點各有側重，享樂主義聚焦於探討個人快樂與生活滿足，幸福主義則聚焦於探索個人意義、個人成長與正向生活機能的發揮。

本章　摘要問題

1. 依照正向心理學的觀點來看，關於「我們過得好不好？」此一社會整體福樂安適的問題，全國性調查統計所能提供的答案，有哪兩項重大的缺陷？

2. (1) 請對照比較享樂主義和幸福主義關於福樂安適的概念有何異同？請舉例描述你個人生活當中有哪些活動，可以分別讓你體驗到享樂主義與幸福主義的福樂安適。

   (2) 蘿拉・金恩與同僚對照探索正向情感性與生活有意義之間的關係，請扼要說明此研究的主要測量項目、研究發現與結論。

3. 主觀幸福安樂的定義包括哪三項構成要素？

4. 哈克和肯特納研究檢視，大學畢業紀念冊女大生笑容的類型——可分成杜氏笑容與非杜氏笑容——是否可能預測未來的生活發展。根據研究結果，哪些未來生活發展與杜氏笑容有所關聯？而這些結果又應該如何解釋？

5. 時間期限長短的研究如何化解「正向情感性與負向情意是否屬於相互獨立的兩個心理維度」此一議題？

6. 就快樂的人而言，其正向與負向情緒應該會有何種強度與頻率？

7. SWB測量的自陳報告反應如何可能受到記憶與當下心情的影響，而有所扭曲或偏差？

8. 什麼是尖峰—終端原則？請簡要陳述其定義，並舉例說明之。

9. 什麼是經驗抽樣法（ESM）？

10. 請簡要描述凱尼曼和同僚開發的一日經驗重建法（DRM），並說明凱尼曼等人運用此法研究的三項主要發現。

11. 整體性的測量與經驗抽樣的測量之間存有什麼樣的關係？個人特質與情境因素對於SWB的測量反應可能有哪些影響？

12. 根據卡蘿・黎弗的論述，享樂主義的SWB主觀幸福安樂模式，在其主張的三項構成要素之外，可能還缺少什麼？

13. 幸福主義的福樂安適模式是由哪三項要素構成的？請簡要說明之。

14. 根據自我決定理論，福樂安適必須具有哪三項根本需求？請簡要陳述這三項根本要素的意涵，並舉例說明什麼樣的活動或經驗可以分別滿足該三項根本需求。

15. 根據芮斯等人研究，對於大學生，「美好的一天」包括哪些構成要素？

16. 自我決定理論的三種需求（自主性、勝任能力、情感連結感）之滿足，如何可以從特質論與情境論的概念層次，來加以闡述？

17. 請分別針對享樂主義與幸福主義，說明快樂的定義，以及快樂的原因。

18. 享樂主義的幸福快樂觀與幸福主義的福樂安適觀如何彼此互補，和相互關聯？

關鍵字

痛苦指數（misery index）
享樂主義的幸福快樂（hedonic happiness）
幸福主義的福樂安適（eudaimonic happiness）
主觀幸福安樂（subjective well-being）
整體測量（global measures）
經驗抽樣法（experience sampling method）
尖峰—終端原則（peak-end rule）
一日經驗重建法（day reconstruction method）
心理福樂安適（psychological well-being）
自我決定理論（self-determination theory）

網路資源

・真實快樂
http://www.authentichappiness.sas.upenn.edu
馬汀・塞利格曼的個人網站，隸屬於美國賓州大學。站內提供許多有關正向心理學的

測量工具，堪稱網路上最完整的資源。

· 迪勒、主觀幸福安樂、快樂／幸福

http://www.psych.uiuc.edu/~ediener

知名的快樂／幸福研究學者艾德‧迪勒的個人網站，隸屬於美國伊利諾大學。站內可供連結主觀幸福安樂的相關研究文章。

· 心理福樂安適

http://www.psychologymatters.org/wellbeing.html

美國心理學會針對心理福樂安適整理的網站。

· 自我決定理論

http://www.psych.rochester.edu/SDT/publications/pub_well.html

德西與雷恩的聯名網站，隸屬於美國羅徹斯特大學。主題聚焦於自我決定理論，並且凸顯幸福主義的福樂安適觀。

延伸閱讀

Kahneman, D., Diener, E., & Schwarz, N. (Eds.). (1999). *Well-being: The foundations of hedonic psychology*. New York: Russell Sage Foundation.

Kahneman, D., Krueger, A. B., Schkade, D. A., Schwarz, N., & Stone, A. A. (2004). A survey method for characterizing daily life experience: The day reconstruction method. *Science, 306*, 1776-1780.

Keyes, C. L. M. (2007). Promoting and protecting mental health and flourishing: A complementary strategy for improving national mental health. *American Psychologist, 62*, 95-108.

Lopez, S. J., & Snyder, C. R. (Eds.). (2003). *Positive psychological assessment: A handbook of models and measures*. Washington, DC: American Psychological Association.

Myers, D. G. (1992). *The pursuit of happiness*. New York: Avon Books.

Ryan, R. M., & Deci, E. L. (2000). Self-determination theory and the facilitation of intrinsic motivation, social development, and well-being. *American Psychologist, 55*, 68-78.

Ryan, R. M., & Deci, E. L. (2001). On happiness and human potentials: A review of research on hedonic and eudaimonic well-being. *Annual Review of Psychology, 52*, 141-166.

Ryff, C. D. (1989). Happiness is everything, or is it? Exploration on the meaning of psychological well-being. *Journal of Personality and Social Psychology, 57*, 1069-1081.

Ryff, C. D., & Keyes, C. L. M. (1995). The structure of psychological well-being revisited.

Journal of Personality and Social Psychology, 57, 1069-1081.

Ryff, C. D., & Singer, B. (1998). The contours of positive human health. *Psychological Inquiry, 9*, 1-28.

第三章

正向情緒與
福樂安適

俗話說得好：「壞的比好的更強而有力。」這也難怪，焦慮、壓迫、無聊之類的負向情緒，總是比較容易盤據心思；相形之下，喜悅、滿足之類的正向情緒，就比較沒能引起同等程度的關注（Baumeister, Bratslavsky, Finkenauer, & Vohs, 2001）。

傳統醫療常識也一再提醒人們，長期壓力有害健康，諸如此類的觀念無疑又強化了人們對負向情緒的關注。大部分醫療院所都有提供紓解壓力的服務。一般人們也都有紓解壓力或其他負面情緒的方法，例如：運動、閱讀、朋友聚會、看電影、逛街購物、好玩的嗜好、渡假。當然，我們會想做這些事情或活動，可能純粹只是為了該等事項本身能夠帶來樂趣；不過，蠻多時候，我們其實是為了要紓解負向情緒。

比方說，工作壓力繁重，累了一整個禮拜之後，我們會想要找三兩好友把酒言歡，紓解整個星期累積

的緊張壓力。不過，如果工作都很順心愉快，我們是否還會覺得這樣的事情樂趣不減，而且同樣有益身心安適？還是說，只有在心情不好的時候，才會需要藉助某些事物或活動來引發正向情緒？

有相當多研究指出，並不是只在有壓力或心情煩悶的時候，正向情緒才會發揮益處；而是無論任何時候，正向情緒都是有好處的（Salvoey, Rothman, Detweiler, Steward, 2000）。這並不是說，我們要把這些好玩有趣的活動貶低為只剩下工具性的價值，而是要反映如此的事實：正向情緒有益身心健康，而且效應不只限於抵消負向情緒的有害作用。

許多研究人員探索社會支持對於健康的效應，結果也都獲得類似的結論。我們大部分的人都知道，遭逢危機或悲劇的時候（譬如：摯愛的人不幸過世），他人的支持是非常有幫助的。但是，即使在平常日子，親朋好友的支持關係也有可能提升福樂安適，並不只是在苦惱不安的時候才會發生作用。

在這一章，我們會探索正向情緒與身心福樂安適之間的許多關係。先前在第二章，我們已經見識到，就享樂主義的觀點而言，正向情緒乃是主觀幸福安樂的核心構成要素。再者，就幸福主義的觀點而言，正向情緒也有益於身體健康與心理福樂安適。

3.1. 什麼是正向情緒？

先前在第二章，我們已經知道，正向心理學家研究的主題包括；正向情緒與負向情緒。依照情緒產生的心理與生理效應來分類，情緒可分為兩種基本的型態，分別是：

1. **正向情感（positive affect）**：可以產生正向的心理與生理效應，包括：歡樂、喜悅、滿足、快樂。

2. **負向情感（negative affect）**：可以產生負向的心理與生理效應，包括：憤怒、恐懼、哀傷、罪惡感、輕視、厭惡。

有兩方面的證據，可以支持上述的分類論點。分別說明如後：

1. 關於情緒經驗的自陳報告研究顯示，正向情感與負向情感共同形成人類情緒生活的基本結構（例如：Watson, 2000; Watson & Tellegen, 1985; Watson, Wiese, Vaidya, Tellegen, 1999）。研究也顯示，個人具有的正向與負向情感經驗的獨特高低水準，與性格、福樂安適等測量結果有顯著關聯（詳細文獻回顧與評論，請參閱本書第九章）。

2. 生理研究發現，正向情感與負向情感兩類之間，分別有明顯不同的神經系統激起、大腦活動、荷爾蒙、神經傳導輸出等生理現象。但是，在不同的正向情感之間，或不同的負向情感之間，則沒有明顯的區別（Barrett, 2006; Cacioppo, Berntson, Larsen, Poehlmann, & Ito, 2000; Laren, Hemenover, Norris, Cacioppo, 2003）。

這方面的研究有助於探索情緒賴以發生的生理機轉，以及該等情緒的心理功能。接下來，我們就要開始來討論正向情緒可能發揮的價值，首先介紹的是芭芭菈·芙德麗克森（Barbara Fredrickson, 2001）關於正向情緒的擴展與建設理論。

3.1.1 焦點理論：正向情緒的擴展與建設理論

正向情緒在正向心理學的角色：正向情緒的擴展與建設理論[1]

2001年，芭芭菈·芙德麗克森（Barbara Fredrickson, 2001）在《美國心理學人期刊》，發表了〈正向情緒在正向心理學的角色：正向情緒的擴展與建設理論〉，正式提出正向情緒的**擴展與建設理論**（**broaden-and-build theory**）。根據這項理論，正向情緒可以開啟人們新的思考與行動，如此的擴展可以建立生理、心理與社會的資源，從而促進個人的福樂安適。但是，在芙德麗克森尚未提出擴展與建設理論之前，心理學界很少有人關注正向情緒的議題，也不認為正向情緒具有任何的重要性。在這之前的研究通常只著

---

[1] 英文標題如後：
The role of positive emotions in positive psychology: The broaden-and-build theory of positive emotions.

眼於了解負向情緒（諸如：恐懼與憤怒）與演化和生存有什麼樣的關聯。相對地，正向情緒的擴展與建設理論可以解釋，正向情緒如何幫助當事人建立生理、心理與社會等方面的有用資源。這是正向心理學界最早提出的少數理論之一，再加上這項理論以創新的角度，闡述正向情緒的潛在價值，因此吸引了相當多正向心理學家的關注。

芙德麗克森的理論提出了兩項重要的區分，值得特別關注：(1)心情與情緒的區分；(2)正向情緒與單純感官快感的區分。以下分別說明之：

1.心情與情緒的區分

根據芙德麗克森的觀點，心情（mood）是比情緒更為普遍的概念，因為心情指的是整體的感覺，通常是一長段時間（也許一個星期，或是一個月）的整體感覺。當我們說「整個星期，我心情都很差。」這兒指的就是為期一周的普遍情緒狀態。相對地，情緒則是指比較短時性的特定狀態，通常與個人覺得有意義的事件有所連結。因為學期報告得到優等而感到光榮，這就是情緒的一種表達。心情通常就是概略分為愉快vs.不愉快兩大類（或者好心情vs.壞心情）；相對而言，情緒則可以細分成許多不同的類別，例如：憤怒、恐懼、喜悅、厭惡、得意、滿足等等。芙德麗克森的理論聚焦的是正向的情緒以及其效應。

2.正向情緒與單純感官快感的區分

芙德麗克森相信，我們不應該把正向情緒和單純的感官快感混為一談。單純的感官快感（sensory pleasure），諸如：性愛或飲食的快感，固然連帶會有正向的感覺；但是，她認為，感官的快感乃是對於生理需求的一種相對自動化的生理反應。相對地，正向情緒在本質上比較是屬於心理層次的，而且取決於當事人對於所經歷事件的詮釋與評估，而比較不是身體對於生理刺激的反應。換言之，芙德麗克森的理論是關於正向情緒，而不是關於生理方面的快感，雖然生理的快感也有益處。

芙德麗克森的理論開展是先對照負向情緒vs.正向情緒的差異，從而凸顯正向情緒的價值。負向情緒（諸如：憤怒、恐懼）的目的，通常是連結到特定的行動趨向。比方說：恐懼連結的是躲避的欲望；恐懼則是連結攻擊或爭鬥的欲望。特定行動趨向的概念並不是說，人們在面對某種負向情緒時，一定會採取某種特定的行動。確切而言，負向情緒的影響結果是縮小吾人思

考與可能行動的焦點。舉例而言，你因為受到某人傷害而感到非常生氣，你的大部分思考可能都是集中在你的憤怒，以及惹你生氣的那個人身上。她為什麼要那樣說？她怎麼可以說那樣傷人的話？我該怎麼讓她知道，我的感覺？我該如何解釋，好讓她明白我為什麼覺得，她那樣說是不公平而且很傷人的？這兒，特定行動趨向概念的重點，不在於你是否有真的有把該等想法付諸實際行動。重點在於，負向情緒讓當事人的思考與行為聚焦到比較狹小的範圍。就生物與演化的觀點來看，思考與特定行為的聚焦對於生存有其價值。聚焦思考如何因應讓人感到恐懼或憤怒的威脅事件，這可以提高因應行動的即時效益與成功機率。在面臨生死威脅之際，專注而迅速地採取特定的因應行動，可以提高存活的機率。

不過，正向情緒並不是很符合前述特定行動趨向描述的情形。芙德麗克森回顧探討相關研究，結果顯示，諸如喜悅之類的正向情緒比較傾向連結*非特定*的思考與行動。根據擴展與建設理論，正向情緒的描述是，「……*正向情緒——包括：喜悅、興趣、滿足、得意與愛——雖然就現象面來看，各有不同的面貌，但是都有一種共通的能力，得以擴展個人當下的思考—行動戲碼，建立持久的個人資源，其中涵蓋了生理與心智的資源，乃至於社會與心理的資源*」（Fredrickson, 2001, p.219）。正向情緒的益處比較是普遍／非特定，而長時期的；相對地，負向情緒的效應則比較是特定而短時期的。比方說，喜悅會引起許多不同的（也即是「非特定的」）行動慾望，譬如：可能會想要去玩樂、探索新的可能性，或是想要表達個人的創意才華。遊戲是兒童發展的一種重要活動。肢體的遊戲有助於培養體能與耐力。遊戲有助於建立正向的關係與依附。解謎和藝術表現的遊戲有助於智能與創造力的發展。上述這些遊戲可能帶來的效應包括：建立物理／生理資源、心理資源、社會資源，對於解決問題、因應生活挑戰、獲得他人支持都很重要。

根據芙德麗克森的描述，正向情緒透過四種可能的擴展／建設途徑，來擴展思考—行動的戲碼，建立個人的資源，從而增進福樂安適（請參閱圖3.1）。因為福樂安適增加之後，可能進一步促成更多的正向情緒經驗，接下來，又可能像螺旋一樣，回過頭增進健康、快樂，亦即身心福樂安適。就這樣，良性循環於是得以持續推進。

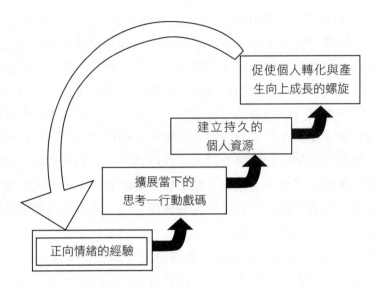

圖3.1   正向情緒的擴展與建設理論

資料來源：Fredrickson, B. L. (2002). Positive emotions. In C. R. Snyder, & S. J. Lopez
(Eds.), *Handbook of positive psychology* (pp.120-134). New York: Oxford
University Press. 牛津大學出版社版權所有，翻印轉用許可。

正向情緒的四種可能擴展／建設途徑分別為：⑴擴展思考─行動的可
能性；⑵抵消負向情緒；⑶提高反彈復甦力；⑷建立持久資源，改善福
樂安適。以下逐項說明之。

擴展思考─行動的可能性

負向情緒往往會窄化吾人的思考，讓當事人飽受情緒困擾，而沒有辦法
做出適當的反應。當一個人生氣或恐懼的時候，常常會整個人沉陷在情緒當
中，導致視覺隧道化，從而限縮了其他可能的想法或做法。生氣或恐懼的時
候，尤其不利於自由、創意的思考。相對地，正向情緒似乎能夠開啟思考的
自由空間，可以源源不絕想出各種可能的因應做法。

為了證實正向情緒確實有開啟多種思考與行動的效應，芙德麗克森和同
僚進行了一項研究。她們安排研究參與者觀看若干充滿情緒畫面的電影片段
（請參閱Fredrickson, 2001）。影片刻畫的情緒分別有四種類型：喜悅、滿
足、憤怒、恐懼。另外，還有一種影片則是不帶有任何情緒性的畫面，以作

為控制組。看完影片之後，參與者必須想像可能引發類似影片情緒的情境；然後，再列出自己在該想像情境之下，所有可能想到可以採取的行動。

　　研究結果發現，觀看喜悅和滿足影片者，列出較多自己在該等情境可能想到可以採取的行動；其次，是觀看中性影片的參與者；列出最少的則是觀看憤怒和恐懼影片的參與者。這樣的結果支持擴展與建設理論。正向情緒擴展了思考與行動的可能性，從而有助於建立解決問題的各種資源，可以想出較多的因應方式，如此一來，就比較有可能從中找到有效的解決出路。

抵消負向情緒

　　正向情緒與負向情緒似乎產生相反的效應。負向情緒傾向窄化思考與行動反應；相對地，正向情緒則會讓我們有更多可能的思考與行動反應。正向情緒與負向情緒也似乎是不相容的，也就是說，不可能同時感到既快樂又憤怒。想想看，你是否有過充滿喜悅的悲傷，或是充滿恐懼的輕鬆快活？數種情緒感覺確實是有可能融合並存的，但是同時經歷強烈的正向情緒與強烈的負向情緒，這樣的可能性似乎是微乎其微。

　　由於正向與負向情緒具有這樣的不相容性，因此我們或許有可能藉由正向情緒來排除負向情緒的作用。為了檢驗這個想法，芙德麗克森與同僚檢視正向情緒與負向情緒對於心肺功能的影響（請參閱Fredrickson, 2001）。透過實驗設計，她們要檢視，在負向情緒引發心肺活動增加之後，正向情緒是否能夠加快心肺活動回復到基礎線。

　　假設你參與芙德麗克森的一項研究。你前往實驗室報到，研究人員告訴你，你有一分鐘的時間，準備發表一場即時演講，主題是說明你何以是一個好朋友。你必須面對其他學生發表演講，同時還會有錄影記錄。你應該可以預期，臨時沒有太多準備就要上場演講，這會讓很多學生感到非常焦慮、緊張；心跳與血壓的測量可以證明這點。在演講準備時間截止之後，學生分成四組：觀看輕微歡樂影片、觀看輕微滿足影片、觀看情緒中和影片、觀看悲傷影片。研究者測量學生用了多少時間回復到心肺活動的基礎線。

　　研究結果符合預測：歡樂、滿足組回復時間顯著少於中和、悲傷組，而且悲傷組回復時間最長。歡樂、滿足的經驗（正向情緒）顯然有助於抵消因為準備演講而引起的焦慮（負向情緒）對於心肺活動的影響。

提高反彈復甦力

反彈復甦力使人們在面臨壓力事件之餘，能夠反彈，重新恢復安適感。正向情緒可能提高反彈復甦力，使吾人有能力因應壓力經驗引起的負向情緒。為了要檢視正向情緒與反彈復甦力之間的關聯，芙德麗克森與其同僚（Fredrickson, 2001）測量學生面對挑戰與壓力時的反彈復甦力。研究結果顯示，反彈復甦力高的學生，在面對挑戰任務壓力時，往往有較多的正向情緒經驗，而且在挑戰任務結束後，也比較快回復到心肺功能的基礎線。反彈復甦能力高的個人似乎在自知或不自知當中，利用正向情緒來排除負向情緒。他們在面對壓力時，自我營造正向情緒的傾向，可能是他們反彈復甦力與有效因應的一種關鍵來源。

建立持久資源，改善福樂安適

憂鬱可能產生向下螺旋，越來越擴大負向心情與悲觀想法。負向心情造成更多的悲觀想法，而更多的悲觀想法又會加深負向的心情。相對地，芙德麗克森指出，正向情緒則可能創造一種向上螺旋，越來越擴大福樂安適感。研究顯示，正向情緒擴展我們的視野，抵消負向情緒，強化反彈復甦力，改善情緒的安適。擴展的視野與強化的反彈復甦力，接著又會增加正向情緒的經驗。簡言之，正向情緒可能幫助建立生理資源，而心理資源與社會資源，有助於抵抗疾病、因應壓力與生活的各種挑戰。

3.2. 正向情緒與健康資源

我們大部分人都曾經親眼看過，或親耳聽過，正向態度對於戰勝重大疾病的益處，至於失去希望則可能預言難逃疾病擊垮的厄運。接下來，我們就來看一個希望點燃又被澆熄的不幸例子。這故事的主人翁名叫吉姆，10歲的時候，吉姆罹患淋巴癌，整整一年的時間，接受痛苦的化療與放射線治療，但是病情仍舊持續惡化。雖然，醫生們都認為希望渺茫，吉姆還是鬥志

不減，樂觀看待未來。他說，希望自己能夠長大，成為醫生，找出可以治療自己和其他病童的解藥。吉姆把希望全都寄託在一位名醫的到訪，這位醫師很重視吉姆的病情，也允諾前往鹽湖城參加醫學會議之前會順道來看他。吉姆每天勤寫日記，詳細記錄自己的病情，他希望這些能夠讓該位名醫找出可以治好他的方法。

不巧的是，醫師原定來訪的那一天，鹽湖城機場大霧籠罩，因此他只好取消造訪吉姆，直接飛往研討會地點。吉姆知道這個消息之後，獨自默默飲泣，先前的興奮與樂觀一掃而空，取而代之的是心灰意冷。隔天早上，吉姆發高燒、肺炎，當天夜裡，陷入昏迷狀態，這樣又捱過了一天，下午時分，就過世了（Visintainer & Seligman, 1983）。我們很難不看到，吉姆先前的樂觀與希望，讓他整個人洋溢無比的反彈復甦力。同樣地，我們也很難不看到，在失去希望之後，他整個人的狀況急速惡化，甚至還可能是導致他最後過世的部分原因。

在擁有廣大讀者群的《疾病的解剖》（*Anatomy of an Illness*）一書中，作者諾曼‧庫辛（Norman Cousins, 1979）描述，自己如何透過笑聲，來克服僵直性脊椎炎的疼痛。這種疾病痛起來椎心刺骨，而且有可能會讓人斷送性命。庫辛寫道，由於受不了整天病懨懨躺在醫院病床上，於是自行辦理出院，住進汽車旅館。在那兒，盡情觀賞最喜歡的馬克斯兄弟喜劇電影。他認為，自己之所以能夠奇蹟式的復原，主要就得歸功於歡笑的療癒魔力。根據庫辛的自述，10分鐘的大笑，可以讓他享有兩個小時不受病痛折磨的安穩睡眠，同時還能減輕全身多處發炎的疼痛。

類似這樣的故事，在過去許多年以來，一直只停留在道聽塗說的民間軼聞，而沒有科學的研究支持或解說。不過，目前在許多研究人員的努力之下，已經有不少強有力的支持證據顯示，情緒確實會影響健康。而且研究人員也開始釐清，連結情緒與福樂安適之間的多重影響途徑與機轉。

舉例而言，薩洛維與同僚（Salovey et al., 2000）就提出了一項情緒—健康關聯的基本假說，可供研究參照：「一般而言，負向情緒往往被認為與不健康的生理機能（包括心血管活動與免疫系統的機能）有所關聯；相對地，正向情緒則與健康的生理機能有所關聯。只不過，關於負向情緒—不健康的資料卻明顯比較多」（Salovey et al., 2000, p.111）。

他們也指出，箇中的影響機轉相當複雜，而且研究人員也才開始設法去探究理解。由於其中牽涉到許多錯綜複雜的交互作用與變數，因此很難具體而明確釐定特定變數之間的因果關係。不過，近年來，理論發展與實徵研究方面已經開始有些進展與突破（例如：Koenig & Cohen, 2002）。一方面，有學者提出了關於負向、正向情緒不同效應的新理論（例如：Fredrickson, 2001），另方面，許多學者紛紛提出了各種解釋說明（例如：Folkman & Tedlie Moskowitz, 2000; Isen, 2002; Ray, 2004; Ryan & Singer, 2002; Taylor, Dickerson, & Cousino Klein, 2002），這些結果匯聚而支持先前薩洛維與同僚所提的情緒—健康關聯的基本假說。負向情緒和正向情緒有潛能，可以牽動生理、心理和社交的狀態，從而減損或增益個人的健康。

研究已經描述了若干可能影響健康的途徑。依循芙德麗克森的正向情緒擴展與建立理論，我們可以將影響途徑分類為三大類，分別是影響生理資源、心理資源、社會資源的途徑。分而言之：

1. 生理資源是關於身體的健全，以及抵抗疾病的身體強度。
2. 心理資源是關於回應壓力的效能，以及面對生活挑戰的個人心理強度與反彈復甦等特質。
3. 社會資源則是在急難時能夠提供支持的，與他人關係的質量與數量。

情緒—健康關聯論述的基本前提就是：正向情緒有助於增益健康資源；相對地，負向情緒則可能減損之。就文獻來看，健康心理學的論述與研究聚焦於負向情緒對於健康的害處（Taylor & Sherman, 2004）。相對地，正向心理學則開始研究支持正向情緒的價值，包括：建立有益健康的資源，以及解釋為何某些資源比其他資源來得更為有效。正向情緒透過緩衝或抵消壓力的有害作用，可能有助於建立心理資源。正向情緒也可能幫忙解釋為什麼某些人格特質（諸如：樂觀與自尊）與健康有所關聯。最後一點，正向情緒可能透過社會支持關係的建立與維持，從而增進個人的社會資源。

3.2.1 生理健康資源

對於健康很重要的生理或生物資源，包括四個相互關聯領域的心理神經免疫系統：大腦、神經系統、內分泌系統、免疫系統（Maier, Watkins, &

Fleshner, 1994）。因為這些系統相互關聯，心理與身體存在著相互影響的關係。有時候，當我們面對座無虛席的聽眾發表演講，可能會出現手心冒汗、口乾舌燥，像這種因為焦慮而引發生理反應的情形，就是日常生活常見的心理影響身體的實例。另外，如果你還記得上一次感冒的時候，你的情緒感受，你差不多就知道身體如何可能影響心理。

在最近一篇文章〈心理如何傷害與治癒身體〉（How the mind hurts and heals the body），雷伊（Ray, 2004）論稱，有關上述四個領域的生理與生化歷程的研究容許我們如此結論：「當經驗改變吾人的大腦與思考，亦即改變吾人的心，這也就改變了吾人的生理，這不只是字面描述而已，而是千真萬確的事實」（p.32）。

許多研究者在探討情緒—健康的影響途徑時，通常把免疫系統視為主要目標。免疫系統的主要目的是摧毀或抵消導致人類生病的病原。其中，涉及許多專殊化的生化、荷爾蒙、細胞歷程。比方說，T細胞辨識病原，然後迅速繁殖，殺死入侵者。自然殺手細胞（natural killer cells，簡稱NK細胞）攻擊體內的任何外來異物。研究者可以測量T細胞、NK細胞、壓力荷爾蒙、各種病毒抗體的多寡，以及免疫系統其他面向的運作狀態，從而評估免疫系統的相對狀態（文獻回顧與評論，請參閱Koenig & Cohen, 2002）。負向情緒壓抑免疫系統的測量數值，而正向情緒似乎提升免疫系統的測量數值，透過這個途徑測量數據的增減證據，就可以檢驗情緒對於健康的影響作用。

有相當多的研究顯示，壓力如何可能壓抑免疫系統的運作（例如：Cohen, 2002; Friedman & Booth-Kewley, 1987; Rabin, 2002）。其中，最清楚的證據來自測量個人的壓力水準，然後對照壓力水準的變動，來監督與追蹤免疫系統功能與健康狀況的相對波動。箇中範例研究，就是探究醫學院考試對於一年級學生免疫系統功能的影響（Kiecolt-Glaser & Glaser, 1987）。

心理因素對於免疫功能的影響[2]

葛拉瑟夫妻（Kiecolt-Glaser & Glaser, 1987）的這份研究發表於《行為醫學年鑑》。參與研究的學生在假期結束而且尚未有任何考試的時候，測量個人的壓力水準與免疫系統功能水準，記錄為基準線。然後，在重大測驗期間，再測量個人的壓力水準與免疫系統功能水準。結果發現，考試期間，學生的壓力水準升高，免疫系統功能則下降（NK細胞數量減少），而且學生的自陳報告也顯示，考試期間有較多的疾病，諸如：上呼吸道感染。

除了有許多研究針對壓力與健康加以探討之外，也有不少研究發現，負向心情可能會降低免疫系統的活動力。實徵研究發現，憂鬱症、情緒低落和免疫系統反應下降之間，有強烈的連結關係（例如：Cohen & Rodriguez, 1995; Herbert & Cohen, 1993）。憂鬱的人可能會比較容易生病，這可能是由於長期憂鬱的心情導致身體抵抗力減弱。實驗研究提供了相當多支持負向情緒有害健康的證據。比方說，心情不好的時候，讓實驗參與者接觸呼吸道病毒，比較容易發生較嚴重的呼吸道感染症狀；相對地，心情好的時候，接觸呼吸道病毒，就比較沒有發生嚴重的症狀（Cohen et al., 1995）。

目前為止，關於正向情緒如何可能影響免疫系統的研究仍然為數較少，而且研究結果也不甚一致。不過，就現有研究而言，倒是有很強的證據支持，正向情緒相對於負向情緒或壓力，或多或少有著相反的效應。比方說，史東與同僚檢視抗體的產生與每日心情的狀態之間的關聯（Stone et al., 1994）；參與這項研究的48位成人每天寫日記，為期12星期。他們記錄每天在工作、在家、休閒活動時的個人心情狀態與正負向經驗，以及他們與配偶、朋友、子女的關係。在這12星期過程中，他們每一天都會服用一顆藥丸，內含無害的蛋白質抗原（抗原是能夠產生免疫反應的物質，具體而言，當身體遭遇抗原之餘，會產生抗體以對抗入侵的病原體）。參與者每天繳交唾液檢體，以供檢驗抗體的濃度。結果發現，參與者的心情狀態與他們

---

[2] 英文論文原始標題如後：
Psychological moderators of immune function.

對於抗原的反應（測量抗體的濃度），兩者之間呈現明顯正相關。正向事件經驗越多，產生的抗體就越多。經歷的事件越是趨向負面，產生的抗體就越少。雖然，這項研究只評量免疫系統的一種功能，而且是使用不會致病的抗原，不過，研究結果似乎支持，正向與負向情緒對於免疫系統可能發揮相反的影響效應。

　　歡笑，是另一種更能夠表達正向情緒的行為，也與免疫系統的正向改變有所相關聯，而且歡笑也可能有助於加快病後復原速度。萊夫庫特（Lefcourt, 2002）回顧文獻顯示，幽默與歡笑有助於身體產生更多的抗體與NK細胞，而且幽默有助於強化人們對於諸如癌症之類重大疾病的因應。研究發現，觀看幽默影片可以讓人開懷大笑，大幅增加唾液分泌免疫球蛋白A（S-IgA）（Dillon, Minchoff, & Baker, 1985），一般普遍認為，免疫球蛋白A是人體抵抗普通感冒的第一道防線。另外，還有研究發現，長期觀看電視影集《天才老爹》（Bill Cosby），也有出現類似免疫系統功能提升的效果（Lefcourt, Davidson, & Kueneman, 1990）。

　　未來還需要更多的研究，才足以證實與釐清正向情緒的益處。就目前而言，我們必須承認，其中涉及的心理與生理兩方面都是非常複雜的。最近，有一篇文獻回顧在結論指出，關於正向情感具有一般性價值的證據，「相當惹人注目，但並不是最後定論」（Pressman & Cohen, 2005, p.963）。文中指出，為數不少的證據顯示，正向情緒與自陳報告病情減緩、疼痛的程度減輕、健康狀態改善等有相當程度的連結。另外，也有研究證據似乎指出，正向情感可能有益於增進免疫功能，以及延長壽命。不過，也有其他研究指出，對於高致命率的疾病（例如：某些種類的癌症），正向情緒反倒可能有害無益。樂觀的看法可能讓人輕忽了症狀的嚴重性，或是抱持不切實際的期望，結果就沒能及時去尋找適當的治療（Salovey et al., 2000）。

　　持平而論，正向情緒對於健康當然有不少好處，可是也不能無限上綱，畢竟正向情緒不是萬靈丹。不過，就目前已有的證據來看，我們至少可以很保險地說：一般而言，相較於抑鬱寡歡、悲觀、缺乏幽默感的人，快樂和愉悅的人（不論是因為樂趣的經驗、幽默感、天性氣質，或是主動培養的正向態度）比較有可能獲得健康方面的益處（Lyubomirsky, King, & Diener, 2005）。以「修女研究」為例，開朗、愉悅的修女，相對也比較長壽，這

樣的結果毫無疑問是源自多重因素複雜的交互作用（Danner, Snowdon, & Friesen, 2001；詳細文獻回顧與評論，請參閱本書第二章）。不過，這其中有許多因素很可能都和修女愉悅的正向性情有關。除了可能增強免疫系統之外，愉悅、開朗的性情可能有助於因應壓力情境，比較能夠妥善照顧個人的健康，也可能比較能夠建立較多的人際支援網絡。

3.2.2　心理健康資源

這一節，我們先要討論，正向情緒如何提供因應壓力的心理資源；其次，我們要說明，正向情緒如何可能幫助解釋，個人特質與健康益處的關聯。

正向情緒與壓力的因應

壓力威脅健康的議題激發了廣泛的研究，希望能夠找出有助於紓減壓力的因應行為，藉以改善健康（Somerfield & McCrae, 2000）。紓壓的心理資源包括：能夠減輕或消除壓力的智識、行為與情緒等方面的能力與效能。許多因素會影響人們面對壓力時會採取何種因應做法。一般而言，因應行為可分為兩大類：⑴問題聚焦的因應；⑵及情緒聚焦的因應（Lazarus & Folkman, 1984）。

1.問題聚焦的因應（problem-focused coping）

目標：改變、減輕，或消除壓力來源。

因應做法包括：尋求他人的實質協助、採取行動改變壓力的生活情境，或是蒐集與評估替代方案的相關資訊。

2.情緒聚焦的因應（emotion-focused coping）

目標：改變或減輕個人對於壓力經驗的情緒反應。

因應做法包括：逃避問題、否認問題存在、尋求他人的情緒支持、發洩情緒來排解壓力、自我加油打氣（例如：「老天會祝福我的」）（最新有關因應行為研究的後設分析回顧與評論，請參閱Tamres, Janicki, & Helgeson, 2002）。

雅斯賓華和泰勒（Aspinwall & Taylor, 1997）提議，第三類型的因應

行為，稱之為**主動預防因應（proactive coping）**，就是在壓力未發生之前，就預先採取行動來防止其發生。比方說，發現有症狀可能是重大疾病，就趕緊去看醫生，而不是憂心忡忡，窮緊張，希望症狀會自動消失，或是等到真的重病發作，才開始想辦法因應。再比方說，在規定期限未到之前，就先把作業完成，而不是一直拖延到最後，才急得像熱鍋裡的螞蟻：「慘了，明天就是最後期限了！」

過去有關因應行為的研究焦點，主要集中在如何減輕或消除壓力經驗造成的情緒不安，很少有研究注意到正向情緒如何可能提供什麼樣的資源，譬如：正向情緒在因應壓力可能扮演什麼角色，以及正向情緒如何可能強化心理資源。最近，情況漸漸有所改變，有些知名學者開始探索正向情緒在因應行為當中可能發揮的效益（例如：Aspinwall, 1998; Hobfoll, 1989; Lazarus, 2000; Somerfield & McCrae, 2000; Vaillant, 2000）。

舉例而言，福克曼和莫斯柯維茲（Folkman & Tedlie Moskowitz, 2000）論稱，對於壓力與生活創傷事件的因應，正向情緒扮演了相當重要的角色。他們回顧研究文獻結果顯示，正向情緒是有可能和苦惱的經驗同時發生，即使在壓力極大的情境（譬如：摯愛被診斷罹患癌症），當事人雖然極度苦惱，但還是能夠有正向情緒的經驗。雖然處境非常苦惱，但是人們還是有可能設法和人分享歡笑、共同的回憶，並且從中汲取有益的啟示與收穫。置身苦惱的處境當中，正向情緒的經驗可以提供緩衝保護，減緩或是抵消壓力帶來的負向衝擊。正向情緒可以激發樂觀、希望和信心，從而補強疲弱的心理資源，也能夠挹注生理資源，提高免疫系統的功能。

若干研究已經確認，正向情感確實有可能透過包括前述的各種方式，而有助於人們因應壓力、威脅或麻煩處境（文獻回顧與評論，請參閱 Aspinwall, 1998; Hobfoll, 1989; Isen, 2002, 2003）。一般而言，正向情感經驗的人傾向於表現主動預防的因應風格與技巧（Aspinwall & Taylor, 1997）。正向情感促使人們思考，如何免除壓力的狀況發生，而不是等到狀況發生之後，才來設法收拾殘局。正向情感的人解決問題也比較有彈性與創意。比方說，以醫學院學生為例，正向情感與診斷能力的改善有關聯，有正向情感的醫學生診斷比較有彈性，比較願意接受或考量其他可能的診斷（Estrada, Isen, & Young, 1997）。在面對批評或自尊可能遭受威脅的

情況下，正向情感經驗的人比較不會表現出太多自我防衛的行為（Trope & Pomerantz, 1998）。再者，正向情感經驗的人比較不會否認或扭曲與個人信念或先入之見相左的資訊（Estrada et al., 1997）。這些研究發現都肯定了，正向情緒對於心理資源的貢獻，有助於因應生活的挑戰。

正向心理特質與健康

正向情緒對於增益心理資源的貢獻似乎意味著，任何有可能產生正向情緒的個人特質、經驗或活動，尤其在面對壓力情境時，都有可能對健康產生助益。正向情緒，不論是源自於個人的*特質*（譬如：天生氣質的歡愉性情），或是日常從事某些活動（譬如：嗜好）產生的*狀態*，或是因應行為的*策略*（譬如：遇到情況不好的時候，盡量往好處著想），都可能有助於改善健康狀況。

研究確認了若干與增進健康有關聯的個人特質，譬如：樂觀、自尊、反彈復甦力、情緒表達，這些都與健康有所關聯（有關這些正向心理特質的詳細討論，請參閱第九章）。就目前為止，心理學家還沒有確切證據可以直接證實，正向情緒扮演了居中影響的角色，以至於這些心理特質得以發揮健康的益處。不過，正向情緒的潛在貢獻已經獲得越來越多的研究肯定（例如：Aspinwall, 1998; Fredrickson, 2001; Hobfoll, 1989; Salovey et al., 2000）。

自尊高的人通常會以正向的眼光來看待自己，也會覺得自己很有價值。邁爾斯（Myers, 1992）論稱，自尊是判斷個人快樂與否的最佳預測指標之一。如果，你有相當的自尊心，那麼你會自我感覺良好，覺得自己各方面都不錯，很自然就會對自己的生活感到滿意、快樂。就這方面而言，有個頗為知名關於自尊的理論——自我肯定理論（self-affirmation theory）（Steele, 1988）。根據此項理論，自尊乃是一種心理資源，當個人遭遇挑戰的處境，就可以搬出自尊來與之對抗。當人們遭遇自我形象遭受打擊的狀況，高自尊可以讓人反彈復原，不會亂了方寸，而得以確保維持正向的自我形象。自尊就像是「銀行的存款」，如果你銀行存款很多，那麼五百美元的修車費可能不會讓你覺得很懊惱。但是，如果你銀行根本沒有任何存款，那麼同樣五百美元的修車費可能就會是個大問題。一般而言，相較於低自尊的人，高自尊的人通常會比較快樂，比較能夠從容應付壓力處境，比較不

會陷入憂鬱，整體生活也比較健康些（例如：Antonucci & Jackson, 1983; Crocker & Luthanen, 2003; Crocker & Park, 2004; Hobfoll & Lieberman, 1987; Kernis, 2003a, 2003b; Myers, 1992）。

　　在樂觀—健康連結關係當中，正向情緒也可能扮演了某種角色。樂觀者對於未來的看法傾向喜多於憂；反之，悲觀者則是憂多於喜（Carver & Scheier, 2002a）。「這杯子是半空，還是半滿？」這問題的不同答案就反映出，樂觀者與悲觀者的根本差別。

　　許多研究顯示，樂觀者普遍比悲觀者來得健康（例如：Affleck, Tennen, & Apter, 2002; Peterson & Bosio, 1991; Scheier & Carver, 1992; Scheier, Carver, & Bridges, 2001; Seligman, 1990）。比方說，有研究發現，在研究為期一年的觀察期間，相較於悲觀的同班同學，樂觀的大學生比較少著涼、喉嚨痛，也比較少感染流行感冒。長期的大規模研究結果也支持樂觀與悲觀對於健康的反向影響。為期十年，針對波士頓地區1,300位男士的研究結果發現，樂觀者冠狀動脈病變的比率比悲觀者少了50%（Kubzansky, Sparrow, Volkonas, & Kwachi, 2001）。派特森等人（Peterson, Seligman, & Vaillant, 1998）追蹤訪查一群35歲的哈佛大學畢業校友。結果發現，樂觀者的健康情形顯著優於悲觀者。

　　如何解釋樂觀與健康之間的關聯？就如同先前討論的自尊一樣，其中也可能涉及若干不同的因素。樂觀者可能比較會投入保護性的健康行為，譬如：自行安排規律時間去看醫生，蒐集有關個人健康的資訊，並且根據該等資訊積極做出有益健康的因應。

　　最近，有研究指出，在面對壓力之下，樂觀者也可能比悲觀者擁有較理想的免疫反應（例如：Segerstrom, Taylor, Kemeny, & Fahey, 1998）。樂觀與正向情緒的連結可能是來自於樂觀者總是預期好的結果。而這種態度可能有助形成一種正向的心態，這對於因應壓力或疾病，可能是相當有用的資源。研究顯示，樂觀者比悲觀者更能有效因應壓力（Scheier & Carver, 1992）；正向情緒可能就是居中影響這種結果的關鍵所在。樂觀也與快樂、生活滿意度有很高的相關（Myers, 1992; Scheier & Carver, 1992）。樂觀者往往會比較積極、快樂，心存滿足。如果樂觀會導致人們有較多的正向情緒經驗，那麼這或許也可以解釋為什麼樂觀會有益於健康。

其他還有若干心理特質與狀態，也呈現有助於促進健康與正向情緒的類似效應。比方說，幽默感、希望、外向、寬恕、相信自己能夠控制事情發展結果，這些特質都有研究發現與健康、幸福／快樂有關聯（文獻回顧與評論，請參閱Lopez & Snyder, 2003; Myers, 1992; Snyder & Lopez, 2002）。即使這方面的理解仍然處於萌芽階段，不過我們似乎可以合理建議，就如同正向情緒似乎有助於解釋自尊與樂觀的益處，正向情緒在與健康、幸福／快的連結關係當中，應該也扮演了不容忽視的角色。影響吾人健康的因素相當複雜，正向情緒顯然不是唯一的要素。正向心理學的主要目標之一，就是要以研究結果為基礎，讓我們可以更充分理解正向情緒所扮演的角色。

3.2.3　焦點應用：在負向逆境之中發現正向出路

面臨重大疾病之餘，出乎意料地，居然還有不少人表示，很多時候自己還是會有正向的情緒。在負向的逆境當中，人如何可能發現正向的一面呢？我們是否可能主動培養正向情緒，好讓自己更健康、更快樂，也更有能力應付人生的困境？

正向情感與因應行為的另一種面向[3]

福克曼和莫斯柯維茲（Folkman & Tedlie Moskowitz, 2000）的這篇研究論文發表於《美國心理學人期刊》，即是關於前述議題的探索。文中，研究者根據長期研究愛滋病照護者的結果，提出三種有助於產生正向情感的因應方式，分別是：(1) 正向的重新評估；(2) 問題聚焦的因應；(3) 平常活動中融入正向意義。

正向的重新評估

正向的重新評估（**positive reappraisal**）是指一種認知的策略，以比較

---

[3]　英文論文原始標題如後：
Positive affect and the other side of coping.

正向的框架，來重新看待問題。人生難免會遭遇不堪承受的處境，但是即使是遭遇摯愛的伴侶死於愛滋病，還是可能從中找到可以欣賞與珍重的事情。福克曼和莫斯柯維茲發現，照護者表示，在付出的同時，也有正向的感覺。在他們的眼中，照護的付出就是自己深愛伴侶的一種表現。他們相信，這些付出能夠幫助伴侶維持尊嚴。他們還相信，自己的付出受到重視，而且是有價值的。在這個研究中，正向重新評估的照護者，正向心情也會有所提升。在下一章討論反彈復甦主題時，我們會回顧討論更多的研究，屆時讀者就可以見識到，人們在面對創傷與痛苦遭遇時，如何培養正向經驗，找尋個人意義，以及從中發掘益處。

問題聚焦的因應

　　問題聚焦的因應是指，採取行動來減輕痛苦情境的不安。以絕症末期為例，情況似乎已經超出個人所能掌控的地步了，任何做法都不可能讓情況有所好轉。這也是為什麼末期病症如此難以承受的緣故。不過，在關於愛滋病照護者的研究當中，福克曼和莫斯柯維茲卻發現，即使無法控制最後的結局，照護者還是不會消極、無助、坐視不管。相反地，他們會把注意力放在自己有能力解決的小地方，例如：重新整理居家環境，以便伴侶可以比較舒服些、計畫安排出遊、管理伴侶的服藥、準備食物、安排娛樂活動。這些活動，就如同前述的重新評估一樣，可以讓照護者的正向情感經驗有所提升。再者，在日常照護當中，解決問題，即使只是小問題，也可以讓照護者感覺自己擁有控制的能力，處事有效能，對於環境有所掌握。

平常活動中融入正向意義

　　福克曼和莫斯柯維茲訪談愛滋病照護者，請他們談談自己做了哪些事情，讓他們自我感覺良好、生活有意義，或是幫助自己撐過難熬的日子。頗讓人驚奇地，在一千七百多次訪談中，高達99.5%的照護者提到的都是正向的事情。其中，有許多只是尋常無奇的小事情，譬如：為愛人準備特別的餐點，或是和其他朋友聚會。不過，在安排這些事情的投入過程，以及知道做這些事情可以給臥病在床的愛人帶來慰藉，這些都讓他們從中感到一種目標感、正向感，以及個人意義。照護者也有提到，一些不是有意安排的事情

或活動，譬如：因為某些小差事而得到誇獎，或是無意間邂逅一朵美麗的小花。這些看似不起眼的小事情，一點一滴，就像一股清新的暖流，涓滴不絕注入喜悅與美好的感覺，就是這些融入日常生活的正向意義，支持著照護者得以撐過一個又一個難熬的日子。

3.2.4　社會健康資源

在我們生活的諸多面向當中，如果我們一定得從其中挑選出一項對於整體快樂與健康影響最大的因素，那應該就是人們彼此關懷、支持的情感關係。數不清的研究一再發現，相較於無依無靠的孤獨個人，擁有緊密支持關係網絡的個人會比較健康、快樂（Baumeister & Leary, 1995; Ryff & Singer, 2000）。支持肯定的證據可謂鐵證如山，以至於邁爾斯（Myers, 1992）乾脆就用「根深柢固的真理」（deep truth），來稱呼這種存在於關係網絡與福樂安適之間的穩固關聯（p.154）。

其他研究者在回顧情感關係的研究文獻時，也都支持邁爾斯上述的見解（例如：Berscheid & Reis, 1998; Reis & Gable, 2003）。其中，最令人印象深刻的證據，就是來自大規模的調查研究。多達千人、萬人樣本的研究一致發現，社交網絡廣闊、交往頻繁者（例如：配偶、朋友、家族成員、鄰居、社區，以及社會團體或宗教團體），相較於離群索居、社交關係稀落而少有交往者，前者比較不常生病，也比較長壽（文獻回顧與評論，請參閱Cohen, Underwood, & Gottlieb, 2000; House Landis, & Umberson, 1988）。

另外，還有一項研究，針對美國加州地區7,000名居民，進行為期9年的死亡率追蹤調查（Berkman, & Syme, 1979）。結果發現，個人的社交接觸越多，其壽命就越長。豪斯與同僚（House et al., 1988）訪談2,500名成年人，結果發現，社交生活比較活躍的人士，相較於社交生活孤僻者，前者在之後十年繼續存活的機率大概高出後者二至三倍。這項研究同時也檢視，關係狀態與若干普遍公認的危險因素之間的關聯。從統計分析來看，缺乏社交接觸對於健康的危害程度甚至高過抽菸與肥胖症（House et al., 1988）。

就負面影響而言，我們知道，缺乏社交連結關係、衝突的關係，或是

缺乏重要而有意義的關係，這些狀態都可能導致寂寞、憂鬱、困惱不安、不快樂（請參閱Berscheid, 2003; Berscheid & Reis, 1998; Reis & Gable, 2003）。比方說，配偶過世可能對生理與情緒的福樂安適造成劇烈衝擊（Stroebe & Stroebe, 1993）。研究顯示，配偶過世後一周內，未亡人的死亡率增高一倍（Kaprio, Koskenvuo, & Rita, 1987）。心理治療師也表示，案主最常訴求的就是關係困惱方面的問題（Berscheid & Reis, 1998）。人際關係是壓力與不愉快的普遍來源。有一項全國調查研究，受訪者回答，「最近自己遇到的糟糕事情」，最常見的答案就是，個人重要關係當中的衝突或破裂（例如：與家人、朋友、同事或配偶的關係）（Veroff, Douvan, & Kulka, 1981）。

　　箇中弔詭在於，重要關係可能帶來長久的快樂與喜悅，但也可能蘊藏沒完沒了的苦惱與悲哀。關係可能兼具增益與減損吾人健康的可能性。對於關係與身心健康、福樂安適的關聯，長久以來，有一種解釋就是著眼於其中社會支持的價值，亦即情感關係當中的社會支持可能提供因應壓力所需的資源。**緩衝假說（buffering hypothesis）**主張，來自他人的社會支持可能減輕（亦即緩衝）壓力的潛在損害作用（Berscheid & Reis, 1998）。透過與他人分攤，個人的負擔就變輕了，壓力水準減低，壓力引發的免疫系統功能下降也有所緩和（Cohen, 2002）。

　　和他人傾吐創傷事故有利於健康的研究，提供了支持緩衝假說的證據。比方說，潘尼培克和歐賀朗（Pennebaker & O'Heeron, 1984）對照比較配偶自殺身亡或車禍身亡的遺孀或喪妻者，結果發現，獨自承擔喪偶負擔者，有較多健康方面的問題；相對地，能夠公開訴說或是與他人傾吐感受者，健康問題則比較少。此外，揭露過去創傷事故的情緒傷痛似乎幫助頗大，即使只是把個人的悲痛情緒寫下來，也有相當的助益。潘尼培克、凱蔻葛拉瑟和葛拉瑟（Pennebaker, Kiecolt-Glaser, & Glaser, 1988）找來50名大學生，分成兩組，一組書寫個人創傷經驗，另一組書寫日常瑣碎事務。為期四天，每天寫20分鐘。學生寫的創傷經驗包括：父母離婚、摯愛者的過世、性虐待或肢體虐待、情感破裂、寂寞、對於未來的恐懼。在開始四天的書寫之初，書寫結束，以及書寫結束後六個星期與四個月，學生分別接受免疫系統的檢測。研究結果發現，相較於書寫日常瑣碎事務的學生，書寫個人

創傷經驗的學生，免疫系統反應較為健康。

其他研究也證實，情緒揭露對於因應痛苦事件的價值。癌症病人如果有和其他病友或支持團體討論自己的感受，健康情形就會比較好（文獻回顧與評論，請參閱Spiegel & Fawzy, 2002）。最近，有實驗研究直接操弄參與者的壓力水準、社會支持的有無，然後檢視交感神經系統與內分泌系統的反應變化情形（文獻回顧與評論，請參閱Taylor et al., 2002）。參與者分成一人組、朋友陪伴組、陌生支持者陪伴組。結果顯示，有朋友或陌生支持者在場，可以減低壓力反應的強度，而且也比較快從壓力引發的生理激動反應回復到平常水準。

緩衝假說主張，人們只有在面臨壓力的時候，才會從社會支持獲得助益。不過，**直接效應假說（direct effects hypothesis）**則另有見解，認為不論是否有面臨壓力，人們都可能從社會支持獲得助益（Stroebe & Stroebe, 1996）。一般而言，不論是否有面臨壓力，有親密關係而且相互關懷者通常比較快樂、健康（Berscheid & Reis, 1998）。社會支持對於健康的益處可能來自與親密關係有關的正向情緒，這是因為知道有人關心，而且在有需要的時候，會有人前來照顧，這會讓人感到安心（Salovey et al., 2000）。這些正向感覺可能進一步提高了免疫系統的功能。

3.2.5 　正向情緒的限制

在這一章，我們回顧討論了若干有益建立生理、心理與社會資源的因素，該等資源有助於對抗疾病，以及抗衡壓力的負向效應。近來，學界越來越肯定正向情緒在建立資源所扮演的角色。在這兒，為求謹慎起見，我們先提出兩點限制說明：

1. 以往，心理學研究較多著眼於負向情緒與壓力對於健康的威脅，而較少關注正向情緒對於增進健康的效益。目前，研究發現已經強烈指出，正向情緒與健康之間的關聯。正向情緒對於健康的價值越來越受到正視，隨之而起的研究也越來越多。也開始有若干理論方面的探討，針對正向情緒如何促進健康，提出若干種解釋來說明其中可能涉及的運作機轉。當然，這些理論解釋目前都還處於初探階段，不過持

平而論，我們似乎可以肯定，正向情緒對於健康確實有相當的貢獻。研究了解正向情緒是經由哪些特定的途徑，從而產生各種有益健康的效益，這當然是正向心理學的一項重要研究目標。

2. 正向情緒的效益自然有其限制。沒有任何嚴肅的科學家會認為，正向情緒、樂觀的態度，或社會支持是無所不醫的靈丹妙方，或是保證益壽延福的不二法門。創傷經驗（譬如：喪偶），可能會耗盡當事人的因應資源。長時間的重大創傷（譬如：戰爭的壓力），對人的傷害其深遠的程度是很難彌平的。不論有多少幽默、歡愉的天性，或是樂觀的態度，都很難保證最後可以有快樂與健康的結局。正向情緒對於健康的效益是相對的，也就是說，當其他條件都相同的情況下，相較於較少正向情緒經驗的人，有較多正向情緒經驗的人，或是有培養正向情緒的人，可能擁有較多的生理、心理與社會資源，因此比較能夠因應疾病與壓力。正向情緒對於健康的效益是相對，而不是絕對的。這不像是說，你生病了，然後只要有了正向情緒，你就能夠不藥而癒。我們知道，正向情緒有幫助，因為對照負向情緒的實徵研究結果，情況確實比較好。研究指出，正向情緒可以讓人比較好。至於比什麼好呢？比沒有正向情緒的情況好，也比有負向情緒的情況好。

◯3.3. 正向情緒與福樂安適

3.3.1　快樂幸福與正向行為

在第二章，我們提到正向情緒是主觀幸福安樂SWB的核心要素。根據SWB的定義，快樂的人應該會有較多的正向情緒，較少的負向情緒，再加上較高的生活滿意度。快樂的人，不論是由於天性氣質，或是因為最近有令人快樂的經驗，都會比較有包容心、比較不會心存成見、比較慈悲和善、比較會關心他人而不自我中心、比較樂於幫助人，也比較容易和樂相處（Isen, 2003; Myers, 1992）。支持擴展建設理論的證據指出，面

對挑戰時，正向情緒有助於當事人做出有彈性、創意與反彈復甦的反應（Fredrickson, 2001, 2002）。這些發現促使邁爾斯（Myers, 1992）提議，快樂本身可能就是一種讓人渴望的狀態，因為它連結到許多正向的行為。誠如邁爾斯指出的，導致我們沉溺於自我關注、自我中心的偏執心態乃是負向情緒與不快樂，而不是快樂。相對地，快樂似乎讓我們比較樂於袒開自我，擁抱周遭世界。

3.3.2　正向情緒與成功

在美國，人們普遍相信，成功可以讓人感到快樂。最近的研究文獻回顧與評論，則試圖檢視反向的因果關係，亦即快樂是否可以讓人成功（Lyubomirsky et al., 2005）。正向情感與快樂是否能夠促使人成功？更具體而言，長期快樂的人，亦即經常有正向情緒經驗的人，是否比較可能在各種生活領域成功？答案是肯定的。包括數百項的縱貫型研究、橫斷面研究、實驗研究等文獻回顧，結果都一致顯示，快樂的人確實在婚姻、友情、收入、工作、心理與生理健康等方面比較成功。相較於比較不快樂的人，快樂的人有較滿意的婚姻、比較受人喜歡、外向、交友比較廣闊、工作評價比較好、比較會照顧自己的健康、比較能夠有效因應挑戰、收入較高。再者，縱貫研究顯示，快樂出現在成功之前與之後，而且正向情緒的許多效應也與嚴格控制的實驗引發的正向情感有類似的結果。

個人快樂的來源可能源自於當事人的某項心理特質、當前的生活處境，或是投入某項自己想從事的活動所獲得的滿足感，譬如：工作的成就感，或是為家庭盡心盡力付出的滿足感。不論來源為何，證據似乎相當明顯指出，快樂的人在許多方面也都有比較好的表現。露柏茉絲姬和同僚相信，她們的文獻回顧提供了強有力的實徵研究證據，支持芙德麗克森的正向情緒擴展與建設理論。從回顧的研究可見，正向情緒確實有拓展與建立個人智識、心理與社會等方面的資源，從而有利於成功與福樂安適，而另一個方向，成功似乎也有利於增進快樂。快樂與成功相輔相成的雙向道，支持芙德麗克森關於福樂安適具有向上螺旋潛能的理論觀點。

3.3.3　正向情緒與心理興盛

正向情緒和成功、健康之間的強烈連結關係，讓研究人員不得不認真考量，正向情緒的出現是否標示就會有最佳生活機能。換個方式來講，如果正向情緒不是正向生活機能的核心要件，為什麼研究人員會從如此多的面向，發現正向情緒與健康有所關聯？

正向情感與人類心理興盛的複雜動力機轉[4]

芙德麗克森和洛莎達（Fredrickson & Losada, 2005）在這篇饒富啟發意義的論文中，以量化模式描述情緒經驗與最佳生活機能（心理興盛）之間的關係。她們的論點主要援引柯芮・基斯（Corey Keyes, 2002, 2007）的論述著作，以及心理興盛的模式（文獻回顧與評論，請參閱第二章）。

心理興盛（flourishing）是指，人類生活機能的最佳狀態，相反的則是心理疾病狀態。換言之，心理興盛是徹底的心理健康狀態。**心理蕭瑟（languishing）**則是居於心理興盛與心理疾病之間的狀態，其特徵就是空虛、空洞的感覺，或是人們常說的抑鬱寡歡。心理蕭瑟的人沒有太多心理疾病的症狀，但是也沒有太多心理健康的特徵。換言之，他們沒有重大病症，但是生活少有目的、意義或樂情。

芙德麗克森和洛莎達（Fredrickson & Losada, 2005）以擴展與建立理論為基礎，再加上為數可觀的實徵研究成果（正向情緒可能增益福樂安適與生活機能），整合提出了如後的假設：在一段時間之內，正向情緒、行為與負向情緒、行為之間的相對比率，可以用來作為標示心理興盛—心理蕭瑟向度的指數。換言之，或許存在著某個關鍵數值，在該數值之上屬於心理興盛，之下則屬於心理蕭瑟。

芙德麗克森和洛莎達回顧了許多不同主題的研究，包括：企業管理團隊的效能研究、憂鬱症病人接受治療前後的對照研究、已婚夫妻的深入觀察研

---

[4]　英文論文原始標題如後：
Positive affect and the complex dynamic of human flourishing.

究。她們蒐集整理該等研究的正向情緒、行為與負向情緒、行為數量，計算相對比率。結果發現，計算出來的數值不約而同都指向相同的數值：2.9，並且特別命名為**關鍵正向性比率**（**critical positivity ratio**）。換言之，正向情感為負向情感的三倍以上代表心理興盛，低於三倍則代表心理蕭瑟。比方說，在一星期之內，假設你經歷了12次正向事件，4次負向事件，正負經驗相對比率為12／4=3，這代表，你這星期的心理狀態應該還算不錯。

為了檢驗這個模式的實效性，芙德麗克森和洛莎達找來兩群大學生，每天記錄個人的情緒經驗，為期一個月。另外，依照柯芮・基斯（Corey Keyes, 2002, 2007）心理興盛模式，評量學生在研究期間，屬於心理興盛或非心理興盛。其中，心理興盛的定義是，測驗分數顯示高SWB（較多的正向情緒經驗，較高的生活滿意度）、自我接納、個人成長、生活有目的、環境掌握、自主、與他人正向關係，還有正向社會能力（社會接納、實現、貢獻、融和、整合）（關於各項特質的詳細描述與樣本題目，請參閱第四章）。根據基斯的理論概念，心理興盛就是有顯現這六項特徵，而且沒有心理疾病症狀。

此項研究的主要結果就是，計算一個月正向情緒經驗除以負向情緒經驗的比率，以及檢驗該比率值與基斯心理興盛判準評量結果之間的關係。結果與預測吻合，依照基斯判準評為心理興盛學生，正負情緒經驗比率值為2.9以上（平均3.2），而非心理興盛的學生則是低於2.9。

正向性的通論？

對於處於新興發展階段的正向心理學而言，正向性通論的創立可說是意義重大的進展，不但很有潛力可能統合正向心理學發展初期百家爭鳴的渾沌態勢，同時也提供了未來研究可茲參照的理論架構沃土。為了檢驗正向性比率2.9是否具有普遍實效性，芙德麗克森和洛莎達綜合了多種不同生活領域與各式研究樣本（包括：企業管理、精神醫療、婚姻等領域，憂鬱症病人、大學生），以及多樣化的測驗方式（包括：正向性的測量、負向性的測量、正向性／負向性影響結果的測量），研究結果都一致支持，正向性比率2.9確實有禁得起考驗的可信度。或許，真的如同芙德麗克森和洛莎達所宣稱，確實有**正向性通論**（**general theory of positivity**）可以預測，心理興盛與

心理蕭瑟存在著一條界線，而標示這條分界線就是關鍵正向性比率2.9。

　　你可能會想問，這個比率是否有上限？也就是說，正向性是否可能有太超過而有害？芙德麗克森和洛莎達提出證據指出，這答案可能是肯定的。雖然不是實徵經驗證實，數學模擬結果顯示，當正向性的比率非常高（11.6），正向情緒對於心理興盛的助益關係可能就會崩解。芙德麗克森和洛莎達指出，對於健康的生活機能而言，若干程度的負向性似乎是有必要的。衝突、痛苦、壓力都代表了個人心理成長與情感關係成長的機會。負向性有助於建立心理成長與反彈復甦，因此對於心理興盛也有所貢獻。總之，人生不可能沒有負向經驗，而且就算真的完全沒有，那樣可能也不健康吧。

3.4. 培養正向情緒

　　生活充滿各式各樣單純的樂趣，除了本身內在的讓人感到歡樂之外，也還能夠用來減輕壓力或不好的感覺。例子俯拾皆是：為家人或朋友烹煮一頓美味大餐、泡澡、出門閒逛；夜深人靜，小酌一杯、讀本好書；早上的時候，喝杯咖啡、讀讀晨報，還有許多需要特殊技巧的活動，譬如：蒔花弄草、作畫、攝影、木工，以及其他嗜好。本章傳遞的一個重要訊息就是，這些活動之所以有益處，不只是因為可以抵消負向情緒，更是因為正向情緒（姑且不論可能帶來的諸多有益效應）其本身就是美好的。接下來，本章最後兩節，我們將介紹兩種有助於增進正向情緒的經驗與活動，這兩類美好的經驗或活動大家可能都很熟悉，而且簡單、不用花錢，又可以讓人樂在其中。

3.4.1　福樂暢流經驗

　　請你想想，你曾經在做某件事或從事某活動時，整個人投入到全神貫注，渾然忘我的情形。在此同時，你彷彿神乎其技，不假思索就有超乎尋常，甚至出神入化的高超表現。可是，一旦你開始思考與分析，這整個妙不

可言的經驗就會戛然終止，而你整個人又回復到平常的狀態。這樣的經驗，就是契克森米哈賴所謂的「福樂暢流」（flow）（Csikszentmihalyi, 1990, 1997; Nakamura & Csikszentmihalyi, 2002, 2003）。

我深信，美國職業籃球芝加哥野牛隊的麥可‧喬丹之所以能夠迷倒眾多球迷，不單純只是因為他每場球賽都表現出色，更主要的魅力來源是在於他那神乎其技單場獨得40、50分的超凡演出。場上的喬丹如入無人之境，空中飛人百發百中，即便全身失去平衡，面臨重兵防守阻擋，依舊彈無虛發，真的是嘆為觀止。

你不需要成為超級明星，也能夠體驗到福樂暢流的經驗。在契克森米哈賴（Csikszentmihalyi, 1990）的訪談研究中，一般平凡人也能夠有這類「福樂暢流」的經驗。攀岩者、舞者、棋手、籃球員、音樂家、畫家描述自己如何陶然忘我，沉醉在創作或表現的片刻當中，淋漓盡致，進入最高境界，彷彿自己置身於外，看著這妙不可言的一切在眼前發生。他們也提到，在福樂暢流過程之中與之後，感到一種無比興奮的美妙感覺。

福樂暢流的經驗可以和朝九晚五的心理狀態互成對比。朝九晚五的心理狀態通常出現在我們上班工作、核算個人或家庭收支表、分析問題，以及處理日常雜務。這不是說，人們在一般工作上不可能有福樂暢流的經驗。事實上，契克森米哈賴等人發現，滿意度與生產力最高的工作通常都有一定程度的挑戰性，能夠讓人適度發揮才能，深刻感到該等工作是有意義的，還會讓人產生「活力無窮的投入」感覺，以及經驗到福樂暢流（請參閱Nakamura & Csikszentmihalyi, 2002, 2003）。所以，我們在這兒對比福樂暢流與朝九晚五心理狀態，並不是要在遊樂與工作之間劃出分隔線。事實上，有些人就很幸運，可以魚與熊掌同時兼得。這兒的重點其實是要指出，比起我們一般常見的朝九晚五「正常」心理狀態，福樂暢流是比較不常見的。就此而言，我們或許可以把福樂暢流視為，相對於朝九晚五正常心理狀態的不正常心理狀態。在福樂暢流時，我們變得「不正常」了，意思是說，我們打破了平常心理狀態的主宰。當「正常的」心理作用介入，「不正常的」福樂暢流就不見了。表3.1摘要列出福樂暢流vs.朝九晚五心理狀態的若干差異。

主客二元分立意味著，意識到自己與環境是各自分離而立的。自我控制是指，有意識地導引自己的行動。也就是說，我們會很清楚，自己此時在做

⚡【表3.1】朝九晚五vs.福樂暢流

朝九晚五	福樂暢流
1.主客二元分立（Duality）	1.主客融為一體（Oneness）
2.自我控制（Self-control）	2.陶然忘我（Loss of self）
3.注意力飄散（Attention wanders）	3.全神貫注（Total absorption）
4.時間意識（Time conscious）	4.時間如飛或凍結（Time flies-frozen）
5.內在說話（Internal talk）	5.一說話就毀了（Talk destroys it）
6.混淆不清（Confusion）	6.清晰明朗（Clarity of action）
7.負向情緒（Negative emotions）	7.興致淋漓（Exhilaration）
8.壓力累聚（Stress accumulates）	8.壓力解除（Discharges stress）

這個，而下一刻在做那個。在任務或活動進行中，我們會有意識地監督自己所做的行動。在福樂暢流的時候，行動、意識與自我感融合為一，我們鬆掉了對於行動的有意識控制（忘我）。這不是說，我們真的把自我給忘了；而是說，我們不再自我反思，檢視自己當下的作為。就只是隨著福樂暢流，自然而然的發生。如果你有玩樂器，你應該就會知道，照著樂譜一個音符一個音符的演奏，和讓音符由指尖自然流洩而出之間的差別。

　　朝九晚五心理狀態，常會有注意力與時間意識的問題。我們上班或上課，有時會做白日夢；我們偶而會恍神，難以聚焦手邊的工作；我們會不時看看手錶或時鐘，心中嘀咕著，時間怎麼過得如此慢。如果是在福樂暢流，根本不會有注意力不集中的問題，因為整個人都給吸引融入其中了。時間，當然也不成問題，因為感覺時間就像風馳電掣，或完全靜止不動。一小時可能就像一瞬間。

　　朝九晚五心理狀態，我們時常會擔憂自己的表現，以及別人對我們的看法。我們也會在腦海裡自說自話，我們會分析、反覆想著未來或過去的事情，還有東想西想周遭發生的事情。在福樂暢流時，所有的動作全都通透瞭若指掌，我們不只清楚自己當下所有作為，而且可以洞悉接下來又該如何行動，還能夠隨時掌握當下環境的即時回饋。在運動、玩音樂、寫作時，你看見、聽見自己的每一分作為全都化為美妙的成果盡收眼底、耳中。從先前的討論，我們已經知道，內在說話、自我反思、有意識的思考，這些都會使得福樂暢流一經分析就癱瘓，沒辦法暢流而動了。

　　最後，雖然並沒有特別加以評量，但是契克森米哈賴研究的許多參與者都表示，福樂暢流經驗使他們感到壓力解除，煩惱拋諸腦後。朝九晚五的狀態恰恰相反：上班或上學好不容易熬到週末放假的最後關頭，大部分的人至少都會感到些許壓力、疲乏，迫不及待希望周末趕快來到。因為福樂暢流在歡樂暢快之餘，最後還會有一種「咻，好爽快！」的感覺，所以當然連帶就會有壓力降低的好處。此外，正向情緒之生理效應的研究文獻回顧指出，如果能夠有規律投入引發福樂暢流的活動，應該有助於提升身心健康。

3.4.2　欣賞品味生活

　　我們大部分的人都有過兩種截然不同的經驗：一種是趕時間在速食店匆促吃著漢堡，另一種是閒情逸致的蠟燭晚餐，好整以暇品嘗美酒佳餚。布萊恩特和維霍夫（Bryant & Verhoff, 2007）研究結果論稱，拋開匆促的生活步調，慢慢欣賞品味美食，這樣的經驗可以作為欣賞品味生活的一個範例，悠哉自在欣賞與品味當中，正向經驗的強度與發生頻率都獲得了昇華。

　　欣賞品味生活（savoring）的基本假設就是，「人們有能力*觀照、欣賞與昇華個人生活中的正向經驗。*」（Bryant & Verhoff, 2007, p.2）欣賞品味可能自然而然地發生。夕陽美景當前，我們可能不知不覺就看得忘情神往、陶然忘我，整個人沉浸在滿天霞光雲彩、美不勝收的絕妙視覺饗宴。

　　布萊恩特和維霍夫相信，不論是自然促發的，或是有計畫安排的，欣賞品味生活的發生必須具有三項前提條件：

1. 我們必須要有一種當下的感知，全神貫注於此時此地發生在眼前的對象或活動（例如：看夕陽，或是泡澡），當然也可能是沉醉於內在的想法或感覺，或是過去的回憶（例如：昔日老友共度的美好歲月，或是童年往事），未來預期發生的事情（例如：期待結婚或大學畢業）。總之，不管聚焦的是什麼，都需要能夠吸引你的全部注意力，整個人陶然忘我沉浸其中，這樣欣賞品味才可能發生。

2. 社會需求與自尊需求必須暫時擱置一旁。如果老是擔心別人會怎麼看待，或是滿腦子一直想著如何出人頭地，或是心事重重，不時掛念家裡的大小事情，或是應該承擔的責任，那就不太可能有閒情逸致去賞

味生活。由於我們大部分人的生活步調都很匆忙緊湊，因此布萊恩特和維霍夫相信，必須刻意挪出空閒時間，放鬆心情，暫時拋開那些平常擔憂掛念的事物。賞味生活需要一顆專注、平靜而又放鬆的心。

3. 必須能夠正念內觀，以歡喜心聚焦面對當下經驗，完整而徹底地欣賞每一件事物的全部面貌，而不是同一時間分心思索諸多事務，無法全神貫注觀照當下面前所在的一切。這意味著，我們必須擱置有意圖導向的分析思考，泰然自若，讓眼前經驗本身如其本然自然流轉，讓我們在其中「渾然忘我」。這特徵有些類似福樂暢流的「全神貫注」。不過，自我覺知太強的話，福樂暢流就會受到干擾。相對地，生活賞味則是具有明顯的自我覺知，思考仍然同時在進行，不過是專注於經驗的提升。布萊恩特和維霍夫相信，注意、思索與確認生活賞味連結的情緒，可以強化該等情緒的正向效益。「我現在有什麼情緒？」我賞味到的感覺是嘆為觀止、高逸幽淡、舒坦暇意、欣悅神怡、興致淋漓、歡快、興奮、感恩、生機絜然、滿足或是與人心領神會？透過專注於生活賞味的微妙情緒，我們就更有可能清楚觀照賞味經驗與多彩多姿的複雜性。

欣賞品味生活其實是相對簡單而直接了當的方式，可以增益吾人的正向經驗。每個人每一天或多或少都會有賞味生活的片刻，讓自己從忙亂的生活暫時抽身。而且只要通過練習，假以時日，我們也會發現，賞味的態度其實可以更普遍應用於生活的更多面向，屆時當我們遇到值得欣賞品味的事物時，自然而然就可能開始賞味生活了。

這一章，我們回顧討論了許多有助於增進正向情緒的經驗或活動，不論是欣賞品味生活、福樂暢流、朋友互動交遊或是其他樂在其中的活動，個人都能從中獲得福樂安適的助益。根據芙德麗克森的擴展與建設理論，正向情緒可以提高生理、心理、社會的因應資源。不論我們是否處於壓力狀況，正向情緒對於我們都是有好處的。總之，正向情緒有益於快樂與滿意的人生。

本章 摘要問題

1. 有哪些證據指出,正向情感與負向情感是人類情緒經驗的基礎?

2. (1) 負向情緒如何符合特定行動趨向的概念?

   (2) 正向情緒為什麼不符合特定行動趨向的概念?

3. 請根據芙德麗克森的擴展與建設理論,描述正向情緒如何擴展思考—行動的戲碼,以及建立個人資源。請分別舉出一個例子。

4. (1) 請描述壓力與負向情緒對免疫系統的影響作用,並提供一個研究實例說明。

   (2) 請描述正向情緒對免疫系統的影響作用,並提供一個研究實例說明。

5. 請分別描述問題聚焦因應、情緒聚焦因應,以及主動預防因應。

6. 請描述正向情緒如何以三種方式促成有效的因應。

7. 請根據福克曼和莫斯柯維茲的論述,描述下列三種有助於逆境當中產生正向情緒的因應策略,並提供例子說明:

   ・正向重新評估。

   ・以正向情緒為基礎的問題聚焦因應。

   ・將正向意義融入平常活動。

8. (1) 研究顯示,自尊、樂觀與健康之間,可能有什麼樣的關係?

   (2) 就上述各種關係的解釋而言,正向情緒在其中可能扮演什麼角色?

9. 請描述一項探討社交接觸與健康之間關係的研究。

10. (1) 緩衝假說如何解釋社交關係的效應?

    (2) 請描述一項支持緩衝假說的研究。

11. 什麼是直接效應假說?

12. 正向情緒有哪些限制?其中涉及哪些比較?

13. 哪些正向行為與生活當中的成功,可能和快樂與正向情感有關聯?請列舉四項實例說明。

14. 在芙德麗克森和洛莎達的研究,「關鍵正向性比率」2.9是如何測量的?

15. 正向性通論有哪些的限制?必須符合哪些條件?

16. 請列舉「朝九晚五」心態和「福樂暢流」經驗之間的四種差異。

17.如果生活欣賞品味要發生，必須具備哪三項前提條件？

關鍵字

正向情感（positive affect）
負向情感（negative affect）
擴展與建設理論（broaden-and-build theory）
問題聚焦因應（problem-focused coping）
情緒聚焦因應（emotion-focused coping）
主動預防因應（proactive coping）
正向的重新評估（positive reappraisal）
緩衝假說（buffering hypothesis）
直接效應假說（direct effects hypothesis）
心理興盛（flourishing）
心理蕭瑟（languishing）
關鍵正向性比率（critical positivity ratio）
正向性通論（general theory of positivity）
福樂暢流經驗（flow experience）
欣賞品味生活（savoring）

網路資源

· 正向情緒

http://www.unc.edu/peplab/barb_fredrickson_page.htmp

芭芭拉·芙德麗克森的個人學術網站，收錄有正向情緒擴展與建設理論與其他研究的
相關資訊。

· 美國心理學會網站：正向情緒、正向情感與健康

http://www.apa.org

美國心理學會官方網站首頁，請自行搜尋該網站內有關正向情緒與正向情感的相關文
章，以及最新研究（關鍵字搜尋：「positive emotion」、「positive affect」）。

· 福樂暢流經驗

http://www.positivepsychology.org

正向心理學中心網站，隸屬美國賓州大學。請自行搜尋該網站內有關福樂暢流的連結網頁（關鍵字搜尋：「flow experience」）。

延伸閱讀

Bryant, F. B., & Verhoff, J. (2007). *Savoring: A new model of positive experience*. Mahwah, NJ: Lawrence Erlbaum.

Cousins, N. (1979). *Anatomy of an illness*. New York: Norton.

Csikszentmihalyi, M. (1997). *Finding flow*. New York: Basic Books.

Fredrickson, B. L. (2001). The role of positive emotions in positive psychology: The broaden-and-build theory of positive emotions. *American Psychologist, 56*, 218-226.

Fredrickson, B. L., Losada, M. F. (2005). Positive affect and the complex dynamic of human flourishing. *American Psychologist, 60*, 678-686.

Koenig, H. G., & Cohen, H. J. (Eds.). (2002). *The link between religion and health: Psychoneuroimmunology and the faith factor*. New York: Oxford University Press.

Lyubomirsky, S., King, L., & Diener, E. (2005). The benefits of frequent positive affect. *Psychological Bulletin, 131*, 803-855.

Pressman, S. D., & Cohen, S. (2005). Does positive affect influence health? *Psychological Bulletin, 131*, 925-971.

Salovey, P., Rothman, A. J., Detweiler, J. B., & Steward, W. T. (2000). Emotional states and health. *American Psychologist, 55*, 110-121.

第四章

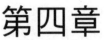

生命反彈
復甦力

在上一章，我們討論了人類健康與快樂的一種基礎：感受以及主動培養正向情緒的能力。這一章，我們接著要檢視另一種基礎：反彈復甦。所謂「反彈復甦」乃是指，人類在面對重大挑戰之餘，仍然能夠展現驚人的生命力，不但能恢復正常，甚至茁壯更勝昔日。研究指出，反彈復甦是人類普遍擁有的能力，許多人若非親身遭逢重大災難或危機，甚至可能一輩子渾然不知自己居然擁有如此驚人的能力。

1989年，羅馬尼亞人民推翻尼可拉・西奧塞古（Nicholae Ceasecu）領導的殘暴獨裁政權。隨後數月期間，西方國家陸續獲悉，在暴政逆行倒施的家庭政策之下，有超過15萬名兒童在國營的孤兒院，過著苟延殘存生活（Center for Family Development, 2004; Witness, 2004）。1965年，西奧塞古取得政權，為了趕在一個世代之內倍增該國人口，於是強行

勒令所有婦女必須在45歲之前生下5名子女,目標未達成之前,嚴格禁止避孕或墮胎。當年,羅國經濟凋蔽、民不聊生。除了大量輸出糧食支付龐大國債,西奧塞古還好大喜功,推動各種富麗堂皇的建設,以滿足個人揮霍無度,窮極奢華的物質享受。一般民眾的基本維生食物都必須靠糧票配給。無數的窮困家庭遵照政府規定,生下5名子女之後,根本無力滿足子女溫飽的基本要求。結果,成千上萬孩童就被送進了國營孤兒院。在西奧塞古眼底,這些窮苦人家的孩童全是一文不值的賤民,充其量只該是任勞任怨、報效國家,戮力建設未來的廉價勞工。

駭人聽聞的新聞報導與紀錄片揭露之後,外界赫然驚見羅馬尼亞孤兒院的悲慘處境。院童個個嚴重營養不良,睡在骯髒破爛的搖籃,有些孩子4個人勉強擠在一張小小的床榻上;尿溼的破爛被單,長滿了蝨子;沒有幾個孩子有鞋子或褲子,連下雪的寒冬也是這樣。孤兒院通常都沒有暖氣,窗戶玻璃破了也沒得修補。腹瀉與傳染病的情形很嚴重。還有觀察人員注意到,乏人照料的嬰兒會自己搖動搖籃入睡。許多孩子到了2、3歲還沒學會走路,也不太會自己控制大小便。因為缺乏大人看管,年紀大些的孩子經常會霸凌或脅迫年紀小的幼童。在這些孩子的生活當中,幾乎每一樣健康成長所需的生理與心理方面的滋養,全部都付之闕如。

上述慘絕人寰的狀況經由全球媒體相繼披露之後,各地關心的世人紛紛出面認養這些缺乏關愛的院童。有兩名心理學家開始追蹤研究其中某些認養院童的後續發展。

研究一

藹麗諾‧艾米絲(Elinor Ames, 1997)對照研究三組小孩,第一組,總共46名,加拿大家庭認養前曾在羅馬孤兒院待過8個月到4年半,接受認養時平均年齡為18.5個月大。第二組,46名加拿大兒童,住在親生家庭,沒有接受認養,年齡分布與性別比率與第一組配對抽樣。第三組,羅馬尼亞婦女醫院4個月大以前接受認養的46名幼兒。

研究二

麥可‧路特（Michael Rutter）和英國與羅馬尼亞養子女研究團隊（English and Romania Adoptees Study Team, 1998），研究對象包括：兩歲之前被英國家庭認養的111名羅馬尼亞孤兒院院童，對照組則有52名年齡相仿受到認養的英國孩童。

兩項研究結果一如預期，孤兒院的嚴酷情況確實造成許多被認養的孩童日後身心發展仍然飽受許多嚴重的問題困擾。其中，艾米絲（Ames, 1997）歸納出四大類的問題：

1. 智商低於85。

2. 行為困擾問題嚴重到需要專業協助處理。

3. 不安全的依附於養父母。

4. 持續表現出孤兒院時期養成的刻板化行為（例如：自己搖床入睡）。

艾米絲的研究還發現，30%孤兒院的孩童在接受認養3年之後，上述問題當中至少仍然有三樣持續出現，而且待在孤兒院的時間越久，身心發展問題就越嚴重。

不過，艾米絲和路特研究結果一致發現，被領養的孤兒原本遲滯的身體發展與認知發展都展現了驚人的改善。路特的研究描述，在認養兩年之後，孩童的認知能力有了「奇觀」般的進展（Rutter et al., 1998）。在艾米絲的研究中，35%的孩童完全沒有這四種嚴重的問題，另外35%則是只剩其中一種或兩種。這兩項研究都發現，6個月大之前就被人領養的孩童，後續發展情形和對照組幾乎沒有任何差別。

這兩項彌足珍貴的研究讓我們見識到，即使在面臨如此險惡的人生困境，這麼多孩子卻還是能夠逢凶化吉，這無疑見證了人類確實擁有化險為夷的強勁生命力與反彈復甦力。

4.1. 什麼是反彈復甦？

4.1.1 發展心理學的觀點

　　遭逢人生重大變故，照常理而言，很可能會危害當事人正常的成長發展，也可能會損及健全的生活機能。就此而言，反彈復甦的諸多定義有個共通點，就是把重點擺在遭逢人生重大變故之後的正向反應結果。舉例而言，安・瑪絲汀給反彈復甦的定義是：「一種特殊的現象，其特徵在於，*即使個人面臨適應或發展方面的重大威脅，卻還是能夠有不錯的適應或發展*」（斜體字乃本書作者附加標註）（Ann Masten, 2001, p.228）。另外，根據黎弗和辛格的定義，反彈復甦是指：「*面臨挑戰之餘，個人的身心健康卻還是能夠維持、復原或改善*」（斜體字乃原著作者標註）（Ryff & Singer, 2003a, p.20）。

反彈復甦（Resilience）

　　「*一種特殊的現象，其特徵在於，即使個人面臨適應或發展方面的重大威脅，卻還是能夠有不錯的適應或發展。*」

安・瑪絲汀（Ann Masten, 2001, p.228）

　　「*面臨挑戰之餘，個人的身心健康卻還是能夠維持、復原或改善。*」

黎弗和辛格（Ryff & Singer, 2003a, p.20）

　　在這兒，我們應該注意一個重點，那就是反彈復甦與否是需要判定的。瑪絲汀（Masten, 2001）特別指出，要判定是否有反彈復甦，其中涉及了兩項要件：

1. 當事人必須面臨可能產生負向後果的「重大」威脅或危險。研究人員探索了許多可能威脅兒童正常發展的情況。舉例而言，研究顯示，兒

童成長過程如果遭受家人長期虐待，或是家長患有心理疾病、酗酒，或是家境窮困，這些都會使他們成為被許多發展問題困擾的高危險群（Masten, 2001; Masten & Reed, 2002; Ryff & Singer, 2003a）。比方說，相較於健康父母養育的孩童，患有心理疾病的家長撫養的孩童，比較有可能會有心理疾病（Rutter, 1985）。就此而言，反彈復甦的判定，必須當事人曾經遭遇重大危險，或是個人福樂安適遭受威脅，否則就談不上反彈復甦。

2. 需要有正向或良好的結果。判定的標準則是參照社會對於特定年齡層與當事人所在處境的常模期望值（Masten, 2001）。比方說，如果有一項閱讀能力測驗顯示，90%的美國三年級學童達到某平均分數水準，那麼該平均分數就可以用來定義「美國三年級學童的閱讀能力標準」。如果某三年級學童該項閱讀測驗分數遠低於前述平均分數，那該名學童就是沒有達到該年齡與該處境的常模期望值。其他諸如智能、社會行為與心理健康等的判斷標準也適用同一套模式。研究也使用對照組的方式，例如：孤兒院院童vs.「正常的」被領養的孩童與非認養的孩童，來對照評估是否有發展障礙或發展延宕的問題。

最後，瑪絲汀（Masten, 2001）指出，有若干研究學者，將反彈復甦定義為，遭遇人生重大困境之後，沒有出現問題行為或心理病變。比方說，家長酗酒、患有心理疾病，或是虐待子女的家長，這類家庭成長的孩童如果沒有發生吸毒或藥物濫用的問題，沒有罹患心理疾病，沒有變成虐待子女的家長，也沒有出現各種適應障礙的徵候，那麼就可以判定他們有反彈復甦。

重大變故之後的反彈復甦並不只是局限於兒童，而是可能出現於人生週期的任何階段；養兒育女、離婚、離鄉背井、失業、重病、失去摯愛的親友、年邁體衰，這些都是人生普遍的經歷。研究人員研究成人的發展，以及老化的歷程，研究焦點在於人們遭逢人生必經的各種考驗之餘，如何維持個人的健康與福樂安適，以及如何持續有所成長。就像童年時期一樣，成年之後，人生週期各階段的反彈復甦反應也相當普遍。這就是瑪絲汀（Masten, 2001）所謂的「平凡人的神奇力量」（**ordinary magic**）。

和瑪絲汀的「平凡人的神奇力量」概念一致，許多研究人員也都強調，構成反彈復甦的基礎乃是源自於日常生活可見的平凡資源（研究回顧與

評論，請參閱Ryff & Singer, 2003a, 2003b）。反彈復甦的基礎包括：心理資源與社會資源。其中，心理資源包括：變通彈性的自我概念，容許人們在面臨人生變局之下，適度改變自我定義的若干關鍵要素，以便從容因應。另外，還包括自主性、自我方向意識、環境應付自如的能力，以及勝任各種挑戰的能力。社會資源也很重要，其中包括：有品質的情感關係，能夠讓人從中獲得親密的感情交流與社會支持。

4.1.2　臨床心理學的觀點

在臨床心理學的文獻當中，我們可以見識到，反彈復甦的研究焦點有別於前述發展心理學的關注焦點。臨床心理學家主要檢視的是，人們如何因應短時間範圍內發生的特定生活挑戰。相對而言，反彈復甦的發展心理學研究，通常涉及較長期的縱貫研究；至於臨床心理學的研究，則是檢視特定事件的短期反應，譬如：傷亡失落（例如：摯愛的過世）和重大創傷（例如：威脅生命的事情）。

波南諾（Bonanno, 2004）對於特定傷亡失落或重大創傷後的反彈復甦反應，有如後的描述：「在正常情況下擁有正常能力的成年人，一旦曝露於孤立而且潛在破壞性的事件，諸如：親密關係者的過世，或是混亂或威脅生命的情境，還能夠維持相對平穩而且健全水準的心理與生理機能」（p.20）。簡而言之，在臨床心理學文獻當中，傾向凸顯短期的「反彈復甦」反應，而與發展心理學那種強調長期「復原」的概念，兩者之間有相當程度的區隔（Bonanno, 2004）。

最近，有關人們對於失落與創傷的情緒反應之評估研究結果，發現「復原」與「反彈復甦」是兩種各自殊異的反應型態（請參見圖4.1）。波南諾（Bonanno, 2004）論稱，「復原」（recovery）必須採取心理健康的判準來判定之，涉及一段期間的臨床重大症狀（例如：創傷後壓力或憂慮），持續至少6個月；緊跟著是一段更長的期間，可能長達若干年，在此期間，當事人逐漸回復到創傷或失落未發生前的心理健康水準。相對地，「反彈復甦」（resilience）則是涉及短時期的個人常態身心機能之混亂，

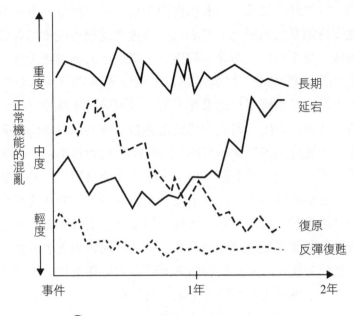

圖 4.1　失落與創傷後正常機能的混亂
資料來源：Bonanno, G. A. (2004). Loss, trauma and human resilience: Have we underestimated the human capacity to thrive after extremely aversive events? *American Psychologist, 59*, 20-28. 美國心理學會版權所有，翻印轉用許可。

為期不會超過數個星期。混亂之後，會回復到相對平穩而健全的身心機能水準。反彈復甦的特徵是在相對短期的時間內，就從負面的經驗「彈跳回來」。這種彈跳回來的反彈復甦概念凸顯的是，個人的生命力道，以及因應資源的適時奏效。相對地，復原則是一開始會有比較強烈的反應，並且需要較長的時間，才會逐漸回復到事故未發生之前的常態身心機能水準。復原的概念凸顯的是，人生變故之下，個人的生命脆弱性，以及因應資源的一度難以招架。人們面對重大創傷招架不住之餘，可能出現長期慢性或延宕的反應模式，這兩類反應模式分別會有長期或延宕的身心機能混亂。

　　臨床心理學家已經開始探索，如何可能應用反彈復甦反應，來診斷和治療創傷相關的心理病變。波南諾（Bonanno, 2004）論稱，臨床心理學家可能低估了創傷或失落後的反彈復甦反應之普遍發生率。這可能是因為臨床心理學家比較常看到的都是那些無力反彈復甦而需要求助於心理治療協助者。

結果，他們或許就傾向認為，對於創傷與失落的重度反應乃是相對普遍的，而反彈復甦反應則是相對罕見。再者，反彈復甦反應可能被錯誤詮釋為適應不良，或因應不得當的病理徵兆。換言之，遭逢重大創傷或失落，卻沒有表現出長期哀傷過程的個人，可能被認為是逃避或否認自我承受之傷痛的現實。逃避與否認乃是適應不良的徵兆，可能會導致若干時日之後，延宕而來的哀傷反應。波南諾指出，最近的研究已經對上述的假設提出挑戰。若干研究結果顯現，在遭逢失落之後，有許多人只出現相對短期的身心機能混亂，而沒有長期的不安、哀傷或憂鬱。再者，很少有證據顯示，沒有悲傷不安的情緒反應就一定是病態的，而且幾乎沒有證據支持，一開始沒有悲傷不安就一定會引發日後延宕的悲傷反應。此外，摯愛過世之後，只表現出輕度哀傷的個人，研究發現他們並沒有特別冷漠、無情，或是缺乏敏感性。波南諾論稱，大家應該更加正視，對於創傷與失落而言，反彈復甦的表現乃是普遍而且健康的反應，不應視之為病態或不正常的反應。

⌒4.2⌒ 反彈復甦的研究

在心理學的諸多領域當中，尤其以發展心理學領域對於反彈復甦研究最為重視。發展心理學家之所對於反彈復甦主題特別有興趣，主要是源自於他們研究高危險群孩童的一個共通發現（Masten, 2001）。話說在1970年代，科學家開始注意到，在他們的研究當中，有相當數量的孩童雖然面對嚴重不利的處境，卻還是有著健全的發展。研究檢視的惡劣處境包括：戰爭、貧窮、家長酗酒、心理疾病、離婚、家庭暴力、天災、單親家庭等等（Cicchetti & Garmezy, 1993; Garmezy, 1991; Hetherington, Bridges, & Insabella, 1998; Luthar & Zigler, 1991; Masten, Best, & Garmezy, 1990; Masten & Coatsworth, 1998; Masten & Reed, 2002; Ryff & Singer, 2003a; Werner & Smith, 1992）。

研究者一再發現類似的結果：雖然面對艱難的人生逆境，反彈復甦的孩子卻還是能夠克服萬難，成長茁壯，成為健康而且有能力的成年人。其

中，有一項最為人著稱的縱貫式研究，這項研究從1955年開始，針對夏威夷考艾島出生的孩童，進行長達30年的追蹤研究（Werner & Smith, 1982, 1992）。其中，三分之一的孩童由於自然發生的因素，而遭受多重的發展問題危險。其中出現在兩歲之前的危險問題如後：貧窮、家長心理疾病、家族衝突、家庭環境不利於養育小孩。韋納和史密斯發現，這些高危險群的孩子其中有三分之一，長大成人之後，適應良好、善解人意，而且各方面都有不錯的表現。

除了兒童的研究之外，有關老年人的研究也顯示，年長者面對生活考驗，也有反彈復甦的反應。研究發現，大多數的人在65歲以後，其實並不像普遍流傳的觀念那樣，總是老弱多病、孤苦寂寞，或是抑鬱寡歡（Williamson, 2002）。事實上，生活滿意度與自尊的評估研究發現，老年人的平均水準並不亞於成年階段的其他時期（Charles, Reynolds, & Gatz, 2001; Diener & Suh, 1998）。研究檢視，年長者如何回應晚年生活的各種挑戰或變局（例如：Carstensen & Freund, 1994; Carstensen, Isaacowitz, & Charles, 1999; Rowe & Kahn, 1987; Rowe & Kahn, 1998; Ryff & Singer, 2003a），其中包括：慢性病、配偶過世、退休、居住地遷移、能力衰退、長期壓力、經濟狀況惡化。

老化研究的相關文獻也支持，老年人面對生活困境或挑戰之餘，也會展現反彈復甦的反應。針對這方面的文獻回顧探討，黎弗和辛格（Ryff & Singer, 2003a）有如後的結論：「實徵研究有大量的證據顯示，事實上，在遭遇各種人生挑戰之後，許多老年人還是有能力維持甚至增強個人的福樂安適水平」（p.22）。最近，「*成功的老化*」（*successful aging*）（Rowe & Kahn, 1998），以及「*理想的老化*」（*optimal aging*）（Baltes & Baltes, 1990）等新興的理論概念都一致肯定，老年人有潛能可以提升個人的生活狀態，並且開創正向的未來。這類的理念也可以視為，對於老年人反彈復甦能力的一種肯定。

4.2.1　反彈復甦力的來源

什麼人遭遇困境而能夠越挫越勇？只限於擁有過人情緒韌性與生命強度的少數不凡人士？瑪絲汀（Masten, 2001）給的回答明顯是否定的。她回顧相關研究文獻，結果顯示，反彈復甦乃是屬於平凡人的神奇力量。她的結論是：反彈復甦相當普遍，並不需要異於常人的努力或能力，才能夠有反彈復甦的表現。

我們大多數的人都見識過，某人遭逢痛失摯愛、重大意外或重病、父母離異、親密關係破裂等人生遭遇。我們或許也都看過，不同的人有著截然不同的反彈復甦反應。在其中一個極端，某些人徹底被人生的困境、悲劇打敗。他們表現出許多嚴重的情緒症狀和生理的傷痛；復甦的過程相當漫長，需要很多的協助與支持。生活的困境可能導致當事人喪失自信，對人生感到苦悶、憤怒、憂鬱或焦慮不安。在另外一個極端，某些人在面臨困境之餘，似乎總是能夠維持相當的平衡。短暫的混亂之後，很快就回復到原先的健全生活機能與能力水準，就像是橡皮圈被拉扯之後，總還能夠回復原狀，而不至於應聲斷裂，反彈復甦的個人總是能夠很快就重拾信心，回復原本的生活，繼續邁向未來的人生。

4.2.2　反彈復甦研究的潛在危害──責怪受害者

在探討為什麼會有前述個別差異的反彈復甦反應之前，有一點務必提醒讀者注意：反彈復甦的研究，並不應該被解讀為，當事人必須為創傷遭遇之後的傷痛失能程度負起個人責任。討論反彈復甦必然會涉及對照組的比較，有些人在創傷後承受漫長而重度傷痛，甚至一蹶不振；另外有些人則展現反彈復甦反應，越挫越勇。就表面而言，這類的對照比較似乎會讓人以為，面對人生困境時，某些人表現得比較「軟弱」，另外某些人則比較「堅強」。沒錯，有些反彈復甦涉及的保護元素確實是繫諸個人內在的能力、性格，以及因應技巧。不過，很重要的是，我們不應該逕自認定，那些遭遇創傷經驗之後悲痛程度較深、傷痛期較久，需要旁人更多支持協助的個人，必須為自己承受的艱難後果負起個人責任。告訴喪妻而哀痛不已的丈夫，他必須「克

服」妻子過世的事實，「把它一手揮開」，然後「繼續展開自己的生活」，這樣的做法不僅極度缺乏人性，同時也隱含著，個人如果不拋開創傷後的悲痛，那就必須為自己的悲痛負起部分的責任，因為如果能夠比較堅強，或是比較努力尋求復原，那結果應該就不至於如此悲慘。

　　這種想法既不公平，而且也對當事人毫無助益。**責怪受害者（blaming the victim）**，要他或她為自己承受的傷痛負責，可能會帶來更多的壓力，也會讓人感受不到復原不可或缺的社會支持，因此當然不利於復原。如果當事人覺得，都怪自己不好，所以才會如此的傷痛，這一來等於就是說，他們必須獨自負責去解決問題。但是，這其實是有違研究反彈復甦的主要用意，那就是希望透過研究，明瞭反彈復甦涉及的保護要素，以便能夠更有效協助人們因應人生的困境。所以，重點應該是擺在增進吾人對於該等保護要素的理解，以及促使該等保護要素更容易被需要者取得使用。責怪受害者缺乏該等保護要素，這種態度毫無根據，而且也有違反彈復甦研究的原本目的。

　　謹記這點之後，我們接著就可以來探討，反彈復甦涉及什麼樣的保護元素？當然，人們遭遇逆境的時候，有些人會表現得比較有反彈復甦力，有些人則比較沒有。這之間的個別差異，該如何解釋呢？有學者提議，可以試著從心理特質切入解釋，或許箇中差異就在於「反彈復甦性格」（resilient personality）的強弱。舉例而言，自我反彈復甦力（ego-resilience）（Block & Block, 1980）、堅毅（hardiness）（Kobasa, Maddi, & Kahn, 1982）、強韌（toughness）（Dienstbier & Pytlik Zillig, 2002）、自我助長（self-enhancement）（Taylor & Brown, 1988）和樂觀（例如：Carver & Scheier, 2002b; Tennen & Affleck, 2002），這些心理特質都與有效因應壓力有相當的關聯。重要的是，我們應該明白，這些心理特質並不是專屬於某些人的特殊屬性，而是每個人或多或少都擁有的普遍屬性。另外，同樣值得注意的還有，反彈復甦乃是許多特質共同構成的，如果把反彈復甦視為個人內在的一種優點，而與其他內外在因素無關，這樣的論述不只可能造成誤導，有欠周延，而且也會導致前面提及之責怪受害者的問題。

　　對於瑪絲汀而言，反彈復甦是人類基本適應與保護系統的表現，而不是罕見或例外的特殊才能。反彈復甦是人類普遍共通的現象，幾乎每個人平常生活當中都可以看到各種保護系統的作用。而且研究更一再發現，有若干

共通的因素負責發揮這些保護功能。瑪絲汀與黎德根據研究兒童與青年的結果，提出了三大類普遍的保護元素，分別是存在於兒童、家庭與社區的保護元素（Masten & Reed, 2002, p.83, table 6.2）。

4.2.3　兒童反彈復甦力的來源

兒童自身的保護元素：
- 良好的智能與問題解決能力。
- 能夠適應變化的隨和氣質與個性。
- 正向的自我形象與個人效能。
- 樂觀的人生觀。
- 自我調節與控制情緒、衝動的能力。
- 擁有個人與社會都重視的若干才能。
- 健康的幽默感。

家庭的保護元素：
- 與家長或其他主要照護者之間的密切關係。
- 溫馨而且支持的家庭管教型態，提供清楚的期望與規矩。
- 正向的家庭情緒氛圍，家長之間甚少衝突。
- 井然有序的家庭環境。
- 家長積極投入參與子女的教育。
- 家長的財務不虞匱乏。

社區的保護元素：
- 就讀優質的學校。
- 投入參與校內與社區的社團或組織。
- 鄰居熱心社區事務，倡導社區精神。
- 居家鄰里治安良好。
- 效能良好的急難救助、公共衛生與社會服務機構。

根據瑪絲汀，反彈復甦力與保護系統的健全與否比較有關係，而與面對的逆境嚴重程度比較沒有關係。這也就是說，保護資源比較少的個人，即使面對程度較輕微的逆境，反彈復甦的情況也可能比較弱。相對地，當事人如

果擁有大部分或全部的保護資源，即使面對嚴重的逆境，也可能有很強的反彈復甦表現，生活機能也比較不會受到嚴重的影響。

瑪絲汀的平凡人的神奇力量概念，總結反彈復甦研究的兩項要點：

1. 許多人在面對重大生活挑戰時，都能夠有相當程度的反彈復甦反應。換言之，反彈復甦並不是少數人罕見稀有的現象，而是相當普遍的。

2. 反彈復甦的資源並非稀奇或不平凡的。反彈復甦是一般人日常生活機能的強化表現，而不是少數超人的非凡特殊能力。媒體報導經常把打敗癌症或克服殘障的人士塑造成戰勝悲慘人生的超凡英雄。不過，反彈復甦的研究結果則肯定人們有能力戰勝悲慘的逆境，但是否就意味著這不是媒體慣常描繪的那種不平凡的例外情形呢？關於這點，我們敢說大部分的人應該都有很高的機率，親身見識過周遭有人展現平凡神奇力量的事蹟。

4.2.4　焦點研究：弱勢青少年的反彈復甦

在美國，有20%的小孩（亦即全美國有1,350萬個年齡低於18歲的孩子）過著貧窮的生活（U.S. Census Bureau, 1999）。相當多研究顯示，貧窮的孩子有很高的風險可能遭受情緒困擾、藥物濫用、失學與青少年犯罪等許多問題（請參閱McLoyd, 1998; Myers, 2000b; Steinberg, Dornbusch, & Brown, 1992）。這些與其他潛在的問題反映出，貧窮連帶而來的壓力與弱勢處境。貧窮的孩子其父母有較高可能遭受情緒困擾或毒癮等問題，比中產家庭的孩子更可能目睹暴力場面，也比較可能涉入諸如毀壞公物與藥物濫用等犯罪行為。除此之外，貧窮的孩子也比較少有社區機構的支持與資源、學校與醫療保健品質較低劣（McLoyd, 1998）。

雖然，承受這麼多的危險，大多數的貧窮兒童並沒有參與犯罪行為、輟學，或是遭受情緒困擾的問題。對於這種現象的一種可能解釋，就是許多貧窮的兒童可能受到瑪絲汀（Masten, 2001）描述的保護元素的助益，因此在面對逆境之餘，依然展現出反彈復甦的向上生命力。比方說，研究發現，家庭如果安定而且充滿關愛，即便面對經濟弱勢等困境，該等家庭出身的孩童長大成人也會有不錯的發展（Myers, 2000b）。

　　是否有哪些特殊的生活環境因素與個人特徵差別,使得生活在貧困環境的兒童有些人比較有反彈復甦,而另外有些則比較沒有反彈復甦?

何種特徵的貧窮青少年可能反彈復甦:自我規範的角色[1]

　　最近,布克納、梅察卡帕和比爾茲里(Buckner, Mezzacappa, & Beardslee, 2003)即是針對上述問題展開一項研究。這篇研究論文發表於《發展與心理病理學期刊》,研究對象包括155名青少年(年齡8至17歲之間)與其母親。母親與孩子生活都非常的貧窮,其中有相當高的比率最近都是無家可歸的街友。母親接受訪談關於自己與孩子的生活。研究者蒐集詳盡的資料,包括:心理健康、生活環境曝露的虐待與暴力、社會支持、孩子的發展成長狀況、孩子最近的行為型態。還有若干標準化的測驗,測量孩子的情緒與行為問題、心理健康狀態或症狀、生活機能的水準、勝任能力。

　　研究人員根據測驗結果分析,確認了反彈復甦的青少年vs.無反彈復甦的青少年。反彈復甦的青少年(共45人,占全體青少年29%)沒有重大心理健康問題,大致表現出正向的生活機能。雖然生活貧困,但是這些反彈復甦青少年在健康、勝任能力等測驗結果都表現得很好。相對地,無反彈復甦的青少年(共70人,占全體青少年45%)顯現出若干重大的心理健康問題,而且至少有部分生活機能缺損或不足。另外,有40人則落在前述兩類之間,既不屬於反彈復甦,也不算是無反彈復甦。

　　研究人員探討了若干區分反彈復甦與無反彈復甦的因素,其中包括:負向的生活經驗、長期的壓力水準、認知能力、自尊、自我規範技巧、社會支持、家長的督導管教。布克納等人(Buckner et al., 2003)發現,反彈復甦與若干負向生活事件、長期慢性壓力有所連結。非反彈復甦的孩子相對遭受較多的負向生活事件,諸如:身體虐待、性虐待、朋友死亡、家長遭到逮捕、嚴重的家族疾病,以及較多的長期慢性生活壓力。長期慢性生活壓力往往連帶出現下列情形:沒有足夠的食物、沒有安全感,以及其他與貧窮關聯

1　英文論文原始標題:
　　Characteristics of resilient youths living in poverty: The role of self-regulatory processes.

的日常困境。反彈復甦的孩子也會面臨嚴重的威脅與壓力，但是發生的頻率與強度則相對比較低。

布克納等人的研究結果與其他研究的發現頗為吻合，他們發現，相對於非反彈復甦的孩子，反彈復甦的孩子表現出較高的智能技巧與自尊。智能技巧有利於學業成績，也有助於因應或解決貧窮關聯的許多問題。在面臨貧窮威脅自我概念的挑戰時，自尊有助於維持正向的自我形象。

另外，還有一個區別反彈復甦與非反彈復甦的特徵，就是自我規範的技巧。事實上，在這個研究當中，自我規範的技巧是預測反彈復甦與否的最有效因素。自我規範是指，個人引導行為朝向目標的能力；其中涉及控制、調節思考、情緒、注意力與行為的能力。自我規範對於因應壓力情境特別重要，擁有良好自我規範能力的人比較能夠預測與預防壓力情境的發生，找出方法抵消負向情緒或使之轉向，以及積極採取有效的問題解決策略。自我規範技巧就像是個人內在的航向陀螺儀一樣，當遭遇某些事件挑戰個人穩定或威脅重要生活目標之達成時，可以讓我們維持平衡，以及確定方向。

認知與情緒的自我規範

布克納等人（Buckner et al., 2003）研究發現，反彈復甦的青少年在認知與情緒自我規範的測驗得分顯著高於非反彈復甦的青少年。在執行目標導向的任務時，認知的自我規範可以發揮引導行動與解決問題的功能。擁有良好認知自我規範的青少年有比較良好的組織，比較懂得自我紀律，也比較有能力貫徹行動計畫。他們能夠把心力專注於任務的重要面向，從而能夠圓滿達成目標。他們的思考比較有彈性，能夠考量各種替代解決方案，而且能夠考量任務的抽象層面，而不只是局限於具體的層面。換言之，認知的自我規範讓人們有能力看見宏觀的面向，而不至於陷入見樹不見林的窘境。

情緒的自我規範對於反彈復甦也同等重要。情緒的自我規範是指，面對困境時，讓人保持冷靜的能力。擁有情緒自我規範技巧的青少年能夠克制脾氣，而不至於任意爆發怒氣。他們能夠適度控制自己的情緒表達強度，而不會讓不適當的情緒表達造成他人的疏離，或是引起他人負面的反應。情緒的自我規範是構成社會勝任能力很重要的一環，有助於建立與維持自己和他人之間的支持關係。和布克納等人的研究發現一樣，許多研究也一再支持，情

緒自我規範技巧的缺乏，與情感性疾病、行為異常有相當強的相關。情緒規範不良可能導致兒童、青少年相當多的困擾。

整體而言，你可以想像，認知與情緒自我規範對於窮困青少年的價值。不論在任何環境的青少年，都需要具備相當能力，以便能夠貫徹任務、完成目標、有效處理日常生活發生的爭吵與挑戰、控制負向情緒、把精力導引向適合的目標，以及有效因應與他人的關係。至於生活的環境如果經常面臨諸多挑戰與壓力事件，那麼上述技巧的良好與否，就可能會影響當事人能否享有健康與成功的人生，抑或是飽受情緒困擾的折磨，還有學業的失敗，以及陷入犯罪的深淵。

發展自我規範能力

布克納等人研究的最後一項發現，值得特別注意。對於青少年的反彈復甦與否，家長的監督程度也有相當的影響。家長監督測驗分數較高的母親表示，總是知道孩子的去向，還有孩子和哪些人在一起。兒童生活環境充滿了諸多威脅安全的因素，低收入家庭的兒童面對的環境威脅尤其險惡，因此家長的監督對於兒童成長環境的安全與否格外顯得重要。家長的監督可以促使兒童意識到自己是有受到關愛與珍重的，因此有助於確立自我價值，以及發展自我規範技巧。積極監督子女去處的母親，很可能給孩子提供正向的角色模範，幫助他們透過示範學習而發展自我監督的能力。

4.2.5　成年與晚年反彈復甦力的來源

在兒童時期有益於反彈復甦的諸多因素當中，有許多因素在成年階段也同樣有所助益。卡蘿・黎弗等人根據實徵研究基礎，提出了一系列有關身心福樂安適的綜合模式（請參閱Keyes, 2002; Keyes & Lopez, 2002; Keyes, Shmotkin, & Ryff, 2002; Ryff & Keyes, 1995; Ryff & Singer, 2003b）。以下呈現的是有關心理福樂安適的六個面向（細節請參閱第二章）。研究顯示，這些因素能夠有效預測當事人在面對困境之餘是否有反彈復甦的反應、是否能夠擁有成功的老年生活，以及是否能夠維持良好的心理健康。

心理福樂安適的六個面向：

1. *自我接納*（self-acceptance）：以正向態度看待自我，接受自我的優缺點。生活總是抱持正向的感覺，能夠擁抱與喜愛真實的自我。

2. *個人成長*（personal growth）：持續發展與有效能的感覺，心胸開放能夠接納新的經驗與挑戰。具體表現就是持續對生活與學習新事物感到興奮。

3. *生活目標*（purpose in life）：生活擁有目標，而且相信該等目標能夠指引人生的方向。生活有意義與目標，可能是因為滿意的工作、宗教信仰，或是努力奉獻某些使命，或是幫忙關照某些需要協助的人。生活有目標意味著，感覺自己能夠有所作為而讓世界變得更美好，並且感覺自己的人生有意義。

4. *環境駕馭*（environmental mastery）：面對瞬息萬變的複雜環境，感覺有能力應付自如。有能力創造適合個人的生活狀況，包括順利管理工作、財務、家庭、住所、健康，以及維持成功人生必需的條件。

5. *自主性*（autonomy）：能夠很自在地自我引導、採取主動，以及獨立行事。秉持個人內在的標準來引導自己的行動，得以抵抗來自他人的社會壓力。具體表現就是堅持自我本色、個人價值與興趣。

6. *與他人保持正向關係*（positive relations with others）：能夠和他人保持溫暖、滿意與信賴的互動關係，而且具有同理心，能夠和他人發展、維持親密關係。正向關係重點在質而不在量。擁有好朋友、滿意的婚姻、相互支持的同事關係，都是正向關係的具體表現。

4.2.6　成功的老化

最近，老化過程的研究發現，當人們邁入晚年階段，似乎有若干基本的適應與保護系統發揮作用，提供年長者生活所需的正向生命力與反彈復甦能量。我們先前已經見識到，老年人的快樂安適程度，和其他階段的成年人不相上下。大規模的流行病學研究顯示，在老年人當中，除了老年癡呆症之外，幾乎所有的心理疾病發生率都非常之低（Regier et al., 1998）。

不過，邁入老年之後，遲早會遭遇喪失摯愛親友，以及心智體能衰退的處境。那麼老年人在面臨老化的諸多挑戰之餘，如何維持個人的情緒與情

感穩定，並且持續享受美好人生？最近，有一項研究名為「社會情緒選擇性理論」（socioemotional selectivity theory），有助於解釋老化相關的人生變化處境如何可能提供基礎，而使得老年人擁有更充實滿意、愉快而且無憂無慮的生活，以及獲得較充足的社會支持（Carstensen, 1992; Carstensen et al., 1999）。

卡絲坦森論稱，個人覺得人生還有多少時間可活，會顯著影響自己如何選擇人生目標。年輕人通常覺得自己有揮灑不完的時間，而年長的人則傾向感覺時間有限，彷彿歲月一直在流失。在不同的時間感影響之下，對於個人選擇所要追尋的目標也會有所差別，而這又會決定個人可能會有什麼樣的行為，以及可能投入哪些主要的活動。目標會引導人們有動機與能量去做出實現目標的行動。比方說，大學生從事的活動多半聚焦於下列的目標：取得大學文憑、探索職業生涯、建立未來事業發展的人脈關係。

根據社會情緒選擇性理論（socioemotional selectivity theory），當人們理解自己人生餘日無多，精力與注意力就會開始轉移，不再那麼關注與未來相關的活動與目標，轉而比較聚焦於當下的生活。這種變遷涉及重視事項的轉移：老年以前比較重視有利於準備未來發展的知識關聯的社會目標；年老之後，則是轉向維持與提升目前生活狀況的情緒關聯的社會目標。圖4.2清楚顯示，隨著人生週期不同階段向前移動，知識關聯目標vs.情緒關聯目標之間的相對重要性，如何產生彼消此長的變化。年輕時，大好歲月等著去追尋，生活目標很自然會朝向探索新鮮的經驗、結識新朋友，以及取得有助於未來發展的知識與技能。邁入晚年之後，自知來日無多，我們就比較不可能為了未來可能有什麼收穫，而去改變或放棄自己喜歡的活動、日常作息或是重要的情感關係。我們會比較聚焦於當下的情緒滿足。這樣的轉變似乎會讓老年的生活變成一攤死水，但是研究結果卻發現正好相反。

卡絲坦森等人的研究（文獻回顧與評論，請參閱Carstensen et al., 1999; Carstensen & Charles, 2003）支持，老年人生活目標焦點的轉移，很有可能增進生活滿意度與心情的平靜。老年人不再需要為了美好前途而辛苦打拼，也比較能夠看透生命的脆弱與人生將盡的命運，而這些似乎有益於個人展現最美好的一面。比方說，相較於中年夫妻，老年夫妻在處理涉及金錢、兒女與親戚等衝突時，往往有比較好的情緒控管，比較少發生嚴重的衝突，比較

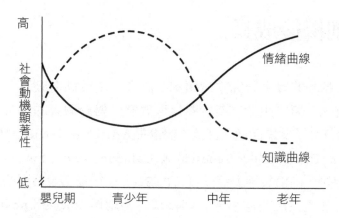

圖 4.2 社會情緒選擇性理論：人生週期各階段知識關聯社會動機vs.情緒關聯社會動機的相對變化

註解：知識與情緒被認為是理解人際關係與情緒滿意度的「社會動機」。

資料來源：Carstensen, L. L., Isaacowitz, D. M., & Charles, S. T. (1999). Taking time seriously: A theory of socioemotional selectivity. *American Psychologist, 54*, 165-181. 美國心理學會版權所有，翻印轉用許可。

少有憤怒、抱怨，而有較多體諒與包容。老夫妻也比較能夠發現婚姻生活的樂趣，樂於和兒孫聊天，還有一起找事情做（例如：假期）。結婚多年的夫妻比較能夠享受彼此的陪伴，比較不會在意如何去改變、征服或主宰伴侶（Levenson, Carstensen, & Gottman, 1993, 1994）。

　　卡絲坦森論稱，會有這樣的變化乃是因為老年人來日不多的想法，讓他們把注意力轉向重視較小但較高品質的社會網絡，以便最有可能獲得肯定與愛。老年人常常會選擇優化社會關係，以便能夠最大化個人最重要的社會伴侶關係的品質與滿意度。研究結果也確實支持如此的預測（Carstensen et al., 1999）。老年人會投入較多的時間與精力在配偶、好朋友以及兒孫輩身上，而比較不會花費太多時間與精力，去和泛泛之交互動，或是去結識新的朋友。和泛泛之交互動的頻率會趨於減少，但是與配偶和親人的互動頻率則是維持不變，甚至還可能增多。老年人似乎會發展親密關係的「內部圈子」，這小而親密的支持關係網絡對於滿足情緒需求效用特別高。社會情緒選擇性理論描述的人生週期關聯的變化，可以視為適應反應，創造反彈復甦的資源，以面對無可避免的老化挑戰。

4.3. 創傷後成長

有越來越多的實徵研究文獻顯示，許多人由於創傷經驗，從而發現人生的重大意義，對於生活有新的體會與欣賞，對於個人的生命強度也有更深的認知與感受（文獻回顧與評論，請參閱Affleck & Tennen, 1996; Nolen-Hoeksema & Davis, 2002; Tedeschi & Calhoun, 1995; Tennen & Affleck, 2002）。相對於創傷後壓力症候群（PTSD）往往會出現典型的負向後果，創傷經驗之後產生的正向結果，則被稱之為**創傷後成長（posttraumatic growth，縮寫PTG）**（Tedeschi, Park, & Calhoun, 1998）。創傷後成長的研究凸顯了一項主題：個人遭遇的苦難可能有激發自我成長與自我增益的潛能。從研究文獻來看，創傷後成長與反彈復甦有相當緊密的連結，因為兩者都是聚焦於人們面對生活挑戰的一種力量。差別之處在於，反彈復甦研究強調人們如何恢復創傷未發生前的生活機能水準；相對地，創傷後成長的研究則是著重探討歷經創傷之後，當事人的正向改變與生活機能的提升。

4.3.1　創傷後的負面效應

研究檢視人們如何因應種類繁多的各種創傷經驗，包括：毀滅性的大火、摯愛過世、照護重症嬰兒、心臟病發作或天災倖存、HIV感染、風濕關節炎或癌症、身心障礙、性侵犯等等。這些創傷經驗對於人生帶來的改變作用是很難評估的。除了可能威脅生命的身體傷害與疼痛之外，也可能有讓人心痛難安的心理後遺症。尚納夫布曼和弗萊茲（Janoff-Bulman & Frieze, 1983）指出：「普遍的情緒反應包括：震驚、茫然、無助、焦慮、恐懼、憂鬱」（p.2）。

美國精神病協會《心理疾病診斷手冊》（*Diagnostic and Statistical Manual of Mental Disorders*）（American Psychiatric Association, 2000）定義PTDS的症狀包括：反覆回憶創傷事件的經歷、腦海不時闖入與該創傷事件有關的想法和感覺。其他症狀還包括：反應能力降低、和他人關係疏遠、感覺和情緒表達壓抑不自然，對於先前重視的活動感到興趣低落。

　　尚納夫布曼論稱，創傷的心理喪鐘之所以會響起，很多時候乃是因為創傷事件讓人們對於自我與生活世界的基本假設徹底破滅了（Janoff-Bulman, 1992; Janoff-Bulman & Frieze, 1983）。其中，最重要的三項基本假設就是：(1)相信自己並不會那麼脆弱而容易受傷害；(2)認為世界是有意義的，凡事皆有道理可循；(3)以正向的眼光看待自我（Janoff-Bulman & Frieze, 1983, p.3）。

　　基本假設一

　　相信「那不可能發生在我身上」。研究一再發現類似的結果，人們傾向低估重大負向事件發生在自己身上的可能性。人們相信，壞事總是發生在其他人身上（例如：Perloff, 1983）。一旦自己遭遇創傷經驗，人們明白不好的事情確實可能發生在自己身上，於是他們就會花相當多的時間與精力，擔心同樣的創傷經驗可能會再度發生。他們越來越感覺到世界充滿了各種不確定的危險因素，原本相信世界安全而且井然有序的信念開始動搖，他們會覺得，自己也可能遭受壞事情的傷害。創傷經驗給如後的想法打開了一扇大門：「如果，連這種事情都會發生，那麼就沒有任何事情不可能發生。」

　　基本假設二

　　生活是有意義的，凡事應該都有道理可循，也有可能因為創傷經驗而產生矛盾。在成為受害人之後，生活混亂而茫然無緒，不時會問自己：「為什麼是我？」、「我究竟造了什麼孽，需要承受如此的報應？」

　　勒納（Lerner, 1980）論稱，許多人抱持公平世界的假設。他們相信善有善報，惡有惡報。對於暴力搶劫的受害者而言，純粹只因為自己在不對的時間出現在不對的地方，就必須承受暴力搶劫的痛苦遭遇，這世界看起來似乎毫無公平可言。於是，人們可能轉而懷疑，自己其實沒有像先前認為的那樣，握有相當的掌控能力，可以保護自己免於遭受不好的事情。

　　基本假設三

　　正向的自我形象，也可能出現類似的轉化。研究顯示，創傷往往會折損人們的自我價值感與自尊。在成為受害人之後，當事人可能會感覺無助、軟弱、失控、無力（Janoff-Bulman & Frieze, 1983）。

4.3.2　創傷的正向效應

　　帕克（Park, 1998）研究發現一項驚奇的結果，在遭遇創傷經驗之後，有相當數量的人卻有如此的說法：「那是曾經發生在自己身上最好的事情。」為什麼創傷帶來上述所提的諸多負向影響之餘，卻反而能給當事人帶來正向的益處呢？關於PTG產生的原因，一般解釋如後：由於創傷經驗的衝擊，相當程度挑戰了當事人對於人生的信念與假設，促使該等信念與假設產生改變，從而提供給當事人個人成長的基礎與機會。起初，創傷經驗可能讓人感到徬徨無助、驚恐害怕。但是，時間一久，當事人就有可能逐漸摸出頭緒，並且從中體會關於自己與人生的更深層道理。關於PTG文獻提及的各種正向改變，請參閱表4.1（Ryff & Singer, 2003a; Tedeschi et al., 1998）。

　　這些正向的改變是真實的，或只是便宜行事的合理化，抑或是對於創傷的扭曲？早期研究傾向認為，創傷後正向改變的說法只是一種出於防衛的反應，藉由淡化創傷的後果，以幫助當事人暫時因應。研究人員相信，正向的改變並不是真實的，也不會持久（Tennen & Affleck, 2002）。不過目前，研究學者比較傾向相信，創傷事實上可能給當事人帶來正向的改變。

【表4.1】PTG文獻記載的正向改變

知覺的改變
　　對於個人的生命強度、信心與自立自足能力的感覺有所增高。
　　更能夠體會與欣賞生命的脆弱，包括自我生命的脆弱。
　　對於自我知覺的改變：是倖存者，而不是受害人。

關係的改變
　　和家人的連結關係更親密。
　　更願意和別人傾吐心情，和他人有更親近的感覺。
　　對他人有更多的慈悲關懷，更願意施捨相助他人。

人生順位的改變
　　看得更清楚人生最重要的是什麼。
　　對於人生的意義體認更深刻，而且常常帶有宗教或性靈的感覺。
　　對於人生有一種新的使命感，更懂得順其自然，不強求。
　　比較不那麼關切物質、金錢與社會地位的獲取。

4.3.3　創傷後成長的解釋

　　創傷後正向成長的解釋，乃是取材自存在主義精神醫師維克多·法蘭克（Viktor Frankl, 1976／1959）的著作。法蘭克論稱，「*追求意義的意志*」（*will to meaning*）乃是人類生活的基本驅動力量。他認為，人需要有一種可以全面綜觀人生目的、意義與方向，以便支持走完人生的旅程。人生的意義展現在個人的目標與志願，而這又引導他們投入心力迎向未來。當創傷經驗摧毀個人的生活目標，生活可能感覺變得毫無意義，在這樣的情況下，就會激發起一股強烈的動機，促使當事人的個人認同與自我定義，重新建立生活的意義與方向。這樣的困境也可能帶來正向成長的機會，促使人們更專注投入新的人生目標，重新建立人生的意義目的與方向。創傷會導致人們重新定義對於人生的基本假設，結果可能造成個人認同定義的重大改變。雖然，負向的經驗可能會摧毀人們對於人生的基本假設，但是也可能提供正向成長的契機，讓人們重新發掘生活的目的。

　　人如何從苦難與創傷當中，創造成長與發掘意義呢？**建立意義**（**meaning-making**）是指，重新評估與修改吾人對於事物指涉意義或詮釋看法的一種主動歷程（Baumeister & Vohs, 2002）。研究人員聚焦探索在悲劇發生之後可能發生的兩類建立意義：⑴給事物找出合理的解釋；⑵找出益處或正向的後果（Nolen-Hoeksema & Davis, 2002）。

　　建立合理解釋（**sense-making**）是指，吾人相信世界存在著某種道理，設法讓事件取得合乎該等道理的解釋。比方說，在西方文化當中，我們傾向認為事物有某種秩序，而且是可預測的。負向事物不會無緣無故隨便發生。這就是勒納（Lerner, 1980）研究的公正世界的信念。許多人相信，世界基本上乃是依照公平原則運轉的，因此人們就很難合理解釋，年輕人好端端地為什麼會死於不治之症，因為這違反了人生常態與公平世界原則。戴維斯等人訪談研究摯愛之人死於不治之症的感受（文獻回顧與評論，請參閱 Nolen-Hoeksema & Davis, 2002）。他們直接問受訪者是否能夠給愛人的病逝找到合理的解釋。當過世者年紀在72歲以上，有87%的受訪者表示自己可以找到合理的解釋。不過，當過世者年紀越小，能夠找到合理解釋的人數就相對越少。

　　每個人在面對創傷或失落時，都有獨特的方式從中找出合理的解釋。有些人可能會從宗教的角度來看待，認為那是上帝給他們或過世者的特別安排，相信所愛之人已經蒙主感召，回歸與主同在，這可以讓人稍感慰藉，也給痛苦的失落找到有意義的解釋。另外，有些人可能會認為，死亡是生命循環自然而且無可避免的部分。

　　麥克亞當斯（McAdams, 1996）和潘尼培克（Pennebaker, 1993）建議，書寫關於創傷的經驗有助於創造結構、條理與意義。比方說，麥克亞當斯請研究參與者把個人的生活看做是一本書，有標題、章節（重要意義的大事件），還有劇情或主題。透過這樣的方式，讓人有機會可以反思人生目的、重要目標與抱負。潘尼培克與同僚建議，寫作可能幫助人們找出失落的意義（Esterling, L'Abate, Murray, & Pennebaker, 1999）。在他們的研究中，把個人遭受的情緒書寫出來，連帶結果就會發現身心健康有所改善（例如：Pennebaker & Beall, 1986; Pennebaker, Colder, & Sharp, 1990）。

　　第二種建立意義的做法就是所謂的「**發掘益處**」（**benefit-finding**）。就是在創痛與失落之中，找出可能的益處，或正向的結果。許多研究一再發現，遭遇逆境之後，人們都會自陳正向的益處。比方說，戴維斯等人（Davis, Nolen-Hoeksema, & Larson, 1998）發現，摯愛之人因為絕症過世之後6個月，73%自陳有正向的改變。18個月之後，有77%表示自己從失去摯愛有所獲益。另外還有研究其他的人生困境，例如：嬰兒重大疾病、遭受颶風或祝融之災，或是重大醫療事故，結果也有類似比率的受訪者表示有某些成長與收穫。（文獻回顧與探討，請參閱Tennen & Affleck, 2002）。研究發現的益處大致可分為三大類：感覺自己更堅強、關係更親密、更清楚確定人生有哪些方面才是真正重要的。

　　如果我們考量，在危機尚未發生之前，我們的反彈復甦與生命力可能從未有過機會接受考驗，這樣來看的話，那麼這些改變就比較能夠讓人理解。讓我們來看個假設性的例子：

反彈復甦的假設案例

　　有個60歲的婦人，她的先生心臟病發作，病情很嚴重，住院治療了好長一段時間。在這之前，這名婦女一直都是家庭主婦，全家

的生計由老公負責，對於花錢的事情，管控得很嚴苛。此外，她的先生算是標準的工作狂，還有酗酒的毛病。

先生病發之後，婦人扛起一家之主的責任重擔，兩人的角色關係也就互調了。家裡的帳務由她全權掌管。她必須從旁監督老公在醫院受到的各種醫療事務，還得和健康保險公司洽談相關事宜。當她先生出院回家，她規定他必須遵照醫生的指示正常飲食，切實進行每天的居家治療，還有按時前往醫院回診。她丈夫現在明白，自己過去拼命三郎的做事態度，以及酗酒的問題，就是造成他心臟病發作的罪魁禍首。他決心讓自己生活放輕鬆，也很驚訝，太太居然那麼能幹，可以把家裡大小事務處理得如此周到。

聽起來好像電視肥皂劇！這故事的重點是，對於這對夫妻而言，這場心臟病發作可以算是「生命當中最美好的事情」，這也自有一番道理，因為他們的生活確實是真的變得美好了，而不只是將不好的情況予以合理化的一種自我安慰。而且如果這位婦人自陳報告擁有更高的自信、和先生的關係更加親密、更能夠體會人生的美好，諸如此類的自我評量當然也都是切實反映了真實的改變與正向的結果。

反彈復甦與創傷後成長的研究提供了一致的證據，肯定人類有能力可以克服人生的困境，歷劫重生之餘，更見成長茁壯。很清楚，不是所有的悲劇都有快樂的結局。不過，研究發現卻也指出，反彈復甦與創傷後成長確實比人們原先想像的還要來得更加普遍，用平凡人的神奇力量。

4.3.4　焦點研究：受難者自述創傷的意義

經由前述討論，我們已經見識到，發現益處與建立意義是人們理解悲劇與失落自有一番道理的兩種方式。失去摯愛常會讓人不知所措，對於自己與周遭生活世界感到惶惑不安。從失落的經驗當中找出某些正向的意義，並且能夠普遍認為有助於因應個人成長。

找尋失落的道理與從中學習獲益：關於意義的兩種構念[2]

戴維斯、諾倫霍克斯馬和拉森（Davis, Nolen-Hoeksema, & Larson, 1998）合作的這項研究，發表於《性格與社會心理學期刊》。戴維斯等人訪談研究位於舊金山一所宗教救濟院辦理的療傷計畫，以茲檢視這兩種方式的運作歷程。受訪者共有200位，他們因為家人重病纏身，不久人世而參與該項計畫。每位參與者分別接受四次訪談，第一次是在家人尚未離開人世之前，其餘三次分別是在家人去世6個月、13個月、18個月之後。在訪談當中，參與者會被問到，對於摯愛家人的亡故是否能夠找出合理的解釋，以及是否從該等失落經驗找出正向的東西。關於建立意義，訪談的問題包括：「對於家人的亡故，你覺得自己是否能夠找出合理的解釋？」、「有些時候，比方說，你在這經驗當中，有沒有發覺任何正向的東西？」（Davis et al., 1998, p.565）。

接近70%的受訪者表示，自己能夠從該等經驗當中找出合理的解釋；80%的受訪者表示，該等經驗有讓自己發現某些收穫。訪談者的回應依據可能的建立意義與找出益處的類型，予以分類，結果請參閱表4.2和表4.3（改編自Davis et al., 1998, table 1, p.566）。

戴維斯與同僚也發現，歷經家人過世的失落之後，能夠找出合理解釋，以及能夠從中發掘某些正向東西的受訪者，他們所承受的痛苦不安程度比較輕（根據衡量個人焦慮、憂慮與受創後症候等變數的結果）。不過，有意義的是，只有在失落經驗發生後的第一年能夠找出合理解釋，才有痛苦不安程度減輕的正向效益。如果是在失落經驗發生第一年之後，即使能夠找出合理解釋，該等正向效益也不再發生。至於為什麼會有這樣的現象，目前仍然沒有合理的解釋。另外，關於發掘正向的東西，即使在事後13個月，18個月的後續追蹤訪談，仍然有顯現痛苦不安程度減輕的正向效益。換言之，發掘益處對於失落經驗的調適具有長期的正向效益。

2　英文論文原始標題如後：
Making sense of loss and benefiting from the experience: Two construals of meaning.

✂【表4.2】找出失落的道理

預料中事

「就我來看，這一切都是有跡可循的。我的意思是說，他抽煙這麼多年了，會有這樣
的結果，完全是可以理解的。」

接受失落是生命自然循環的一部分

「我對於人生的基本態度就是，人生在世，有開始，也就有結束的一天。不論你我任
何人，遲早都會發生，而你就必須去面對它。就這麼一回事，不管你做什麼，都沒有
辦法預防它不發生的，人生就是這樣。」

上帝的安排

「我想，我父親的病是命中注定的，那是上帝的安排。他算是長壽的了。每個人都有
自己告別人世的方式，而這就是屬於他應該走的方式……」

失去心愛的人，接受死亡

「他走得非常的安詳，我想，這一點讓我頗為慰藉，也比較能夠平靜接受他的去世。
他還能夠自在地說著自己的垂死……」

準備／期待

「我接受，在父親嚥下最後一口氣之前，他早就已經和我永別了。我已經準備好面對
他的死亡。」

人生必修的課題

「那是非常重要的經驗。天啊，每個人都應該這樣經歷過一遍。因為大家都會走上一
遭……」

✂【表4.3】從中發掘正向的益處

個人成長

「是的，（我發現）成長與自由，我能夠更充分表達自己的感覺，肯定自我，去做我
想做的事情。」

對於人生的觀點

「能夠保持健康，活到天年，那真是天大的福氣。我感謝我的家人、朋友，還有老天
以及生命。我看到了人性的善良……這讓我變得比較成熟。」

家庭團結

「……我們的確更加了解自己，家人彼此之間的了解也更深了。當那樣的事情發生的
時候，有一種義無反顧的支持，一種血濃於水的親情，一切都那麼自然而然……」

來自他人的支持

「從人們身上，我見識到，也學習到許多正向的事情——他們就是那樣的熱心，能夠
得到如許的祝福，感覺真的很好。那麼多人挺身相助，那感覺好美、好神奇。」

學習與澤惠他人

「這促使我急切想要多認識愛滋病。我也更積極投入同志社群，支持健康的生活型
態，以及安全的性行為。」

　　戴維斯與同僚也發現，樂觀的態度可以有效預測當事人是否能夠從失落經驗當中發掘益處，而宗教或性靈取向則可以有效預測當事人是否能夠找出合理的解釋。再者，樂觀與宗教信仰也與較低的痛苦不安程度有所關聯。就解釋而言，樂觀與宗教信仰可能直接減輕痛苦不安的程度，或是可能透過兩種建立意義的中介，而減輕痛苦不安的程度。也就是說，樂觀者可能從個人的失落經驗中，發現較多正向的益處，從而導致痛苦不安程度的減輕。至於宗教信仰，則可能讓人比較容易從失落經驗找到合理的解釋，因此降低了痛苦不安的程度。

本章 摘要問題

1. 在羅馬尼亞孤兒院的研究當中，我們看到哪些反彈復甦的驚人展現？
2. (1) 從發展心理學的觀點而言，如何定義反彈復甦？
   (2) 根據安·瑪絲汀，判斷反彈復甦的兩項關鍵要素是什麼？
3. 臨床心理學與發展心理學對於生命反彈復甦的看法，有何差異？
4. 根據波南諾，對於臨床心理學而言，反彈復甦的研究有何重要性？
5. 請描述發展心理學反彈復甦研究的三項發現。
6. 瑪絲汀所謂的「平凡人的神奇力量」，究竟是代表什麼意思？
7. 反彈復甦的研究可能會產生哪些誤解，從而導致怪罪受難者？
8. 研究確認反彈復甦的來源包括：孩童、家庭與社區等範疇的保護元素。請針對個別範疇，分別列舉三項例子。
9. (1) 家境貧窮的青少年當中，哪些因素可以區分哪些人有反彈復甦，而哪些人則沒有反彈復甦？
   (2) 認知與情緒的自我規範技巧是指什麼？為什麼這些技巧是個人從貧窮處境反彈復甦的基礎所在？
10. 在成年人身上，哪些因素和反彈復甦的反應有所關聯？
11. (1) 在老年人身上，特別可能出現哪些社會關係的變化？
    (2) 請描述社會情緒選擇性理論。根據這項理論的描述，社會關係的變化

　　　如何可能作為老年人適應與反彈復甦的資源？

12.什麼是創傷後成長？和反彈復甦有何差異？

13.根據尚納夫布曼，個人在遭遇重大創傷之後，可能會導致人生的哪三項基本假設因而遭受挑戰？

14.研究顯示，重大創傷可能導致個人觀點、關係與人生優先順位的改變，請針對這三方面的改變，分別列舉兩個例子予以說明。

15.有兩種方式可以讓人們從創傷當中發掘意義，請簡要描述，並分別提供一則說明例子。

關鍵字

反彈復甦（resilience）

平凡人的神奇力量（ordinary magic）

復原（recovery）

責怪受害者（blaming the victim）

社會情緒選擇性理論（socioemotional selectivity theory）

創傷後成長（posttraumatic growth, PTG）

建立意義（meaning-making）

建立合理解釋（sense-making）

發掘益處（benefit-finding）

網路資源

・反彈復甦（Resilience）

梅約診所（Mayo Clinic）、美國心理學會、《今日心理學雜誌》（*Psychology Today*）等組織都有提供反彈復甦相關的資訊與自我測驗，請自行上網搜尋有關「反彈復甦」的網路資訊（關鍵字搜尋：「resilience」），搜尋結果的前面幾條通常就可以找到上述的網站。

・創傷後成長（Posttraumatic Growth）

http://www.ptgi.uncc.edu

創傷後成長研究團隊的網站，隸屬於北卡羅來納大學（Charlotte校區），研究人員包括：勞倫斯・卡漢和理查・泰德希。可供查詢該團隊目前PTG研究的最新資訊。

· MIDUS研究——成功的老化（MIDUS Study—Successful Aging）
http://www.midus.wisc.edu/midus2
此網站回顧評論美國聯邦政府贊助執行的大規模老化研究。許多關於人生各階段的心
理福樂安適研究，都是應用MIDUS研究的資料作為基礎。

延伸閱讀

Baumeister, R. F. (1991). *Meanings of life*. New York: Guilford.

Bonanno, G. A. (2004). Loss, trauma and human resilience: Have we underestimated the human capacity to thrive after extremely aversive events? *American Psychologist, 59*, 20-28.

Carstensen, L. L., & Freund, A. (1994). The resilience of the aging self. *Developmental Review, 14*, 81-92.

Masten, A. S. (2001). Ordinary magic: Resilience processes in development. *American Psychologist, 56*, 227-238.

Reivich, K., & Shatte, A. (2002). *The resilience factor*. New York: Broadway Books.

Tedeschi, R. G., Park, C. L., & Calhoun, L. G. (Eds.). (1998). *Posttraumatic growth: Positive changes in the aftermath of crisis*. Mahwah, NJ: Erlbaum.

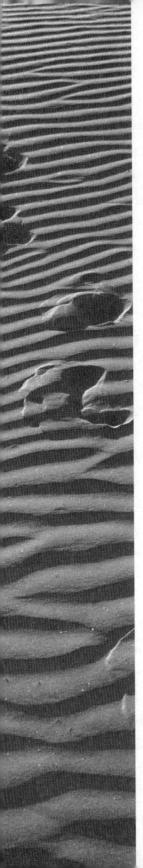

第五章

快樂幸福與
　　人生的客觀狀態

　本章主題是要探討人生的各種客觀狀態如何影響個人的快樂程度。從旁觀者的角度來看，人生的許多階段或事件，看起來都有可能讓人覺得很好或很壞。但是，從當事人的角度來看，箇中經驗甘苦，往往就不是外人想像的那個樣子。因此，在這一章與下一章，我們要來探索，為什麼許多個人認為天大地大的事情，其實也沒什麼大不了；還有，為什麼人們經常會誇大某些人生階段與人生事件的情緒衝擊。

　　我們在第一章曾經提到，早期有關快樂的研究很多都是從全國性的大規模調查研究出發的，主要目的是要檢視福樂安適與人口統計學變數之間的關係（例如：Campbell, Converse, & Rodgers, 1976; Wilson, 1967）。以主觀幸福安樂感（SWB）為基本模式的調查研究，就是透過檢視受訪者的生活滿意度，以及正向、負向情緒的平衡狀態，來代表該受訪者的快樂

／幸福水準。至於人口統計學的變數通常包括：年齡、性別、婚姻狀態、教育程度、職業別、收入水準，以及居住所在地。這些就是描述個人「客觀」生活狀態重要「事實」的變數。客觀是指這些變數不會因為個人主觀的想法或感受而有所差異。比方說，個人的收入是客觀的變數，因為不論是否覺得該收入公平與否，或是該收入是否符合工作應得的水準，都不會有所影響。

有關人口統計學變數與個人快樂的關聯，主要探討的問題包括以下兩大類：

1. 個人的快樂水準（亦即SWB）與其生活情境、個人背景資訊（亦即人口學統計變數）之間的關聯程度。換言之，也就是要問，個人生活狀態的客觀事實資訊，是否能夠有效預測其快樂的水準。

2. 個人生活狀態客觀變數的差異，能否解釋個人自陳報告的快樂水準？

由於許多人口統計學的變數代表大多數人努力希望達成的目標或優勢（例如：收入豐厚的工作），因此上述兩類問題的答案想當然爾應該都是肯定的。假設你知道某人的收入、性別、年齡、種族、宗教、教育程度、吸引程度、社會階級、婚姻狀態、就業狀態、身體健康狀態等等資訊，難道你不會順勢猜測該人的快樂程度嗎？如果這些因素和快樂毫無關聯，為什麼大家要花費那麼多的心力，接受教育、找好工作、存錢購屋、上教堂、擔心自己的容貌，還有渴望婚姻成功？一般常識總認為，某些組合的個人生活狀態應該可以有效預測個人快樂的水準。比方說，按照常識判斷，相較於年老色衰、健康不佳，只依靠國民年金度日的退休老人，年輕、外貌出眾、擁有高薪工作的大學畢業生，應該會快樂得多。不是嗎？

然而，蠻出人意料的，大多數的研究結果卻發現，人生狀態的人口統計學變數與快樂水準之間的關聯，其實遠不如大家所想像的那樣高。這種有違普遍認知的發現，就是所謂的「福樂安適的弔詭」（paradox of well-being）（Mroczek & Kolarz, 1998）。研究顯示，相較於人生狀態明顯劣勢的個人（例如：收入微薄的老年人），人生狀態明顯優勢的個人（例如：收入豐厚的年輕人）並沒有比較快樂。這並不是說，人生狀態的客觀變數不重要。貧窮、孤單、重病，諸如此類的狀態當然會讓人感到窘迫、苦惱，或沮喪。然而，對於大多數人而言，在基本健康與日常生活需求獲得滿足的前提之下，人生狀態的客觀變數其實不太能預測、解釋為什麼有些人會比其他人

來得快樂。換言之，人生狀態的諸多客觀變數對於快樂水準的解釋量其實是很小的。文獻回顧發現，以因素分析解釋量的估計而言，這些客觀變數對於自陳報告快樂水準的解釋量，最低只有8%，最高也不超過20%（Andrews & Withey, 1976; Argyle, 1999; Campbell et al., 1976; Diener, Sandvik, Seidlitz, & Diener, 1993）。這意味著，人生狀態的客觀變數確實和快樂有關，但實際影響並不大。知道某人的收入、年齡、性別、婚姻狀態，並不能讓我們清楚知道該人究竟有多快樂。

為什麼人生狀態的諸多客觀變數解釋、預測快樂的效果如此微弱？本章的第二個目的就是要探索可能的原因。箇中原因有一部分可能就在於SWB的主要來源是屬於心理層面的感知。快樂是主觀的心理狀態，質性的因素多過於數量的因素。人口統計學的個人基本背景資訊也許可以告訴我們，什麼不會讓人快樂；但是就比較無法讓我們了解，什麼會讓人快樂。知道什麼和快樂沒有關係，也有其重要性，因為這可以讓我們明白，有些人在追尋快樂的時候，可能找錯了方向。稍後在第七章，我們會探索，為什麼金錢與物質的追逐不能讓人找到想要的快樂。

另外，生活的諸多客觀事實也可能會遮蔽許多重要心理層面的個別差異，這也許可以解釋，為什麼人生狀態的人口統計學變數與快樂水準之間的關係居然會出乎意料的薄弱。個人基本背景不同的兩個人，也許會顯現出類似程度的快樂。不過，兩個人不分上下的主觀快樂感卻可能源自於各異其趣的心理因素或心理作用。以性別為例，許多大規模的研究都發現，男女自陳報告的快樂程度約略相等（例如：Diener & Suh, 1998; Inglehart, 1990）。不過，研究也發現，男女情緒生活卻有著相當明顯的性別差異。

最後一個關於個人基本資料與快樂關係的問題，就是必須釐清因果的議題。即使相關程度不大，若干人生狀態的變數確實與快樂有所關聯。然後，問題就是「哪個是前因，是人生狀態？還是快樂？」比方說，一般而言，已婚者比單身者快樂（Myers, 2000a）。以往研究都傾向把這種結果解釋為，婚姻促使人們變得比較快樂。不過，若干研究卻有不同的解釋，認為應該轉因為果（Lucas, Clark, Georgellis, & Diener, 2003; Mastekaasa, 1992）。個人有可能因為婚姻而變得比較快樂；但是，也有可能是因為快樂的人比較可能結婚。箇中因果關係可能相當複雜，有待更深入的探索。

5.1. 人生週期各階段的快樂幸福

如果，讓你挑選自己一生當中最快樂與最不快樂的時期，你的答案會是什麼？如果你是大學生，你會不會覺得目前就是最快樂的時期？或者，你會猜想，最快樂的時期應該是等到你畢業之後，開始展開自己理想的職業生涯？哪個時期最不快樂呢？會是狂飆尷尬的青少年時期嗎？那時候，你得煩惱青春期的發育難題，還得努力融入同儕團體？抑或是老年期？那時候，所有事情，從收入到健康，都開始走下坡？

許多人在大學畢業之後，都很懷念大學的那段青春歲月（Baumgardner, 1989; 2001），因為相較於職場的世界，大學時期不需要背負太多責任，而且擁有更多自由與樂趣。全職的工作當然可能讓人獲得滿足感；但是，很少人會覺得工作真的很好玩。就事後諸葛而論，許多人認為大學是自己一生最快樂的時期。

如果，你猜想青少年或老年是人生最不快樂的階段，那麼你猜的答案還算蠻切合多數人的看法。調查研究結果顯示，大部分的人都認為，這兩個階段是人生最不快樂，也最沒有收穫的時期（Freedman, 1978）。青少年階段普遍被認為是「狂飆時期」（storm and stress）；至於老年期，多半會讓人聯想到收入減少、和社會脫節、健康衰退。然而，實際研究卻顯示，這些歷久不衰的想法其實都是沒有根據的。研究發現，相較於人生的其他階段，青少年時期並沒有特別不快樂（Diener & Suh, 1998; Inglehart, 1990）。至於說到老年期的快樂或不快樂，波赫士和達頓（Borges & Dutton, 1976）透過研究，一方面發現，人們傾向以負向觀感來看待老化；另一方面，則以實證駁斥如此的負向看法。波赫士和達頓請年輕人估測老年期的生活滿意度，另外也請老年人自我評量個人目前的生活滿意度，然後將兩組評分對照比較。結果發現，年輕人估測分數，顯著低於老年人的自評分數（Borges & Dutton, 1976）。

預測在某種生活狀態前提之下，個人可能會呈現何種的情緒感覺，這種預測就稱之為**情緒感覺的預測**（**affective forecasting**）（Wilson & Gilbert, 2003）。一般而言，人們預測情緒感覺的準確度普遍不是很高。研究顯

示，人們往往高估了正向與負向事件的情緒衝擊程度。針對情緒感覺預測的研究，其典型研究設計就是，一方面，由參與者預測某些事件或生活狀態的情緒衝擊；另方面，則是訪查有經歷該等事件或生活狀態者的真實情緒感受；最後再以後者的真實情緒感受為基準，評估前者預測的準確度。預測通常會誇大情緒反應的強度與時間長度。

比方說，威爾森和吉伯特（Wilson & Gilbert, 2003）研究發現，尚未取得終身職的大學教授，預測取得終身職之後應該可以維持快樂好幾年；不過，實際訪查已經取得終身職的教授，結果卻發現，在他們取得終身職兩年之後，快樂的程度和沒有取得終身職的教授其實並沒有顯著的差別。

另外一個研究發現，人們估測，遲到1分鐘趕不上地鐵應該會比較懊惱；相對地，如果是遲到好幾分鐘，感覺應該就比較沒有那麼懊惱。不過，實際訪查地鐵乘客，兩種情形的懊惱實際程度並沒有顯著的差別（Gilbert, Morewedge, Risen, & Wilson, 2004; Wilson & Gilbert, 2003）。這種誇大預測情緒反應強度與時間長度的心理偏向，就是所謂的**衝擊偏見（impact bias）**（Gilbert, Driver-Linn, & Wilson, 2002）。

衝擊偏見發生的原因似乎與**心理聚焦（focalism）**有關，所謂「心理聚焦」是指人們在思考事情對於個人情緒的影響作用時，往往會把心思窄化到只專注於其中某一事情，因此威爾森、梅爾斯和吉伯特（Wilson, Meyers, & Gilbert, 2001）等人特別創造了這麼一個專有名詞「心理聚焦」。心理聚焦掛一漏萬的結果，就會讓當事人忽略了想到生活的其他層面，其實有可能彌平或減輕該事件造成的情緒衝擊。所以，我們可能滿腦子想的都是新工作，卻沒有想到新工作勢必要搬去陌生的城市，還得大費周章找住的地方，更別說，屆時人生地不熟，思念老朋友之餘，還要承受學習新職務的諸多壓力。再舉個例子，我們可能會認為感情破裂就會是「世界末日」。但是，如果感情真的破裂了，家人和朋友的支持、自己喜歡的活動，或是努力投入工作，這些都能夠幫我們彌平情緒方面的痛苦。

衝擊偏見發生的另一個原因就是所謂的**免疫忽略（immune neglect）**（Gilbert, Pinel, Wilson, Blumberg, & Wheatley, 1998; Wilson, Gilbert, 2003）。人們除了生理免疫系統之外，同時還擁有心理「免疫系統」，可以幫助從負向的人生處境反彈復甦。免疫忽略就是指，人們沒有想到自己在

遭遇困頓或逆境的時候，會有能力反彈復甦，順利通過難以承受的情緒波瀾。特別是，人們似乎忘了心理免疫系統的堅強力量，除了支持我們度過難關，還可能因禍得福，從中得到寶貴的收穫。事情沒發生之前，可能讓人忐忑不安，覺得大難臨頭，不知如何是好；然而，船到橋頭自然直，事過境遷之後，我們往往會發現自己應付得還算不錯，而且恢復的也比原本的想像還要來得理想些。很多時候，人們總認為某些事情一旦發生，那後果一定不堪想像，但是等到事情真的發生了，結果往往沒有預期的那麼糟糕。

5.1.1 焦點研究：快樂幸福與生活地點的關聯

你會不會猜想，相較於冰天雪地的美國中西部，生活在陽光普照的加州應該會比較快樂？你是否認為，大學生分配住進喜歡的宿舍會比較快樂，而分配到不喜歡的宿舍則會比較不快樂？雖然，大部分的人可能都會相信，居住環境會影響個人的情緒生活。不過，實際研究的結果卻不盡然如此。

住在加州讓人比較快樂嗎？生活滿意度判斷的聚焦錯覺[1]

美國加州居民會比中西部居民來得快樂嗎？針對這項問題，史凱德和凱尼曼（Schkade & Kahneman, 1998）調查了2,000名大學生，其中一半住在美國中西部，就讀密西根大學或俄亥俄州立大學，另外一半是住在南加州，就讀加州大學洛杉磯分校或爾灣分校。研究目的是要比較兩地大學生的*預測*vs.*實際*生活滿意度。史凱德和凱尼曼將學生隨機分為兩組：「自我情境組」vs.「他人情境組」。「自我情境組」的學生，評估自己的整體生活滿意度，以及自己對於若干領域的滿意度（諸如：未來工作的發展前途、財務狀況、學術機會、個人安全、社交生活等的滿意度，以及一年不同季節的氣候滿意度）；另外，也評估上述領域對於個人福樂安適的重要性。「他人情

---

[1] 英文論文原始標題如後：
Does living in California make people happy? A focusing illusion in judgments of life satisfaction.

境組」的學生則是想像就讀前述兩地某所大學的學生，然後試著預測該等領域對於該等學生福樂安適的重要性。

加州居民比較快樂，這究竟是千真萬確的事實，抑或只是子虛烏有的假象？中西部居民大可放心，雖然幾乎所有人都相信加州居民比較快樂，但你們其實也不用自怨自艾，人們並不見得只因為住到加州，有陽光普照的好天氣，就會因此變得比較快樂。

史凱德和凱尼曼（Schkade & Kahneman, 1998）發現，加州與中西部的學生都同樣預測加州居民有比較高的生活滿意度。不過，出乎意料地，研究結果卻顯示，學生的預測與整體生活滿意度的評量，這兩者之間卻出現相當程度的落差。相較於中西部居民對於冰天雪地的嚴寒氣候，加州居民對於當地陽光普照的天氣確實比較滿意。但事實上，兩地的居民快樂程度等量齊觀，沒有顯著差別。

預測與實際滿意度評量的差異該如何解釋呢？為什麼天氣對於整體快樂程度的判斷會有如此大的影響？史凱德和凱尼曼（Schkade & Kahneman, 1998）提議，原因可能在於研究人員稱之為**聚焦錯覺（focusing illusion）**的作用。所謂聚焦錯覺，乃是指人們針對某對象或議題進行判斷時，沒有全面綜觀所有面向，而只是注意到其中少數因素。焦點局限很可能就會造成錯判，因為我們賦予少數因素比重過多的考量。這似乎就發生在上述實驗他人情境組關於加州居民比較快樂的判斷，他們沒有考慮到，天氣因素對於整體生活滿意度的影響其實比重沒有那麼大。不論是中西部或加州的學生都不認為，天氣對於自己的生活滿意度有很重大的影響。在自我情境組當中，工作機會、財務因素、個人安全以及社交生活關係，都被評定為比天氣還重要。當學生在評量自己的生活滿意度時，就沒有發生聚焦錯覺。在考量自己的情況時，我們似乎比較能夠敏銳關照較廣的層面，綜合考量多項重要的因素。不過，在判斷別人的情況時，似乎就會聚焦在少數最突出的特徵。

此項研究的學生主要聚焦於中西部與加州兩地天氣的差異，這就是聚焦錯覺的典型例子，以致於認為好天氣使得加州居民比較快樂。加州確實享有較好的天氣，但是光這一點並沒有使得加州居民比較快樂，雖然中西部居民與加州居民似乎都覺得真有這麼一回事。

大學宿舍抽籤滿意度的錯覺[2]

另外，還有一個聚焦錯覺的例子，就是有關學生對於宿舍分配的滿意度研究。對於大部分學生而言，宿舍的分配是大學生活的一件大事。校園裡各種「地獄客室友」或是「校園最爛宿舍」的傳說，在在顯示學生宿舍的硬體與社會生活面向可能影響學生校園生活是否快樂、滿足。唐恩、威爾森與吉伯特（Dunn, Wilson, & Gilbert, 2003）這篇研究的目的，就是要探討宿舍分配對於學生滿意度的預測影響與實際影響。

在研究選定的大學，依照校方規定，所有學生從大一到大三都必須住校，其中大一新生隨機分配12棟宿舍。大一學期末，學生有機會可以選擇未來兩年的室友，還可以和其他學生組團共同選擇高達15名的舍友（dorm mates）。由於學生是自行組團提出申請，所以在抽籤決定宿舍分配之前，彼此都已經相互認識，而且也喜歡和那些團友共同迎接未來的宿舍生活。因此，抽籤決定的就只是分配宿舍的硬體設施特徵。在這樣的情況下，你是否還會擔憂被分配到哪棟宿舍呢？不管分配到的哪棟宿舍，你都能確定可以和喜歡的朋友當室友、舍友，既然如此，你是否還可能奢求更多？

不過，研究結果卻頗讓人出乎意料。學生們確實非常在意，甚至會憂心自己會分配到哪棟宿舍。大一新生通常都會整晚熬夜，等候宿舍分配結果，如果分配到心目首選的宿舍，就會極其興奮；反之，如果分配到不想要的宿舍，那失望的心情就會跌落谷底。

唐恩等人提出三個研究問題：

1. 學生如何決定哪棟宿舍比較讓人喜歡？
2. 當初聽到宿舍分配時的喜悅或不悅的感覺，後來在各自宿舍實際生活之後，原先的感覺是否維持不變？
3. 哪項因素最能夠有效預測宿舍生活滿意度？

要回答這三個問題，唐恩等人比較搬入分配宿舍之前學生自行預測的

---

2 英文論文原始標題如後：
Location, location, location: The misperception of satisfaction in housing lotteries.

快樂程度，與之後的實際快樂程度。分配結果公布之前，學生先預測自己被
分配到12棟宿舍的快樂程度。此外，學生還必須說明，自己的預測基礎考
量了哪些硬體設施特徵（地點、吸引程度、房間大小），以及社會生活面向
（和室友的關係、宿舍整體的社群感）。為了要比較預測影響與實際影響，
研究安排讓學生在分配宿舍過了一年、兩年之後，亦即在大二與大三學年末
的時候，再接受前述同樣的調查評量。

第一個問題

學生如何決定宿舍的好壞？此篇論文的標題〈地點、地點、地點〉，就
給了部分的答案。學生判斷宿舍好壞主要考量的因素就在於宿舍的地點，以
及硬體特徵（例如：房間大小，以及宿舍餐廳設施）。

第二個問題

學生是否真如他們所相信的那樣：被分配到好的宿舍，就一定快樂；反
之，就一定悲慘？答案是否定的。針對預測快樂評分與實際快樂評分的分析
結果顯示，有強烈證據學生有衝擊偏見。學生顯著高估分配到喜歡宿舍的快
樂程度，也同樣高估了分配到厭惡宿舍的悲慘程度。事實上，分配到喜歡宿
舍的學生結果並沒有預期那麼快樂。至於分配到討厭宿舍的學生，也沒有預
測那麼不快樂。整體而言，絕大多數學生都還算滿意宿舍生活。

第三個問題

什麼可以真正預測宿舍生活的滿意度？答案是社交生活關係。唐恩等人
發現，社交生活品質是最能夠有效預測快樂的因素。到了大二和大三，宿舍
的地點與硬體特徵（這些都是學生認為相當重要的因素）對於宿舍生活快樂
與否已經毫無重要性可言。弔詭的是，學生大一的時候其實就已經確定了影
響宿舍生活滿意度最重要的因素。不論被分配到的宿舍位於什麼地點，有什
麼硬體特徵，由於所有學生都可以自行選擇室友與舍友，因此幾乎可以保證
身邊都會有許多好友，能夠過得很快活。既然如此，那為什麼大一新生預測
宿舍生活滿意度時，會以宿舍地點與硬體特徵作為主要考量因素？

唐恩等人（Dunn et al., 2003）指出，**孤立效應（isolation effect）**或
許有助於解釋，為什麼在預測宿舍生活滿意度時，學生會傾向聚焦於宿舍地
點，反而忽略考量社交生活關係。孤立效應可說是聚焦錯覺的一種特例。當
注意力集中在影響決定的諸多因素當中少數特別突出的幾項，就有可能產生

聚焦錯覺（就好像史凱德和凱尼曼研究的天氣差異效應）。當人們在面對抉擇之際，試圖要去簡化有待考量的多方資訊時，就會發生孤立效應。這可以相當程度減低選擇的複雜度，提高選擇的效率。不過，當我們在考量可能會因為某特定選項而感到多麼快樂的時候，如果我們只聚焦於不同選項之間的差異性，而沒有注意到共通性，那孤立效應就可能造成衝擊偏見。社交生活因素在這12棟宿舍之間，基本上是大同小異的，因此學生就把社交生活因素視為常數而忽略了其影響。相對地，12棟宿舍之間硬體特徵的明顯差別就成了影響學生判斷宿舍生活滿意度的孤立因素。如此一來，學生們在預測宿舍生活滿意與否時，就誇大了宿舍分配的影響程度。

唐恩等人（Dunn et al., 2003）研究，由於採用縱貫研究設計（在三個不同的時間點研究同一群學生），以及隨機分派（宿舍分配對於學生的重要性），因此研究結果提供相當強的證據支持衝擊偏見效應的解釋。他們的研究凸顯了情感預測與衝擊偏差研究，有助於解釋為什麼很難預測年齡相關的變化與生活事件。雖然如此，年齡的變化似乎還是很有可能會影響福樂安適的水準。許多人生大事與成就似乎都和某些特定的年齡有所關聯（例如：第一份工作、婚姻、買房子，或是退休）。再者，隨著年歲增長，個人收入與健康通常也會逐漸走下坡，而且也會開始遭遇至親好友或伴侶亡故。基於諸如此類的理由，你可能會認為年齡應該和福樂安適有極為緊密的關係。

但是，出乎意料地，許多研究發現，年齡和個人自陳報告的幸福快樂水準幾乎沒有任何關聯（例如：Diener & Lucas, 2000; Diener & Suh, 1998; Inglehart, 1990）。人生週期各階段，主觀安適感都是非常平穩的。英格勒哈特（Inglehart, 1990）根據多項訪談調查研究（包括16個國家，總共17萬人），整合分析結果發現，每個年齡層，從15歲到65歲以上，幸福快樂水準與生活滿意度幾乎都是一致的。而且整體而言，橫跨所有的年齡層，幾乎高達80%的受訪者表示滿意個人的生活。圖5.1摘要呈現英格勒哈特整合分析16個國家快樂與年齡之間的關係。

許多其他的研究也都肯定，人生週期各個階段，福樂安適的水準一直維持相當的平穩（例如：Kunzmann, Little, & Smith, 2000; Lawton, 2001; Lucas & Gohm, 2000）。另外，有些研究是有發現和年齡相關聯的福樂安適水準下降，但下降幅度很小，而且只發生在非常高齡的組別。比方說，

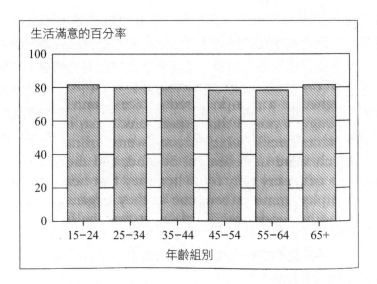

圖5.1　16個國家快樂與年齡之間的關係圖

資料來源：Inglehart, R. (1990)。原始圖表來源：Meyers, D. G., & Diener, E. (1995). Who is happy? *Psychological Science, 6,* 10-19. 美國心理學會版權所有，翻印轉用許可。

最近有一項關於生活滿意度的研究，結果發現年齡與滿意度之間呈現先升後降的曲線關係（Mroczek & Avron, 2005）。在將近2,000名受訪的各個年齡層的男子當中，生活滿意度的自我評估在65歲達到最高點，然後在85歲微幅下降。諸如此類的研究發現並沒有推翻，關於福樂安適與年齡之間關係的一般結論。絕大多數的研究者發現，年老並不必然帶來不快樂，也不必然造成安適感的下降。平均來看，老年人在SWB與自尊的評等，和其他年齡組相互比較，結果是不相上下（例如：Charles, Reynolds, & Gatz, 2001; Diener & Suh, 1998）。有些研究甚至發現，老年人的福樂安適評等呈現不減反增的現象（例如：Carstensen, 1998; Mroczek & Kolarz, 1998）。

　　雖然，人們普遍相信，人生當中的若干轉捩點對於情緒感受會有相當程度的影響，但是研究也沒能發現支持這類想法的證據。比方說，人們總是認為，歷經停經或更年期的婦女，很容易感染憂鬱的心情，也會有比較多的負面情緒經驗。但是研究卻發現，婦女停經與否並沒有因此而呈現較多或較少的憂鬱（相關研究文獻回顧，請參閱Myers, 1992）。

　　停經的主要損害效應似乎來自於婦女用什麼樣的態度來看待停經所帶來的生活變化，而比較不在於停經本身。婦女若是把停經視為一種解放，不再需要擔心懷孕或月經的惱人問題，反而會認為自己的情緒穩定度與快樂水準比停經之前還要更理想。再者，根據邁爾斯的文獻回顧，雖然普遍認為，「空巢症候群」會明顯影響婦女的快樂水準；但是，大多數的研究並沒有找到支持的證據（Myers & Diener, 1995）。「空巢症候群」包括，隨著子女長大離家而來的孤獨感，以及對於母職角色目的產生不確定感，但是研究並沒有證實婦女有產生這些症候。大部分為人母者都樂於見到子女開始追求個人的事業、結婚、生兒育女。建立個人的家庭可能給人深刻的滿足感，但是養兒育女的經歷一次可能也就夠了，為人父母者在子女長大成人、各自成家之後，就可以放手讓他們去投入養兒育女的人生，而自己就可以自由去追求不再需要擔憂照顧子女的人生。

　　研究人員也沒能發現證據支持所謂的中年危機。「中年危機」發生於男性40幾歲的時候。一般認為中年危機之所以會發生，乃是因為男性到了40幾歲開始認清個人生涯的夢想可能無法實現，而眼看鏡子裡逐漸老去的身體、乏善可陳的婚姻生活，於是男人便開始另尋出路，希望能夠重新點燃生命的活力。長久以來，人們普遍相信，男人到中年，乍然發現自己面對如此的人生劇變，徬徨失落之餘，就會導致劇烈的職業生涯變動、和年輕女子鬧婚外情、追逐出人意料之外的冒險活動，以便證明自己還年輕。不過，研究並沒能獲得實質證據，可以支持確實有中年危機的存在（McCrae & Costa, 1990; Wethington, Cooper, & Holmes, 1997）。大部分男人在中年階段似乎都能平順度過，而不至於感覺有需要發動劇烈變化的新冒險。而且，研究結果也指出，相較於年輕人，老年人常常享有較多的福樂安適感，比較懂得知足，也比較少感到焦慮（例如：Lawton, Kleban, & Dean, 1993）。

5.1.2　福樂安適的穩定度

　　人生從小到老，難免都會遭遇各種的重大事件、人生階段與轉捩點。照道理講，個人的快樂水準應該會受到影響，而有所起伏波動；但是說也奇怪，個人的主觀幸福安樂感卻始終維持相當的穩定度。為什麼會這樣呢？我

們都知道，人生的挑戰、關切或擔憂，以及投入的活動，都會隨著年齡的不同而有相當大的變動，但是為什麼整體的福樂安適並沒有因為年齡不同而有太大的變化呢？我們在此將從四個方向的研究，來檢視此一穩定度的問題：

1. 基因對於SWB的影響。
2. 正向情緒與負向情緒之強度、頻率、平衡，在不同年齡層的變化。
3. 有關正向情緒之定義與測量等方面的問題。
4. 福樂安適感的心理基礎與社會基礎在人生各階段的變化。

天性氣質與主觀幸福安樂

許多研究者論稱：人類基因決定的天性氣質對於個人情緒生活有著很大的影響（DeNeve, 1999; DeNeve & Cooper, 1998; Lykken, 1999; Lykken & Tellegen, 1996; Tellegen et al., 1988）。「修女研究」清楚顯示，個人對於世界的情緒反應型態，乃是一種具有長期穩定性的人格特質（研究回顧與評論，請參閱第二章）。雙胞胎研究提供了更強而有力的證據，支持基因對於個人長期的情緒安適感扮演著決定性的角色。正向情緒經驗的個別差異大約有40%是來自基因遺傳決定的；至於負向情緒則有55%，長期的SWB則有80%（Lykken, 1999; Lykken & Tellegen, 1996）。

人類似乎天生遺傳了一種快樂或情緒的「平衡基準點」（set point），設定個人的一般喜樂基準（Headey & Wearing, 1992）。**平衡基準點（set point）**就彷彿是人體內建的陀螺儀（gyroscope）（船舶用以保持方向及平衡的儀器），讓人們在遇到可能導致情緒失衡的狀況，仍然可以透過穩定的行為反應，來維持情緒的平衡。研究發現，在歷經人生變動之餘，長期的安適感確實有返回基準點的現象。比方說，離婚、換新的工作、搬家到陌生的地方，諸如此類的人生變遷，都沒有讓當事人的長期安適感產生重大的變化（Costa, McCrae, Zonderman, 1987）。這種穩定性最直接的解釋就是基因遺傳決定的天性氣質。如果你小時候是個快樂又活潑的小孩，那麼有很高的機率你也會是快樂又活潑的成年人、老年人。如果你兒時就抑鬱寡歡、羞怯怕生、凡事瞻前顧後，那麼很有可能終其一生你都會有同樣的心理傾向。

正向、負向情緒的發生頻率、強度與相對平衡

由於許多研究是採用整體與總結的測量模式來檢視SWB，因此有研究人員懷疑，如果針對個別組成元素來檢視SWB，是否有可能揭開年齡與福樂安適之間比較複雜的關係。也就是說，整體的SWB測量（亦即生活滿意度與正向、負向情感之間平衡的測量）可能比較沒能敏銳反映年齡相關的細微變化。為了要更清楚探究福樂安適與年齡是否有所關聯，研究者分別檢視了SWB的若干組成面向。研究人員比較了各年齡層正向、負向情緒的發生頻率、強度與相對平衡。

情緒的發生頻率與強度

雖然，在人生各階段，個人的情緒經驗型態有所差別，但是整體的SWB卻是保持平穩，之所以如此有可能和強烈情緒的發生頻率有關係。舉例而言，某甲較常經驗到強烈的正向與負向情緒，而某乙則較多平穩的情緒經驗，少有激烈的反應，但是平均下來，兩人的整體情感卻有可能是相當的。若干研究指出，青少年與青年人有較多的強烈情緒，但是隨著年歲增長，強烈情緒的頻率則逐漸減低。

契克森米哈賴與拉森（Csikszentmihalyi & Larsen, 1984）運用經驗抽樣法，他們讓青少年依照BB call的訊號，記錄個人當時的心情與活動。研究發現，青少年的心情可以在短短一個小時之內，由極高降落到極低，或由極低攀升到極高。激昂亢奮或抑鬱低靡的心情，不論來去都很迅速。相對地，年長者的心情則傾向平穩，少有起伏（Costa et al., 1987; Diener, Sandvik, & Larsen, 1985）。

最近，從學者（Charles et al., 2001）的文獻回顧發現，隨著年歲增長，人們的強烈生理激起情緒反應大幅減少。「意氣風發，稱霸天下的感覺」，或是「因為某些事物而特別感到亢奮不已」諸如此類帶有強烈情緒的問卷題目，呈現與年齡相關最大的下滑趨勢（Charles et al., 2001）。

圖5.2透過假設的例子，以圖形清楚顯現，青少年與老年人的情緒經驗雖然有相當的差異，但是他們的平均SWB卻是相同的。所有這一切似乎指出，隨著年歲增長，日常生活事件的情緒作用會轉趨緩和。這並不是代表老

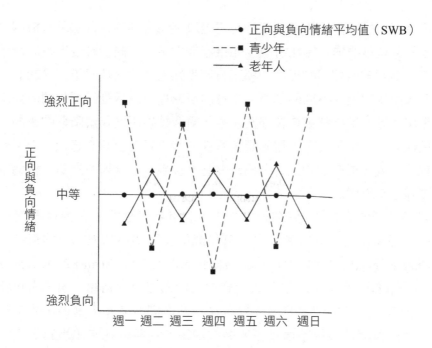

圖 5.2　不同的情緒經驗如何可能代表相同平均水準的SWB

年人不知道享受生活的樂趣，而是隨著年事增長，經驗的累積使得他們更懂得不要為了許多來去匆匆的日常生活事件，而過度興奮或懊惱。年長者傾向聚焦長程的滿足，諸如發展支持性的高品質關係，或是對於個人有意義的活動。所以，雖然在人生不同階段，強烈的情緒發生頻率有所變化，但是整體的福樂安適則是維持平穩沒有太大差異。早年對於生活事件，情緒反應比較激烈，高低起伏變動比較大；晚年則逐漸轉變為，情緒反應比較平緩，沒有太大高低起伏。

正向情緒與負向情緒的平衡

　　SWB的典型測量方式乃是將正向情緒的總分減去負向情緒的總分。這種計分方式可能會遮蔽了正向情緒與負向情緒的各別情形。你可能還記得，我們在第二章曾經討論過，正向情緒與負向情緒的相關程度非常低，各自對於SWB有著獨立的貢獻。如果，正向情緒與負向情緒分開來測量，而不是

合併成為單一的分數，研究者或許有可能決定總合評分的做法是否模糊了其中涉及的某些重要變化。比方說，如果年老之後，正向情感性與負向情感性同時都增高到某種相同的程度，那正負情感性仍然會保持平衡。又或者，如果隨著人生周期進入不同的階段，正負向情感性都降低到某種相同的程度，結果整體情感性始終都維持在平衡狀態。研究檢視不同年齡階段的正向、負向情感性變化，結果發現，這兩類情感性的變化是各自獨立起伏，而不是同步連動的。或許更有趣的是，有些研究甚至發現，年歲增長之餘，情緒福樂安適實際是有所增高。

年紀相關的負向情緒變化模式似乎是相當清楚的。包括橫向研究與縱貫研究都顯示，負向情感性會隨著年歲增長而出現越來越少的趨勢（例如：Charles et al., 2001; Mroczek & Almeida, 2004; Mroczek & Kohlarz, 1998; Pinquart, 2001）。老年人比較少自陳報告負向情緒，研究者也比較觀察到老年人的負向情緒表現。只有在年歲很高的老年人當中，才有研究發現，負向情感性維持不增不減或微福增高的現象。在卡絲坦森等人的研究中，負向情感性從18歲到60歲越來越少，60歲到94歲之間則持平沒有增減（Carstensen, Pasupathi, Mayr, & Nesselroade, 2000）。另外，迪勒和徐恩國（Diener & Suh, 1997）研究43國6,000人，結果發現，在20至60歲之間，負向情感性趨向下降，在該研究最高齡層的老年人，負向情感則有些微的上升。整體而言，負向情感隨著年齡增長，而呈現逐步下降趨勢。

人生各階段正向情感的研究發現就比較不一致。首先，就橫斷面研究來看，有些研究發現，相較於年輕人，老年人的正向情感有所增加（Gross et al., 1997）；另外，有些研究卻發現相反的結果，亦即老年人正向情感不增反減（Diener & Suh, 1998; Lucas & Gohm, 2000）；還有一些研究則發現，老年人和年輕人的正向情感沒有差別（例如：Vaux & Meddin, 1987）。再者，就縱貫研究來看，不同年齡層的正向情感就比較穩定，沒有明顯的增減，只有最高齡層的老年人，正向情感才有些微的下降（Costa et al., 1987; Stacey & Gatz, 1991）。

品夸特（Pinquart, 2001）後設分析發現，綜合許多研究的結果，年齡與正向情感的平均相關係數r＝－0.03；年齡與負向情感的平均相關係數r＝－0.01。這樣的數目代表相關程度非常微薄，但是由於這些研究抽取的樣

本很大，如此小的相關係數也達到統計顯著水準。不過，如果轉換成統計變異量的解釋而言，這樣的相關程度，代表年齡的因素只能解釋不到1%的情感差異性，另外99%的情感差異性還得訴諸其他的因素。

測量與定義方面的議題

測量方面的議題

若干研究學者表示，某些研究之所以會發現正向情感下降的現象，乃是起因於該等研究使用了測量高強度情緒的量表（例如：Charles et al., 2001; Diener & Suh, 1998）。這類研究會讓人誤以為，所有的正向情緒都會隨著年齡增長而逐漸減少；而實際上，只有最高強度的情緒才有這樣的現象。正向情緒的頻率並沒有減低，但是強度可能有所減輕。

查爾斯等人（Charles et al., 2001）和布萊本（Bradburn, 1969）使用「情緒感覺平衡量表」（Affect Balance Scale）研究2,800人，橫跨四個世代的家族。量表當中，有關正向情感的題目如後：

在過去幾星期內，你是否有如下的感覺：
因為某些事物而特別感到亢奮不已？
因為有人誇獎你做的某些事情而感到得意？
對於完成某些事情而感到喜悅？
意氣風發，稱霸天下的感覺？
感覺一切都順心如意？

結果發現，在正向情感當中，強烈情緒隨著年齡增長而有最大幅度的減少。具體而言，減少幅度最大的項目包括：「因為某些事物而特別感到亢奮不已」、「意氣風發，稱霸天下的感覺」，以及「感覺一切都順心如意」。

定義方面的議題

第二方面的議題，則是有關正向情感的定義方式。正向情感似乎由兩類相對獨立的正向情緒組合而成（例如：Watson & Tellegen, 1985; Watson,

Wiese, Vaidya, & Tellegen, 1999），而且這兩類情緒對於當事人的思考與行為各自有不同的影響作用（例如：Fredrickson, 2001）。這兩類正向情緒的相對獨立特性也意味著，在人生週期各階段，正向情感很可能會有兩種不一樣的呈現樣態。

庫恩茲曼、史坦吉和喬丹（Kunzman, Stange, & Jordan, 2005）等人的最近研究，即在探討此一可能性。研究者描述了兩類正向情感，分別是：**歡愉情感（pleasant affect）與正向投入（positive involvement）**。歡愉情感的定義是一種正向的情緒狀態，只涉及相對低度的生理激起，例子包括：滿意、知足、快樂等感覺。正向投入的定義則是涉及高度生理激起的正向情緒狀態，例如：激勵、警覺或積極主動的感覺。歡愉情感似乎需要相對低度的投入，往往聚焦於自我中心導向，比較可能是某項目標完成的感覺，而比較不是在主動追尋某項目標過程的感覺。相對地，正向投入則是需要較多的投入，往往聚焦於他人導向，比較聚焦於追尋目標過程所涉及的活動，而不是聚焦在目標上頭。

根據庫恩茲曼等人的觀點，這兩類情感也各自可能涉及兩種不同的生活型態與價值取向。享樂主義的生活型態可能會傾向強調歡愉的情感，追尋個人的歡樂、尋求他人的讚許，以及發展親密關係，這些也可能適合享樂主義的價值取向。幸福主義的生活型態（在文中，研究者稱之為成長關聯的生活型態），則與正向投入比較有關聯。成長關聯的生活型態主要關切個人的發展，並且有助於促進他人的福祉，以及有助於改善人們生活的環境。他們關心的是找尋人生的目的，幫助家人與社群成員，積極參與組織和團體的活動，以期能夠促進社會的改善。

庫恩茲曼等人的研究對象包括：年輕人（15至20歲）、中年人（30至40歲）、老年人（60至70歲）。研究結果，有兩點特別值得注意：

1. 歡愉情感與正向投入的測量結果顯示，兩者之間只有些微的相關。這一點再次增強了我們先前討論過的一種論點，亦即正向情感包括若干種相對獨立的向度。

2. 他們的研究結果似乎指出，先前關於年齡─正向情感關聯的研究結果之所以不一致（亦即有些研究顯示正向情感經驗隨著年齡增長而減少，有些大致不變，還有些則是有所增加），可能是由於測量正向情

感的方式不同所致。因為庫恩茲曼等人發現，歡愉情感與正向投入分別顯現出不同的年齡相關的型態。年輕人比較可能經驗歡愉情感，而且比較趨向享樂主義的生活型態。老年人比較可能經驗正向投入的感覺，而且比較趨向成長關聯的生活型態。

在這項研究中，關於正向情感究竟會隨著年歲增長而減少或增加，研究結果給的答案是減少或增加兩個答案都對，就看研究聚焦的正向情感面向是歡愉情緒或正向投入。當採用歡愉情緒的定義與測量，正向情感隨著年歲而減低（r = −0.38）。不過，當採用正向參與的定義與測量，正向情感則是隨著年歲而有所增加（r = 0.42）。各個年齡層都有正向情緒，但是，在年歲較輕的階段，主要趨向享樂主義追求的生活型態，比較重視歡愉情緒；到了老年階段，逐漸就會轉向幸福主義的生活型態，比較重視正向投入。這些研究發現指出，多向度情感模式的發展應該有利於未來年齡—情感的研究。

總結而言，研究一致顯示，負向情緒隨著年歲增長而逐漸減少。如果我們納入考量測量的偏誤與定義紛歧的問題，至今為止的研究發現似乎意味著，隨著年歲增長，正向情感可能是變動不大或微幅增加。綜合來看，負向情感的減少，與正向情感的相對穩定不變或微幅增加，這可能顯示，整體的福樂安適可能真的是隨著年歲增長而有所增加。這一點和接下來討論的幸福主義的福樂安適理論觀點趨於一致。

生活滿意度之基礎的轉移

採取幸福論觀點的研究人員則是選擇從生活滿意度之基礎在不同年齡層的轉移，以茲檢視福樂安適之所以維持穩定的問題。不同年齡層的人或許會有不相上下的快樂，但是快樂的原因卻可能是大相逕庭。比方說，卡絲坦森的社會情緒選擇性理論（**socioemotional selectivity theory**）（Carstensen, 1992; Carstensen & Charles, 2003; Carstensen, Isaacowitz, & Charles, 1999）預測，整體的福樂安適不會有與年齡相關聯的下降。但是，情緒的福樂安適則有可能隨著年齡增長而有所升高。

先前第四章，我們介紹討論過社會情緒選擇性理論，並用來解釋老年人的反彈復甦。根據這項理論，老年人生會把生活重心由年輕時的未來目標導向，轉移為聚焦當下生活與活動。之所以會有這種轉移是由於體會到人

到晚年，來日無多。不像年輕人目標總是著眼於未來，老年人想的多半是眼前的生活滿意。他們通常會花比較多時間和心力在自己真正認為重要的人和事情上頭，而脫離過去年輕時拼命努力，和同儕一爭高下，爭取出人頭地的機會。研究發現，同一份工作多年的中年人對於工作的滿意度會比以前增高（Rhodes, 1983; Warr, 1992）。滿意度增高的主要原因，似乎是對於工作態度的改變。依照社會情緒選擇性理論的解釋，年長的工作者更加注重工作的日常面向，也比較能夠享受同僚之間的社交關係，相對則比較不聚焦於職場的競爭與升遷（Levinson, 1978; Rybash, Roodin, & Hoyer, 1995）。

　　由於未來不再是老年人生活的重心，於是他們會把較多心力投注在最大化正向情緒經驗，以及最小化負向情緒經驗。換言之，他們會避免可能導致負向情緒經驗的情況，而盡量讓自己處於愉快的情況。比方說，有些爺爺奶奶可能會拒絕到高朋滿座的餐廳用餐，或是長途跋涉去拜訪遠方的親戚。你可能會覺得這樣的老人家太頑固或是不通人情，但是其實很可能是她們單純就是不喜歡那些場合。年老之後，大半輩子都走過了，實在沒什麼道理還得勉強去做自己不喜歡的事情。研究顯示，老年人通常會設法安排自己的生活環境，以便能夠避免和其他人有負向的互動（Carstensen, Gross, & Fung, 1998），也比較能夠靈活調節個人的情緒。有關已婚夫婦的研究發現，老年階段的夫婦在討論衝突情事時，較少表現出負向的情緒（Carstensen, Graff, Levenson, & Gottman, 1996）。

　　而且相較於中年階段的夫婦，老年人階段的夫婦也比較少呈現憎惡或憤怒等的負向情緒（Levenson, Carstensen, & Gottman, 1994）。這些改變乃是老年人生活重心轉移的一部分；他們會轉而集中更多心力，來與較小的社會支持網絡建立更親密的關係。對於老年人而言，和配偶、兒孫、密友維持關係比結交新朋友、拓展社交網絡來得更為重要。老年人比較關心維繫愉快的關係，而比較不像年輕人那麼在意是否能夠改變、宰制別人，或是贏得別人的重視。老年人轉而投入更多心力在個人重視的情感關係，結褵多年的夫婦也有類似的轉移，因此婚姻的滿意度多半也會有所增高（Levenson, Carstensen, & Gottman, 1993）。

　　總而言之，個人的情緒生活、個人目標、快樂的來源雖然隨著年歲的變化而有所不同，但是快樂與年齡並沒有相關。橫跨各年齡層SWB維持相當

的穩定度，而且個人的快樂水準與年齡並沒有呈現共變關係，在在都顯示快
樂與年齡並沒有相關。簡言之，每個年齡層雖然有各自不同的生活挑戰與適
應問題，但是都有可能和其他年齡同樣的快樂。年齡與幸福快樂之間缺乏連
結的事實似乎建議我們應該如其本然迎接人生的每一階段，盡情擁抱享受每
一階段提供的快樂與幸福。不論過去、現在或未來，都有不同的福樂安適值
得我們去回味、珍惜與開創。

5.2. 性別與快樂幸福

　　男女誰比較快樂？整體而言，似乎平分秋色。大規模調查研究發現，
女性和男性自陳報告的快樂程度大致相等。例如：英格哈特（Inglehart,
1990）調查16個國家將近170,000人的生活滿意度和性別之間的關聯，研究
結果請參見圖5.3。

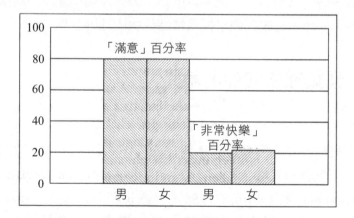

圖5.3　16國生活滿意度調查與性別關係圖

資料來源：數據資料取自Inglehart, R. (1990)。圖案資料取自Myers, D. G., & Diener, E.
(1995). Who is happy? *Psychological Science*, 6, 10-19. 美國心理學會版權所
有，翻印轉用許可。

其他全國性的調查研究也證實，整體快樂程度幾乎沒有性別差異（就算有，程度也很輕微）（Diener, Suh, Lucas, & Smith, 1999; Manstead, 1992）。平均而言，男性和女性自陳報告個人整體生活快樂與滿意的程度可說是不分上下。比方說，有一項含括39個國家18,000大學生的研究，結果發現性別之間並沒有顯著的差異（Michalos, 1991）。即使若干研究發現有性別差異，程度也不是很大。

哈林、史托克和歐肯（Haring, Stock, & Okun, 1984）後設分析若干研究文獻，結論指出，男性似乎比女性略微傾向自陳報告較為快樂些。在這兒，必須注意的是，這當中的差異其實是相當的輕微。另一方面，伍茲、羅德和韋倫的後設分析（Woods, Rhodes, & Whelan, 1989）則顯示，反而是女性略為比男性傾向自陳報告較為快樂些。另外，還有兩項研究文獻回顧則顯示，性別的因素充其量只能解釋1%的福樂安適差異量（Fujita, Diener, & Sandvik, 1991; Haring et al., 1984）。換言之，只知道某人的性別，其實不太能讓我們判斷當事人究竟有多快樂。

這樣看來，雖然男女兩性有著不相上下的整體快樂水準，但是情緒經驗卻又有著顯著的性別差異，這種現象就是所謂的性別弔詭。在討論如何解釋上述性別弔詭之前，先讓我們來檢視情緒經驗的性別差異。

5.2.1 情緒經驗的性別差異

負向情緒

女性比男性較可能經歷負向情緒（negative emotions）與內化型心理失調，諸如：憂鬱和焦慮（Kessler et al., 1994; Nolen-Hoeksema, 1995; Nolen-Hoeksema & Rusting, 1999）。**內化型心理失調（internalizing disorders）**涉及強烈的負向情緒。諾倫霍克斯馬和陸斯汀（Nolen-Hoeksema & Rusting, 1999）回顧研究文獻也顯示，在年紀輕的階段，憂鬱症和焦慮症是有性別的差異。11到15歲之間，女孩子特別容易發生情感性異常（mood disorder），男孩子就比較沒有這樣的情形。

盧卡斯和高姆（Lucas & Gohm, 2000）研究情感異常在男女性發生

率的差別，藉此探討是否能夠讓我們明白沒有遭受情感異常者的情緒生活。若干學者回顧研究文獻（Brody & Hall, 1993; Feingold, 1994; Hall, 1984），都獲得類似的結論：女性比男性自陳報告較多悲傷、恐懼、焦慮、羞愧、罪惡感等負面情緒。而且女性不只比男性有較多負向情緒經驗（experience），同時也有較多負向情緒表達（expression）。比方說，諾倫霍克斯馬和陸斯汀（Nolen-Hoeksema & Rusting, 1999）回顧研究文獻發現，女性看到描繪負向情緒的刊物，會表現出較多悲傷與恐懼的表情或反應。

相對於內化型心理失調，**外化型心理失調（externalizing disorders）** 則涉及情緒的外顯與釋放。情緒會朝向外在的事物、情境與人物。臨床研究發現，男性發生外化型心理失調的比率顯著高於女性（Nolen-Hoeksema & Rusting, 1999）。包括藥物濫用、反社會人格異常，以及難以控制憤怒和攻擊的問題。

就非臨床人口而言，外化型心理失調性別差異的研究主要集中在憤怒與攻擊。其中性別差異最顯著而且最普遍的就是身體攻擊。全世界各地，男性普遍比女性更容易發生身體攻擊行為。最近一項綜合20個國家的後設分析研究發現，男性顯現出較高的身體攻擊（Archer, 2005）。男孩在年紀很輕（學齡前）的時候，就已經清楚表現出比女孩還要高的攻擊傾向。

不過，兩性關於憤怒與攻擊的表達時機與方式，還必須考量個別當事者當下情境與社會常模的中介作用（例如：Bettencourt & Miller, 1996; Eagly & Steffen, 1986; Frodi, Macaulay, & Thomas, 1977; Geen, 1998; Nolen-Hoeksema & Rusting, 1999）。比方說，貝登古和米勒（Bettencourt & Miller, 1996）發現，在不帶有激怒情境的狀況之下，男性有較多的攻擊性，但是在激怒的情況下，男女的攻擊性則是不相上下。也就是說，當人們感到挫折、羞辱、威脅的時候，攻擊的性別差異就會消失。在日常生活沒有激怒的情境之下，男性之所以比較容易有攻擊行為，那是因為他們比較容易把曖昧不明的情況，看做是帶有挑釁激怒的意味。

此外，男女兩性可能偏重不同類型的攻擊做法。男性可能有較多的肢體攻擊，但是吉恩（Geen, 1998）、亞哲與寇恩（Archer & Coyne, 2005）文獻探討則發現，女性使用較多的語言攻擊與關係攻擊。關係攻擊是指損害他

人的人際關係與地位，以達到攻擊的目的，例如：散播損人的資訊。

　　最後一點，大部分的研究文獻回顧（例如：Geen, 1998; Nolen-Hoeksema & Rusting, 1999）指出，社會常模與期待也可能扮演重要的角色。研究發現，女性對於肢體攻擊行為有著比較多的衝突想法，而且女性如果意識到攻擊行為可能會傷及他人，或是會因此而有罪惡感，那麼她們的攻擊性就會降低。男性與女性似乎有不同的信念，受到不同社會常模的規範，從而使男女傾向對不同的特定情境感到怒意，而且也傾向採取不同的攻擊方式（Eagly & Steffen, 1986）。

正向心情與行為

　　關於男女的正向心情（諸如：快樂、喜悅、愛），採用自陳報告的研究結果仍然相當紛歧。若干研究發現，女性表示有較多快樂與正向情緒的經驗（例如：Diener et al., 1985; Fujita et al., 1991）；然而，另外也有些研究卻發現男女並沒有差別，甚至於男性比女性略微快樂些（例如：Diener et al., 1984; Haring et al., 1984）。

　　女性比男性有更多正向情緒的表達（Nolen-Hoeksema & Rusting, 1999）。自陳報告研究發現，女性比較經常向其他人表達喜悅、快樂和愛等正向情緒。觀察女性非語文行為的研究也證實，女性的情緒表達比較強。比方說，數以百計的研究發現，女性笑的頻率比男性高（LeFrance, Hecht, & Paluck, 2003）。綜合許多研究，包括報章雜誌的照片，以及購物中心、公園、街道的觀察結果顯示，女性笑的頻率比男性高（Halberstadt & Saitta, 1987）。女性讀取非語文訊息的能力也比較強，而且比較能夠正確評估他人的情緒狀態（Hall, 1984）。

5.2.2　性別弔詭的解釋

　　一般而言，男女的情緒生活顯然有著頗大的差異。然而，研究顯示，就整體的快樂水準而言，男女基本上並沒有差別。這兩方面明顯矛盾的研究發現就是性別弔詭的基礎所在。關於性別弔詭，沒有完全的化解之道。不過，倒是有若干可能的解釋，或許可以有助於說明其中部分的原因。

第一種可能的解釋

女性比男性有比較多強烈的情緒經驗。比方說，有研究發現，女性比男性自陳報告較強烈愉快與不愉快的情緒（Fujita et al., 1991）；女性比男性更可能自陳報告非常快樂（Lee, Seccombe, & Shehan, 1991）；女性的強烈情緒經驗橫跨許多不同的年齡層（Diener et al., 1985）。某些研究者認為，這些發現似乎意味著，女性比男性「更情緒化」，意思是說，女性有著比較強烈而且極端的情緒生活（例如：Brody & Hall, 1993; Fujita et al., 1991）。情緒強度的性別差異可能是導致性別弔詭的一種原因。迪勒等人（Diener et al., 1999）建議指出，可能是因為女性有較多的正向情緒，同時也有較多的負向情緒，彼此抵消的結果，因此也就和男性無分軒輊了。換言之，在樣本夠大的調查當中，女性經歷很快樂與很不快樂的人次數量相當，整體平均下來，就相互抵消了。

第二種可能的解釋

女性某些方面的情緒化可能只是表面的印象，而不是真的有這麼一回事。性別刻板印象以及隨之而來的期待，可能影響女性對於SWB測驗的作答反應。許多研究者指出，雖然性別角色隨著時代而有相當程度的改觀，但是刻板印象仍然強烈維繫男女有別的看法（Brody & Hall, 1993; Nolen-Hoeksema & Rusting, 1999; Woods, Rhodes, & Whelan, 1989）。當人們被要求去描述「典型男人」或「典型女人」時，回答通常是肯定傳統的性別刻板印象。一般人觀念通常相信，女人比男人有較強烈的情緒經驗，而且比較常表達愛、悲傷與恐懼（Fabes & Martin, 1991; Grossman & Wood, 1993）。一般認為，男人除了有較多的憤怒情緒與攻擊表現之外，比較不像女人那樣情緒化，情緒表達也比較平淡。

性別刻板印象與性別弔詭有什麼關聯呢？布洛迪和霍爾（Brody & Hall, 1993）建議指出，性別刻板印象可能變成某種自我證實預言或是規範性的期待，從而影響女人的情緒表達。性別刻板印象影響所致，女人外在的情緒表達可能比內在實際的情緒感受來得更為強烈（Nolen-Hoeksema & Rusting, 1999）。支持這種解釋的證據來自研究男性與女性即時的情緒水準vs.事後回想的情緒水準（Robinson & Johnson, 1997; Robinson, Johnson, & Shields, 1998）。其中，透過經驗採樣法測量的即時情緒經驗，結果顯現男

女有著類似的水準。但是，女性回想的情緒水準則高於男性，而且延宕回想的間隔時間越久，男女回想的情緒水準差異就越大。這種差異可能源自於男性與女性透過合乎性別刻板印象的方式來回想情緒經驗。另外，有研究也發現，性別差異只出現在整體情緒經驗的測量，至於使用隨時逐點評量的測量方式並沒有出現類似的性別差異（例如：Feldman Barrett, Robin, Pietromonaco, & Eyssel, 1998）。

第三種可能的解釋

最後一點，從幸福論的觀點來看，性別弔詭的原因有一部分可能是源自於福樂安適的定義。有關性別與福樂安適的研究，大部分採取享樂主義的模式，其中對於幸福安適的主要定義就是，正向情緒與負向情緒的平衡。雖然，女性憂鬱症的機率比較高，也比較常有負向的情緒經驗，但是就整體的SWB而言，女性和男性卻是不相上下。只不過，既然女性的情緒似乎比較脆弱，容易遭受負向情緒和情感障礙等困擾，那麼就常理而言，女性的整體SWB「應該」比男性來得低，否則豈不成了悖離常理的弔詭，不是嗎？

由於享樂主義與幸福主義分別賦予福樂安適不同的定義，因此對於研究結果的解釋也就各有不同。整體而言，男女的福樂安適水準不相上下，但是男女的情緒經驗卻又有著頗大的差異，這對於享樂論的研究者而言，就構成性別弔詭的難題。但是，對於幸福論的研究者，福樂安適的定義是生活機能的健全，因此就不會構成性別弔詭。黎弗與辛格指出，他們有關婦女福樂安適與優點的研究發現，並沒有和負向心情與憂鬱方面的性別差異有所衝突。這些研究結果反而是「……豐富了吾人對於相關現象的理解，從中凸顯心理的弱點可能和心理的優點共存。」（Ryff & Singer, 2002, p.545）。換言之，如果以心理健康作為福樂安適的定義，那麼，我們每個人都有優點，也有缺點，而且除非缺點非常極端，否則也不必然一定會損害整體的健康與福樂安適。比方說，女人在情感方面或許比較脆弱，比較容易受傷害，但是她們也比較能夠敏銳感受他人的情緒，因此有助於與他人的正向關係。

比方說，有可能是因為女人比較有能力發展與維持正向的人際關係，所以她們就因此比較可能有較多的負向情感與強烈的情緒。而女人對於他人有較高的同理心與敏感性，這可能導致她們更容易受到他人情緒反應的影響（Nolen-Hoeksema & Rusting, 1999; Woods et al., 1989）。女人比較容易

受到他人情緒的影響，這或許也是男女情緒經驗有所差異的部分原因所在。

另一方面，男人（在「與他人的正向關係」項目得分較低）（Ryff & Singer, 2000, 2002）社會層面的福樂安適就比女人來得低，不過他們的情緒也比女人來得較為平穩。如果說男人比較不具有同理心，也比較缺乏社交敏感性，這會使得他們比較不會受到他人情緒的影響或傷害，但是這也使得他們的情緒生活比起女人來得平淡，比較不像女人有那麼極端的情緒經驗（顯著的例外是，男人比較容易感受與表達憤怒的情緒反應）。

所以，誰比較快樂，男性或女性？答案是不一定。說到快樂，就平均而言，男女兩性平分秋色，各有優劣。

5.3. 婚姻與快樂幸福

婚姻對於SWB的益處非常明顯，大約90%的人最後都會結婚，而且絕大多數的已婚者都會因為結婚而變得更快樂（Myers, 2000a）。眾多研究一再證實，婚姻和高SWB之間，確實存在相當程度的關聯（文獻回顧與評論，請參閱Berscheid & Reis, 1998; Diener & Seligman, 2004; Myers, 1999, 2000a; Myers & Diener, 1995; Woods et al., 1989）。

相較於未婚、離婚、分居或喪偶者，結婚者的SWB確實比較高。歐美許多大規模調查研究都一再發現，婚姻—快樂確實存在顯著的相關（請參閱Diener et al., 1999）。綜合將近一百份研究的後設分析發現（Woods et al., 1989），婚姻是生活滿意度、快樂與整體福樂安適的有效預測因素。

全國性的調查研究（Myers, 2000a）發現，在受訪的35,000名美國人當中，已婚人士圈選非常快樂的比率（40%）幾乎高出從未結婚者（26%）的一倍。即使研究人員控制了其他變數的干擾效應（例如：收入與年齡），分析結果還是可以發現，婚姻與福樂安適之間存在顯著的相關（例如：Gove, Hughes, & Style, 1983; Haring-Hidore, Stock, Okun, & Witter, 1985）。

許多研究一致發現，相較於人生其他層面的因素（例如：工作與健康），結婚成家單一因素與生活滿意度、快樂有著最強的相關（Campbell et al., 1976; Inglehart, 1990）。

5.3.1　婚姻的益處

　　婚姻—快樂關係究竟是什麼因素造成的呢？是因為婚姻帶來快樂的效應嗎？還是會結婚的人原本就比較容易快樂，所以比較容易投入婚姻之路？

　　鮑曼斯特和里瑞首先提出婚姻益處說的主張（Baumeister & Leary, 1995），他們認為，人類基本上有一種「情感連結的需求」。無以數計的研究文獻回顧顯示（例如：Berscheid, 2003; Deci & Ryan, 1991），親密、支持、穩定的情感關係有益於個人的身體健康與情緒安適。親密關係一直是許多人首選的人生目標（Emmons, 1999b）。由於婚姻是達成此項基本群屬需求的主要工具，順理成章，已婚者的自陳報告當然就會有比較多的福樂安適與快樂。婚姻可以提供伴侶關係、親密感、愛意、情感、社會支持。配偶與家長的角色也能提供個人成長的機會，讓人發展新的能力，從而提升自尊與生活滿意度。

　　幾乎所有的文化都有發現結婚—快樂的關聯，這一點似乎支持了婚姻有益個人快樂乃是「普世」存在的觀點。另一個支持這種觀點的證據則是來自於以下的事實：當配偶過世、離婚、分居而導致婚姻終止時，個人的福樂安適往往也會因而有所折損。婚姻的結束可能意味著失去了親密關係、伴侶關係、情感的支持，還有財務資源也隨之減少。婚姻的益處也可以從如後的事實略窺一二：未婚而且獨居或少有知心朋友者通常比較容易有較嚴重的情緒不安與心理疾病（文獻回顧與評論，請參閱Diener & Seligman, 2004; Myers, 2000a; Waite & Gallagher, 2000）。

　　相對地，已婚者則比較少經歷憂鬱、寂寞，或是生理與心理的問題；而且相較於喪偶、分居或離婚者，已婚者的壽命也比較長。整體而言，已婚者生理與心理都比較健康。婚姻也可能有助於人們克服諸多生活問題，一項為期七年的研究發現，在研究的800位男士與女士當中，已婚者憂鬱與酗酒的情形顯著低於單身者（Horwitz, White, & Howell-White, 1996a）。

　　邁爾斯（Myers, 2000a）論稱，大部分研究支持，婚姻的益處乃是已婚者比未婚者快樂的主要原因。有很高比率的已婚者似乎對於自己的婚姻感到

相當滿意。大部分的已婚人士表示，配偶是個人最好的朋友，而且如果再結婚一次的話，還是會選擇自己的另一半（Glenn, 1996; Greeley, 1991）。

很清楚地，在婚姻—快樂的關係當中婚姻品質好壞是很關鍵的。誠如邁爾斯（Myers, 1992）指出：「就個人幸福快樂而言，糟糕的婚姻比不結婚還要更慘」（p.158）。有相當多研究報導壞婚姻對於個人福樂安適的壞處（Argyle, 2001; Berscheid & Reis, 1998; Diener & Seligman, 2004; Reis & Gable, 2003），壞處不勝枚舉，包括：肢體與情緒的虐待、酗酒、衝突、敵意、忌妒、不忠、支配。壞婚姻對於福樂安適的負面作用也為數可觀（Argyle, 2001; Berscheid & Reis, 1998; Gottman, 1994; Reis & Gable, 2003），其中最值得一提的，就是婚姻問題始終是人們尋求諮商人員與心理治療師專業協助的常見困擾來源。

5.3.2 選擇效應

婚姻品質的效應，以及婚姻的益處，給已婚人士自陳報告的較高快樂程度，提供了直截了當的解釋。除此之外，福樂安適研究學者還檢視了兩種可能增強婚姻—快樂聯結關係的因素，這兩項因素分別是：選擇，以及適應。

選擇效應（selection effect）是指，會結婚的人很可能早在婚前就已經比那些沒結婚的人還要更快樂些。選擇效應的理論前提就是，快樂的人比較可能是受人歡迎的結婚對象，因此就比較可能結婚，而且也比較早結婚（Veenhoven, 1988）。這確實有幾分道理，要結婚在一起生活，當然大多數都會選擇樂天開朗、笑顏逐開的可人兒，而不會想要枕邊人一天到晚愁眉苦臉，或是動不動就激怒、發脾氣。不過，研究結果卻是正反參半。挪威9,000人的大規模研究發現，婚姻—快樂關係確實存有選擇效應（Mastekaasa, 1992）。不過，另外一項12年的縱貫研究則發現，選擇效應對於已婚人士的快樂程度影響其實相當有限（Johnson & Wu, 2002）。

對於選擇效應的解釋，邁爾斯（Myers, 2002a）也提出另外的問題。根據選擇效應的預測，如果快樂的人比較可能結婚，而且比較早結婚，那麼已婚者整體的快樂程度應該越來越降低，因為隨著年紀逐漸增長，其他天性不快樂的人也會陸續結婚，已婚者整體的平均快樂程度就會被拉低。另一方

面，類似的變化也會發生在未婚族群當中。隨著比較沒那麼不快樂的人陸續結婚之後，最後仍然未婚的人當中，最不快樂的比率就會逐漸攀升，如此一來，年紀越大而且未婚者的整體平均快樂程度就會越來越低。邁爾斯指出，實際福樂安適與婚姻狀態的資料並不支持上述預測。已婚者和未婚者的快樂程度並沒有隨著年齡增長，而產生此消彼長的變化。換言之，不論年齡層為何，已婚者和未婚者兩個群體的快樂程度差異都是維持相對穩定不變的。

5.3.3 焦點研究：蜜月結束之後，婚姻生活仍然快樂幸福嗎？

適應是指，遭遇某事件的情緒衝擊之後，逐漸回復到事件發生之前的快樂平衡基準點，或長期的快樂水準。適應的歷程讓研究者提出如後的問題：結婚帶給當事人的快樂，究竟是長期的變化，讓結婚的人自此之後比婚前更快樂？抑或只是短暫出現的現象，最後還是會回復到婚前個人的快樂水準？

重新檢視適應與快樂基準點模式：婚姻狀態變化的反應[3]

這是德國的一項縱貫研究（Lucas et al., 2003），發表於《性格與社會心理學期刊》，研究檢視24,000德國人結婚前後與喪偶前後，快樂水準可能發生什麼樣的變化。研究結果不只發現，婚姻對快樂的影響呈現一種普遍的模式，而且也發現，婚姻對個人快樂水準的影響存在相當顯著的個別差異。這項縱貫研究為期15年，參與者每年接受訪談一次。此研究測量的是整體生活滿意度，採用11點量表，0分代表完全不快樂，10分代表完全快樂。研究者對照比較結婚前後與喪偶前後，快樂水準的變化趨勢。為了確保上述婚姻狀態變化事件的單純影響效應，檢視婚姻影響的樣本只有採用在研究期間仍然保持已婚狀態者（總共有1,012人），檢視喪偶影響的樣本只有採用沒

---

3 英文論文原始標題如後：
Reexamining adaptation and the set point model of happiness: Reactions to changes in marital status.

有再婚者（總共有500人）。

　　在盧卡斯等人的研究中，婚姻只會讓人增加小量的快樂感（大約是在11點量表上增加十分之一點），而且在婚後數年之間就會消退。平均而言，所有人在結婚後都沒有比婚前來得快樂。這些結果提供了強烈的證據支持，婚姻對於快樂水準的影響有呈現情緒適應過程。研究結果也建議指出，選擇效應在婚姻—快樂關係也扮演了一定的角色。相較於其他參與者，在研究期間結婚的參與者，自陳報告婚後的快樂水準比婚前高；至於這當中的選擇效應增高多少快樂水準，該研究並沒能提供清楚的解釋說明。在研究當中，選擇效應的增益強度並沒有進行評定。喪偶者的研究結果顯示，快樂水準的變化有較長期的效應，而且適應過程比較緩慢。喪偶八年之後，參與者平均快樂水準才趨近喪偶前的水準，不過並沒有完全回復；許多喪偶者生活滿意度呈現長期低於喪偶前的水準，並沒有完全適應配偶的過世。

　　盧卡斯等人（Lucas et al., 2003）指出，婚姻適應過程除了整體共同的型態之外，當然還有不容忽視的個別差異。盧卡斯等人根據研究結果，虛擬了代表三類不同婚姻反應型態的個人（請參閱圖5.4）。讀者可以從圖看見，婚姻適應過程顯現出相當清楚的個別差異。這項研究的縱貫式設計容許研究者可以追蹤檢視，個別研究參與者的快樂水準在不同階段的變化情形。

　　分析資料結果顯示，許多人在婚後變得快樂許多（圖5.4中的＋1SD組），而且在研究期間，增高的快樂水準一直維持在高檔。有趣的是，大約有相等人數的參與者自我評估，婚後變得相當不快樂（－1SD組），而且降低的快樂水準一直維持在低檔。這兩類的參與者顯示，許多人沒有發生結婚適應的效應，而是呈現出高於或低於婚前快樂基準線的變化。這樣的發現也可以解釋，為什麼就整體來看，研究結果會顯現有婚姻適應的效應，因為這兩組參與者分別來看，長期快樂水準是有增加與減低，但是參與者整體來看，該等增加與減低相互抵消，結婚前後的快樂水準也就沒有高低差異。

　　結婚之後快樂水準會增高或減低，其中很關鍵的因素就在於當事人對於結婚的初始反應。對於結婚抱持正向反應的人，快樂水準比較會有長期的增高。盧卡斯等人相信，**快樂平準（hedonic leveling）**可以解釋這當中的差異。大部分生活滿足的個人對於結婚，正向的反應是最小的；但是，他們對於離婚與喪偶，則有著最強烈的負向反應。

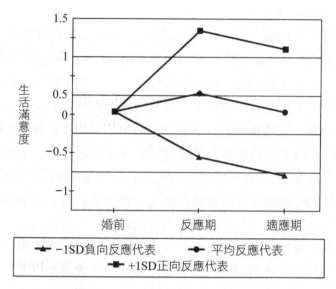

圖5.4 對於婚姻的三種反應型態

資料來源：Lucas, R. E., Clark, A. E., Georgellis, Y., & Diener, E. (2003). Reexamining adaptation and the set point model of happiness: Reactions to changes in marital status. *Journal of Personality and Social Psychology, 84*, 527-539. 美國心理學會版權所有，翻印轉用許可。

　　為什麼會這樣呢？根據快樂平準，快樂的人（可能有許多支持的朋友）從結婚當中可能獲得的益處相對比較小，因為他們從婚姻以外的其他關係，就已經可以相對滿足個人對於伴侶、親密互動的需求。相對地，不快樂或寂寞的人（可能有極少的朋友）則可能從婚姻當中獲得伴侶、親密互動的滿足，因此結婚的益處相對就比較大些。

　　如果婚姻對於快樂的人影響效果比較小，但是對於不快樂的人則影響效果比較大，那麼這兩類人的差異就會減低或彼此抵消。類似的道理可推論喪偶的影響效應。快樂而且滿意婚姻生活的人，喪偶通常會覺得相對損失比較多；相對地，婚姻不快樂的人，喪偶通常就比較不會覺得有太大的損失。

　　盧卡斯等人的研究發現是否推翻了其他肯定結婚益處的研究呢？首先，沒有任何單一研究是絕對。再者，因為盧卡斯等人研究的對象只限於德國居民，還需要進一步的研究，納入其他不同國家地區的研究對象，以便確認研究發現的跨文化效度。不過，這項研究的優點應該還是在於縱貫研究的

設計，可以容許揭顯每個人對於結婚或喪偶的個別反應，而不至於只檢視SWB整體綜合性的結果，而導致個別反應相互抵消，無從顯現。

5.3.4　婚姻益處的性別差異

　　男女兩性從婚姻當中誰的獲益比較大？婚姻的益處是否隨著時間拉長而逐漸遞減？研究結果並無定論。有些研究顯示，男性從婚姻當中獲得較多情緒方面的益處，包括：正向情緒增多，比較不容易憂鬱（Diener et al., 1999; Nolen-Hoeksema & Rusting, 1999）。不過，另外有些研究則發現，男性和女性的生活滿意度並不因為婚姻生活而有所差異。再者，離婚或分居則對兩性生活品質有著不相同的影響。分別而言，離婚或分居的女性有比較多的憂鬱，而離婚或分居的男性則有比較多酗酒的問題（Horwitz, White, & Howell-White, 1996b）。

　　至於婚姻的益處是否會隨著時間拉長而逐漸減少？答案也不是很明朗。美國地區的若干研究顯示，1970年代之後，婚姻益處呈現明顯下降趨勢（例如：Glenn & Weaver, 1988; Lee et al., 1991）；再者，年輕一代的夫妻也比年長一代的夫妻有更多的衝突。不過，其他研究學者卻沒有發現同樣的下降趨勢（Mastekaasa, 1993），並且認為，先前的研究之所以會認為有該等下降的現象，很可能是過去30多年來，離婚與未婚同居的數量大幅增加而造成的（Kurdek, 1991）。離過婚的人後來再度離婚的機率比較高，這可能是因為他們比較沒有辦法維持良好的婚姻生活，因此結婚就會讓他們比較不快樂。至於未婚同居者，即使不算正式結婚的夫妻，還是能夠享受到婚姻生活的益處。綜合上述兩項因素，未婚與已婚人口的差異縮小了，但是實質的婚姻益處並沒有改變。

　　總而言之，婚姻對於個人的健康與福樂安適，似乎有著許多的益處。至於婚姻的益處究竟有多少是源自於個人選擇效應（快樂的人比較傾向於結婚），相關研究仍未有定論。婚姻究竟會提升亦或降低個人的福樂安適，箇中牽涉諸多關係複雜的變數；不過，研究倒是確認了兩項關鍵要素：配偶關係的品質，以及快樂平準（hedonic leveling）。在評估婚姻的效益時，很重要的就是要兼顧享樂論與幸福論的觀點。幸福論的觀點強調健康的生活機

能，這提醒我們應該多重視安適的面向，而不只是快樂的面向。

　　婚姻是否使人們變得比較快樂，這固然重要，但是更重要的可能還在於婚姻是否使人們變得比較健康。相當多研究顯示，婚姻對健康有諸多益處。有些對健康有益的因素，可能會以犧牲個人快樂為代價，至少是犧牲短期的快樂。比方說，黎弗和辛格（Ryff & Singer, 2000）指出，婚姻衝突固然會讓人不快樂，但是卻可能促進未來的福樂安適。衝突經常是促成個人成長的契機，得以從中磨練待人處事的能力。化解差異與解決利益衝突的處境，有助於提升情感關係。黎弗和辛格的回顧評論指出，夫妻相處久了，通常會比較知道如何妥善處理負向情緒與衝突，因此婚姻滿意度也會比較高。換言之，婚姻生活一時的不快樂，可能是未來更美滿幸福的基礎所繫。簡言之，健康與快樂雖然相關，但是卻並不是同一件事；婚姻生活不快樂的夫妻還是有可能擁有健康的關係，並能增進與維持個別的福樂安適。如果，我們在看待福樂安適時，只是片面聚焦於快樂的面向，那就可能忽略了其他有助於健康生活機能的因素。

5.4. 其他的人生狀態客觀因素

　　研究人員檢視了許多其他的人口統計學變數對於個人健康、快樂的可能貢獻。在這兒，我們對於這些變數的回顧將會比較簡短，因為其中有些變數已經在先前章節討論過了，其他若干變數則會在後續的章節進一步予以討論，另外還有若干變數則是仍然缺乏深廣的研究。我們的介紹主要是取材自若干最近發表的關於人口學統計變數與性福安樂的文獻回顧與評論（Argyle, 1990, 2001; Diener et al., 1999; Diener, Lucas, & Oishi, 2002; Diener & Seligman, 2004; Myers, 1992; Ryan, & Deci, 2001）。對於特定變數有興趣的讀者，可以自行參閱上述的研究文獻回顧與評論。

5.4.1　身體與心理健康

　　先前，在第三章的討論，我們已經見識到主觀幸福安樂感（SWB）與身體／心理健康之間，呈現交互影響的雙向關聯。也就是說，一方面，快樂有助於健康；另方面，健康也有助於快樂。SWB對於身體健康的影響，具體表現就是健康、長壽、不容易生病、病後復原情形比較良好（例如：心血管疾病）（Diener & Seligman, 2004）。相對地，低SWB或有憂鬱病史的個人，在上述諸方面表現都比較不理想。在這當中，正向情緒與負向情緒對於免疫系統的影響，無疑扮演了相當程度的角色（請參閱第三章第二節「正向情緒與健康資源」）。身體健康狀況也會影響吾人的快樂水準；生病與受傷都會讓人感到痛苦、不舒適，而且也可能因此限制了從事歡樂活動的機會。生病可能會讓人的負向情緒增多，正向情緒減少。基於上述理由，人們可能會斬釘截鐵就認定，身體健康與SWB之間的正向關係是無庸置疑的，不過事實可能還得更進一步斟酌。

　　歐肯等人的後設分析研究發現，自陳報告的健康與福樂安適呈現顯著相關（r = 0.32）（Okun, Stock, Haring, & Witter, 1984）。然而，當研究者取得健康的客觀評量資料（諸如：醫生的診療報告），那麼健康與福樂安適的相關係數就會顯著下降。以歐肯等人的研究為例，相關係數從0.32降為0.16，其他人的後續研究也支持上述發現（例如：Brief, Butcher, George, & Link, 1993），這凸顯健康與福樂安適評量的主觀意識。醫療專業認定健康不佳的人，可能自己覺得有頗高的SWB；反之，身體健康沒有什麼問題的人，卻可能有頗低的SWB。

　　人們如何詮釋個人身體健康狀態的意義與重要性，這可能和身體健康對於快樂的影響非常有關係。客觀與主觀的健康評估之間的差異，可能也和適應的因素有關。換言之，在客觀的健康情形維持相同的情況下，當人們適應疾病之後，可能就會有比較正向的評估，而且還有可能回復到病發前的SWB基線水準。

　　不過，並不是所有疾病都能夠適應。如果是重症而且久病，那病人的快樂水準與生活滿意度就會呈現出顯著的減低，而且這種變化乃是長期的，並不會隨著時間的過去而逐漸適應回復到病發之前的基線水準。迪勒和塞利

格曼（Diener & Seligman, 2004）指出，研究顯示，相對於沒有生病的控制組，鬱血性心臟衰竭、愛滋病、癌症、類風濕性關節炎的病人，經常承受到較嚴重的焦躁與憂鬱，而且生活滿意度也比較低。

　　除了發現身體的疾病和福樂安適有關之外，更多的研究結果還顯示，福樂安適與心理健康之間的相關更是顯著。在回顧關於心理健康之衝擊的文獻，迪勒和塞利格曼（Diener & Seligman, 2004, p.16）結論道：「心理疾病不只普遍，而且幾乎總是會造成當事人的福樂安適轉趨惡化……。」比方說，上述研究者彙整了許多心理健康的統計資料，結果發現，近年來憂鬱症的人數急遽增多，尤其是年輕人。在過去，青少年階段很少發生憂鬱症，平均初次發作年齡不會早於30歲。但是，研究發現，目前已有為數可觀的青少年，甚至不到14歲的年紀，就已經蒙受憂鬱症之苦。心理疾病連帶發生的嚴重痛苦不安、負向情緒、焦慮，會使得人難得感到快樂，生活滿意度也會趨於低靡。個人的情緒問題也可能給照護的家人與支持的朋友造成心理的痛苦不安，家人的心理疾病對於整個家庭的福樂安適可能有負向的衝擊。

　　心理健康—快樂關係的作用是雙向的：一方面，心理疾病會導致不快樂；另方面，快樂則有助於心理安適。研究顯示，快樂的人比較少表示有心理疾病的症狀，或是程度比較輕微（請參閱Diener & Seligman, 2004，以及本書第二章）。幸福論模式為基礎的研究提供了更多的直接證據，顯示福樂安適與情緒方面的心理疾病呈現反比的關係。許多研究發現，福樂安適的測量如果是採取健康生活機能的定義模式，那測量結果與心理疾病症狀之間就會呈現負相關的關係（例如：Keyes, 2003）。

5.4.2　工作與失業

　　透過失業的顯著影響後果，我們可以清楚看見工作對於個人健康與快樂的重要性。失業往往給當事人的福樂安適帶來相當即時的負向影響，導致當事人更可能陷入下列的狀況：憂鬱、身體疾病、自尊低靡與不快樂（文獻回顧與評論，請參閱Argyle, 2001; Diener & Seligman, 2004; Layard, 2005）。針對工廠倒閉的後果所做的研究結果顯示，失業的影響幾乎是立即發生的。縱貫研究比較失業前後的各種資訊，結果顯現，是失業造成當

事人的不快樂，而不是因為不快樂的人比較可能失業（例如：Lucas, Clark, Georgellis, & Diener, 2004）。失業也可能導致長時期的生活滿意度下降。

　　另一方面，有工作則與許多促進福樂安適的益處有所關聯。在工作與快樂的連結當中，有一個關鍵因素就是工作滿意度，而工作滿意度又與生活滿意度有著強烈的相關。研究人員相信，工作滿意度與生活滿意度之間乃是互為因果的雙向關係。快樂的人比較容易在工作中得到滿意感，而滿意的工作則進一步促使當事人感到快樂（Argyle, 2001）。至於工作當中的壓力、無聊、人際衝突，則是生活不滿意與不快樂的來源。比方說，如果工作順心如意，那麼當天回家就比較不會有衝突發生；反之，如果工作不順心，家裡發生衝突的可能性就會增高（Diener & Seligman, 2004）。

5.4.3　智力與教育程度

　　智力高的人是否比較快樂？上大學是否會增進個人的快樂水準？一般而言，答案似乎是肯定的。智力高的人可能比較有能力因應生活的諸多挑戰，也比較可能達成個人想要追求的目標。而大學畢業讓人比較有機會獲得滿意而且報酬豐厚的工作。然而，頗出人意料，迪勒等人（Diener et al, 1999）回顧相關研究文獻卻發現，如果排除其他個人背景因素的中介影響，智力（IQ測驗分數）和快樂之間並沒有顯著的相關。智力與快樂缺乏相關，這或許恰恰反映出，人類可能擁有多種不同型態的智力。比方說，有若干研究發現，情緒智力EQ可能和健康、快樂有所關聯（Salovey, Mayer, & Caruso, 2002）。這方面的研究仍處於初探階段，有待未來更進一步的探究，以深入了解有助於增進健康、快樂的智力類型。

　　教育程度和個人的快樂水準之間呈現微幅的正相關（研究回顧與評論，請參閱Argyle, 2001），這樣的研究發現，應該會讓大學生感覺挺高興的。教育程度稍高者可能會稍微比較快樂些，這可能是由於教育程度對於職業選擇與工作滿意度的影響。高等教育可能開啟較寬廣的職業選擇機會與自由，得以選擇讓個人比較滿意而且酬勞較高的工作。阿蓋爾（Argyle, 2001）回顧研究文獻發現，個人的教育程度越高，相對也會有較高的SWB、身心健康、自我控制能力，以及他人的社會支持等等。教育程度對

於個人福樂安適的增益作用，主要似乎是經由工作滿意度的增加，而比較不是因為收入的增加。

5.4.4　宗教

宗教與靈性在個人生活扮演的角色相當複雜，我們會在稍後第十章聚焦來加以探討。在這兒，我們只提出兩個重點。

1. 美國人信奉宗教與投入宗教活動的情況極為普遍。過去50多年來，蓋洛普與其他機構全國性普查，相當連貫而且一致地發現，90%至95%的美國人信奉上帝或是其他的神明（Miller & Thoresen, 2003; Myers, 2000a）。三分之二的美國人屬於教會或宗教團體的成員，40%的美國人定期參與教會或所屬宗教團體的活動。

2. 研究發現，快樂和宗教參與之間呈現微幅正相關，健康和宗教參與之間則呈現中度乃至高度的正相關（Argyle, 2001; George, Ellison, & Larson, 2002; Hill & Pargament, 2003; Myers, 2000a; Seeman, Dubin, & Seeman, 2003）。宗教帶給人的健康益處包括：長壽的可能性比較高、罹患心血管疾病的可能性比較低（Powell, Shahabi, & Thoresen, 2003）。

目前的研究焦點在於解釋為什麼會發生宗教、健康與快樂之間的正向關聯。其中有若干可能的方向值得探索，例如：宗教在增進正向情緒、樂觀等方面的角色，超越俗世的生活意義與目的；教友或宗教團體成員的相互關懷或社會支持；還有許多宗教或靈修傳統鼓勵教友遵行的健康生活型態。

5.4.5　弱勢族群與汙名化

在過去乃至於目前，許多弱勢族群（例如：非裔美國人、中南美裔、亞裔，以及女性）承受著各種的歧視與負面刻板印象。還有許多其他族群，包括同志與身心障礙者遭受各種的差別待遇，並且抱持錯誤的信念，認為他們是低劣或有缺陷的族群。這些經驗與其衍生的憤怒與失望情緒，是否給個人的SWB造成負面的衝擊，諸如較低的自尊與自我價值感？研究發現，相較

於西歐裔的美國人，非裔美國人自陳報告的幸福快樂水準似乎比較低（文獻
回顧與評論，請參閱Argyle, 2001; Crocker, Major, & Steele, 1998），但是
非裔美國人自陳報告的幸福快樂水準仍在正向的範圍（Diener, 1984）。有
若干證據顯示，在過去數十年間，種族之間的幸福快樂水準落差已經有所縮
減。換言之，種族因素本身對於SWB的影響作用不大；然而經濟不均（與
種族有相當程度的相關）則有不容忽視的影響作用。有證據顯示，其他遭
受汙名化與弱勢的族群或個人，也有表現出正向的福樂安適狀態（Diener &
Diener, 1996）。視障與四肢麻痺的個人，其SWB落於正向的範圍，只稍微
低於非殘障人口的平均值（Diener & Diener, 1996; Frederick & Lowenstein,
1999）。

　　另外，還有一點也頗出人意料之外，遭受汙名化的族群，個人的自尊
並不必然會有所折損。比方說，非裔美國人雖然經常遭遇到打擊自我價值的
經歷，但是個人的自尊卻不必然因此顯得比較低靡。若干研究文獻回顧數百
項的研究（研究對象人數總和將近50萬人），綜合結果發現，非裔美國人
（不論是兒童、青少年或成人）自尊評估分數其實略高於白人（Gray-Little
& Hafdahl, 2000; Twenge & Crocker, 2002）。不過，忒薇姬和柯羅克的文
獻回顧結果確實有發現，中南美裔、亞裔與美國印地安人的自尊評估分數比
白人來得低些。研究人員並不清楚為什麼會有這樣的差別。就一般遭受汙名
化的族群而言，有研究指出，即使遭受族群歧視的負向經歷，個人仍然有
可能維持自尊於不墜（Crocker et al., 1998）。遭受汙名化的個人可以把負
向的經歷歸因於外在的歧視，而不是個人自我的缺失；在面對族群共同經歷
的困頓遭遇之餘，他們可能從中建立起族群的尊嚴；他們會把比較對象局限
在自己所屬的族群，這樣的策略可能有助於自己獲得比較好的自我評價，或
是有助於增高個人的自尊。相較於其他少數族群，非裔美國人擁有較高的自
尊，他們是否有效運用了哪些保護自尊的歷程呢？這問題仍然有待更進一步
的研究以茲釐清。

本章 摘要問題

1. 請解釋福樂安適的弔詭，並說明這其中有何違理之處。請提出具體的研究實例來支持你的論點。

2. (1) 什麼是衝擊偏見？

   (2) 請討論衝擊偏見發生的兩種原因。

3. (1) 在史凱德和凱尼曼（Schkade & Kahneman, 1998）的研究中，學生相信生活在美國中西部和加州有什麼樣的差別？而根據研究結果的資料顯示，生活在美國中西部和加州實際上的差別是什麼？

   (2) 請以聚焦錯覺的概念，來解釋說明上述研究的發現。

4. 請說明，杜恩、威爾森和吉柏特（Dunn, Wilson, & Gilbert, 2003）的研究，如何以孤立效應的概念，來解釋學校宿舍位置的重要性。

5. 根據研究發現，面臨普遍觀念中的人生轉捩點，諸如：婦女停經、空巢症候，以及中年危機，可能會帶來什麼樣的情緒衝擊？

6. 基因決定的天性氣質，以及人生各階段主觀幸福安樂感SWB始終穩定變化不大，請解釋說明這兩者之間有何關聯。

7. (1) 情緒經驗的頻率變化與強度變化，如何有助於解釋，人生各階段主觀幸福安樂感的穩定性？

   (2) 研究發現負向情感與正向情感有哪些與年齡相關聯的變化？

8. 請試著從情感的測量與定義，來釐清為何會有與年齡相關聯的SWB變化。

9. 請描述四項與年齡相關聯的變化，以茲支持社會情緒選擇性理論的如後預測：情緒層面之福樂安適可能會隨著年齡增長而逐漸升高。

10. 什麼是性別弔詭？這種弔詭如何在男性與女性的情緒生活顯現出來？

11. (1) 一般人如何以男女情緒經驗強度的差異，以及性別刻板印象，從而解釋性別弔詭的現象？

   (2) 從幸福主義的觀點來看，為什麼性別弔詭不算是真正的弔詭？

12. 根據研究，就當事人而言，婚姻有哪些主要的益處？

13. 盧卡斯等人（Lucas, Clark, Georgellis, & Diener, 2003）研究有哪些主要發現？請以快樂平準概念，解釋說明個人對於結婚、離婚、喪偶的反

應。

14.關於婚姻的益處，享樂主義與幸福主義有哪些不同的看法？

15.身體健康的自陳報告與客觀評量之間有哪些差異？請以適應效應來解釋
該等差異。

16.對於個人的快樂，智力、教育程度與宗教分別扮演何種角色？

17.為什麼汙名化族群的成員身分不必然會損及個人的自尊？

關鍵字

情緒感覺的預測（affective forecasting）

衝擊偏見（impact bias）

心理聚焦（focalism）

免疫忽略（immune neglect）

聚焦錯覺（focusing illusion）

孤立效應（isolation effect）

平衡基準點（set point）

歡愉情感vs.正向投入（pleasant affect versus positive involvement）

社會情緒選擇性理論（socioemotional selectivity theory）

內化型心理失調（internalizing disorders）

外化型心理失調（externalizing disorders）

選擇效應（selection effects）

快樂平準（hedonic leveling）

網路資源

‧ 快樂／幸福與主觀幸福安樂感

http://www.psych.uiuc.edu/~ediener

艾德‧迪勒快樂與生活狀態的若干客觀變數之間的關係。

http://www.davidmyers.org/Brix?pageID=20

大衛‧邁爾斯個人網站，站內收錄有邁爾斯正向心理學研究的相關著作與資訊。邁爾
斯著有暢銷書《追尋幸福快樂》。

▲▲ 延伸閱讀

Carstensen, L. L., Isaacowitz, D. M., & Charles, S. T. (1999). Taking time seriously: A theory of socioemotional selectivity. *American Psychologist, 54*, 165-181.

Diener, E, Suh, E. M., Lucas, R. E., & Smith, H. L. (1999). Subjective well-being: Three decades of progress. *Psychological Bulletin, 125*, 276-302.

Kahneman, D., Diener, E., & Schwarz, N. (Eds.). (1999). *Well-being: The foundations of hedonic psychology*. New York: Russell Sage Foundation.

Kunzmann, U., Stange, A., & Jordan, J. (2005). Positive affectivity and lifestyle in adulthood: Do you do what you feel? *Personality and Social Psychology Bulletin, 31*, 574-588.

Myers, D. G. (1992). *The pursuit of happiness*. New York: Avon Books.

Myers, D. G. (2000a). The funds, friends, and faith of happy people. *American Psychologist, 55*, 56-67.

Myers, D. G., & Diener, E. (1995). Who is happy? *Psychological Science, 6*, 10-19.

Ryff, C. D., & Singer, B. (2000). Interpersonal flourishing: A positive health agenda for the new millennium. *Personality and Social Psychology Review, 4*, 30-44.

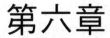

第六章

金錢、快樂幸福
與文化

說到金錢和快樂幸福之間的關係，人們似乎有兩種
不同的看法。一方面，很少人會說金錢可以買到
快樂幸福；持有這種看法其實是相當膚淺的。調查研
究也指出，民眾普遍相信金錢沒有那麼大的能賴。調
查影響生活滿意度的各種因素，金錢往往排名墊底。
坎培爾等人（Campbell et al., 1976）關於生活品質
的經典研究發現，在調查影響生活滿意度的12項因素
當中，金錢排名第11。金恩和納帕（King & Nappa,
1998）的研究則發現，金錢與財富對於人們判斷生
活是否美好，沒有顯著的關聯。大學生和社區居民認
為，生活美好與否關鍵在於生活快樂、有意義，至於
財富則沒有多大關聯。最近，美國《時代雜誌》作了
一項問卷調查，訪談1,000名成人：「人生當中，什
麼帶給你最大快樂？」（心理與身體專輯：「研究快

樂的科學」[1]，2005年，1月17日，頁A5）。結果發現，金錢、財富，或是擁有其他身外之物，都沒有擠進前八名。大抵而言，人們多半相信，金錢和生活快樂、滿意與否沒有多大關係。

可是，另一方面，當我們反觀自己的生活，多數人似乎又相信，如果擁有更多錢，那麼生活應該會更快樂些。研究人員針對金錢對於個人快樂與生活滿意度所扮演的角色，展開全國大規模的意見調查（文獻回顧與評論，請參閱Myers, 1992, 2000a, 2000b）。問及有哪些事項可能改善個人生活品質，最普遍的答案就是：擁有更多錢。如果問題是，什麼可能會阻礙美好人生，最常見的答案就是：錢不夠多。當問到生活當中哪個方面（例如：工作、住家、朋友、教育等等）最不滿意，大多數的人回答是：錢不夠用。

這些調查結果傳達了一個道理：錢多應該可以讓人更快樂。這在窮人身上倒是相當真確；貧窮連帶而來的挫折、壓力、基本需求難得滿足，這些都可能導致焦慮、不快樂、主觀幸福安樂感（SWB）低落（Diener & Seligman, 2004; Diener, Suh, Lucas, & Smith, 1999）。但是，對於收入中等或中上水準的人，金錢雖然可以滿足基本需求，但對於幸福快樂就比較沒有關係了。關於這一點，我們可以從《芝加哥論壇報》刊載的契克森米哈賴（Csikszentmihalyi, 1999）調查報導中看得很清楚。該項調查結果顯示，不論目前收入水準高低，人們一致相信，更多錢可以讓人更快樂。具體而言，年收入3萬美元的人表示，年收入5萬美元可以實現自己的夢想。年收入10萬美元的人表示，年收入25萬美元可以讓自己心滿意足。這些結果似乎說明，人們普遍相信，金錢可以增加快樂。

過去30年間，針對大學生的調查研究顯示，金錢對於個人生活的重要性呈現逐年上升的趨勢。1998年調查研究20萬名大學生，結果發現，大多數的學生（74%）把生活富裕當成人生重大目標；相對而言，在1970年，只有39%的受訪學生表示財富是重要的目標（請參閱Myers, 2000b, pp.126-128）。金錢—快樂連結關係如此普遍的信念，促使邁爾斯提出這樣一個結論：「美國夢似乎已經變成生活、自由與快樂的購買」（Myers,

---

1　英文專輯原始標題如後：
Special Mind & Body Issue: "The Science of Happiness"

2000b, p.58）。如果，我們考量到人們關於金錢與財物搜刮的實際行為，那麼邁爾斯的結論就更加令人深信不疑。有越來越多的心理學研究證據顯示，財富與物質的積蓄占據了許多人生活的中心地位（請參閱Kasser, 2002; Kasser & Kanner, 2004）。

　　當我們把人生的視野放寬、放遠，那麼金錢與快樂是沒有關聯的；然而，如果我們把人生的視角縮小，只看眼前的生活，那就會得到相反的結論。簡言之，人們似乎「知道」金錢買不到快樂，但是在行為表現上卻又彷彿金錢可以買到快樂。這種弔詭的情形就是這一章所要探討的主題。首要的問題就是關於金錢與快樂是否有關聯？如果有的話，關聯的程度有多大？收入增加，快樂也會跟著增加嗎？富人是否比窮人快樂？富裕國家的人民是否比貧窮國家的人民來得更加快樂？當國家越來越富裕，人民是否也會越來越快樂？除了這些問題之外，我們也會檢視，不同文化對於快樂是否持有相同的意義。比方說，中國與日本人對於個人快樂的重視程度，是否和美國人一樣？美國人覺得快樂的事情，其他不同文化的人是否也會有相同的感覺呢？

6.1. 富裕的弔詭

　　「富裕的弔詭」（**paradox of affluence**）這個說法是擷取自大衛‧邁爾斯的一本書名《美國弔詭：富足年代的精神飢荒》[2]（Myers, 2000b）。書中詳細描述了美國社會過去40、50年間，物質福樂安適與心理福樂安適之間的落差。

　　最近，迪勒和塞利格曼（Diener & Seligman, 2004）的回顧評論也提供了大量的統計數據顯示，自從1950年代以來，美國社會的福樂安適與物質富裕呈現此消彼長的相反趨勢，這種嚴重落差的現象極為驚人。1950年代以來，美國人的實際所得已經成長三倍，消費方面的統計也顯現類似的成長

---

[2]　英文原始書名如後：
The American paradox: Spiritual hunger in an age of plenty.

模式。美國家庭擁有汽車、大螢幕電視、洗碗機、烘衣機、個人電腦的數量已經成長了一倍或兩倍，美國人上餐館的次數也比過去增加了一倍有餘（Myers, 2000a, 2000b）。伊斯特布魯克（Easterbrook, 2003）彙編的統計資料，清楚顯示美國社會速度驚人的富裕進展程度：

- 23%的美國家庭年收入至少有7萬5,000美元。
- 2001年，美國人花費了250億美元在水上休閒器材，這金額比南韓當年的國民生產毛額（GPD）還要多。
- 1995年以來，美國人每年購買75萬輛越野車，至今總數已超過300萬輛。
- 一般新購住宅平均大小為2,250平方英呎（約63坪），大約是1950年代的兩倍大。
- 美國人平均每週有四餐在速食店解決，每週至少有一次上餐館用餐。

在收入與消費迅速增高的同時，大規模的意見調查顯示，美國人的生活滿意度基本上卻幾乎是停滯不動的（Diener & Seligman, 2004）。從圖6.1，我們可以清楚看見，歷年的生活滿意度並沒有隨著GPD的增加而有提升。從1947到1998年間，美國人的生活滿意度平均數一直維持在7.2分（最滿意為10分，最不滿意為1分），上下變動幅度極小。1950年代到1990年代之間的民意調查，自認為非常快樂的美國人比率一直維持在30%（Myers, 2000a）。總之，大部分的美國人雖然物質生活比過去富足豐裕，但是並沒有因此變得更快樂。

人們可能會認為，經濟方面的成長至少會對心理健康帶來正面的效應。合理推測，物質資源的增加應該有助於開辦更多心理健康方面的服務與預防計畫，減低情緒困惱問題的人數，從而有助於個人幸福快樂的提升。然而，出乎意料的是，心理健康的統計結果卻顯示，隨著物質財富的增加，心理不安適的情況竟是不減反增。各種關於心理健康的文獻回顧顯示，有越來越多的人反而比過去遭受到更多的心理疾病與情緒困惱問題（Diener & Seligman, 2004; Kessler et al., 1994; Keyes, 2003; Keyes & Lopez, 2002）。比較1957、1976、1996年的全國成人調查研究發現，感覺「神經崩潰」（描述個人極度心理不安的日常用語）的人數比率呈現穩定增高的趨

勢。1957年，18.9%接受調查者有過精神崩潰的經驗，1976年，這數據升高為20.9%，到了1996年，繼續攀升到26.4%（Swindle, Heller, Pescosolido, & Kikuzawa, 2000）。抽樣訪談調查美國成年人接受心理診療的經驗，結果發現，幾乎有50%一生當中經歷過至少一次心理疾病；30%過去一年有過心理健康的問題；18%過去一個月有過心理健康的問題（Kessler & Frank, 1997; Kessler et al., 1994）。

在所有心理疾病當中，憂鬱症急遽增加的情形最讓人印象深刻。迪勒和塞利格曼（Diener & Seligman, 2004）推估，過去50年以來，憂鬱症的病例增加了十倍。初發年齡則從30幾歲提前到十幾歲。各式各樣的研究證據顯示，罹患憂鬱症的人數大幅增加，而且也發現憂鬱症與富裕之間呈現同步消長的連動關係。橫跨所有的年齡層，憂鬱症都有增加的趨勢。其中，年紀越小的世代情況比年紀越大的時代還要更嚴重。20世紀初葉，憂鬱症的比率最低，隨後每一個世代罹患憂鬱的情況都比前一個世代更趨惡化。

迪勒和塞利格曼（Diener & Seligman, 2004）回顧評論兩項支持憂鬱與富裕有所關聯的研究。第一，大規模的跨國研究（Cross National Collaborative Group, 1992）結果發現，在美國憂鬱—富裕緊密關聯的情形，也發生在許多其他國家。第二，位於美國賓州的亞米緒文化研究（Egeland & Hostetter, 1983），結論指出，現代生活當中可能隱含某些引發憂鬱症日益激增的潛在因子。亞米緒人的生活與現代世界保持了相當的隔離，宗教信仰讓他們的社會緊密凝聚，拒絕現代消費社會的各種日常生活用品，例如：電力、汽車、電視、電腦。很少人會認為亞米緒人的生活型態稱得上富裕，但是主觀幸福安樂感的測量卻顯示，亞米緒人對於生活感到很滿意。參考伊格蘭和豪斯達特（Egeland & Hostetter, 1983）關於亞米緒人罹患憂鬱症比率的研究結果，迪勒和塞利格曼推估，亞米緒人罹患憂鬱症的比率大約僅及當代社會（富裕美國）的五分之一到十分之一。

人們可能會猜想，憂鬱症與富裕之間是否存在任何的因果關係。古往今來，有許多哲學思想都認為，物慾主義與消費可能產生社會與個人的病態症候。下一章，我們會回顧探討個人過度的物慾行為如何可能損及福樂安適。在本章，我們特別著重社會與歷史的變遷導致的富裕文化「黑暗面」。菲

利浦・庫希曼（Phillip Cushman, 1990）在《為什麼自我如此空虛？》[3]論
稱，我們的消費文化已經顛覆了傳統家庭生活、社會關係與宗教所蘊含的深
層意義與目的。他相信，在我們的時代裡，廣告已經說服人們快樂是可以從
市場買到的。家庭變成消費購物的場所，而不再是相互照護與親密關係的來
源。節慶變成商業化的大好時機，瘋狂的採購慾望恣意橫流，追逐完美的聖
誕禮物取代了宗教和傳統的家庭慶祝。越來越多的人透過消費行為的滿足，
來解決生活意義的匱乏。但是，物慾消費並不能提供深層的人生意義，因
此，庫希曼論稱，人們正經歷著一種「內在的空虛」（inner emptiness）。
他相信，日益氾濫的吸毒、飲食失常、強迫購買症、憂鬱症，都是內在**空虛
自我（empty self）**的外顯表現。

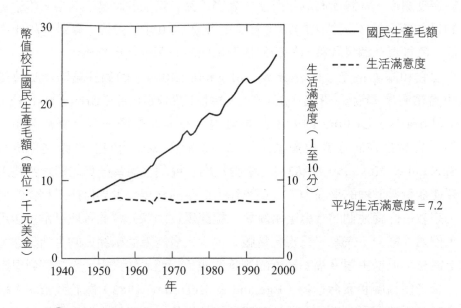

圖6.1　美國1947年至1998年間國民生產毛額與平均生活滿意度

資料來源：Diener, E., & Seligman, M. (2004). Beyond money: Toward an economy of well-
　　　　being. *Psychology in the Public Interest, 5*, 1-31. 美國心理學會版權所有，翻印
　　　　轉用許可。

3　英文論文原始標題如後：
　　Why the self is empty?

　　勞勃‧普特南（Robert Putnam, 2000）論稱，現代社會有許多方面對於社會生活與個人生活都有很嚴重的損毀。普特南認為，人們投入參與社區、鄰里、學校、教堂與社團組織，透過這些所謂的「社會資本」（social capital），可以促進互信互助，而這些對於個人與社群的福樂安適有所助益。然而，全國各地，個人參與社區團體或組織的情形越來越不熱中。人們似乎比較專注於追求個人的生活目標，而比較不關心社區整體的福祉。普特曼相信，這種不熱中參與公共事務的趨勢代表社會資本的失落，從而不利於個人與社區的健康與繁榮。社會資本的日趨低迷似乎是導致許多人深陷情緒困擾的癥結所在。

　　裴瑞‧史瓦茲（Barry Schwartz, 2004）在其《選擇的弔詭：為什麼選擇越多，滿足感反而越低？》[4]一書當中，提供了有關富裕弔詭的第三種解釋觀點。史瓦茲論稱，現代消費社會擁有前所未有的消費選擇自由，以及個人的生活型態。相較於過去，現在一般美國人擁有更多的自由，可以選擇自己想要的穿著、吃的東西與吃的地方、開的車、結婚對象，以及職業生涯。不過，生活各方面的享受選擇固然變多，卻也弔詭地帶來了某些不利的後果。選擇越多，不滿的感覺也越嚴重。史瓦茲論稱，選擇的多樣化鼓勵一種**最大化**（**maximizing**）的心態，影響所及，壓力隨之遽升，總覺得必須更努力做出最佳可能的選擇；相對地，就比較不會抱持「**知足**」（**satisficing**）的心態，感覺「已經夠好了」。

　　最大化心態的問題在於，要從一大堆的選項當中做出最佳可能的選擇，很可能讓人感到無比沉重的壓力，甚至可能因此不知從何選起。更重要的是，如果在經過最大化的選擇之後，結果卻不如預期理想，反而會使人更加自責與後悔；因為是自己做了壞的選擇，所以當然就得責怪自己，選擇的自由與個人的責任，兩者之間有著強烈的連結。因為選擇多了，就容易對自己所做的選擇多所質疑。做選擇的時候，舉棋不定，抉擇底定之後，事後諸葛的後見之明，又每每讓自己陷入早知如此的懊惱，後悔自己為何當初沒有選擇其他可能更明智、更理想的選項。

4　英文原始書名如後：
The Paradox of Choice: Why More Is Less.

　　實徵研究結果也頗符合上述的觀點，相較於知足者（凡事傾向認為「這已經夠好了」），最大化心態的人（凡事傾向認為應該找出最佳的選擇）比較可能有後悔、自責、猶疑不決的情形（Schwartz & Ward, 2004）。因為自責、遺憾、舉棋不定都會減損選擇多樣的潛在好處，這或許可以解釋史瓦茲所謂的「**選擇的弔詭**」（**paradox of choice**），選擇更多反而可能減低而不是增進福樂安適。研究人員發現，相較於知足的人，凡事要求最大化的人反而比較不快樂、不樂觀、自尊感較低、有較高的神經質、比較可能陷入憂鬱（文獻回顧與評論，請參閱Schwartz & Ward, 2004）。如果，史瓦茲的論點是正確的，那麼放棄追求完美主義與最大化思維，改而採取「已經夠好了」的知足心態，應該有助於卸除不少生活壓力與情緒問題，生活滿意度與整體福樂安適也會因此而大為改善。

6.2. 世界各地的幸福安樂感

　　過去50年以來，美國人收入的逐年增加並沒有反映在SBW的相對增加，這是因為金錢和個人的快樂沒有任何關係嗎？或是因為大多數的美國人對於生活已經相當滿意，所以增加收入對於快樂的影響程度也就微乎其微？對照比較其他國家財富與快樂的相對情形，或許可以給解答上述問題提供些許線索。用來比較研究的許多資料都是擷取自「世界價值調查」（World Value Survey），這是一項長年持續進行的跨國大型調查研究，由來自世界各地的許多社會科學家合作執行，過去25年來，調查的國家超過80幾個，調查的各國人數高達數十萬人。美國密西根大學社會研究院的隆納·英格勒哈特（Ronald Inglehart）負責協調彙整調查結果，相關資訊收錄於「世界價值調查」網站（網址：http://www.worldvaluessurvey.org/，或是http://wvs.isr.umich.edu/）。荷蘭鹿特丹Erasmus大學（Erasmus University Rotterdam-Netherlands）的魯特·維恩霍文（Rutt Veenhoven）與同僚合作創立了「全球快樂幸福資料庫」（World Databank of Happiness）（網址：http://worlddatabaseofhappiness.eur.nl/index.html）。

　　這些國際資料庫，再加上若干個別獨立研究人士的研究，針對幸福／快樂與社會、經濟、政治等變數，提供了極為豐富的跨國比較資訊。有關這些國際研究的主要發現，請參閱若干篇相當出色的回顧探討論文與專書（例如：Diener & Biswas-Diener, 2002; Diener & Suh, 2000a, 2000b; Easterbrook, 2003; Inglehart, 1990, 1997）。

6.2.1　國際幸福安樂感比較

　　國家之間的對照比較研究，結果發現，平均國民所得與平均SWB之間存在不容忽視的相關（0.50至0.70之間）（請參閱Diener & Biswas-Diener, 2002; Diener & Diener, 1995; Diener & Oishi, 2000）。比方說，一項含括65國的研究，英格勒哈特和克林格曼（Inglehart & Klingemann, 2000）研究發現，生活滿意度、快樂測量的綜合分數與購買力測量的分數相關係數高達0.70。表6.1根據迪勒（Diener, 2000）的調查研究結果，列出29個國家的生活滿意度與國民所得排名。生活滿意度的排名是根據世界價值調查結果，評分介於0至10分之間（World Values Survey Study Group, 1994）。國民所得的評分是根據購買力平價（purchasing power parity，縮寫PPP）的估計值，可以用來比較各國的國民所得水準，評分介於0至100之間（請參閱World Bank, 1992）。

　　檢視此一表格，你可以看見，國民所得與生活滿意度之間普遍存在一種模式。平均而言，富裕國家的人民比那些不那麼富裕國家的人民來得快樂些。不過，還是有若干出人意表的發現。比方說，愛爾蘭人國民所得屬於中等，但是主觀幸福安樂感卻相對很高。日本人國民所得很高，但是主觀幸福安樂感則屬於中等。印度和中國收入屬於末段班，但是滿意度的排名卻比日本來得高。另外，有些地理鄰近國家之間的生活滿意度也可能有極大的差異。比方說，過去25年來，屢次調查都發現，在西歐各國當中，丹麥的滿意度排名都高於德國、法國、義大利等鄰近的國家。綜觀這25年來的調查結果顯示，丹麥人有50%至65%表示，非常滿意自己的生活（Inglehart & Klingemann, 2000）。在同一時期，法國人、義大利人非常滿意的比率從未超過15%，而德國人非常滿意的比率差不多只有丹麥人的一半。在這25年

✍【表6.1】生活滿意度與國民所得排名

國名	生活滿意度	國民所得排名（購買力平價指數）
瑞士	8.36	96
丹麥	8.16	81
加拿大	7.89	85
愛爾蘭	7.88	52
荷蘭	7.77	76
美國	7.73	100
芬蘭	7.68	69
挪威	7.68	78
智利	7.55	35
巴西	7.38	23
義大利	7.30	77
中國	7.29	9
阿根廷	7.25	25
德國	7.22	89
西班牙	7.15	57
葡萄牙	7.07	44
印度	6.70	5
南韓	6.69	39
奈及利亞	6.59	6
日本	6.53	87
土耳其	6.41	22
匈牙利	6.03	25
立陶宛	6.01	16
愛沙尼亞	6.00	27
羅馬尼亞	5.88	12
拉托維亞	5.70	20
白俄羅斯	5.52	30
俄國	5.37	27
保加利亞	5.03	22

資料來源： Diener, E (2000). Subjective well-being: The science of happiness and a proposal for a national index. *American Psychologist, 55*, 34-43. 美國心理學會版權所有，翻印轉用許可。

期間，各國SWB與收入的相對排序，除了少數例外，大致維持相當的穩定（請參閱Inglehart & Klingemann, 2000）。這也就是說，國家的福樂安適測量結果似乎不是短期的產物，因此不致於有短期之內平均生活滿意度突然高漲或急遽下滑的誤導之虞。

6.2.2　國內幸福安樂感比較

同一國家之內的比較研究可以告訴我們，同一社會當中，富人與窮人快樂程度的差異。相對於跨國比較研究發現，收入與快樂之間呈現中高程度的顯著相關，國內比較的研究則顯示，收入與快樂的相關相當微薄。迪勒和大石繁宏[5]（Diener & Oishi, 2000）研究發現，含括40個國家的國內收入與快樂的相關平均只有0.13。美國的相關係數是0.15。不過，這種整體低相關的情形可能遮掩了收入─快樂關係之間的兩項細部關係。具體而言，在貧窮的國家，收入與幸福安樂呈現中度相關，在富裕的國家，則只有很小而且不顯著的相關。在迪勒和大石繁宏的研究中，最貧窮的國家，收入與快樂的相關相關係數也最高（例如：南非的相關係數是0.38，斯洛維尼亞則是0.29）。另外，有研究也發現類似結果，例如：加爾各答貧民窟的收入─快樂相關係數為0.45（Biswas-Diener & Diener, 2001）。研究顯示，在貧窮的國家，財務滿意度與生活滿意度有較高的相關；相對地，在富裕的國家，兩者的相關則比較薄弱。這樣的研究結果也支持如後的論點：對於比較沒錢的人而言，金錢特別顯得重要（Oishi, Diener, Lucas, & Suh, 1999）。

不過，在比較富裕的國家，收入─快樂的關聯就消失無形了。以國民生產毛額一萬美元為基準，收入與生活滿意度之間的相關係數只有微不足道的0.08（Diener & Seligman, 2004）。《時代雜誌》在美國的調查發現，年收

---

[5]　大石繁宏（Shigehiro Oishi），美國維吉尼亞大學社會心理學系副教授。美國伊利諾大學香檳校區心理學博士（Ph. D., University of Illinois at Urbana-Champaign, 2000）。論文指導教授是知名的幸福安樂心理學研究學者艾德‧迪勒博士（Ed Diener）。主要研究興趣：文化、社會生態學、幸福安樂。主要研究目標是希望探索幸福安樂的成因和影響後果。個人研究室網站：Oishi Well-Being Lab，網址：http://people.virginia.edu/~so5x/index.htm。

入五萬美元以下，快樂與收入呈現同步增加的趨勢。但是，年收入超過五萬
美元之後，增加的金額對於快樂就看不到明顯的增加效應了（Special Mind
& Body Issue: "The Science of Happiness," January 17, 2005, p.A33）。

在貧窮國家，收入呈現明顯增益快樂的效應；但是相對地，在富裕
國家，則沒有顯著的助益，此種現象可能與基本需求的滿足有關（請參閱
Veenhoven, 1995）。我們不難做此結論：當收入不足以滿足基本需求（例
如：營養、健保、公共衛生、住宅）時，人們會感到挫折與焦慮，因而就可
能趨向較低的SWB。另一方面，當基本需求獲得滿足之後，個人的收入達
到相同社會許多人的水準，快樂的來源就會轉移到其他的面向。基本上，這
也符合馬斯洛需求階層模式的論點（Maslow, 1954）。馬斯洛論稱，在低階
的生理需求（例如：食物、安全）未獲得滿足之前，人們追求高階需求（例
如：自我實現）的動機會暫時受到擱置。若干研究指出，基本需求的解釋並
不能完全說明收入─福樂安適的關係。有研究發現，超過基本需求所需的
收入，對於測量的快樂程度仍然有增值的效應（Diener, Diener, & Diener,
1995）。這也就是說，一旦基本需求獲得滿足，增加的收入對於快樂的加
值效應雖然會遞減，不過或多或少還是有所增益。

6.3. 國際幸福安樂感比較的解釋

你可能會有些疑惑，為什麼不同國家之間收入─快樂關係會如此顯
著（r = 0.50至0.70），然而同一國家之內收入─快樂關係卻如此薄弱。
這樣的差異有一部分是來自相關係數計算過程的人為產物（Argyle, 2001;
Diener & Oishi, 2000）。國家之間的對照比較反映的是不同國家之間兩種
數據的關係模式：平均幸福安樂水準，以及平均收入。國家之間的比較是採
取個別國家受訪者的總合平均數。這個總合平均數的計算會導致個人在收入
─快樂關係的差異性相互抵消而消失無形。相對地，同一國家之內的相關數
字乃是基於個別的差異性，影響的因素除了收入之外，還包括許多其他的事
項。比方說，我們都知道，不論收入高低，外向的人比內向的人有著比較高

的幸福安樂感。外向但收入低的人可能很快樂，而內向但很會賺錢的人可能就沒有那麼快樂。換言之，因為同一國家之內的收入—快樂相關係數會受到內外向個性對於幸福安樂的影響；但是，不同國家之間的相關係數，就沒有受到個性差異的影響，所以同一國家之內的收入—快樂相關係數就會低於不同國家之間的收入—快樂相關係數。

此外，有許多與金錢共變的因素也可能影響國際收入—快樂相關比較研究的結果。金錢當然不是富國與貧國之間的唯一差異；比方說，相較於貧國，富裕的國家往往有著比較民主的政府，人民享有的自由與權利也比較多，也享有較佳的健康保險、衛生設施、消費物品。研究顯示，自由、個人權利、對於政府的信賴度，這些共變的因素都與較高水準的生活滿意度與幸福安樂感有較高的相關（文獻回顧與評論，請參閱Diener & Seligman, 2004; Inglehart & Klingemann, 2000; Veenhoven, 2000）。迪勒和塞利格曼（Diener & Seligman, 2004）指出，當我們將這些共變數列入考量，國際之間財富與快樂的相關或許就會變得不顯著。總之，未來還需要更多進一步的研究，才能幫助釐清各種變數對於國際之間收入—快樂相關的可能影響。研究人員承認，快樂相關聯的諸多變數相當錯綜複雜，而金錢只是其中一個粗略的指數。本章稍後，將會檢視文化方面的因素與快樂之間的關聯。

6.4. 理解金錢與快樂幸福的關聯

目前為止，對於金錢與個人快樂幸福的可能貢獻，我們可以做出什麼結論呢？根據上述的介紹與討論來看，我們可以提出以下幾點建議。首先，就平均而言，富裕國家的人民比貧窮國家的人民快樂些。不過，這項結論還必須考量與財富共變的其他因素。在同一國家之內，金錢—快樂的連結關係很薄弱，而且主要呈現在非常貧窮的人民之中。金錢對於滿足基本生活需求的重要角色，或許可以解釋此一現象。在經濟與科技先進國家，過去數十年持續的經濟成長並沒有等量反映在SWB的增高。在富裕國家，金錢—快樂連結關係似乎呈現上升弧線趨勢；在低收入的一端，金錢對於快樂有較大的

影響效應，在中高收入的部分，這種影響程度就少多了，因此當收入水準達到一定程度之後，快樂指數的上升弧線就會趨向水平。即使是最富裕的美國人，快樂程度也只略高於中等收入者。研究發現，列名《富比世雜誌》的超級富豪，生活滿意度（七分量表）只比一般收入的美國人高出一分而已（Diener, Horwitz, & Emmons, 1985）。整體而言，金錢對於窮人的快樂有比較大的影響效應；相對地，對於中等收入者影響不大。另外還有兩類研究的證據也支持上述的結論。

最強的證據來自縱貫研究的發現，就個人的層次來看，如果金錢對於快樂的影響效應是一致的，那麼長期追蹤個人收入的起落，應該可以觀察到快樂程度也會隨之升降。有趣的是，迪勒與畢斯華—迪勒（Diener & Biswas-Diener, 2002）回顧若干縱貫研究之後，獲得如後的結論：個人收入與快樂程度同步連動的效應並不存在。在他們回顧的研究當中，有部分研究發現，收入增加，快樂並沒有隨之增加；另外有些研究則發現，快樂水準似乎隨著收入減少而有所提升。另外，加薪與生活滿意度的研究也呈現不一致的結果（請參閱Argyle, 2001）。加薪只產生短期的滿意度升高，而減薪則幾乎沒有太大的影響。樂透彩得主的研究，或許可以讓我們見識到關於金錢—快樂相關不大的最強有力證據。研究發現，樂透彩得主雖然財富大量增加，但是SWB卻沒有長期的增加（Brickman, Coates, & Janoff-Bulman, 1978）。

因為個人的收入與其他許多因素有著共變的關係，諸如：教育程度、職業狀態、年齡，我們或許也會想知道，如果研究將這些共變因素予以控制的話，收入是否還會影響SWB？不少研究顯示，排除個人與社會的許多變數之後，個人的收入與快樂、生活滿意度之間只有微薄的相關（Argyle, 2001; Diener & Biswas-Diener, 2002; Diener et al., 1995）。收入與幸福安樂似乎有著直接但相對微薄的相關；相較而言，結婚、有工作，以及擁有支持的關係，這些因素對於幸福快樂的貢獻就大多了。

6.4.1　焦點研究：快樂幸福的人比較會賺錢？

即使金錢對於快樂真的有微薄的效應，但也有必要釐清其中可能的雙向作用。換言之，我們得釐清金錢—快樂的相關，究竟是因為更多錢使人感到

快樂，還是因為快樂的人賺錢比較多。這也正是迪勒、尼柯爾森、盧卡斯和山德維克（Diener, Nickerson, Lucas, & Sandvik, 2002）所要釐清的議題。

情感天性氣質與就業結果[6]

迪勒等人（Diener, Nickerson, Lucas, & Sandvik, 2002）的這項縱貫研究發表於《社會指數研究期刊》（*Social Indicators Research*）。研究結果發現，金錢—快樂相關可能是由於快樂的人比較會賺錢。他們引用的資料取自梅農基金會的「大學與畢業後調查研究」（College and Beyond Survey），以及加州大學洛杉磯分校的「美國大學新生調查研究」（The American Freshmen Survey）。調查對象包括：小型私立學院與大型公立大學，以及若干黑人大學與學院。調查題目包括：態度、價值、志願、能力、個性、生涯計畫。梅農基金會也後續追蹤調查學生畢業後狀況，調查蒐集的資料包括：收入、就業史、生活滿意度、公民參與，以及對於大學經驗的評價。

迪勒與同僚檢視了13,676名大學新生的調查資料。他們是在1976年度進入大學就讀，時隔19年之後，又在1995年至1997年之間接受後續追蹤調查。學生自我評量相對於一般同齡者，自己的歡樂程度屬於五等量表的哪一等級。後續調查檢視三項變數：收入、工作滿意度、失業狀況。整體結果顯示，相較於自我評量較不歡樂的受調查同學，大一時自我評量最歡樂的受調查者，後來賺錢比較多，工作滿意度比較高，比較少有失業的經歷。

歡樂與收入的關係，一開始，上升坡度很大，然後就漸趨平緩。也就是說，如圖6.2所示，舉例來看，家長年收入不錯的學生，在大學畢業19年之後，自陳報告的歡樂程度與目前收入的關係呈現出如後的模式：

1. 平均自評歡樂程度第一級的學生，亦即倒數10%，目前年收入約50,000美元。

---

[6]　英文論文原始標題如後：
Dispositional affect and job outcomes.

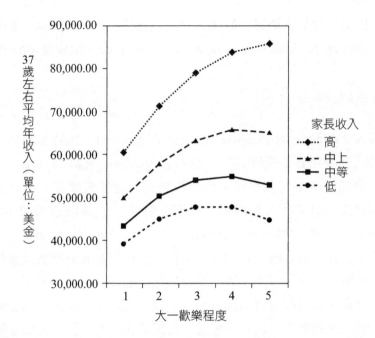

圖6.2 大一歡樂程度、學生家長收入高低與畢業後平均收入函數關係圖

資料來源：Diener, E., Seligman, M. (2004). Beyond money: Toward an economy of well-being. *Psychology in the Public Interest, 5,* 1-31. 美國心理學會版權所有，翻印轉用許可。

2. 歡樂程度第二級，目前年收入58,000美元。

3. 歡樂程度第三級，目前年收入63,500美元。

4. 歡樂程度第四級，目前年收入66,000美元。

5. 歡樂程度第五級，亦即最高10%，目前年收入65,000美元。

　　進一步分析而言，第一級與第二級的年收入差異值為8,000美元，第二級與第三級的年收入差異值為5,500美元，第三級與第四級的年收入差異值為2,500美元，第四級與第五級的年收入差異值為負1,000美元。換言之，如果你自認是不快樂的學生，那麼就設法開心點，哪怕只有稍微開心點，你未來都會比較有可能賺較多的錢。再者，如果你的歡樂程度已經在中等之上（亦即第四級），那你最好不要拼命想要擠到最歡樂的前10%（亦即第五級），因為那可能會讓你年收入少賺1,000美元。

　　研究結果也顯示，家長的收入高低也會中介影響學生歡樂程度對於學

生未來收入的影響效應。家長高收入的學生，歡樂程度與未來收入的相關性比較強。家長收入越高，學生歡樂程度對於未來收入的增益效應也會越高。比方說，家長收入最低一級，學生自評歡樂程度最低一級，收入平均為39,232美元；至於學生自評歡樂程度最高一級，收入平均為44,691美元，其間差異為5,459美元。相對地，家長收入最高一級，學生自評歡樂程度最低一級，收入平均為60,585美元；至於學生自評歡樂程度最高一級，收入平均為85,891美元，其間差異為25,306美元。綜合來看，低收入家長的學生歡樂程度的增加，對於學生未來收入的增益效應相對比較小。相對地，高收入家長的學生歡樂程度的增加，對於學生未來收入的增益效應則相對比較大。

為什麼個性歡樂的大學生，比起個性比較不那麼歡樂的同學，後來賺的錢比較多？迪勒等人提供了三種解釋：

1. 個性歡樂可能會給人一種「可以辦得到」的態度，激勵學生勇於迎向新挑戰，比較不會被挫折打敗。這使得他們比較有毅力，刻苦耐勞，比較能夠獲得雇主的賞識，也就比較可能賺到較多的錢。

2. 個性歡樂可能會讓人比較和藹可親，容易共事。這樣的人可能比較能夠說服他人接受自己的主意，也比較懂得如何贏得他人的協助與支持。反觀，個性悶悶不樂的人可能就沒有這方面的優勢。

3. 個性歡樂的人可能比較討人喜歡，因為他們積極而勇於任事的態度，比較容易獲得雇主給予較佳的工作表現評價。個性歡樂也可能造成月暈效應。即使大家表現無分軒輊，但是雇主還是有可能給予個性歡樂的員工較好的評價，因為他們比較討人喜歡，也比較容易共事。

迪勒等人（Diener, Nickerson, Lucas, & Sandvik, 2002）發現，家長的收入水準與學生日後賺錢的多寡，兩者之間有著相當高的相關。這樣的結果頗讓人感到失望。同樣都是個性歡樂，但是為什麼相較於經濟弱勢家庭的學生，出身富裕家庭的學生日後賺的錢就是比較多？就如同迪勒等人的研究報告指出，富裕家庭的孩子可能享有許多優勢，舉凡大學之前的教育品質、課外活動、人際與社會技巧。或許因為這些以及其他因素，優勢背景的學生比弱勢背景的學生更有可能獲得較高地位的專業工作。不論理由為何，迪勒等人結論道：「大學提供的高等教育與發展機會，顯然無法克服弱勢家庭學生所承受的不利影響」（p.250）。

6.4.2　為什麼金錢雖然重要，但並不能保證快樂幸福？

　　雖然，金錢與許多正向的結果和優點有很強的關聯，但是為什麼收入與財富對於快樂的影響居然如此無足輕重？在美國，舉凡家庭住宅的大小、居家附近治安的好壞、醫療保險的保障程度、教育的品質、……，幾乎所有大小事情都與個人賺錢多寡脫離不了關係。金錢能夠帶來如此多的好處，可是收入對於快樂居然只有微薄的影響效應，這實在有點讓人匪夷所思。針對金錢為何沒能對於SWB有較大的影響，許多學者提出了若干解釋說明。

解釋一：基因、人格與情感關係

　　在第五章我們討論過，對於個人長期快樂水準穩定度而言，基因決定的天生氣質與人格扮演了相當關鍵的角色。簡言之，我們每個人似乎在生命發展早期階段，就遺傳或發展出一種屬於個人特有的性格，而且終其一生維持相當穩定的一致性。

　　此種個人特有的性格扮演了重要的角色，可能影響人們如何回應生活事件，做決定，乃至於一般生活型態。研究顯示，有許多人格特質，諸如：愉悅、樂觀、外向、自尊與自我控制感，都與SWB有很強的相關（文獻回顧與評論，請參閱Argyle, 2001; Diener & Lucas, 1999; Diener, Oishi, & Lucas, 2003; Diener et al., 1999; Lykken, 1999; Lyubomirsky, 2001; Myers, 1992; Ryan & Deci, 2001）。偏向上述各項人格特質正向者，往往比偏向負向者（例如：神經質、悲觀、低自尊）來得更快樂些。如果說，SWB主要取決於內在特質與性情，那麼外在環境與變化對於快樂的衝擊應該就會比較少。比方說，第五章討論的遺傳研究指出，基因決定的天生氣質可能反映個人目前快樂水準的40%至55%。

　　露柏茉絲姬（Lyubomirsky, 2001, p.244）研究對照比較快樂與不快樂的人，結論寫道：快樂與不快樂的人「……似乎經驗著不同的主觀世界，或者實在就是居住在不同的主觀世界。」面對相同的處境、事件或任務，快樂者的思維與行為，傾向於保持快樂；反觀不快樂的人，則傾向持續不快樂。這也就是說，人們對於世界的主觀詮釋，而不是世界本身，才是造成差異的關鍵所在。因為金錢不能為你買到歡樂的個性，金錢也就不足以扮演促成個

人快樂的重要角色。

　　我們在許多討論當中一再指出，壓倒性的研究證據顯示，支持與關懷的關係有助於增益個人快樂（例如：Diener & Seligman, 2004; Ryff & Singer, 2000）。就像金錢不能為你買到歡樂的天生氣質，我們也很難想像，金錢能夠為你買到美好的情感關係。貧窮、手頭拮据當然會造成婚姻與家庭生活的壓力和衝突。但是大多數婚姻當中的衝突，根本上乃是情感關係問題導致的癥狀。有能力購買昂貴的東西送給家人，並不能讓你成為好父母或好配偶。看看富豪名流不堪聞問的家庭生活與婚姻生活，就不難明白金錢與平穩的情感關係是無關的。總而言之，快樂最重要的來源不會受到你賺錢多寡而所有影響。

解釋二：適應與快樂跑步機

　　感覺適應（**sensory adaptation**）是日常生活常有的經驗。當你走出戶外，迎向陽光，眼睛還沒來得及適應，因此很難看清楚周遭事物。如果你走進黑暗的室內，也會發生同樣的情況，直到你適應了室內暗淡的光線，然後你才能稍微看出四處周遭事物。類似的道理，如果你進入某人的房屋，屋內有一股很濃的臭味，你可能會感到有些納悶，住在裡頭的人怎麼受得了呢；不過，當你在裡面待了一陣子之後，你就不會注意到那股味道了。如果你走出去，再走進來，那味道又會變得濃烈難聞。一般而言，我們的感覺器官對於變動的刺激，反應會比較敏銳；相對地，刺激如果是恆常不變，或是相同的刺激一再重複出現，那我們的感覺器官大抵上就會無視於該等刺激，也就比較不會有所反應。早上，當人們剛戴上眼鏡的時候，會感覺到眼鏡架在鼻子與耳朵的壓力，但是過不了多久的時間，那些感覺就不見了，甚至根本就「忘記」了眼鏡的存在。

　　快樂適應（*hedonic adaptation*）的意思就是指，對於激發情緒反應之刺激的一種適應，類似於感覺適應，以及海爾森（Helson, 1964）所提的適應水準理論（adaptation-level theory）。此概念是由布里克曼和坎培爾（Brickman & Campbell, 1971）提出。

享樂主義相對論與計畫美好社會[7]

布里克曼和坎培爾（Brickman & Campbell, 1971）這篇廣受引述的經典文章收錄在《適應水準理論研討會論文集》。文中論稱，人們的情緒注定了就像是**快樂跑步機（hedonic treadmill）**一樣，最後都會回歸到一個平穩而且不正不負的長期快樂水準。就像跑步機一樣，你一直都在跑動，但始終還是停留在跑步機上；我們的情緒經驗也是時而有所波動，但是整體的快樂水準則是維持不變。新車、大房子、加薪，這些事情在短時間之內可能會讓我們感到高興，但是這種美好的感覺不久就會消退。這是因為人們很快就適應了正向或負向的生活變化，最後又回復到原先的快樂水準。就像明亮的陽光時間一久，亮度的感覺就會減弱，情緒激發事件的效應也會很快就消退。就如同我們必須闔上眼睛或是進入暗室，才能夠重新感受光亮的感覺，我們也必須引進或遭遇新的情緒激發事件，才能夠重新感受到情緒經驗（例如：更昂貴的新車、更大的房子）。就像許多感覺經驗一樣，情緒也不會持久。

快樂適應很可能是人類演化的結果，目的是為了提供保護，以及提高存活的機會（Frederick & Lowenstein, 1999; Frijda, 1999; Zajonc, 1998）。這種對於變化的敏感度，讓我們對於可能威脅或增益福樂安適的事物特別有所警覺。情緒適應之下反應的消退，得以減低長期情緒激起可能造成的負向效應。

我們在第四章指出，長期慢性壓力與恐懼對於免疫系統有破壞性的作用。你應該不難想像，如果險些發生車禍的驚恐情緒，或是遭受不公平對待的憤怒，或是感情破裂的悲痛，諸如此類的強烈情緒經驗持續數年而不消退，那會對當人的生活有多大的破壞。如果，我們每個人第一次性經驗就已經滿足了，那大概沒有人會生養太多小孩吧。情緒的功能似乎都是在滿足短期的目的（例如：鬥—逃反應），誠如邁爾斯（Myers, 1992）寫道：「每

---

[7]　這篇文章的英文原始標題為：
Hedonic relativism and planning the good society.

個人渴望擁有的經驗──激情之愛、靈性的高潮、獲得新財物的喜悅、成功的狂喜──全都是稍縱即逝的。」（p.53）

6.4.3　焦點研究：極樂或極悲事件的適應──樂透得主與意外受害人

　　布里克曼等人的經典研究（Brickman et al., 1978），提供了有關情緒適應相當惹人注目的證據。

> 樂透得主與意外受害人：快樂是相對的嗎？[8]

　　布里克曼等人的這份研究發表於《性格與社會心理學期刊》，研究參與者包括兩類人：樂透彩得者與意外傷害癱瘓者。根據適應水準理論，布里克曼等人預測，就長期而言，樂透彩得主不會比一般人快樂，而重大意外的受害人也不會比一般人悲哀。就此預測而言，適應水準理論提供了兩種解釋：對比和習慣化。

　　對比（contrast）的解釋如後：在對比之下，重大的正向事件（例如：贏得樂透彩）可能會造成其他比較平凡的日常樂趣相形失色。相較於贏得巨額金錢的興高采烈，和朋友消磨時光或是晚上在家看電視，在強烈對比之下，可能就會讓人覺得沒有什麼值得高興的。如此一來，贏得樂透彩固然讓當事者感到極度快感，但是同時卻也失去了日常生活裡的一般樂趣，兩相抵消之餘，整體的快樂水準也就沒有比其他人來得更高了。

　　習慣化（habituation）是指，對於新事物不再感到新奇，所以原本激發的情緒衝擊也就減弱了。當樂透彩得主習慣於贏得巨額獎金的快感之後，這些樂趣對於他們的快樂水準貢獻度就會越來越小。至於意外傷害癱瘓的情況，對比與習慣化的預測結果則是相反。在極度負向而且威脅生命的事件對比之下，日常活動，簡單的樂趣，可能會讓人覺得難能可貴，因此感到更加

---

[8]　英文論文原始標題如後：
Lottery winners and accidence victims: Is happiness relative?

快樂。至於習慣化，當意外受害者自我調適，慢慢習慣了癱瘓的影響之後，負向情緒衝擊對於快樂水準的影響也就減弱了。

為了檢驗上述假說，布里克曼等人訪談了三組人。第一組有22人，他們在研究之前18個月當中，贏得至少5,000美元的樂透彩獎金。第二組有29人，其中11人下肢癱瘓，18人四肢癱瘓，他們是在過去一年當中意外受傷而住進復健療養院。控制組有22人，透過當地電話簿抽樣訪談（人口學統計背景與前述兩組相當）。

研究參與者被問及生活型態的改變，以及他們是否認為發生在自己身上的事情是應該的。受訪者並且針對贏得樂透彩，或意外傷害癱瘓，給予評分。零分代表「自己這輩子最慘的遭遇」，五分代表「自己這輩子最幸運的遭遇」。研究參與者針對下列三種狀況，評定自己的快樂程度：(1)目前的快樂程度；(2)樂透得獎或意外傷害之前的快樂程度；(3)預測兩年之後的快樂程度。此外，還針對七項日常活動評定快樂程度，包括：聽人說笑話、和朋友聊天、看電視等等。結果請參閱表6.2。

研究結果一如預期，意外傷害癱瘓組評定自己所遭遇的意外是極度負向的事件，而樂透組則評定贏得樂透大獎為極度正向的事件。與適應水準理論預測一致，相較於控制組，樂透得主給予七項日常活動較低的快樂評分。再者，也與適應水準理論預測一致，樂透得主針對過去、現在、未來的整體快樂評分，和控制組並沒有顯著差別。簡言之，樂透得主雖然因為得到大獎而感覺很興奮，但是日常生活的樂趣卻減弱了，而且整體快樂水準也與控制組的一般人沒有差別。短程而言，贏得鉅款的極度快感似乎會使得日常活動的

✐【表6.2】整體快樂與日常歡樂的平均評分

組別	整體快樂			日常歡樂
	過去	現在	未來	
樂透獎得主	3.77	4.00	4.20	3.33
控制組	3.32	3.82	4.14	3.82
意外事故癱瘓	4.41	2.96	4.32	3.48

資料來源： Brickman, P. D., Coates, D., & Janoff-Bulman, R. (1978). Lottery winners and accident victims: Is happiness relative? *Journal of Personality and Social Psychology, 36*, 917-927. 美國心理學會版權所有，翻印轉用許可。

樂趣相形失色；長期而言，人們變得習慣了擁有巨額金錢，快感也就減弱了。兩相抵消之下，最後整體的快樂水準也就沒有增加。樂透彩得主的研究結果，提供了強有力的證據支持快樂適應的效應。

至於意外癱瘓者的研究結果，就比較沒有清楚顯現對比與習慣化的效應。意外受害人自我評定過去的快樂程度比較高，而且目前的快樂程度顯著低於控制組。讓人驚奇的是，癱瘓者的快樂評分卻是高於中數，這意味著他們並不像我們可能預期的那麼不快樂。不過，相對於理論預測，日常活動的樂趣並沒有增高。這似乎是因為，意外癱瘓者在對比過去與目前的情況之下，因為癱瘓而不能再享有過去尋常活動的樂趣導致癱瘓者會懷念意外傷害發生之前的生活。永遠無法回復的過去，對比永遠無法改變的目前，結果就導致日常活動樂趣的降低，以及整體快樂水準的下降。而且不像樂透彩得主，對比與習慣化的效應並沒有讓意外癱瘓者回復到事故發生前的快樂水準。

布里克曼等人研究的一個局限是，樣本數太小（樂透彩得主22人，意外癱瘓者29人）。擁有很多錢可能會造成諸多人際之間的問題與衝突，包括離婚的危機程度升高，從而可能折損了短程獲得的快樂。

布里克曼等人研究的另一個局限是，並非縱貫式的研究。不同研究參與者事故發生至研究執行之間的經過時間，彼此之間有相當大的差異。雖然，研究者並沒有發現，經過的時間長短與目前的快樂水準之間存有顯著的關聯。不過，他們也承認，如果能夠進行縱貫式的研究，檢視同一群研究參與者長期的變化情形，應該可以比較準確評估適應的程度與適應的過程。其他學者後續的研究大致上支持快樂適應的概念，但是略微有所修正，並且指出適應有其限制。

比方說，席華（Silver, 1982）研究脊椎受傷患者。她發現，在遭受意外事故之後的8個星期之間，強烈負向情緒隨著時間的過去而逐漸減低，在此同時，正向情緒則逐漸上升，到了第8個星期末尾的時候，正向情緒的強度已經超過負向情緒。

海蒂和韋靈（Headey & Wearing, 1989）研究649人，為期8年，追蹤檢視他們對於各種好壞生活事件的反應（例如：交新朋友、和子女的衝突、財富增加或減少）。研究發現，一開始的時候，有強烈的反應，但隨後就逐漸

回復到個人的快樂基準線。再者，研究也發現，個人性格可能居中影響生活
變動的發生與效應。

海蒂和韋靈（Headey & Wearing, 1989, 1992）根據研究結果，提出了
動態平衡模式（dynamic equilibrium model），用以修正快樂跑步機模式
的若干概念。根據快樂跑步機模式，人們的情緒狀態應該會很快就適應於新
發生的事件，而回復到相對零度的快樂水準。相對地，動態平衡模式，人
們不是擁有一條相對零度的基準線，而是擁有若干零度之上的正向快樂基準
線，而且會依照個人的性格而回復到不同的基準線。此外，個人的快樂水準
也會影響當事人對於正向或負向事件的經驗。他們的研究發現，快樂的人有
較多正向事件的經驗，而不快樂的人則有較多負向事件的經驗。適應的過程
因此是個別化的，而不是如同快樂跑步機理論主張的，所有人的適應過程都
是一致的。其中對於收入與財物增加的適應，獲得相當多的研究證據支持。
不過，喪子或喪偶之餘，還必須照護患有老年癡呆症或多發性硬化症的家
人，則沒能適應這些處境，也沒能回復到先前的快樂基準線（文獻回顧與評
論，請參閱Diener et al., 1999; Frederick & Lowenstein, 1999）。相反地，
福樂安適似乎是顯著降低，而且還是長久的降低。

期望升高與「非必需品的獨裁」

假設你的年收入增加了一萬美元，比方說從五萬增高到六萬。一年多
了一萬美元似乎是一筆不小的數目，但是如果要添購一輛新車、大幅翻修房
屋、多幾次全家的旅遊度假、給家人購買更昂貴的聖誕節禮物，或是換用更
高速的網路服務費率，在這樣的開銷增加之下，每個月底收支平衡難免要出
現捉襟見肘的吃緊狀況。然後，十之八九，你會開始設想，如果你一年可以
賺到七萬美元，你會怎麼做？總而言之，賺得多，花得也多，結果多增加出
來的收入很快也就消失無感了。

伊斯特布魯克（Easterbrook, 2003）論稱，美國人收入的增加使得期望
隨之水漲船高，導致「想要」看起來像是「需要」，並且形成「非必需品的
獨裁」（tyranny of unnecessary）。誠如伊斯特布魯克指出，我們大部分人
可能都會同意，每戶人家應該擁有一台電視機。不過，證據顯示，一般家
庭平均擁有3台電視機，一戶人家擁有5台電視機的情況也相當普遍，18歲

以下的青少年個人臥房擁有電視機者高達65%。類似的模式也發生在CD與DVD播放機、汽車、電話,以及許許多多其他的消費產品。伊斯特布魯克指出,新建家庭住宅的大小,相較於一個世代之前,已經增加了一倍,在此同時,每戶人家的人口數卻是越來越少。租用倉庫的生意蒸蒸日上;根據建商的報告,購屋者最常提出的抱怨就是收納空間不夠用。這也是非必需品獨裁的一面——擁有這麼多東西,該拿它如何是好?多半時間,都只是閒置罷了,根本派不上用場。另外,非必需品獨裁的另一面則是,昨日的想要搖身一變成為今日的需要,於是就形成了沒完沒了的循環:賺更多錢→買更多消費產品→賺更多錢→買更多消費產品⋯⋯

迪勒和畢斯華—迪勒(Diener & Biswas-Diener, 2002)論稱,升高的期望形成物慾渴望(我們渴望擁有的東西)與目前所有物(我們已經擁有的東西)之間的恆常差距。簡言之,不論自己擁有多少,大部分的人都想要擁有更多。迪勒和畢斯華—迪勒引述的支持證據包括:

1. 研究顯示,近來年,滿足個人消費慾望所需的收入水準,已經增高一倍以上。
2. 調查結果顯示,84%美國人認為「美好生活」應該擁有度假別墅。
3. 大部分人表示,內心總是有些東西想添購,平均而言,每個人的欲購清單至少有六樣東西,其中有將近一半的人想要換購更大的房子。

因為收入增加似乎也會推高期望,我們總是向前盼望想要的東西,而不是回頭看看已經擁有的東西。

社會比較

美國有句俗語:「不要輸給隔壁瓊斯家」,一語道盡在判斷物質福樂安適時,他人扮演了相當重要的角色。判斷個人處境或狀態時,固然可以用自我標準來判斷,但是通常也會拿其他人做比較,這也就是**社會比較(social comparison)**的判斷。在下面介紹的關於大學生與他人相互比較的研究,可以清楚見識到社會比較的效應(Wheeler & Miyake, 1992)。

參與研究的大學生在兩個星期當中,記載關於下列比較事項的日記,包括:課業成績、社交技巧、外貌吸引程度、表達能力、個性、金錢或財物。向上比較(拿自己和其他優於自己的大學生做比較),結果通常會產生負向

的感覺；相對地，向下比較（拿自己和其他不如自己的大學生做比較），則會產生正向感覺。社會比較不只會影響我們的感覺，也會影響我們的「需求」。我們許多的需要與想要，都是在社會影響之下形成的，而且在我們年紀很小的時候就已經開始受到影響。每個為人家長者或許都曾經有過類似的經驗：孩子從學校回來，吵著說是一定要買某種新的電子產品，或是新流行的服飾，而理由就是「學校每個人都有，就只我一個人沒有。」要戳破這種謊稱同儕壓力的購買行為，很有效的對策就是打電話給你孩子的朋友的家長求證。這不但可以讓你獲得其他家長的同聲支持，抗拒孩子的要求，你還可以藉此釐清孩子口中的「每個人都有」，事實上卻是「只有一個孩子有。」

社會比較似乎是構成消費者多樣化選擇與「需要」的基礎所在（Easterbrook, 2003）。比方說，我們很難想像，一時之間，居然有千百萬人不約而同發現自己「需要」越野休旅車或手機。但事實上，就拿越野休旅車來講，絕大多數車主唯一的「越野」經驗，就是清晨三點鐘，睡眼惺忪，意識不清，不小心把車開上了自家門口前庭的草坪。

社會比較與*相對剝奪感（relative deprivation）*提供了直接的解釋，可茲說明為何客觀的生活條件與收入，對於快樂並沒有一致的影響效應（Tyler & Smith, 1998）。人們對於個人收入的滿意程度乃是基於某些參照標準比較而得的相對感覺。相對於超級富豪，富裕的人可能會覺得不滿或「被剝奪」。與窮人比較，低收入的人可能會覺得相對小康。社會比較也可能有助於解釋，為什麼收入增加對於快樂水準只有微不足道的增益效果。如果，我們一直是拿自己和相近似的人做比較，由於大家收入增加的情況都差不多，因此社會比較的參照點也就隨之等量提升，如此一來，收入增加等於沒有增加，結果也就不太會有增益快樂水準的淨效應。在鄰近的其他房子也都是差不多大小的環境當中，大房子可能不會顯得有比較大。契克森米哈賴（Csikszentmihalyi, 1999）論稱，美國人可能都會覺得多少有些相對剝奪感，因為很多美國人都享有空前的富裕生活，而這正是他們社會比較的參照點。美國社會貧富差距急遽擴大，甚至可能讓某些非常富裕的人感到相對剝奪。相較於比爾・蓋茲與唐納・川普，大多數的美國人都只能算是「窮人」。

相對剝奪感可能也造成其他比較不富裕國家的福樂安適感比較低。當其

他開發中國家普遍接觸西方媒體（例如：電視和電影），由於該等媒體的焦點往往凸顯西方各國的優渥生活型態，這可能就會產生相對剝奪感。社會比較是否會產生這些效應，還有賴於一項關鍵因素：社會比較是出於外在環境促使而來的，還是個人觀察其他人而產生的滿意或不滿意的感覺？我們是否會向媒體看齊？個人是否自行決定採用什麼樣的社會比較（向上比較、向下比較、和什麼人比較）？

　　研究顯示，社會比較確實會影響人們對於特定生活面向的評價，但是該等影響通常只有暫時的效應，而不會給個人的整體快樂水準造成長久的影響。社會比較不會有一致的影響效應，大抵而言，乃是因為每個人似乎會自行選擇各種不同的比較參照點。外在環境的客觀標準並不一定會決定個人如何進行社會比較。比方說，研究發現，生活在美國富裕地區與貧窮地區的中等收入者，他們自評的個人快樂水準都是不分上下的（Diener, Sandvik, Seidlitz, & Diener, 1993）。國際比較研究發現，各個國家內部的平均SWB與其鄰近國家的富裕程度呈現正相關，而不是如同社會比較理論所論稱的負相關（Diener et al., 1995）。

　　我們做比較似乎傾向和自己相近似的人為對象，而且聚焦在特定的生活領域。比方說，收入對於工作滿意度的影響效應似乎取決於個人相對而非絕對的酬勞水準（例如：Clark & Oswald, 1996）。如果你賺得錢比同事少，你可能就會因為同工不同酬而感到不滿。如果你賺得錢比同事多，可能就會增高工作滿意度。箇中關鍵就在於比較參照的對象。我們的焦點似乎是更在意比較的對象，而比較不在乎錢的多寡。我們可能會相信，職業籃球明星的收入高得嚇人或是鄰居根本不配賺那麼高的薪水，這些的確會讓人感到鬱悶不樂，但是並不會給個人的快樂水準或生活滿意度帶來太大的影響。

　　自我關聯性（self-relevance）是影響社會比較的一個重要因素。假設好朋友、配偶或家人比你還要成功，你會作何感想，又會如何反應？你會以他們的成就為榮耀，抑或是你會因為不如他們而感到忌妒？泰瑟爾（Tesser, 1988）論稱，箇中關鍵在於他人的成功和我們的自我概念的關聯程度。如果，我們對於自己的某些特殊能力、個人特質或成就特別重視或感到格外驕傲，那麼重要他人如果在該等領域超越我們，我們對於自我的滿意度就會因此減弱。比方說，如果你的配偶收入比你多，那你在工作的滿意度就會減弱

（請參閱Argyle, 2001; Diener & Seligman, 2004）。但是，為人丈夫者如果把自己定位為賺錢負責全家生計的角色，那老婆在慈善機構的服務獲獎，他比較不會心生忌妒，而是會以老婆的成就為榮耀。這是因為老婆的成功沒有威脅到他的自我形象。

金錢—快樂之間相關不大似乎不是由於社會比較的結果。不論是媒體上，或是我們在日常生活當中遭遇的任何人，就算他們賺的錢比我們多，我們也不會因此而覺得自形慚愧。相反地，我們會主動選擇社會比較的對象，以便幫助自己因應各種生活處境，並且讓自己進步成長。

所以，比方說，我們可能會使用向上比較，透過仿效我們崇拜的人物，來激勵自己發展某些特殊才能或個人特質。另一方面，我們可能會使用向下比較，以便抵消負向生活事件的衝擊。這種彈性選擇使用不同社會比較的現象，可以在鮑嘉和海格森（Bogart & Helgeson, 2000）關於乳癌婦女的研究看得非常清楚。研究參與者包括300名乳癌初期的女性患者，思考個人親身遇過或聽聞的其他女性乳癌患者的遭遇，記錄個人對於乳癌的感想，為期七個星期。研究結果發現，大部分的參與者在面臨乳癌威脅之下，使用向下比較，也就是拿其他比自己遭遇更不好的女性來作為社會比較的參照點，這有助於她們對於自己的狀況感覺較為良好。女性乳癌患者的故事提供了這些向下比較的具體實例（Taylor, 1989）。舉例而言，切除局部腫瘤的婦女想的是，如果自己必須把乳房完全切除，那會有多麼悽慘。乳房完全切除的高齡患者想的是，如果是年輕的女子失去乳房，那情況肯定會更糟糕。

過度的物慾主義

最近，研究開始詳細探討，物慾主義的潛在負向層面（Kasser & Kanner, 2004）。關於物慾主義的「黑暗」面，我們將在下一章進行探討。在這兒，我們要注意，更多的金錢沒能增益幸福快樂的另一項原因。對於把金錢與財富看得很重的人而言，物慾主義—幸福快樂關係似乎是一條雙向道。一方面，過度的物慾主義可能會干擾個人心理與社會需求的滿足（例如：有品質的情感關係），而這兩方面的滿足對於個人的快樂有著最大的貢獻。另一方面，缺乏安全感與不快樂的人可能會被物慾主義吸引，以補償需要未獲得滿足的缺憾。不論是上述哪種情形，結果都是更加的不快樂。

6.5. 快樂幸福的相對意義vs.普世意義

　　最後，關於金錢與快樂幸福的關聯還有一項重要的議題，那就是不同文化當中關於幸福／快樂的多樣詮釋與意義。文化的影響可以從各國收入與SWB之間的不同關係窺見一斑。在非常貧窮的國家，幸福安樂與收入呈現非常顯著的正相關；但是並不是所有貧窮的國家都有較低的幸福安樂（請參見表6.1）。阿蓋爾（Argyle, 2001）指出，若干南美洲的國家（例如：巴西、祕魯、智利）有著高出他們平均收入水準相對應的生活滿意度。這些國家也有相當高的正向情感評分。就此來看，拉丁美洲文化對於幸福快樂的表達是否有著不同於其他文化的社會常模呢？拉丁美洲文化是否比其他文化更強調正向情緒？

　　這些問題都會關係到文化差異對於幸福安樂意義的重要性。就最具體細節的層面而言，我們可以質問，關於快樂與生活滿意度的問卷調查題目，在不同的國家是否代表相同的意義。在日本、印度、拉丁美洲等國，快樂的義意是否等同於美國、加拿大或是西歐國家？如果快樂幸福的意義因為文化而有所差異，而不是普世皆同的共通意義，那我們如何能夠比較各國的SWB水準，或是進行各國的快樂幸福排名？

　　日本較低的生活滿意度是否意味著，日本人比其他富裕國家的人來得比較不滿足他們的生活？抑或是，日本人對於滿意度的意義有不同的看法，而且該等看法是西方SWB測驗沒能捕捉到的？

　　雷恩和德希（Ryan & Deci, 2001）指出，SWB研究有可能潛藏文化偏見，關於這一點已經引來頗多的評論。文化差異對於SWB研究結果的影響程度仍然存在不少爭議。確實而言，有相當程度的證據支持，SWB有若干面向可能存有文化影響。

　　迪勒與同僚（Diener et al., 2003）論稱，SWB的重要性在於人們得以藉此評量個人的生活好壞。他們相信，生活的評價對於所有社會的生活品質都是很重要的，因為很難想像美好的生活或是美好的社會竟然沒有正向的SWB。他們懷疑，不滿意與不快樂的程度很高（亦即SWB很低）的國家，會是任何人心目中的美好社會。快樂不是評量社會的唯一尺度，但是很顯然

是一種重要的尺度。

　　迪勒和徐恩國（Diener & Suh, 2000b）承認，在不同的文化，快樂的基礎可能有相當的差異。不過，他們論稱，每個文化都會設定若干目標與價值，可供個人用來評量生活的好壞。雖然，不同的文化追求的目標與價值可能有所差別，但是如果SWB反映的是個人達成目標與價值的滿意程度，那麼SWB的測量就具有相當程度的跨文化效度與普世性。42個國家7,000名大學生的跨國調查研究發現，支持SWB具有跨文化的重要性，亦即在世界各地諸多文化，SWB都很受到重視（Diener, 2000）。由於此項研究個別國家的樣本有些太小（大部分國家樣本介於100至300人之間），不足以充分代表個別國家的整體狀態；雖然有這樣的限制，但是研究結果還是頗有參考價值。研究發現，大部分的人（69%）評定快樂是非常重要的，再者，大部分的人也評定生活滿意度（62%）是非常重要的。西歐文化或許有些微的傾向比較重視SWB；但是，總體而言，跨越所有的文化，快樂與生活滿意度都是普遍受到重視的目標。

　　SWB評量的普世性有部分取決於，對於快樂與生活滿意度意義的跨文化共通理解。當這些字詞翻譯成其他語言，是否仍然保有相同或類似的意義？維恩霍文（Veenhoven, 2000）論稱，大抵而言，這些字詞再翻譯之後仍保有相同或類似的意義。比方說，瑞士人福樂安適的自評分數高於法國、德國或義大利人，而且在瑞士，一般人都通曉法語、德語、義大意語。根據瑞士大使館網站資料，最近的普查報告顯示，瑞士人有63.9%講德語、19.5%講法語、6.6%講義大利語（www.eda.admin.ch/washington_emb/c/home/culedu/cultur/langua.html，2005，10月14日讀取）。如果，生活滿意度排名有賴於「滿意度」這個字翻譯成不同語文的特定意義，那麼通曉德語、法語、義大利語的瑞士人，應該分別與德國人、法國人、義大利人測出類似的SWB分數。但是，研究結果發現卻不是這樣，這似乎意味著，福樂安適主要反映共通的歷史經驗，而和語言的差異關係不大。迪勒和徐恩國[9]

---

[9]　徐恩國（서은국, Eunkook Mark Suh），韓國延世大學（Yonsei University）心理系副教授。美國伊利諾大學香檳校區心理學博士（Ph.D. Psychology, University of Illinois at Urbana-Champaign, 1999），論文指導教授是知名的福樂安適心理學研究學者艾

（Diener & Suh, 2000b）指出，有研究顯示，使用中文和英文的翻譯也得到類似的結果。

在這兒，有一個重點頗值得注意，那就是跨文化的研究者通常會找懂得雙語的個人或專家，以便可以反向翻譯問卷的內容。比方說，大石繁宏（Oishi, 2000）使用迪勒的「生活滿意度量表」（有關此量表的詳細討論，請參閱本書第四章），以茲調查研究北美、南美、亞洲與歐洲總共39個國家的大學生。研究團隊找了一群雙語人士，負責將這份量表翻譯成西班牙文、日文、韓文、中文等版本。然後，再由另外一群雙語人士將該等語文版本的量表翻譯成英文。最後，再由另外一群人士比較該等英譯版與迪勒原始英文版本的量表。評定結果符合的程度非常高，這樣的程序可以確保在跨語文的翻譯之下，該等量表所使用的概念和用語的意義仍然維持一致。不過，這當然不能保證意義完全相同。

另外，還有一種方法也可以提供證據，支持福樂安適測量具有跨文化的效度。那就是當研究者使用不同的方式，來詢問整體生活滿意度，結果發現對於SWB的分數影響都不大。生活滿意度的評分、快樂幸福的評分，或是最慘到最好的人生的評分，這些不同的評量方式結果都得到類似的評分排行（Veenhoven, 2000）。SWB的各種不同測量方式，譬如：ESM經驗抽樣法、正負向情感的評等、行為觀察，結果同樣都發現，許多不同的文化都有類似的評分排行（文獻回顧與評論，請參閱Diener et al., 2003）。

維恩霍文也論稱，如果快樂是西方文化獨有的概念，世界其他地區對於快樂與否理解不多，那麼在調查研究的回應當中應該會反映出來。換言之，在西方以外的國家，人們可能會傾向選擇回答「不知道」，或是「沒有答案」。但是研究結果顯示，在西方以外的國家，人們選擇這兩類答案的比率並沒有特別高。總之，維恩霍文與其他知名的SWB研究者（例如：Argyle, 2001; Diener et al., 2003）應該會同意，我們還需要更多證據，才能支持SWB具有跨文化的效度。不過，他們應該也會同意，各國SWB的差異與收

德‧迪勒博士（Ed Diener）。主要研究領域：快樂、文化、自我。個人研究室「快樂與文化心理學實驗室」（Happiness & Cultural Psychology Lab），網址：http://web.yonsei.ac.kr/suh/suh.html。

入以及其他變數有所關聯的研究發現，不太有可能是測量過程的人為產物，也不太可能主要是因為不同文化關於幸福／快樂的理解差異所造成。

幸福主義的福樂安適觀點主張，追求福樂安適乃是人類共通的基本需求，因此支持SWB具有普世共通的基礎（例如：Ryan & Deci, 2000; Ryff, 1989; Ryff & Keyes, 1995）。比方說，根據自我決定理論，自主性、勝任能力、關係性的需求乃是內在於所有人（Ryan & Deci, 2000）。這些需求的滿足可以增進健康與SWB。包括美國、保加利亞、俄國、日本等地的跨文化研究，都支持自我理論的論點（請參閱Ryan & Deci, 2001）。就一般評量結果而言，這些需求滿意度高的時候，SWB的評分也會較高。就目前而言，幸福主義描述的這些需求是否在所有或大部分的文化都具有普遍共通的實際效應，這一點尚言之過早。因為不同理論涉及不同需求，而且也不是很清楚哪一些需求可能是最普遍共通的。總之，還需要更徹底的跨文化研究，才能夠解決這方面的疑問。目前重要的是，我們必須認清，關於SWB普世共通性的證據並不牴觸SWB也具有文化特定的意義與成因。迪勒與同僚（Diener et al., 2003）論稱，SWB兼具有普世共通的面向與文化特定的面向。此外，文化差異也可幫助為什麼各個社會的福樂安適水準會有所差異。

6.6. 文化與福樂安適

雖然，社會極為複雜而又多元，很難給「文化」擬定一個明確而毫無歧義的定義；但是，大抵而言，文化是指某一社會群體共享而且代代相傳的社會角色、常模、價值，以及各種實踐做法（請參閱Betancourt & Lopez, 1993; Diener & Suh, 2000a; Segall, Lonner, & Berry, 1998; Triandis, 2000）。不論團體規模大小，都可以發現文化差異。造成各個國家之間文化差異的主要因素包括：共同的國家民族文化遺產、語言、宗教、種族、年齡、性別、地區，以及歷史事件。至於在同一國家之內，上述的諸項因素也會造成不同地方或區域團體之間的文化差異，而形成文化之內的文化

（例如：非裔美國人的文化）。如同北島忍和馬庫斯所指稱的「標準觀點」（Kitayama & Markus, 2000），就是指個人從小在某一特定文化當中成長，長期耳濡目染，而將該社會成員對於世界的共通理解觀點內化而成為自己的觀點。

　　家長、學校、同儕、媒體都會教導兒童關於文化的種種形式與內容，而屬於該文化共享的態度、常模與價值，就會影響人們思考、感覺與行動的方式。文化也會影響人們的目標與價值，從而影響我們怎麼看待可欲與不可欲的個人特徵與行為，以及設定什麼是成功人生的意義與成就。對於正向心理學而言，最重要的就是要了解，文化的這些因素如何型塑人們形成各種不同的幸福快樂的想法，以及獲得幸福快樂的方式。

　　文化的影響雖然不可忽視，但也不是如同餅乾切片模具一樣，結果每個人都變成相同的模樣。越來越多的研究關注，在相同文化之下，個人之間的巨幅差異（例如：Hong, Morris, Chiu, & Benet-Martinez, 2000）。文化對於個人的影響作用也許不像先前設想的那樣徹底而且一致。原因可能是個人內化了不只一個文化傳統（例如：全國性的文化，以及地區性的文化），所以反映出來的就是諸多文化影響的綜合結果。

　　赫曼斯和坎佩恩（Hermans & Kempen, 1998）論稱，現今社會多重文化混合的現象更勝昔日，原因可能是接觸到全球化的媒體、增多的世界旅行、跨越文化的移民，以及跨國企業的增加。再者，有些人也可能因為不認同該文化的主流價值與行事做法，而採納有別於社會大多數人的價值與生活型態。若干研究發現，同一文化之內的個人差異程度可能超過不同文化之間的差異，這一點也支持個人與文化的連結並不是徹底而一致的（例如：Oyserman, Coon, Kemmelmeier, 2002）。

　　雖然如此複雜，但是大多數的研究人員相信，文化確實有著相當深遠而且可茲預測的影響作用，可以用來有效地描述文化與個人生活之間的關係（Diener et al., 2003; Fiske, Kitayama, Markus, & Nisbett, 1998; Kitayama & Markus, 2000; Markus & Kitayama, 1991）。迪勒等人（Diener et al., 2003）研究報告就支持上述的結論，他們針對43國進行全球價值調查研究，結果發現生活滿意度的變異量有15%可歸諸跨國或文化之間的差異。

　　相當多關於福樂安適的跨文化研究，都是以自我作為研究的核心。就

本質而言，自我概念就是個人對於自己是誰的理論。自我是指每個人對於「我是誰？」這個問題的主觀看法（文獻回顧與評論，請參閱Baumeister，1998）。自我概念包括：關於自己能力、缺點、慾望、目標與價值的信念。自我概念在個人生活扮演了核心的角色，因為該等概念幫助我們過濾與評估個人的諸多經驗，並且決定我們如何回應周遭的人事物。個人的自我概念固然受到個人特殊生活經驗的型塑作用，但是文化在其中也發揮了相當大的影響作用。

6.6.1　個人主義文化vs.集體主義文化的自我概念

根據個別文化對於個人主義或集體主義的偏重程度，我們可以將許多文化分類為個人主義文化，或集體主義文化（文獻回顧與評論，請參閱Fiske et al., 1998; Kitayama & Markus, 2000; Triandis, 1989, 2000）。這兩種文化取向代表兩種相反的自我概念模式。

個人主義文化（individualistic cultures）包括：北美的工業化國家（例如：美國與加拿大）、西歐國家（例如：英國、法國、丹麥、荷蘭），以及西方文化傳統的國家（例如：澳大利亞、紐西蘭）。這些文化都比較注重個人權益、個人責任與個人自由。個人主義文化重視自力更生、獨立自主、自我主導、個人抉擇、自我肯定。西方文化反映的是獨立自主的自我觀，把自我視為獨立的個體，每個人都具有個人獨特的特質與能力，而與他人有所不同。

集體主義文化（collectivistic cultures）包括：東亞（例如：中國、日本、韓國），中東（例如：巴基斯坦）、非洲、拉丁美洲（例如：委內瑞拉、哥倫比亞、墨西哥）。這些社會強調相互依存的自我觀，把自我視為相互依存的社會份子，個人的身分認同乃是根據與他人的連結關係（例如：家庭、國家、同儕、雇主、宗教），以及當下置身的社會脈絡。集體主義的文化特別重視社會責任、社會角色的實現、合作，以及維持社會和諧。身分認同主要是建立在社會網絡的關係，把自我視為屬於某社會組織的一份子，而不是獨立的個體。

個人主義—集體主義文化的一個區辨方式就是，檢視特定文化的自我

觀是偏重於個人身分認同，抑或是社會身分認同（Tajfel, 1982）。當我們以個人獨特的屬性來描述自我，我們就是在使用個人身分認同（例如：「我是運動陽光型、友善、開放」）；相對地，當我們是以自己所屬或所認同的團體來描述自我，我們就是在使用社會身分認同（例如：「我是自由派、天主教徒、主修政治學」）。關於個人身分認同與社會身分認同的區分，可以使用「二十命題測驗」來檢視（例如：Bond & Cheung, 1983; Shweder & Bourne, 1984; Trafimow, Triandis, & Gotto, 1991）。「我是……」美國人最可能選用描述內在心理特質的形容詞（「我生性害羞」，或是「我天資聰穎」）；相對地，亞洲人則比較可能選用描述社會角色、群體歸屬、社會關係的形容詞（「我是某某的女兒」，或是「我對父母很尊重」）。

　　對於美國人而言，自我觀比較是抽象的，而且相對獨立於他人與處境脈絡。美國人不論置身何處，自我總是一致不變。如果周遭其他人，以及置身的處境對於個人有著一致而且重大的影響，那要維持**獨立自主的自我觀**（**independent self**）就會很困難。相對地，對於亞洲人，自我則是**相互依存的**（**interdependent**），因為自我與人際關係、社會脈絡有著更多的緊密連結。個人特質的意義、表現，總是和周遭他人，以及所置身的處境，有著緊密的連結。被問到有關學校、工作與家庭等脈絡的問題時，日本人會給予較*抽象*的內在特質答案（Cousins, 1989）。相對地，美國人則傾向給予帶有限定詞的回答，譬如：「有時候」、「或多或少」。這些限定辭的使用乃是為避免把特定脈絡下的自我表現，混淆當成不分脈絡的真實自我。「*有時候，我在家或多或少會有點懶散。*」言下之意，也就是指「我並不是*隨時隨地都一樣懶散。*」當沒有具體指明脈絡時，美國人似乎比較習慣以內在特質來描述自我，因為這合乎美國文化強調獨立自主的自我觀（Rhee, Uleman, Lee, & Roman, 1995）。美國人似乎非常需要在橫跨各種情況時，自我都必須維持一致。相對地，亞洲人則是在脈絡有具體指明時，才會比較敢於使用內在特質來描述自我，因為這合乎亞洲文化強調相互依存的自我觀。亞洲人的自我似乎比較有彈性，隨著脈絡而有所不同，因此也就比較不那麼擔心在橫跨各種情況時，自我都必須維持一致（請參閱Suh, 2000）。

　　上述關於個人主義與集體主義之間的區分是相對的程度差異，而不是絕對二分。美國人在自我描述的時候也會提及所屬的社群身分，而亞洲人也

會提及自我特質的形容詞。我們也注意到，在單一文化內，也存在著顯著的差異性。比方說，美國東南部居民就比西部居民傾向持有較偏向集體主義的自我觀點（Vandello & Cohen, 1999）；另外，相對於美國男人，美國女人在描述自我時，傾向使用較多人我關係的形容詞（Gabriel & Gardner, 1999; Gilligan, Lyons, & Hammer, 1999）。

6.6.2 文化與快樂幸福的意義

個人主義與集體主義的自我概念提供了不同的基礎點，可以用來對照比較這兩種文化脈絡下的福樂安適與快樂的意義。有相當多的研究針對歐美與東亞，因此我們的討論將會集中在這兩個文化地區。主觀性福安樂研究學者已經注意到，日本文化特別令人費解，因為日本收入相對居高，但是如果和美國對照，SWB就比較低。在早期，若干社會心理學研究學者針對美國與日本的SWB差異結果，論稱美國的自我概念可能有別於亞洲文化的自我概念。研究學者對照比較美日文化，然後提出了兩類關於自我的文化模式（文獻回顧與評論，請參閱Baumeister, 1998; Fiske et al., 1998; Gilbert, 1998; Kitayama & Markus, 2000; Suh, 2000）。

美國人往往被鼓勵去認同與表達個人獨特的內在特質，讓自己能夠突出而與眾不同，並且建立正向的自我觀感，提升自尊；對於個人與社會的判斷主要是考量個人的內在特質與動機。相對地，亞洲人往往被鼓勵去認同與表達和諧、不強出頭的謙卑特質，並且建立自我批判與自我規範的態度，強調修身自持，對於個人與社會的判斷主要是考量是否敏感順應社會脈絡與社會常模。這當中有許多差異之處，可以提供用來檢視幸福快樂的文化基礎。

6.6.3 美國─個人主義文化的快樂幸福

快樂、擁有正向態度、自我感覺良好，這些都是美國文化的核心價值。美國獨立宣言明文記載，追求快樂是人民不可剝奪的權利。美國社會提供了充分的機會與個人自我，鼓勵人們生活就是要去自由追求快樂與滿足。

對於美國人而言，什麼是快樂呢？這一點深受美國個人主義自我概念

的影響。快樂是基於個人對自我生活的主觀判斷，這樣的觀點和SWB的概念相互吻合。快樂是主觀的，也是個人化的，判斷的基礎反映個人獨特的性格特質與自我特色的判斷標準。身為美國人，每個人都有權追求個人快樂的事情，而且我認為快樂的事情不見得你也會覺得快樂，因為每個人都是獨一無二的自主個體，這些都是天經地義，不容挑戰的道理。大量的研究文獻回顧評論揭顯了美國人享樂主義觀點的特徵（請參閱Fiske et al., 1998; Kitayama & Markus, 2000; Markus & Kitayama; Matsumoto, 1997; Suh, 2000; Triandis, 2000）。從年幼時期開始，美國的孩童似乎就接受了兩種教化：

1. 快樂與自我感覺良好是重要的個人目標，也是判斷選擇是否合乎實效的參照標準。換言之，人應該要快樂，還有做決定的時候重點就是要考量結果能否讓自己快樂與滿意。

2. 快樂來自發現自己是什麼樣的人，也就是找出屬於自我獨特的身分認同（個人的能力與人格特質），然後努力去追尋可以充分表現自我特色的活動。兒童從小就被鼓勵去培養獨特的自我意識，對自我感覺良好，不受其他人的影響。快樂就是忠於自我本色。

相當多的研究肯定許多北美人確實身體力行上述的教化。絕大多數的北美人表示自己是快樂的（Diener & Diener, 1995; Diener et al., 1995; Myers, 2000a）。比方說，全國調查研究（Diener & Diener, 1995）顯示，有83%美國男人，82%美國女人，78%加拿大男人，79%加拿大女人自評生活滿意度高於中等水準（亦即自評「有些滿意」，或「非常滿意」）。與亞洲國家對照比較，低於40%的日本男女、低於50%的韓國男女表示生活滿意度在中等水準之上。迪勒等人研究也發現（Diener & Diener, 1995; Diener et al., 1995），在個人主義文化上，自尊與主觀幸福安樂感的相關比較高，北美洲的人比亞洲人有較多正向的情緒。這些研究發現與如後的個人主義文化觀一致：快樂是重要的，而且快樂源自於個人的自我滿足。

社會心理學家記錄了為數頗多的研究證據顯示，北美洲人強調建立與維持正向的自我形象，而這種傾向符合個人主義文化（文獻回顧與評論，請參閱Baumeister, 1998, 1999; Fiske et al., 1998; Fiske & Taylor, 1991; Gilbert, 1998）。北美洲的人有很強的傾向，認為自己「優於一般人的平均

水準」，誇大自己對於生活的掌控程度，只看到未來一切美好的情景，而忽略可能發生的負向事件（我這次考試成績拿A，因為我很聰明，而且很用功），捍衛自我形象，把失敗歸因於外在情境因素（我這次考試成績不好，因為考試題目含糊不清，我不清楚老師到底要問什麼）。

所有這些傾向都算是自我助長，因為都有助於促進、維持與保護正向的自我形象。在北島忍和馬庫斯（Kitayama & Markus, 2000）的研究當中，我們可以見識到相當戲劇化的證據，支持美國人確實特別重視正向自我形象。該研究抽樣訪談1,500位居住於美國地區的成年人，研究結果顯示，他們最常使用的自我陳述字眼包括：「快樂」、「外向」、「主動」、「獨立」；負向的自我陳述字眼則不到2%。在亞洲集體主義文化當中，自我助長的傾向則比較沒有那麼凸顯（Fiske et al., 1998）。整體而言，北美人自尊的評量分數顯著高於日本人（北美樣本，請參閱圖6.3；日本樣本，請參閱圖6.4）。

6.6.4　亞洲—集體主義文化的快樂幸福

亞洲文化比較傾向不看重快樂，也比較不會將快樂視為重要的文化理想；並且鼓勵小孩子節制個人的情緒，融入他人之中，以個人所屬群體的成就為榮，並且抱持自我批判、自我損抑的態度。

文化理想

在東亞社會，快樂似乎比較不被認為是重要的文化目標，而生活滿意度乃是基於外在與常模規範的期許，比較不是取決於個人化的判斷標準。一項大規模的國際調查研究，接受訪查者包括61個國家，總共超過六萬二千多人。這項研究結果支持，集體主義文化比個人主義文化更著重以文化常模作為判斷生活滿意度的考量依據（Suh, Diener, Oishi, & Triandis, 1998）。徐恩國指出，東亞文化傳統相對於北美文化，就生活的核心關切而言，比較不強調快樂、生活滿意度，或是正向情緒經驗。若干研究支持，美國與東亞國家對於SWB的看法有著相當的文化差異。比方說，迪勒（Diener, 2000）的研究指出，相較於美國人，東亞人相對比較不重視個人的快樂與生活滿意

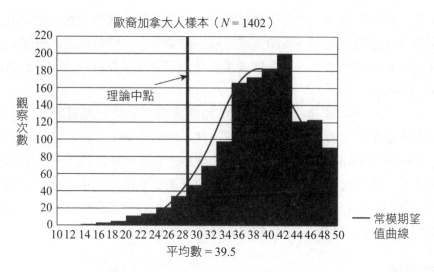

圖6.3　歐裔加拿大人樣本的自尊分數

資料來源：Heine, S. J., Lehman, D. R., Markus, H. R., & Kitayama, S. (1999). Is there a universal need for positive regard? *Psychological Review, 106*, 766-794. 美國心理學會版權所有，翻印轉用許可。

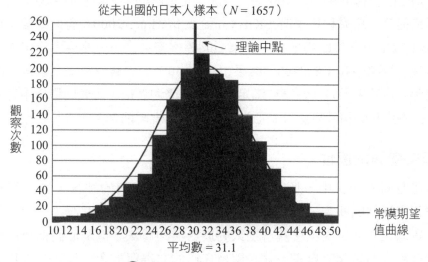

圖6.4　日本人樣本的自尊分數

資料來源：Heine, S. J., Lehman, D. R., Markus, H. R., & Kitayama, S. (1999). Is there a universal need for positive regard? *Psychological Review, 106*, 766-794. 美國心理學會版權所有，翻印轉用許可。

度，也比較少思考個人是否快樂或滿足。另外一項研究請美國人與韓國人評量生活滿意度對於理想的美國人或韓國人的重要性，結果發現，韓國人顯著不像美國人，覺得理想的國人應該重視生活滿意度（Diener, Suh, Smith, & Shao, 1995）。

　　亞洲文化傾向認為快樂與其他情緒只是來去匆匆的短暫狀態，不需要太費心去追求或培養。情緒就像天氣一樣，陰晴不定。「樂極生悲；反之亦然」（Suh, 2000, p.74）。換言之，過度迷戀快樂，或是因為不快樂而感到極度悲哀，就沒有辦法體會情緒經驗短暫而匆促的本質。在這兒，亞洲文化的啟示就在於平心靜氣接受當下，對於萬物無常的道理瞭然在心，而不要時時刻刻心浮氣躁，想著如何能夠追求快樂，或避免不快樂。

情緒表達

　　在亞洲文化當中，悲喜形諸於外的強烈情緒表達可能會被視為不夠成熟，或缺乏含蓄的修養。亞洲人的確可以經驗快樂，也享受快樂的經驗；但是，與北美人相反地，亞洲人並不認為情緒經驗是生活的核心目標，也不會視之為生活抉擇的重要判斷標準。亞洲文化強調的是，中和而平衡的情緒表達，這促使北島忍和馬庫斯（Kitayama & Markus, 2000）有此結論：依照SWB主觀幸福安樂的判斷標準，東亞的福樂安適「……測得中等水準，這乃是基於情緒中和本質的必然結果」（p.140）。主觀幸福安樂感量表的題目問個人對於生活有多快樂或滿足，亞洲的受測者很可能傾向選擇中等的答案，因為中和的情緒表達乃是亞洲文化的常模規範期許。

集體榮譽與敏感性

　　在亞洲文化當中，個人的情緒經驗與福樂安適的評量，和人際關係有著緊密連結的關聯。個人對於自己的看法，有相當程度取決於別人如何看待該個人。北美人也會關心別人對於自己的看法，但是他們也獲得相當多的鼓勵，追求獨立自主，並且堅持自己的立場與信念。獨立的自我必須能夠忍受來自他人的負向觀感，這是忠於自我本色必須付出的代價。相對地，東亞的兒童則是從小被教養形成北島忍和馬庫斯（Kitayama & Markus, 2000）所謂的與他人「同情的關係」（sympathetic relationship）。在此，

同情是指相互依賴的關係，期待個人以同理心體諒他人的想法與感受。同頻（attunement）是指能夠設身處地為他人著想，善於覺察他人的需求與欲望，並且盡力去滿足之。兒童從小就被期許學習自我調整，強化同理心，凡事為他人著想，以便增進與維持和諧的社會關係。研究顯示，美國文化強調個人自我的獨立精神，亞洲文化注重相互依賴的社會關係，影響所及，對於這兩種文化而言，可能促成正向感覺與較高SWB水準的個人經驗與目標也就有相當大的差別（Kitayama & Markus, 2000; Kitayama & Markus, & Kurokawa, 2000; Oishi & Diener, 2001）。

對於美國人而言，正向的感覺比較強烈連結於自我引以為傲的個人成就（例如：大學課堂測驗獲得高分）。在個人主義的文化當中，達成有助於提升自我獨立的目標對於個人快樂幸福是很重要的。對於亞洲人而言，感覺良好大多是源自於社會關係，取悅他人與完成社會期待可以導向友好、親近的感覺與相互尊重。在集體文化當中，達成有助於提升相互依存的目標對於個人快樂幸福是很重要的。有意思的是，大石繁宏和迪勒（Oishi & Diener, 2001）發現，對於亞洲與美國大學生而言，驅策他們追求目標的動機居然是相當類似的。當被問到追求目的是為了個人滿足或是讓家人、朋友高興，結果不分個人主義的文化或集體主義的文化，最常見的答案都是為了個人滿足，而比較不是為了想要取悅他人。

不過，對於亞洲人而言，似乎只有追求與他人有關聯的目標，才有可能促成SWB的增高。這樣的研究發現可能起因於，在日本青少年當中，也日益普遍流行西方文化強調的獨立與自我決定等理念，並且因此被許多青少年列為追求目標的理由。不過，在日本文化中，關於目標成就的滿意度可能還得看自我與他人之間的親密連結而定。換言之，只有能夠同時取悅家人與朋友的目標，滿意度才可以比較提高。

自我批評的態度

在東亞文化的人際關係當中，還有另外一項重要的特色，那就是自我批評的態度。這種態度對於促進相互信賴與支持，扮演了相當重要的角色。在個人主義文化當中，人們則是普遍相信，應該是先有自我好感，也就是個人對於自我持有正向的感覺與評價，當自我價值提升之後，自然就可以促進人

我之間相互的讚許。因此，個人必須表現出具有社會可欲性的自我特色，藉以博取他人正向的肯定，如此才可能獲得社會的讚許。相對地，在亞洲集體主義的文化當中，個人必須表現出自我批判的態度，藉以博取他人的同情與支持，如此才可能獲得社會的讚許。也就是說，自我的正向乃是取決於他人的觀感。美國有一句俗諺：「如果你沒有好話可說，那就乾脆別說了。」這話在日本可能就要修改為：「如果你不承認自己的缺陷，那麼就別奢望別人會同情你。」若干研究顯示，謙虛、卑恭屈膝、自我批評態度，很可能就是亞洲人自我概念的核心要素。

　　舉例來說，易靄儀[10]等學者（Yik, Bond, & Paulhus, 1998）針對中國與加拿大的大學生對於自我與他人特質評價，進行文化差異的對照比較。研究者先讓中國與加拿大的大學生進行小團體的社交互動，然後再請他們評量自己與其他團體成員的若干個人特質。研究結果發現，中國的大學生表現出自我批評的傾向，他們給予其他團體成員比較好的評價，給自己的評價則比較沒有那麼正面。相對地，加拿大的大學生則表現出自我提升的傾向，他們給予自己比較好的評價，給其他團體成員的評價則比較沒有那麼正面。

　　另外，還有學者對照比較加拿大與日本大學生的任務表現評量（Heine, Takata, & Lehman, 2000），結果也發現類似的文化差異傾向。首先，實驗者讓加拿大與日本的大學生參加一項「統合認知能力」的測驗，由於該項測驗難度頗高，而且答案充滿不確定性，因此參與的每一位學生都很難判斷自己成績好壞，唯一的線索就是實驗者提供的事後回饋。其中，有一半的學生被告知，自己的表現優於平均水準；另外一半的學生則是被告知，自己的表現不如平均水準。接下來，所有學生必須自行評價個人的表現。結果發現，加拿大的學生即使被告知，自己表現不如平均水準，卻還是相信自己的表現應該是比平均水準還要好。這種表現反映的就是自我凸顯的傾向，相當符合個人主義文化的自我概念。相對地，日本的學生即使被告知，自己成績優於

---

[10] 易靄儀（Michelle YIK），香港科技大學社會科學部副教授，加拿大卑斯省大學社會／人格心理學博士（PhD in Social/Personality Psychology, University of British Columbia, 1999）。研究興趣：情感的結構、正向與負向情感的兩極性、情感判斷的相對性、文化與人格、人格的預測效度。個人研究室網站：Chinese Emotion，網址：http://ihome.ust.hk/~emotion。

平均水準，卻還是不敢相信自己的表現可能真的比平均水準還要好。自我批評的態度傾向不凸顯個人的優勢，最好能夠和大家都差不多，這種不強出頭的心態，頗符合集體文化的自我概念。

不切實際的謙卑，抑或社交敏感度？

美國人認為，自我批評和不強出頭的態度，其實是一種過度的謙和禮讓，甚至還可以說是自我貶抑。但是，根據北島忍和馬庫斯（Kitayama & Markus, 2000）的看法，亞洲人的觀念卻是認為，上述的謙卑特徵恰好反映出吾人對於自我缺陷的自知之明，如果沒有這樣的社會敏感度，那就可能會因為缺乏自知之明，而表現出讓人鄙視的失禮行徑。這也就是說，謙卑促使人們以同理心待人，免於做出冒犯他人的行徑。當自我的定義與情感關係存在著緊密的關聯，那尊重他人對於個人的福樂安適與人生滿意度就有了相當關鍵的地位。自我推銷，以及認為自己特殊的心態，在美國社會相當普遍，但是到了許多亞洲社會，就會惹來鄙夷，因為自我抬升的行為無助於個人與團體的融合，反而會帶來彼此的撕裂。美國人說：「會叫的輪子，才有潤滑油加」，鶴立雞群，惹人注目，才是美德。日本人說：「突出的釘子，等著被搥打」，融入群體，對他人敏感以對，這才是美德。

美國人當然可以欣賞謙虛的態度，也支持那些抱持自我批評態度，以及表示自己有缺陷的人。但是，在個人主義的社會，自我批評終究不是情感關係的典型基礎。在美國，如果有人老是自我貶損，就有可能被認為是害羞、自尊低落、缺乏自信，或是太依賴他人。然而，在東亞人士當中，自我批評的態度卻是社會敏感度的基礎，有助於穩固親近、支持與互相肯定的關係。

本章　摘要問題

1. 研究發現，人們對於金錢和快樂幸福之間的關係，似乎抱持著兩種不同的心態，請簡要說明這兩種心態。
2. (1) 什麼是富裕的弔詭？請陳述該概念的定義，並提出四項支持該定義的事實證據。

(2) 針對「富裕弔詭」的現象，菲利浦‧庫希曼、勞勃‧普特曼、裴瑞‧史瓦茲等研究學者，分別提出何種解釋？

3. 請對照比較跨國之間，以及同一國家之內，金錢與快樂幸福的關係。其中呈現的各種關係為何有如此大的差異？該等差異可能代表什麼意義？

4. 有哪些研究發現支持，在富裕的國家，金錢對於個人快樂幸福的增益效用呈現遞減的趨勢？

5. (1) 迪勒等人（Diener et al., 2002）研究發現，大學新鮮人的歡樂個性、家長收入水準與學生日後薪資所得之間存在著什麼樣的關聯。

(2) 請針對歡樂個性對於薪資所得的影響效應，提供三種可能的解釋。

6. (1) 快樂適應與快樂跑步機如何可能解釋，為什麼收入增加卻不必然讓人更快樂幸福？

(2) 樂透大獎得主與癱瘓病人的研究，如何可以支持適應過程的對比效應與習慣化效應？

7. (1) 期望提升、社會比較、相對剝奪感，如何可以解釋，為什麼收入增加卻不必然可以讓人更快樂幸福？

(2) 社會比較的時候，有許多不同參照標準可供選擇。根據研究顯示，在諸多參照標準當中，最重要與最不重要的標準分別是什麼？

8. 哪些論述與研究發現支持，主觀安適感量表具有跨文化的效度與普世性？請擇要描述其中四種論述或研究發現。

9. 個人主義／獨立自主相對於集體主義／相互依存，兩類文化當中，自我概念有何差異？這些自我概念的文化差異，如何具體反映在美國人和亞洲人關於「我是……」的自陳報告差異？

10. (1) 快樂在美國人的自我概念、生活目標、自我判斷等層面，扮演什麼樣的角色？

(2) 哪些研究發現支持，在北美文化當中，快樂與正向自我形象的重要性？

11. (1) 亞洲人的自我概念、生活目標、自我判斷，快樂扮演什麼樣的角色？

(2) 在亞洲文化當中，為什麼情緒的表達有比較多的節制？情緒表達的節制如何有助於解釋亞洲人的主觀安適量表得分低於美國人？

12. 請對照比較，在亞洲人和美國人的主觀安適感的判斷當中，社會常模與

獨立自主扮演的角色有何異同？

13. 請對照比較，在亞洲人和美國人的情緒生活當中，同理關係與獨立自主所扮演的角色有何異同。

14. 請對照比較，在亞洲人和美國人的自我評價當中，自我批評與自我提升的效應有何異同。

關鍵字

富裕的弔詭（paradox of affluence）

空虛自我（empty self）

最大化vs.知足（maximizing versus satisficing）

選擇的弔詭（paradox of choice）

感覺適應（sensory adaptation）

快樂跑步機（hedonic treadmill）

對比（contrast）

習慣化（habituation）

動態平衡模式（dynamic equilibrium model）

社會比較（social comparison）

自我關聯性（self-relevance）

個人主義文化vs.集體主義文化（individualistic versus collectivist cultures）

獨立自主的自我vs.相互依存的自我（independent versus interdependent self）

網路資源

· 迪勒觀點的快樂幸福

http://www.psych.uiuc.edu/~ediener

著名的快樂幸福研究學者艾德·迪勒網站，針對快樂幸福相關主題，進行美國與跨國文化比較的廣泛研究。

· 全球快樂幸福資料庫

http://worlddatabaseofhappiness.eur.nl

荷蘭魯特·維恩霍文主持的網站。綜覽回顧與評論數千項的跨國大規模快樂幸福調查研究。

· 美國弔詭

http://www.davidmyers.org/Brix?pageID=21

大衛·邁爾斯個人網站，著有《美國弔詭：富足年代的精神飢荒》一書。

延伸閱讀

Brickman, P. D., Coates, D., & Janoff-Bulman, R. (1978). Lottery winners and accident victims: Is happiness relative? *Journal of Personality and Social Psychology, 36*, 917-927.

Diener, E. (2000). Subjective well-being: The science of happiness and a proposal for a national index. *American Psychologist, 55*, 34-43.

Diener, E., Diener, M., & Diener, C. (1995). Factors predicting the subjective well-being of nations. *Journal of Personality and Social Psychology, 69*, 851-864.

Diener, E, Nickerson, C., Lucas, R. E., & Sandvik, E. (2002). Dispositional affect and job outcomes. *Social Indicators Research, 59*, 229-259.

Diener, E., & Seligman, M. (2004). Beyond money: Toward an economy of well-being. *Psychology in the Public Interest, 5*, 1-31.

Diener, E., & Suh, E. M. (Eds.). (2000). *Culture and subjective well-being*. Cambridge: MIT Press.

Easterbrook, G. (2003). The progress paradox: *How life gets better while people feel worse*. New York: Random House.

Kitayama, S., Markus, H. R., & Kurokawa, M. (2000). Culture, emotion, and well-being: Good feelings in Japan and the United States. *Cognition and Emotion, 14*, 93-124.

Markus, H. R., & Kitayama, S. (1991). Culture and the self: Implications for cognition, emotion and motivation. *Psychological Review, 98*, 224-253.

Myers, D. G. (2000). *The American paradox: Spiritual hunger in an age of plenty*. New Haven: Yale University Press.

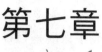

第七章

個人目標——
開啟福樂安適
的門窗

目標，是了解人類行為的核心要素，因為它提供行動必需的動能，並且賦予人生的活動以意義、方向和目的。目標有助於解釋「為什麼」當事人會做出某些行動。幾乎所有的行動都有其目標。目標提供理由，說明人類行為發生的原因，也使得人類的行為具有意義。每當人們問說：「你在做什麼？」，典型的回答通常就是描述吾人行動所想達成的目標。再者，透過具體短程目標與普遍長程目標之間的連結，也讓人們的生活融貫一致而有條理。簡言之，如果沒有了解當事人努力追求的目標，那就很難理解他或她一天、一星期、一年或一輩子的行為究竟有何意義。

　　根據勞勃·艾默斯的描述，個人目標（personal goals）乃是「正向人生的泉源」（Emmons, 2003, p.105）。換言之，個人追求的目標緊密關聯著當事人的幸福、快樂與安適。當人們缺乏清楚、有意義而

且有可能達成的個人目標時,在這種情況下,就會特別凸顯目標的重要性。幾乎只要是目標自相衝突,或是目標不切實際,就很容易伴隨產生福樂安適低迷的狀態,還有嚴重的苦楚不安(Austin & Vancouver, 1996; Cantor & Sanderson, 1999; Emmons, 1999b; Karolyi, 1999; Lent, 2004)。比方說,艾默斯和金恩(Emmons & King, 1988)發現,個人目標的衝突或不確定,往往會與下列現象有所連結:負向的情緒、憂慮的心情、神經質以及生理疾病。當人們花很多時間思考衝突的目標,但結果並沒有找出解決問題的具體行動時,反而讓人失去行動力,主觀幸福安樂SWB往往也會有所下降。

另外,還有一個關於個人目標與情緒不安連結的例子,就是不切實際的自我評價標準與憂鬱症狀之間的關聯。比方說,完美主義者乃是憂鬱症和自殺的高危險群,因為沒有能力達成不切實際的完美期許,往往會讓完美主義者陷入自責、自我價值感低落、長期自我失敗感的漩渦,難以自拔(Baumeister, 1990; Blatt, 1995; Karolyi, 1999)。該等期許可能是當事人加諸自身的,認為自己必須完美無缺;另外,也有些可能是來自社會的期許,認為親密的重要他人對我們抱持某些很難或不可能實現的關切與要求。長期無法達成自我期許的標準,或是感覺自己老是無法達成他人的期許,從而造成嚴重的心緒不安。長久心緒不安可能就會導致鮑曼斯特(Baumeister, 1990)所謂的「逃離自我」(escape from self)——也就是自殺。

另一方面,就正向意義而言,達成個人的重大目標、追求有意義的人生志向,以及投入參與有價值的活動,這些都有助於提高個人的幸福、快樂與安適(Cantor & Sanderson, 1999; Diener, Suh, Lucas, & Smith, 1999; Emmons, 1999b; Emmons & King, 1988; Lent, 2004)。個人目標在福樂安適方面扮演著關鍵的角色,因為它們是帶給人們幸福快樂的活動與人生意義的基礎所在。投入參與有意義的人生任務對於福樂安適有著重大的貢獻。比方說,針對600位成人的調查研究發現,投入參與社會、社區活動,和較高的生活滿意度,有著正向的連結關係(Harlow & Cantor, 1996)。

7.1. 目標連結「所有」與「所做」

　　除了對於個人的福樂安適有直接的貢獻影響之外，目標也可能間接影響與福樂安適有關聯的個人資源。坎特和桑德森（Cantor & Sanderson, 1999）指出，目標有助於連結人的「所有」與「所做」面向（請另行參閱Cantor, 1990）。此一傳統的區分〔首見於人格理論家戈登・艾波特（Gordon Allport, 1937）〕捕捉了人格「所有」與「所做」兩個面向資源的重要性。其中，「所有」面向的資源諸如：社會技能、樂觀的態度、支持的朋友；「所做」面向的資源諸如：有意義的目標與追求重要的人生。這兩方向的資源對於福樂安適有著重要的關聯。其中，迪勒和藤田（Diener & Fujita, 1995）針對大學生的研究堪稱箇中典範。

　　迪勒和藤田的研究發現，資源對於福樂安適的效應取決於該等資源與個人目標兩者之間的相容程度（congruence）。此研究檢視的資源包括：技巧與能力（譬如：智力、社會技能）、個人特質（精力充沛、外向）、社會支持（和家人與朋友的親密關係），以及物質資源（金錢與財產）。目標的衡量是請學生描述日常生活中15項個人努力追求的事項（Diener & Fujita, 1995, p.929）。學生自我評量每一項資源與個人追求目標之間的適配關聯程度，另外也評量整體SWB，並且藉由經驗抽樣取得日常心情的資訊。就研究變項之間的關係而言，資源如果有助於達成個人目標，那SWB就會連帶比較高；相對地，如果缺乏與目標相關聯的資源，那福樂安適的水準就會比較低。也就是說，資源有無或多寡並不是關鍵所在，重要的是資源是否能夠支持（亦即適配）個人所努力想達成的目標。

　　迪勒和藤田還報導了另外兩則個案研究，以凸顯說明目標—資源之間的適配關係。第一位個案是女性，她智力很高、工作自律很強，這些都是很好的個人資源。但是，她自評這些資源與個人追求的目標之間並沒有太多關聯。她認為，自信與家人、朋友的支持才有較高的關聯性。可惜的是，她在這方面的資源比較弱。簡言之，她的個人資源並沒有適配支持個人的目標。她自評的福樂安適水準極度低落——低於整體研究平均水準三個標準差。第二位個案也是女性，她的個人資源強項在於家人、朋友的支持，而且自評這

項資源與個人目標關聯極高。她不怎麼運動，錢也不多，但是自認這些資源和她想追求的目標沒有太多關聯。在資源與目標的良好適配之下，她對於自己的SWB也有比較好的評價，高於整體平均水準一個標準差。

最近，心理學界興起一股研究建構目標關聯概念的熱潮，其中很主要的原因乃是目標關聯概念有相當大的潛能，可以幫助解釋「所有」與「所做」如何可能共同決定生活的後果，從而也決定了福樂安適。當我們問，為什麼「擁有」某項特定的個人資源或人生的優勢會導致某種行為或後果，我們就從「所有」移向了「所做」。因為目標與「所做」有緊密關聯，所以可以透過目標概念來幫助解釋「所有」的影響作用。比方說，許多研究一再發現肯定樂觀的態度與較高的福樂安適有相當程度的關聯；如果我們問，為什麼樂觀者比悲觀者來得較為快樂，答案似乎很明顯，樂觀者看到杯子是半滿的滿足，而悲觀者卻是看到杯子半空的缺憾。應該不需要知道更多了吧？不過，如果你考量到樂觀者有比較快樂的婚姻、是個比較優秀的員工、比較健康，那你可能會開始思索，哪些事情是樂觀者做了，而悲觀者沒做的呢（Chang, 2002a）。這當中，很多問題的解答都可能涉及到目標、計畫與毅力。

這一章，我們提出許多問題，探討為什麼對於福樂安適、快樂、有意義的人生而言，個人目標是很重要的。目標是什麼，如何測量？目標的實現滿足了什麼需求與目的？就個人目標對於福樂安適的影響而言，人們追求什麼樣的目標，還有為什麼追求，是否有關係呢？對於正向心理學家而言，找出這些問題的答案可以讓我們揭顯，人們在個人生活當中努力想要達成哪些事情，而這又會對於個人的福樂安適帶來什麼樣的影響。人們如何組織個人的多重目標，並賦予結構？對於正向心理學的學生而言，目標的研究與理論提供了一個可以思考個人目標的途徑，讓學生可以更深入體認個人目標對於福樂安適的影響。

7.2. 什麼是個人目標？

7.2.1　個人目標的定義

　　奧斯汀和溫哥華（Austin & Vancouver, 1996, p.338）回顧與評論心理學界關於目標的諸多理論概念，總結定義目標如後：「……個人希望達成的各種狀態之內在心理表徵；大體上，在目標的內在心理表徵當中，希望達成的狀態被建構成結果、事件或歷程等形式。」

　　大學畢業、認識新朋友或是體重減輕可算是結果型的目標範例；計畫婚禮，或是邀請家人共度感恩節則屬於事件型的目標範例。歷程型的目標範例包括：一個人獨處、閱讀、散步、和朋友共歡、培養特殊技能或興趣。渴望的狀態涵蓋範圍可能包括：生理需求的滿足（例如：飢餓），較為複雜的長期慾望（例如：發展個人的職業生涯），乃至於「終極關懷」（例如：追求宗教與性靈方面的超越人生意義）（Emmons, 1999b）。

　　卡羅儀（Karolyi, 1999）回顧與評論有關目標研究文獻，結果指出，目標可能具有許多不同的內在表徵方式。人們在內心可能會有某種特殊的形象，以茲表徵某種渴望的狀態。比方說，許多住在美國中西部北方的人，二月中旬的時候，在慢慢冰雪嚴冬漸入尾聲之際，就會開始想像陽光普照、暖風襲人的佛羅里達海灘。類似這樣的心理意象，就會激發許多美國中西部大學的學生，開始構想春假前往佛羅里達渡假的旅遊計畫。個人的回憶、故事，以及「如果／那麼」的情節腳本，也可以用來表徵目標。快樂或痛苦的回憶可以形成計畫，以茲重現（或避免重現）若干行動與結果。成就、志向，以及實現或未實現的夢想，這些目標都是構成個人生命故事與身分認同的重大要素（McAdams, 1996）。個人對於過往事件的感覺，也會影響到未來個人重大目標能否順利達成。在此，個人的未來則可以透過「如果／那麼」與「行動／結果」的模式來予以表徵。比方說，「如果，我成績好的話，那麼我就可以進入研究所。」「如果，我接受真實的自我，而不是老想著要去討其他人歡心，那麼我就會比較快樂些。」

目標（Goal）

目標的定義：「……個人希望達成之各種狀態的內在心理表徵；大體上，在目標的內在心理表徵當中，希望達成的狀態被建構成結果、事件或歷程等形式。」

目標的定義：個人渴望的結果，並且願意投入心力努力去達成。目標包括認知與情緒—動機的組成要素。目標的認知要素是指描繪渴望未來狀態的心理表徵；情緒—動機要素就是驅動個人採取行動，以追尋目標的動力來源。

奧斯汀和溫哥華（Austin & Vancouver, 1996, p.338）

總之，目標的定義可以視為個人渴望的結果，並且願意投入心力努力去達成。目標包括認知與情緒—動機的組成要素。目標的認知要素是指透過心理表徵來描繪渴望的未來狀態，可能的心理表徵包括：信念、期許、回憶與心理意象。目標的情緒—動機要素包括：和個人重要目標是否順利達成相關聯的正向或負向感覺、目標進程的評價、個人目標完成或失敗之後的情緒感覺。情緒—動機要素就是驅動個人採取行動，以追尋目標的動力來源。

7.2.2　目標與相關的動機概念

目標屬於人類廣泛動機系統的其中一部分，賦予人們行動力，並且驅使行動朝向實現個人重視的結果。在心理學當中，動機的概念範圍極為廣泛，其中包括：需求、動機、價值、心理特質、誘因、任務、專案、關懷、慾望、希望、幻想與夢想。這麼多來源五花八門的動機，其中有「瑣碎小事的追逐」（trivial pursuits），也有「崇高偉大的執迷」（magnificent obsessions）（Little, 1989）；有意識驅動的行動計畫，也有無意識覺知的表現自我行動。近年來，新興的目標研究儼然成為中繼站，在其居中組織之下，原本錯亂紛陳的諸多動機概念有了曙光。

　　卡羅儀（Karolyi, 1999）論稱，目標可以提供關於人類行為的解釋，而且該等解釋獨立於其他的動機概念。不過，關於動機是隸屬於人格，抑或獨立於人格之外的心理構念，學界仍有相當爭論（請參閱McAdams, 1995; Miller & Read, 1987; Read & Miller, 1998, 2002; Winter, John, Stewart, Klohnen, & Duncan, 1998）。不過，大部分研究目標的學者都同意，目標雖然與其他動機有所關聯，可是目標應該是一種自成一格的心理實體。

　　在諸多動機概念之中，目標有其獨特的地位，但這並不是因為目標比其他動機概念（諸如：需求、價值與自我概念）更重要。根據卡羅儀（Karolyi, 1999）解釋，心理學之所以越來越有興趣投入目標關聯概念的研究，可能反映出如後的事實：目標可供作為研究分析的中介元素，有助於居中連結、中介、轉譯其他較普遍性的動機，使之結合意識覺知與意向行動。目標藉由聚焦更具體而特定的理由與目的，從而幫助人類產生動機。個人目標提供更具體而特定「此時此地」的觀點，而這乃是許多普遍或概括性的動機觀點比較無法提供的。誠如卡羅儀論稱的「目標……提供了一個管道，讓人得以藉此一窺每個人的線上『命令中心』」（Karolyi, 1999, p.269）。

　　如此的線上命令中心將普遍的需求與動機，轉譯成為個別專殊化的表達形式，而成為個人獨有的特徵。比方說，歸屬的需求，雖然是人類重要的基本動機，但是在每個人對於滿足歸屬需求則有無窮盡的獨特目標與表現方式。有些人可能會認識許多普通朋友，有些人可能會結交少數幾位親密的好朋友，有些人則是和自己的父母與兄弟姊妹維持緊密的關係，還有些人則是全心投入自己的婚姻與子女。歸屬感擁有如此多樣化的可能表達型態，正因為如此所以被視為人類普世的基本需求（Baumeister & Leary, 1995）。自我定義的個人目標捕捉每個人如何轉譯或表達人類共通的需求，而活出屬於個人獨特的生活。個人目標有助於人們將共通與個殊予以連結。

　　線上的命令中心也涉及目標在長期自我規範的關鍵角色（有關「自我規範行為」，請參見本書第八章）。目標的功能是作為標準與參照點，以供評估個人的成長與目標的完成。人們持續不斷評估自己的目標進展情形，判斷需要採取哪些新的行動，以及評估生活的滿意度，而這些評估與判斷有很大部分都取決於，目前狀況與個人有意義目標進展與完成之間的差距。目標幫助結合了人們對於過去的感覺、當前的評價，以及未來的希望。

7.2.3　個人目標的測量

　　有關個人目標的定義與測量，學者們意見紛歧不一，不過，所有關於目標的概念都試圖捕捉人們在個人生活當中所渴望實現的事務。關於目標的描述，學者們有諸多不同的說法，譬如：克林傑的「個人關懷」（personal concerns）（Klinger, 1977, 1998）、利鐸等人的「個人方案」（personal projects）（Little, 1989, 1993; Little, Salmela-Aro, & Phillips, 2007; McGregor & Little, 1998; Palys & Little, 1983）、艾默斯的「個人追求」（personal strivings）（Emmons, 1986, 1999b, 2003），以及坎特等人的「生活任務」（life tasks）（Cantor, 1990; Cantor & Sanderson, 1999; Cantor & Zirkel, 1990）。

　　目標研究的典型做法就是，首先由研究人員針對「目標」提供一段簡短的定義描述，接著再加上範例說明，然後請研究參與者描述個人目前最重要的目標。

　　比方說，在利鐸等人的**個人方案（personal projects）**研究中，研究人員會告訴參與者類似如後的說詞：「我們是想要研究人們生活當中關切和投入的活動，這就是我們在此研究當中所謂的個人方案。每個人在任何時間內都有若干個人方案，我們會去思考、計畫，付諸實行，而且有時候（雖然並非總是）會徹底完成之」（McGregor & Little, 1998, p.497）。接下來就是提供個人方案的例子，諸如：「完成我的英文作文作業」、「從事更多的戶外運動」（Little, 1989）。

　　艾默斯（Emmons, 1999b）的研究則是把個人目標定義為**個人追求（personal strivings）**。在研究當中，參與者把個人追求想成是「在日常生活中，你特別會想去做的事情，做那些事情就像是代表了你個人的特徵。」研究者告知參與者，這些可能是自己想追求的正向目標，也有可能是自己想要避開的負向事物。而且參與者要描述的是一再反復出現的目標，而不是只出現一次的目標。個人追求的例子包括：「試圖去說服其他人，使之相信某人是對的」、「試圖去救助有困難需要幫忙的人。」

　　坎特（Cantor, 1990; Cantor & Sanderson, 1999）的研究則是透過如後的描述，來說明**人生任務（life tasks）**：「人生任務，比方說，請想像一

個退休的人，這人可能面臨下列的三項人生任務：⑴如何在沒有工作的情況下，還能發揮生產力；⑵面對長大成年的子女與其家人，如何扮演令人滿意的角色；⑶如何享受休閒時光與活動」（Zirkel & Cantor, 1990, p.175）。

　　目標的範疇可能聚焦於某些人生階段、情況、時空環境的特定目標，或是聚焦於無特定時空環境而且比較廣泛的目標。比方說，齊克爾和坎特（Zirkel & Cantor, 1990）要求大學生將自我陳述的任務區分為六種範疇：學業成功、建立未來目標與計畫、結交新朋友、學習獨立、發展個人獨特的人格認同、平衡課業與社交生活的時間。相對地，艾默斯（Emmons, 1999b）研究個人追求，研究參與者被要求描述較高階層而且更為普遍的目標。結果可區分為下列範疇：成就、權力、集群結社或關係、個人成長與健康、獨立、親密、靈性。

　　總而言之，個人目標開啟了豐富多樣的研究寶藏，讓研究人員得以透過箇中相互關聯的因素，多方展開探索福樂安適的各種議題。目標捕捉個人生活的引導目的，扮演促成個人幸福快樂與生活滿意度的核心角色。如前所述，我們可以說，目標就像是一扇視窗，通過這道視窗，我們可以看見福樂安適的主要決定因素。

7.2.4　目標的組織

　　大部分研究目標主題的學者同意，可以依照若干屬性高低，把目標區分為階層化的組織，在上層的是普遍、抽象的「高階」目標，底層則是具體、特定的「低階」目標（Austin & Vancouver, 1996）。高階目標具有較高的重要性，因為該等目標控制許多低階目標，並賦予意義。高階目標可以拆解成它們所控制的若干較低階的次級目標（subgoals）。比方說，如果目標是要取得大學文憑，那就需要達成若干次級目標（例如：達到大學入學標準、登記選課、讀書、完成畢業條件，以及繳付學費）。此例當中，取得文憑是較高階而且較重要的目標，因為它組織並賦予目的給許多較具體而特定的次級目標。未達成高階目標的影響後果也比較嚴重。相較於一門課被當，未取得大學文憑的後果當然是嚴重多了。很清楚地，如果全部或大部分的次級目

標未能達成,那麼高階目標當然也會隨之失落。

學者們發展出若干模式,依照目標對於個人或普世的重要性,而建立目標階層化的基礎(文獻回顧與評論,請參閱Austin & Vancouver, 1996; Carver & Scheier, 1998; Peterson & Seligman, 2004)。一方面,律則模式(nomothetic models)致力於描述相對普世的(亦即大部分人共同持有的)需求、價值、目標;另一方面,個人特徵模式(idiographic models)則聚焦於特定個人所抱持之目標的獨特排序方式。雖然,學者之間普遍支持有若干與需求、價值相關聯的目標,似乎是普世存在的基本人類目標;但是學者們對於基本目標的範圍涵括哪些項目,還有該等目標之間的階層排序,就比較缺乏共識。

7.3. 探尋普世的人類動機

在本節,我們將檢視目標關聯的動機是否具有普世皆同的意義,抑或隨著文化的不同而有個別殊異的意義。如果我們研究世界各地關於人們的目標與動機,是否會發現存有共識?還是說我們會找出一大串不同的目標與動機,根本無從發揮普世皆準的效應?最近,有若干研究追隨馬斯洛著名的需求理論,重新探索這方面的議題,並且發現不少有趣的結果。

7.3.1 目標與人類基本需求的實現

亞伯拉罕・馬斯洛(Abraham Maslow)關於人類需求階層的經典理論概念(Maslow, 1943, 1954),是心理學界最早針對人類動機研究的典範。

馬斯洛　人類動機理論／動機與性格[1]

此模式原始版本包含五項基本需求，發表於1943年《心理學評論期刊》〈人類動機理論〉一文；後來，在1954年《動機與性格》一書當中，又從自我實現的需求區分出若干需求，結果擴充成為包括八項基本需求的人類基本需求階層模式。每一項基本需求可以被理解為驅動特定行為的動機，而目的則是滿足該階層的需求。

根據馬斯洛的基本需求階層模式，這八項基本需求分別是：

1. *生理的需求*（*physiological needs*）：亦即生存的需求（例如：飲食的需求），這是最底層的需求。
2. *安全的需求*（*needs for safety and security*）：亦即需要安全、穩定與舒適的生活環境，並且對於生活世界有融貫的理解。
3. *歸屬感的需求*（*belongingness needs*）：對於愛、親密感、依附等的需求，主要驅使人們投入家庭、友情、社群關係等生活目標。
4. *自尊的需求*（*esteem needs*）：對於讚許、尊重的需求，以及自己和他人以正向的觀感來看待自我。
5. *認知的需求*（*cognitive needs*）：對於知識、自我理解，以及新奇的需求。
6. *審美的需求*（*aesthetic needs*）：追求美、自然、形式與秩序的欣賞。
7. *自我實現的需求*（*self-actualization needs*）：追求個人的成長與實現。自我實現的個人能充分表達與實現個人情緒與智識的潛能，並能夠發揮各方面的健全生活機能。
8. *超越的需求*（*needs for transcendence*）：包括對於宗教、性靈的需求，以找尋人生終極目的（Maslow, 1968），這是階層最高的需求。

馬斯洛論稱，低階層的需求必須優先獲得滿足，行有餘力之後，才會去

---

[1]　1943年，英文論文標題：A theory of human motivation；1954年，英文書名：Motivation and personality。

尋求較高層次的需求。高階層的需求並非不重要，或是比較不會引發興趣與動機。馬斯洛認為，人類的發展乃是循著需求的階層逐漸向上爬升；不過，生活狀態的變遷也會要求人們因應時勢，而改變動機追求的需求階層。由於情勢變遷，原本追求高階層的需求，可能降低而去追求低階層的需求。比方說，許多大學生在感情觸礁或是摯愛過世（歸屬感的需求）之後，往往很難有專心求學的動機（認知的需求）。

馬斯洛的需求階層理論至今在正向心理學領域仍然有相當的可見度。比方說，許多正向心理學家仍然相信，個人需求滿足越多，就會越健康、快樂；反之，需求不滿足，則可能減損福樂安適（Veenhoven, 1995）。幸福主義關於健康與最佳生活機能的概念，也與馬斯洛關於自我實現者的描述，有頗多共通點（Ryan & Deci, 2000; Ryff & Keyes, 1995）。

不過，馬斯洛的需求階層理論並沒有獲得廣泛的實徵研究投入證實，而且其中關於普世性與階層順序的論點也一直受到不少挑戰（Austin & Vancouver, 1996; Peterson & Seligman, 2004）。關於低階層的需求未得滿足時，就不會有動機去追求高階層的需求，單就此一論點而言，很容易就可以找出反例。人可能殉道而死；人在病重末期，也可能在他人的愛或宗教裡尋求慰藉；人們也可能為了他人的利益，而犧牲自我的需求，天下父母心都可為此見證。不過話說回來，在福樂安適的文獻回顧當中，我們的確可以發現證據，支持某些需求確實比其他需求來得更為迫切而重要。在非常貧窮的國家，財務方面的問題對於福樂安適是很重要的，因為金錢是滿足基本生存的必要條件（例如：Biswas-Diener & Diener, 2001）。相對的，在富裕的國家，底層的基本需求已獲得相當的滿足，因此財務方面的因素多半很難有效預測該國民眾的快樂幸福程度。只有在低層的需求獲得滿足之後，高層的需求（例如：尊嚴與認知的需求）才會顯得重要。

7.3.2　焦點研究：測量普世人類需求的實徵方法

雖然馬斯洛的理論有許多難以化解之處，但是研究人員仍然不放棄建立普世的人類需求。建立這樣一份普世人類需求名單，應該可以幫忙釐清有關需求、價值與目標雜亂不一的諸多理論，使之比較有條理組織。

滿意感的可能來源：檢驗候選名單的十項心理需求[2]

薛爾頓等人（Sheldon, Elliot, Kim, & Kasser, 2001）在這份研究檢驗10項心理需求的候選名單，希望能夠確認該等需求是否達到「普世性」的地位。薛爾頓等人根據相似性、運用頻率、動機研究文獻的實徵證據支持度等判斷標準，從而挑選出這10項心理需求作為候選名單（Sheldon et al., 2001，改寫自表1，p.328，以及附錄，p.339）：

1. *自尊*（*self-esteem*）：需要擁有正向自我形象、自我價值感、自我尊重。反之則是感覺自己不如人，或是對自我評價偏低。

2. *情感連結*（*relatedness*）：需要感覺與他人之間有親密而且相互關愛的情感連結，並且與他人有頻繁的互動。反之則是很少與人有情感的連結，而且常有寂寞與疏離的感覺。

3. *自主*（*autonomy*）：需要有感覺選擇是出於個人自由的決定，而且反映個人的真正興趣與價值觀，能夠表現「真正的自我」。反之則感覺行動是迫於外在環境或壓力所逼。

4. *勝任能力*（*competence*）：需要感覺成功、有能力、能夠掌握並克服艱難的挑戰。反之則是感覺失敗，或是覺得無用或無能。

5. *樂趣／刺激*（*pleasure/stimulation*）：尋求新奇、改變與刺激、歡樂的經驗。反之，則是感覺無聊，或是覺得生活一成不變。

6. *身體茁壯*（*physical thriving*）：身體健康、生理安適感，而不會感到不健康或身體狀況很糟糕。

7. *自我實現／意義*（*self-actualization/meaning*）：個人成長及潛能有所發展，真正的自我獲得實現。發現生活深刻的目的與意義，而不是感覺死氣沉沉，或生活毫無意義。

8. *安全*（*security*）：在目前生活環境當中感覺安全，而不是充滿威脅或不確定感。對於生活有一種井條有序、能夠控制與預測的感覺。

---

[2] 英文論文原始標題如後：What is satisfying about satisfying events? Testing 10 candidate psychological needs.

9. *受歡迎／影響力*（*popularity/influence*）：感覺受到其他人的讚賞與尊重，感覺自己的建言是有用而且重要的。有能力影響他人的信念與行為（而不是感覺自己無足輕重，無法影響他人，沒有人在乎你的建言或看法。）

10. *金錢／奢華享受*（*money/luxury*）：有足夠的錢可以購買你想要的東西，擁有富足的物質生活（而不是感覺貧窮，沒辦法擁有渴望的物質生活。）

　　薛爾頓等人（Sheldon et al., 2001）研擬出兩項判準，以茲研究評估這10項需求的「普世性」。第一項判準的假設是，人們滿意度最高的經驗、（美國與南韓大學生）滿意度最高的事件。第二項判準的假設是，正向與負向情緒的經驗、20種不同的正向與負向心情、滿意與不滿意的事件。滿意度最高的事件包括：和朋友結伴去教會的度假園區擔任夏令營清掃服務工作、找到夢寐以求的暑假工作。最負向的事件包括：和情人感情破裂分手、遭受暴力攻擊。

　　整體研究結果支持上述兩項判準具有相當的有效性。不論在美國或南韓都發現頗為一致的結果；需求與滿意／不滿意的事件、正向／負向情緒之間都有顯著的相關。薛爾頓等人並沒有宣稱，他們的研究方法可以評定諸多人類需求之間的確實排名順序，不過，基於他們的研究結果，我們倒是可以推論這些需求的大致排行。前述1至10的序數代表這十類需求，依照第一項判準，可列出在美國樣本的排行順序，進一步使用第二項判準，可以發現前四名的排行維持不變，依次為：(1) 自尊；(2) 情感連結；(3) 自主；(4) 勝任能力。這四項需求同樣列居南韓調查樣本的前四名，不過相對順序略有不同。具體而言，對於南韓人而言，情感連結關係比自尊更為重要。這或許反映出集體主義的亞洲文化與個人主義的美國文化之間的差異。在美韓兩地文化的研究結果當中，安全、身體茁壯與自我實現排名居於中間位置，而受歡迎／影響力和金錢／奢華享受則被評為比較不重要。

　　反過來看，透過基本需求的評等也能用來檢視最不滿意生活事件（例如：感情不滿意）的相對排序。最能夠有效預測不滿意事件的項目包括：缺乏自尊、缺乏勝任能力，以及缺乏安全感，而其中預測效果最佳的就是缺乏安全感。整體而言，這項研究建議，自尊、情感連結、自主與勝任能力應該

夠資格被視為普世共通的人類需求。

7.3.3　目標表達基本的價值

　　基本價值提供另外一種管道，可供思考人類動機的普遍性與階層性。大部分論述價值的理論都把**價值（values）**視為人們渴望擁有的狀態，能夠提供作為生活的普遍指導原則（文獻回顧與評論，請參閱Rohan, 2000）。價值描述廣泛而普遍的目標，可茲驅使人們付諸各種類別的行為。以人類目標的階層分類而言，可以包括低層的具體目標（例如：打掃住家），乃至於高層的抽象目標（例如：擁有美滿的人生），在這當中，價值應該占據接近最高層的位置。

　　最近，關於價值的理論研究開始同時探討價值的普遍性與階層性。舉例而言，史瓦茲與同僚以洛基奇（Rokeach, 1973）的研究為基礎，開發了一個綜合型的價值理論模式，可用以描述10種人類的價值，而且實徵研究證實，在全球65個國家，這10種價值都有共通的意義與重要性（Sagiv & Schwartz, 1995; Schwartz, 1992, 1994; Schwartz & Bilsky, 1987, 1990; Schwartz & Sagiv, 1995）。

　　在史瓦茲等人的理論當中，價值可分為三大類：（1）個人生理的需求；（2）協調社會互動的需求；（3）有關團體或社會組織福祉的需求。因為這10種價值和人類生活的重要需求具有關聯性，所以也就具有跨越人類各文化的普遍性。個人與文化對於這些價值的優先順位或許有些差異；在史瓦茲的理論當中，對於不同的個人、團體與文化，價值的優先順位可能會有些差異；但是，還是有相當的證據顯示，這10種價值具有人類普遍共通的內涵。

　　史瓦茲使用「動機類型」來描述價值，因為價值的區分乃是基於個別價值表達背後的動機型態。在成人階段，價值是相對持久穩定的動機來源（Rokeach, 1973; Schwartz, 1992）。表7.1摘要列出這10種價值的動機類型與相關聯的目標（根據參考文獻原始資料改寫，Rohan, 2000; Schwartz, 1992）。

　　讀過史瓦茲的價值描述之後，你應該會更清楚自己的價值優先順位。你可能也會想到，你認識的人當中各種不同的價值優先順位；有些人比較重視刺激，因此你會發現他們總是找尋有挑戰性或冒險的事情，也比較容易感到無聊。至於個性保守或是宗教虔誠的個人，多半比較重視傳統型的動機。

☆【表7.1】價值與相關聯的個人目標

動機類型	描述	關聯的目標
權力動機	社會地位與名望、控制、主宰人與資源。	社會權力、權威、財富。
成就動機	個人成功,展現自己擁有合乎社會標準的才能。	成功、才幹、影響力、勤奮工作、有效率、成就目標。
享樂動機	歡樂與性愛的快感。	歡樂、美食、性愛、休閒娛樂等享樂。
刺激動機	興奮、新奇、生活挑戰。	探險、冒險、對於變化、新鮮經驗與刺激經驗的需求。
自我主導動機	獨立思考、行動與選擇;創造與探索。	創意、自由、獨立、好奇、選擇自己的目標。
普世動機	理解、欣賞、寬容與保護大自然與所有人的福祉。	胸襟寬大、尋求智慧、社會正義、公平、世界和平、美、與大自然和諧共處、保護環境。
慈善動機	保護與增進自己經常接觸者的福祉(例如:家人、朋友、同事)。	充滿希望、誠實、真摯、正直、諒解、忠誠、責任、可靠。
傳統動機	尊重、承諾與接納傳統文化與宗教關於自我的習俗與理念。	謙遜、中和、調適、接受生活現實狀況、虔誠遵守宗教信仰與理念、尊重歷久彌新的傳統。
順從動機	節制若干行動與衝動,以免傷害他人或違反社會規範與期待。	禮貌、禮節、服從會議的義務、自我規訓、尊敬家長與年長者。
安全動機	社會、自我、人際關係的安全、和諧與穩定。	摯愛者的安全、國家安全、社會秩序、乾淨、整齊、禮尚往來、避免負債或欠人恩惠。

　　在史瓦茲的理論當中,價值與目標的連結是很明顯的,因為價值的定義是普遍適用於多種情況的廣義目標,而且長時期相對穩定。你個人重要的目標很可能就與這10種價值的某幾項有所關聯。比方說,你的目標如果是投入助人的專業,那可能就表現出你重視慈善的價值。因為價值幫助定義個人的身分認同,而且可以作為引導生活的通則,因此代表個人某些最重要的高階目標。史瓦茲描述的價值普遍為跨文化的人們共同擁有,這樣的事實也肯定了該等價值具有普世的重要性。

7.3.4　跨文化的個人目標

先前，我們提到研究人員透過各種方式，來釐定普世共通的需求與價值。最近，在有關目標的研究方面也開始有類似的做法，這項研究跨越15國文化，檢視人類目標是否具有哪些共通的內涵（Grouzet et al., 2005）。結果支持，個人目標的內涵與組織，以及該等目標所連結的基本需求與價值，這些都是跨越文化，普遍存在於世界各地。

將近2,000位大學生參與這項研究，其中包括的國家有：西歐、東歐、澳洲、東亞、南美、美國與加拿大。Grouzet 等人設計了一套問卷，來評量個別學生對於11項目標的重要性排序。這11項目標的簡要說明，請參閱表7.2（改寫自Grouzet et al., 2005, table 1, p.802）。

整體而言，這11項目標的內容在該等文化當中似乎具有相當高的共通性。各項目標的評量結果顯現，內在信度與跨文化的都落在可接受的水準之內。更重要的是，基於反應的統計，個人目標的內容清楚顯現出二維的結構，如圖7.1所示。在相同的文化之內，個人都傾向以類似的方式來組織此11項目標。這兩個維度分別是：內在vs.外在，以及現實vs.超越。

✧【表7.2】跨文化的個人目標

目標	描述
集群結社	擁有滿意的家庭與朋友關係。
社區感覺	透過付出與主動參與投入，讓世界變得更加美好。
從眾	融入群體，獲得他人接納。
財務成就	獲得財務方面的成功。
享樂	擁有許多感官快感的經驗。
形象	擁有吸引他人的身材與容貌。
身體健康	身體健康，沒有病痛。
人氣	得到他人的欽羨、受歡迎、有名氣。
安全	能夠活得安全，不受威脅。
自我接納	感覺有能力、自我認知、自我主導、具有自主性。
性靈	開展性靈或宗教的世界觀。

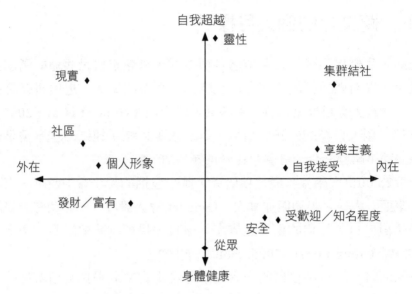

圖 7.1 跨文化個人目標的二維分布圖

資料來源：Grouzet, F. M., Kasser, T., Ahuvia, A., Dols, J. M., Kim, Y., Lau, S., et al. (2005). The structure of goal contents across 15 cultures. *Journal of Personality and Social Psychology, 89,* 800-816. 美國心理學會版權所有，翻印轉用許可。

內在目標vs.外在目標

內在目標（**intrinsic goals**）與重要心理需求有所關聯，追求與實現能夠帶來內在的滿足感。在測量的11項目標當中，自我接納、集群結社、社區感覺、身體健康、安全都屬於內在目標。**外在目標（extrinsic goals）**追求外在獎賞，或他人讚許與仰慕的慾望，其追求與實現帶來的滿足感比較不那麼發諸內心，或是比較不那麼深刻。外在目標包括：財務成就、形象、人氣、從眾。內在目標與外在目標都呈現相當高的內部一致性。

現實目標vs.超越目標

現實目標vs.超越目標的內在一致性比較低，而且與內在、外在目標有某些重疊。某些歡樂／生存目標與超越目標可能也包含內在或外在目標。現實目標的定義根據在於享樂主義（尋求歡樂與避免痛苦）以及安全、健康的

需求，另外也包括財務成功，有資源可以達成現實的目標。超越目標則是涵括性靈／宗教的生活觀、社區感覺、施惠於他人、改善世界，另外還包括從眾的需求，渴望實現社會責任、獲得他人的接納與認可。

　　此研究結論指出：「……當人們在追求生活目標時，顯然會考量個人的心理需求（內在目標）、現實生存與歡樂（現實目標）、報酬與讚賞（外在目標），以及超越個人更寬廣世界的有意義地位（超越目標）」（Grouzet et al., 2005, p.813）。

　　許多文化贊同的需求、價值與目標必然也有著普世共通的內涵。這種普世性根源來自於人類共通的經驗，以及人類生活必需的生物、心理與社會的基礎。至於與目標相關聯動機的實際表現，則顯然會因為文化差異與個人差異而有所不同。比方說，比較貧窮的國家，發展個人獨特生涯，以及追求發財致富的機會，相對都會受到比較多的局限。同樣清楚可見的，在相同的文化之內，如果有適當的機會與充足的資源，人們的生涯選擇就比較會考量個人獨特的天份、欲望、自我概念。換言之，個人目標就其普遍內容與優先順位而言，很明顯會受到文化的影響，但是就其具體特徵與個別表達方式而言，則是有著極高的個人色彩。

　　最近，心理學理論非常重視個人目標的研究。學者普遍肯定，在自我理解與自我啟動目標追尋當中，個人目標都扮演了相當重要的角色。再者，個人目標也有助於解釋，普通的目標與動機如何在個人獨特的自我概念當中，轉變成為個人色彩的具體特徵與獨特表達方式。

7.4. 自我概念當中的個人化目標

　　假設你被分派了一項任務，必須描寫個人的生命史、重要的人生經驗（過去、現在、未來）。在這樣的描述當中可能會包含什麼呢？可確定的是，你應該會描寫重要的人生經驗、重要的關係，以及可以定義你個人獨特性的各種特質。有相當高的機率，你可能會描述你過去已經達成的目標、現在正努力設法完成的目標，以及未來希望實現的目標。簡言之，自我概念的

定義有一部分是根據個人在過去、現在與未來的目標而建立的，也就是我曾經是什麼樣的人、我現在是什麼樣的人，以及我未來可能變成什麼樣的人。

馬庫斯和紐瑞厄斯（Markus & Nurius, 1986）提出的「可能的諸多自我」，可以幫助我們掌握關於自我概念的未來面向。**可能的諸多自我（possible selves）**涵蓋了個人希望未來成為的諸多可能自我。未來的自我可能是正向的，是個人希望未來達成的理想自我，也有可能是負向的，就是不希望自己未來變成的樣子。個人希望未來變成的理想自我或許包括：健美的自我、富有的自我、受歡迎的自我、被愛的自我、受尊重的自我、品學兼優的自我。至於我們害怕成為的自我或許包括：肥胖過重的自我、失業的自我、憂鬱或焦慮的自我、寂寞的自我、懶惰的自我、學業一塌糊塗的自我。

在資訊處理、情緒規範與行為動機當中，自我概念扮演了重要的角色（文獻回顧與評論，請參閱Baumeister, 1998; Markus & Wurf, 1987; Pittman, 1998）。而可能的自我與前述第三項功能——行為動機，關聯最為緊密（請參閱Markus & Nurius, 1986; Markus & Wurf, 1987）。這是因為可能的自我連結了過去、現在與未來渴望的自我，從而提供了自我改變的動機。誠如馬庫斯和紐瑞厄斯指出，過去、現在與未來的可能自我，彼此既分隔而獨立，但又有著密切的連結。舉例而言，大學女生半工半讀，她年幼的時候父母離異，母親帶著孩子長期陷入經濟困境。這困境有部分可能是由於母親教育程度較低，沒有能力找到好工作。不難想像，這樣的人生遭遇可能會如何影響這名大學女生對於自我目前與未來的想像。她目前上大學的自我概念，有一部分的原因或動機，可能是來自於渴望避免母親所代表的過去，而她未來希望達成的自我形象則可能包含事業成功、經濟獨立等。

可能自我的概念在自我與動機之間建立一種外顯的連結。「個人的諸多可能自我可以被視為一齣齣的戲碼，透過認知形式展示個人恆久的目標、志向、動機、恐懼與威脅。針對該等目標、志向等等的動態關係，可能的自我提供了與自我關聯的特定形式、意義、組織與方向。就這樣，可能的自我就在自我概念與動機之間建立了本質內在的連結」（Markus & Nurius, 1986, p.954）。換言之，可能的自我把普通形式與內容的需求、價值與目標，轉化成個人色彩的獨特形式與內容。以上述例子而言，女大學生上大學的動機可以算是一種普通形式的成就需求的個人表達，或是透過事業成功而取得安

全的價值。不過，這樣的解釋雖然可以大致理解女學生上大學的普通動機，但是卻無法理解其動機的具體細節。我們每個人都有成就動機，我們也都重視安全的價值，但是就成為一個獨特的個人而言，最重要的還在於我完成了屬我個人的獨特目標，這樣的成就才是最有意義，也最有驅策動力。誠如馬庫斯和紐瑞厄斯所言，在我們的任何一項個人目標當中「自有我在」（there is a piece of self）（Markus & Nurius, 1986, p.961）。

　　近年來，學界已經確認自我為一種重要的基礎概念，可以幫助吾人理解目標導向的行為，以及目標相對於幸福、快樂和健康安適的關係（例如：Brunstein, Schultheiss, & Grassman, 1998; Deci & Ryan, 2000; Lyubomirsky, Sheldon, & Schkade, 2005; Sheldon & Elliot, 1999）。自我概念可以幫助解釋，我們會選擇去追尋什麼樣的目標，以及為什麼該等目標對於我們是重要的。透過自我概念，人們可以把廣泛來源的動機轉譯為個人獨特的表達，也能夠理解特定的目標導向行動有何意義或重要性（Markus & Nurius, 1986; Markus & Wurf, 1987; Vallacher & Wegner, 1987）。自我還能夠發揮執行監督的功能，控制與規範個人的行為，以促使目標的達成（例如：Austin & Vancouver, 1996; Baumeister, 1998; Carver & Scheier, 1998; Higgins, 1996; Karolyi, 1999）。總之，許多研究者應該會同意，在諸多與目標相關聯的動機當中，自我定義的目標占據了最高的位階。在眾多個人目標、志向、需求與價值當中，與個人自我概念最為核心的目標當然最有可能影響個人生活的組織與方向。

7.5. 哪些目標最有助於促進福樂安適？

7.5.1　目標進展、成就與重要性

　　研究支持，達成個人重要目標有助於提升個人的生活滿意度與自我滿意度（例如：Brunstein, 1993; Cantor & Sanderson, 1999; Emmons, 1996; Emmons & Kaiser, 1996; McGregor & Little, 1998）。比方說，有一項為期

一學期的研究發現，學生對於個人目標進展的自我感受，與其正向情緒、生活滿意度有著顯著的相關（Brunstein, 1993）。學生的目標包括：改善感情關係、把西班牙文學好，以便可以順利留學西班牙、獨立自主減少對父母的依賴、學習自我肯定與信賴他人。

研究也支持目標重要性與個人滿意度之間的關聯。其中又以追求與達成自我認同定義的基本目標，最能夠產生深刻的滿足感。一般瑣碎雜務的活動，諸如：準備三餐、打掃居家環境、繳交帳單，這些目標對於我們個人概念比較不重要，因此就算可以帶來快樂，其程度相對比較小，也比較短暫。

前述的結論是否意味著，只要目標對個人是重要的，那就不論追求的是什麼目標，也不論為什麼會選擇追求該等目標，這些全都是無關緊要的？乍看之下答案似乎是肯定的。否則人們又何必費盡心力，去實現自己認為不重要的目標。還有，如果個人認為目標是重要的，那目標獲得實現或是有所進展，當然會增高個人的福樂安適，不是嗎？大體上，這樣說是沒錯的，不過還是有些附帶但書必須加以限制說明，並不是所有重要的個人目標都會增高個人的福樂安適，而重要目標的實現或進展也不必然都會增高個人的福樂安適。目標的內涵與追求的動機必須相配合，結果才可能增進個人福樂安適。

7.5.2　適配假說

有不少研究支持，**適配假說（matching hypothesis）**能夠幫助吾人釐清，什麼目標可能有助或無助於增進福樂安適（請參閱Harackiewicz & Sansone, 1991; Lyubomirsky et al., 2005）。

適配假說主張，個人目標的適配程度會決定目標的進展與達成。追求的目標如果能夠表達或實現（亦即適配）個人需求、價值、動機或自我概念，那就比較可能增進個人的福樂安適；反之，如果不適配，那就比較不可能增進福樂安適。換言之，如果你想要增進你的福樂安適，應該去努力追求「對的」目標，就是能夠表達、適配個人最重要的需求、渴望與自我概念的目標。個人目標表達的可能是個人獨有的特徵，也可能是人類普遍共有的基本需求。比方說，與歸屬需求相關聯的目標可能是建立成功的情感關係，以及追求普遍有利於福樂安適的良性社交互動。

　　為了要檢驗適配假說，研究人員測量（諸如：需求、價值，以及自我的諸多面向）參與者的目標關聯活動與努力，以及他們自我認知的目標進展。如果結果發現，相較於和動機沒有關聯的目標與進展，和動機有關聯的目標導向行動與進展和福樂安適呈現較高的正相關，那麼適配假說就得到支持。

　　有不少研究結果支持動機─目標─福樂安適之間的關聯。比方說，有研究探查目標與兩類基本動機取向的關係（Brunstein et al., 1998）。主體能動性（agency）的需求是指，對於成就、權力、掌控、獨立與自我肯定的需求。交流（communion）的需求是指，對於集群結社、親密感情的需求，具體表現就是渴望與他人建立親密關係。人們或多或少會偏向其中一種動機取向。有些人主要偏向主體能動性的需求；有些人則是偏向交流的需求。

　　普蘭斯坦等人做了兩項研究，一個為期兩星期，另一個一學期，目的即是檢視目標─動機的相容情形是否能夠有效預測福樂安適。大學生分成兩組，一組是比較偏向主體能動性取向的動機，另一組是比較偏向交流取向的動機。學生具體描述與每一項動機關聯的目前與未來目標，藉此評定個人目標與主體能動／交流動機取向之間的關係。與主體能動性相關聯的目標定義如後：「努力追尋個人成就與掌控經驗」，以及「努力追尋獨立、社會影響力、自主性。」與交流相關聯的目標定義如後：「努力追尋親密感情、人際親密的關係」，以及「努力追尋集群結社、友好的社交接觸」。與主體能動性動機相關聯的目標包括：增強對於某些科目的理解、成為比較獨立的人、贏得體育競賽獎項，說服父母「我大學的主修科系對我是正確的選擇」。與交流動機相關聯的目標包括：改善浪漫關係、照顧臥病的母親、多花些時間和朋友相處、結交宿舍的其他學生當朋友。學生也針對個人目標評量進展、投入程度、目標的維持程度、努力程度以及目標成功的程度，另外還記錄每日的福樂安適狀態。

　　研究結果強烈支持適配假說。達成與動機相容之個人目標的學生，在研究觀察期間，個人的福樂安適呈現增高的情形。反之，追求的目標如果與個人動機取向不相容，或是沒能達成與個人動機取向相容之目標，那福樂安適就會呈現較低的水準。適配假說的重點在於，我們能否從完成目標獲得的快樂，端賴於該等目標與個人生活之主要動機的適配程度。你應該不難想像，某個大學生學業表現出類拔萃，卻總是悶悶不樂，因為他內心渴望的是擁有

許多好朋友，但事實卻不如所願。相對地，另一位大學生個性外向活潑，社群活動非常活躍，可是他也沒有比較快樂，因為他內心有著一股強烈的需求，渴望自己能夠順利完成學業，但是成績卻老是慘兮兮。簡言之，並不是達成目標就一定會讓人感到快樂。

類似的道理，基本價值也有助於決定什麼目標與活動可能帶來最高的滿意度。最近，有研究檢視大學生的價值取向（Oishi, Diener, Suh, & Lucas, 1999）。研究採用史瓦茲價值理論列出的10項價值，來評定參與者的價值優先順序。在評量過程中，這10項價值兩兩成對，由參與者自行評定每一對價值的相對優先順位，最後整合所有結果就獲得每位參與者針對該10項價值的優先順位排序。參與者還必須完成以下評量：逐日評估研究期間23天的個人每日福樂安適狀態、價值關聯活動的滿意度評量、整體生活滿意度評量，以及特定生活領域的滿意度（包括：浪漫關係、財務、學業成績、家庭生活、社交生活）。結果與適配假設一致，與價值相容的生活領域和活動，和整體的福樂安適與每日的福樂安適有顯著相關。

每日的福樂安適也與學生是否有投入個人最重視之價值的活動有顯著關聯。學生如果有投入可以表達個人最重視價值的活動，那麼當天滿意度就會比較高；反之，滿意度就不會那麼高。具體而言，學生若是優先重視普世價值（正義、和平、環保），自陳報告就會傾向表示，資源回收和參與公共事務比較讓人有滿足感；相對地，學生如果是優先重視權力（名位與財富），比較有滿足感的活動則是逛街購物與購買昂貴服裝等。

總而言之，個人的價值優先順位決定了哪些生活領域與哪些活動，能夠給人最高的滿足感。

7.5.3 適配假說的解釋

適配假說可以解釋說明，哪些目標可能有助或無助於增進福樂安適。合乎個人需求、價值與自我觀的目標，比較可能增進福樂安適；反之，和個人不適配的目標則比較不可能帶來自我改變，甚至可能減損福樂安適。這種效應是如何發生的呢？

個人目標與自我實現

華德曼（Waterman, 1990, 1993）指出，合乎自我核心概念（諸如：個人堅持的價值）的目標，可能讓人產生強烈的投入感、意義與滿意度，因為該等目標可以表達個人「真實的自我」以及內在的潛能。個人表達目標的活動讓當事人強烈感受到生活是有目的，有意義的：「這就是我，我活著就應該做這些事情，這樣我的生活才有意義。」簡言之，目標適配並且表達個人的自我核心概念，這樣的目標就成為自我實現與自我完成的管道。如此的目標需要特定的價值與深層的意義，因為完成該等目標可以肯定與充實自我概念（Vallacher & Wegner, 1987; Wicklund & Gollwitzer, 1982）。

個人表達的目標對於幸福論的福樂安適（定義特徵包括：意義、生命活力，以及健康的生活機能）特別重要；相對地，與享樂主義的福樂安適（定義特徵包括：正向情緒與生活滿意度）（請參閱第二章），則比較沒有那麼重要。從幸福論的觀點來看，有些目標可能有助於增進快樂感，但卻無助於使人覺得生活較有意義或生命活力，比方說，大學生對兼差工讀可能很滿意，因為工作輕鬆，及和同事相處融洽（換言之，這工作有高度的享樂主義價值）。不過，這工作不太能夠發揮個人的才能，也無法彰顯個人的特質，因此就比較沒能帶來太多有意義的體驗（低度的福樂安適價值）。比方說，身為好家長需要承擔許多不愉快的事務，諸如：更換髒臭的尿布、否決小孩的某些要求、照顧生病的小孩；雖然不快樂，但是人們還是認為，撫養子女是人生最深刻而令人滿足的經驗（Kahneman, Krueger, Schkade, Schwarz, & Stone, 2004）。

研究支持目標成就可能增進快樂的感受，不過，實現那些可以表達個人真實自我的目標似乎最有助於增進生活的意義感與目的感，也有助於增進心理健康與生命活力（例如：McGregor & Little, 1998; Ryan & Deci, 2000; Sanderson & Cantor, 1995; Sheldon & Elliot, 1999; Sheldon & Kasser, 1995; Sheldon, Ryan, Rawsthorne, & Ilardi, 1997）。麥奎格和利鐸（McGregor & Little, 1998）發現，成功完成非自我表達的目標，與增進快樂感的關聯比較強，與個人意義的增進關聯比較弱，與此恰好相反的是發覺自我表達的目標，彰顯個人認同的核心面向。這樣的目標多半連結到人生目的與意義的提

升，而與快樂的增進關聯較低。關於個人意義與目標適配對於福樂安適的效應，有一種解釋就是，其中涉及自我表達的目標所帶來的滿足感。如此的目標似乎與福樂安適的增進特別有關聯。

內在目標vs.外在目標

先前，我們在「7.3.4 跨越文化的個人目標」討論介紹了內在目標與外在目標的一般性差異。基本上，兩者的區別取決於活動目的主要是追求內在酬賞或外在酬賞（Pittman, 1998; Waterman et al., 2003）。內在目標與個人表達的目標有頗多共同之處。內在動機指的是投入的理由；活動的酬賞、價值與目標是內在於活動本身。換言之，活動本身就是讓人樂在其中、趣味無窮，或是能夠讓人充分表達自我，能夠產生投入參與和熟稔掌握的強烈感覺。反之，外在動機則是聚焦於活動的結果；活動只是藉以達成目的之工具，活動的價值或目的不是活動本身，而是活動產生的結果。

內在與外在動機與目標並不是不相容的。大部分的人應該會同意，理想的工作就是令人滿足的工作，可以讓人表達個人的興趣與才華（內在），而收入足以支持舒適的物質生活（外在）。不過，研究顯示，如果外在目標的追求妨礙內在目標的實現，那就可能會損及幸福、快樂與身心健康安適；追求這樣的目標就無法從中得到滿足感，也可能會產生許多問題。凱瑟和雷恩（Kasser & Ryan, 1993）指出，如果個人動機受到外在目標的主宰，那可能就會導致負面的後果。內在一外在的區別給適配假說提供了第二種解釋：與個人相容的目標較有可能讓人獲得內在的滿足感；至於與個人不相容的目標，容或具有外在價值，但是卻不一定會增進個人的福樂安適。

自主動機vs.外控動機

關於適配假說的第三種解釋則是與個人追求目標的理由有關。自我協和理論福樂安適（Sheldon & Elliot, 1999）。

支持此項理論的研究指出：追求的目標如果是出於「正確的」理由，那就有助於增進目標達成與個人適應。根據自我協和理論，「正確的理由」關係到「…目標是由自我發起的，自己有一種擁有目標的所有權感覺」（Sheldon & Houser-Marko, 2001, p.152）。

　　薛爾頓等人的研究指出：「個人目標並不一定都是個人所有的」
（Sheldon & Elliot, 1998, p.546），即是著眼於個人對於目標的感覺。自我
協和的目標反映**自主動機**（**autonomous motives**）與自由選擇目標追求的
理由，可以讓人產生目標所有權，以及表達自我的感覺，有助於增進福樂安
適。反之，**外控動機**（**controlled motivation**）是指人們追尋的目標並不是
出於自由選擇，或是不能表現自我。比方說，有個學生有機會寫一篇自己認
為重要而且有趣的論文，另一個學生則是為了應付教授指定作業要求，必須
寫一篇自己覺得不太有趣的論文。協合理論會預測，感覺自己擁有該篇論文
的所有權，因為那是出於自由選擇的，而且也讓他有機會表達自我。

　　自我協和的自主動機可能也有貢獻於個人與目標適配對於福樂安適的效
益。適配個人需求、價值與個人認同的目標，會讓當事者感到自由選擇與所
有權的感覺。換言之，適配的目標可能也是自我協和的目標。適配的目標增
進的微量福樂安適可能是與自我協和有關。

　　自主動機與外控動機的區分也意味著，適配假說有一項重要條件限
制。如果目標不是出於自主選擇的話，即使該目標與個人適配，也可能無法
增進福樂安適。許多職業可能符合我們的興趣、才能、價值。但是，往往是
那些出於自己選擇的職業，才比較可能產生最強烈的投入，從而獲得最高的
滿足感。單一因素的適配可能不足以確保增進福樂安適。

7.5.4　焦點研究：大學生涯的快樂幸福與成功

　　學生上大學的動機是否會影響他們的課業表現，以及對於大學生活的
滿意度？這些問題也正是薛爾頓和豪斯馬可（Sheldon & Houser-Marko,
2001）在一項檢視自我協和理論（self-concordance theory）的研究當中提
出探討的研究問題。

自我協和、目標達成與幸福快樂的追尋：是否存有向上提升的螺旋？[3]

　　薛爾頓和豪斯馬可的這項研究發表於《性格與社會心理學期刊》，旨在檢驗自我協和目標與大一新生課業成績、福樂安適、生活適應之間的關係。研究問題有二：(1)抱持自我協和目標而上大學的學生，各方面的情況是否比較理想？(2)增加的快樂、目標的進展，是否會成為未來長期快樂水準提升的基礎，抑或是回復到原本的快樂水準？

　　根據自我決定理論（**self-determination theory**）早期論述（Deci & Ryan, 1991；請參閱本書第二章），動機的自我協和程度乃是取決於動機內化與所有權的程度，依照控制／施加與自主／自由選擇的高低程度，可以區分為四類：外在動機、內射動機、認同動機、內在動機（Sheldon & Houser-Marko, 2001）。薛爾頓和豪斯馬可（Sheldon & Houser-Marko, 2001, p.155）關於這四種動機的論述，請參考以下摘要的描述與例子：

- **外在動機**（**external motives**）：努力追求某項目標，是為了要獲得獎賞、贊同、讚美，或是出於特定情境下的要求。外在動機是受控制程度最高，而且自我協和最低的動機。例如「你努力追求這項目標，是因為有別人要你如此做，或是因為迫於情況不得不如此做。」

- **內射動機**（**introjected motives**）：如果我們不努力去達成某些目標，可能就會出現負向情緒經驗。內射動機也反映出某種受控制的程度，因此也不是自我協和的動機。例如「你努力追求這項目標，是因為如果你不這樣做，就會感到羞愧、罪惡或焦慮。」

- **認同動機**（**identified motives**）：重視某項目標是因為認為該項目標很重要，雖然有些時候，人們可能因為受到他人影響而變得認為該項目標很重要。比方說：學生可能受到老師的教導而養成尊重環境的態度。就此而言，尊重環境的原始來源乃是出於外在的教導。例如「你努力追求這項目標，是因為你真的相信該項目標是很重要而且非

3　英文標題如後：

Self-concordance, goal attainment, and the pursuit of happiness: Can there be an upward spiral?

常值得去追尋的。」

‧**內在動機**（**intrinsic motives**）：追求某項目標會感到歡樂與喜悅。內在動機是自主程度與自我協和程度最高的動機。例如「你努力追求這項目標，是因為你可以從中獲得喜樂，或情感與智性的刺激。」

　研究參與者為密蘇里─哥倫布大學將近200名大一學生。這些學生各自寫出自己大一第一學期最重要的個人目標8項。學生寫下的重要個人目標包括：得到好成績、加入校園社團組織、結交朋友、不要變胖、和父母保持每星期的聯繫。學生根據上述四類動機的描述，將追尋該等目標的理由區分為四類。學生在每個學期自我評量兩次，逐項評估該等目標的進展。第二學期初，學生檢視自己所列的8項重要個人目標，適度予以修改或維持原狀。

　學生上大學的理由區分為四類。比方說，學生覺得「必須」上大學是因為家長的壓力、所有朋友都有上大學，或是上大學是未來找到好頭路的唯一途徑（外在動機）？如果不上大學，是否或感到罪惡或焦慮，因為可能會讓父母失望，或是沒辦法找到好的工作（內射動機）？上大學的動機是因為父母親與學校老師長久教導，讓他們相信，上大學對於個人是重要而且有價值的（認同動機）？上大學的主要動機是學識的挑戰、結交新朋友、學習新的觀念、認識不同生活型態的人，以及獨立自主（內在動機）？

　每學期測量福樂安適若干次，學生填寫社交、情緒、學業適應量表，以評量個人、社交與專業認同的進展。學業表現是採用秋季與春季兩學期的成績。另外，家長與同儕針對學生的福樂安適與動機提供他評，以檢核學生自評的效度。

　研究結果支持追求自我協和目標的重要性。追求自我協和目標的學生表現確實優於追求非自我協和目標的學生。大一第一學期，認同動機與內在動機的學生，課業成績優於以大學入學標準測驗ACT分數為基礎的預測水準，而且也比較可能達成個人的目標。再者，第一學期個人目標達成比較好的學生，連帶在第二學期的社交、情緒與學業適應等方面表現也比較好，個人身分認同的發展狀況比較理想，也比較可能設下更多具有自我協和的目標。第二學期則檢視自我協和目標達成所帶來的益處，是否提供基礎維持第一學期增進的福樂安適，並促使未來福樂安適獲得進一步的提升？許多學生第一學期增進的福樂安適，到了第二學期就不復存在了，原因可能與第二學

期個人目標進展停滯不前有關。相對地,第二學期個人目標持續有所進展的學生不但能夠維持第一學期增進的福樂安適,而且有些人第二學期的福樂安適還獲得進一步的提升。這似乎意味著,類似於芙德麗克森正向情緒擴展與建設理論描述的向上螺旋(請參閱第三章),福樂安適基準線的向上提升是有可能發生的。

根據芙德麗克森的理論,正向情緒有助於建立個人資源、效能與健康,因此就可能產生福樂安適的上升螺旋。類似的道理,表達內在與認同動機的自我和諧目標似乎有益於目標進展與成功,進而促成福樂安適的增高。而福樂安適增高之後,未來就更可能追求更多自我協和目標,如此一來,福樂安適的水準就越升越高,形成了向上螺旋。

薛爾頓和豪斯馬可(Sheldon & Houser-Marko, 2001)指出,要維持這種循環持續不墜是很難的事情,因為就如同他們的資料顯示,福樂安適的向上螺旋似乎只能有成功而沒有失敗,這樣才有可能實現。但是生活的不確定性與追求目標可能遭遇的種種挫敗,這些難免都會使福樂安適一再退回原本的基準線(有關情緒適應歷程的討論,請參閱第五章)。不過,薛爾頓和豪斯馬可提出以下的臆測:如果增高的福樂安適水準可以維持夠長的時間,那麼是有可能永遠改變個人預期的快樂水準,從而形成新的自我概念——我是快樂的人。而這反過來就可能產生自我證實的預言,即思考、感覺與行動的方式都顯現出這是個快樂的人,以維持新的自我定義。

本節一開始提出探討的問題是:「什麼樣的目標最有助於增進福樂安適?」討論至此,我們可以歸納出以下幾個答案:(1)符合個人需求、價值與動機的目標;(2)深刻表達個人認同的目標;(3)本身讓人有滿足感的活動;(4)自主選擇的目標。比較不可能增進福樂安適的目標則有相反的特徵(亦即不適配的目標、與個人身分認同脫節的目標、外在或控制的目標)。重視金錢、財物、社會認可、外貌的人可能會比較不快樂。第六章回顧討論的研究獲得的一項結論是,金錢如果超過滿足基本需求的水準,就不再有增加個人快樂的增值效益。物慾生活目標的研究不只肯定了這樣的結論,而且也指出,把追逐財富當成唯一重要的目標,可能會造成不快樂。

7.6. 物慾主義與其不滿者

本節的標題「物慾主義與其不滿者」（Materialism and Its Discontents），乃是改寫自佛洛依德的經典著作《文明與其不滿者》（*Civilization and Its Discontents*）（Freund, 1961／1930），我們在這兒玩點文字遊戲，還希望心理學家多多見諒。就我們來看，文明的不滿者與物慾主義的不滿者這兩個主題之間，有著頗多平行呼應的地方。佛洛依德描述的是：個人自我中心的需求與強調合作、犧牲自我的文明社會之間無可避免的衝突，從而導致的挫折、痛苦與種種難題。物慾主義研究的則是雷恩（Ryan, 2002, p.ix）描述的類似難題：富裕社會的「消費與物慾主義宗教」與紙醉金迷的信徒之間的衝突，從而導致終究難逃的苦悶迷惘。

許多人認為，物慾主義和消費是造成許多社會與環境問題的罪魁禍首，從貧富不均到全球暖化，乃至於環境破壞。心理學研究文獻記錄了許多個人的問題、物慾主義的成因與後果。最近的研究則幫忙解釋物慾主義的志向如何損毀福樂安適，以及人們為什麼會擁抱物慾主義的價值。接下來，讓我們回顧討論一篇揭顯物慾主義與其不滿者現象的經典論文。

凱瑟和雷恩（Kasser & Ryan, 1993）在〈美國夢的黑暗面〉[4]檢視大學生的生活優先考量順位與幸福感測量結果之間的關聯。四類個人目標的相對重要性被用來評定學生的主要生活志向。生活志向的評量有兩種方式：生活的引導原則與生活志向指數。生活引導原則的測量，是請學生針對五種價值的相對重要性予以排序，這五種價值分別是：金錢、家庭安全、整體福祉、靈性、享樂。生活志向指數的測量，是請學生針對四種目標的重要性與達成的可能性予以排序，這四種目標分別是：⑴自我接受；⑵集群結社；⑶社群感覺；⑷發財致富。

　1.*自我接受*（*self-acceptance*）：是指希望能夠有個人自主、心理成長、自尊。例如：「人生終了之際，你回首自己的一生，覺得已然圓

---

[4]　英文標題如後：
　　A dark side of American dream: Correlates of financial success as a central life aspiration.

滿而且有意義。」「你主宰自己的人生。」「你知道自己是什麼樣的
人，而且坦然接受。」

2. *集群結社*（*affiliation*）：家人與好友的重要性。「你會有可以信賴
的好朋友。」「你會和你愛的某人分享人生。」「你會有人關心你，
支持你。」

3. *社群感覺*（*community feeling*）：「你會幫忙他人改善生活。」「你
會投入時間或捐錢給慈善機構。」「你會出力促成社會的改善。」

4. *發財致富*（*financial success*）：「你會發財致富。」「你會擁有地
位崇高的職務。」「只要你想要的東西，你都有錢可以購買。」

健康與福樂安適的測量包括：自我實現、生活能動力、控制的取向，以
及若干身體與情緒健康的測量。自我實踐的測量包括：現實知覺、社交興趣
意識、個人自主性、關係投入程度等項目。生活能動力的測量包括：從事體
能與心智活動時，活力充沛、精神抖擻、生龍活虎的感覺。控制取向的測量
包括：個人動機與目標受到外在因素或獎賞影響的深淺程度。

在三項分別的研究，凱瑟和雷恩（Kasser & Ryan, 1996）發現，追求
財物的志向與福樂安適呈現反比關係。換言之，越重視財物成就，福樂安適
就越低。具體而言，個人如果重視外在目標勝過內在目標（諸如：自我接
受、集群結社、對社區有所貢獻），往往就會有較低的自我實現、生活能動
力，以及社會適應，並且比較容易有憂鬱和焦慮等情緒困擾。在這兒，重點
是與低落的福樂安適緊密關聯的關鍵變數是財務志向對於生活目標的宰制，
而不是財務目標本身。只有總是把財務目標看得比其他三類目標重要的人，
才會出現健康與福樂安適減損的不利影響。其他研究發現，除了財務成功之
外，強調社會認可、社會地位、身材容貌等外在目標，往往也會有較低的福
樂安適（Kasser, 2002; Kasser & Ryan, 1996）。

自從雷恩和凱瑟研究發表之後，有不少研究也陸續發現，物慾生活志
向和負向的生活有所關聯（詳盡的文獻回顧與評論，請參閱Kasser, 2002,
2004; Kasser & Kanner, 2004）。熱衷追求外在物慾目標的人，生活品質的
各種評量，包括自陳報告與其他客觀的他者評量，結果往往都會獲得比較不
好的評等。而比較沒有把物慾目標看得很重，或是能夠在財務與內在動機之
間取得良好平衡的人，評量結果相對就比較理想。熱衷追求物慾目標者有較

多生理疾病、焦慮症狀、較少正向情緒、看電視時間較多、服用較多藥物與酒類，屬於人格異常與憂鬱症的高危險群。除此之外，一般目標追求有所進展時，福樂安適往往會有所增進，但是追求物慾目標有所進展時，類似的情形並沒有出現。

　　比方說，薛爾頓和艾略特（Sheldon & Elliot, 1998）發現，物慾心願有所斬獲並沒有連帶增加短期或長期福樂安適。而且許多不同的年齡層、社經地位與文化，都一致獲得如此的結論。換言之，這種連結關係不只出現在美國而已。凱瑟和康納（Kasser & Kanner, 2004）指出，當研究移師到澳洲、英國、德國、南韓、羅馬尼亞、俄國，結果也與美國的情形相近似。簡言之，不論你是誰，也不論你在哪兒，物慾主義似乎都會減損幸福、快樂。

　　圖7.2呈現迪勒和大石繁宏（Diener & Oishi, 2000）針對41國7,000名大學生的研究結果。學生越是重視金錢，生活滿意度就越低。反之，學生若是重視愛，生活滿意度就會越高。

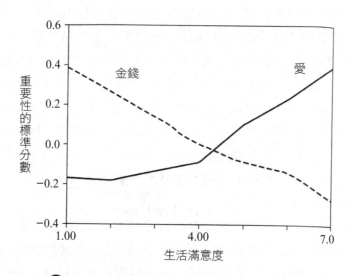

圖7.2　重視金錢與重視愛的生活滿意度比較

資料來源：Diener, E., & Biswas-Diener, R. (2002). Will money increase subjective well-being? A literature review and guide to needed research. *Social Indicators Research, 57*, 119-169. Kluwer學術出版社，翻印轉用許可。

7.6.1 為什麼物慾主義者不快樂？

物慾主義價值不快樂的主要緣由有三： (1)物慾主義目標之內涵； (2) 物慾主義目標之什麼與為什麼； (3)不安心理的補償作用。分別說明如後：

物慾主義目標之內涵

為什麼重視財務成功，而輕忽自我接納、集群結社、社區參與，可能會讓人比較不快樂？「目標內涵」解釋外在目標（諸如：財務成功或社會地位）與內在目標（諸如：個人成長或與他人關係親密），因為內在目標反映基本心理需求，而此等基本心理需求的滿足乃是健康與快樂不可或缺的要件（Sheldon, Ryan, Deci, & Kasser, 2004）。內在目標本身就具有獎賞的效應，因為與基本人類需求有著本質的關聯。相反地，外在目標可能無法滿足最重要的需求，因此追求外在目標之餘，或許還會犧牲了內在目標，可能導致低落的福樂安適。

一味追求外在財務目標，也可能會阻礙內在目標的追求，使人沒有餘力去追求更重要與更深層的生活滿足。比方說，重視自我接納者比較有興趣發展自我了解，以便能夠追求適配個人天分、內在潛能、自我感的生活。我們從先前的討論已經知道，自我協和的目標往往有助於增進福樂安適。相對地，一心追求財務志向的人，可能就比較沒有多餘心力自我反省與自我表達，而且也比較可能做出有損個人生活滿意感的不當選擇。比方說，只因為可以賺很多錢而選擇某項職業，而沒有考慮到自己對於該項職業是否感到有意義，或是否能夠從中獲得滿足感，選擇這樣的職業幾乎注定了就是要造就餘生抑鬱寡歡的命運。

太過於關切財務也可能讓人忽略或是沒有心力去建立親密支持的關係，而這乃是福樂安適的重要來源之一。最近，佛赫斯與同僚（Vohs, Mead, & Goode, 2006）一系列的研究即在檢視此種可能性。她們的研究發現，單純只是想錢的事情，似乎就有可能讓人轉念思考如何變得更自給自足，甚至自私自利。金錢似乎讓我們感到自足自立，但是卻也在人際關係方面付出某些代價。相較於控制組，接受初始促發想到金錢的人往往比較不快樂，對他人的敏感度較差，也比較渴望能夠自己獨力完成任務。這些研究發

現再次強化了一項結論：投入大部分的時間與精力去追求物慾目標，可能會導致忽視或難以滿足重要的基本需求，從而減損個人的福樂安適。

物慾主義目標之什麼與為什麼

　　第二種對於物慾主義與不快樂關聯的解釋，就是目標內涵與背後動機的相對重要性。物慾主義與不快樂的關聯是源自於物慾主義目標的*內涵*（亦即「什麼」），或是源自背後的*動機*（亦即「為什麼」）？如前所見，目標內涵的解釋聚焦於熱衷物慾志向，如何使人沒有心力去追求有助於增進快樂與福樂安適的需求滿足。相反地，目標動機的解釋則聚焦於目標背後「為什麼」的理由，特別是該等理由是屬於自主的，或外在控制的（Carver & Baird, 1998; Srivastava, Locke, & Bartol, 2001）。先前討論自我協和模式已知，外在獎勵與內射動機都是屬於控制的動機，而認同動機與內在動機則是屬於自主或自由選擇的動機。

　　對於目標內涵的解釋，批評者論稱，財務目標很可能涉及動機的控制來源，而這連帶就可能出現較低的福樂安適。渴望金錢、名聲、社會認可與受人歡迎似乎特別符合外在酬賞的控制動機。焦慮、罪惡、不安全感衍生而來的內射動機，也可能是追求物慾目標背後的原因。不管是哪種情形，財務志向之所以會減損福樂安適，關鍵都是在於動機，而不是目標內涵。如果動機「正確」（亦即自主動機），那麼追求財務目標不必然會減損快樂。卡佛和拜爾德（Carver & Baird, 1998）論稱，某人之所以看重高收入的職業，很有可能是因為能夠從那樣的職業享受刺激與樂趣（亦即內在動機），或是因為真心相信，那是有價值或重要的職業（亦即認同動機）。如果是這樣的話，那麼福樂安適很可能會增高而不會減低。根據卡佛和拜爾德的論點，兩個人同樣都是追求財富、名聲，結果兩個人最後獲得的福樂安適卻截然不同，箇中差別就在於一個是基於外在／內射動機，另一個是認同／內在動機。總之，關鍵在於動機是為什麼，而不在於目標是什麼。

　　最近，薛爾頓等人（Sheldon et al., 2004）做了三項研究，藉以評估目標內涵與動機的相對重要性，可以幫忙釐清解釋目標的「什麼」與「為什麼」效應。個人目標的內涵評量是由參與者自評，自我認同的目標對於實現六種「可能的未來」的貢獻程度。其中，有三項代表內在價值的目標：

(1)有意義、親密、關懷的關係；(2)個人成長，充實而有意義的人生；(3)促進社會改善，對於社會有所貢獻。另外三項則是代表外在價值的目標：(1)追求財務成功，高收入的工作，擁有許多價值不菲的珍藏；(2)擁有知名度與聲望，深受眾人仰慕；(3)身材容貌出色，非常吸引人。目標動機的評量則是由參與者針對追求某目標之外在動機、內射動機、認同動機、內在動機予以排序。福樂安適的評量則是使用SWB主觀幸福安樂的標準評量項目，包括：正向情緒與負向情緒，以及生活滿意度。

整體而言，這三項研究的結果顯示，目標的內涵與目標的動機分別對於福樂安適都有獨立的貢獻。出於自主理由（亦即認同動機，或內在動機）而追求內在目標的研究參與者，自陳報告的福樂安適水準最高。出於受控制動機（亦即外在動機，或內射動機）而追求外在目標的研究參與者，自陳報告的福樂安適較低。關於外在目標與控制動機對福樂安適的不利影響，最強烈的證據來自薛爾頓與同僚的研究。他們評量大學生畢業第一年期間個人目標與福樂安適之間的關係。控制動機取向而且追求外在目標（例如：金錢與名聲）的畢業生，自陳報告的福樂安適低於自主動機取向而且追求內在目標的畢業生。

不安心理的補償作用

第三種解釋則是聚焦於心理的不安與需求未獲得滿足（Kasser, 2002, 2004; Kasser & Kanner, 2004; Solberg, Diener, & Robinson, 2004）。若干理論家認為，有些人一開始可能是因為不快樂，後來才走上尋求物質補償的出路，因此成為物慾主義者。情緒或社交方面有不安全感的人可能會認為，透過財務成功可以提升個人的自我形象與社會形象，從而降低不安的感覺。有些人或許會認為，擁有很多錢可以「證明」自己、獲得他人的讚許，以及補償未獲得滿足的需求。這樣的想法或許有些虛榮，不切實際。但是，有哪家為人父母者不會因為子女事業成功、財富傲人而感到驕傲呢？又有誰不曾夢想成為有錢又有名望的富豪之家？許多社會學家論稱，美國文化鼓勵「成名」的想法，其實意思就是要賺很多錢，擁有很多昂貴的財物（例如：Cushman, 1999; Easterbrook, 2003; Paterson, 2006; Storey, 1999）。

7.6.2　為什麼人們會抱持物慾主義的價值？

　　影響物慾主義價值形成的主要因素有三：(1)消費文化；(2)心理層面的不安全感；(3)物慾主義和死亡的關聯。分別說明如後：

消費文化

　　自我、文化與個人目標之間乃是相互連結的。在孩童發展自我概念（亦即自己是誰，以及未來希望成為什麼樣的人）的過程中，所有文化都會發揮型塑的作用。家長的愛、同儕的接納、生活任務的成功，至少有某種程度都與你是否擁抱文化的價值有關。文化在型塑自我概念的同時，也連帶對個人目標發揮影響力。從先前第六章的討論，我們已經知道，東、西文化之間，對於美好生活的意義與達成該目標的方式有著顯明的差異。個人對於美好生活的意義與達成該目標的方式固然也有個別差異，但是個別文化顯然給屬於該文化的人設下許多假設與價值，並以此界定成功與快樂的意義。

　　在消費社會，文化對於目標的影響提供了一個管道，促使人們採行物慾價值與志向。即使是隨便觀察，也可以注意到兒童曝露接收到許多社會化的訊息與模範，鼓吹金錢與物質的東西對於社會與個人的好處。每年有120億美元投入廣告推銷兒童商品，這也就是黎溫與林恩所稱的「童年商業化」（Levin & Linn, 2004）。賣座電影星際大戰、哈利波特週邊玩具的銷售金額已經與票房收入不相上下；有鑒於此商業化對於兒童的破壞性影響，挪威、瑞典政府已經立法禁止針對12歲以下的孩童廣告。

　　在成年人方面，我們都很熟悉廣告或明示或暗示：如果我們購買「對的」商品或服務，個人的問題就可以逢刃而解，幸福快樂也可以牢牢在握。有些廣告訴求的是人們的脆弱心理，諸如：欠缺不足的感覺、社會焦慮、無聊、寂寞、擔心外貌欠佳。有些廣告則是販賣幸福、歡樂、名望、財富、愛情、性愛，還有朋友的羨慕。

　　凱瑟（Kasser, 2004）指出，廣告傳遞的訊息說到底就是，「good」（美好）生活就是「goods」（商品）堆積的生活。如此的廣告，提倡的就是一種物慾主義的價值取向，依照凱瑟與同僚的形容說法，這種價值取向就是「……相信人生很重要的就是要購買文化認可的目標，努力發財致

富、追求美好的東西、正確的形象（有很大的部分是透過消費商品打造出來的）、崇高的地位（主要衡量標準就是財力雄厚，以及個人擁有的財物）」（Kasser, Ryan, Couchman, & Sheldon, 2004, p.13）。關鍵問題在於，當我們在購買商品，稱頌名聲與財富的模範之餘，我們是否也買進了如後的假設：環繞物慾目標的人生就是通往個人幸福、快樂的大道？

對於某些社會觀察人士，上述問題的答案很清楚是肯定的。古典社會學家，從馬克思到韋布倫都有類似的論述，根據他們的觀點，資本主義社會提倡虛幻不實的需求，以及膚淺的物質慾望生活（文獻回顧與評論，請參閱Paterson, 2006; Storey, 1999），從這些觀點來看，消費作為主宰文化的實踐行動，它使得人們不去關注深層的生活滿意，也讓人們看不見少數人控制大多數人的權力不平衡狀態。從心理學的觀點來看，庫奇曼（Couchman, 1990）論稱，消費社會剝奪人們探尋深層與永恆的生活意義，也疏遠了人們和家庭、社區的親密連結，工作也不再能夠讓人獲得滿足感，而結果就是創造了「空虛的自我」。空虛的自我使得主打「保證快樂」的廣告攻勢特別讓人難以招架。不過庫奇曼相信，市場只能提供「生活型態的解藥」，無法徹底解決人生目的與生活意義的深層問題。「良好的」容貌條件與商品只是貧乏的替代品，無法取代有助於增進健康安樂的、深層的人生目的和親密關愛的關係。

另一方面，有些學者則有不同的觀點，他們論稱，消費社會提供了史無前例的機會，容許人們可以自由選擇如何來表達屬於自己的天份、興趣、價值與個性。從這個觀點來看，消費商品增加而不是限制選擇不同生活型態的自由。商品多樣化與便利，讓人們得以追求高度個人化的美好生活。正向心理學不能解決長期以來有關消費主義好壞的爭議，不過，正向心理學的研究至少釐清了，什麼樣的人最有可能擁抱消費社會的物慾主義訊息，並因此自食惡果。

心理層面的不安全感

越來越多研究證據指出，心理缺乏安全感的人似乎最容易成為物慾主義的信奉者（文獻回顧與評論，請參閱Kasser, 2002; Kasser & Kanner, 2004; Solberg et al., 2004）。稍早之前，討論過的補償論解釋指出，人們可能是

為了要補償不安與需求未獲得滿足的負向感覺，因而轉向追逐物質慾望的目標。對於社交需求與自我勝任能力需求遭受挫折，或未獲得滿足的人，或許可能藉由昂貴商品、高薪收入而贏得社會的讚賞與自我價值感。許多研究也支持如此的結論，未獲得滿足的需求與物慾價值之間確實存在顯著的相關。需求未獲得滿足可能衍生不安全感，進而從追求物慾目標，尋求補償。兒童成長過程，如果沒能從家長那兒獲得基本需求的滿足，往往會發展出物慾價值取向。家長的教養如果總是控制、懲罰、缺乏溫暖、不支持孩子尋求獨立自主的需求，這些都會增高孩童擁抱物慾志向的可能性。兒童物慾主義的增高也與父母離婚有關聯。具體而言，研究發現指出，這種關聯很可能是由於離婚使得兒童比較難以獲得基本需求的滿足，包括：情感支持、愛與溫情、財務資源也隨之減少。凱瑟和康納（Kasser & Kanner, 2004）回顧研究文獻結果也顯示，成長於貧窮家庭、貧窮國家與經濟困頓時期的人們，比較可能成為物慾主義的信奉者。我們不難想像，貧窮與經濟困境會讓人感到不安與脆弱，而物質慾望的目標就可能變成一種補償的出路。

物慾主義和死亡的關聯

　　文化人類學家恩斯特‧貝克爾（Ernest Becker, 1973）在普立茲獎得獎作品《拒斥死亡》[5]論稱，對於死亡的恐懼乃是人類不安全感的終極來源。佛洛依德的理論聚焦描述人類行為的深層動機，乃是環繞於性與死亡的衝突、壓抑感覺。相對地，貝克爾則論稱，人類意識到死亡是人生無可避免的事實，因此感到恐懼，從而引發否認與削弱這種恐懼的一種需求，而這就是人類許多個人行為與集體行為背後動機的根源所在。

　　宗教的來生信仰、埃及的金字塔、現代的摩天大廈，還有古今各種文化崇拜的戰勝毀滅命運的英雄人物，這些都是透過象徵來暗示死亡是可能被超越的，而這背後的象徵意義就是我們並沒有真的死去。因為死亡與自然緊密相連，因此貝克爾認為，人類對於自然環境的控制與征服，其實也就是表達

---

[5]　英文書名：*The Denial of Death.*
　　簡體字中文譯本書訊：恩斯特‧貝克爾（Ernest Becker）著，林和生譯，《拒斥死亡》。北京：華夏出版社（2001）。

了人類意圖否認死亡的動機，控制自然給人控制死亡的幻覺。

　　當代心理學擷取貝克爾的經典理論見解，提出**恐懼管理理論（terror management theory）**。此理論描述死亡恐懼如何成為一種動機，驅使人們設法去重建安全的感覺（Greenberg, Solomon, & Pyszczynski, 1999; Solomon, Greenberg, & Pyszczynski, 1991）。恐懼管理理論把死亡恐懼放在演化的脈絡，從而發展出各物種自保與種族繁衍的獨特方式。人類的存活主要仰賴於智慧與社群性，因為人類的體能抵抗強度相對不如其他動物。演化的觀點進一步建議，人類是有智慧的社群性動物，從洪荒始祖開始就發展工具、武器、棲居之所，並建立各種合作的群體組織，以確保種族的代代相傳與繁榮發展。

　　不過，人類擁有智慧也必須付出代價。智慧讓人意識到生命的存在，也會思索過去、現在與未來，而未來就包含終有一死的命運，對於這個無可避免的事實，貝克爾有如後一針見血的說法：「每個人最後都會淪為六尺之下『蠕蟲的食糧』」（Becker, 1973, p.26）。把自己的將來想做是蠕蟲的食糧，這當然不是讓人愉快的想法，於是我們不太可能讓自己停留在這種不愉快的想法，很快地我們就會轉念，想其他比較不那麼噁心的事情。在這個迷你版的迴避死亡轉念的例子，我們可以清楚見識到死亡恐懼管理理論的假設與邏輯，人類和其他所有的生物一樣，都擁有一個共同的自我持存的生物基本驅力；不過，人類還有一個獨特之處，那就是對於終有一死的覺知。死亡的覺知有可能造成無法承受的恐懼，甚至會讓人徹底失去生命活力，所以必須設法加以「管理」，以期減低和避免潛在的損害作用。

　　根據貝克爾的恐懼管理理論，所有文化都會發展防禦死亡恐懼的信念系統，這些信念賦予生活意義和目的，從而建立個人自尊與不朽價值的基礎。恐懼管理理論預測，死亡的想法或意象會讓人產生不安全感，從而促使人們採取防衛性質的強化世界觀與自尊，以期能夠恢復安全感。許多研究結果支持該等預測（請參閱Greenberg et al., 1999; Solomon, Greenberg, & Pyszczynski, 2004）。

　　在這兒，我們關切的是死亡的焦慮和物質慾望有什麼關係呢？由於研究已經確認不安全感與物質慾望有所關聯，因為死亡的想法或意象會讓人產生不安全感，因此也可能增強物質慾望，金錢、地位以及其他的身外之物

都可能提供安全感。為了檢驗前述論點,凱瑟與薛爾頓(Kasser & Sheldon, 2000)研究檢視,大學生的物質慾望價值取向與死亡焦慮的可能關聯。研究人員先檢驗大學生內在目標(自我接受、集群結社、社區感)vs.外在目標(財務成功、吸引人的外觀、社會名望)的相對重要性。然後,將學生分派成兩組:死亡顯著組vs.控制組。死亡顯著組的學生書寫自己對於未來死亡的感覺,還有死後自己的身體會發生什麼樣的變化。控制組的學生書寫聽音樂的感覺。寫完之後,兩組學生評估15年後自己的財務狀況,包括:個人的整體財務價值(薪水、投資)、休閒娛樂開銷(旅遊、服飾、娛樂),以及個人擁有的有價值東西(汽車、房地產等等)。

　　結果與預測一致,對於未來收入與財富的估計值,死亡顯著組明顯高於控制組。事實上,有些死亡顯著組的學生估計值幾乎是控制組的兩倍。這樣的結果似乎是來自死亡顯著性的影響效應,而不是來自學生原本的價值觀。

　　凱瑟與薛爾頓的第二部分研究,給死亡顯著性效應提供了更進一步的支持證據。學生扮演木材公司老闆的角色,參與國家林場的木材投標案。如果標得木材數量太少,公司就無法生存;但是,如果所有的木材公司持續大量投標,那麼森林資源可能就會一去不回。和前述第一部分的研究一樣,研究人員將學生分成死亡顯著組與控制組,並且給予兩類寫作任務。結果和前述研究一樣,書寫個人死亡的情形,顯然對於學生的反應產生影響。死亡顯著組的學生投標顯著高出其他組的學生,這似乎意味著,他們有較高的貪婪感與強取豪奪的需求。

　　索羅門與同僚(Solomon, Greenberg, & Pyszczynski, 2004)根據他們創建的恐懼管理理論,提供了一項臆測性的有趣歷史分析,闡述死亡與物質慾望如何形成相互連結的關係。他們論稱,人們之所以會有豪奢消費的衝動,瘋狂購買遠超過個人所需的物品,很可能隱藏著一種在金錢、財物與宗教、性靈以及死亡的超越之間未被承認甚至可能是潛意識的連結。索羅門等人的分析,援引貝克爾與其他人的著作,建議指出,人類有史以來,金錢與身外之物的聚斂一直都與尊貴名望、象徵意義與超越俗世的靈性有密切的連結。把金錢純粹視為交換物品或其他交易的工具,其實是相當晚近才有的觀念。比方說,在古代埃及,人們對於黃金原本並不太重視,後來黃金被用來複製一種寶貴的殼套,象徵維繫生命的力量,可以阻卻死亡,延長亡者的靈

魂，自此以後，黃金才變成一種值得珍惜的寶物。「money」（金錢）這個字，其根源來自羅馬Juno Moneta神廟，當時廟方設立了人類史上最早的錢幣鑄造坊。鑄造的錢幣都印上了神祇、國王與其他宗教符號的圖案。

如果上面的說法似乎聽起來有些牽強附會，那麼我們不妨拿一張美鈔來看看。美鈔上頭寫了「上帝是我們信賴所在」（*In God We Trust*），另外還可以看見金字塔頂有一顆眼睛，這些代表什麼意義呢？有一種詮釋說法是這樣的，這些文字與圖畫蘊含的意義可能比喻著金錢與超越俗世和長生不朽有關。其中，金字塔代表通向長生不朽之路，而塔頂的眼睛則代表上帝的世界，任何人只要能夠攀登塔頂，上帝的世界一律對他們開放。

貝克爾相信，把金錢和財產遺傳給後代子孫，與否認死亡以及追求不朽的意圖，有著內在而緊密的關聯；凡人終有一死，但是死後身外之財可以繼續傳承下去。毫無疑問地，對於築起安全感與生命的控制，金錢確實有相當顯著的貢獻；銀行的巨額存款也許真的有給人帶來某些的慰藉與安全感。對於貝克爾和恐懼管理理論而言，人類面對無可避免的死亡，金錢在某些潛意識與象徵性的層面，提升了個人生命的意義感與重要性。

7.6.3　富裕與物慾主義

不安的心理與物慾主義之間的關係似乎是雙向的交互影響。如上所述，不安的心理既是導致物慾需求的原因，也是物慾行為影響的後果。不安全感驅使人擁抱物慾目標，試圖藉由財富的累積補償沒能獲得滿足的需求。再者，不安全感與不幸福快樂也是追逐物質慾望導致的後果，因為拼命追逐物質慾望的結果，也減低了實現其他重要需求的可能性。諷刺的是，物慾主義原本是為了要滿足安全感的需求，但是到頭來，卻反而讓人更加感到不安全。最近，發展心理學的研究顯示，富裕家庭出身長大的兒童，由於受到有錢家長特殊的金錢觀念與處理財務方式的影響，因此承受較高的風險，很可能會發生較多情緒與行為困擾的問題。不論家長賺錢致富背後的信念與動機為何，對於兒童而言，富裕多金的生活型態可能是不太健康的。

先前在第六章，我們回顧全國統計資訊顯示，過去五十年來，美國社會雖然越來越富裕，但是人們並沒有因此變得更幸福、快樂。事實上，美

國社會富裕之餘，反而出現了許多負面後果，憂鬱症更加盛行，還有許多其他的個人問題，兒童與青少年問題尤其嚴重。最近，有關富裕家庭的研究讓我們得以一窺箇中，富裕的生活型態如何可能與兒童問題、青少年問題有所關聯。雖然，一般都認為家境富裕的小孩是天之驕子（驕女）；但是，盧瑟（Luthar, 1999, 2003）回顧研究文獻結果卻顯示，許多富裕家庭的小孩相較於清寒家庭的小孩，反而可能遭受更多問題。

其中一項研究（Luthar & D'Advanzo, 1999）對照比較豪宅社區高社經地位家庭vs.窮困落後地區低社經地位家庭的青少年，結果頗出乎意料，高社經地位家庭的青少年反而有著較多適應困擾的問題，包括：藥物濫用（例如：喝酒、抽大麻）、焦慮與憂鬱的症狀。其中特別駭人聽聞的是，高社經地位家庭青少年憂鬱症狀的普遍情形，高出全國平均的兩倍。10年級的女生每五人當中就有一人有憂鬱症的問題；富裕家庭的男生和女生，焦慮症狀的問題也顯著高於全國平均。

契克森米哈賴和史奈德（Csikszentmihalyi & Schneider, 2000）合作的一項廣為人知的研究，採用經驗抽樣法檢視八百多位青少年的心情與感覺狀態。結果發現，就個人的福樂安適水準而言，富裕家庭的孩子顯著低於貧窮家庭的孩子。家庭最富裕的青少年，自陳報告快樂水準最低；反之，低收入家庭的孩子，快樂水準最高。

那麼，為什麼家境富裕的青少年比較不快樂呢？根據兩項初探的解釋說法，原因可能不在於富裕本身，而在於家長的行為與期待，那才是影響青少年適應好壞的關鍵所在。盧瑟指出，根據研究與專家學者的觀察，成就壓力與缺乏家長監督管教，可能才是造成高社經地位家庭的青少年飽受憂鬱之苦的癥結所在。有些孩子面臨極大壓力，凡事都必須表現得比別人強，而且很多事情都得遵照家長的安排。課業輔導之外，還有體育、音樂、五花八門的才藝班，以及各式各樣的潛能開發課程。在不落人後的心理驅策下，富裕人家的家長費心安排滿滿的課程，就怕自家的孩子比別人少上了任何課程，如此一來，童年與成年之間的界線也就變得模糊不清了。壓迫、責任、成功的壓力，從早到晚排滿活動的緊湊行程，小孩原本該嘻笑玩樂、發呆作夢的自由都沒了，天真的童年也就失落了。盧瑟引用證據指出，孩子在面對這些壓力之下，可能就會發生壓力相關聯的疾病，包括：胃痛、頭痛、失眠。有些

孩子甚至會誇大症狀，藉口不去上學或補習，以便暫時逃離讓人窒息的高壓生活。

另外，還有些富裕家庭的孩子可能有著相反的經驗。他們的父母終日辛勤工作，等到下了班，拖著筋疲力竭的身子回到家，大概很難再扮演好溫馨呵護孩子的家長角色，當然也就沒有太多的精神，能夠耐著性子來管教監督孩子。這樣的家長對於孩子可能出手闊綽，舉凡手機、電腦、大螢幕電視、汽車，幾乎有求必應；但是，卻往往疏忽了孩子需要的用心管教監督，也沒有深度參與孩子的生活。

美國公共電視台紀錄片《洛克郡少年沉淪錄》[6]發現，有些富裕家庭的小孩生活似乎非常空虛。這些孩子缺乏家長的管教，親子之間關係疏離，生活缺乏目的和方向，終日沉淪於朋友之間尋歡作樂。這樣的青少年渴望來自他人的關心、注意與引導。當家長沒能滿足這些需求，同儕就取而代之，填補了這方面的空缺，這非常類似庫奇曼論述的關於消費行為填補心靈空虛的情形。令人扼腕的是，洛克郡的青少年選擇填補心靈空虛的做法是投向吸毒、犯罪、性氾濫。

盧瑟提醒指出，富裕家庭子女的研究仍然處於初探階段，而且大部分研究都是集中在美國東北部地區，因此不宜一概而論，認為目前的研究結果可以代表普遍的狀況。未來還需要有更周延的縱貫型研究，以及更詳細探索富裕家庭生活的特定變數，以便發掘與釐清其中可能涉及的諸多現象、變數與因果關係。而且當然有富裕家庭的家長真的有提供良好的環境與有效的教養，滿足子女情緒方面的需求。不過，就目前的研究來看，有些富裕家庭的生活的確就是物慾主義與其不滿者的活生生慘痛例子。

7.6.4 我們都是物慾主義者嗎？

確實而言，物慾主義固然有不少的負面效應，但是我們也必須小心，以免過度推論。如果說物慾主義是指立定志向，希望擁有不錯的收入、理想

---

6 英文片名：*The Lost Children of Rockdale County.*

的房子、車子，以及其他的財物，那麼大多數的人應該都可以算是物慾主義的信徒。我們先前已經討論過，只有在人們把發財致富、社會讚許，以及外貌等考量，置於其他重要的心理需求之前，物慾主義才可能產生負面效應。使人不快樂的原因不在於物質慾望的目標本身，而在於物質欲求與重要心理需求之間的失衡。另外，也值得注意的是，全國調查研究顯示，大部分的美國人還算快樂，生活滿意度也算不錯（Diener & Diener, 1996）。過去50多年來，財富與消費商品逐年增加之下，人們的幸福快樂水準雖然沒有等量增高，但是也沒有變得不快樂。整體而言，一般美國人似乎沒有像研究文獻指出的那樣飽嚐重度物慾主義之苦果。這並不是否認家境富裕的青少年憂鬱症、藥物濫用，以及其他的個人問題有逐漸增高的趨勢。許多研究文獻都有談及這種可能因為社會富裕而產生的黑暗面。

　　不過，大部分的人很可能會同意，就我們周遭所見而言，並沒有很多人的生活沉溺於過度消費的宰制。相反地，大部分人的生活似乎能夠取得適度平衡，一方面有物質消費的享受，另方面也有投入參與有意義的活動、親密關係，以及內在歡快的經驗。最近有研究指出，若干特定形式的消費行為對於人們的生活品質，不但沒有減損，反而可能有所增益。凡波文和吉洛維奇所謂的「充實人生經驗的購買行為」，就是花錢在可能提供新經驗與新知識的活動，譬如：度假或是去上課學習新技能（Van Boven, 2005; VanBoven & Gilovich, 2003）。

　　相較而言，「物質慾望」取向的購買行為，其動機純粹只是渴望擁有某些東西，而充實經驗取向的購買行為，其活動本身的內在樂趣，以及與他人的正向社會互動：和朋友聚餐、帶小孩去博物館、加入俱樂部認識新朋友，這些都是屬於經驗取向購買行為很好的例子。相較於物質慾望取向的購買行為，充實經驗取向的購買行為其影響效果也比較長久，因為從事這類活動在花錢之餘，往往還提供了許多令人回味無窮的美好故事。

本章 摘要問題

1. (1) 目標如何連結「所有」與「所做」兩種人生的面向？
   (2) 迪勒和藤田如何研究大學生個人目標與資源兩個面向，並藉此呈顯這兩個面向之間的關聯？

2. 個人目標如何發揮認知與情緒動機的作用？

3. 個人目標如何以個人殊異化的表達方式，讓普遍性的動機與需求展現出個人化的特色？請舉例說明。

4. 研究人員如何定義與測量個人目標？請舉兩個例子說明。

5. 請參照馬斯洛的人類需求階層理論，闡述說明為什麼當學生面臨感情破裂的時候，很難專心準備考試？

6. 根據薛爾頓等人的跨文化研究，有哪四類的需求得以列入普世的價值？

7. 就你個人對於人生的價值取向，史瓦茲描述的10項普世價值當中，哪項最重要？請簡要描述之，並舉例說明。

8. (1) 內在目標與外在目標有何差別？現實目標與超越目標又有何差別？
   (2) 如何以這兩種維度表徵人類目標的範版之內涵？

9. 什麼是可能的諸多自我？如何使用此一概念來表徵自我概念中的「目標的個人化」？請簡要解釋之，並舉例說明。

10. 請解釋適配假說，並舉支持此假說的研究說明之。

11. 請使用下列三項概念：(1) 自我實現；(2) 內在目標；(3) 自動化動機，分別解釋適配假說。

12. 外在動機／理由、內射動機／理由、認同動機／理由、內在動機／理由

13. (1) 在關於美國夢黑暗面的經典研究當中，凱瑟和雷恩（Kasser & Ryan）檢視了哪四類的志向？
   (2) 哪些模式的志向與低度的福樂安適有關？

14. 請使用下列三項概念，解釋為什麼物慾主義者會感到不快樂？(1) 物慾主義目標的內涵；(2) 追求物慾主義目標的動機；(3) 心理的不安全感。

15. 消費文化與心理的不安全感如何與物慾主義的人生目標產生關聯？

16. 請使用下列兩種觀點，解釋人類如何對抗死亡的恐懼？ (1) 恩斯特·貝克
　　爾的觀點； (2) 恐懼管理理論。
17. 歷史上有哪些例子與心理學的論證，把金錢、黃金、物慾主義與永生、
　　安全感、永生不朽予以連結？
18. 為什麼家境富裕的青少年相較於家境貧困的青少年，比較容易陷入吸毒
　　和情緒困擾等問題？

關鍵字

目標（goals）
個人方案（personal projects）
個人追求（personal strivings）
人生任務（life tasks）
價值（values）
內在目標（intrinsic goals）
外在目標（extrinsic goals）
可能的諸多自我（possible selves）
適配假說（matching hypothesis）
自主動機vs.外控動機（autonomous versus controlled motivation）
自我決定理論（self-determination theory）
外在動機（external motives）
內射動機（introjected motives）
認同動機（identified motives）
內在動機（intrinsic motives）
恐懼管理理論（terror management theory）

網路資源

· 個人方案——布萊恩·利鐸
　http://www.brianlittle.com
　個人方案與目標研究學者布萊恩·利鐸的個人網站，可供查詢研究論文，以及可供下
　載的個人方案測驗。

· 自我決定理論
http://psych.rochester.edu/SDT/publications/pub_well.html
美國羅徹斯特大學德西和雷恩的自我決定理論專題研究成果網頁，聚焦研究各種與自我決定理論有關的個人目標與動機。

· 世界價值調查研究
http://www.worldvaluessurvey.org
世界價值調查研究官方網站，這是由一群社會學家組成的研究網絡，他們在全球各地進行大規模調查研究。網站提供最新的調查結果、各國的比較，以及歷史演變。

 延伸閱讀

Becker, E. (1973). *The denial of death*. New York: Free Press.

Emmons, R. A. (1999b). *The psychology of ultimate concerns: Motivation and spirituality in personality*. New York: Guilford Press.

Grouzet, F. M. E., Kasser, T., Ahuvia, A., Dols, J. M. F., Kim, Y., Lau, S. et al. (2005). The structure of goal contents across 15 cultures. *Journal of Personality and Social Psychology, 89*, 800-816.

Kasser, T., & Kanner, A. D. (Eds.). (2004). *Psychology and consumer culture: The struggle for a good life in a materialistic world*. Washington DC: American Psychological Association.

Kasser, T., & Ryan, R. M. (1993). A dark side of the American dream: Correlates of financial success as a central life aspiration. *Journal of Personality and Social Psychology, 65*, 410-422.

Little, B. R., Salmela-Aro, K., & Phillips, S. D. (2007). *Personal project pursuit: Goal action and human flourishing*. Mahway, NJ: Lawrence Erlbaum.

Luthar, S. S. (2003). The culture of affluence: Psychological costs of material wealth. *Child Development, 74*, 1581-1593.

Markus, H., & Nurius, P. S. (1986). *Possible selves. American Psychologist*, 41, 954-969.

Sheldon, K. M., & Houser-Marko, L. (2001). Self-concordance, goal attainment, and the pursuit of happiness: Can there be an upward spiral? *Journal of Personality and Social Psychology, 80*, 152-165.

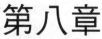

第八章

自我規範與
自我控制

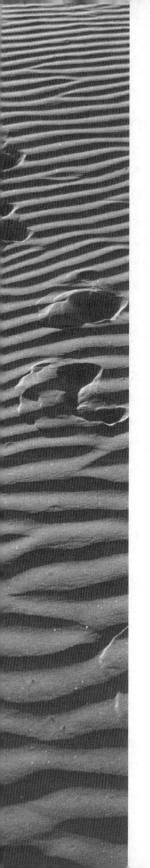

本書兩位作者都是教學年資不淺的大學教授（2011年為止，第一位作者鮑姆嘉納年資36年）。我們處理過許多學生課業不及格，或是列入退學警訊名單的情形。就我們親身經驗來看，學生課業表現不理想往往不是因為個人能力不足，而是因為拙於計畫、缺乏時間管理技巧、無法有效督導自己在課堂的表現、拖延成性、雜務太多、對於大學與生涯目標迷惘，或是缺乏自我規訓的能力。簡言之，學業表現不佳的主要原因就在於沒有能力自我督導、調適個人行為，以至於無法達到大學課業的要求。

自我控制與自我規範是輔助目標達成的關鍵要素。擁有必要的資源、適切的目標與動機，這些都很重要，但還不夠。我們必須要能夠規範個人的行為，適當調整、克服挑戰、控制惹人分心的誘惑。如果沒有自我規範與自我控制，那麼個人的目標只不過是停

留在心中的希望或欲望，不太有機會轉變成事實。

這一章，我們要探討目標達成是如何運作的，亦即檢視自我主導的行動作為自我改變的重要工具。我們的目標是要成為個人希望達成的理想自我，生活能夠依照定義自我獨特性的需要、價值、個性，而這些都具體表現在個人目標。要能夠控制自己的生活，或是改變自己的生活，就意味著要能夠依照自我界定的目標，來規範與主導個人的行動。也就是說，自我改變藉由控制與規範感覺、思考與行動，以便達成個人有意義的目標，如此的自我改變能力乃是個人成長的主要工具，也因此是個人福樂安適的主要工具。

自我改變可能聚焦於改變個人本身，或是改變環境（Rothbaum, Weisz, & Snyder, 1982）。首要控制是指改變或打造外在環境，以符合自我的需求與目標。比方說，高中畢業生上大學，以求提升個人前途有更好的發展，或電影大亨在家鄉打造一座電影城，這兩個例子都是改變環境，使其符合個人的目標與願望。至於次要控制，重點則在於改變自我，使其適應外在環境。比方說，大學畢業生第一份工作很可能會比較關心如何掌握該行業的門道，並且融入該等工作文化。不論我們是改變世界，或是改變自我，自我控制的能力都得以讓我們免於被動地逆來順受，而能夠主動採取積極的介入，掌握自己的人生方向。

然而，自我改變絕非易事，否則所有人早就既快樂又滿足了。自我控制與自我規範的文獻可能顯得太過於「負向」，也不太適合出現在正向心理學的教科書。自我控制的研究重點同樣關注人們成功與失敗的源由，而且自我控制通常不是令人愉快的事情（去問減肥的人就知道）。話雖如此，我們也應該注意以下兩點：(1)了解失敗的原因，有助於告訴我們如何才可能成功。人生沒有不失望的。失敗是成功之母，面對失敗的態度，以及能否從中記取教訓，關係到個人能否反敗為勝。(2)如果你回想自己最滿意的成就，你會發現，很少成功是不需努力、自律與堅持就輕鬆到手的。自我控制的挑戰給的提醒就是：正向心理學不只是關於生活美好或正向的一面，也涵蓋正向與負向之間的相互關聯。這樣想吧：如果你把負向人生經驗的心得與收穫全部移除，你還會有多快樂或成功呢？

自我規範的研究提出探討的問題就是：當人們選定目標之後，如何確保能夠堅持到底，完成目標？研究已經找出了許多不同類型的目標，也釐定了若干促成目標圓滿完成或失敗挫折的歷程。

8.1. 自我控制的價值

　　自我控制（**self-control**）和自我規範是指，個人自行發起並引導行動以達成預期目標之能力（Karolyi, 1999）。自我規範可分為長期或短期的規範以達成目標，例如：4年的長期自我規範，以期順利取得大學文憑；或是短期自我規範，減肥抗拒當下衝動，不去拿冰箱的冰淇淋來吃。心理學領域對於自我控制與自我規範的研究由來已久，相當多的文獻顯示，自我控制和正向結果有關，缺乏自我控制則和負項結果有關（Baumeister, 1998; Peterson & Seligman, 2004; Shapiro, Schwartz, & Astin, 1996）。

延宕滿足與棉花糖測驗

　　華特·米歇爾（Walter Mischel）與同僚一系列的經典研究，探討幼童的延宕滿足（**delay gratification**）能力（例如：Mischel, 1974; Mischel, Ebbesen, & Zeiss, 1972）。他們採用「棉花糖測驗」（marshmallow test）（Goleman, 1995），幼童可以選擇立即得到一顆棉花糖，或是等研究者工作結束之後，得到兩顆棉花糖。大部分幼童選擇後者。等待期間，幼童可以隨時搖鈴，請研究者回來，不過只能得到一顆糖。研究結果發現，孩童延宕滿足的能力有相當顯著的個別差異。後續研究進一步發現，孩童的延宕滿足能力與個人後來發展有相當程度的關聯（請參閱Goleman, 1995, 1998; Mischel & Mendoza-Denton, 2003）。那些比較能夠抗拒即時誘惑的孩子日後青少年時期，社交能力與課業表現都比較好，後來大學入學成績也比較優。

　　自我控制與自我規範能力攸關個人健康、快樂與勝任能力。自我控制高的人適應能力比較好、比較少有心理疾病、人際關係比較健康、社交能力比較好，也比較少有成癮行為，諸如：抽煙、吸毒（請參閱Baumeister, Heatherton, & Tice, 1994; Peterson & Seligman, 2004）。自我控制也能夠用來有效預測大學成績，研究針對200名大學生，蒐集高中成績、SAT分數，以及32項人格特質（包括自我控制），檢視這些變數是否能夠有效預

測大學的成績（Wolfe & Johnson, 1995）。在這些變數當中，高中成績的預測效果最高。至於在研究的32項人格特質當中，只有自我控制一項和大學成績有顯著相關。因此沃爾夫和強生提議，大學申請審核的考量標準也許應該考慮納入自我控制的評量。

　　另一方面，低自我控制與自我規範不良則可能與若干個人問題與社會問題有所關聯，例如：揮霍無度、濫用藥物成癮、肥胖症、賭博、失學、犯罪行為（Baumeister et al., 1994; Carver, 2005）。蓋佛森和赫許（Gottfredson & Hirschi, 1990）在其合著的《犯罪行為通論》（*A General Theory of Crime*）一書當中論稱，自我控制能力的缺損很可能是犯罪行為的根本原因所在。若干研究顯示，家長教養方式很可能與孩童的自我控制能力有關，並且影響其日後青少年犯罪的可能性（例如：Buckner, Mezzacappa, & Beardslee, 2003; Luther, 1999; McLoyd, 1998）。相反地，缺乏家長管教很可能導致拙於自我控制，以及不能延宕滿足。

8.2. 個人目標與自我規範

　　延宕滿足對於達成個人目標顯然是很重要的。不過，要成就未來的遠程目標，不僅止於抗拒眼前的誘惑而已，這當中還牽涉了相當複雜的歷程。當事人必須長時期監督和調整自己的行為，維持聚焦長程目標，完成箇中浮現的諸多任務，還必須發展實現目標所必備的技能。針對自我規範涉及的繁複歷程，學者們提出了兩種理論：控制理論與自我落差理論。

8.2.1　控制理論

　　控制理論提供了一個自我規範的理想化模式，此模式以回饋迴路為基礎（Austin & Vancouver, 1996; Carver & Scheier, 1982, 1998）。此回饋迴路通常簡稱為「TOTE」迴路，分別代表「test」（檢測）、「operate」（操作）、「test」（檢測）、「exit」（離場）英文單字的字首字母。

　　「TOTE」迴路的運作原理可以舉家裡的暖氣或冷氣空調來加以說明（請參見圖8.1）。比方說，將溫度設定為攝氏22度，機器就會以設定的標準溫度來與室溫做比較。如果，溫度感應器偵測結果低於或高於標準溫度（檢測），那麼暖氣或冷氣就會自動開啟（操作）。當室內溫度達到標準溫度的水準（檢測），暖氣或冷氣就會自動關閉（離場）。

　　TOTE迴路需要一個參照值或標準值、一套監控／檢測系統，以及一套操作系統，以便能夠減低或消除當下狀態與標準狀態之間的差距。控制理論可以聚焦說明人們如何使用目標或參照標準來引導與調節行動的方向。

　　根據**控制理論（control theory）**，人們在追尋正向目標（例如：大學畢業後找到好工作）的時候，自我規範的作為會聚焦在減低當下狀態與未來目標之間的差距。逐步完成學業的各項規定，學生就可以越來越接近畢業的目標，並且順利找到理想的工作。控制理論預測，在邁向目標過程的情緒感受，有相當程度取決於目標進展的速度；進展速度超過預期，就有可能產生正向情緒；反之，如果進展速度落後於預期，就可能產生負向情緒。比方說，兩個大學生，第一個大學生，每學期都超修學分，預期可以三年半就

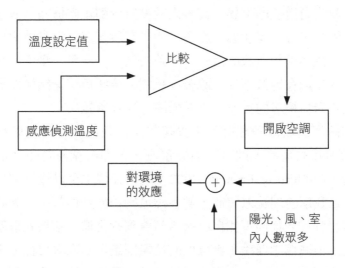

圖8.1　TOTE回饋迴路

資料來源：Carver, C. S., & Scheier, M. F. (1998). *On the self-regulation of behavior.* New York: Cambridge University Press. 劍橋大學出版社版權所有，翻印轉用許可。

提早畢業；第二個大學生，必修學分死當必須重修，可能要四年半才有得畢業。根據控制理論預測，第一個大學生應該會比較快樂得多。情緒感受無關現實—目標的實質落差，大一新生離畢業還有四年，而大三學生則只剩兩年，但是新生並不會因為離畢業目標比較遠，所以必然就比較不快樂；根據控制理論，箇中關鍵因素還在於邁向目標的進展速度。

8.2.2　自我落差理論

　　根據自我落差理論（**self-discrepancy theory**），自我規範透過三種「自我嚮導」（self-guides）來引導方向，箇中涉及「真實自我」、「理想自我」與「應然自我」的相互比較（Higgins, 1987, 1996, 1997, 1998）。真實自我代表自己目前真實擁有之諸多特質。理想自我則是希望自己擁有的理想能力與品質。應然自我則是指我們認為自己應該成為的樣子，包括恪盡社會責任、義務、倫理道德等等（例如：好家長，或好員工）。

　　相對於控制理論，自我落差理論認為這三種自我嚮導之間的落差強度，才是導致正向與負向情緒的基礎所在。具體而言，當真實自我與應然自我或理想自我沒有落差的時候，當事人就會感受到正向情緒，並且有動機驅策，努力去維持該等和諧狀態。反之，如果有所落差，就會感到負向情緒。其中，真實自我與理想自我的落差會導致失望、不滿足、憂傷。真實自我與應然自我的落差則會導致不安、威脅、恐懼。這些負向情緒進而形成動機，促使當事人透過目標導向行為，來減低該等自我落差。

　　控制理論與自我落差理論都主張落差是自我規範行為的核心；但是，對於落差所導致的情緒，則有不同的預測。差別究竟何在呢？根據勃德洛和法蘭西斯（Boldero & Francis, 2002）的研究似乎可以提供初步的解釋。他們主張，自我落差理論聚焦於，當參照值的功能是作為標準來評量目前的自我，那落差就代表我們不如自己所希望達到的目標，結果就會產生負向情緒；相對地，根據控制理論，參照值的功能則是作為未來目標。主張控制理論者指出，依照定義來看，未來的目標乃是人們尚未達成的，因此人們總是不如未來目標（請參閱Carver & Scheier, 1998）。不過，當前狀態與未來目標之間的落差不必然會導致負向感覺，立定志向或未來目標具有正向的意

義，可以讓人產生生活目的感與方向感。當我們朝向未來理想前進之際，要緊的是可以多快接近最終目標。也就是說，決定落差可能會導致何種情緒的關鍵在於「落差縮減速率的快慢」，而不是「落差的大小或多寡」。總言之，未來目標的評估所可能引發的情緒效應，似乎還會受到目標進展速率感知的中介影響。不過，當自我評估是相對於目前渴望的標準，那落差大小對於正向與負向情緒的影響可能會比較大些，因為焦點是在於如何朝向個人的目標持續有所進展，我們就會比較強調控制理論的自我規範觀點。

　　控制理論藉由標準、監督、力量三項要素來描述自我規範。自我規範的成功，首先需要清楚的**標準**（**standards**），以茲標示目標是否達成；其次，需要有效的**監督**（**monitoring**），以檢視是否有朝向目標前進；最後，還需要有**力量**（**strength**），以克服各種誘惑。

　　自我規範的失敗可能涉及這三項要素的任何一項。沒有設定清楚的標準或目標，就很難衡量自己是否有進步。目標如果流於抽象而又浮泛不實，好比想要「成為比較好的人」，除非有進一步給予明確的行為標準，可以用來定義與評估所謂的「比較好」，否則就不太可能會實現。其次，缺乏有效的監督，也可能會導致自我規範難以為繼。想要減少飲酒或抽菸的人，如果不切實監控自己每天喝了多少酒，或是抽了多少根香菸，那麼從一開始就已經注定失敗了。最後，堅守目標的力量與自我紀律，以及努力遵循自己擬定的標準，也很重要。任何一個減肥的人都可以告訴你，減肥期間，食物的誘惑根本就是如影相隨。各式各樣不應該吃的東西，在餐館的菜單、電視與雜誌的廣告，還有雜貨店裡擺設的餅乾與糕點，色香味俱全的誘人美食當前，看在減肥者的眼裡，自然是格外惹人胃口大發。

　　可惜，研究結果並沒有完全符合標準、監督與力量各自獨立的結構關係。這三個面向乃是相互連結，而不是清楚一分為三。比方說，某些類型的標準可能衍生力量與監督方面的問題。再者，監督與力量的相關因素也可能有助解釋，目標導向行為的規範「何時、為何與如何」可能會成功或失敗。

8.3. 規劃與自我規範的成功

　　研究顯示，自我規範很多時候早在付諸實際行動之前就已經成敗底定了。換言之，我們在付諸行動之前的計畫，對於目標能否成功達成有著相當大的影響。針對這一點，戈維哲（Gollwitzer, 1999）提出了一項意義重大的區別，目標意向與執行意向。

　　目標意向（goal intentions）是指我們想要達成某特定結果的欲望。而**執行意向（implementation intentions）**則是透過具體陳述完成該目標所需的確切步驟，以茲定義行動計畫。執行意向是一種計畫，「當x情況出現時，我就會做出y反應」（Gollwitzer, p.494）。所以，比方說目標意向是想要多運動，那麼計畫每天在看晚間新聞時，騎健身腳踏車30分鐘，這就是執行意向。

　　許多研究發現，具體而詳細擬出執行意向乃是啟動與完成目標的關鍵要素。光有目標意向而沒有執行意向，是很難有效促成目標導向的自我規範，對於較困難與挑戰性的目標，更是難以推動與完成。在戈維哲和布蘭茲達特的研究（Gollwitzer & Brandstatter, 1997），我們就可以清楚印證上述的這些論點。

8.3.1　焦點研究：規劃與否影響大

執行意向與有效的目標追尋[1]

　　戈維哲和布蘭茲達特（Gollwitzer & Brandstatter, 1997）在這份研究當中探討規劃對於目標達成的影響。在第一部分的研究當中，大學生要完成兩份寒假作業，一份比較困難，另一份比較簡單。再者，研究員會問學生是否有具體的執行計畫，什麼時候、什麼地點、如何來完成該等作業。就困難的

---

[1]　英文論文原始標題：
Implementation intentions and effective goal pursuit.

作業而言，有執行意向的學生，最後有三分之二順利完成作業。至於沒有執行意向的學生，則只有四分之一順利完成寒假作業。換言之，光有目標而沒有具體詳細的執行計畫，大部分學生都沒能順利完成作業。就簡單的作業而言，執行計畫和最後任務的完成率沒有多大關聯，不論有否執行計畫，兩組的學生最後都有80%完成作業。

在第二部分的研究當中，學生的任務是撰寫一篇報告，描述自己如何度過聖誕夜。這篇報告必須在聖誕夜之後48小時內完成，並且繳交給實驗者。一半的學生被要求擬定執行意向，描述自己會在哪個確切的時間與地點寫作該篇報告，另外一半學生則沒有被要求擬定執行意向。事前計畫的優勢再次發揮，有執行意向的學生，其中有75%在規定時間內繳回報告；相對地，沒有執行意向的學生則只有33%完成任務。

執行意向除了具有達成困難目標的價值之外，對於自我規範技巧較弱者特別有幫助。有研究顯示，擬定執行計畫有助於提升精神分裂症、毒癮戒斷、大腦額葉創傷者自我規範行為的效能（Brandstatter, Lengfelder, & Gollwitzer, 2001）。讓當事人預先擬定執行意向，也有助於促進健康目標的達成機率，諸如：乳癌篩檢、定時服藥（文獻回顧與評論，請參閱Gollwitzer, 1999）。

8.3.2　為什麼規劃有助於自我規範的成功

擬定清楚而具體的執行意向似乎創造了若干心理與環境的信號，使得自我規範更有效率、更自動，而且也比較不會陷入分心或拖延的困境，整體而言，有助於目標的達成。我們大多數人生活都很繁忙，同一時間內，可能有許多目標，還有許多勞神費力的事務必須照料。如果沒有某些可茲依循的結構，我們的生活很可能就亂七八糟，而且也可能會感覺自己沒有辦法完成任何有意義的事情。個人的目標如果有擬定執行計畫，具體安排好時間、地點以及應做事項，這樣我們就比較容易記住與評估我們的計畫。透過具體擬定完成目標必辦的事項，以及執行的時間、地點，我們就創造了環境的線索，可以促成相對自動啟動目標導向行為。比方說，有位學生決定每個星期二、星期四下午一點到三點，研讀一門艱難的經濟學課程。過了一段時日之

後，這項行為可能就不再需要有意識的自我控制，就像是例行活動一樣，時間一到，該學生就會自動到老地方，開始研讀該門經濟學的教材。戈維哲（Gollwitzer, 1999）相信，執行意向有助於有效能的自我規範，這是因為執行意向「讓環境線索取代了個人有意識的自我控制」（p.495），因此得以避免分心與誘惑的情況，也就不至於影響到有意識而且有效的自我控制。

目標行為的自動啟動

戈維哲（Gollwitzer, 1999）的結論，也獲得行為控制自動化研究的支持。巴格與同僚的研究內在與外在事件，開車就是一個很好的例子。新手駕駛必須全神貫注，有意識地注意路況、轉彎、啟動指示訊號、煞車、檢查鏡子。熟手駕駛則可以自動完成這些行動。在開車的時候，我們之所以能夠同時聽電台節目或是聊天，原因可能在於，不需要有意識的控制行動，駕駛就能夠因應行車的各種狀況（例如：暫停標誌、行車速限改變）（Bargh, 1996; Bargh & Chartrand, 1999; Wegner & Bargh, 1998）。

此種「自動導向系統」（Bargh & Chartrand, 1999, p.476）的價值，在於可以有效率地控制行為，而無須付出額外的精力。相對地，有意識的自我控制則必須付出精力的代價。當我們在結冰的道路，或是暴風雨的情況下開車，因為必須全程聚精會神，這一趟路開下來，最後當然精疲力竭。

節約自我控制的資源

自我規範通常需要投入精神與體力，而且在過程當中顯然會耗損某些有限的資源（Baumeister, 1998）。就像人類在運動之後，肌肉會疲勞一樣，自我控制的強度也會因為重複運用而減弱。鮑曼斯特等人的研究顯示，在某一項活動的自我控制將會減弱後續其他活動的自我控制（Baumeister, Bratslavsky, Muraven, & Tice, 1998; Baumeister et al., 1994; Muraven & Baumeister, 2000）。

還有其他許多研究也發現，研究參與者先後進行兩種不同的活動，凡是安排在後面做的活動，表現總是比較差。即使是相對微不足道的自我控制行動，似乎也會耗損自我控制的能力強度。相對於先前沒有施行自我控制的對照組，自我控制的行為不論是只吃蔬菜而不吃隨手可得的巧克力，或是壓抑

對於電影的情緒反應，後續其他任務的表現都會顯得比較不順利，也比較不能夠堅持到底。最近有一項研究結論指出，自我控制所需的能量可能和血糖高低有關（Gailliot et al., 2007）。大腦在執行許多功能的時候，需要血糖供給所需的能量，尤其是自我控制這類需要用心力去執行的任務，更是需要大量的血糖。研究人員發現，自我控制的任務導致血糖濃度降低，而後面的工作表現也隨之變得比較差。

總之，自我控制是一種有限的資源，而這也就意味著，事前計畫之所以有利於目標的達成，可能是因為事前計畫可以增加自動化，而這可以節約自我控制的有限能量，從而有利於目標的達成。

8.3.3　承諾與信心

承諾與信心是促成個人努力朝向目標並且獲得最後成功的兩項重要因素。承諾是堅持個人立下的目標，絕不輕言放棄；信心是相信自己有能力可以達成該等目標；擁有這兩項要素的個人，就有比較有可能贏得最後的成功（例如：Brunstein, 1993）。

承諾（commitment）是指，面臨可能威脅目標達成的逆境時，仍然展現毅立不搖的決心、責任與意願（Austin & Vancouver, 1996; Brickman, 1987）。承諾意味著，下定決心，然後貫徹到底（Fehr, 1988）。

信心則是相信自己有能力可以完成個人所想要達成的目標。許多研究發現一再肯定，自我效能（self-efficacy）確實有助於提升目標的達成（Maddux, 2002）。自我效能的定義就是，相信自己可以透過個人的努力，而有效獲得自己希望達成的結果（Bandura, 1977, 1997）。亞伯特‧班杜拉（Albert Bandura）特別強調任務特定的自我效能，換言之，就是個人自信可以有效完成特定任務的一種信心水準。比方說，有人可能對於社會關係，或是與陌生人會面，有很高的自我效能；但是，對於拉高自己的學期總平均分數，就非常缺乏自信，也就是這方面的自我效能相當低。

追尋目標遭遇障礙的時候，承諾與信心相輔相成，有助於提高個人堅持貫徹到底的決心與力量（Carver & Scheier, 2003）。承諾與信心就像是一種資源，可以讓人有迎接挑戰與抗衡逆境的反彈復甦力與決心。比方說，

有若干理論主張承諾在婚姻的滿意與穩定扮演相當重要的角色（文獻回顧與評論，請參閱Berscheid & Reis, 1998）。因為婚姻生活難免會有衝突與不愉快，對於婚姻、另一半、家人堅守承諾，相當有助於個人度過起伏波盪的難關。自我效能則是有助於個人在面對挫敗之餘，還能夠更加努力，貫徹始終。比方說，就個人健康行為而言，高自我效能的人比較有可能成功戒菸、戒酒、維持健康體適能狀態，也比較能夠忍受關節炎與偏頭痛（Bandura, 1999; Maddux, 1995, 2002; Salovey, Rothman, & Rodin, 1998）。

　　普蘭斯坦（Brunstein, 1993）特別針對承諾與信心對於目標達成與福樂安適的重要性進行評量研究。秋季學期開始之初，研究者請大學生描述未來若干個月內個人最重要的目標。學生的回答包羅萬象，例如：學會足夠的西班牙語文，以便能夠到西班牙留學；學習讓個人的財務有更好的管理；改善與男（或女）朋友的親密關係；學習更懂得自我肯定；學習獨立自主，不依賴家長。然後再由學生根據個人渴望達成目標的承諾程度，以及自我評估有能力達成目標的信心水準，分別評定個別目標的等級。另外，在學期中，每隔一段時間評量主觀幸福安樂感，總共評量四次。再者，為了要衡量承諾與信心的穩定程度，在這四次評量當中，也會同時評量承諾與信心的程度。

　　研究結果符合控制理論的預測，目標的進展對於福樂安適有正向影響作用。普蘭斯坦的研究結果也提供清楚的證據，支持承諾與信心的交互作用可能決定目標的進展，以及福樂安適的正向變化。具有高度承諾，而且自我評估很可能達成目標的學生，福樂安適評分呈現逐次提升的趨勢。相對地，具有高度承諾，但是自我評估不太可能達成目標的學生，福樂安適的評分則有所減低。普蘭斯坦討論指出，高度承諾似乎是促成目標追尋產生福樂安適效應的前提條件；相當程度的承諾應該是必要的，不過目標追尋是否能夠產生好的結果，以及促進福樂安適的提升，仍然得看個人的信心以及對於目標達成的評估。只有承諾的單獨作用，並不足以產生上述的正向結果。

8.4. 不合宜的目標：導致自我規範問題叢生

8.4.1 進取型目標vs.迴避型目標

有相當多的研究顯示自我規範的歷程。任何球類競賽的球迷都知道，很可能會因為採取「趁勝追擊」或「保持戰果」這兩種不同的態度，而導致策略運用與臨場表現因此有相當大的差別。抱持「立於不敗之地」的心態來比賽，也許能夠發揮若干效用，但是也很可能會適得其反。許多研究顯示，相較於發願努力追求正向結果的個人（例如：希望某科目獲得好成績），一心一意只想避免若干結果的個人（例如：希望某科目不要被當）通常表現會比較差。之所以如此，部分原因可能就在於，自我規範減損了當事人對於自我勝任能力的感知。

進取型目標（**approach goals**）是指人們希望邁向或維持的正向結果（例如：和室友相處融洽、維持體態健美）。進取型目標的功能是作為一種正向的標準，而自我規範就是設法努力縮減目前狀態與該項標準之間的差距。差距越大，就需要更加緊努力。自我規範的焦點是要縮減差距。

另一方面，**迴避型目標**（**avoidance goals**）則是指，人們希望迴避或預先防止的負向結果（例如：希望和室友不要老是起爭執，或是希望體重不要持續增加）。迴避型目標的功能是作為一種負向的標準，而自我規範就是設法努力增加目前狀態與該項標準狀態之間的差距。

目標研究的典型做法就是，先讓人們列出重要的個人目標，然後再根據進取型目標數目與迴避型目標的相對多寡，以茲決定他或她是屬於進取目標取向或迴避目標取向。然後再用目標取向來衡量福樂安適與目標進展及目標達成的相關程度。

比方說，艾默斯和凱瑟（Emmons & Kaiser, 1996）發現，迴避目標數目較多的人，其自陳報告有較高的情緒困擾不安（尤其是焦慮），以及較多身體方面的病痛症狀。就情緒的測量而言，不論是全面整體的測量或是每日的報告，都顯現負向心情與追尋迴避型目標有所連結。類似地，艾略特與同僚的研究也發現，在研究過程的一整個學期當中，有較多迴避目標的

大學生，目標進展比較不順利，身體與情緒的福樂安適也比較不好（Elliot & Sheldon, 1998; Elliot, Sheldon, & Church, 1997）。其他研究者則發現，迴避目標與下列多項情況有相當程度的相關，譬如：婚姻滿意度欠佳（例如：King & Emmons, 1991）、較少讓人滿意的友誼（例如：Elliot, Gable, & Mapes, 2006）、較少正向的心理治療結果（例如：Elliot & Church, 2002）、身體健康情況較差（例如：Elliot & Sheldon, 1998）、目標進展較不順利，以及目標達成滿意度較低（例如：Elliot & Sheldon, 1997）。

任何目標都兼有進取與迴避的動機。比方說，想要把某件事情做好，同時也就是不希望把事情搞砸。類似的道理，迴避失敗也隱含有想要成功的動機。既然這兩類目標有如此的關聯，那為什麼還需要在意區別是追求正向的進取目標，還是迴避負向後果的迴避目標呢？在吾人的社會關係當中，為什麼避免與他人有爭議衝突，或是避免被朋友傷害拒絕，諸如此類的迴避型動機可能會損害友情？相對地，恭維讚美他人，或是和朋友分享歡樂的活動，諸如此類的進取型動機則有益於促進友情？在心理治療方面，為什麼不要太害羞、太情緒化的目標，或是不要讓小事情造成心情不愉快，諸如此類的目標對於心理治療比較沒有幫助？相對地，如果是要更清楚理解個人的感覺、更接納自己，或是在社交場合變得更有自信，諸如此類的目標就比較有幫助？如此看來，迴避型的目標似乎存在某些認知、情緒與行為機轉，因而比較容易產生有害的結果。

為什麼迴避型目標難以規範？

1. 相較於迴避型目標，進取型目標比較容易規範、監督。對於進取型目標，只需要找到有效致勝的途徑（Schwartz, 1990）。對於迴避型目標，除了找出不喜歡的結果，還必須設法阻止，而這需要持續不斷的監督與警覺。如果目標是想要為好朋友做些正向的事情，那你只需要找出一件正向的事情，把那件事情完成，這樣就可以了。可是，如果目標是不要冒犯別人，那麼你在所有的社會互動場合，都得隨時提高警覺，注意你的言行舉止是否有惹來別人不太好的反應，如果有的話，就得即時做出適度的調整。在先前的討論當中，我們已經知道，自我規範需要耗費身心能量資源，長時間持續監督與警覺迴避型目

標，很可能會讓有限的身心能量資源為之耗損殆盡，這樣一來，自我規範就很難繼續維持正常運作了。

2. 迴避型目標因為本質使然，往往會引發焦慮、威脅與自我防衛的感覺或反應（例如：Elliot & Church, 1997; Elliot & Sheldon, 1997, 1998）。節食者一定知道，禁吃甜食或油炸食物實在一點也不好玩。節食者會擔憂沒辦法抗拒美食的誘惑，偶爾受不了嘴饞，偷吃幾口，就會感覺罪惡。無所不在的餐飲店舖，還有電視、雜誌的美食廣告，更是時時刻刻威脅節食的決心，無怪乎，節食失敗的例子屢見不鮮，箇中煎熬更是讓人吃不消。對於負面資訊的高度敏感造成難以擺脫的焦慮與壓力，從而減低自我規範的效能，也影響目標的進展與達成（Baumeister et al., 1994; Higgins, 1996; Wegner, 1994）。

3. 迴避型目標往往讓人聯想到勝任能力較差、低自尊，比較不具有內在樂趣，也比較不是出於自我決定（例如：Elliot & Church, 2002; Elliot & Sheldon, 1998; Elliot et al., 2006）。因此，我們或許可以理解，在這些因素影響之下，迴避型目標可能導致當事人出現負向情緒與自我規範的問題，從而產生負向結果、對於目標進展不滿意，以及較低的身心福樂安適。簡言之，規範的困難與挫折可能讓人時常感受到可能失敗，因此開始懷疑自己的勝任能力，而自尊也會受到打擊。

4. 就一般感覺而言，迴避型目標比較不是出於個人自由選擇，而且也比較不具有內在的樂趣（研究發現，自由選擇、內在樂趣這兩個因素相當有助於增進福樂安適與目標成就，詳細介紹與討論，請參閱第七章）。一般而言，人們比較容易把負向的目標（譬如：「不要凡事都要求完美主義」，或是「減少喝酒」）想做是自我施加的一種壓力，迫使自己必須克服某些習慣或是不去追求自己喜歡的事情。有鑑於迴避型目標與自我規範問題、自我感覺勝任能力差、低自尊、無趣、低福樂安適等有相當的連結，因此學者普遍認為，追求迴避型目標是構成個人脆弱性的主要因素（例如：Elliot & Sheldon, 1997, 1998）。換言之，如果個人的目標取向主要是聚焦於避免負向結果，那就比較可能有遭遇諸多負向經驗的危險，進而損害個人的福樂安適。

5. 迴避型目標有某部分的問題可能與背後的動機有關。比方說，過往的

生活經驗可能會支配人們對於某些特定的生活領域，採取進取或迴避的目標。比方說，因為動脈阻塞而心臟病發作，這可能會讓人避免油膩的食物。

不過，大致區分，人們還是具有相對固定的目標取向，根據希金斯的描述（Higgins, 1996, 1998），有些人是*趨向促進型聚焦*（*promotion focus*），另外有些人則是*防止型聚焦*（*prevention focus*）。在本章稍早討論希金斯的自我落差理論，自我扮演了關鍵的角色，負責個人目標的選擇與目標的聚焦，並且作為自我規範行為的嚮導。根據希金斯的論述，理想的自我是促進型聚焦的基礎，而應然自我則是防止型聚焦的基礎。個人目標比較趨向促進型聚焦或防止型聚焦，可能是源自於家長教養的不同風格。鼓勵正向的經驗、獎賞獨立，幫助子女發展克服挑戰的能力；他們傳達給孩子的基本訊息就是：「這樣的理想就是我希望你能夠做到的。」聚焦防止目標的家長則是比較關心避免負向的結果，以免不安全或不遵守善良風俗；他們的基本訊息就是：「我相信，你不應該會做出這樣的事情。」

這兩種不同的家長教養風格，結果可能就會導致子女採取不同的目標取向。家長如果是鼓勵子女能夠做到這個或那個自我理想，這樣的教養比較有益於培養理想的自我規範體系，促進聚焦的進取型目標，以及正向的自我形象。相對地，家長如果老是擔憂或限制孩子不應該做這個或那個，那就比較可能培養應然的自我規範體系。防止聚焦的迴避型目標，比較注重安全、社會責任與義務相關的目標。最近的研究也發現，人們的動機大致上有偏向進取或迴避的區別，而這方面的差異則與個人的福樂安適有所關聯。亞普德葛拉夫、蓋博和泰勒（Updegraff, Gable, & Taylor, 2004）研究發現，進取獎賞與正向經驗取向的個人，選擇性使用正向經驗作為判斷日常福樂安適的基礎。至於迴避取向的個人則沒有前述的選擇性反應，他們對於日常負向的事件有較強烈的負向情緒反應，影響所及，生活滿意度的自我評價也比較低。

研究學者也探究，成就目標與關係目標等方面的進取與迴避取向。聚焦在避免失敗的個人可能會把恐懼失敗當成一種基本的成就動機（例如：Elliot & Sheldon, 1997）。類似的道理，一個人如果老是擔心如何避免負向關係，那就可能會受到害怕遭受拒絕的動機驅策（例如：Elliot et al., 2006）。艾略特與同僚研究發現，希望與他人有情感連結，這種一般社交

動機，可以有效預測這樣的個人比較會有進取型的友情目標、正向的關係經驗、比較少有孤獨，而且長期下來，福樂安適比較會有增近。相對地，害怕遭受拒絕的動機則與負向的友誼目標有所關聯，諸如：避免朋友之間的衝突、尷尬、背叛或是傷害。迴避取向的個人通常會有比較多的負向人際關係經驗，比較常有孤獨的經驗，也會比較多身體病痛的症狀（諸如：頭痛、胃不舒服、頭暈、肌肉酸疼）。

8.4.2　目標衝突

人們在同一時間內往往有多項的目標。稍早在第七章的時候，我們已經注意到，個人目標之間的衝突可能是導致緊張不安與不愉快的重大來源（請參閱Emmons & King, 1998; Palys & Little, 1983）。研究發現，個人目標之間的衝突可能和相當多的情緒、身體不適狀況有所關聯，諸如：肥胖症、心臟病、憂鬱症（文獻回顧與評論，請參閱Emmons, 1996b）。當個人某項目標的追尋干擾到其他目標的達成，目標衝突於焉發生。目標衝突可能涉及有限資源（例如：時間、金錢或精力）的競爭。比方說，追求事業成就可能會用去相當多的時間與精力，在此同時，也就沒有多餘時間、心力，可以陪伴老公／老婆和小孩。

衝突的發生也可能是因為兩個目標本質互不相容。艾默斯和金恩（Emmons & King, 1998）讓研究參與者描述與評量個人目標之間的相互干擾程度。其中，有一名參與者如此陳述兩項極度不相容的目標：「讓自己看起來比實際顯得還要更加聰明」，以及「誠實待人，絕不虛偽做作」（Emmons & King, 1998, p.1042）。這幾乎是不可能完成的任務，一個人如何可能假裝自己很聰明，同時又要誠實待人而絲毫不造假呢？

卡佛和薛爾（Carver & Scheier, 1998）指出，許多目標衝突追根究底很可能就是工作時間安排的問題。換言之，人們同時有許多目標，但是能夠運用的時間與精力卻是有限。戈維哲（Gollwitzer, 1999）強調執行意向的重要性，在這兒，執行意向是關於目標該如何達成的有意識計畫，這或許是解決許多目標衝突的一種可行出路。具體釐定完成每一項目標所需的時間與地點，這或許可以減低衝突感，並且提高成功完成多重目標的可能性。建立

優先順序，以及針對各項目標做出權衡取捨，這也有助於提高成功率。

　　以本書兩位作者教導的班級為例，有許多學生是離婚的單親婦女，她們都面對了帶小孩、工作與學校課業的多重挑戰。其中一位女學生描述自己每天早上6點到晚上11點的典型生活事件，包括：送小孩去安親班、上課、上班、和家人相處，還有讀書。雖然一整天馬不停蹄的行程，但是只要小孩沒有生病，或是雇主沒有要求加班，她通常都還能應付得過來。如果行程給打亂了無法兼顧（通常是因為小孩生病），優先考量的就是家庭，學業則排在第二位。因為照顧家庭的時間多寡，往往會影響準備考試的時間，於是她的考試成績也就時好時壞，可能得A，也可能得C，因此整體平均下來，她的成績通常都是得到B。她形容自己生活壓力很大，並且期待畢業後，生活能夠變得比較「正常」些，這一點也和大多數的目標衝突研究結果相符合。

　　最近研究顯示，如果能夠設法協調並兼顧多重目標，那就比較能夠投入與堅持目標導向的行動。雷迪格和佛洛依德（Riediger & Freund, 2004）研究評估目標間際干擾與目標間際助長的情形。**目標間際助長（intergoal facilitation）**指的是，在追求一項目標的同時，可能也提高其他目標的達成機率。之所以會發生這樣的效應，原因可能是這些目標相互增益，也可能是這些目標彼此有所重疊。比方說，有一個大學生他有多重目標如後：獲得優等的課業成績、了解個人選擇生涯領域、結交好朋友。如果分開追求個別目標，那時間與心力可能就會產生衝突。然而，若是加入和主修有關的校園組織或是社團，這三項目標就有可能相互助長。這類的組織或社團通常發揮社交、生涯、學業等功能，提供機會讓成員認識相同生涯興趣的學生，交換有關課業、就業、研究所等方面的資訊。而和其他相同主修的學生建立良好關係，也可能從而獲得內幕消息，譬如：各個課程的特殊要求規定、系上教授的研究興趣與個性。簡言之，參加主修科目的同學研讀團體，可以同時追求多重目標，而且獲得多方面的益處。雷迪格和佛洛依德發現，間際助長的多重目標往往會提高目標追求的投入程度，原因可能是資源運用的效率較高。就如同俗語說的，一石兩鳥，不但可以節省時間與精力，也能夠免於目標衝突的壓力。

8.4.3 「瑣碎小事的追逐」與「崇高偉大的執迷」

　　個人的目標就其具體與詳細程度而言，可能有相當程度的差異。一方面有相當具體而詳細的目標，譬如：維持住家整齊清潔、保持個人乾淨俐落的形象，另方面也有比較抽象而概括的目標，譬如：成為更好的人，或是和上帝關係更緊密。從控制論的觀點來看（Carver & Scheier, 1998），個人的目標涵括了高階與低階的目標，彼此相互連結，而成為高低有序的階層關係。位於階層較高位置的是比較抽象的目標，表達個人重大的人生目標（例如：接受大學教育）。位於階層較低位置的是比較具體的目標，則是反映如何達成前述的高階層目標（例如：接下來兩個小時用功準備經濟學的隨堂考試）。再者，由於人們對於任何特定的目標都可能有不同抽象或具體程度的想像，因此目標的抽象／具體關係就更形複雜了。接下來介紹討論的行動確認理論，我們可以更清楚見識到這當中的複雜情形。

8.4.4 焦點理論：思考行動的意義

　　根據行動確認理論（action identification theory），任何行動都可以分割為若干層級（Vallacher & Wegner, 1987）。低層級的行動是關於達成個人目標所需要執行的具體而明確的特定行為。相對地，高層級的行動則是關於行動背後比較抽象或普遍的理由。比方說，父親幫忙小兒子做數學家庭作業，在低層級的行動方面，父親可能確認或解釋自己所做的某些具體行動，譬如：回答兒子提出的疑問，或是檢查兒子作業是否正確無誤。父親也有可能確認高層級的行動，譬如：他做那些事情是要做個有用的家長，又或者更高的層級，是要做個好家長。

　　此理論主張，人們偏好而且傾向高層級的行動確認，而且只要行之有效，就會持續使用該等確認的目的或意義，來解釋自己的行動。換言之，我們一般都會選擇以更高層級的目的與意義，來解釋自己為什麼做某些行動，而比較不會描述自己如何著手具體而特定的行動。

　　不過，如果高層級的確認行不通，人們就會往下轉移低層級的確認。要維持高層級的行動確認，前提是作為基礎的低層級行動必須熟練、自動化而

且容易執行。高層級行動確認「有用家長」的父親，如果不熟悉兒子家庭作業的數學問題，那就可能必須轉而朝向低層級的行動確認。也就是說，如果他發現自己沒辦法成為能夠協助兒子的有用家長，那他可能就會轉而確認自己的行動是在傾聽兒子解釋那道數學題目是要學些什麼，或是和兒子一起看數學課本，以便弄清楚如何可能協助兒子解決該道數學題目。

瓦萊契和韋格納（Vallacher & Wegner, 1987）論稱，行動確認的不同層級對應於自我的不同重要性。低層級的行動確認（譬如：父親試著去理解兒子的數學課本），對於自我的重要性就比較低；相對地，高層級的行動確認（譬如：成為好家長），對於自我的重要性就比較高。行動層級確認理論主張，高層級的目標與行動背後的理由，對於自我是比較重要的，因為與自我概念比較有關係。我們會特別關心與自我概念緊密關聯的目標，因為該等目標關係到自我的定義與表達。高層級目標的完成與高層級行動的確認代表了自我肯定或自我完成，因為提供了理想個人自我形象的證明（Wicklund & Gollwitzer, 1982）。父親成功幫助兒子解決數學作業，可以肯定好父親或有用父親的自我形象，相對地，和兒子一塊看數學課本就沒能達成這樣的效果。簡言之，自我概念有部分取決於個人行動與目標成就提供的自我肯定的證據。

目標層級確認的個別差異

人們對於目標的思考也可能存在個別差異。利鐸（Little, 1989）的論述凸顯了此種差異，一方面，有些人可能奉獻終生追求「崇高偉大的執迷」，另一方面，有些人則是滿足於「瑣碎小事的追逐」。

不謀而合地，華德曼（Waterman, 1993）的研究也探討了類似的主題。華德曼的研究對照比較兩種類型的人，一種是找尋某些事情去做；另一種是專注於成為某一種人。你可能會認為，相較於目標狹隘而具體的個人，追求抽象與自我定義之目標的個人應該會比較快樂，生活滿意度也會較高。不過，利鐸（Little, 1989）卻指出，「可以設法執行的」與「富有意義的」之間可能存在著某種權衡取捨。比方說，艾默斯（Emmons, 1992）依據二元分立的抽象／具體、特定／普通，以及自我反思／自我非反思等個人目標的向度，將個人分成若干類型。

　　艾默斯的研究中，高層級的目標，例如「在別人眼中，顯得博學多聞，上至天文，下至地理，無所不知」、「凡事務實以對，腳踏實地，不好高騖遠，也不妄自菲薄」、「保持正向思考」（Emmons, 1999b, p.53-54）。艾默斯指出，這些目標雖然相當令人嚮往，但是卻也十分「模糊不清」。要做出哪些具體而明確的行動才可能顯得博學多聞？如何才可能知道，自己在他人眼中顯得博學多聞？又如何才可能知道，自己有比較腳踏實地？除了模糊不清之外，高層級的目標往往需要長時間的投入。你不可能一夜之間就變得才高八斗，無所不知。因此，追尋抽象目標者就比較可能遭遇較多的挫折、不安與負向情緒。

　　另一方面，具體的目標就比較容易管理，意思是說，這種目標比較清楚而容易完成，但是相對也就比較不是那麼有意義。在艾默斯的研究中（Emmons, 1999b, p.53），描述低階層的如「減少攝取冷凍食品」、「儀容整潔」、「保持良好的儀態，走路抬頭挺胸」、「喝比較多的水」。那麼，為什麼具體目標取向往往和身體疾病有比較強的關聯呢？艾默斯（Emmons, 1992）指出，壓抑的人格與具體而且窄視的個人目標可能存在某種連結。壓抑的人否認自己的情緒困擾，使用種種分心的做法，避免自己想到自己的負向情緒狀態。雖然外表否認，但是壓抑者內心其實有頗高的生理激起，也比較容易有身心症的困擾。低層級目標可能反映有壓抑人格，希望避免面對容易引發情緒爭端的情況。低層級的具體目標可以讓人免於直接面對負向情緒與不安。換言之，凡事「往小處看」的人充滿了許多具體而特定的目標，從而可以免於「往大處看」可能招惹來的情緒不安。

　　艾默斯（Emmons, 1999b）建議，有個方式或許可以解決可管理與有意義之間的權衡難題，那就是「選擇具體、可管理，而且能夠連結到個人意義的高階層目標」（p.54）。匹配理論與本章先前提及的戈維哲關於計畫之益處的研究，支持艾默思關於個人目標之意義與具體程度之雙重重要性的建議。

8.4.5 目標難度

高階層與低階層目標的重要性，也獲得組織目標設定與表現等方面研究的間接支持（請參閱Locke & Latham, 1990, 2002）。這些研究檢視目標的難度與工作表現細目的效應，而不是檢視目標的具體或抽象層次分別；但結果卻發現類似的情形。相當多的研究結果指出，如果僅止於鼓勵員工「竭盡所能，把事情做到最好」（do your best），不太能發揮提升工作表現的效果。這類抽象的目標，缺乏明確的外在參照標準，很難藉以評量表現成效。目標如果定得太簡單，也不太能發揮激勵工作表現的效果。就像具體的目標一樣，簡單的目標也不太能激發個人的才能或深層的動機，當然也就比較不會促使員工竭盡所能，努力投入。真正能夠發揮效應的是，提供員工具體明確而又有挑戰難度的目標。

8.4.6 心理控制的弔詭效應

在個人目標當中最重要而又艱難的，有不少都是與自我改善有關。譬如：控制個人的某些習慣，像是抽菸、飲食或酗酒。控制行為控制這些不想要的想法可能讓人比較容易維持節食或戒菸。哪個節食者不希望自己可以不去想食物？哪個戒菸者不希望香菸永遠不要出現在自己的腦子裡？弔詭的是，自我控制的努力有時候卻正好適得其反。這種弔詭的情形有點類似失眠的時候，你越是努力想讓自己入睡，卻反而越清醒。韋格納關於**心理控制的弔詭效應**（ironic effects of mental control）的觀點與研究，即是提供解釋說明此類自我控制的弔詭：我們越努力，結果反而越糟（Wegner, 1994）。

韋格納等人早期的研究，就是讓研究參與者試著不要去想白熊，萬一有想到白熊，就搖鈴（Wegner, 1989; Wegner, Schneider, Carter, & White, 1987）。看似簡單，但是要壓抑這個想法，卻遠比想像還要難上許多。而且最有意思的是，壓抑想法的努力反而會產生一種弔詭的副作用。當壓抑想法的任務結束之後，許多研究參與者經歷到一種強烈的**反彈效應**（rebound effect）。換言之，壓抑的作為反倒是*增加*而不是減少該等想法的出現。你應該不難想像，節食者千辛萬苦想盡辦法來防止自己不去想吃美食，好不容

意甩掉幾磅體重之後，最後大吃特吃的慾望卻是變本加厲的反撲。根據韋格納的研究發現，我們應該可以預測，一旦主動壓抑停止之後，美食的想法就會大舉反撲，如此一來，就必須花費更大的心力，才可能應付。

　　韋格納與同僚結論：「……壓抑是偏執之母的說法，或許確實有幾分可信的道理」（Wegner et al., 1987, p.11）。努力讓自己不去想某些事情，反而可能會更加無法停止思考該等事情，這一點已經獲得不少研究的支持。比方說，參與者分成兩組，一組是不要去想性愛，另一組則是要去想性愛；對照比較兩組的生理激起水準，結果兩組之間並沒有顯著差異（Wegner, Shortt, Blake, & Paige, 1990）。努力壓抑性愛想法的結果產生的興奮感，和直接想像性愛的興奮感，兩者的效果不相上下。另外，還有一項研究指出，憂鬱的人可能缺乏抑制負面思考出現的能力（Wenzlaff, Wegner, & Roper, 1988）。憂鬱的人與非憂鬱的人想像自己遭遇一個極端負面的處境：想像當天是自己參加求職面試的日子，那是自己夢寐以求的工作，但是睡前卻忘了設好鬧鐘，只好一路超速狂飆，希望能夠及時趕抵面試地點，不料闖了黃燈，撞上了對面來車，車上的小嬰孩當場給撞死了。然後，參與者把出現在心裡的任何想法全部寫下來；此外，半數的參與者接獲額外的指示，不可以想到該故事，每想到一次，就必須在書面報告打勾註記。你應該可以想像得到，壓抑想法的最普遍方式就是使用分心術，也就是讓自己去想其他事情。憂鬱者不但比較沒有能力抑制不想要的想法，而且還傾向使用負向的想法來作為分心術。憂鬱者似乎長期承受著近乎自動化的負向思考，很容易就啟動負向思考與感覺的惡性循環。

心理負載與控制的弔詭效應

　　心理控制的弔詭效應該如何解釋呢？根據弔詭歷程理論（Wegner, 1994, 1997），弔詭效應的發生可能是由於心理控制涉及的兩個系統之間的交互作用。其中一個系統是*意向的操作歷程*，這需要有意識地投入心力，因此會受到心理負載增高（譬如：壓力、干擾事項、時間壓力、倦怠、酒醉）而減弱。想戒菸的人使用此一歷程來壓抑抽菸的慾望，或是轉移注意力；比方說，如果早晨喝咖啡之後，習慣會想抽菸，那就可以試著戶外散步、讓工作纏身，或是想想戒菸的好處，藉由這些方式來控制抽菸的衝動。

不過，心理控制還涉及第二個系統，那就是*弔詭的監控歷程*。此歷程大抵是無意識進行的，不太需要有意識的心力投入，也不太會受到干擾或中斷。監控歷程會掃描環境、記憶與當下的想法，從中找尋監控歷程想禁止的事物或線索。當監控系統偵測到抽菸的想法或衝動，意向操縱系統就會啟動有意識的壓抑行動。弔詭的是，老菸槍已經累積了大量讓自己想要抽菸的環境與心情的連結線索。所以，監控歷程必須偵測許多「禁止」抽菸的情況、想法與感覺，因此反而增高了抽菸的有意識覺知。如果操作系統沒有受損，那麼這兩個系統就會合作無間，共同減低與抗衡抽菸的衝動。

不過，操作系統的效率會因為心理負載升高而趨向低落，當這種情形發生的時候，當事人就很難抗拒抽菸。因為在無意識的狀況下，監控歷程可能持續發揮作用，這不需要有意識的心力投入，也不會受到情緒或心理負載的干擾，因此心理控制可能就會失效。不管當事人是否有能力去抑制抽菸的慾望，無意識的監控歷程都會使人更容易出現想抽菸的慾望。在這兒，弔詭的是監控歷程乃是自我控制奏效的必要條件，而且監控需要耗用心理能量，所以會因為心理負載過重而導致控制失效。但是，當我們刻意去控制或壓抑某些想法，結果反而增高對於該想法的意識，也就是更容易出現該等想法，如此一來，監控歷程反而弔詭地助長了心理控制的失敗。

韋格納與同僚（Wegner, Ansfield, & Pilloff, 1998）設計了一個相當聰明的實驗，說明弔詭的歷程如何在沉重心理負載的情況下發揮作用。研究參與者的任務是要用手設法穩住尼龍繩綁著的一只玻璃錐，使其尖端對準下方標示在x軸與y軸上的一個十字目標。錄影機鏡頭對準玻璃錐，記錄其運動情形。如果，你曾經嘗試不用三角架來拍攝特寫，那你應該可以體會維持手部肌肉不顫動的難度。而且弔詭的是，你越是想要避免顫動，你的肌肉就越不聽使喚，相機也就顫動得更加厲害。

而這也正是我們在玻璃錐實驗觀察到的結果。一部分的學生只被告知把玻璃錐穩住即可，另外一部分的學生則受到明確指示，必須不可以往x軸方向晃動。在心理負載的情況下，另外一隻手還握著一塊沉重的磚頭，或是從1,000遞減3，往回數997、994、991、……。研究結果與心理控制的弔詭效應一致，受到明確指示不可以讓鐘擺往x軸方向搖晃的學生，結果往該方向搖晃的情形反而越嚴重。心理負載的情況下，前述弔詭效應更加放大，越會

增加鐘擺往禁止的x軸方向晃動。

　　運用類似的實驗操弄做法，韋格納與同僚的其他研究也發現，當人們在分心的情況下，明確指示不可以把高爾夫球打得過遠的參與者，越是可能因為太用心想要不把高爾夫球打得過遠，反而把高爾夫球打得過遠。

　　與韋格納的理論一致，研究文獻回顧發現（例如：Carver & Scheier, 1998; Muraven & Baumeister, 2000），節食、抽菸或吸毒者當他們承受情緒不安、負向心情，或是環境壓力（諸如：極度吵鬧或擁擠的環境），經常會失去自我控制的感覺。當有意識而且需要費力維持的控制沒辦法順利運作時，自動化、習慣化，而且大抵無意識的心理歷程就會接手。就此觀點而言，負向的心理狀態（譬如：壓力與壞心情）可能會耗盡自我控制的能量，因為人們必須付出心理與情緒的能量，以茲因應該等狀態；如此一來，控制所需的資源就會變少了，通常就會造成其他地方的控制失效。在應付一整天接連不斷的工作壓力之後，節食者可能就沒有多餘的心力能夠自我控制，抗拒誘人的美食。弔詭歷程理論指出，甚至於還可能會暴飲暴食。

　　最近研究指出，控制資源的耗損可能受到若干因素的調整：

　　第一，如果受到很強烈的內在或外在誘因，那麼人們可能會設法補償耗損的資源。研究發現，自我控制的資源如果因為執行任務而有所縮減，當他們接受為數可觀的賞金，或是相信自我控制可以有助於其他人，後續的自我控制表現就會比較好（Muraven & Slessareva, 2003）。如前述減肥的例子，這些研究結果可能意味著，如果減肥者清楚意識到另一半或好朋友很擔心他的體重過重可能危害健康，或是體重減輕的話，老闆將會調降員工健保的自付費率，那麼即使經過飽受壓力的一天，結果也能夠成功抗拒食物的誘惑。

　　第二，自我決定理論主張，自主性是決定自我控制是否會耗損能量資源的關鍵要素（Moller, Deci, & Ryan, 2006）。自主性是指個人感覺自己的行動與決定是出於自由選擇的，並且能夠表達真正的自我（Deci & Ryan, 2000）。某人可能選擇每天早上走三英哩的路，因為她喜歡走路，而且這種規律的運動可以讓自己從中獲得一種正向的感覺。這就可稱為自主性的行動。相對地，如果是出於內在或外在的壓力，那就不是自主性的行為。某人之所以會開始走路，乃是因為他覺得有需要減肥，或是因為醫生建議他多做

運動，或是因為朋友要他加入晨間走路的社團。這當中的關鍵因素在於是否自由選擇、自我控制，以及是否受到壓力。摩勒等人（Moller et al., 2006）認為，自我耗損研究沒有考量到這項重要的差別。

有不少研究結果支持，自主性對於減緩自我控制資源耗損，確實扮演了相當重要的角色。研究顯示，如果是投入自主性的行動，那麼自我規範行動事實上是增加而不是減少人們的能量與活力（請參閱Moller et al., 2006）。

當行動是出於自由選擇，並且與自我表達有關，似乎比較不會用光自我控制的能量。從這樣的觀點來看，自我控制的行動本身並不必然會耗損自我控制的資源。只有當行動不是出於自由選擇或是感到受控制或受壓迫，才會耗損自我控制的資源。如果我們每天早上走路是因為我們喜歡這麼做，那就不會覺得有負擔，而需要自我規訓。另一方面，如果我們每天早上走路只是因為相信我們「應該」這麼做，那麼長期下來，就比較可能考驗我們的毅力與自我控制的強度，因為我們可能會忍不住想要去做其他的事情。

相較於控制選擇組的參與者，自主選擇組的參與者表現出較多的能量（較長的任務堅持）；只有控制選擇組顯現出自我控制資源的耗損。

8.5. 日常自我控制失效的解釋

我們已經檢視了若干可能阻撓個人自我規範與目標達成的不利因素，其中包括：缺乏清楚的計畫、缺乏承諾或信心、逃避的目標取向、目標衝突、聚焦抽象或具體結果的個人目標。接下來，我們要來考量人們給的「日常」理由。這些理由是指向真正的困難，抑或只是合理化的自圓其說。

8.5.1 藉口

當說出口的計畫沒能完成，目標中挫，或是自我控制沒有成效，當事人自己可能會感到面子掛不住，別人也會以失敗者來看待。說到失敗的理由，很快就會想到懶惰、自我放縱、衝動、缺乏紀律、沒有組織、拖延，還有不

值得信賴。要避免這些負面的阻礙因素，人們經常會解釋為什麼自己沒能堅持承諾，完成既定的目標。「我有太多外務纏身，實在忙不過來」、「我有些私事纏身」、「我不清楚，到底應該做什麼」、「我有其他更重要的事情」、「我就是沒辦法抗拒抽菸、誘人的美食」、「我就是沒辦法拒絕和朋友出去玩」。

　　這些解釋有反映真實嗎？抑或只是用來挽回面子，或是挽救關係的藉口？答案可能不是可以很明確判定的。一方面，我們都認識某些人習慣給自己的失敗或沒能實現的計畫找藉口；另一方面，有可能發生不可預期的意外，搞砸了原本萬無一失的計畫，而那確實是個人無法控制的。

　　最近，施倫克與同僚回顧相關研究與理論文獻，如何判斷社交場合與個人生活當中使用藉口的適當性（Schlenker, Pontari, Christopher, 2001）。他們的這篇文章主要援引史耐德和希金斯（Snyder & Higgins, 1998）的文獻回顧為基礎。藉口的定義就是：「……自圓其說的解釋或說詞，目的是為了要減低個人應承擔的責任，從而解除自我與該等事故的關聯……」（Schlenker et al., 2001, p.15）。不過，這個定義並沒有釐清該項藉口是真是假的問題。只聚焦在動機與目的。搬出藉口的目的是希望經由提供理由，能夠減低個人的責任。無傷大雅的自我缺陷可能是單純的粗心大意，或是記性不好；核心的自我缺陷則包括了：沒有信用、不可靠、缺乏責任感。

藉口（Excuse）的定義

　　「……自圓其說的解釋或說詞，目的是為了要減低個人應承擔的責任，從而解除自我與該等事故的關聯……」

施倫克等人（Schlenker et al., 2001, p.15）

什麼算是好藉口？

　　施倫克與同僚發展了一套有關個人責任的三角模型，可以用來解釋我們如何評斷藉口的合法性。這套模型有三項構成要件：規則明確度、個人義

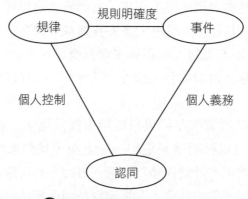

圖 8.2　個人責任的三角模型

資料來源： Schlenker, B. R., Pontari, B. A., & Christoper, A. N. (2001). Excuses and character: Personal and social implications of excuses. *Personality and Social Psychology Review, 5*, 15-32. 美國心理學會版權所有，翻印轉用許可。

務、個人控制（圖8.2）。這三項要件的評分越高，個人的責任也就越高。

1. **規則明確度（prescriptive clarity）**：與事件相關聯的目標、程序與標準，說明應該要做什麼，以及應該如何做。

2. **個人義務（personal obligation）**：個人被要求、期待，或是有義務必須遵循。比方說，父親有很大的義務，應該照顧子女。

3. **個人控制（personal control）**：個人對於事件後果的控制程度。

在這個模型當中，藉口的目標是要減輕這三項構成要件的其中一項或多項。首先，就規律明確度而言，聲稱規則、目標或期望含糊不清，可能減低個人應承擔的責任。遇到學生對考試或作業成績不滿意的時候，大學教授應該或多或少都聽過學生這樣的說法：「你沒有說清楚這次考試的範圍」、「我不知道你要我們用什麼樣的文章結構來寫這份報告」、「你又沒規定應該要引用多少參考文獻。」

其次，聲稱規定或標準不適用於當事人，可以減低個人義務，從而減低個人應承擔的責任。「那不是我的工作」、「我家裡臨時發生緊急事故，所以沒能準時完成這份工作。」

最後，可以在個人控制方面找藉口，譬如：因為外在不可控制因素，而導致無法完成行動或任務，從而減低個人應承擔的責任。許多大學教師大

概都聽過以下各種交不出報告來的理由：電腦病毒、印表機故障、電子檔案消失不見了。至於課業成績不理想，或是作業沒有如期完成，常見的理由則包括：「因為考試熬夜，所以我睡過頭了」、「我個人生活遇上了一些麻煩事」、「這一類的考試，我就是沒辦法考好」。

藉口的益處

藉口可能帶給當事人若干益處，包括：保護自尊、提高表現成績、幫助維持關係和諧。失敗之餘，如果能給自己找到合理的藉口，可以幫助我們維持自尊與自信（Schlenker et al., 2001）。在某些情況下，承擔全部的責任固然是必要而且適切的表現；但是，連帶而來的罪惡感與自責，也可能會讓人消沉而無法積極任事。把過失的原因指向狀況艱難，或是其他人的不當作為，藉此可以讓自己的責任稍微減輕，從而有助於減低負向情緒的衝擊。研究顯示，藉口可以幫助當事人鼓起精神，讓人比較能夠努力去積極表現與自我改善（Schlenker et al., 2001; Snyder & Higgins, 1988）。

藉口對於我們與他人的關係也可能有類似的正向效益。殘酷的坦白可能會引發災難後果。我們不說：「我不去參加你的晚餐派對，因為我覺得你們夫妻倆有些無趣。」反而說：「抱歉，我沒辦法去，我真的好想去，可是我有其他事情必須親自去處理。」社會生活要求適宜的禮儀，應該要顧慮他人的感受，以免傷害彼此的關係。施倫克與同僚許多研究顯示，藉口有助於緩和或撫平社交關係的失調。

藉口的壞處

你可能已經猜想到了，藉口可能必須付出代價，尤其是如果過度濫用藉口，或是一目瞭然就知道只是不實的藉口。任何藉口都有可能讓人質疑該藉口的真假，或是背後動機，乃至於當事人的人格。再者，藉口可能減損當事人自我規範的能力、自信心，以及自我效能。舉例而言，有位同事老是找藉口解釋，為什麼沒有準時完成自己份內的任務？為什麼不自願接受新的任務，或是挺身解決意外發生的問題？為什麼很少信守承諾？你會怎麼看待這樣的同事呢？不可靠、缺乏誠信、自我中心、缺乏效能？施倫克與同僚論稱，這些負面的評語差不多就是慣常使用藉口的人可能得到的批評。習慣找

藉口的後果很可能就會相當程度損害當事人的名聲與表現成績。

持續使用藉口也可能降低個人的自我控制與表現。自我控制與自我規訓的一個重要元素就是對於他人的責任。知道自己必須對他人負責,提供了重要的動機來源,鼓勵我們堅持完成應盡的義務。當人們有失義務,他們可能會提出藉口解除自己對他人的責任。如果藉口讓人覺得自己不可靠,結果就不再敢委以責任,那自我規範的重要機轉也會為之瓦解。

整體而言,藉口最普遍而且有害的影響可能就是使得自我不去面對自己應盡的責任。藉口如果要發揮效果,就必須減輕自己對於失敗的責任,不過這樣一來,也可能導致我們開始懷疑自己的能力,還可能認為自己想要成功的決心與動機不夠強盛。施倫克等人(Schlenker et al., 2001)論稱,藉口「……可能會剝奪使用藉口者負責與自我控制的意識」(p.25)。藉口不但沒能保護自我免於自尊遭受威脅,長期使用反而可能適得其反。

8.5.2　無法抗拒的衝動

另外一種對於失控的日常解釋,就是沒有能力抗拒誘惑和強烈的情緒。當人們說,自己無法抗拒強烈的誘惑,或是抵擋不住排山倒海的情緒:憤怒、忌妒、憂愁、挫折或壓力,這樣的說法到底是什麼意思呢?他們是無力抵抗強烈衝動的可憐受害者嗎?他們只能任由擺佈而無能控制嗎?還是說,屈服於那些所謂無法抗拒的衝動其實是出於個人的選擇,可以這麼說吧,是否有可能,他們其實是有能力可以抗拒衝動,但是卻選擇不去抗拒?

自我控制的信念

裴勒的《美國病入膏肓》(*The Diseasing of America*)(Peele, 1989)就提供了許多例子顯示,人們其實是有可能抗拒難以抗拒的衝動。在越戰期間,許多美國軍人使用海洛因而成癮,但當他們回到美國之後,大部分人都沒有接受治療就回復正常;另外,還有些人偶爾使用海洛因也沒有成癮。在某些國家或文化(例如:美籍猶太人,法國人),人們有許多場合都會飲酒,但是酗酒的人口比率卻非常低。顯然地,文化對於不負責任行為與酗酒的禁制立場,強化了個人對於該等行為的自我控制。這些例子指出,難以抗

拒的衝動，很可能比較是信念，而非事實。個人對於行為或情緒的控制，和衝動的強度關係較小，和內化的文化信念（應該或能夠自我控制某些行為或情緒）關係比較大。

衝動系統與反思控制系統的啟動

有關衝動vs.節制的研究，基本上乃是建立在行為控制的二元處理歷程模式，類似韋格納的弔詭處理歷程理論（關於最近研究的文獻回顧與評論，請參閱Carver, 2005; Carver & Scheier, 1998, 2002c; Smith & DeCoster, 2000; Strack & Deutsh, 2004）。雖然在理論細節與歷程的命名所有差異，大部分的模式提到兩種歷程大致可分為：(1)衝動、情緒性、相對自動、較快付諸行動的系統；(2)內省、慎思、較少情緒、較慢付諸行動的系統。

比方說，米歇爾與同僚提出的模式包括「熱系統」與「冷系統」（Metcalfe & Mischel, 1999; Mischel & Mendoza-Denton, 2003）。**熱**系統或「**行動**」系統（**hot** or **"go"** system），情緒激起事件，可能需要迅速採取行動，譬如：對抗威脅的必要防衛行動，或是及時把握機會，盡情享受當下的歡快感。冷系統或「**知識**」系統（**cool** or **"know"** system），則是慢條斯理、不帶情緒、彈性、理性的，而且常常會產生長期行動的策略與計畫。根據米歇爾的模式，人們會順從或是控制個人的衝動，乃是取決於熱系統會導向衝動行事，而冷系統則會產生有所控制的行動。

在稍早介紹過的米歇爾（Mischel, 1974）經典棉花糖實驗當中，就是透過冷系統或熱系統的啟動，從而以提高或減低兒童延宕滿足的能力。米歇爾指示兒童想像棉花糖在口中溶化、甜蜜的感覺，從而促使熱系統的啟動。至於在冷狀況的指示則是讓兒童透過抽象而不帶情緒感受的方式來想像棉花糖，譬如：像是「一團雲絮」。相較於熱狀況的兒童，冷狀況的兒童比較能夠等待較長的時間，以獲得較大的棉花糖。換言之，熱狀況的實驗指令有效壓縮了兒童延宕滿足的能力。這些研究結果似乎意味著，人們對於啟動**冷熱系統**（**hot and cool systems**）的規範能力，可能是自我控制的一種機轉。面對「熱」情境，而有能力以「冷」系統來思考，這或許可以解釋人們自我控制能耐個別差異的原因所在。

自我控制的個別差異

衝動的控制多少是一種個人性格特質。換言之，有些人就是比較能夠自我控制與自我規訓；另外有些人則是比較衝動，容易受到短期誘因或獎賞的刺激，忍不住就率然付諸行動。自我控制、自我反彈復甦、堅強、律己嚴謹等概念全都捕捉個人下列的諸多能力，包括：規範行動、控制內外在威脅、延宕滿足，以及貫徹計畫與實現承諾的能力（關於最近研究的文獻回顧與評論，請參閱Carver, 2005；標竿研究，請參閱Gramzow, Sedikides, Panter, & Insko, 2000）。研究顯示，這方面能力的個別差異可能與若干行為的約束有所關聯（包括：酒、色、急功近利）。比方說，米歇爾的延宕滿足研究發現，有些兒童會耐心等待，以獲得較大的獎賞，而有些兒童則會迫不急待接受眼前較小的獎賞，而且這種差異反映相當穩固的個別差異。

抗拒誘惑

雖然研究證據顯示，自我控制的強弱是屬於穩固的個人特質，但這並不代表沒有辦法改善自我控制的能力。許多心臟病患者透過學習來控制菸酒、飲食與運動，甚至年幼的孩童也有可能提升自我控制能力。米歇爾發現，原本不會延宕滿足的孩子，在經過教導之後，也能夠容忍長時間的延宕滿足。換言之，如果放任不予管教，許多小孩通常不太能自我控制，但是如果給予適當建議，他們的自我控制能力就會有讓人驚嘆的改進。研究人員也發現，設法讓思考由低層次轉移到高層次，就可以有效增進個人的自我控制。換言之，就是跳離眼前瑣碎而糾纏不清的情緒漩渦，轉而聚焦放眼觀照大局。

藤田健太郎等人（Fujita et al., 2006）論稱，由低層次轉移到高層次思考，以及提高自我控制的關鍵就在於**心理距離**（**psychological distance**）。「心理距離」是指，在心理上將自我與情境、事件或對象分隔開來。透過時間、空間、社交等方面的分隔，可以將距離拉大。在心理方面，思考其他事物或是放眼考量大局，也可以拉大距離。多花點時間從長思議（時間距離），或是離開牽涉人事物等情境（空間、社交距離），或是放眼考量大局，往往就會改變決定，重新考慮採取不同行動。拉開心理距離而不倉促冒然行事，往往可以讓人獲益匪淺，有較好的自我控制，從而做出較好的決定。

　　雖說很多衝動難以抗拒，但其實也並沒有那麼難以抗拒。我們只需要聽從自己時常用來勸導別人的忠告，那麼應該就會有比較好的自我控制：「花時間好好考慮清楚」、「不要衝動決定」、「不要讓情緒壓過了你的判斷」。諸如此類的忠告，我們經常拿來勸告親朋好友，但是自己卻很難遵照辦理。鮑曼斯特等人相信，箇中原因就在於自我控制不容易做到，而且會讓人不愉悅、情緒耗損（Baumeister et al., 1994）。他們論稱，面對難以抗拒的衝動時，失去自我控制比較適合看做是放棄抗拒，而不是無能為力。

8.5.3　焦點研究：拖延的得與失

　　無法完成責任、履行承諾，或是實現個人目標時，拖延可能是最普遍引用的一種理由。邰斯和鮑曼斯特（Tice & Baumeister, 1997）針對拖延所做的研究，揭顯了拖延的理由和後果。

> ## 拖延、成績表現、壓力與健康的縱貫研究：拖延的得與失[2]

　　邰斯和鮑曼斯特（Tice & Baumeister, 1997）的這份研究發表於《心理科學期刊》（*Psychological Science*）。根據他們的說明，一般人通常抱持譴責的態度來看待拖延，認為那就是懶惰與自我放縱的證據。但是調查研究發現，我們大部分的人都曾經有過拖延的行為。再者，拖延也並非一無是處。如果，最後你還是把任務完成了，那就算延遲一些時日又有什麼關係呢？還有，某些人也說在截止日期逼近的壓力下，比較能將個人的潛在實力發揮到最高境界。時間壓力與情緒能量或許有助於激發比較優異的表現。

　　邰斯和鮑曼斯特透過兩項縱貫研究，來探討拖延的可能益處與代價。他們比較拖延vs.非拖延兩組的大學生，藉以檢視拖延對於情緒／身體健康與課業表現成績的影響。首先，在研究之初，研究者使用一項評量拖延傾向的

---

[2]　英文論文原始標題如後：
Longitudinal study of procrastination, performance, stress and health: The costs and benefits of dawdling.

標準化量表，來評定學生屬於拖延組或非拖延組。健康問題的評量則是採取
學生自陳報告就醫或接受醫療診察治療的紀錄，以及學生每天記錄的個人壓
力狀態與疾病症況檢核表。課業表現成績的資料則包括：學期報告成績、學
期報告繳交的情形（提早、準時或遲交）、考試成績、學期成績。

　　整體而言，鮑曼斯特和邰斯發現，拖延或許可以帶來短暫的益處，但是
長期而言，則會賠上更大的代價。在學期初，拖延組的學生在短期間可能會
感到無事一身輕，少有健康問題；相對地，非拖延組的學生，學期一開始，
就立刻投入作業報告與專題研究，他們感受到壓力沉重，有較多的健康問
題。不過，當學期末逐漸逼近時，上述的情況就隨之逆轉，拖延組的學生感
到壓力越來越沉重，健康問題也越來越多；再者，早先拖延的益處和後期的
損失兩相比較，顯然得不償失。表現的評量結果也顯示，拖延的學生，學期
報告與考試成績顯著低於沒有拖延的學生。

　　雖然有些人相信，在壓力之下自己會有較好的表現，但是這個研究並沒
發現支持的證據。反之，研究結果似乎指出，拖延工作的結果往往會導致工
作品質低落，而且壓力與疾病的情況都會因此更糟糕。鮑曼斯特和邰斯的結
論是，大多數的時候，拖延根本就是自己打敗自己。

8.6. 目標的解除

　　美國人喜歡「贏家」，並且把「半途而廢者」看作是「輸家」。克服重
重險阻的故事經常是電視節目、雜誌、書籍與電影探討描繪的主題。這類故
事推崇人類精神的偉大，並且鼓舞人們面對人生的挑戰與逆境，都應該秉持
「事在人為」、「永不放棄」的態度。心理學文獻也肯定堅忍不拔的毅力，
並且把放棄者描繪為無助的不幸者（Carver & Scheier, 1998, 2003）。儘
管放棄有著如此深入人心的負面印象，但是卡佛和薛爾（Carver & Scheier,
2003）卻別出心裁認為：放棄其實是一種沒有得到應有賞識的重要能力。
他們指出，人生在世一輩子當中，無可避免會有不可能達成的目標，捨棄這
樣的目標往往是有益的，可以免於浪費時間瞎忙一場，最後落得毫無所獲；

再者，也不至於因為盲目硬撐而徒生困擾。卡佛和薛爾給的結論是，知道何時該放棄和知道何時該繼續堅持，都應該視為同等重要的適應技巧。

　　放棄的難易與放棄之後的情緒影響深淺，有相當程度與我們追求目標的重要性有關（Carver & Scheier, 1998）。放棄低階、具體的目標（譬如：尋找完美的禮物），或許會造成某些短時間的挫折，但是不太可能會導致重大的人生變動。不過，當目標涉及個人的自我定義，或是反映基本的人類需求（例如：努力維持重要的情感關係），那是否應該選擇放棄，還是繼續堅持下去，這問題的抉擇對於當事人就具有更高的重要意義。結束感情關係、在摯愛之人過世之後，重拾正常生活，或是放棄職業生涯的夢想，這些都是人生當中涉及了充滿挑戰而且讓人極度困擾不安的抉擇，如此的抉擇可能充滿罪惡感、焦慮、失敗感與絕望。箇中關鍵問題在於，我們如何確定，什麼時候捨棄個人重要的目標才是正確的抉擇？

　　卡佛和薛爾（Carver & Scheier, 1998）論稱，上述問題很難有明確的答案，而且其中牽涉相當棘手的兩難困境。不論是堅持太久，或是太快棄守，都可能有各自的負向影響。面對不可能達成的目標、失敗或失落，如果無法在心理上予以排解，很可能就會有憂鬱與適應不良等情形。研究顯示，「硬撐不放手」與情緒困擾不安有關（Chapter 12）。

　　比方說，人如果沒辦法走出失戀的情傷，可能就會陷溺在難以自拔的悲傷，整個人頹靡不振，看不到人生有何意義或目標；這會讓人難以重新正常過活，也很難追求與發展新的戀情。相對地，如果每逢事情變得有些棘手或是發展不如預期，就很快放棄目標，殊不知重要的目標通常比較具有挑戰性，需要克服重重險阻才可能達成，如果只需要持續努力就有可能達成目標，可是卻老是輕易就放棄，那就會損及個人可能達成的成就，也會讓人對於自己的勝任能力有所質疑。如果是長期放棄人生各方面的目標，那可能就符合心理學定義「無助」的一項特徵（比較Seligman, 1975）。

　　由於個人性格特質與生活情境的差異，因此要決定某項目標是否可能達成，也就有著因人而異的答案。大學教授面對學生請教未來生涯計畫，以臨床心理師為例，申請頂尖學府的臨床心理學博士班需要相當出色的大學畢業成績，如果學生畢業總成績GPA只有2.5，你應該怎麼說呢？「堅持下去，你一定可以申請到。」抑或是「你最好考慮其他出路。」身為導師，我們的

職責所在就是鼓勵學生追求自己的目標與夢想，但是我們也有責任提供學生符合實情的忠告。箇中難處就在於，有些成績平庸的學生確實能力很強，而且後來真的也在臨床心理學界闖出相當不錯的成績，至於有些成績傑出的學生反而難以為繼，也許是因為人格特質或是其他主客觀因素，後來並沒有如願成為成功的臨床心理師。

　　無從預知的事件，再加上時間與資源的限制，這些因素都要求我們必須決定哪些目標該追求，哪些目標又該放棄。最近有一項研究似乎指出，這些決定會帶來重大的情緒影響後果。比方說，沃許、薛爾、米勒、舒茲和卡佛（Wrosch, Scheier, Miller, Shulz, & Carver, 2003）的研究就聚焦探討與此相關聯的三方面問題：

　　1. 關於決定放棄不可能達成目標的難易程度，是否存在個別差異？

　　2. 這樣的個別差異是否與福樂安適有關聯？

　　3. 把心力轉向其他可能達成的目標，是否能夠放棄不可能達成的目標？

　　研究結果發現，不論年齡或面臨的生活處境，相較於比較難捨棄目標的人與比較容易解除目標約定的人，後者有比較高的主觀幸福安樂感，他們也有較高的自我，面對日常遭遇的問題比較不會感到有壓力，也比較不會有干擾的想法。研究也發現，目標的重新約定（轉移目標，投入其他的努力方向）與主觀幸福安樂感的各種測量都有正向的關聯。

　　整體而言，這些研究結果見證了放棄不可能達成的目標的益處，尤其是在放棄的同時，又重新約定另外的努力方向與目標。雖然一般觀念都不做如此想，但是對於自我規範而言，放棄其實是具有因時制宜的重要功能。最起碼而論，對於不太可能達成的目標，與其死拖活賴硬撐下去，倒不如乾脆趁早放棄了，這樣似乎是比較健康的選擇。

本章 摘要問題

1. 沃爾特・米歇爾的經典研究，以及最近關於大學生的研究，如何彰顯自我控制對於成功人生的價值？

2. 就作為目標導向與自我規範行動的闡述說明而言，請對照比較控制理論與自我落差理論提供的模型之間的異同。

3. 為什麼計畫有助於我們達成個人目標？執行意向如何可能使得目標追求「自動化」，並且有助於節約自我控制的資源？

4. 普蘭斯坦的研究如何揭顯承諾與信心對於目標進展的雙重重要性？

5. 從控制理論的觀點來看，進取型目標與迴避型目標之間，有什麼差異？

6. 迴避型目標為什麼與較少成功、福樂安適減損有所關聯？請討論監督、自我控制資源、負向情緒、勝任能力感與自我選定目標的角色。

7. 根據希金斯的論點，什麼樣的家長養育風格，可能會導致子女日後發展成進取型目標取向？什麼樣的家長養育風格，又會導致子女日後發展成迴避型目標取向？

8. 目標間際助長如何有助於解決目標衝突的困境？請提出你的解釋看法，以及舉例說明之。

9. 根據行動確認理論，高層與低層行動確認有何差異？與個人自我形象有何關聯？

10. (1) 什麼是「可管理的」與「有意義的」之間的權衡？
　　(2) 根據艾默斯的見解，壓抑人格類型如何可能有助於解釋具體目標與焦慮不安之間的連結關係？

11. 反彈效應如何闡明心理控制的弔詭效應？

12. 操作過程、監控過程與心理負載之間的相互關係如何解釋心理控制的弔詭效應？

13. 自動選擇的行動如何有助於減低自我控制資源的耗損，以及心理控制行動的弔詭效應？

14. 根據施倫克等人的研究，藉口有哪些主要的優點與缺點？

15.「熱」思考與「冷」思考有何差異？

16.「心理距離」如何可能提升自我控制能力？

17.根據邰斯和鮑曼斯特針對拖延得失的研究，就短時間而言，拖延有哪些好處？但就長時間來看，卻必須付出哪些代價？

18.(1) 就個人目標而言，堅持與放棄之間的兩難，可以從哪兩面向來說明？

(2) 對於福樂安適而言，目標的解約與再約定有什麼益處？

關鍵字

自我控制（self-control）

延宕滿足（delay gratification）

控制理論（control theory）

自我落差理論（self-discrepancy theory）

目標意向（goal intentions）

標準、監督與力量（standards, monitoring and strength）

執行意向（implementation intentions）

進取型目標（approach goals）

迴避型目標（avoidance goals）

目標間際助長（intergoal facilitation）

行動確認理論（action identification theory）

心理控制的弔詭效應（ironic effects of mental control）

反彈效應（rebound effect）

規則明確度（prescriptive clarity）

個人義務（personal obligation）

個人控制（personal control）

冷熱系統（hot and cool systems）

心理距離（psychological distance）

網路資源

‧ 自我規範與自我決定理論

http://www.psych.rochester.edu/SDT/measures/selfreg.html

自我決定理論的網站，隸屬於美國羅徹斯特大學。從自我決定理論的觀點，回顧評論自我規範，提供自我規範問卷的範例，以及其他PDF格式的自我規範研究文件檔案。

‧ 心理控制的弔詭效應

http://www.wjh.harvard.edu/~wegner/ip.htm

美國哈佛大學丹尼爾‧韋格納的個人網站。站內列出各種有關心理控制弔詭效應的研究，包括著名的白熊研究。

延伸閱讀

Baumeister, R. F., Heatherton, T. F., & Tice, D. M. (1994). *Losing control: How and why people fail at self-regulation*. San Diego, CA: Academic Press.

Carver, C. S., & Scheier, M. F. (1998). *On the self-regulation of behavior*. New York: Cambridge University Press.

Elliot, A. J., & Church, M. A. (2002). Client-articulated avoidance goals in the therapy context. *Journal of Counseling Psychology, 49*, 243-254.

Elliot, A. J., Gable, S. L., & Mapes, R. R. (2006). Approach and avoidance motivation in the social domain. *Personality and Social Psychology Bulletin, 32*, 376-391.

Gollwitzer, P. M. (1999). Implementation intentions: Strong effects of simple plans. *American Psychologist, 54*, 493-503.

Vallacher, R. R., & Wegner, D. M. (1987). What do people think they're doing? Action identification and human behavior. *Psychological Review, 94*, 3-15.

Wegner, D. M. (1989). *White bears and other unwanted thoughts*. New York: Vintage.

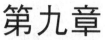

第九章

正向心理特質

正向心理學家嘗試從許多不同層面，來解釋為何有些人就是比其他人來得更健康、更快樂。其中，描述客觀屬性的諸多個人差異事項，例如：先前第五、六章討論的人生事件、個人收入、年齡、性別、教育程度等，經研究檢視都不太能有效解釋、預測不同的人為何幸福快樂與生活滿意度會有所差異；相對地，個人心理特質與福樂安適，則有著相當高的關聯。最近有論文指出，個人長期的快樂水準有50%可能取決於基因關聯的天性氣質與性格特質（Lyubomirsky, Sheldon, & Schkade, 2005）。

正向的心理特質包括諸多與性格、情緒、信念、自我概念有關的個人特徵。這些心理特質具有相對持久的穩定度，在各種不同的情況，都能表現出頗為一致的傾向。這些個人心理特質型塑著吾人的思考、感覺與行動方式，並且對於福樂安適有相當程度的影

響。一般而言，心理特質之所以能稱之為特質，其中最主要的基礎就在於具有長期的穩定性。比方說，許多性格特質，在人生周期的各個階段，特別是在30歲以後，都是相當穩固而少有變動的（McCrae & Costa, 1990; Roberts & DelVecchio, 2000; Terracciano, Costa, & McCrae, 2006）。

心理特質（traits）是人們內在的傾向，能夠影響當事人對於世界的看法與詮釋方式。心理特質的影響無所不在，舉凡人們選擇的目標、採取的行動、對於人生大事的看法，以及各種決定或抉擇，都可以看到個人心理特質的影響。依照迪勒（Diener, 1984）的理論架構來看，心理特質代表「由上而下」影響個人福樂安適的因素。換言之，內在的心理傾向（上層），對於生活的諸多面向（下層），施予穩定而且無所不在的影響，從而增益或減損其健康與幸福快樂。雖然，從理論概念上可以將心理特質區分為若干種類，但是許多心理特質其實相互糾葛，而且有著重疊的意涵。比方說，性格特質一向被認為和情緒有緊密關聯（例如：McCrae & Costa, 1991; Watson, 2002），也跟自我概念有所關聯（Robinson & Clore, 2002）。因此在本章的討論中，將以心理特質泛稱所有影響福樂安適的個人心理特徵。

9.1. 正向心理特質需要符合哪些標準？

人類行為極其複雜，再加上各種評量標準的分歧，使得人們很難清楚區分哪些是正向特質，哪些又算是負向特質，正向心理學家應該會首先承認此種困難的存在（請參閱Aspinwall & Staudinger, 2003）。脈絡背景、文化差異、個人成長發展變化，以及正向特質與負向特質之間的交錯關聯，這些都是造成學者很難清楚區分正向特質與負向特質的原因。

例子不勝枚舉，比方說，創傷後成長（PTG，相關討論請參閱第四章）顯示，負向經驗反而可能促使當事人從中獲得正向的體驗與成長。另外在第七章，我們也見識到，「放棄」個人的志向或願望，這樣的行為雖然普遍遭受汙名化，卻可能是一種正向的適應，因為當事人可能因此免於白費力氣，追逐絕無可能達成的目標。有些個人特質可能在某些情境發揮正向效應，但

是在另外一些情境，則可能產生負向效應。比方說，許多有助於職場成功的個人特質（例如：競爭性），卻可能會降低社交生活或家庭生活品質。

　　正向心理學未來的一項重要任務，就是要發展可以清楚區分正向特質與負向特質的參照準則。就目前而言，我們暫且陳述幸福安樂研究學者採用的四項普通標準，以茲作為評定正向特質與負向特質的參照依據。

1. 主觀幸福安樂SWB：主觀幸福安樂的研究學者採享樂主義的概念，檢視個別特質究竟是提升或減低人們的快樂程度。根據SWB的概念，正向特質應該能夠提升正向情緒經驗、減低負向情緒，或是提高生活滿意度。因為SWB的評量是正向心理學研究最普遍使用的工具，因此SWB也就成為定義正向特質的重要基礎。

2. 幸福主義的福樂安適概念：這類概念提供了一個相關而又獨特的模式，可作為評估正向心理特質的基礎。幸福主義的研究與理論聚焦於情緒健康、正向社會關係、發現生活的意義與目的，以及有效因應和適應。正向特質的特徵就是可以增進心理健康、發展高品質的情感關係，以及圓滿完成人生的挑戰。根據這個觀點，快樂不是評估某項心理特質是否為正向的核心或唯一判準。幸福主義的福樂安適固然可能有助於增進快樂（請參閱第二章）；不過，許多有益健康的心理特質並不必然會增進快樂。有勇氣去做困難的事，例如：拒絕小孩的要求、挺身面對人際衝突、斷絕不好的感情，都有益於自己與對方的情緒健康；但是，至少在短期之內，可能會讓自己生活不是那麼愉快。

3. 身體健康：許多研究者把焦點放在心理特質對於身體健康的益處或壞處。例如：修女研究主要是測量壽命長短（請參閱第一章）、罹患重大疾病的危險機率（例如：心臟病）、疾病的症狀、生病或治療（例如：手術）之後的復原速度、壓力的程度，以及個人保健的效能。

4. 品格（包含智慧與宗教／靈性）：稍後在第十章，我們將會回顧與評論正向心理特質第四項定義判準的相關研究。有關品格行為的橫跨多時代、文化的大規模調查研究，從道德觀的角度提供了有關心理特質的一種分類系統（Peterson & Seligman, 2004）。不論任何時代或文化，若干人類的特質似乎普遍被認為是正向的，原因倒不是這些特質可以讓人們快樂或健康，而是因為它們代表了各宗教與文化所認定的

優良德性、品格優點，譬如：謙虛、和善、寬容、勇敢、誠信。這些品格的優點當然可能會增進生活滿意度，讓生活更有意義與健康。不過，品格行為也具有本身內在的正向價值，這主要是在於它連繫了宗教界與世俗界的道德觀。

在本章，我們將會聚焦上述的前三項判準。我們會檢視性格的個別差異，並且提出探討以下兩方面的問題。

1. 哪些心理特質與福樂安適有關聯（更具體而言，哪些性格特質與信念的組合可以有效預測快樂、身心健康的個人？）。

2. 更重要的是，心理特質如何影響福樂安適？心理特質的個別差異可以區分，某些人是否比較容易福樂安適；但是並沒能解釋，*為什麼*某些人會比較福樂安適。比方說，發現樂觀者比悲觀者較為快樂，這並沒有說明樂觀為何或如何影響福樂安適？要回答這方面的問題，還需要更詳細研究樂觀者相對於悲觀者的思考與行動。目前，我們對於哪些心理特質與福樂安適有關的研究了解比較多，至於該等特質如何影響福樂安適，研究了解就相對比較少。值得慶幸的是，近來已有越來越多的研究開始探究心理特質對於福樂安適的影響機轉。

9.2. 個性、情緒與生物基礎

「有些人天生就是比別人慢爽三杯酒」（流傳於美國昔日「荒野大西部」的說法，引述自Meehl, 1975, p.298）。保羅·梅爾（Paul Meehl）研究正向情緒的個別差異，他把這種能力稱為「享樂的能力」（hedonic capacity），另外還給了一個更幽默的說法：「歡樂的腦汁」（cerebral joy-juice）（Meehl, 1975, p.299）。梅爾主張，享樂能力是一種基因遺傳的穩定性格特質。他也相信，這項特質和外向有著非常強的關聯。外向、喜歡社交活動，往往連帶就會感受到比較多的正向情緒。梅爾還主張，正向情緒的能力與負向情緒的能力是彼此獨立、相互區隔的。換言之，個人可能擁有各種不同組合的正向情緒與負向情緒的感受能力。舉例而言，有些人能夠

感受許多種的正向與負向情緒，有些人只能感受極少種的正向與負向情緒，另外有些人則是偏向感受正向情緒，或是偏向感受負向情緒。

9.2.1　正向與負向情感性

有不少研究結果支持梅爾關於情緒能力個別差異的看法。華生與同僚研究顯示，正向情感與負向情感確實是人們長期情緒經驗的兩個相互獨立的面向（Watson, 2002; Watson & Clark, 1992; Watson & Walker, 1996）。第二章介紹的PANAS量表（Watson, Clark, & Tellegen, 1988），受測者自行評量正向感覺（例如：驕傲、興奮）與負向感覺（例如：沮喪、罪惡感）的次數。結果發現，正向感覺與負向感覺的分數相互獨立，也就是說，個人可能在其中一項取得高分或低分，也可能在兩項同時取得高分或低分。

如果是短期內評量，那麼PANAS量表的評量結果，就會受到情境因素的影響，可以敏銳反映出正向與負向情緒波動狀態；如果是長期追蹤評量，就可以反映出情緒感應的性格特質，主要可分為兩大類：**正向情感性**（**positive affectivity**）與**負向情感性**（**negative affectivity**）。正向情感性高的人，比較會有頻繁而強烈的歡樂經驗、喜悅心情，充滿喜氣與熱情，對生活比較有信心。相對地，負向情感性高的人，則比較會有頻繁而強烈的憤怒、悲傷、煩惱、罪惡與恐懼等情緒經驗（Watson et al., 1988）。

研究發現，正向與負向情感性具有長期的穩定度，以及跨情境的一致性，這些都支持正向與負向情感性乃是一種持久的心理特質。正向與負向情感性非常穩定，可以維持數週到24年之久（McCrae et al., 2000; Watson, 2002; Watson & Walker, 1996）。迪勒和拉森（Diener & Larsen, 1984）研究發現，個人的情緒經驗，在從事許多不同活動時，往往維持相當的一致性。不論是社交活動、工作、休閒或是獨處，個人自陳報告的心情狀態都非常相似；不論到什麼地方，做什麼事情，都顯現相同的基本情感性。

正向情感性是預測快樂的最有效因素；讓我們回想SWB的三因子定義：較多正向情緒、較少負向情緒、生活滿意度（第二章）。華生的研究最值得注意的或許就是確認了定義快樂人士最核心的心理特質：正向情感性。

快樂與正向情感性同進同退，這倒不是說正向情感性是促使個人快樂的

原因所在，而是因為這兩者根本是指向相同的內涵。描述快樂的人的最好方式，或許就是說他們是有許多正向情緒經驗的人。

許多SWB與人口統計學變數的關係（相關討論請參閱第五章、第六章），在單獨測量正向情感性的時候，也會發現正向的相關。就如同SWB一樣，高正向情感性強烈受到關係滿意度的影響，並且可以有效預測關係滿意度；但是與收入、教育程度、年齡、性別等因素只呈現相對薄弱的關聯（請參閱Watson, 2002）。華森的研究似乎意味著，個人快樂水準的高低差別，究其根本而言，就在於個人偏向正向情感性或負向情感性的差異。

9.2.2　基因與快樂幸福

根據梅爾的觀點，某些人天生就是「慢爽三杯酒」，某些人則是「快爽三杯酒」（轉述自Watson, 2002, p.116），而這也獲得遺傳研究的支持。先前第五章，我們已經知道，同卵雙胞胎的基因100%相同，而異卵雙胞胎相同的基因大概有50%。若干研究對照比較相同環境成長，或分開不同環境成長的同卵雙胞胎與異卵雙胞胎。研究結果發現，同卵雙胞胎的相似程度顯著大於異卵雙胞胎，而且就算是分開不同環境成長的同卵雙胞胎，其相似程度仍然大過相同環境成長的異卵雙胞胎；總合而言，基因確實扮演相當重大的影響作用。泰勒金與同僚認為，基因對於長期正向情感性的解釋量大約占了40%，對於負向情感性則占了55%（Tellegen et al., 1988）。

研究顯示，天性氣質的差異在年紀很小的時候就已經浮現雛形了。**天性氣質（temperament）**是指，基因決定的一種生理氣質，傾向以穩固而典型的方式回應環境。即便在出生最初幾個星期，嬰孩就已經有天性氣質方面的個別差異，包括：好動程度、心情狀態、反應強弱，還有是否容易接受家長的安撫。有些嬰孩比較容易激動、鬧脾氣、比較怕生，很容易就會覺得不舒服，還有遇到新的狀況，或是環境有所變化，馬上就會哇哇大哭。另外有些嬰孩則是比較隨遇而安，喜歡嘗試摸索新的環境，而比較不會怕生，或是遇到陌生的人事物，就避之唯恐不及。

在有關天性氣質個別差異的研究當中，最為人著稱的首推傑諾米·卡岡（Jerome Kagan）1990年代以降的系列研究。卡岡發現，20%的嬰兒屬於

兩類極端的天性氣質，分別是「**激動型**」（**reactive**）和「**安適型**」（**non-reactive**）（Kagan, 1994; Kagan & Snidman, 2004）。激動型的嬰兒很容易因為環境出現的任何新事物而變得情緒不安。不管是新的保母、大聲的噪音，或是其他不熟悉的嬰兒，這些情況都會讓這類型的嬰兒顯得特別膽怯、害怕、不安。相對地，安適型的嬰兒面對新的情境或是環境的變化，則是顯得比較輕鬆自在，一派安然無事的模樣。他們比較外向，十足的好奇寶寶，迫不及待想要探索周遭世界的人事物。

激動或安適的反應氣質可能有生理基礎，亦即與交感神經系統相關的生理激起有關聯。激動型兒童在面對輕度壓力的時候，心跳變快、大腦活動量增加，還會產生壓力賀爾蒙；安適型嬰兒則沒有這樣的反應。Kagan也發現，兒童早期的天性氣質與長大後的性格與行為有所關聯。激動型嬰孩長大之後比較可能變得羞澀、焦慮與矜持。相對地，安適型嬰孩長大之後則比較可能變得外向、平易近人、善談、隨時面帶笑容。許多研究人員相信，每個人的基本生理天性氣質建立了一種基礎，從而發展成日後更為具體而特殊的性格特質（McCrae et al., 2000; Rothbart, Ahadi, & Evans, 2000）。

9.2.3　個性與快樂幸福：五大要素

梅爾正向情感性與外向性格特質的預測研究也發現，負向情感性與神經質有很高的相關。外向與神經質是性格**五大要素理論**（**Big Five Theory**），或是五大要素模式（**five factor model**）其中的兩項要素。在檢視情感性與性格的連結關係之前，我們先來簡要摘述五大要素理論。過去三十年來，性格理論研究學者已經累積了相當可觀而且可信的證據，這五項相對獨立的要素可以有效描述性格的根本特徵（John & Srivastava, 1999; McCrae & Allik, 2002）。人類從小到老，這五大特質都非常穩定不變，而且全世界各地也都獲得類似的結論（McCrae & Costa, 1997; McCrae & Terracciano, 2005）。目前已經有一份普遍採用的問卷，可用來評量這五項特質（外向、神經質、親和、律己嚴謹、心胸開放）的六種面向（Costa & McCrae, 1992; McCrae, Costa, & Martin, 2005）。

外向（extraversion）

外向的人喜歡社交活動，喜歡外出，而且積極投入參與外界的人事物。具體的特徵包括：個性熱情、合群、正向積極、喜歡刺激，有比較頻繁的正向情緒經驗。相對地，內向的人則是離群索居、退縮、缺乏肯定、容易胡思亂想、情緒表達比較內斂、矜持。

神經質（neuroticism）

神經質的人比較緊張、焦慮、情緒化，而且情緒反應比較敏感。有比較頻繁的負向情緒（例如：憤怒、憂鬱）、比較衝動、自我覺知比較高、感情比較容易受傷害。神經質的對立面是*情緒穩定*（*emotional stability*），特徵是冷靜、情緒控制、安全感、比較不會陷入經常性的負向感覺。

親和（agreeableness）

親和的人比較關心與人相處融洽，合作愉快，即使有時候可能要和自己的興趣有所妥協。具體的特徵包括：信賴、直率、樂於助人、溫順、謙和、與人為善（亦即相信別人誠實而且本性良善）。親和的對立面是不可親，特徵是多疑善嫉、搞小圈圈、自私、不謙和、不通人情、憤世嫉俗。

律己嚴謹（conscientiousness）

律己嚴謹是指個人修養、自我控制、為人處事組織分明的意思。律己嚴謹的對立面是鬆散沒有紀律，特徵是比較沒有辦法把事情處理好、缺乏成就取向、沒有組織、衝動行事、粗心大意、容易掉三落四。

心胸開放（openness to experience）

心胸開放的人比較有想像力、創造力，比較不會因循襲舊。開放性包括若干和幻想有關的特質，喜歡多變與新奇的事物，喜歡藝術與美，而且具有獨立自主的特性。開放的對立面是不開放，特徵是比較講究實際，偏好規律慣例而比較不喜歡多變，偏好直接了當而比較不喜歡複雜，比較傾向從眾。

　　檢視過上述五種因素之後，你可能會好奇，想要知道自己的性格是否也具有這五項特質。在這之前，有兩點特別值得一提：（1）大量研究回顧與檢討結果發現，絕大部分的性格特質都與這五項因素有關，也就是說，研究結果最後不約而同，都會呈現每個人都有這五因素組成的性格結構；（2）這五項因素之內分別有若干更具體而特定的特質，由此構成個人獨特的性格。如果，你好奇自己的五大性格特質會是什麼樣子，那麼你不妨可以試著用Google搜尋「Big Five Personality test」（五大性格特質測驗），你就可以在線上接受測驗，然後看看你的五大性格特質剖面圖。

　　研究發現，這五大性格特質有相當高的遺傳性。領養與雙胞胎的研究顯示，遺傳的估計量界於0.40到0.60之間（Bouchard, 2004; Loehlin, 1992; Loehlin, McCrae, Costa, John, 1998; Lykken & Tellegn, 1996; Tellegen et al., 1988; Yamagata et al., 2006）。平均而言，大約有50%的變異量可以歸諸基因的差異，再加上有關情感性具有基因基礎的研究發現，這些結果顯示，基礎遺傳對於決定個人整體與長期的福樂安適水準，扮演相當關鍵的角色。

探尋因果關係

　　與梅爾早期的預測相吻合，正向情感性與外向之間也呈現很高的相關。另外有許多研究也顯示，負向情感性與神經質之間也呈現相當一致的關聯性（DeNeve & Copper, 1998; McCrae & Costa, 1991; Watson & Clark, 1992）。正向情感性與外向的因果關係最有可能是互為因果的雙向關係（Watson & Clark, 1992）。一方面，天性愉悅、熱衷生活的人比較偏好社會互動，而比較不喜歡單獨一人的活動；正向情感可能增高與他人為伴的慾望。另一方面，情感關係乃是正向情緒經驗的一種重要來源，人們大部分的美好時光都是發生在與他人相處互動的時候。正向情感可能是促成與他人愉快互動的成因，同時也是與他人愉快互動之後的結果。神經質與負向情感性的關係也可能是雙向的。神經質可能是經驗較頻繁的負向情緒，並且對於生活事件（尤其是不愉悅情緒的事件）過度反應。

　　關於外向、神經質兩種心理特質與情感性的關係，還有另一種解釋，那就是其中可能涉及概念與測量的重疊。負向情感性與神經質的相關可能是因為它們底蘊都有相同的負向心情面向。負向情感性與神經質之間的高度

相關，促使某些研究學者開始覺得，這兩個因素非常相似，可能不是完全各自分離的心理特質（Diener & Lucas, 1999; Diener, Suh, Lucas, & Smith, 1999; McCrae & Costa, 1991）。統計分析與測量心情與性格特質的問卷項目比較結果都顯示，神經質與負向情感性很難區分為二。

同樣的重疊情形也出現在正向情感性與外向的關係，也就是說，正向情感性可能與外向有頗高的相關；這倒不是因為它們互為因果，而是因為它們測量的可能是同樣的東西，比方說，外向的定義與測量當中都包括了正向情緒的元素。或許，正向情感性—外向代表的是正向情緒性的維度，而負向情感性—神經質則是代表負向情緒性的維度。

外向、神經質與情感性的重疊似乎意味著，這兩種性格特質與SWB的連結可能是套套邏輯（tautology）的關係。換言之，外向與SWB的正相關，以及神經質與SWB的負相關，可能不是因果關係，而是反映這兩種變數與情感性的關聯，也就是說，情感性扮演了中介影響SWB的核心角色。未來研究有必要排除情感性可能居中影響的效應，以便確認外向、神經質對於SWB的個別單純效應。

至於五大因素的其他特質，與SWB則呈現中等的相關（DeNeve & Copper, 1998; Diener & Lucas, 1999; McCrae & Costa, 1991; Watson & Clark, 1992）。研究人員大致同意，開放的特質與快樂只有薄弱的相關；親和性的特質則呈現出與正向情感性有輕度的正相關。這可能是由於親和性的特質比較重視社會和諧，連帶也就提升了個人與他人的關係，從而提升了正向情感性。再者，親和性高的人對於他人看法比較樂觀，這使他們對於生活的看法也會比較樂觀，從而提升了正向情感性。律己嚴謹的人，懂得自己規律生活、有組織、成就導向，生活滿意度往往比較高（DeNeve & Copper, 1998），這可能是因為律己嚴謹的特質提供了目標導向的活動，以及實現個人目標所必需的自我控制。成功的自我引導行動讓人有成就感，覺得生活有目的，如此一來，生活滿意度也就隨之提升了。

性格特質與幸福主義的福樂安適

幸福主義的正向心理學家已經檢視了五大因素與心理層面的福樂安適（PWB）測量（包括：最佳生活機能與成功因應生活挑戰）之間的關係。

史姆特和黎弗（Schmutte & Ryff, 1997）發現，五大因素的每一項性格特質
與PWB測量之間呈現一項特殊的關係，顯示性格特質的影響超越了對於幸
福快樂的作用。黎弗的PWB概念（文獻回顧與評論，請參閱第二章）描述
了六個面向的心理生活機能：

　　· *自我接受*（*self-acceptance*）：以正向的心態來評價自我與個人的過往。
　　· *環境掌握*（*environmental mastery*）：管理個人生活與環境的勝任能
　　　力。
　　· *正向關係*（*positive relations*）：與他人有高品質的連結關係。
　　· *生活目的*（*purpose in life*）：強盛的生活意義與目的。
　　· *個人成長*（*personal growth*）：感覺自己作為一個人持續有所成長與
　　　發展。
　　· *自主性*（*autonomy*）：感覺自己能夠主導與決定個人的行動與抉擇。

　　史姆特和黎弗（Schmutte & Ryff, 1997）研究215名中年人（44至65
歲），填寫五因子性格量表以及PWB六個面向的自陳報告測驗。結果顯
示，神經質與PWB的六個面向都呈現負相關，而外向、親和性、律己嚴謹
則與PBW呈現正相關，開放與整體的福樂安適也呈現正相關，這些結果大
致與SBW研究發現同調。神經質似乎有損主觀幸福安樂與最佳心理生活機
能，而外向、律己嚴謹則是幸福快樂與健康的基礎所在。雖然這些研究和
SWB研究結果有上述諸多相似點，但是也有一些重要的差別。

　　史姆特和黎弗研究指出，性格可能經由多重途徑，對福樂安適產生正向
效應，而不是如同SWB研究者主張那樣，只限於透過對於正向情感性的影
響管道。在SWB研究當中，神經質與外向對於幸福快樂的影響途徑主要是
該等性格特質對於SWB的正向或負向情感性元素的影響。和情感性元素沒
有直接關聯的心理特質（譬如：律己嚴謹或開放），大致上和幸福快樂的相
關比較小。相對地，在PWB研究當中，律己嚴謹與PWB的三項要素——自
我接納、環境掌握與生活目的，則呈現相當高的正相關。律己嚴謹的重要定
義元素包括：自律、堅持、努力爭取成就，都對健康生活機能有相當程度的
正相關，但不見得有助於增進主觀幸福快樂感；再者，開放也有助於個人成
長，但是和快樂與否則比較沒有關聯。

很清楚地，性格與快樂、健康的確有關聯，不過，若干性格特質可能與快樂比較有關聯，而與健康比較沒有關聯；另外有些性格特質則可能與健康比較有關聯，而與快樂比較沒有關聯。比方說，勞勃茲與同僚回顧律己嚴謹與健康相關的研究，結果發現：「……小時候，比方說8歲，被家長或老師評為律己嚴謹的人，往往活得比較長壽。再者，也有研究顯示，律己嚴謹的影響作用相當於心血管疾病」（Roberts, Wilson, & Bogg, 2005, p.156）。律己嚴謹的人比較會照顧自己，比較會注意飲食與運動，避免有害健康的行為，譬如：抽菸、酗酒、不安全的開車習慣。在這兒，同樣的重點是不論是否有比較快樂，我們大多數人都同意，比較健康、長壽的生活是福樂安適的重要一環。要完整檢視福樂安適，除了考量幸福快樂元素之外，也應該把健康元素列入考量。

9.2.4 神經生物基礎與進取／迴避動機

情感性、性格與天性氣質這些個人基因決定的天性傾向，可以影響人生的許多面向，因此被視為個人福樂安適的基礎。比方說，正向情感性高的個人，相對於負向情感性高的個人，兩者經驗的生活可能就有相當大的差異，而且在人生各階段，兩者的該等差異大致維持不變。另外，還有一種天性傾向也是福樂安適的基礎，那就是個人進取或迴避動機的基本取向。

在第八章，我們回顧討論研究文獻，顯示追求正向目標與迴避負向目標者其成就與情緒的差異。努力追求進取目標的人，比較可能成功，感受比較多的正向情緒，較少遭遇自我規範的問題。相對地，追求迴避目標的人可能就有較多的負向情緒，較多的自我規範問題，從而損及個人的福樂安適。

關於進取／迴避動機個別差異的典型研究問題，就是「為什麼某些人傾向追求進取目標，另外有些人則傾向迴避不可欲的後果？」自我落差理論或許可以提供上述問題的解答（相關討論，請參閱第八章）（Higgins, 1987, 1996, 1998）。希金斯發現，不同的家長教養方式可能連帶影響子女對於個人目標採取迴避或進取的態度。

和希金斯一樣，許多心理學家也都認為，進取／迴避取向是其他比較複雜行為的構成基礎。最近有研究文獻回顧指出，心理學界之所以紛紛投

入進取／迴避取向議題的研究，原因可能在於，許多的情緒經驗、動機取向、性格氣質、自我規範行為，其背後都可能歸結於進取／迴避取向的基礎（例如：Carver, Sutton, & Scheier, 2000; Carver & White, 1994; Elliot & Church, 1997; Gable, 2006）。先前若干分散的研究領域，現在可能因為進取／迴避的理論架構，因此可以提供共通的解釋基礎。此外，神經心理學的進展也指出，人們的基本進取／迴避取向可能有其生物基礎（文獻回顧與評論，請參閱Carver et al., 2000）。

比方說，格雷（Grey, 1990）提出了**行為激發系統**（**Behavioral Activation System**，簡稱**BAS**）與**行為抑制系統**（**Behavioral Inhibition System**，簡稱**BIS**）的論述。雖然，這兩類系統涉及的神經機轉仍然不清楚，但是，動物與人類的研究指出，其中可能涉及不同的神經傳導通路與大腦區塊。BAS負責感應的是標識獎賞、非懲罰，與躲避機會的環境線索，在誘因動機驅策下，激發導向正向目標的進取行動。相對地，BIS負責感應的則是標識懲罰與非獎賞的線索，在威脅動機驅策下，抑制行為以避免負向的後果。激發系統與抑制系統可能是各自獨立運作。其中，BAS與正向情感（諸如：快樂、振奮、希望）有關聯，而BIS則與負向情感（諸如：恐懼、悲傷、焦慮、挫折）有關聯。雖然，這方向的研究還有許多議題有待釐清，但是研究人員都感到相當興奮，未來有可能從中找到解釋人類情緒與性格差異的生物基礎。

人們是否有偏向進取或迴避的基本天性傾向？如果有，這方面的個別差異是否關聯到個人傾向有不同的情緒經驗、性格與目標行為，並且影響個人的福樂安適？為了解答這方面的問題，卡佛和懷特（Carver & White, 1994）開發了一套「行為激發／抑制敏感度量表」（Behavioral Activation Sensitivity and Behavioral Inhibition Sensitivity），呼應格雷的BIS/BAS理論架構。這套量表採用自我評量方式，行為激發敏感度量表題目樣本包括：「當我得到我想要的東西，我會感到神清氣爽，精力充沛」、「當我想要某些東西時，我通常會放手一搏」、「如果我認為某件新鮮的事物很好玩的話，我總是會去嘗試。」（Carver & White, 1994, p.323）。行為抑制敏感度量表題目樣本包括：「如果我認為可能會發生某些不愉快的事情，我通常就會感到相當『沮喪不振』」、「當我覺得或知道，我讓某人生氣，我就

會感到憂鬱或懊惱」、「當我覺得自己把事情搞砸，我就會感到很擔憂」
（Carver & White, 1994, p.323）。

BAS/BIS敏感度提供情緒、性格個別差異的基礎，這樣的論點獲得許多
研究支持。卡佛和懷特發現，BAS敏感度、正向情感性、外向之間，有中等
的相關；而BIS敏感度、負向情感性、神經質之間，也有中等的相關。進取
動機型的個人就像是受到某種吸引，使他們對於正向情緒經驗與獎賞特別有
感覺，也特別想要設法去獲得該等經驗。這或許可以解釋，為什麼他們有很
高的正向情性。因為情感關係是喜樂的一種最重要的來源，因此進取動機取
向的人當然就會比較外向，樂於和人有互動。迴避動機型的個人或許比較不
是受到某種吸力的吸引要去尋求不歡樂的情緒，而是因為他們對於負向的結
果反應比較敏感而激烈，所以負向情緒的出現或回憶就特別突顯而比較容易
引發退避的動機。對於負向事物比較敏感對於正向事物比較不敏感，這或許
就促使他們有較高的負向情感性，以及負向動機取向。神經質傾向可能也是
表現出這種選擇性的聚焦，使人老是想著過去曾經出現或未來可能發生的負
向事物。

很清楚地，自陳報告式的評量並沒有直接檢視進取／迴避取向涉及的神
經生理歷程。不過卡佛和懷特的量表或許可以用來檢測BAS與BIS這兩類系
統的外顯表現。至少當我們運用進取／迴避動機取向作為理論架構，將其視
為整合許多不同種類的個人心理特質與行為的基礎時，有助於開啟許多新的
理論研究與實徵研究。這些研究除了發現，進取／迴避動機取向和情緒化、
神經質與外向的關聯之外，也與許多因素有某種程度的相關，其中就包括：
日常生活當中正向與負向情緒的出現頻率（Carver & White, 1994）、社會
關係（Elliot, Gable, Mapes, 2006）、成就動機（Elliot & Church, 1997）、
自我控制和自我規範（例如：Carver & Scheier, 1998; Fishbach & Shah,
2006; Higgins, 1998）、治療師與案主之間的滿意度（Elliot & Church,
2002）、快樂的判斷（Gable, 2006; Updegraff, Gable, & Taylor, 2004）。
連同目標研究學者的研究結果（文獻回顧與評論，請參閱第八章），這些研
究發現指出，進取或迴避取向的個別差異（主要受到基因與生物組織因素的
影響型塑），很可能可以視為決定個人福樂安適的重要基礎。

學者們投入進取／迴避取向的研究，其中有一點原因就在於如此的研究

似乎可以避免心理特質描述研究結果的套套邏輯缺陷。這當中的套套邏輯就在於，當心理特質的研究描述說某人之所以快樂，原因是他們有較高的正向情感性，這等於是說，快樂的人之所以快樂，是因為他們有較多的快樂情緒經驗。這並沒有解釋說明，該等心理特質如何與為何與個人福樂安適有關。就在這個缺口上，進取／迴避動機取向的研究提供了一種基礎架構，可以用來解釋說明個人如何與為何會有不同的行動、生活取向，以及對於世界的詮釋。而這些因素又可能中介影響社交關係與個人目標，因此進取／迴避動機取向就可能循著箇中多重管道，而有所貢獻於個人福樂安適。最近有研究開始探索，進取動機取向的人做了什麼，以至於增進個人福樂安適；迴避動機取向的人做了什麼，以至於減低個人福樂安適。就目前而言，有一點似乎是很清楚的，進取動機取向應當是屬於人類的正向心理特質。

9.2.5　基因注定vs.改變可能性

個性、情感性、天性氣質與進取／迴避動機取向等個人心理特質對於長期快樂水準的影響，大約有一半的變異量可能來自於基因。這是否意味著，我們天生就受到遺傳因子注定了個人所能達到的快樂水準？我們每個人是否都有一條基因注定的快樂基準線？我們是否注定了逃不出快樂跑步機，任何正向的人生事件都只能暫時增高快樂水準，最後還是會回復到原本的快樂基準線（請參閱第五章）？許多研究人員都認為答案可能是肯定。萊肯和泰勒金（Lykken & Tellegen, 1996）就提出如後的論點：「沒有人可能透過努力而使得自己變得更快樂，這就好像沒有人能夠透過努力而使得自己增加身高，那樣的努力都是徒勞無功的。」個人的長期快樂水準，基本上乃是取決於「胚胎受孕瞬間開出的基因大樂透」（p.189）。

不過，最近有若干研究者提出了修正的見解。比方說，迪勒、盧卡斯與史考倫（Diener, Lucas, Scollon, 2006）引述研究證據指出，即使人們有著相差甚大的基因決定的快樂水準，但是絕大多數人的快樂基準線都非常高。而且許多研究一再發現，大部分的人（75%左右）自陳報告表示，大部分時間非常快樂，或是相當快樂。在歷經快樂水準升高或降低的人生起伏事件之後，當事人在回復平常生活之餘，快樂水準其實是偏向增高的方向改變，而

不是如同快樂跑步機理論預測的，不增不減回復到事件發生之前的水準。迪勒與同僚回顧研究也顯示，人們擁有若干個快樂基準線，而不是一個全面性的快樂基準線。福樂安適乃是由若干元素構成的（正向情感、負向情感、生活滿意度），並且與若干生活領域有所關聯（例如：工作與家庭）。這些元素與生活領域都可能各自獨立增高或減低。比方說，正向情感減低的時候，生活滿意度可能增高，也可能減低；在職場工作愉快的同時，在家裡可能愉快，也可能不愉快。當整體快樂水準保持穩定，福樂安適的構成元素與生活領域可能各自有著不一致的標準。

比方說，藤田與迪勒（Fujita & Diener, 2005）發現，對照比較研究最初5年與最後5年的快樂基準線，結果有25%的研究參與者產生顯著的變化。尤其是負向的生活事件，諸如：離婚、喪偶、身體殘障，更可能讓快樂基準線長期低迷不振。再者研究也確實發現，對於生活事件的適應好壞有個別差異。不過，研究如果只是檢視整體的面向，就無從顯現其中的個別差異。比方說，盧卡斯等人（Lucas et al., 2003）研究發現（請參閱第五章），婚姻對於快樂的效應有很大的個別差異，從研究參與者整體來看，結婚帶來的快樂只維持短暫時間，不過，幾乎有一半的研究參與者長期快樂基準線有所增高，另外一半則是減低。持平而論，每個人都有快樂關聯的基因，有些人天生比較快樂些，有些人則比較不快樂，但是生活事件與個人的抉擇也可能改變個人的快樂基準點。比方說第七章、第八章回顧討論文獻顯示，做出「正確」的個人目標抉擇，對於健康、快樂的生活有很大的貢獻。

9.3. 正向信念

9.3.1 快樂者vs.不快樂者所見的世界

快樂本身可以被視為一種正向的個人心理特質，因為它與基因影響的天性傾向（諸如：正向情感性與外向）有著長期穩固的緊密關聯（McCrae & Costa, 1991）。露柏茉絲姬和同僚即是採取這樣的觀點，把快樂視為個

人的正向心理特質，投入研究檢視長期快樂與不快樂的人對於生活的想法與詮釋是否有所差別。她們的研究結果支持了一項普遍的看法：「⋯快樂者與不快樂者似乎是經歷——確切而言，是居住在——個別不同的主觀世界」（Lyubomirsky, 2001, p.244）。換言之，快樂與不快樂的人有著非常不同的看待生活方式，分別反映與維持著個人獨特的情緒狀態。

　　露柏茉絲姬運用自行設計的「主觀快樂量表」，把研究參與者區分為快樂組vs.不快樂組（量表得分高的為快樂組，得分低的為不快樂組）（請參閱Lyubomirsky & Lepper, 1999，另外也請參閱本書第二章）。然後，研究者給予若干判斷任務，再對照比較分析兩組參與者的判斷反應。如果你想像自己心情好或不好的時候，會有什麼樣的反應，那麼你應該可以大致猜到這項研究發現的結果。一般而言，心情不好的時候，我們比較容易忌妒別人擁有而我們沒有的事物。他人的失敗與不幸，則會讓我們感到欣慰，甚至欣喜，心裡老是盤桓著負向的生活，而比較看不到正向的生活。相對地，快樂則是產生比較正向的型態，我們會欣賞自己所擁有的事物，對於他人的失敗或成就，比較不會耿耿於懷，比較能夠聚焦於正向的生活。

　　露柏茉絲姬等人的系列研究（文獻回顧與評論，請參閱Lyubomirsky, 2001）聚焦捕捉了快樂vs.不快樂心情的對比反應模式，從而凸顯了快樂與否很可能是個人的心理特質（亦即長期穩定的個人屬性）。換言之，有些人性情比較快樂，有些則比較不快樂。比方說，相較於快樂的人，不快樂的人更容易受到他人對於自己表現成績之回饋看法的影響。快樂的人對於同儕之間的社會比較資訊，敏感度比較低，尤其是負向的社會比較資訊（亦即自己的表現不如同儕）。相對地，不快樂的人對於人我之間的比較則是非常敏感，不論自己表現好壞，當別人表現優於自己，就會讓他們感到挫敗，只有當別人表現不如自己，他們才有可能感覺良好。對於不快樂的人而言，即使自己成績優越，但是知道其他人成績更好，往往就會快樂不起來，相反地，如果自己成績不好，但知道其他人成績更糟糕，他們倒是會感覺快樂些。

　　研究比較快樂與不快樂的人如何評價各種生活事件？結果發現，快樂的人通常會給予較為正向的詮釋，記得較多的正向經驗，較少的負向經驗，比較能夠從負向事件當中，發掘幽默以及自我改進的機會。相對地，不快樂的人對於負向事件、錯過的機會，則會耿耿於懷，也比較會計較自己和他人的

成就。事實上，快樂與不快樂的人似乎是住在不同的世界，彼此對於生活的不同感受、詮釋與評價，促使快樂與不快樂的人建構出不同的主觀現實，從而讓他們的生活有了截然相反的情緒經驗。

9.3.2 自尊

我們關於自尊的討論主要是聚焦在北美文化。先前在第五章，我們已經見識到，集體主義的文化（例如：日本）有著非常不同的自我概念，不會太重視正向的自我感覺。雖然在許多文化當中，自尊都和生活滿意度有所關聯（例如：Diener & Diener, 1995）；不過相較而言，集體主義文化的社會似乎就沒有像個人主義文化的社會，那麼強烈需要維持正向的自我觀感（例如：Heine, Lehman, Markus, & Kitayama, 1999）。在美國的心理學研究，自尊應該是諸多領域當中研究最徹底的主題。在美國的大眾文化當中，滿坑滿谷的自助書刊都是關於自尊的話題，還有許許多多的計畫，目標都是為了要解決因為自尊而衍生的諸多社會問題。

自尊（**self-esteem**）是指自我概念的評價元素（Baumeister, 1998; Coopersmith, 1967），是自我評價產生的一種自我價值感。最普遍使用的評量方式就是請人們針對自己的感覺來評定（Rosenberg, 1965）。

高自尊的人通常會贊同下列的陳述：

「我覺得，我有許多長處。」

「我用很正面的態度來看待自己。」

「我覺得，自己是有價值的人，平心而論，絕對不比其他人遜色。」

低自尊的人通常會贊同下列的陳述：

「我希望，我能夠更尊重自己一些。」

「我覺得，自己沒有什麼值得驕傲的。」

「有時候，我真得覺得自己好沒用。」

個人的自我觀，不論是正向、肯定，或是負向、不確定，基本上都取決於我們對於個人能力、才華、人己關係、重要目標的成就等方面的主觀判斷。高自尊的人抱持良好的自我感覺，自認為是有能力、廣受喜歡、有吸引力的成功者。在某些極端的例子（例如：憂鬱症），低自尊則反映出徹底

相反的自我觀，認為自己是無能、不受人喜歡的失敗者。不過，研究發現，更典型的低自尊則是不確定而充滿衝突的自我觀，對於人生的高低起伏過度敏感（Baumeister, Tice, & Hutton, 1989; Campbell, Chew, & Scratchley, 1991）。相較於高自尊的人，低自尊的人比較沒有自信可以完成個人目標（McFarlin & Blascovich, 1981）。

　　自尊會受到他人的影響，個人真實的能力也有某種程度的關聯。當我們在自己重視的方面獲得他人的讚賞，我們都會感覺良好。不過，因為自尊也反映個人對於自我的主觀感知，因此有可能與他人對於我們的客觀看法有所落差。某人可能自視甚高，但是真實能力卻有所不足；反之，某人可能不喜歡自己，但是他人卻非常欽佩他的成就或能力。

　　心理學家認為，自尊就如同許多性格特徵一樣，既是一種心理特質，也是一種心理狀態。最近有一項後設研究分析了50項研究與資料，樣本總共將近75,000人次，年齡層涵蓋6至83歲。研究結果顯示，自尊具有相當高的穩定度（Trzesniewski, Donnellan, & Robins, 2003）。另一方面，許多研究發現，自尊會隨著他人的回饋，諸如他人的接納或拒絕，而有所起伏波動（例如：Heatherton & Polivy, 1991; Leary, Tambor, Terdal, & Downs, 1995）。總之，自尊的特質論與情境論都有獲得研究證據的支持，這似乎意味著，個人的自尊可能有一道相對穩定的基準線（特質自尊），雖然會因為特定人生事件而暫時有高低的起伏（情境自尊），但是事過境遷之後，自尊的水準還是會回復到該等基準線。

自尊與快樂幸福

　　許多研究一致發現，自尊可以有效預測個人的快樂與生活滿意度。迪勒和迪勒（Diener & Diener, 1995）研究31個國家13,000名大學生，結果發現，自尊和生活滿意度的相關係數r＝0.47。在個人主義文化的國家，此項相關係數更高（例如：美國r＝0.56）。成人方面的研究也發現，自尊和快樂之間有著相當高的相關（文獻回顧與評論，請參閱Baumeister, Campbell, Krueger, & Vohs, 2003）。

　　自尊也和個人的信心與主動發起行動或投入新的挑戰有關，例如：主動搭訕、堅持貫徹執行挑戰性的任務、在團體前面說話，或是抗拒他人

的影響（Baumeister et al., 2003; Baumeister, Campbell, Krueger, & Vohs, 2005）。低自尊的人相對比較沒有那麼快樂、自信，也比較缺乏冒險患難的精神，面對艱難的挑戰或是初期遭遇挫敗的時候，很可能會選擇放棄而不是再接再厲，更努力去克服難關。

自尊的價值

　　許多心理學家相信，自尊需求乃是人類最強大的一種動機（例如：Baumeister, 1998; Sheldon, Elliot, Kim, Kasser, 2001; Taylor & Brown, 1988; Tesser, 1988）。為了保護、提升與維持良好的自我形象，人們可說是費盡心思，在所不惜。根據研究顯示，絕大多數的人在這方面都還算不錯（Baumeister, 1999; Diener & Diener, 1995; Myers, 1992）。大部分的人自尊測量分數都落在中等水準以上，自尊極度低落的人其實非常少見。人們是基於什麼動機而有自尊的需求？正向的自我觀感對於個人的健康、快樂有何價值？

　　對於上述問題，邁爾斯（Myers, 1992）提供了一種答案：生活滿意度可能是源自於自我滿意度，自我評價與生活評價似乎總是緊密關聯的。很難想像有人可能對於自我有正面的評價，但是對於生活卻有負面的評價。正向的自我觀感可能會給個人對於生活的看法塗上一層正向的有色眼光。許多研究一致顯示，個人的生活滿意度與自尊的關聯高於個人對於朋友、家人、收入或工作的滿意度。即使相關研究不能明確釐定因果關係，一般而言，我們還是很難想像，有人可能缺乏正向的自我觀感，也不太能夠自我接納、自我尊重，但是卻可以過著健康、快樂的美滿生活。

　　高自尊的價值可能也包括緩衝作用，能夠幫助當事人抵抗自我形象遭受威脅或貶損所造成的壓力與焦慮（Baumeister, 1992; Steele, 1988）。當我們面臨失敗、批評、與他人衝突時，自尊可能提供因應資源，幫助肯定自我以度過難關。自尊低落或脆弱的人可能會比較難以承受這類的挑戰，而憂煩不已。挫折連連的經驗，使他們沮喪消沉，不知如何是好。自尊高的人面對負面的遭遇，比較不會輕易被震懾住而完全不知所措；他們比較能夠忍受挫折困境的挑戰，並且維持正面的態度。根據恐懼管理理論，自尊也可能發揮緩衝效應，自我的終極威脅──死亡（請參閱第七章）。

根據另外一項著名的理論，自尊在維持社交關係方面，扮演了相當關鍵的角色，而良好與穩定的社交關係對於個人的健康與福樂安適是極為重要的。**社交量尺理論（Sociometer Theory）**採用演化論的觀點，自尊的用途是監督社交接納或排斥的運作（Leary & Baumeister, 2000; Leary et al., 1995）。人類的生存有相當程度仰賴於與他人的密切關係，一則可以共同對抗大型野生動物的侵害，再則可以確保不會自行覓食的嬰兒有人餵養、照顧。因此，有一套內在的監督系統，可以敏感偵測社交排斥的線索，適時調整行為以修補社交關係，這對於人類這種社會性生物的生存是攸關重大的。

黎瑞與同僚（Leary et al., 1995）相信，自尊就是可以發揮如此功能的一種系統。飢腸轆轆、口乾舌燥分別告訴我們，必須吃點東西，或喝點飲料。類似的道理，自尊下降可能就告訴我們，應該要改善和朋友的關係。黎瑞等人相信，自尊就像汽車的油量顯示表一樣，可以偵測顯示個人的社交狀態，讓我們知道應該要採取什麼行動（亦即加油使油量顯示表由低檔回升，而改善社交關係使自尊由低檔回升）。

油量顯示表並不是讓汽車提高效能或車速，它的功能是告訴你何時應該加油，以免車子開到沒油了，卡在半路上那兒也去不了。自尊也有類似的功能，它告訴你何時應該修補關係，以免和朋友或家人鬧僵了，什麼也做不好。就此而言，自尊的功能就像是內在、主觀的偵測表，以供偵測顯示社交接納或排斥的狀態。

從個人的經驗就可以體會社會量尺理論關於自尊偵測社交關係的論點。當我們自我感覺良好的時候，通常都涉及了得到別人的讚賞或認可、和朋友或愛人親密互動，或是和自己喜歡的人共同參與某些有興趣的活動。至於自我感覺惡劣的時候，通常都涉及了他人的嘲諷、拒絕、感情失意，或是當眾做了丟臉或羞恥的事情。

黎瑞與同僚研究發現，自尊對於社交接納或排斥的感應相當敏銳，而受人喜愛則與正向的自我評價有相當高的關聯（Leary & Baumeister, 2000; Leary et al., 1995; Srivastava & Beer, 2005）。作為社交量尺的自尊可以偵測個人在社交關係當中是受到接納或排斥，具體而言，社交接納可以使得自尊上升到高檔，而社交拒絕則會使之下降到低檔。

自尊關聯諸多吸引人的個人特質，因此也可以發揮社交量尺的功能。

高自尊相連結的個人特質，例如：勝任能力、討喜、吸引力、道德品格，同樣也是讓人受到喜愛的特質，因此自尊就好像是一把社交量尺，可以偵測個人擁有多少可能贏得社交接納的個人特質。高自尊的人可能從與人相處的經驗發現自己還頗討人喜愛的，因此比較輕鬆自在，比較容易獲得與維持社交接納；而另一方面，社交焦慮的量尺則與自尊呈現負相關（Leary & Kowalski, 1995）。換言之，高自尊的人比較不像低自尊的人那麼擔心，是否能夠融入人群，以及是否能夠得到別人的歡心。

只要自尊就足夠了嗎？

如果，你自我感覺良好，那麼有很高的機率你對於生活也會感到快樂、滿意。相對於自我形象不好的人，自我觀感良好的人在面對障礙時，比較可能主動積極迎接挑戰，比較有毅力能夠堅持到底，懂得靈活運用比較適宜而有效的壓力因應做法，有比較多正向的社交關係。既然自尊有這麼多的益處，那麼是否只需要自尊就足以保證生活快樂幸福呢？提高自尊是否就能夠解決不快樂的問題？有那麼一段時期，尤其在大眾文化之中，上述問題的答案似乎都被認為是肯定的。普遍而言，低自尊被認為是導致個人問題的主要因素，而提高自尊則被認為是解決該等問題的解藥。

過去30年以來，心理學家投入大量的研究，聚焦釐清自尊的價值、限制與複雜性。在坊間流行的文化，也有一股類似的通俗心理學潮流，聚焦於出版各種自我改善的書籍。有一篇文獻回顧評論報導，有超過15,000篇研究論文探討自尊相關的議題，還有難以數計的大眾心理學書籍，暢談讀者如何可能自我感覺良好（Baumeister et al., 2003）。在此，有必要給個簡短的歷史回顧，幫助耙梳這麼大量的自尊研究文獻與通俗文化之間的關聯。從心理學家的觀點來看，從1970年以降，自尊在個人問題與社會問題所扮演的角色歷經了三個階段。

第一階段：自尊是關乎個人問題與社會問題的重要變數

許多心理學家與實務從業人員（例如：教師、學校行政人員、社會機構的負責人）對於自尊研究寄望殷切，希望研究的成果能夠幫助解釋與解決許多迫切的社會問題（例如：Dawes, 1994; Hewitt, 1998; Mecca, Smelsor, &

Vasconecellos, 1989）。許多相關研究指出，低自尊可能是導致許多社會問題的重要因素，包括：學業成績低落、霸凌、攻擊、幫派、青少年懷孕、吸毒、青少年犯罪、飲食失調、憂鬱症、自殺、害羞、寂寞。實務從業人員普遍相信，自我感覺不良和全國氾濫的青少年問題大有關係，而提升自尊則被認為是對症下藥的「社會疫苗」（social vaccine）（California Task Force to Promote Self-Esteem and Personal and Social Responsibility, 1990）。加州政府投入大筆經費，推出許多增進自尊的計畫。比方說，在各級學校，輔助學生自我感覺良好，希望藉此改善學業成績。

第二階段：自尊是行為的徵候，而非行為的成因

成效不如預期，甚至讓人大失所望，自尊運動的熱情開始退潮。有些做法還衍生了其他問題，例如為了維護學生自尊，勉強讓本該留級的學生順利升級。心理學家開始重新檢討自尊研究；若干文獻回顧結論，低自尊與個人問題並沒有很清楚的相關，而且自尊的好處其實遠比當初想像的有限（例如：Baumeister, 1992; Baumeister, 1998; Baumeister et al., 2003, 2005）。

文獻回顧發現，自尊研究在釐清事實與純屬想像時，遭遇兩方面的重大問題：

1. 大部分顯現自尊益處的都是相關性質的研究，因此很難確定箇中因果關係。究竟是高自尊導致較好的表現，抑或是好學生本身擁有某些值得自豪的東西，因此自尊比較高？相同的問題，我們也可以拿來檢視低自尊。低自尊是造成表現不佳的原因，還是表現不佳導致的後果？

2. 正向自我形象或自尊的許多益處都是採用自陳報告的評量結果。高自尊的人對自己有許多正向的看法，他們自認為有吸引力、廣受喜愛、能力優越、高人一等。但是，在客觀評估之下，他們是否真的如自己所認定的那樣優越呢？

在他們的回顧評論中，鮑曼斯特與同僚只檢視採用客觀行為評量的研究。他們發現，高自尊和幸福快樂、生活滿意度有很高的相關，不過，高自尊與學業成績、職場成就、受人喜愛、吸引力關聯不大，和青少年的抽菸、懷孕、吸毒等問題行為也不大有關聯。再者，若干特殊型態的自尊，譬如：自戀（膨脹而且高度防衛的自尊），則是特別容易流於暴力行為。這樣的人

自恃甚高，對於他人的批評挑戰非常敏感，任何人只要威脅到他們膨脹的自我形象，就會招來他們的反擊。低自尊確實有顯著關聯到憂鬱的症狀，而且比較容易受到壓力的傷害。總之，鮑曼斯特的結論就是，低自尊並不必然是大多數社會問題背後的根源，而高自尊的益處也沒有得到客觀證據的支持。

第三階段：有依附條件的自尊——重點不在自尊高低，而在於自尊的基礎是什麼

在第三階段，研究者開始發展更複雜的模式，藉以釐清有關自尊在個人生活與社會生活扮演角色的諸多爭議。比方說，克羅蔻兒與同僚論稱，研究者多半把注意力聚焦在自尊的水準高低，而很少關注自尊的基本要素（Crocker & Wolfe, 2001）。我們可以這麼形容，有些人把自尊「繫」在不同的活動、能力與生活領域上頭，舉例而言，有兩個大學生，一個以自己的學業能力為榮，另一個則是以自己廣受喜愛為榮。假設這兩個大學生得到C的成績，第一個學生的自尊就會受到嚴重的打擊，因為那嚴重損及該生以學業能力為重的自我價值；不過，另一個學生則會覺得沒有什麼大不了，因為他的自我形象是建立在良好的社交關係，而不是學業成績。大部分研究者只採用整體性的自尊測量，而沒有評量自我價值判斷的特定基礎，這種測量只告訴我們個人自尊的高低水準。克羅蔻兒相信，這樣的評量過度簡化，也導致誤解自尊在社會問題扮演的角色。

「**自我價值的依附條件（contingency of self-worth）**就是個人的自尊所賴以成立的條件，也就是個人必須感覺自己有達到或符合該等條件的標準，那自己才是有價值的」（Crocker & Park, 2004, p.594）。克羅蔻兒與同僚設計了一套量表，可以用來測量自尊的七種來源（Crocker, Luthanen, Copper, & Bouvrette, 2003），每一種來源描述自我價值的一種依附條件。表9.1呈現自我價值的依附條件與例子。這份表單是擇要列舉自我價值與自尊代表性的來源，不是周延涵括所有的來源，而你可以很容易就想出其他的來源（例如：運動能力、身體健康、公益服務）。

☆【表9.1】自我價值的依附條件與例子

自我價值的依附條件	例子
他人的讚許	「我不在乎別人怎麼看我。」 「如果別人不尊重我，那我也會看不起自己。」
外貌	「不管別人認為我是否有吸引力，都不會對我的自尊造成任何的影響。」 「當我認為自己看起來很吸引人的時候，我的自我感覺就會比較好。」
競爭優勢	「表現比別人好，會讓我有一種值得受敬重的感覺。」 「我的自尊會因為知道我工作表現比其他人好而獲得提升。」
學業能力	「我對自己的看法，不會受到我學業表現好壞的影響。」 「學校課業表現良好，讓我有一種自尊的感覺。」
家人支持	「我的自我價值，不會因為我和家人關係好壞而有所影響。」 「家人以我為榮的時候，我的自我價值感就會提升。」
美德	「如果做了不道德的事情，我的自尊就會受損。」 「如果不能達到我的道德標準，我就無法尊重我自己。」
上帝的愛	「擁有上帝的愛，我就會覺得自己是有價值的。」 「如果沒有上帝的愛，我的自尊就會受損。」

　　研究發現，自我價值的依附條件能夠作為強有力的行為引導，諸如此類的研究證據支持，自我價值依附條件模式確實有其可信度與實用性（Crocker & Luthanen, 2003; Croker & Wolfe, 2001; Park & Crocker, 2005）。自尊的不同來源會決定人們採取什麼樣的行動來保護、維持與提升自尊。對自己外貌引以為傲的人通常會花較多時間整理儀容、逛街購物、參加派對；自尊建立在上帝之愛的人，比較少參加派對，而比較常祈禱、上教堂；自尊建立在學業能力者，比較可能成功進入研究所。更重要的是，自尊依附條件模式指出，社會問題（諸如：退學、吸毒、暴力）可能與自尊的來源關係比較大，而與整體性的自尊高低關係比較不那麼大。鮑曼斯特與同僚基於自尊的整體評量結果做結論，表示自尊可能不是導致許多社會問題的主要原因；不過，克羅蔻兒與同僚則建議，自尊的高低可能不是關鍵，但是自我價值的依附條件*很有可能*就是許多個人與社會問題的癥結所在。

　　人如果在某生活領域一再受挫，最後可能就會自暴自棄，不再願意繼續在該等領域努力投入，從這樣的反應或許可以看出自我價值的依附條件可能

和社會問題有關，畢竟，有誰會把自尊依附在從來沒能獲得肯定的地方呢？

比方說，史迪爾（Steele, 1997）論稱，美國非裔大學生輟學比率較高，可能是由於自尊與學業表現脫鉤而導致的結果。至於會出現如此的脫鉤，可能是因為學校課業學習的挫敗經驗被美國非裔學生解讀為環境不支持，或者更糟糕的，學業是不重要的。另外，還有研究也發現類似的兩難困境，美國非裔青少年可能必須在同儕歡迎與學校功課好之間做出抉擇（Arroyo & Zigler, 1995; Steinberg, Dornbusch, Brown, 1992）。相較於亞裔與白人學生，非裔學生的同儕支持與學校功課好之間的關聯特別顯得薄弱。就維持自尊而言，和同族群的同學維持關係遠比追求學業成就來得重要。如果整體的自尊水準主要是依附在同儕社交關係方面的自我價值，那麼研究整體自尊的測量可能相當容易就會結論指出，自尊無法預測學校功課的表現，不過，這樣可能會錯失了克羅蔻兒與同僚所要強調的重點。也就是說，對於某些族群的學生，如果是考量自我價值的依附條件，那學校的成就對於某些族群而言，確實是很重要的。因此，鮑曼斯特或許是對的，提高學生的自尊可能無助於改善學業表現，不過，如果是鼓勵學生主動積極參與學校的各項活動與認同學校，那應該會有助於提升學業成就。

自尊的黑暗面

克羅蔻兒與同僚區分了兩種型態的自尊：全面的自尊與有依附條件的自尊。這項重要的區分揭顯，並不是所有的正向自我形象或自尊都是有益的。克羅蔻兒最近的研究檢視，自尊有其黑暗的一面，可能會損害自己；她的研究肯定了人本心理學關於自我價值的論點。

有依附條件的自尊vs.無依附條件的自尊

多年以前，人本心理學家羅傑斯（Rogers, 1961）論稱，家長對於子女的愛最重要的就是無條件的正向看待。擁有家長無條件愛的兒童長大之後，會相信自己內在的價值。相反的，有條件的正向看待則被認為有損兒童，因為必須符合家長的標準與期待才能獲得愛與稱許。有條件的愛會變成兒童不安的來源，因為任何時候只要沒符合條件，愛就會被撤回。羅傑斯論稱，人們的自我價值若是依附於外在標準，很可能就會有脆弱、防禦、不穩的自

尊。最近的理論與實徵研究支持羅傑斯早年的觀點。

1. 研究者認為，自尊可以區分有依附條件的自尊與無依附條件的（真正的）自尊，前者的自我價值會感受到外在標準的壓力，後者則是建立在無依附條件的自我接納與個人價值感（Deci & Ryan, 1995; Kernis, 203a, 2003b）。支持這種區分的研究指出，有依附條件的自尊連帶有許多負向的情緒，諸如：罪惡感、衝突、壓力、焦慮，以及各種問題，諸如：脆弱而且不穩定的自尊，遭遇失敗之後因應不良、防衛心態、容易陷入憂鬱（請參閱Baumeister et al., 2003, 2005; Crocker & Wolfe, 2001; Deci & Ryan, 1995; Kernis, 2003）。

2. 克羅蔻兒與同僚的研究顯示，追求自尊的後果與追求物慾主義的後果，兩者之間有著驚人的相似度（Crocker & Park, 2004; Crocker & Wolfe, 2001; Park & Crocker, 2005）。

我們先前在第七章討論物質主義與其不滿者的議題時曾經提到，從自我決定理論的觀點來看，追求物慾主義的潛在壞處在於不但不能帶來快樂，還有可能會干擾基本需求的滿足（亦即自主性、勝任能力、歸屬感），而基本需求的滿足乃是健康與幸福快樂的基礎所在。追尋自尊可能會有害這三項重要需求的滿足，因此損及個人的福樂安適。弔詭的是，在這過程當中，自尊也會受到波及。

以下的例子可以說明追求自尊之餘，如何可能危害個人對於勝任能力的需求。有一位大學生，他的自我價值強烈依附在學業成績的依附條件之上，因此有很強的動機驅使自己努力用功，以便獲得好成績。不過，如果課業方面的正向自我形象變成唯一最重要的目標，可能就會為了要保護與維持該等形象，而損害了真正應該培養的能力與學習動機。

有些學生為了要獲得比較高的畢業成績總平均分數，以便能夠順利申請到理想的研究所，就會選修所謂的營養學分，避免有用但比較困難的課程（譬如：心理學高等統計），而且只要一發現某門課程成績可能不理想，就會趕緊將該門課程退掉，以免拉低了畢業成績的總平均分數。於是他們不會去選自己有需要或有興趣的課程，而是專挑有可能讓自己拉高成績的課程，以便提升自我形象。再者，如果課業成績不理想或是遭受批評，那就會解讀是對於自尊的威脅，而不會認為是提醒自己應該改進學習的有用回饋。

　　類似的道理，自尊的追求也可能會損及自主性與歸屬感等需求的滿足。自主性與自由選擇的行動可能讓人從中產生某些幸福快樂感，但如果過度在乎個人的自尊問題，那幸福快樂感就會有所減損。比方說，一個人的自尊如果繫諸於他人的讚賞，那所做的選擇與採取的行動可能就會著眼於取悅他人，努力迎合其他人的期待，而不是自己的期待，這就可能會損及個人的自主性、內在動機，以及表現自我的行動。類似的道理，就如同尋求滿足物慾需求，可能讓人忽略了其中更重要的需求，反而減低了人們的福樂安適，尋求自尊也可能有類似的反效果。

　　最近有一篇文章論稱，自尊研究在經過三十年之後，就如同鐘擺一樣，有關自尊的概念已經擺盪了一回，最初的一些觀點似乎又開始重新登場（Swann, Chang-Schneider, & McClarty, 2007）。最早的時候，學者們錯誤地相信，低自尊可能導致許多嚴重的個人問題，例如：學校課業成績不好、吸毒、暴力。這樣的論點後來受到相當多的批評，並且從中得到相反的結論：自尊其實不太能預測重要的社會問題或個人問題。史旺與同僚論稱，最近的研究支持把自尊視為一種對於個人生活非常重要的整體面向的自我概念，該等研究致力於提升自尊的潛在價值。

　　他們指出，自尊研究的歷史平行呼應其他概念（例如：社會心理學領域的態度研究），起初固然激起研究的熱潮，但隨之而來卻是一波波的批評與失望。在這些例子當中，促使研究者太過於熱衷認定自尊的概念可以預測許多的特定行為，但是當研究顯示預測效力不彰，研究者就論定應該是關於自尊的基本概念有問題。不過，史旺與同僚指出，最適當的定位應該是把自尊視為自我的整體面向，因而比較適宜用來預測整體性的行為，而不適宜用來預測特定面向的行為；比方說，憂鬱就是一種與低自尊強烈關聯的整體性心理狀態。這些學者回顧檢視了許多研究顯示，如果把自尊視為自我的整體性心理狀態，而非自我的特定面向，那麼自尊對於其他確立已久的心理學概念，就會有比較強的正相關。比方說，自尊與某一特定行為，譬如青少年飲酒的行為，可能只有微弱的相關；不過，如果檢視的是整體的行為面向，譬如：健康或不健康的青少年生活型態，那就會發現，青少年個人自尊與生活型態健康與否之間有較強的關聯。具體而言，低自尊的青少年傾向有比較不健康的生活型態，而高自尊的青少年則有比較健康的生活型態。從這個觀點

來看，體整性的自尊可以說是健康與幸福快樂的重要基礎。

9.3.3　個人控制

在第七章，我們廣泛討論了有關規範目標導向行為所涉及的個人控制議題。在這兒，我們探討的自我控制議題，則是關於個人覺得能夠自我做主，掌握自己生活的行動，這種意義的自我控制向來被認為是自我的基本動機（Baumeister, 1998; deCharms, 1968），也是個人福樂安適的重要基礎（Argyle, 2001; Myers, 1992）。許多關於福樂安適的重要理論，譬如：自我效能理論、自我決定理論、控制理論（文獻回顧與評論，請參閱第七章），都把個人控制擺在健康與適應機能的核心位置。

個人控制感的重要性，也獲得憂鬱相關理論的增強，該等理論主張，欠缺自我控制感乃是導致情緒困擾的重要原因。早期的研究指出，重複經驗負向事件可能會減損自信心，從而產生一種「習得的無助感」，當事人感覺無助、無望，只能任由無法控制的生活壓力事件無情擺佈（Seligman, 1975）。後來的研究指出，關鍵可能比較不是在於負向事件發生與否，而比較是在於個人是否相信自己能夠有效控制（Seligman, 1990）。相對地，憂慮的人則是傾向認為，自己幾乎無能為力控制負向情緒或是引起負向情緒的情況。如同我們在第七章討論介紹的，許多研究一致發現，自我控制感、個人賦權增能與健康、福樂安適有相當程度的關聯。

9.3.4　樂觀

「這杯子是半滿，還是半空？」看待同樣一件事情，悲觀者傾向抱持比較負向的觀點，聚焦於缺失或不足的部分；相對地，樂觀者則是抱持正向的觀點，看到的都是知足。心理學家主要把樂觀／悲觀視為個人對於未來所抱持的正向或負向的觀感。每個人的樂觀／悲觀程度有高有低，而個人對於人生的各種活動與抉擇，也都可能抱持不同程度的樂觀或悲觀。我們對於挑選完美的禮物送給重要他人，可能心存樂觀或悲觀。同樣地，我們對於許多其他事件也可能心存樂觀或悲觀，譬如在賓客到達之前把屋舍整理乾淨、心臟

病痊癒、獲得升遷或加薪、投資獲利豐盈、假期風和日麗適合出遊。

當然，除了偏向樂觀或悲觀的個別差異之外，悲觀或樂觀也會受到情境特定因素的影響。比方說，你對於支持的候選人的選情可能悲觀看待，因為目前民調遠遠落後。再舉個例子，你相當樂觀，能夠在冬天降臨之前順利完成屋舍改建工程，因為你已經增聘了更多的幫手。不過，許多研究顯示，人們確實有偏向樂觀或悲觀的個別差異傾向。研究也顯示，樂觀或悲觀的態度與福樂安適水準有相當一致的關聯。

我們將會討論關於樂觀的兩類主要研究：樂觀的天性氣質或特質，以及樂觀的解釋風格。我們也會討論其他種類的樂觀、悲觀，並且檢視樂觀的態度是否總是有益的。研究防禦型的樂觀、不務實的樂觀、務實的樂觀，將會有助於釐清各種不同的樂觀或悲觀的態度，分別可能有哪些益處與害處。

天性氣質的樂觀

薛爾和卡佛（Scheier & Carver, 1992）定義天性氣質的樂觀（**dispositional optimism**）如後：整體性的期待未來好事多而壞事少。悲觀則與此相反，期待未來壞事多，好事少。由於是整體性的，樂觀者對於生活的所有面向總是充滿自信，能夠完成個人的目標，而悲觀者則是全面懷疑自己的能力。目前，研究對於天性氣質樂觀的衡量，主要是採取修訂版的「生活取向測驗」（Life Orientation Test，簡稱LOT測驗）（Scheier, Carver, & Bridge, 1994）。此測驗總共有六道題目，計分方式採五點量表，非常同意代表4分，非常不同意代表0分；其中第2、4、5題為反向題目，計分方式逆轉，非常同意代表0分，非常不同意代表4分（表9-2）。

薛爾和卡佛是在有關目標導向行動的自我規範脈絡（請參閱第八章）來探討樂觀的議題。在他們的自我規範模式中，當人們在追求目標遭遇挑戰與障礙時，期待與信心就變得格外重要。樂觀者相信自己能夠克服困難，所以努力堅持到最後一定可以達成目標。反之，悲觀者就比較沒有信心，對未來的看法也比較偏負向，因此比較可能變得消極被動，甚至中途而廢，放棄而不再堅持。

你可能已經在心裡猜測，樂觀應該和我們在本章討論的其他正向心理特徵有所關聯。具體而言，天性氣質的樂觀（採用LOL測驗）與正向心理特

☆【表9.2】「LOT生活取向測驗」修訂版

題次	題目	非常同意	同意	沒意見	不同意	非常不同意
1.	在不確定的時候，我通常期望最好的結果。					
2.	如果我有可能發生問題，那麼就一定會發生問題。					
3.	我總是樂觀看待未來。					
4.	我不太敢期望，事情能夠順心如意。					
5.	我不怎麼看好，好事情能夠發生在我身上。					
6.	整體而言，我期望發生在我身上的盡量是好事，而不是壞事。					

質（諸如：自我掌握、自尊）顯現中度的正相關，與有損福樂安適的心理特質（諸如：神經質、焦慮、憂鬱）顯現負相關（Scheier, Carver, & Bridges, 2002; Scheier et al., 1994）。這樣的相關性似乎意味著，樂觀與悲觀和正向、負向心理特質有某種程度的重疊。不過，薛爾與同僚的研究顯示，藉由實驗控制其他心理特質的可能影響效應之後，仍然發現樂觀因素對於預測正向後果的顯著而獨立的效應。樂觀的態度可能帶給個人健康、快樂相當顯著的益處，尤其是面臨人生變故的時候，樂觀的益處更是明顯（請參閱Carver & Scheier, 2002b; Scheier et al., 2002; Chang, 2002a）。

樂觀與福樂安適

　　或許最適當的是把天性氣質的樂觀，視為個人應付壓力與生活變遷的資源。研究人員針對多種不同的生活挑戰情境進行相關研究，結果發現，樂觀的人困惱不安的程度比較輕微，而悲觀的人困惱不安的程度則比較嚴重。縱貫型研究提供了最清楚有力的證據，支持樂觀的益處。

　1.因應心緒不安與人生的波折

　　對於許多婦女而言，第一胎的生產經驗是相當重大的人生變遷，有些人甚至因此導致產後憂鬱。若干研究指出，樂觀的態度可能有助於對抗產後憂

鬱（Carver & Gaines, 1987; Fontaine & Jones, 1997; Park, Moore, Turner, & Adler, 1997）。參與研究的婦女在懷孕期間數個時間點填寫LOL量表，產後若干個星期之後再填寫一遍。相較於悲觀的婦女，樂觀的婦女自陳報告，在懷孕期間與產後，都比較少有憂鬱的症狀。在懷孕期間，樂觀者比較少有焦慮，對於生活也比較能夠維持正向的觀感（Park et al., 1997）。

研究也發現，樂觀的態度也有益於心臟冠狀動脈支架手術的復原（Fitzgerald, Tennen, Affleck, & Pransky, 1993; Scheier et al., 1989）。相較於悲觀者，樂觀者比較少有術前的不安，對於醫療照護比較有信心，滿意度也比較高；手術後比較輕鬆、快樂，手術幾個月之後，生活滿意度比較高。

針對乳癌初期婦女接受醫療的研究，也發現類似的結果（Carver et al., 1993）。卡佛與同僚發現，樂觀有助於抵消乳癌可能造成的心緒不安。研究參與者在手術前與手術後1星期、3個月、6個月、12個月填答LOL量表，結果顯示，在得知診斷結果時，比較樂觀的婦女，在手術前，比較少有情緒不安的經驗，在手術之後反彈復甦的情況也比較良好。

樂觀除了對病人有益，對於照護長期疾病患者（例如：罹患癌症、阿茲海默症）的親友也很有幫助。長期照護是很耗費心力的，也很容易讓人承受情緒方面的壓力與苦惱。這當中，樂觀的態度就是很寶貴的資源。研究發現，樂觀的親友照護者憂鬱的程度比較輕微，身體健康狀況比較良好，日常生活作息也比較少受到干擾（Given et al., 1993; Hooker, Monahan, Shifren, & Hutchinson, 1992）。

對於許多人，從高中過渡到大學乃是人生當中相當重大的事件。教職人員、輔導人員、行政人員，以及學生家長都知道，有些學生對於大學自由的生活與課業的要求，適應比較好。哪些個人特質可能是學生成功適應大學環境的基礎？雅斯賓華和泰勒（Aspinwall & Taylor, 1992）研究檢視三項個別差異的變數：自尊、個人控制感、樂觀，以茲作為成功適應的預測因素。研究人員募集了676位大學新生，填答自尊、個人控制感、樂觀量表。三個月之後再填答四份量表，分別檢測大學適應、壓力、快樂、整體福樂安適。結果顯示，雖然這三項預測因素都與大學適應有關聯，但是只有樂觀對於大學適應有直接而且獨立的正向效應。自尊與自我控制感的效應比較是間接的

影響，還得取決於採取主動或逃避的因應來面對適應問題。換言之，如果主動尋找解決與協助來因應適應問題，那麼高自尊與個人控制感才會有助於改善適應，如果是逃避而不面對問題，那高自尊與個人控制感就不會有效應產生。相對地，樂觀則是直接關聯到是否能夠成功適應大學的新環境，也比較能夠採取主動積極而有效的因應做法。

2.生理健康與情緒健康

許多研究發現，相較於悲觀的人，樂觀的人身心健康狀態比較良好（請參閱Affleck, Tennen, & Apter, 2002; Carver & Scheier, 2002b; Peterson & Bosio, 2002; Scheier et al., 2002）。樂觀比較不會深陷憂慮的困惱。樂觀的學生在適應新的生活任務挑戰時（例如：就讀醫學院或法學院），比較不會有焦慮困擾；比較會照顧自己，不抽菸、酗酒或是吸毒，能夠維持良好的飲食習慣，規律運動，遵照醫師囑咐接受健康篩檢與診斷治療。樂觀的人比較少有慢性疾病，譬如：類風濕性關節炎、氣喘、纖維肌痛症。心臟支架手術後，樂觀的人比較快達到行為的重要里程標（諸如：在床上坐起來、行走、回復例行運動、重返全職工作）（Scheier et al., 1989）。

第一章介紹討論的「修女研究」。平均而言，相較於比較不歡樂的修女，生性歡樂的修女壽命至少多10年。縱貫研究追蹤梅約診所的839位病人長達30年，結果發現樂觀與較低的死亡風險有顯著相關（Maruta, Colligan, Malinchoe, & Offord, 2000）。

最後一個顯示樂觀與長壽有關聯的例子，則是聚焦老年人看待自我與老化的態度（Levy, Slade, Kunkel, & Kasl, 2002）。研究者蒐集參與者的態度評量資料，直到參與者壽終為止（其中最長達到23年）。結果發現，相較於負向態度的老年人（例如：「年老以後，你會越來越沒用」），正向態度的老年人（例如：「我現在活力和去年不相上下」、「年歲漸老以後，一切其實都比我原本想像的還好」），平均壽命多7.5年（p.263）。

樂觀的解釋風格

樂觀之所以有諸多益處，可能源自於樂觀者對於不好的遭遇之解釋及看法。某些解釋可能緩和失望的衝擊，並且保護個人的自我形象，以及對於人生的正向觀感。有些解釋則可能雪上加霜，導致負向的自我形象，以及

對於人生更陰沉的觀感。塞利格曼與同僚提議，以**解釋風格（explanatory style）**來解釋說明樂觀與悲觀的作用。解釋風格的定義就是「個人對於負向事件的獨特解釋方式」（Peterson, 2000; Reivich & Gillham, 2003; Seligman, 1990）。原先，有關解釋風格的研究主要是針對憂鬱傾向者的思考型態（Abramson, Seligman, & Teasdale, 1978），到後來才逐漸演化成為探究人們對於負向生活事件的樂觀或悲觀詮釋取向（Peterson & Villanova, 1988）。悲觀者對於挫敗或不幸事件的解釋，通常會歸諸於*穩固*、*全面*、*內在*的因素。其中，*穩固*的因素是指，持久而且未來不太可能會改變的因素。*全面*的因素是指，幾乎涵蓋所有生活面向的普遍因素。*內在*的因素是指，源自於個人心理特質或信念的因素，而不是外在情境因素。

　　典型的悲觀解釋風格可能如後：「我數學就是很爛」，或是「我就是不會考試」。這兩種解釋指向的是*穩固*的原因（今天數學很爛，有很高的機率，明天數學也同樣很爛）、*全面*的原因（如果你不會考試，那所有科目的考試都不太可能會有好成績）、*內在*的原因（問題都出在我，而與考試或是有沒有認真準備無關）。相對地，樂觀者的解釋則傾向非穩固、特定、外在的原因：「老師沒有清楚說明考試的範圍」、「考試題目模稜兩可，而且和課堂教學內容沒有關聯」、「我每天都必須工作到很晚，沒有多餘時間可以好好準備考試」。這些解釋指向的是不穩固的原因（老師下一次可能會交待清楚考試範圍）、特定的原因（我必須工作到很晚）、外在的原因（老師不好、考試題目有問題、工作太晚，而不是我能力差或是偷懶不用功等等）。

　　解釋風格的研究通常採用「ASQ解釋風格歸因問卷」（Attributional Style Questionnaire）（Peterson et al., 1982），或「CAVE逐字解釋內容分析」（Content Analysis of Verbatim Explanations）（Peterson, Bettes, & Seligman, 1985）。ASQ的題目包括六題正向事件與六題負向事件。受測者針對該等事件，提出一種最主要的解釋原因，再評定該原因落在內在—外在（7至1分）、全面—特定（7至1分）、穩固—不穩固（7至1分）三個維度的偏向。最後，再分別計算正向與負向事件解釋的維度評分小計（表9.3）。

⚹【表9.3】「ASQ解釋風格歸因問卷」

	正向事件	解釋	內在—外在	全面—特定	穩固—不穩固
1.	另一半（配偶，或男女朋友）一直都很愛你。				
2.	完成任務，並且獲得很高的評價。				
3.	……				
4.	……				
5.	……				
6.	……				
	正向事件解釋維度評分小計				
	負向事件	解釋	內在—外在	全面—特定	穩固—不穩固
1.	朋友對你惡言相向。				
2.	你辜負大家的期望，沒有順利完成某項任務。				
3.	……				
4.	……				
5.	……				
6.	……				
	負向事件解釋評分				

　　CAVE量表的測量，研究者針對若干文件（例如：個人雜文、自傳、診療紀錄、個人書信、日記、訪談紀錄）進行內容分析，從中找出負向事件的解釋。然後再採用ASQ的內在—外在、全面—特定、穩固—不穩固三個維度，對於該等解釋進行評分。CAVE量表容許研究者不需要進行縱貫研究，就可以檢視樂觀／悲觀與個人生活的關係。比方說，派特森、塞利格曼和維隆（Peterson, Seligman, & Vaillant, 1988），使用CAVE量表評量1930年與1940年初期的哈佛大學生訪談紀錄（平均年齡25歲），取得樂觀／悲觀的評分。然後在1970年，時隔35年之後，計算先前取得的樂觀／悲觀的評分與身體健康、死亡率的關聯性。結果發現，在排除當年25歲的身心健康差異之餘，樂觀者享有較佳的身心健康。

　　研究發現，解釋風格對於負向事件的預測有效性優於正向事件。研究也發現，解釋風格對於內在原因的預測不如對於穩固原因與全面原因的預測

（Abramson, Metalsky, & Alloy, 1989; Peterson, 1991）。從解釋風格的觀點來看，樂觀與悲觀的差別關鍵在於，當事人傾向認為不好的事情是相對恆定的常態，或只是暫時偶發的特殊情況（穩定vs.不穩定），以及該等不好的事情會影響個人生活的大部分面向，或是只局限於某些特定的情況（全面影響vs.局部影響）。樂觀的解釋風格（使用ASQ或CAVE評量）研究結果顯示，類似於天性氣質樂觀的研究發現（Peterson & Park, 1998）。

樂觀的運作方式

1.作為動機的一種來源

當我們相信行動可以產生正向結果時，那就會比較容易有動機付諸行動。尤其是當我們面臨可能削弱毅力的障礙時，樂觀提供的動機就很重要了。面對失望的情況，樂觀會讓人有能量持續投入更多的行動；相對地，悲觀就可能會放棄。樂觀的解釋風格傾向把不好的事情詮釋為暫時而且局限於特定的情況，透過這樣的方式，他們保護自己免於遭受強烈的負向情緒反應，也就比較不會損及信心，也比較不會阻礙有效的因應做法（Carver & Scheier, 2002b）。

2.有效的因應

樂觀者比較善於處理壓力（Aspinwall, Richter, & Hoffman, 2002; Ness & Segerstrom, 2006）。相較於悲觀者，樂觀者比較擅長於運用正向的因應策略來處理衝突與解決問題。在關於大學生適應大學生活壓力的研究中，雅斯賓華和泰勒（Aspinwall & Taylor, 1992）發現，樂觀的學生會積極找尋辦法，以便能夠直接因應大學生活的各種問題，譬如：上課、考試、寫報告、結交新朋友、建立新關係等挑戰。樂觀的學生運用積極減輕壓力的做法包括：分配時間讀書、準備考試、找其他學生談天。悲觀的學生則是傾向逃避問題，假裝問題不存在，一廂情願認為問題會自然消失或減輕。

3.彈性使用不同的因應做法

聶斯和席格史壯（Ness & Segerstrom, 2006）建議，樂觀者能夠分辨可控制與不可控制的生活壓力事件，並且視情況調整因應的策略。對於比較不可控制的威脅，譬如威脅生命的重病，樂觀者不會鑽牛角尖，想要解決不可能解決的問題，而懂得儘早不再繼續投入徒勞無功的浪費心力。他們會轉向

情緒聚焦的因應策略，知道分辨哪些情況是自己可能或不可能改變，這是有效因應的一個相當關鍵的要素。「上帝賜給我，讓我接受自己無法改變的事情；賜給我勇氣，讓我勇敢去改變我可以改變的事情；賜給我智慧，讓我懂得分辨哪些事情是我可能或不可能改變的」（Aspinwall et al., 2002）。

有關樂觀者vs.悲觀者因應策略的對照比較，請參閱表9.4。這份表格的內容綜合摘要了若干相關研究的結果。其中關於樂觀的評量則是採用薛爾和卡佛（Scheier & Carver, 1992）設計的LOT量表。

4.擁有較多的正向情感性

有關這方面的獲益，請參閱第三章，芙德麗克森擴展與建設理論的討論介紹。正向情緒有貢獻於比較富於創意的解決方式，可以抵消負向情緒的損害影響，以及提高來自他人的社會支持。樂觀帶來的正向情緒也有益於身體健康（第三章）。我們都很清楚，負向情緒會抑制免疫系統的功能；最近更有研究強烈支持，正向情緒可能有助於提升身體抵抗疾病的能力。樂觀對於健康的益處，以及悲觀對於健康的危害，有部分原因可能是來自於生理上的個別差異導致當事人有較多的正向情緒，或是較多的負向情緒。

【表9.4】樂觀者vs.悲觀者因應策略的對照

樂觀者的因應策略	悲觀者的因應策略
尋求資訊（Information seeking）	壓抑不去想問題（Suppression of thoughts）
積極因應與計畫（Active coping and plannng）	放棄（Giving up）
尋求益處（Seeking benefit）	自我分心（Self-distraction）
改換正向的看待角度（Positive reframing）	逃避的想法（Cognitive avoidance）
使用幽默（Use of humor）	聚焦在情緒的困惱不安（Focus on distress）
接受事實（Acceptance）	全盤否認（Overt denial）

資料來源： Scheier, M. F., Carver, C. S., & Bridges, M. W. (2002). Optimism, pessimism, and psychological well-being. In E. C. Chang (Ed.), *Optimism and pessimism: Implications for theory, research and practice* (pp.189-216). Washington, DC: American Psychological Association. 美國心理學會版權所有，翻印轉用許可。

樂觀與悲觀的類型

希望理論

天性氣質的樂觀聚焦在對未來抱持正向期待，促使個人有動力採取目標導向行動。樂觀的解釋風格則聚焦一種自我控制的主體能動性，傾向以維持正向態度的方式來解釋挫敗或不好的事情，有把握自己能夠達成目標。

史奈德提出的**希望理論（hope theory）**，結合了前述的*正向期待與主體能動力*，以此定義希望為意志力量與「方向力量」（Snyder, 1994, 1995）。主體能動力（agency）是一種意志力量，能夠讓人有能量與決心堅持追尋個人重要目標。史奈德所謂的「廣通思考」（pathways thinking）就是「廣通力量」（waypower），根據史奈德的解釋，廣通力量就是有信心可以找到達成理想目標的途徑，再者，如果遭遇障礙，也可以找到突破障礙的其他替代出路。希望量表可以評量上述兩個面向：主體能動力與廣通力量（Snyder, 1994; Snyder et al., 1991）。

1. 我精力旺盛追尋我的目標（主體行動力）。
2. 過去的經驗讓我有充分準備可以迎接未來的挑戰（主體行動力）。
3. 我可以想出許多方法讓自己脫離困境（廣通力量）。
4. 即使他人不支持，我知道自己還是能找到方法解決問題（廣通力量）。

希望與樂觀之間呈現顯著的相關，充滿希望的人也傾向比較樂觀（Snyder, 2000; Snyder, Rand, & Sigmon, 2002）。相較於比較不抱持希望的人，充滿希望的人在原本的計畫遇到瓶頸的時候，比較懂得運用技巧來想出靈活因應的方式，以便順利達成目標；充滿希望的人也比較懂得解決問題的技巧，遇到障礙的時候，他們也比較可能運用正向的「自我喊話」（例如：「我可以做到」）來維持動機於不墜。充滿希望的人會聚焦於必須做的事情，而不是反復擔憂有哪些地方可能出錯了。希望和樂觀對於適應、成就與健康有著相當近似的效應。

負向思考的正向能量

在平常生活當中，我們會聽到許多描述樂觀或悲觀的不同說法。有人會形容自己是「審慎的樂觀」、「天馬行空，不切實際」，或是說某人是「癡心妄想，黃粱大夢」或是「切實評估未來，不好高騖遠，也不妄自菲薄」。舉例而言，請你想想某位你認識的人，他或她可能符合後面的描述：「每當想到即將面對的任務，該人就會非常焦慮自己可能的表現，老是擔心可能發生最慘的情況，但是通常的表現都算是不錯的。」

諾倫與同僚形容這種思考與行為模式就是所謂的**防衛型悲觀**（**defensive pessimism**）（Norem & Cantor, 1986）。他們將有關這種防衛型悲觀的諸多研究成果，集結成冊發表在《負向思考的正向能量：運用防衛型悲觀的焦慮能量，創造登峰造極的表現》[1]。防衛型悲觀是一種具有正向益處的負向思維，可以透過擔心失敗的焦慮，轉化為有助於成功的能量。

研究人員可以使用問卷來測量防衛型悲觀，請受測者考量自己會如何準備或思考關於問卷題目的各種不同狀況（譬如：課業或社交的問題狀況），然後再評量自己與下列的描述範例相互吻合的程度（Norem, 2002, p.83）。下列的描述範例就是防衛型悲觀者可能會評量與自己較為吻合的項目：

「遇到該等狀況的時候，我會期待最壞的結果，雖然我知道自己應該可以表現得還算OK。」
「我經常擔心，遇到這種情況的時候，我會沒有辦法貫徹意圖。」
「遇到該等狀況的時候，我經常會搞砸。」
「發生該等狀況的時候，我會花很多的時間計畫。」

防衛型悲觀可能發揮三種正向的功能：（1）先降低期望（凡事總是預期最壞的結果），如果結果真的不理想，就可以減輕失敗的打擊（預期可能會

---

[1]　英文原始書名如後：
The Positive Power of Negative Thinking: Using Defensive Pessimism to Harness Anxiety and Perform at Your Peak.
中文譯本書訊：《我悲觀，但我成功：負面思考的正面威力》，作者：茉莉‧諾倫（Julie Norem, 2001）；譯者：齊若蘭（2002年6月）。台北市：遠流出版社。ISBN：9573246392。

發生最糟糕的情況，事先準備預防該等情況發生。如果你期待成功，那失敗的結果就會讓人感到沮喪失意。如果你欲期可能失敗，結果卻是成功的話，就會讓人有喜出望外的喜悅）；(2)預期可能會有最壞的結果，就可以先行思考做好未雨綢繆的準備；(3)如果你擔心自己可能會表現不好，不斷想像自己可能搞砸的各種狀況，然後逐一做好萬全準備，預防該等可能導致失敗的情況發生，並且把焦慮轉化成為建設性的能量。在心裡反覆演練你可能會如何搞砸，並且加以修正，避開可能遭遇的困境，如此一來，你可以提高信心，減低焦慮，感覺比較能夠控制情況，這些都有助於提高成功的機會。研究結果肯定防衛型悲觀確實可以發揮這三種正向的功能（請參閱Norem, 2001, 2002; Norem & Chang, 2002）。

　　防衛型悲觀者對於未來表現的看法頗不同於樂觀者。就此而言，諾倫和坎特探討大學生對於考試想法的研究，其結果可為明證（Norem & Canter, 1986）。表9.5呈現樂觀的vs.防衛型悲觀的大學生對於考試的差別反應。

　　防衛型悲觀者的表現與樂觀者不相上下，但是使用的卻是極為不同的策略。樂觀者對於事情總是抱持較高的期待，也比較不會去擔憂還沒發生的事情；他們有信心，事情應該會有不錯的結果。防衛型悲觀者則是抱持較低的期待，比較會焦慮，擔心可能會失敗，但也因此會特別費心做好準備，確保萬無一失。事實上，防衛型悲觀者「需要」這樣的策略來確保成功。關於這一點，有研究結果可以印證，當研究設計使防衛型悲觀者執行某些任務，但是沒有機會可以陷入（負向）思考與擔憂自己的表現，結果他們的任務表現就大為失色。

　　雖然，防衛型悲觀者的策略運用使他們可以獲得成功，但這卻也付出了情緒方面的代價（文獻回顧與評論，請參閱Norem, 2002）。由於防衛型悲觀者對於表現有著很高的焦慮，而且聚焦於負向的問題，因此他們在焦慮心理特質與神經質的測量分數相當高。負向思考的傾向也會波及自我評價，連帶有較低的自尊。再者，雖然目前尚未有正式的研究，諾倫（Norem, 2002）推論指出，防衛型悲觀者的負向思考與焦慮，可能會造成別人的厭煩，從而必須付出人際關係方面的代價。別人持續表現支持之餘，尤其是情況也確實都還滿順利的，可是防衛型悲觀者卻始終不斷擔憂，這就可能會讓他人感到吃力不討好，不想再繼續支持。

✿【表9.5】樂觀者vs.防衛型悲觀者對於考試的想法

樂觀者的想法

1.我已經有研讀考試範圍的教材。

2.感覺有信心。

3.感覺有「一點點的」緊張。

4.感覺放鬆／心情平靜。

5.我覺得自己已經準備好了。

6.我可以想像考試會出哪些題目。

7.安排睡覺、讀書的時間表。

8.我不會緊張或擔心。

防衛型悲觀者的想法

1.預期自己會考不好。

2.感覺緊張。

3.感覺焦慮。

4.我會一直想著自己準備不夠充分，以便督促自己更加用功。

5.我竭盡所能用功讀書。

6.我會一直想著考試的事情。

7.我會想如果考不好的話我會怎麼樣。

8.考試結果通常比我原先預期還要好一些。

資料來源：Norem, J. K., & Cantor, N. (1986). Defensive pessimism: Harnessing anxiety as motivation. *Journal of Personality and Social Psychology, 51*, 1208-1217. 美國心理學會版權所有，改編許可。

　　從正向心理學的觀點來看，基於一般普遍的看法，樂觀會帶來正向的結果，而悲觀則會帶來負向的結果，就此而言，防衛型悲觀可以算是一種反例，因為其特徵是負向的預期想法與負向的情緒，卻產生正向的結果。諾倫和愛德華張（Norem & Chang, 2002）相信，防禦型悲觀這樣的反例恰恰可以提醒正向心理學家：「當我們在研究人們如何在生活當中獲得正向的進展時，我們必須非常小心，不要讓任何一條途徑霸占了我們的全部關注力，以至於看不見人們自力摸索來達成個人目標的其他途徑」（p.999）。

不務實的樂觀

另外，還有一個區別就是務實樂觀與不務實樂觀之間的差別。並不是有所的樂觀一定都是有益的，當樂觀脫離現實太遠，就很有可能讓人未蒙其利反受其害。比方說，維斯坦恩研究顯示，不務實的樂觀會使人顯著低估了人遭遇負向生活事件的可能性，諸如：癌症、心臟病發作、失戀、重大意外、酗酒、離婚（Weinstein, 1980, 1982, 1989; Weinstein & Klein, 1996）。

9.3.5　焦點研究與理論：樂觀研究諸多懸而未決的議題

防衛型悲觀與不務實樂觀的研究，顛覆了簡單二分的結論：樂觀都是好的，而悲觀都是不好的。另外，關於樂觀的意義與測量的研究也促使學者重新考量，是否應該無條件支持正向思考的價值。乍看之下，你可能會覺得，可能只有專業研究學者才會有興趣探究這些問題。不過，對於樂觀的研究興趣其實也是希望能夠透過肯定樂觀的價值，從而有助於倡導兒童與一般社會大眾學習樂觀的想法（文獻回顧與評論，請參閱Norem & Chang, 2002；另外，關於具體實例請參閱Seligman, 1990）。研究人員已經揭顯了樂觀涉及頗多複雜的面向，提醒我們不應該無條件地推崇樂觀的價值。就像自尊一樣，許多心理學家相信，應該有進一步的研究釐清樂觀的益處、代價、測量，以及樂觀的種類，如此之後，才能夠推薦適當的樂觀態度與做法來改善人們的生活。

現實與樂觀

研究指出，樂觀必須符合現實，如此才有可能發揮正向的效應（Schneider, 2001）。不幸的是，大多數的研究者並沒有評估人們樂觀期待所依據的基礎，具體而言，人們是根據什麼資訊、資源、判斷等等，從而抱持樂觀的看法。

派特森和愛德華張（Peterson & Chang, 2003）指出，研究學者似乎很容易犯了兩種想當然爾的錯誤預設：要不就是逕自認定樂觀必然是有現實基礎的，要不就是認定只有樂觀才是重點，至於是否合乎現實則無關緊要。由於有這兩種錯誤的預設，因此必須注意以下兩點：

1. 樂觀研究應該區分務實樂觀與不務實樂觀，因為這兩種樂觀會產生相反的效應。知道樂觀是否有現實基礎，這對於研究者與一般人都是很有用的資訊，可以用來判斷什麼情況之下抱持樂觀可能獲得正向或負意的效應。派特森（Peterson, 2000）特別選用**約翰·亨利主義（John Henryism）**之名稱，來凸顯務實樂觀之重要性。約翰·亨利是美國民謠的鐵路傳奇人物，他憑著過人的勇氣與信念，奮力和蒸氣動力車的駕駛賽跑，最後雖然跑贏了，但也因此喪命。約翰·亨利主義指的就是如後的一種性格特質：相信只要努力堅持到底，所有的夢想與心願都可以實現。空有強烈的樂觀，但缺乏得以控制結果的資源，這樣很可能會招來接連不斷的壓力，而引發諸多健康問題。研究顯示，在低社會經濟地位的非裔美國人當中，約翰·亨利主義的性格特質往往會連帶出現高血壓，以及增高心臟病發作的危險（James, Storgatz, Wing, & Ramsey, 1987）。就如同彼德森指出的，在評估樂觀的價值時，必須納入考量個人生活情境的影響。樂觀有其重要性，但是還必須考量當事人實際擁有的控制與資源限度。

2. 如果不知道個人處境的現實狀況，就很難決定樂觀的效應可能發揮到什麼程度，也很難判斷各種情境的變數對於最後的結果可能會產生多大的影響。派特森和愛德華張（Peterson & Chang, 2003）舉了一個例子予以說明，有錢人對於如期繳清每個月的帳單，總是能夠樂觀以待。事實上，是因為他銀行裡有大筆的存款，所以能夠輕鬆如期繳付帳單，根本和樂觀與否其實沒有什麼關係。知道我們可以「萬無一失」，當然會讓人感到樂觀，但是樂觀與否和事情的結果大抵是沒有關聯的。否則不管實際情況好壞，只要心存樂觀，一切都可以圓滿如意，天下哪有這樣的好事呢！

樂觀和悲觀是彼此相反，抑或是各自獨立？

　　一般都認為，樂觀與悲觀是屬於同一維度的兩個極端──換言之，如果非常樂觀，那就不會太悲觀；反之，如果非常悲觀，就不會太樂觀。在早期發展LOT量表時，測驗對象多半以大學生為主，結果發現，樂觀題項與悲觀題項之間呈現逆相關（r = 0.64）（Scheier & Carver, 1985）。不過，後續

研究，尤其是針對年紀較大的成年人，逆相關係數則縮小許多。這似乎意味，樂觀與悲觀有可能是相互獨立的兩種構念，而不是同一維度的相反兩端（請參閱Carver & Scheier, 2003; Kubzansky, Kubzansky, & Maselko, 2004; Norem & Chang, 2002; Peterson & Chang, 2003）。如果樂觀與悲觀是涉及兩種互相獨立的心理歷程，那麼樂觀的對立面就不是悲觀，而是沒有樂觀；至於悲觀的對立面也不是樂觀，而是沒有悲觀。如果研究是使用單一總合分數來代表樂觀／悲觀的程度，可能就會遮蔽而無法看清楚樂觀與悲觀各自獨立而不同的效應。另一方面，有若干研究則是採用兩套量表，分別來檢測樂觀與悲觀，研究結果發現，悲觀似乎是比較有效的預測變數。換言之，相較於樂觀，不悲觀與正向結果的相關程度比較高（例如：Robinson-Whelen, Kim, MacCallum, & Kiecolt-Glaser, 1997; Schulz, Bookwala, Knapp, Scheier, & Williamson, 1996）。

類似的議題也發生在關於解釋風格的ASQ測量與研究。樂觀的測量乃是立基於人們如何來解釋生活事件的好與不好。人們解釋負向事件的方式，對於結果評估的預測效果最好，目前有推出修訂版的ASQ，其中僅納入負向事件，用以評量受測者的悲觀解釋或樂觀解釋傾向（Peterson & Villanova, 1988）。

其實有不少研究學者指出，根據人們對於負向生活事件的解釋方式來定義樂觀的意義，這種做法似乎有點奇怪（Norem & Chang, 2002; Peterson, 2000; Snyder, 1995）。難道樂觀不應該就是人們預期未來會有好的事情，所以可以預測未來會有正向的結果，並且提高適應？未來的研究應該有必要繼續設法解決或釐清這類測量方面涉及的概念問題。

年齡與文化

俗語說：「年輕的時候，如果不是理想主義者，那麼肯定是沒心肝；年歲漸長之後，如果不懂得圓滑世故，那就是沒腦袋。」少不經世的樂觀，難免招來失望落空與碰壁挫折的窘境。如同心理學的大多數研究一樣，樂觀的研究主要對象也都是大學生。根據上述的研究，樂觀與悲觀對於不同的年齡層的作用可能有所差異。大學生的樂觀與悲觀呈現的是同一維度相反兩端的結構，至於年紀大些的成年人，樂觀與悲觀則是比較偏向二維、相互獨立的

結構（請參閱Norem & Chang, 2002）。

　　此外，研究也顯示，樂觀的益處與悲觀的壞處可能會隨著年紀不同而有所變異。比方說，中年癌症病人的研究發現，悲觀可能預測病人的壽命會比較短；不過，樂觀並不能預測壽命會比較長（Schulz et al., 1996）。另外一項針對老年人照護家中親屬的研究也發現，照護者的樂觀想法並不能預測情緒的福樂安適與健康狀況（Robinson-Whelen et al., 1997）。然而許多針對年輕照護者的研究卻發現，樂觀的想法可以帶來許多有利於身心福樂安適的益處。就目前為止，雖然跨年齡層的比較研究仍然數量有限，還不足以做出最終論斷，不過我們似乎可以保險推論，隨著年歲增長，我們對於樂觀與悲觀的看法應該會變得更趨複雜多變。再者，隨著人生周期的不同，樂觀的益處與悲觀的代價也可能有所變動。

　　有學者針對樂觀的研究，提出跨文化效度的問題。美國文化高度重視與鼓吹正向思考。家長、老師、社會名人都鼓勵「你做得到」、「盡力」的態度。反之，亞洲文化則強調謙虛、卑微、自我批判的態度，注重維持人際關係的和諧。樂觀對於亞洲人和美國人的影響是否相同？答案可能是否定的（文獻回顧與評論，請參閱Chang, 2002b; Peterson & Chang, 2003）。

　　比方說，使用LOT的研究發現，對照比較亞裔美國人與歐裔美國人兩個族群，整體樂觀程度並沒有差別，但是在悲觀程度方面則有差別，亞裔美國人顯著比較悲觀。再者，還有研究進一步發現，雖然對於美國人，樂觀可以預測正向的因應，但是對於亞洲人，反而是悲觀比較能預測有效的因應。針對亞裔族群，防衛型悲觀的研究也有類似的發現。換言之，亞裔美國人的悲觀信念可能促使該等族群在預測未來的時候，比較偏向負向的後果（悲觀元素），從而採取防衛行動（防衛元素），以防止該等負向後果的發生。防衛型的悲觀當然有其正向的價值，而且因為行之有效，所以也就可能一再延用。把注意焦點放在負向的可能性，這種心理傾向可能會激發前攝行為（proactive behavior，例如：問題解決），減低不好後果發生的可能性，以及增高好結果的可能性。根本而言，在西方與東方之間，樂觀與悲觀的意義、作用、益處／壞處似乎存在相當大的差異。

　　在西方文化的實務脈絡下，我們或許可以把樂觀與悲觀想成一種涉及個人選擇的心理，如此應該多少可以化解樂觀的概念與實徵層面的複雜性。

塞利格曼（Seligman, 1990）在《學習樂觀・樂觀學習》[2]結論建議讀者採取「彈性樂觀」。彈性樂觀就是正視全面或習慣性的樂觀可能的代價與限制（他的這番論點也適用於全面或習慣性悲觀的人）。塞利格曼相信，評估自己對於情況的可控制程度，然後再決定應該抱持多少相應程度的樂觀，這樣的建議與前面提及的靜心禱文頗為近似。當我們面臨自己無法控制的事情，而且潛在的代價又相當高的時候，採取務實、接受，甚至悲觀的態度可能是比較適合的做法。目標解除的研究結果也支持彈性樂觀的價值，以及務實評估現實狀況的重要性。

第八章曾提及放棄不可能達成的目標是健康的反應，可以避免讓自己陷入徒勞無功的挫折，以及懊惱悔恨的情緒泥沼。務實的評估與悲觀的期待可以讓我們免於浪費時間與精力。遵循靜心禱文，分辨哪些情況是自己可控制或不可控制的，有助於釐清樂觀與悲觀的代價與益處。

9.3.6　正向幻覺

雪莉・泰勒（Shelly Taylor）與同僚的研究也許有助於釐清我們總結上面關於正向信念的討論。雖然人們在快樂、自尊與樂觀等方面，確實有高低不等的個別差異，不過泰勒等人的研究卻也發現，大多數人即使在面對壓力事件的時候，通常都還能夠保持正向的看法（Taylor & Armor, 1996; Taylor & Brown, 1988; Taylor, Kemeney, Reed, Bower, & Gruenewald, 2000）。也許在人性的基本配備當中，天生就配置了若干樂觀成分，不說別的，至少也讓生活可以比較好過些（Peterson, 2000）。如果我們看到的人生「太過於」接近實際的真相，世上（包括自己本身）那麼多的悲傷、苦楚，以及不堪聞問的艱難處境，如果不樂觀以對，肯定會把人壓得喘不過氣來。

證據顯示，大部分的人們都有四種**正向幻覺（positive illusions）**：

2　英文原始書名如後：*Learned Optimism.*
　　中文譯本書訊：《學習樂觀・樂觀學習》，作者：馬汀・塞利格曼（Martin Seligman, 1990）；譯者：洪蘭（1997年2月）。台北市：遠流出版社。ISBN：9789573231622。

（1）覺得自己比一般人好，比較有能力，而且也比較受人喜歡；（2）不切實際的樂觀，認為自己未來光明燦爛，好事接二連三，壞事則不太可能發生；（3）誇大自己對於生活的控制程度；（4）自利歸因偏誤（self-serving bias），把自己的失敗歸咎於外在的情境，而不是個人的因素，諸如：能力不足，或是努力不夠。在面臨可能損及自己概念的負向情況時，這種自利歸因偏誤有助於當事人維持正向的自我形象。

這些信念之所以是幻覺，原因就在於它們基本上都是有些脫離事實的想法。不過，脫離事實的程度還算輕微，不至於離譜到成為妨礙健康生活的妄想（delusion），或是不理性的想法。事實上，正向幻覺不但不會妨礙健康生活，反而因為輕微的扭曲個人對於自我的知覺以及對於自己生活的看法，所以可能有助於提升健康、快樂，也比較能夠因應壓力與創痛。

一般而言，正向幻覺的偏誤程度輕微，而且相對穩定，有相當的連貫性，可以讓我們恰到好處的美化一下自己與周遭的世界；再者，來自環境與他人的回饋也可以讓人們不至於偏誤得太離譜；只有少數親密的朋友與家人才可能忍受吾人漫無邊際的誇張正向幻覺。除非我們像鴕鳥把頭埋在沙堆裡，可以完全無視於現實的活生生教訓，否則極端的正向幻覺終究還是會被拉回現實世界。

若干研究顯示，當人們的幻覺遭遇挑戰（例如：重大疾病），當事人會努力想要恢復正向的觀感。正向幻覺和健康的心理適應有著穩定的相互關聯（Taylor, 1989; Taylor & Armor, 1996; Taylor, Lerner, Sherman, Sage, & McDowell, 2003）。人們會努力想要挽回正向的自我觀感、個人的控制感，以及對於未來的樂觀看法，這些都是有助於因應壓力事件的適應機轉。再者，缺乏正向幻覺可能還與輕度憂鬱有些關聯（Alloy & Abramson, 1979）。研究發現，輕微憂鬱的人對於自我知覺與自己生活的判斷，比沒有憂慮的人更接近事實。這項頗令人驚訝的結果，被學者稱為**憂鬱務實**（**depressive realism**），又稱為「悲情但明察實情效應」（sadder-but-wiser effect）。負向的扭曲現實與強烈的悲觀是重度憂鬱的特徵，不過，把現實看得太清楚，以及失去正向幻覺，反而是造成輕度憂鬱者感到憂鬱的部分原因。有關輕度憂鬱者與無憂鬱者的差別信念對照比較，請參閱表9.6。

⌖【表9.6】憂鬱務實vs.正向幻覺

輕度憂鬱者：憂鬱務實	無憂鬱者：正向幻覺
切合實情的自我知覺。	誇大不實的自我知覺。
實在的評估過往，平衡的預測未來的正向與負向可能性。	回想正向的過往，預測光明燦爛的美好未來。
實在的評估自己對於生活的控制限度。	誇大自我控制的感覺。
接受負向後果的責任。	自利歸因偏誤——把失敗歸因為個人無從控制的情境因素。

　　輕度憂鬱者比較不會誇大自己的能力，也比較不會誇大自己受人喜歡的程度。憂鬱的人比較能夠確實評斷個人的控制程度，比較不會像沒有憂鬱的人那樣容易有誇大自我控制感的正向幻覺。憂鬱的人比較能夠以實在而準確的眼光來看待自己的未來，他們對於未來的好壞看法比較持平，不會像沒有憂鬱的人那樣樂觀，一面倒認為「萬事都會順心如意」。憂鬱的人也比較可能接受自己失敗的個人責任，而不會傾向自利歸因偏誤。總結而言，泰勒（Taylor, 1989, p.214）如此結論：「……平常人會自抬身價，會有幻覺的控制感，對於未來會有不切實際的樂觀看法，憂鬱的人則沒有出現相同的偏誤。『悲情但明察實情』確實適用於描述憂鬱的人。」

　　泰勒的研究提醒我們，過猶不及，不論是不切實際的過度樂觀，還是太過於逼近現實，都可能帶來不好的影響。把自己看得比實際還要好一些，認為未來會比可能的還要更好，相信自己可以能夠超越現實把生活控制得更好，這些都可能是不務實的幻覺。不過，諸如此類的觀點也可能激發行動活力，對目前與未來維持正向的看法，容許我們勇於面對生活無可避免的失望、挫敗與重大創傷，而且還能反彈復甦。誠如史奈德（Schneider, 2001）論稱，現實生活資訊總是不夠充分，沒辦法據以判斷出唯一可能的確切結果，舉凡找尋好的工作，以至於擁有幸福的婚姻、對抗癌症成功，現實生活通常會容許若干轉圜的不確定空間；在許多可能的結果當中，選擇正向的觀點，抱持合理的期望，這或許就是正向心理學研究傳達的一項核心訊息。

　　正向心理特質之所以是正向的，乃是因為有貢獻於快樂、正向情緒經驗、生活滿意度、情緒福樂安適、有效因應和身體健康。正向情感性、外向、歡樂天性氣質、進取動機、自尊、樂觀與正向幻覺都有貢獻於零度以上

的人生。正向心理特質除了幫助因應與補償負向事件的影響，也有貢獻於快樂與身心健康，亦即零度以上的人生。

本章 摘要問題

1. 需要滿足哪四項判準，才算是所謂的正向心理特質？
2. (1) 保羅‧梅爾說：有些人天生就是「慢爽三杯酒」，請問這句話表達的是什麼意思？
   (2) 正向情感與負向情感的研究如何支持梅爾的諸項預測？
3. 根據卡岡的研究，激動型的嬰兒和安適型的嬰兒有何差異？
4. 正向情感性、負向情感性、外向、神經質、SWB之間，存有哪些重疊而複雜的關係？
5. 性格特質五大因子與幸福主義的福樂安適vs.享樂主義的SWB之間的關係型態有何差異？
6. 如何可能透過行為激發系統與行為抑制系統，來解釋人們何以採取進取或迴避的目標取向？
7. 最近，有哪些研究證據和論述指出，人們的快樂基準點是有可能改變的，而不是注定離不開「快樂跑步機」？
8. 有哪些證據促使露柏茉絲姬論稱，快樂與不快樂的人生活在不同的世界？
9. 請針對下面兩點說明自尊的價值：自尊可能提供怎麼樣看待生活的有益觀點？自尊可能提供什麼樣的因應資源？
10. 社交量尺理論如何從演化的觀點來解釋自尊的重要性？把自尊視為一種社交量尺，它能夠用來偵測什麼呢？
11. 根據研究文獻回顧評論，1980年代美國自尊運動的諸項假設有何重大問題？其中哪些和自尊有關，哪些又與自尊無關？
12. 根據克羅蔻兒與同僚的研究，自我價值的依附條件有哪些？這些依附條件如何可能關聯到社會問題、個人問題？
13. 根據羅傑斯、克羅蔻兒等人的最近研究，追求自尊可能有哪些黑暗面？

14. 根據薛爾與卡佛的天性氣質樂觀模式，樂觀與悲觀對於自我規範行動可能扮演何種角色？

15. 從塞利格曼與其同僚的解釋風格觀點來看，樂觀者vs.悲觀者對於負面事件分別有哪些獨特的解釋？

16. 樂觀如何運作？樂觀可以發揮哪些正向的功能？

17. 當研究人員無法測量與評估人們是根據哪些資訊與資源，從而對於未來抱持樂觀的期待，在這種情況下可能會衍生哪兩種問題？

18. 為什麼在解釋風格的模式之下樂觀的測量顯得有一點點的「奇怪」？

19. 就樂觀與悲觀的程度、意義與益處而言，美國與亞洲文化有何差別？

20. ⑴ 大部分的人們都有哪四項正向幻覺？

　　⑵ 「憂鬱務實」的研究顯示，正向幻覺可能有哪些益處？

關鍵字

心理特質（traits）

正向情感性（positive affectivity）

負向情感性（negative affectivity）

天性氣質（temperament）

激動型與安適型的天性氣質（reactive and non-reactive temperament）

五大要素模式（five-factor model）

行為激發系統（behavioral activation system, BAS）

行為抑制系統（behavioral inhibition system, BIS）

自尊（self-esteem）

社交量尺理論（sociometer theory）

自我價值的依附條件（contingency of self-worth）

天性氣質的樂觀（dispositional optimism）

樂觀的解釋風格（optimism as explanatory style）

希望理論（hope theory）

防衛性型悲觀（defensive pessimism）

約翰・亨利主義（John Henryism）

正向幻覺（positive illusions）

憂鬱務實（depressive realism）

網路資源

- 天性氣質的樂觀

  http://www.psy.miami.edu/faculty/ccarver

  查理士‧卡佛的個人網站。站內除了蒐集許多引述卡佛論述天性氣質樂觀的作品之外，還可免費下載列印LOT-R樂觀測驗量表以及BIS和BAS的測驗量表。

- 桑妮雅‧露柏茉絲姬

  http://faculty.ucr.edu/~sonja/index.html

  露柏茉絲姬關於快樂與不快樂之間差異的研究，以及有關如何增進快樂的研究。

- 自尊

  http://www.discoveryhealth.queendom.com/self_esteem_abridged_access.html

  站內提供若干評量自尊的線上測驗，可供自行施測與評分。

- 依附條件的自尊

  http://www.rcgd.isr.umich.edu/crockerlab/projects.htm

  珍妮佛‧克羅蔻兒的研究網站，隸屬於美國密西根大學。除了介紹說明克羅蔻兒的各項研究，另外也提供網站連結依附條件自尊的線上測驗，可供自行施測與評分。

- 真實的快樂

  http://www.authentichappiness.sas.upenn.edu

  馬汀‧塞利格曼正向心理學個人網站，隸屬於美國賓州大學。站內蒐集許多正向心理特質的測驗。註冊登入之後，可以在線上接受測驗，測驗結果可以獲得一份即時分析報告。站內提供的樂觀測驗是屬於樂觀的歸因風格測驗。

- 防衛型悲觀

  http://www.defensivepessimism.com

  茱莉‧諾倫個人網站。描述有關防衛型悲觀與負向思考力量的研究論述。站內提供防衛型悲觀的免費線上測驗。

 延伸閱讀

Baumeister, R. F., Campbell, J. D., Krueger, J. I., Vohs, K. D. (2005). Exploding the self-esteem myth. *Scientific American, 292*, 84-91.

Carver, C. S., & White, T. L. (1994). Behavioral inhibition, behavioral activation, and affective responses to impending reward and punishment: The BIS/BAS scales. *Journal of Personality and Social Psychology, 67*, 319-333.

Chang, E. C. (Ed.). (2002). *Optimism and pessimism: Implications for theory, research and practice*. Washington, DC: American Psychological Association.

Crocker, J., & Park, L. E. (2004). The costly pursuit of self-esteem. *Psychological Bulletin, 130*, 392-414.

McCrae, R. R., & Costa, P. T., Jr. (1997). Personality trait structure as a human universal. *American Psychologist, 52*, 509-516.

Ness, L. S., Segerstrom, S. C. (2006). Dispositional optimism and coping: A meta-analytic review. Personality and Social Psychology Review, 10, 25-251.

Norem, J. K. (2001). *The positive power of negative thinking: Using defensive pessimism to harness anxiety and perform at your peak*. New York: Basic Books.

Peterson, C. (2000). The future of optimism. *American Psychologist, 55*, 44-55.

Seligman, M. E. P. (1990). *Learned optimism*. New York: Pocket Books.

Seligman, M. E. P. (2002). *Authentic happiness: Using the new positive psychology to realize your potential for lasting fulfillment*. New York: Free Press.

Taylor, S. E. (1989). *Positive illusions: Creative self-deceptions and the healthy mind*. New York: Basic Books.

Watson, D., Wiese, D., Vaidya, J., & Tellegen, A. (1999). The two general activation systems of affect: Structural findings, evolutionary considerations, and psychological evidence. *Journal of Personality and Social Psychology, 76*, 820-838.

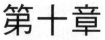

第十章

人類美德：品格、
智慧、宗教

想像某位你景仰的人物，或是可以作為你自己與其他人楷模的人物。你想到的或許是某個朋友、親戚，或許是古今的某位人物。請你想想，這位人物有哪些值得景仰的個人特質？然後請你再思考，如何向其他人描述你對於該位人物的景仰。也就是說，你是基於哪些考量因素而認為該位人物值得景仰。接下來，列出4或5項該人物值得景仰的特質，拿來和第九章的各項正向特質做比較。請注意，其中是否有哪些重疊的項目？有包括外向、喜樂、自尊，或樂觀嗎？有哪些特質沒有出現在第九章的表列當中？你列出的特質是否有包含以下的項目：誠信、勇氣、誠實、親切、宗教情懷、智慧、公正，或謙虛？

這兒的重點是，人類正向特質的描述，如果沒有納入倫理道德方面的良好特質，那就有欠周延。當然我們可能會仰慕外向、積極、進取的人，但是從更深

層的角度來看,我們可能會更加仰慕那些具有美德與品格的人,譬如:誠信、和善、慈悲。簡言之,美德與品格當然是屬於人類重要的正向特質。

第九章討論的個人特質之所以被認為是正向的,乃是因為有益於福樂安適,特別是有益於健康、快樂與情緒方面的福樂安適。美德行為也可能提升生活滿意度,使生活更有意義,身心更健康。不過,就算不考量美德可能帶來的益處或報酬,其本身也可能被視為具有正向的價值。美德本身的價值主要源自於與宗教、世俗領域的連結,以及對於社會的價值。在這一章,我們先回顧心理學界近年來推動的一項綜合性的人類美德與品格分類計畫,然後我們會聚焦兩類根本的人類美德——智慧與宗教,詳細檢視這兩種人類的美德如何有助益於福樂安適,以及如何促成充實而美滿的人生。

10.1. 建立人類美德與品格分類表

在心理學的發展歷史中,有頗長一段時間研究人員一直不認為品格適合作為科學研究的對象。一般想法總認為,品格的研究很容易沾染研究者個人道德信念的主觀看法,也很容易受到當時民風習俗盛行道德觀的扭曲(Tjeltveit, 2003)。許多心理學家相信,科學應該只提供有關人類如何行為的客觀事實。至於人們的行為應該要符合什麼樣的規範或標準,換言之,什麼行為算是好的或壞的行為,什麼行為算是有道德或不道德的行為,諸如此類的問題則應該留給哲學家與神學家來決定。不過,心理學界最近開始興起一股研究品格的熱潮,因為有越來越多心理學家開始理解到,有關人類行為的陳述如果缺少了品格的層面就會不夠完整(Fowers & Tjeltveit, 2003)。

正向心理學的一個核心主題就是探討如何成為美好的人,以及如何活出美好的人生。由於美好的人與美好人生其意義與品格有著緊密的關聯,因此正向心理學當然就非常重視有關品格的研究。最近有一項很受矚目的大型研究案「行動價值方案」(Values in Action Project)(Peterson & Seligman, 2004),目標頗為崇高,是要比照《精神疾病診斷與統計手

冊》（*Diagnostic and Statistical Manual of Mental Disorders*, 簡稱 DSM）
（American Psychiatric Association, 2000）發展一套人類美德與品格分類
系統。

　　DSM提供的是人類心理疾病的分類系統，以及一套可供廣泛陳述人類
心理病變或缺陷的通用語言。相對於此，**行動價值方案（Values in Action
Project，縮寫VIA）** 的主事者則希望創造一套類似DSM的分類系統，不
過其對象是針對人類的美德，而不是缺陷。他們也希望能夠提供一套通用
語言，以茲描述可以用來界定好人與美好人生的諸多正向特質。換言之，
DSM是關於「零度以下」的負向人生，而VIA則是關於「零度以上」的正
向人生（「零度」是代表區隔心理健康與心理疾病或情緒障礙的分界點）。

　　VIA方案有兩位共同主持人，克理斯多福・派特森與馬丁・塞利格曼，
他們號召了來自世界各地的研究人員，共同探索從古至今各個文化普遍認可
的重要品格與美德。這是一項非常繁重而浩大的工程。為了要找出人類普遍
尊崇的品格，研究人員檢視了各大文化傳統、宗教與哲學傳統（例如：儒
家、佛教、印度教、猶太─基督教，以及古希臘哲學）、歷史名人的著作，
以及流行文化（例如：男女童子軍守則、Hallmark出品的各種節慶問候卡
片、流行歌曲、名設計家設計的暢銷雜誌封面）。

　　研究人員蒐集了一長串候選項目名單，最後從中挑選出24項，再進而
區分成六大類，分別是：智慧、勇氣、人道、正義、節制、超越性，挑選依
據的基礎是這些類型的美德與品格必須是跨越古今社會普遍認可的。派特森
和塞利格曼認為，這六大類代表了界定人類美德與品格的核心要素，每一
類由一組代表性的美德與品格加以定義，說明該等美德與品格的組成要素與
表達方式，並且附上培養的方法。比方說：節制的定義是避免過度放縱的能
力；節制的組成要素與表達方式包括：自我控制、感恩、謙虛、慎重、寬
恕；至於培養節制的方法則包括：努力施加更多的自我控制，更謙虛，不要
自以為了不起，更懂得感恩、寬容。

　　研究人員採用一套判斷標準（請參閱表10.1）來篩選第一階段初選的美
德與品格，必須滿足大部分或全部的判斷標準，才有資格入選。結果初選名
單的項目有一半通過入選標準。派特森和塞利格曼說明，對於個別美德或品
格是否應該入選、應該歸類為六大類別的哪個類別，以及是否有遺漏其他

⌖【表10.1】遴選人類普世美德與品格的判斷標準

本身被視為有價值的道德品性，不論是否能夠促成具體的益處。

有益於個人的自我實現，亦即增進個人表達、生活充實有意義，以及滿意度與快樂。

構成個人獨特的特質，而且已經有現成的測驗量表可供測量該項特質。

與其他人格特質區隔分明而沒有相互重疊。

有反面而且負向的特質（例如：勇氣的反面負向特質為懦弱）。

表現之際對於其他人有所助益，不會損及他人（亦即該項特質必須引發他人的讚許或尊重，而不是讓人感到忌妒、自卑）。

教育、教堂等機構努力倡導培養的重點項目。

重要的美德或品格，研究人員之間或許有見仁見智的爭執，不過，整體來看，VIA方案的這套人類美德與品格分類系統（請參閱表10.2），倒不失為發展描述人類普世重要美德與品格跨出成功的第一步。讀者如果想進一步了解關於遴選標準的完整說明、先前的各種分類模式，以及探討個別美德或品格的文獻回顧資訊，請參閱派特森和塞利格曼（Peterson & Seligman, 2004）合著的《人類美德與品格分類手冊》（*Character Strengths and Virtues: A Handbook and Classification*）。

⌖【表10.2】人類美德與品格分類表

第一類：智慧與知識

1.創造力——能夠想出新奇而有生產力的做事方式。

2.好奇——對於所有發生的事情或經驗感到有興趣。

3.心胸開闊——周延而且徹底考量事情的所有面向。

4.好學——喜歡學習掌握新技巧、各種主題、議題與題材的知識。

5.見識——能夠提供明智的建議、忠告給其他人參考。

第二類：勇氣

6.真誠——坦率直言，表現真實的自我。

7.勇敢——不因為威脅、挑戰、困難，或痛苦而退縮。

8.堅忍——有始有終，堅持到底。

9.熱情——生活過得津津有味、活力無窮。

第三類：人道

10.親切——施惠於人。

11.愛——重視與他人的親密關係。

12.社會智慧——能夠覺察自我與他人的動機、感受。

第四類：正義

13.公平——以合乎公平正義的原則，一視同仁對待所有人。

14.領導力——組織團體活動，督導活動的進展。

15.團隊合作——團隊工作表現良好。

第五類：節制

16.寬恕——原諒犯錯的人。

17.謙虛——不誇口張揚個人的成就。

18.慎重——對於個人的抉擇很審慎；不會說或做出日後令自己悔不當初的事情。

19.自我規範——自我規範個人的感覺與行為。

第六類：超越性

20.美與卓越的欣賞——注意與欣賞美、卓越、與／或生活各個領域的傑出表現。

21.感恩——能夠覺察良好事物的發生，並且心存感恩。

22.希望——對於未來抱持最好的期待，並且努力實現。

23.幽默——喜歡笑、開玩笑；把歡樂帶給其他人。

24.宗教／靈性——人生的目的與意義。

資料來源：Seligman, M. E. P., Steen, T. A., Park, N., & Peterson, C. (2005). Positive psychology progress: Empirical validation of interventions. *American Psychologist, 60*, 410-421.美國心理學會版權所有，改寫翻印轉用許可。

第一類：智慧與知識（wisdom and knowledge）

　　智慧是一種人類的美德，這是指發展與運用知識的智識能力。正規教育或高智商不必然能夠帶來智慧。智慧指的是實際生活運用的智能，以及人生歷練累積的判斷力，而且可能是經過苦難經歷而獲得。有智慧的人能夠跳脫狹隘或自私自利的觀點，採用因時制宜的觀點來看待事情，因此比較能夠避免可能的框架限制。智慧意味著能夠提供有益的建議給其他人，幫助人們釐清應該如何生活，以及如何面對處理人生的挑戰、不確定性與抉擇。

第二類：勇氣（courage）

勇氣指的是面對逆境或挫折之際，得以克服恐懼的情緒力量。勇氣的範例包括：坦然面對與接受個人的死亡；勇於面對摧殘生命的身心病痛；坦誠面對個人的缺陷、弱點或惡習；挺身捍衛個人的信念，即使可能因此遭受負面的後果也不畏縮（例如：他人的詆毀或斥責）。

第三類：人道（humanity）

人道指的是具有同情心、同理心、慈悲、關愛的能力。人道是愛護與關懷關係的基礎所在，關心的焦點是他人的需求，而不是個人自我的需求或利益。人道的具體表現包括：樂於助人、待人親切、慷慨大方，以及尊重他人的感覺和價值觀。

第四類：正義（justice）

正義是健全社會、社區，以及與他人關係，不可或缺的要素。正義的例子表現在如後的諸多情境：抱持公平的心態，待人處世不偏不倚，不會因為自私自利的考量而有所偏袒。正義還包括各種有所貢獻於共同的利益或社區福祉的力量，諸如：與他人合作，主動發起共同的利益目標與計畫，並且努力貫徹，促進社區福祉。

第五類：節制（temperance）

節制是控制過度放縱、可能傷害自我與他人的衝動。節制表現的就是誘惑當前而不亂的「意志力量」。誘惑與節制的益處可以見諸飲食、喝酒、抽煙、發怒、仇恨，或是傲慢待人，以及過度損人利己的行為等方面。第八章描述自我控制與自我主導的行動，都與節制有所關聯，節制可以說是一種隨時隨地保持警覺的自我覺知與自我規約，注重「三思而後行」的生活智慧。節制也涉及釋懷與寬恕的能力。

第六類：超越性（transcendence）

超越是指超脫或凌駕日常或尋常的情形。超越的思考讓人們放寬世界

和宇宙的關注視野，超脫日常生活關注的塵俗事物，不再只是著眼於個人一己之私的小我。超越讓人們視野豁然開朗，而不汲汲營營於追尋那些不重要的塵俗事物。宗教與靈性是最清楚的例子，因為它們涉及對於超越力量的信仰，以及更廣大的生活目的。不論是什麼形式的超越，對超越的信仰都讓個人得以更寬廣的視野來看待更深層的生活意義。宗教情懷的品格力道很明顯使其屬於超越性的美德之列。

　　不過，其他列入超越性的美德或品格項目似乎就不是那麼合適。派特森和塞利格曼相信，超越性的美德或品格其共通點在於能夠欣賞與培養一種更寬廣的世界觀，從而讓生命的意義不只限於現實的今生：「審美是一種力量，可以讓人得以和卓越相連；感恩讓人直接和善良相連；希望讓人直接與夢想的未來相連」（Peterson & Seligman, 2004, p.519）。他們承認，把幽默列入超越的美德或品格之列似乎有些牽強，不過，就像他們指出的，幽默讓我們不要把自我和美德看得太嚴肅，提醒我們不妨輕鬆一下，在幽默笑聲之下，沒有什麼是絕對神聖不可侵犯的，包括自我堅持的正當性或是個人熱衷擁抱的事物。或許幽默發揮了一種保護作用，讓我們能夠面對生活百般荒謬而無理可言的現實，並一笑置之。

10.1.1　人類美德與品格的評量

　　VIA方案的一項主要目標就是要發展一套評量工具，以供檢視上述24項美德與品格的強度。每一項美德或品格各自有10道自我評量題目，整份問卷總共有240道題目。舉例而言：

評量寬恕的題目：「我總是容許他人拋開個人過去的錯誤，以嶄新的面貌迎向未來。」
評量親切的題目：「我從來不會因為太忙，而不去幫助朋友。」
評量好奇的題目：「我從來不會感到無聊。」
評量正直的題目：「我總是信守諾言。」（Peterson & Seligman, 2004, p.629-630）。

讀者可以在網路上自行施測（www.authentichappiness.sas.upenn. edu/），站內提供了若干測驗，你可以選擇其中的「VIA Signature Strengths Questionnaire」，完成填答整份測驗大約需要30至40分鐘。這份測驗可以讓你檢視自己各項品格的相對強度剖面圖，其中強度前五名的品格就是代表你個人特色的品格。

雖然，這份測驗仍然處於發展改善過程，但現階段的版本已有不錯的內部一致性與再測信度。另外，研究團隊也設計了青少年版（請參閱Peterson & Seligman, 2004）。目前這份測驗已經通過50個國家（包括美國50州）的測試，受測人數超過35萬人，涵括各年齡層與背景（Peterson, 2006; Peterson & Seligman, 2004; Seligman, Steen, Park, & Peterson, 2005）。

針對這50個國家受試者的背景予以分析，發現若干有趣的現象。最常被認可的項目包括：公平、親切、真誠、感恩與心胸開闊。比較少被提起的項目則包括：慎重、自我規範、謙虛。典型而言，跨國的品格排名相關係數落在+0.80的範圍。雖然，文化、宗教與種族背景差異懸殊，但是人們對於品格的看法似乎有著相當高的共識。在美國的情形也是如此，唯一例外是美國南部各州在「宗教／靈性」一項顯著強過其他各州。

還有一項有趣的發現，對於品格的排名看法，美國青少年與成年人的共識程度比較低，而不同州的成年人之間的共識程度倒是比較高一些。美國青少年比較重視希望、團隊合作、熱情，而美國成年人則是比較重視真誠、美與卓越的欣賞、領導力、心胸開闊。

與情感關係（愛）、正向情緒（熱情、希望、感恩）關聯的品格，和生活滿意度的相關強過與智識認知（好奇、好學）關聯的品格。派特森和塞利格曼指出「感心的品格」（親切、愛、感恩）對於個人快樂貢獻最大。

品格強度的剖面圖也與第七章討論的適配理論有相當程度的符合。問及哪些經驗是個人感覺收穫最大也最滿足的工作、嗜好、個人的最愛或最好的朋友。受訪者表示個人曾有過「最滿足」的經驗就是那些適配個人品格的經驗。比方說，親切心強的人比較喜歡擔任他人的導師，好奇心強的人比較喜歡具有冒險傾向的情人。

最後，因素分析結果顯現，原本六大類的24項美德與品格呈現五因子的結構。這五因子分別為：節制（謙虛、慎重、慈悲）、智力（創造力、好

奇）、情感關係（愛、親切）、情緒（勇敢、希望、自我規範）、宗教（靈性、感恩）。派特森和塞利格曼承認，六大類的模式與其底下包含的24項美德與品格當然不是最終定論，後續研究仍然有修訂或改寫的空間。比方說，最近有研究檢視42項正向美德與品格特質的因素結構，結果顯示，只與VIA方案的六大類別模式有局部的重疊（Haslam, Bain, & Neal, 2004）。研究結果建議，自我控制、愛、智慧、驅動力、活力，五大因素可能比較能夠捕捉人們對於人類美德與品格的思考組織方式。不論最後會有哪種結構，VIA方案都算提供了一個有用的出發點，擬出了詳細的人類美德與品格名單，並且提出了強有力的證據支持該等美德與品格具有跨越時代與文化的普世共通性。

　　本章接下來將會回顧與智慧、超越相關美德與品格的研究與理論。第十一章則是聚焦討論與愛相關的美德與品格。與其他美德、品格相關的文獻則已經分別在先前各章討論介紹（請參閱下表的說明）；有興趣了解每一項美德或品格相關的研究與理論，請參閱派特森和塞利格曼（Peterson & Seligman, 2004）提供的綜合回顧與評論。

美德／品格	主題	章次
好奇	五大要素模式—— 心胸開放	第九章
好學	進取／迴避目標 內在／外在動機	第七章
堅忍	承諾 毅力與自尊	第七章 第九章
正直	自主性 自我決定理論	第二、七章
慎重	五大要素模式—— 律己嚴謹	第九章
自我規範	自我控制與規範	第八章
希望	樂觀／希望	第九章

10.2. 智慧：人類美德與品格的基礎

　　從古希臘至今，智慧與美好的人生一直有著密切的關聯。雖然在具體細節方面，對於智慧的看法容或有文化上的差異（例如：Yang, 2001），不過就一般理解而言，智慧通常代表擁有哲學理解力，能夠理解什麼是有意義的人生，並且擁有實踐知識，知道如何活出有意義的人生（Baltes & Freund, 2003b; Peterson & Seligman, 2004; Robinson, 1990）。因此，理論智慧與實踐智慧相輔相成，共同促成幸福圓滿的人生。智慧關聯的美好人生比較近於幸福主義的觀點，而與享樂主義的觀點關聯較遠些（請參閱第四章）。智慧涉及確認與追尋深層與永恆不朽的人生目的，而不只是著眼於個人私我的快樂。智慧讓人有能力在個人與他人的需求、快樂之間取得平衡（Sternberg, 1998）。智慧兼顧共同福祉，而不只是獨善其身。許多心理學家都主張，智慧是美好人生的基礎，也是人類最重要的美德或美德之一（例如：Baltes & Freund, 2003a, 2003b; Baltes, Gluck, & Kunzman, 2002; Csikszentmihalyi & Rathunde, 1990; Sternberg, 1990, 1998a）。

10.2.1 什麼是智慧？

　　探索智慧意義的一個方式，就是去檢視人們日常生活當中對於此一概念的看法。每個人對於智慧多少都持有一些觀念，而這些觀念通常就隱含在各個文化的智者形象之中。你不妨想看看，古今有哪些人物可以稱得上是智慧的代表？你想到的都是哪些人呢？表10.3彙整呈現調查大學生意見的前15名答案。有趣得很，大學生選的有智慧人物，除了家戶喻曉的甘地、孔子、耶穌基督、馬汀路德・金恩、蘇格拉底之外，還包括了歐普拉・溫芙芮，以及安・蘭德絲（Paulus, Wehr, Harms, & Strasser, 2002）。

☆【表10.3】智識、創意、智慧、名望人選名單

智識	創意	智慧	名望
1.愛因斯坦	達文西	甘地	黛安娜王妃
2.比爾‧柯林頓	畢卡索	孔子	貓王
3.達文西	米開朗基羅	耶穌基督	麥可‧喬丹
4.首相	莫札特	金恩博士	拳王阿里
5.比爾‧蓋茲	史蒂芬‧史匹柏	蘇格拉底	麥克‧傑克森
6.莎士比亞	莎士比亞	泰瑞莎修女	比爾‧柯林頓
7.史蒂芬‧霍金	麥克‧傑克森	所羅門	瑪丹娜
8.歐普拉‧溫芙芮	貝多芬	佛祖	韋恩‧格雷茲基
9.牛頓	華德‧迪士尼	教宗	比爾‧蓋茲
10.莫札特	羅賓‧威廉斯	歐普拉‧溫芙芮	約翰‧甘迺迪
11.愛迪生	達利	邱吉爾	曼德拉
12.鈴木大拙	瑪丹娜	達賴喇嘛	瑪麗蓮夢露
13.瑪丹娜	佛洛依德	安‧蘭德絲	希特勒
14.戈巴契夫	貝爾	曼德拉	喬治‧布希
15.杜魯道	瑪格麗特‧艾特伍	伊麗莎白女王	耶穌基督

資料來源：Paulus, D. L., Wehr, P.. Harms, P. D., & Strasser, D. H. (2002). Use of exemplars to reveal implicit types of intelligence. *Personality and Social Psychology Bulletin, 28*, 1051-1062. 美國心理學會版權所有，翻印轉用許可。

　　這份研究也調查人們對於智慧、智識、創意與名望的看法是否有所區別。從表10.3的結果顯示，這四個類別的名單重疊程度很低，由此可以推論人們對於智慧、智識、創意與名望的看法應該是有所區別的。其中，只有歐普拉同時出現在智慧與智識名單中。在創意與智慧的名單當中，沒有任何人物同時出現。智慧與創意名單重疊的人物只有7%，而創意與智識的名單重疊的人物也不過27%。人們沒有拿名望作為基礎來考量提名智慧、創意與智識人選。名望與其他三個類別的名單重疊都低於20%。

　　為了要確認界定民間智慧的構成元素，研究人員邀請參與者指認有智慧的行為，另外也針對文化、歷史和哲學著作當中有關智慧的描述，從中分析智慧的特徵。比方說，史坦柏格（Sternberg, 1985）請一群大學教授與平常人列出有智慧者的特徵。研究者從中取出前40項特徵，然後問大學生，哪些特徵最可能集聚成群而出現在同一個人身上，依此原則而將前述40項智

者特徵分類。結果整理出有智慧者的六大類特徵如後：

1. *理性思考能力*（*reasoning ability*）：這是一種不常見的能力，懂得運用邏輯推理來看待與解決問題，並且會根據問題的特性，選擇應用適合的知識，以新的方式來整合資訊與理論；懂的知識非常多。

2. *睿智*（*sagacity*）：洞悉人性、思慮周到、公正、善於傾聽、自知之明、珍惜他人的忠告與知識。

3. *從理念與環境學習的能力*：重視理念、觀察敏銳、能夠從其他人的錯誤之中記取教訓。

4. *判斷力*：隨時都能做出明智的判斷，能夠考慮長遠大局而不是短視只著眼於瑣碎小地方，凡事謹言慎行，三思而後行。

5. *使用資訊的能力*：能夠從錯誤與成功經驗當中學習與保存資訊，心胸開闊，願意根據新的經驗而改變自我。

6. *慧眼穎悟*（*perspicacity*）：擁有洞視事理的能力，善於察言觀色、明辨是非對錯。

巴爾茲（Baltes, 1993）針對哲學領域關於智慧的文獻予以分析，從中整理出七項描述智慧的本質要點（Baltes & Staudinger, 2000, Appendix A, p.135）。

1. 智慧能夠提出探究重要與困難的問題、言行舉止的策略，以及生活的意義。

2. 智慧是對於知識限度，以及世界不確定性的瞭然在心。

3. 智慧代表一種卓越的知識、判斷與見識。

4. 智慧構成不平凡的深度、廣度、量度與平衡的知識。

5. 智慧是心智與品格的完美綜合，亦即知識與美德的交響合奏。

6. 智慧代表可以用來促進自我與他人利益或福樂安適的知識。

7. 智慧的表現很容易辨認，不過其境界很難細說分明，也很難達到。

因此，智慧不等於技術知識、「書本學問」、名氣，或是智力測驗測得的智力。受過高等教育、「聰明」，或是某領域的專家（諸如：電腦科技或財務金融）並不代表當事人就具有智慧。智力高、聰明的人，或是各領域的專家數量頗多，但是有智慧的人則極為稀少。

　　有智慧的人見多識廣，通達世理，包括對於人生不確定性的深刻體會，也就是說，他們深知人生不可能有確切不變的道理。在心理學界，有兩項關於智慧的重要理論：史坦柏格的平衡理論，以及巴爾茲關於生活專家的智慧論述（通常稱之為柏林智慧模式），主要即在闡明智慧的本質要素。

10.2.2　智慧的理論

平衡理論

　　史坦柏格的平衡理論描述吾人面對難題與生活複雜情況所需的實用智慧（Sternberg, 1990, 1998a）。智慧的基礎是一種潛知識，那是人們長年從追求有價值目標，通過成功失敗等多年歷練之後，逐漸累積建立起來的。這種潛知識是實用智慧的行動導向元素，也就是關於如何做的知識。史坦柏格相信，這種知識乃是從生活經驗磨練中學習而得，而不是經由正規教育或是來自他人的直接教導。智慧的表現就在於知道如何應用這種潛知識，追求共同福祉，而不是用來滿足自私自利的目標，並且知道如何面對真實生活，在經常有利益衝突與兩難抉擇的情況下，巧妙取得平衡。

　　根據史坦柏格的**平衡理論（balance theory）**，有智慧的人懂得巧妙平衡三類利益，以及三種可能用來解決生活問題的行動做法。

　　三類利益包括：

1. 個人內在的需求：自己的利益與需求。
2. 人際的需求：重要他人的利益與需求，諸如：配偶、朋友或雇主。
3. 超個人的需求：社區、國家、環境或宗教的利益與需求。

　　要平衡興趣以追求共同的利益，人們必須斟酌三類行動：

1. 適應：是否以及如何改變自己。
2. 改變環境：是否以及如何改變環境，包括改變他人。
3. 換新的環境：是否以及如何選擇一個全新的環境。

　　舉例而言，想像你和另一半都是事業有成、工作繁重的專業人士。你有兩個小孩，一個上大學，另一個念高二（再過兩年，也要上大學）；退休還得等上好幾年，至少得撐到兩個小孩都念完大學。年邁的雙親健康狀況也越

來越差,還有一些陳年痼疾,恐怕沒辦法再獨自生活。可是,他們又不想住進老人社區或養老院。你應該怎麼做,才算是有智慧的作為呢?

要達到史坦柏格的智慧判斷標準,你必須設法平衡你個人、你的家庭(夫妻子女)以及你年邁的雙親,這三方利益與需求之間的利害得失。你必須考量如後的問題:你個人和家庭應該犧牲多少?你的父母又應該犧牲多少?在上述情況下,你應該如何平衡各方的利益與需求?就應該採取何種行動而言,你必須考量的問題包括:誰的環境與生活必須做最大的變動?你自己?你的家人?你的父母?你是否應該調整自己的生活,搬到你父母住處附近,以便就近照顧他們的需求?他們是否應該搬來你家同住,或是搬到你家附近?你是否應該設法勸他們住進養老院?

顯然這些都是很難決定的問題,很不容易判斷哪樣才算是明智的決定來妥善平衡所有的利益與行動。智慧並不保證可以完美平衡所有的利益與行動,也就是說,智慧並不會保證最後的結果皆大歡喜,沒有人必須調整、改變或是作出犧牲。相對地,根據史坦柏格的論點,智慧意味著運用潛知識,找尋最佳可能的解答,妥善平衡各方利益與行動,作出符合最佳可能共同福祉的調適與改變。利益的平衡代表共同福祉;行動的平衡則代表智慧。

智慧(Wisdom):平衡理論

　　智慧是面對難題與生活複雜情況所需的實用潛知識,讓人在知道如何巧妙平衡三類利益,以及三種可能用來解決問題的行動,作出符合最佳可能共同福祉的調適與改變。

　　　　　　　　　　　　　　　　　　　史坦柏格(Sternberg, 1990, 1998a)

智慧即是生活專家知識

　　貝爾茲與同僚在德國柏林的馬克思普朗克研究院發展了一套可供定義與評量智慧的模式。根據這套模式,智慧(**wisdom**)的定義就是,關於「生活基礎實用智能」(fundamental pragmatics of life)的**專家知識**(**expert**

knowledge）（Baltes, 1997; Baltes & Smith, 1990; Baltes & Staudinger, 2000）。「生活基礎實用智能」的意思是指，「……關於人類生活處境之本質的認識與判斷，以及對於美好生活的理解和計畫、管理方式」（Baltes, Staudinger, 2000, p.124）。

智慧（Wisdom）：柏林智慧模式

　　智慧是「生活基礎實用智能」，亦即「……關於人類生活處境之本質的認識與判斷，以及對於美好生活的理解和計畫、管理方式」的專家知識。

貝爾茲和史陶汀格（Baltes, Staudinger, 2000, p.124）

根據此一模式，智慧的評斷標準有以下五項：

1. *事實知識*（*factual knowledge*）：關於生活的廣博實用知識。深諳人性與人生百態（例如：對於人類個別差異多樣化、社會關係、社會與社會常模等等，有廣博而深刻的認識）。

2. *程序知識*（*procedural knowledge*）：關於如何做的程序知識。知道運用策略與方法解決生活問題、達成目標、化解衝突等等。

3. *人生週期各階段的脈絡知識*（*lifespan contextualism*）：關於各種生活場域與社會環境（例如：工作、教育、家庭、休閒、朋友）的知識，知道對於個人與社會而言，這些場域與環境如何隨著不同人生階段而有所轉變。

4. *價值的相對性*（*relativism of values*）：明白對於價值、生活優先順位的看法，存有個人差異與文化差異。有智慧的人會致力尊重與兼顧多元價值，追求共同福祉，因此價值相對性並不代表「任何價值都行」。價值相對性的意思是指，尊重考量與敏感體會來自不同背景個人的價值差異。

5. *生活不確定性的覺知與管理*（*awareness and management of uncertainty*）：明白知識的限制。不可能預先知道未來的全部可能情

況。了解如何有效因應世界的不確定性。

因為智慧的定義關係到如何生活的高明知識，很少人能夠完全達到上述五項判準。智慧的測量結果乃是顯示個人在智慧相關判準的符合程度。智慧的測量方式，是讓受測者回答假設性的生活挑戰處境或難題，說明自己會考量哪些因素，以及採取哪些行動反應。受測者的答案錄音存檔，由一群受過訓練的評審，來評量答案內容與前述五項判準之間的符合程度。以下是兩個生活挑戰處境或難題的例子（Baltes & Staudinger, 2000, p.126）：

1. 「某人接到好朋友來電，說是這樣的日子再也沒辦法活下去，決定自殺，一了百了。請問在如此情況下，這位人士應該考量哪些問題，又應該採取哪些行動？」

2. 「回顧過往歲月，人們有時可能會意識到，自己曾經計畫要達成的目標並沒有獲得實現。他們應該怎麼辦，怎麼想呢？」

評審之間的評量相互符合程度頗高，再測信度也有不低的水準。以下摘錄一則生活難題案例，以及獲得高智慧評分與低智慧評分的答覆例子各一則（Baltes & Staudinger, 2000, Appendix B, p.136）：

生活難題案例

「有位15歲的女孩想要馬上結婚，她應該考慮什麼問題？又應該怎麼做呢？」

低智慧評分的法官答覆例子

「15歲的女孩想要結婚？不可以，絕對不行，15歲結婚絕對是不對的。有人必須告訴那個女孩，結婚是不可能的。（進一步追問）支持這種想法就是不負責任。不，這樣做簡直就是瘋了。」

高智慧評分的法官答覆例子

「嗯，表面看來這似乎是很簡單的問題。就一般情形來看，結婚對於15歲的女孩絕非好事，但也有些情況比較特殊的例外，不應該一概而論。比方說，這女孩可能罹患絕症，不久人世了；又或者，她可能最近遭逢父母雙亡之痛；也有可能這女孩是生活在其他年代或文化背景，價值觀可能和我們有很大的差異。除此之外，我們也必須考量和這女孩深談，設法理解她的情緒狀態。」

藉由這類生活兩難困境的測量與結果分析，貝爾茲與同僚得以提供有實徵根據的資料，來回答若干與智慧相關聯的問題（相關研究摘要，請參閱 Baltes & Staudinger, 2000; Baltes et al., 2002; Kramer, 2000; Kunzmann & Baltes, 2003）：

問題一：人是否越老越有智慧？

一般都認為，隨著年歲漸長，人生經驗累積越多，智慧也會隨之增長。對於這樣的看法，研究只發現局部的支持。青少年階段與青年初期階段，智慧確實有急遽增加。但是，接下來直到75歲之間就維持不變，之後則開始衰退。總之，年歲增長本身並不會讓智慧隨之增長。不過，調查有智慧的人士前20%發現，其中「非常有智慧」的人士有很高的比率是屬於中年人（Baltes & Staudinger, 2000）。

問題二：「專家」是否比非專家更有智慧？

臨床心理師有豐富的助人知識，協助許多人重新評估、安排與管理個人生活，他們接受臨床訓練與從事心理治療師的實務工作，這些經歷應該會使他們對於人生的各種逆境有相當深刻的理解。相較於其他教育程度相當，但不是專精處理人生困境的專業人士，臨床心理師是否更有智慧？若干研究（請參閱Baltes & Staudinger, 2000）發現，相較於對照組（其他非臨床心理師的專業人士），臨床心理師智慧測驗得分確實有比較高。不過，有幾點限制或保留倒是頗值得注意：

1. 臨床心理師得分確實顯著高於對照組，但分數並沒有接近最高分（最高7分，臨床心理師平均3.8分，只略高於中等分數）。
2. 很有可能是因為有智慧的人傾向選擇投入臨床心理專業。果真如此，那麼測驗結果反映專業分化的影響可能高於智力與性格對於測驗結果的影響。
3. 貝爾茲懷疑，臨床心理師得分較高不無可能反映潛藏在智慧測驗當中的專業偏頗。也就是說，可能因為測驗編製與接受測驗雙方都是心理學專業人士，因此比較能揣摩測驗可能的答題訣竅，自然就可能得到較高的分數。為了檢驗這樣的可能性，研究人員找來非心理學家的獨

立評審提名若干智慧人士，組成對照組和臨床心理師進行比較。結果發現，對照組的智慧人士在智慧量表的得分情形和臨床心理師不相上下。這似乎指出，智慧量表並沒有特別不利於非心理學專業人士。

問題三：有智慧的人是否比較快樂？

由於智慧和美好人生之間有著相當程度的關聯，因此人們可能會認為這問題的答案應該是肯定的。不過，智慧關聯的是人生意義與逆境的深刻認識，而不純粹只是追求快樂而已。智慧並不是接受「快樂原則」的引導（Kunzmann & Baltes, 2003）；智慧甚至有可能減低個人的快樂。如果智慧代表見多識廣，而這使得當事人對於人世的痛苦折磨與人生的不確定有更深刻的體會，那麼承受情緒的困擾或許就是擁有智慧不得不付出的代價；或許無知真的是一種福分。另外還有一種可能，就是有智慧的人比較懂得如何面對人生的情緒起伏，他們的人生智慧或許就包括了比較知道如何保持心情平靜，比較少有極端的情緒波盪。

要回答上述問題，庫恩茲曼和巴爾茲（Kunzmann & Baltes, 2003）研究檢視智慧與情感經驗之間的關係，結果發現智慧測驗分數高者比較少有負向情感經驗（譬如：憤怒、悲傷、恐懼、失望、羞辱、冷漠），也比較少有歡樂取向或正向情感的經驗（譬如：快樂、喜悅、娛樂），但是有較多情感投入的經驗（譬如：興致高昂、靈感暢流、專心一志、積極參與投入）。

庫恩茲曼和巴爾茲論稱，這些結果支持智慧與情緒規範的關係。有智慧的人或許是因為看得比較深遠，自我控制的技巧比較良好，因此對於正向或負向的事件比較少有被動接受的反應。此外，他們也比較不會熱衷於尋求歡樂或是逃避痛苦。相反地，比較能夠讓他們感到精力充沛的通常是主動積極投入學習之類的活動。有智慧的人有較強的動機，敢於探索與了解生活當中各種複雜與不合理的事物，因此智慧通常連結到積極投入世事而產生的各種正向情緒經驗（例如：靈感暢流、興致高昂、專心一志）。

10.2.3　實踐智慧：實效生活管理的SOC模式

最近，巴爾茲與同僚開始提出一項以智慧為基礎的模式，可供辨識美好生活的根本特質（Baltes & Freund, 2003a, 2003b; Baltes & Staudinger, 2000; Freund & Baltes, 2002; Kramer, 2000; Kunzmann, 2004）。依照巴爾茲等人早期研究的定義觀點，智慧與美好生活的兩個面向有關：(1)理解美好生活有什麼深層的目標與意義；(2)明白如何達成該等美好生活。柏林智慧模式的發展原本比較是針對知識層面的智慧，而比較沒有涉及實踐行動方面的智慧。最近的發展方向則開始有所轉移，除了原先著重的理論智慧之外，也開始納入實踐智慧的開發。其中最值得注意的就是實效生活管理SOC模式。這個模式描述的是關於智慧在有效管理生活與發揮最佳生活機能等方面所扮演的角色（請參見圖10.1）。

SOC模式並沒有針對如何有效管理生活，提供具體而明確的做法說明。具體的做法必須考量人事時地等方面的差異，包括：當事人的特定需求、價值、個性，以及資源、人生階段、環境脈絡等等。SOC模式詳細說明的是，

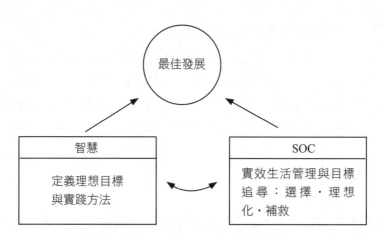

圖 10.1　實效生活管理SOC模式

資料來源：Baltes, P. B., & Freund, A. M. (2003b). The intermarriage of wisdom and selective optimization with compensation: Two meta-heuristics guiding the conduct of life. In C. L. M. Keyes & J. Haidt (Eds.), *Flourishing: Positive psychology and the life well-lived* (pp.249-273). Washington, DC: American Psychological Association. 美國心理學會版權所有，翻印轉用許可。

可以普遍適用於人生週期各個階段的三類策略通則。從許多方面來看，SOC模式藉由選擇、理想化、補救的三項構成要素，有效整合了目標研究與自我規範研究的重要發現，詳細說明如何有效組織個人目標，以及如何選擇與執行實現該等目標所需要的途徑（詳細討論請參閱本書第七章、第八章）。在巴爾茲與同僚的最近研究當中，我們可以清楚看見，SOC模式與目標研究之間的關聯（例如：Baltes & Freund, 2003a, 2003b）。

選擇（selection）

選擇是生活計畫的首道步驟，也是個人發展與福樂安適不可或缺的構成要素。從各種選項當中選擇適當的目標，有助於達成有目標、有意義、有組織的生活。雖然目標的「適合」與否取決於可資運用的個人資源與周遭情境因素，但是目標研究還是提供了若干指導性的通則，可供分辨哪些個人目標有利或有害個人福樂安適。一般而言，有利的個人目標通常比較能夠表現個人、與內在需求相關聯，而且出於自由選擇，這樣的個人目標比較可能激發強烈的承諾，有助於順利完成目標，以及增進福樂安適和生活滿意度。

理想化（optimization）

理想化是指所有選擇與行動都有利於目標的順利達成。理想化與第八章提及的許多程序有相當程度的重疊。目標的達成涉及自我規範、進展的監督、個人對於控制與勝任能力的自信，以及為了追求長程目標而延宕短程滿足。理想化也包括熟能生巧的練習效應，以及努力發展達成目標必要的技巧。

補救（compensation）

補救是指另尋其他方式以完成目標或維持目標進展，以替代無法再奏效的既有做法。補救的策略涉及發掘新方法與資源、啟動尚未使用的資源，或是尋求他人協助支援。比方說：有學生失去了報酬優渥的暑假工作，眼看下學期一半學費就要沒著落了，為了補救這個缺口，她的做法可能包括：申請就學貸款、從自己的儲蓄掏出更多錢，或是向家長要求更多的補貼。

巴爾茲和弗倫德（Baltes & Freund, 2002）發展了一套自我評量的問

卷，來檢驗人們實際運用SOC模式的情形。研究參與者年齡介於14至89歲之間；評量*選擇*的題目聚焦在個人目標的明晰度、重要性、優先順位，以及對於目標的承諾程度。評量*理想化*的題目則是詢問投入努力的情形、目標的計畫、對於他人成功策略的仿效。評量補救的題目則是關於如何努力發掘達成目標的替代途徑、重新投入努力與承諾、原先計畫行不通之後是否與如何尋求他人的協助。另外也測量福樂安適、個性與認知型態，以檢驗這些變數與SOC模式的關係。

這項研究有兩點值得注意的發現，分別是SOC模式與年齡的關係，以及SOC模式與福樂安適的關係。SOC策略的運用與年齡的關係，有些類似先前討論過的智慧與年齡的關係，先是逐漸增高到青年至中年階段，然後開始趨向降低。中年似乎是SOC模式運用技巧最精進的高峰階段。

SOC模式的構成要素每一項都與黎弗的心理福樂安適測量模式有相當顯著的關聯（請參閱本書第二章）。黎弗的測量採取幸福論的觀點，檢測自我接納、個人成長、目標感、環境掌握、自主性與正向關係。巴爾茲與同僚也發現，SOC策略與正向情緒之間有很高的正相關。SOC模式顯然是一項相當好用的理論架構，可以提供相當多關於人生週期各階段福樂安適的有用資訊（有關其他肯定SOC模式的研究文獻回顧與評論，請參閱Baltes & Freund, 2003b）。SOC模式詳細說明達成個人目標必要的一般技能、目標受挫的補救因應對策，以及確認目標相對於福樂安適的重要性。在模式建構的取材來源方面，SOC模式擷取自第七、八章目標相關研究的重要發現。

你可能也已經注意到，SOC模式並沒有詳細說明個人應該選擇追尋*什麼*具體目標。相對地，此模式著重的是通則性質的*如何*實踐途徑。就如同巴爾茲和弗倫德指出的：「罪犯和黑手黨首領‥‥‥也可能是SOC的高手」（Baltes & Freund, 2003a, p.34）。換言之，此模式並沒有規定什麼目標是好壞或善惡。巴爾茲與同僚論稱，智慧的角色是協助判斷，在特定的情況考量下，什麼目標與途徑是最重要而且最具道德的。「智慧提供一個機制幫助選擇人生旅程中的重大目標與途徑，同時也合乎倫理道德」（2003a, p.34）。換言之，有智慧的人因為對於人生與美德有廣博而深刻的見解，因此比較可能追求有意義而且有益於個人與公共福祉的目標。

總之，從實踐智慧的觀點來看，美好生活或許可以說就是在人生智慧之

中融入實效生活管理策略。引述巴爾茲和弗倫德的說法就是：「智慧就是生活基礎實用智能，我們可以將其視為選擇性的理想化程序，加上補救措施，從而達到的一種關於人類發展的理想境界。」（2003a, p.33）

10.2.4 焦點理論：人類美德品格之首──智慧vs.自我控制

在人們心目當中，智慧無疑高居人類美德品格之首的地位。發展智慧的同時，其他的美德品格（譬如：慈悲、親切、謙虛、公正、審慎明智）似乎也會因此而建立或強化。事實上，某人之所以被認為是有智慧的人，大體上乃是因為該人擁有許多優良的美德。我們很難想像，還有其他比智慧更根本的美德，不過，鮑曼斯特和艾克斯林（Baumeister & Exline, 1999）卻論稱，自我控制可能也足以和智慧相提並論。據他們的形容，自我控制就像許多美德行為背後的「道德肌肉」（moral muscle）（有關自我控制主題的研究文獻回顧與評論，請參閱第八章）。

鮑曼斯特和艾克斯林相信，心理學家長期以來一直忽略道德與品格的探索。有越來越多的心理學家也抱持相同的看法。道德與品格是非常重要的個人特質，對於個人身分認同的定義而言，甚至比人格心理學研究的各種個人特質還重要。比方說，他們指出誠實、信用、正直等品格特質，乃是選擇結婚對象的重要考量條件。

品格特質的一項重要功能就是，輔助建立與維繫和諧關係，而這對於個人與社會的福樂安適都是很重要的。大部分的文獻回顧結論指出，歸屬感的需求是人類最基本的一種動機，這方面需求的滿足更是福樂安適的根基所在（例如：Baumeister & Leary, 1995）。當人們為了滿足自私自利的需求，而不顧及甚或犧牲其他人利益需求與／或社會整體的福祉，這就會阻礙關係難以和諧。道德在文化與個人的關鍵角色就是控制自私自利，以便完成共同福祉。人們公認的許多美德行為與成功的人我關係，基本上都包含優先考量其他人的需求，而把自我的需求擺在後面。限制自私自利的意思也就是自我控制，鮑曼斯特和艾克斯林相信，自我控制是大多數美德的心理基礎，而美德的相反，罪惡與惡德則是自我控制失敗。

　　鮑曼斯特和艾克斯林指出，基督教七大罪：貪食、懶惰、貪婪、色慾、嫉妒、憤怒、傲慢，很清楚都涉及某方面的自我控制失敗：貪食是自我放縱、過度追逐歡樂；懶惰是缺乏自動自發的心態；貪婪、色慾、嫉妒是自私自利，剝削他人以滿足個人的需求；憤怒是缺乏情緒衝動的約束；傲慢是貶抑他人以達到自我誇耀的目的。

　　惡德是某方面的自我控制失敗，相對地，美德則是某方面的自我控制成功。比方說，睿智是能夠理性考量長遠的影響，而不是昧於一時的需求或機會。自我控制與自我規範的核心要素是延宕滿足，堅持長遠目標，努力不懈。公正需要控制自私自利的考量，秉持行為的標準，追求共同福祉的目標。節制的美德（限制情緒、避免過度放縱或濫情）很清楚也需要自我控制。

　　除了與個別美德的連結之外，自我控制與自我規範也有助解釋一般美德如何引導行為。先前在第八章，我們討論過自我規範涉及監督與改變與某些標準有關係的行為。就個人目標的自我規範而言，這意味著建立目標、監督進展、改變行動與自我，以期達成目標。鮑曼斯特和艾克斯林論稱，美德的角色也有些類似前述的自我規範。我們大部分的人都希望成為有道德責任感的人，我們每個人都有些道德標準用來監督個人行為，只要保持某種程度的自我覺知，我們就會知道行為有沒有符合自己的道德標準。當我們感到有罪惡感，那就是不符合標準的清楚訊號，要符合自我的標準，就必須自我控制，而不是任由誘惑或一時的情緒衝動牽引我們。保持行為符合道德標準就是自我控制，因此鮑曼斯特和艾克斯林相信「惡德代表自我控制失敗，美德則是始終堅定而且進退得宜的自我控制。持平而論，自我控制當然是美德之首。」（Baumeister & Exline, 1999, p.1189）。

10.3. 超越：宗教與靈性

10.3.1 追尋生活意義

　　精神科醫生當中，維克多·法蘭克（Viktor Frankl）最早論述追尋生活意義對於人類生存的必要性（Frankl, 1976/1959）。法蘭克的論點是基於親身經歷二次世界大戰納粹集中營的省思。個人能否克服集中營的險惡困境，很大部分取決於是否有能力從該等經驗當中找出存活的意義與未來的希望。許多心理學家開始認為追尋意義乃是人類生活的核心所在（例如：Baumeister, 1991）。人類是「意義製造者」（meaning makers），這是指人們會尋求與創造生活目的之意義（Bruner, 1990）。意義的重要性可以反映在它與人類基本需求的關係。在羅伊·鮑曼斯特（Baumeister, 1991）的《生活的意義》（*Meaning of Life*）一書當中，論述人們尋求意義乃是基於四種基本需求：目的、價值、自我效能、自我價值。這四項基本需求幫助解釋人類尋求生活意義的動機，但是並沒有詳細說明需求滿足的特定來源。需求滿足的來源（連帶也就包括意義的來源），在某種程度上，乃是可以互相替換的。鮑曼斯特在書中提到一個職業婦女的例子，她為了生小孩而辭去工作。如果養育子女變成個人意義的重要來源，重返職場的渴望可能就會消退；生活意義當中涉及的職業生涯需求，可能就會被養育子女的需求所替換。這種相互替換性也適用於宗教需求，雖然鮑曼斯特承認，大部分的宗教信徒可能會覺得，如此說法荒誕無稽，有褻瀆神明之虞，宗教是不可能與其他凡俗需求相互替換的。鮑曼斯特在這兒的重點是要指出，雖然大多數的信徒都相信，「我的」宗教有無可替換的獨特性，但是就概念層面而論，所有的宗教似乎都提供滿足類似心理需求的功能。

1. **目的（purpose）**需求：是指對於生活方向的渴望。人們實現目的需求的主要方式，就是以追尋個人重要目標與理想作為中心，來組織安排個人的生活。為了目標與理想而努力投入、獲得進展，乃至於圓滿達成，這些都是意義的重要來源（請參閱第七章）。

2. **價值（value）**需求：滿足價值需求的做法涉及證實行為的正當性，

肯定生活具有正向價值。人們想要相信自己的行為，根據價值判斷，是「正確的」或「良善的」。價值與行為準則規範提供判斷是非善惡的標準，並且可以作為評斷特定行為與整體生活品質的參照基礎。

3. **自我效能（self-efficary）需求**：人需要感覺自己能夠控制發生在自己身上的事情，這樣生活才不會混亂失序。成功迎接挑戰與達成目標乃是發展自我效能感的兩種主要方式。控制可能是改變環境以滿足個人的需求與目標，也可能是改變自我以適應環境（請參閱Rothbaum, Weisz, & Snyder, 1982；另外也請參閱本書第八章的介紹）。

詮釋控制（interpretative control）是一種重要的控制，與宗教／靈性特別有關聯。鮑曼斯特指出，有能力去理解事情之所以發生的原因，這乃是意義的一種重要來源。即使不能改變結果，能夠透過詮釋，發現生活事件的意義，可以讓人從而產生控制感，並且提供基礎以適應生活的挑戰。比方說，有些人相信生死乃上帝的計畫，死後可望上天堂；如此的詮釋方式來看待死亡，接受死亡的事實可能會變得比較容易些。

4. **自我價值（self-worth）需求**：這是對於正向自我評價與自尊的渴望（請參閱第九章）。一般價值通常反映某種道德，但是自我價值感的來源主要是各種無關道德的個人特質或活動，諸如：個人的才華、成就、他人的讚許與仰慕，以及來自社會比較的優越感。

這四項基本需求提供一種思考架構，讓我們得以思考有意義生活的心理基礎。同時也讓我們得以通過這四項基本需求來思考，宗教在艾默斯（Emmons, 1999a）所談的「終極關懷」——人類存在最高等級的意義方面，扮演何種角色。從鮑曼斯特的觀點來看，當人們這四項基本需求獲得滿足（亦即強烈感覺生活有目的、有清楚的價值觀、相信自我效能、正向的自我價值），就比較可能感受生活是有意義的。相對地，失去目的感、價值混淆、失去控制感、自我價值低落，則比較可能感到生活沒有意義，甚至是毫無意義可言。意義與生活有意義的感覺有諸多不同的層次，從日常相對具體的當下現實層次，到抽象永恆不朽的超越層次，宗教與靈性提供的就是四大基本需求最高層次的滿足。宗教提供自我價值的基礎；誠如鮑曼斯特指出，宗教定義人生的目的、提供行為準則規範、解釋生活的意義與生命的起源，

並且提供自我價值的基礎（例如：其他信徒或教友的肯定、上帝對於虔信者的愛）。

　　如前所述，鮑曼斯特認為，就滿足四大基本需求的功用而言，宗教是可以和其他的世俗事務相互替換的。雖然在信仰的具體內容、教義或信條，以及宗教實務做法等方面有所差異，但是世界主要的宗教傳統似乎都有著共通的核心要素，也似乎都提供滿足人類共通需求的功能。人類學家約瑟夫・坎培爾（Joseph Campbell）多年來努力推廣，教導世人認識各大宗教的普世共通性，諸多大作包括榮登暢銷排行榜的《神話的力量》（*The Power of Myth*）（1988）、《神話：生活遵循之道》（*Myths to Live By*）（1993），還有他與知名電視製作人比爾・莫耶斯（Bill Moyers）合作廣受好評的美國公共電視影集《神話的力量》。透過這些叫好叫座的著作與影片，坎培爾深入淺出，論述了東方與西方宗教對於人類存有之普世問題的見解，同時也闡明宗教對於提供人類生活指南與轉化的力量。

　　關於人類存有的問題，宗教提供了根本答案。生命和宇宙是如何開始的？人死之後會是什麼樣的情況？人生在世的意義何在？人類的行為應該接受什麼樣的道德準則引導？當然，對於人類普世大哉問提供答案絕非宗教獨占的專業。科學、自然、人文哲學也可能提供不同的見解。而且也別忘了，還有些人壓根兒就不相信，這些人類終極奧秘有所謂的根本答案。不過，調查研究也指出，大多數的美國人是從宗教或靈性的觀點來看待這些問題（文獻回顧請參閱Gallup & Lindsay, 1999; Spilka, Hood, Hunsberger, & Gorsuch, 2003, chapter 6）。過去50年來，美國的全國調查報告顯示，90%至95%的美國人信仰上帝或其他宗教，將近90%有祈禱；將近70%美國人屬於某教會或宗教組織，40%表示有規律上教堂。意見調查結果也顯示，60%美國人表示，宗教對於自己的生活非常重要；26至30%表示，頗為重要。美國人主要信仰的宗教為基督教與天主教。各種宗教信仰的人數比率分別為：基督教 55%，天主教28%，猶太教2%，其他宗教6%，沒有任何宗教信仰8%。美國人信仰上帝的人數比率高過大部分的歐洲國家（請參閱表10.4）。所有這些統計數據說明了一件事實：對於個別美國人與整體社會文化而言，宗教扮演了相當重要的角色。

⌂【表10.4】若干國家人民信仰上帝與宗教經驗的比率

國家	信仰上帝的人數比率（%）	有宗教經驗的人數比率（%）
美國	95	41
捷克	6	11
丹麥	57	15
法國	52	24
英國	69	16
匈牙利	65	17
愛爾蘭	95	13
義大利	86	31
荷蘭	57	22
北愛爾蘭	92	26
挪威	59	16
波蘭	94	16
俄國	52	13
西班牙	82	19
瑞典	54	12

資料來源： Spilka, B., Hood, R. W., Jr., Hunsberger, B., & Gorsuch, R. (2003). *The psychology of religion: An empirical approach*. New York: Guilford Press. The Guilford出版社版權所有，翻印轉用許可。

10.3.2　宗教與靈性：觀點的多元分歧

宗教與靈性的定義非常艱難，研究人員常常會訴諸自陳報告的評量做法，而迴避複雜麻煩的定義（關於這方面評量議題的文獻回顧與評論，請參閱Tsang & McCullogh, 2003）。研究人員可能會請參與者自行評估，宗教情懷的程度、上教堂的頻繁程度，或是屬於哪個教會或宗教組織。雖然這些整體性的宗教評量與福樂安適、健康有顯著關聯，但是並沒能說明宗教情懷究竟是代表什麼意思，也沒能區隔宗教／靈性與其他生活關懷之間的差別。比方說，某人上教堂主要可能不是因為宗教的承諾或是關心靈性，而是因為那是連絡感情的社交活動。

實徵研究發現，在社會學家、神職人員與一般人之間，對於宗教情懷的

看法相當多元而分歧（例如：Zinnbauer et al., 1997）。比方說，帕格蒙特與同僚（Pargament, Tarakeshwar, Ellison, & Wulff, 2001）請大學生和宗教文職人員評量100個假設性人物的宗教情懷程度。每個假設性人物都包含如後的宗教相關資訊：上教堂的情況、禱告或禪修的頻率、上帝或神明在場的感覺、給教會或宗教組織的捐款、宗教信條的知識、宗教信仰給個人的益處（慰藉、支持與意義）、利他助人的行動。結果發現，就個人而言，賴以參考判斷宗教情懷的資訊依據都頗為一致，但是學生和文職人員之間判斷依據的資訊類別則少有共識。在學生當中有55%採用「個人獲益」作為判斷宗教情懷的依據；在文職人員當中則有86%，依賴「上教堂的情況」作為判斷的重要線索。除了這兩個因素之外，個別的參與者對於某人物是否有「宗教情懷」的看法可以說是完全沒有共識。

研究人員一直很努力想要找尋兼顧個殊性與普遍性的宗教定義，以便區分個別宗教，又能夠適用描述所有宗教。由於人們對於宗教情懷的看法如此多元而分歧，很顯然地，任何定義都不足以讓所有人與所有宗教派別信服。對於這種情況，殷格（Yinger, 1967）曾經一針見血描述道：「任何關於宗教的定義，很可能只有提出定義的人本身才會感到滿意」（p.18）。類似的說法雖然廣為流傳，但是過去十年以來，宗教心理學的理論發展與實徵研究已經有了長足的進展。主要的研究人員開始發現，個別研究人員與理論家提出的定義雖然各異其趣，但是其中還是可以找出若干共通之處（例如：Emmons, 1999a, 1999b; Hill & Pargament, 2003; Hill et al., 2000; Pargament, 1997; Zinnbauer, Pargament, & Scott, 1999; Zinnbauer et al., 1997）。

最近，宗教理論建構的一項核心議題就是釐清宗教與靈性之間的關係。在心理學界，自從威廉·詹姆斯（William James, 1985）的經典著作《宗教經驗的類型》（*The Varieties of Religious Experience*）以來，心理學家一向都認為宗教兼具體制與個人兩個面向的意義。體制的宗教包括世界各種宗教與教派，各有一套組織化的宗教信念、實務做法、教義、宗教聚會或舉辦宗教儀式的場所（例如：教會，或是猶太教集會堂）。個人主觀層面的宗教則指，與個人信仰對象（例如：上帝、宗教信條、天啟、上帝的愛，以及最高的真理）有關的獨特經驗、活動，以及與該信仰對象之間的關係。

　　宗教的個人與體制面向之間有著互補與重疊的關係，但是近年來，有一種以二分法來看待宗教與靈性的趨勢——在美國社會尤其如此（Hill et al., 2000; Zinnbauer et al., 1999）。你可能聽過類似如後的說法：某人有靈性情懷，但是沒有宗教情懷。一般而言，靈性越來越被定義為宗教經驗的主觀、個人面向；而宗教則代表體制化宗教的教義與實務。60年代的美國社會，宗教與靈性的區隔尤其顯著。嬰兒潮年少時期湧起的反文化，高度批判各種傳統體制，其中就包括反宗教。宗教被認為等同於專斷的教條、獨裁、盲目信仰、順從。許多嬰兒潮世代捨棄體制化的宗教，他們顯然是接受人本心理學家亞伯拉罕‧馬斯洛（Abraham Maslow, 1968）的觀點：人們可以在傳統宗教之外，追尋靈性的關懷。這一時期發展形成的「新世紀」（New Age）思潮，深受許多嬰兒潮世代歡迎，因為可以不受傳統宗教的束縛而達到滿足靈性需求以及對於自我成長的渴望。許多心理學家相信，大眾文化將靈性與宗教區分的做法，引發一種的不幸的兩極化後果（例如：Hill & Pargament, 2003; Hill et al., 2000; Zinnbauer et al., 1999）。在這種趨向極端二分法的情勢下，個人化的靈性追求被認為有益於個人的品格與發展，而體制化的宗教則被認為是不好的。若干心理學家甚至認為宗教有礙靈性的探尋（文獻回顧與評論，請參閱Hill et al., 2000; Zinnbauer et al., 1999）。

　　為什麼有必要探究宗教與靈性之間的相互關聯呢？這乃是基於有實徵研究發現，大部分的人，至少在美國境內，認為自己兼具宗教情懷與靈性情懷（換言之，對於這大部分人而言，宗教與靈性是有所差別的）。辛褒爾等人（Zinnbauer et al., 1997）研究發現，研究參與者涵蓋各種不同宗教背景與年齡層（15至84歲，平均40歲）。其中一道題目如後：

　　請你從下列四種陳述當中，選出最貼近描述自己宗教情懷或靈性
　　情懷的一項：
　　（　）我有靈性情懷，也有宗教情懷。
　　（　）我有靈性情懷，但沒有宗教情懷。
　　（　）我有宗教情懷，但沒有靈性情懷。
　　（　）我沒有宗教情懷，也沒有靈性情懷。
　　　　　　　　　　　　　　　　　　（Zinnbauer et al., 1997, p.553）

　　結果發現，絕大多數的參與者（74%）選擇「我有靈性情懷，也有宗教情懷」；19%「我有靈性情懷，但沒有宗教情懷」；4%「我有宗教情懷，但沒有靈性情懷」；3%「我沒有宗教情懷，也沒有靈性情懷」。只有極少部分（6.7%）表示，宗教與靈性是完全不同的概念；也只有極少數（2.6%）認為，宗教與靈性是完全相同的概念。整體而言，這項研究結果指出兩項重要的結論：

　　第一，大部分的人認為，宗教與靈性有所區別；

　　第二，大部分的人認為，自己有宗教情懷，也有靈性情懷。

　　辛褒爾與同僚也對照分析，兼有靈性情懷與宗教情懷者（SR組），相對於有靈性情懷但沒有宗教情懷者（SnR組）。結果有幾項頗為有趣的發現：SnR組與嬰兒潮世代的特徵有頗高的相互吻合，在嬰兒潮世代成長過程中，家長上教堂的頻率比較低，而他們個人的教育程度較高，個人主義傾向比較濃厚，比較少持有傳統基督教的信仰，比較多是無神論或信奉「新世紀」的信仰，新世紀的信仰，對於宗教看法比較可能趨於負向，認為信仰宗教可能是反映自恃高人一等的心理需求，或是為了其他外在的理由（例如：社會形象或地位）。相對地，SR組上教堂、祈禱的頻率比較多而且規律，比較多信奉正統的宗教。

　　大致上，這些結果與最近的一項研究頗為一致，該研究結果發現，就性格與社會態度而言，「有靈性情懷，但沒有宗教情懷」的個人，和持有傳統宗教信仰的個人，兩組之間有著相當的差異（Saucier & Skrzypinska, 2006）。綜合而論，這些研究結果指出，最近的宗教心理學研究承認靈性與宗教固然有著許多的差異，但是研究焦點似乎比較著重指出，對於絕大部分的人而言，靈性與宗教之間可能存在哪些共通之處。

10.3.3　宗教與靈性的定義

　　最近，宗教研究的趨勢則是比較側重找尋宗教與靈性之間的相互連結，而比較不是想要將兩者界定為彼此有別的概念（請參閱Hill & Pargament, 2003; Hill et al., 2000; Pargament, 1997, 1999; Zinnbauer et al., 1999）。其中最具影響力的首推肯尼斯・帕格蒙特（Kenneth

Pargament），尤其是1997年集結近年來研究成果的《宗教心理學與應對》（*The Psychology of Religion and Coping*）特別值得參考。

帕格蒙特（Pargament, 1997）的研究出發點，直截了當切入如後的問題：宗教的獨特之處何在？有哪些本質特點可以明確區隔宗教與生活上的其他關切事物？根據文獻回顧與綜合過往的論著觀點，帕格蒙特提出如後的結論：宗教的特殊之處在於其獨特的實質內涵與功能。宗教的實質內涵是神聖的事物，包括：上帝、聖靈、神明；超越界的力量，終極真理，終極現實，而有別於世俗生活的其他事物。這些神聖的事物會讓人油然心生敬畏、尊崇的感覺。此外，還涵蓋了與超越界的存有、存在的終極真理等有關的信念、實務、感覺。

宗教的特殊之處除了神聖的事物之外，還在於它在人們生活當中的獨特功能。宗教不只是信念與實務，還涉及了該等信念如何用以回應人生重大問題與艱難挑戰。宗教處理宇宙萬物存在的問題、生命的意義、無可避免的痛苦、悲劇、苦難、不公不義，以及死亡的宿命。宗教信念深深影響個人如何因應這些有關存在的根本問題，讓人們從中找出生活的意義與價值。

帕格蒙特給**宗教**（**religion**）的定義是：「以和神聖有關的方式，追尋意義或重要性」（1997, p.32）。至於**靈性**（**spirituality**）的定義則是：「對於神聖的一種追尋」（1997, p.39）。在這當中，「追尋」納入功能性的觀點，把宗教與靈性當成探尋人生重要問題的途徑。而「神聖的」則是標舉這是屬於宗教、性靈獨特的追尋，而與其他人生領域的追尋有所區隔。在這種概念之下，宗教比靈性來得寬廣，因為它兼含了神聖與世俗。比方說，許多人經由教會找到關懷、支持的情感關係。他們也可能在俱樂部或社區組織找到關懷、支持的關係。透過教會建立的情感關係可能與神聖的事務有關，但教會本身不必然是神聖的。最後，「意義或重要性」則是涵蓋許多人對於這個詞的多樣不同定義。透過宗教，人們可能尋求的是心理的平靜、價值感、自我控制、親密感、關愛關係、生活方向、個人成長等等。同樣地，意義或重要性也可能是神聖的，或世俗的。

宗教（Religion）的定義

「以和神聖有關的方式，追尋意義或重要性。」

帕格蒙特（Pargament, 1997, p.32）

靈性（Spirituality）的定義

「對於神聖的一種追尋。」

帕格蒙特（Pargament, 1997, p.39）

　　宗教的獨特功能是依照靈性來界定的（Pargament, 1999; Pargament & Mahoney, 2000）。怎樣算是有靈性的呢？「……他們試圖去找尋、認識、經驗或感受神聖」，這樣的人就算是有靈性追求的人（Pargament & Mahoney, 2002, p.648）。基本上，神聖的非物質世界就是對立於凡俗的物質世界。不過，世俗的事物如果注入神聖的意義，也有可能變成神聖的事物。對於這種意義的轉化，帕格蒙特稱為**神聖化（sanctification）**，意思是指「事物取得了靈性的意義或屬性」（Pargament & Mahoney, 2002, p.649）。幾乎任何世俗的事物都可能取得神聖的象徵意義；許多宗教儀式都有把餅乾之類的食物當成聖物的做法；神父在洗禮用的水就被認為具有神聖的意義。許多美國人就認為，國旗是值得尊敬的神聖之物，而且美國法律也規定，國民必須尊敬國旗，如果毀損國旗或有所不敬，就會受到懲處。

　　當凡俗的事物充滿神聖的意義，或是當人們以神聖的方式來追求凡俗的目標，在這些情況下，人們的態度就會變得比較尊重、保護與關懷。比方說，不論婚姻是否有宗教的屬性，美滿的婚姻都是許多人追求的目標。不過，已婚者如果以宗教或神聖的角度來看待自己的婚姻，他們就會把婚姻關係轉化為具有神聖意義或重要性的關係。有研究發現，相對於較少以神聖意義看待婚姻者，認為自己的婚姻具有神聖意義者的婚姻滿意度較高、衝突較少、對於婚姻的承諾較認真（Mahoney et al., 1999）。

　　宗教不限於有組織化的宗教，靈性也不限於對於上帝或神的信仰。追求神聖的途徑有許多不同的方式。誠如帕格蒙特和馬漢尼所言：「人間、天

堂到處都有可能找尋到神聖的蹤跡」（2002, p.649）。追求神聖的可能途徑包括：靜坐冥想、戒酒團體12步驟計畫的超越信念、美國原住民對於動物靈與環境靈的崇拜。祀奉神靈的做法也相當多元，根據帕格蒙特和馬漢尼（Pargament & Mahoney, 2002）的描述就包括：祈禱、從事傳統宗教活動、閱讀聖經、觀看電視宗教節目、音樂、藝術，參與致力於追求神聖目標的社交活動與教育機會。

　　帕格蒙特（Pargament, 1999）並不認為只要是靈性與宗教就一定是好的。他給宗教／靈性的定義也有可能落入濫用的後果，譬如：假借宗教之名的政府獨裁、壓迫，或是邪魔歪道、騙財騙色的宗教團體或神棍。因此，靈性與宗教的價值很清楚還得取決於個別特定的形式與用途。宗教與靈性可能用來追求建設性的目的，導向正向結果，也可能用來追求毀滅性的目的，導向負向結果（請參閱Exline, 2002）。

10.3.4　宗教靈性與福樂安適

　　雖然宗教與靈性種類繁多，各異其趣；但是頗讓人驚訝的是，幾乎所有類型的宗教／靈性都與福樂安適有相當程度的關聯。研究學者回顧相關文獻結論指出，宗教對於健康與性福安適確實存在著一種微幅而一致的正相關。平均而論，有宗教信仰的人比較快樂，生活滿意度也比較高（Argyle, 2001; Diener & Clifton, 2002; Diener, Suh, Lucas, Smith, 1999; Myers, 2000a, 2000b; Peterson & Seligman, 2004）。研究測量宗教投入程度，諸如「親近上帝的程度」、「靈性的追尋」、「靈性的承諾」，結果通常發現，宗教投入程度較高的人，往往有較高的生活滿意度（Argyle, 2001; Emmons, 1999b; Myers, 2000a）。在老年人當中，這種宗教與快樂幸福的正相關尤其強烈。有意思的是，對於兒童與青少年而言，宗教投入的程度越高，就會比較少有青少年犯罪，酗酒、嗑毒、過早的性行為。

　　柯尼格、麥卡洛和拉森（Koenig, McCullough, & Larson, 2001）在《宗教與健康手冊》（*Handbook of Religion and Health*）一書回顧了大量的研究文獻，檢視宗教投入與健康的關係。心理健康問題的檢驗項目包括：憂鬱症、自殺、焦慮、酗酒、藥物濫用、青少年犯罪、婚姻不安定。身體健

康問題的檢驗項目包括：心臟病、高血壓、癌症。整體而言，絕大多數的研究結果支持，宗教投入的程度與上述身體健康問題有正相關，至於宗教投入程度與心理健康問題的關聯就比較不一致；其中有些研究還發現，宗教投入對心理健康有負向的影響。不過，一般而言大多研究結果還是發現，宗教投入與心理健康有正相關。柯尼格等人（Koenig et al., 2001）如此結論道：「……對於絕大多數的人而言，虔誠的宗教信仰與實踐，其影響可能是利多於弊」（p.228）（另外請參閱Worthington, Kurusu, McCullough, & Sandage, 1996）。

　　一般而言，宗教／靈性研究檢視的變數主要可分為四大類：(1)上教堂或參與宗教活動的情形（祈禱、誦經、宗教經文研讀團體）；(2)隸屬於某宗教或教派（例如：protestant、methodist、路德教派）；(3)個人私下的宗教實踐（祈禱、靜坐、讀經）；(4)使用宗教作為因應壓力與生活挑戰事件的資源（George, Ellison, & Larson, 2002）。在回顧文獻中，喬治等人（George et al., 2002）指出，這四項變數當中，上教堂或參與宗教儀式的程度與身心健康、長壽，有著最強的正相關。平常有規律上教堂的人（一星期至少一次）整體健康情形比較好，病後復原速度較快，壽命也較長。另外也有研究發現，宗教信仰是因應疾病很有效的資源。換言之，有宗教作為因應的資源，病後復原速度較快，比較可能克服疾病，比較可能順利完成重大醫療（例如：心臟冠狀動脈支架手術）。

　　要讓人信服宗教—健康的關聯確實存在，必須將其他可能混淆的因素予以排除或控制（George et al., 2002; Koenig & Cohen, 2002; McCullough, & Laurenceau, 2005; Powell, Shahabi, & Theoresen, 2003）。可能的混淆因素包括：年齡、性別、種族、婚姻狀態、抽菸、肥胖、社會階級、教育程度、社會情境壓力（例如：貧窮）。最近有研究發現，當研究設計將其他因素予以統計控制之後，仍然可以發現相當可觀的宗教—健康效應。比方說，有研究發現，相較於平常不上教堂者，每個禮拜至少上教堂一次的人死亡率可能降低23%（Strawbridge, Cohen, Shema, Kaplan, 1997）。這項縱貫型研究檢視5,000多位成年社區住民的健康情形，為期長達28年。在排除其他因素對於死亡率變異量的影響效應之後，經常上教堂的因素仍然呈現顯著較低的死亡率。另外，還有其他大規模的縱貫型研究也證實，在控制其他可能預測

健康與長壽的變數之後，經常上教堂與長壽、健康有關聯（新近的文獻回顧與評論，請參閱Koenig & Cohen, 2002; Koenig et al., 2001）。

宗教對於健康的益處該如何解釋呢？研究人員提出了若干可能解釋的機轉與通路。有一點必須先提醒讀者，那就是關於宗教與健康關聯的研究仍然處於初探發展階段，因此這兒討論的各項因素只適宜視為潛在可能的解釋，而不是確定無疑的解釋。喬治等人（George et al., 2002）的文獻回顧聚焦於三方面的中介因素，用以解釋宗教與健康的關聯，這三類中介因素分別是：⑴有益健康的宗教實踐；⑵社會支持；⑶心理資源的進用性與生活意義的提高。

有益健康的宗教實踐

某些宗教倡導有益健康的行為規範。比方說，摩門教明確禁止吸菸、飲酒，以及婚外性行為。還有許多宗教也倡導以聖潔的觀點來看待身體，將之視為「靈魂的聖殿」。此種信念可能鼓勵信徒用心維持身心健康安適，因為那在他們的宗教信仰當中具有特殊而重要的神聖意義。研究顯示，平均而言，有規律上教堂的人比較少吸菸，也比較少酗酒或吸毒。

社會支持

教友或信徒之間，會發展出一種彼此關懷與支持的關係，這可能是宗教對於健康有益的一種最重要的資源。宗教與教堂活動可以提供一種穩定的長期基礎，在共同信仰的教友或信徒之間形成強烈的支持網絡。宗教的支持可能提供若干益處，諸如：急難救助、慰藉、危機衝擊壓力的緩衝。希爾和帕格蒙特（Hill & Pargament, 2003）指出，社會支持可能因為宗教的基礎而獲得強化。知道有人為我們祈福，或是上帝或神明透過其他人來照護我們，這些都會讓人特別感到欣慰。

心理資源與意義

宗教／靈性信仰可以使人感受或擁有超越世俗意義的個人價值、自我效能、環境掌握、生活目的。研究發現，有強烈靈性追求的人，生活滿意度較高，福樂安適程度也較高（例如：Emmons, Cheung, & Tehrani, 1998）。

加入教會或其他宗教組織，往往會給人帶來樂觀與希望（Koenig & Cohen, 2002）。參與教堂活動以及其他宗教活動，往往會給人帶來正向的情緒經驗（Argyle, 2001）。綜合上述研究發現，再加上芙德麗克森的擴展建設理論（第三章）以及正向態度在扮演的角色（第九章），我們可以清楚看見，宗教／靈性信仰提供一種重要的個人力量資源，以及健康與因應的資源。除此之外，在面臨生死交關的事情或疾病時，宗教／靈性的生死觀點或許就成了一種特別強而有力的個人生命韌性與意義的來源。

10.3.5　宗教取向

一般而言，投入參與宗教似乎都有益處。不過還得注意幾點保留或限制：(1)有關宗教的研究大部分都局限在北美，主要集中在新教徒與天主教徒，中東（例如：回教與印度教）或遠東地區（例如：日本神道教、佛教）就比較少有實徵研究。再者，在美國信奉猶太教的人士也很少受到研究關注，因此目前宗教研究的發現能否論及其他地區，仍然有待商榷；(2)宗教或許有某些益處，但這並不見得反映全貌。比較平衡的說法還必須指出潛在的宗教濫用，以及可能發生的各種負面後果（請參閱Exline, 2002）。從古自今，人類社會不時上演各種打著宗教名義而行傷天害理的暴行。派特森（Peterson, 2006）一語道破「好」、「壞」宗教界限模糊的棘手難題：「……那危險之境，我戒慎小心，以免自己涉入其中」（p.291）。

在心理學界，戈登・艾波特（Gordon Allport）最早開始探究宗教與偏見之間的關係。在經典著作《偏見論》（*The Nature of Prejudice*）一書當中，艾波特給了如後的結論：「宗教的角色自相矛盾。它製造偏見，又消除偏見。雖然各大宗教的教義普世皆同，都強調世界一家，但實際表現卻經常既殘忍，又不容異己」（1958, p.413）。大部分宗教都倡導對於異己要容忍，要慈悲，但這些教條並沒有影響信徒對於異己的偏見。態度調查研究顯示，相較於不上教堂的人，上教堂的人對於若干族群的人（例如：非裔美國人、猶太人）往往抱持較深的偏見。態度研究的文獻回顧確認，上教堂與偏見之間確實存有顯著的正相關（例如：Batson, Schoenrade, & Ventis, 1993; Wulf, 1997）。艾波特指出，如果宗教本身是造成偏見的成因，那麼

大多數有宗教信仰的人就應該是偏見程度最嚴重的一群（Allport & Ross, 1967）。不過，現有可查的研究並不支持如此的論點。許多研究顯示，相較於不常上教堂的人，常上教堂的人偏見程度比較輕微。自從艾波特最初的研究發表之後，關於宗教與偏見關聯的弔詭情形一直都是研究學者之間爭論不下的熱門議題（請參閱Spilka et al., 2003, chapter 14）。

　　為了解決宗教—偏見關聯的弔詭，艾波特提出了內在宗教取向與外在宗教取向的區分。外在宗教取向的人把宗教用來作為追求其他非宗教的目的，諸如：投入參與意氣相投的社會活動，或是在社區中維持受歡迎的社會地位。內在宗教取向的人則是以宗教作為生活的核心，擁抱宗教的基礎教義。

　　艾波特和羅斯（Allport & Ross, 1967）設計了一套測驗，可供分辨受試者的宗教取向屬於內在或外在。他們應用這套測驗研究發現，外在宗教取向者顯著比內在宗教取向者偏見程度來得更加嚴重。

　　以下摘要列出艾波特和羅斯（Allport & Ross, 1967）對於內在與外在宗教取向的描述，以及如何用此一取向區分來解釋宗教—偏見關聯的弔詭。

　　1.外在宗教取向（extrinsic religious orientation）

　　「……抱持外在性宗教取向的個人，使用其宗教觀點，來獲取個人的安全、舒適、地位，以及社會支持。宗教並不是本身自足而立的價值，而是滿足其他需求的一種純粹工具性的組合物。現在，偏見也是一種『有功效的』組合物；偏見也可以滿足個人的安全、舒適、地位，以及社會支持等需求。個人的生活如果仰賴於外在性宗教的支持，那麼也就很可能會仰賴於偏見的支持，因此我們自然就會發現，外在宗教取向與缺乏容忍心之間存在著正向的相關」（Allport & Ross, 1967, p.441）。

　　2.內在宗教取向（intrinsic religious orientation）

　　「相對地，內在宗教取向不是工具性的機具。它並不是一種只講究順從的宗教信奉模式，它也不是柺杖或鎮定劑，當然也不是用來謀求地位的工具。宗教的承諾超越所有的需求；當個人把宗教的信條內化為個人堅信不移的信念，他必然也就內化了該宗教奉行的謙遜、慈悲、愛鄰等價值。在這樣的生活當中，宗教是個人內在而且主導一切的價值，在其中，對於同袍兄弟姊妹，沒有拒人遠之，沒有蔑視，也沒有施捨恩惠的高姿態」（Allport & Ross, 1967, p.441）。

此一測驗後來又開發出不同的版本，可以用來測量其他宗教相關的議題（例如：Gorsuch & McPherson, 1989; Hoge, 1972）。研究者建議，宗教取向是宗教與福樂安適（尤其是心理健康）關係的一項重要的中介變數（請參閱Batson et al., 1993; Worthington et al., 1996）。宗教性是否能夠增進心理健康與其他福樂安適變數（諸如：家庭生活的品質、藥物濫用、自尊），箇中部分原因可能繫諸內在—外在宗教取向。一般而言，較高的內在宗教取向通常與正向結果連結。比方說，最近研究發現，內在宗教取向與生活滿意度之間有正向連結，但是外在宗教取向與生活滿意度則沒有連結（Salsman, Brown, Brechting, & Carlson, 2005）。相較於外在宗教取向的人，內在宗教取向的人比較樂觀，也比較可能獲得較多的社會支持，這或許可以部分解釋為什麼他們會有較高的生活滿意度。

3.探尋宗教取向（quest religious orientation）

雖然艾波特的內在vs.外在宗教取向概念與測量廣受接受，但也不是完全沒有爭議（詳細的文獻回顧與評論，請參閱Pargament, 1997；另外請參閱Spilka et al., 2003, chapter 14）。關於宗教和偏見的關係，後續研究指出，只有在個人的宗教信念與社區譴責對於特定族群（例如：男同性戀與女同性戀）的偏見態度之下，內在宗教取向才會與偏見減低有關聯。如果，在某宗教傳統內，不制止偏見，或是偏見獲得宗教的認可，那麼內在宗教取向反而會傾向與較高的偏見有所連結（例如：Herek, 1987）。

為此巴特森與同僚提出了另外一種宗教取向：**探尋宗教取向（quest religious orientation）**。這是一種比較複雜而且比較有彈性的宗教態度，比較強調對於宗教或靈性真理的追尋，而比較不是要獲得或接受明顯易懂的答案。探尋宗教取向較高的人，偏見程度較低，對於其他人需求的敏感度較高，這使他們比較可能對於需要救助者伸出援手（Batson et al., 1993）。其他研究指出，宗教取向較有彈性（高探尋取向）而且有較強宗教承諾（高內在取向）的人，可能會有較好的身體健康，面對負向的生活事件也比較能夠調適（McIntosh & Spilka, 1990）。

10.3.6 依附理論與人神關係

人與上帝、神靈、超越界的關係是極度個人化的。這類關係可能以許多不同的形式呈現，譬如：感覺「上帝的親臨與愛」、「上帝的憤怒或天譴」、敬畏驚奇、尊敬崇拜、安全舒適、啟示、恐懼、罪惡或焦慮等感覺。蔻克派翠克（Kirkpatrick, 1992）指出，上帝與神靈有許多不同的形象，這就好像家長在子女心目中也有許多不同的形象一樣。在發展心理學領域，**依附理論（attachment theory）** 描述兒童與家長的依附關係，並闡述這種關係對於健康家庭與兒童日後成長發展的重要性。蔻克派翠克主張，可以把上帝視為一種依附的形象，這應該可以提供不少有意義的觀點。請注意，這並不是將上帝降低為父親的形象。佛洛依德學派的宗教觀點就傾向把上帝降低為父親的形象，扮演象徵性的慈父角色，提供人們保護與慰藉。宗教給人生提供了一種獨特的神聖基礎，遠遠超過佛洛依德學派描述的功能。但是，就像子女與家長之間安全與愛的依附關係，和上帝的安全依附關係也提供了一種基礎，讓人們勇敢探索生活，迎向許多挑戰。關於這點，帕格蒙特有如此的描述：「篤信宗教的人士深信，在上帝慈愛的臂彎總是可以找到保護，有這樣的信念加持，他們就感到更有信心，促使他們更勇於探索，尋找其他不同的意義與價值」（Pargament, 1997, p.355）。

依附的觀點指出，個人與神的關係可能反映出若干程度的子女與家長的依附關係。兒童與家長之間安全依附的關係可能奠定某種基礎，日後發展為成人與上帝之間的安全、正向關係。反之，兒童與家長之間不安全、衝突的依附關係，可能會發展成補償式的與上帝的安全依附，或是不安全、衝突的關係。研究支持童年時期的家長依附型態與成年之後的宗教依附型態兩者之間存有顯著的關聯（例如：Birgegard & Granqvist, 2004; Granqvist, 2002; Kirkpatrick & Shaver, 1990）。研究也顯示，依附型態與福樂安適有連結關係。蔻克派翠克與夏佛讓研究參與者從下列三種依附型態，選擇其中一種最貼近自己與上帝關係的描述說法：

安全依附 （Secure Attachment）	「上帝對我通常溫馨以待，有求必應。祂似乎總是知道什麼時候要支持、保護我，而什麼時候又要讓我自己從犯錯當中學習教訓。我和上帝的關係總是讓人很安心，對於這樣的關係，我很開心，也很滿足。」 （Kirkpatrick & Shaver, 1992, p.270）
退縮依附 （Avoidant Attachment）	「上帝通常高高在上，拒人遠之，很多時候，祂對於我個人的事情和問題，似乎沒有什麼興趣。我常常有一種感覺，祂似乎不怎麼關心我的死活。要不然，祂可能就是不喜歡我。」 （Kirkpatrick & Shaver, 1992, p.270）
焦慮—矛盾依附 （Anxious/Ambivalent Attachment）	「上帝對我似乎反覆無常。有時候，祂似乎溫馨回應我的需求，但是有時候，卻又無動於衷。我深信，祂愛我，也關心我，但是有時候，祂表現出來的方式卻又讓我感到困惑不已。」 （Kirkpatrick & Shaver, 1992, p.270）

　　相較於安全的宗教依附，另外兩種不安全的宗教依附型態顯現出較低的生活滿意度，身體健康較差，還有較高程度的焦慮、寂寞與憂鬱。研究也發現，相較於普遍採用的若干宗教性的測驗，宗教依附測驗似乎更能夠有效預測福樂安適與心理健康。

10.3.7　宗教的因應風格

　　我們在開始討論宗教與靈性之初，就特別指出宗教與靈性對於人們找尋生活意義的重要性，尤其在面臨重大疾病與死亡等挑戰的時刻更是如此。有一句英語俗諺說是：「散兵坑裡，沒有人不信神的。」[1]意思是說，面臨死亡關頭，幾乎每個人都會信奉宗教，希望上帝或神能夠救命。因為宗教關涉人生根本意義，所以人們往往可以從中擷取因應人生困境的重要資源。就像某些宗教取向可能對人們較為有益，各種宗教的因應風格也可能有利有弊，

1　此一英語俗諺原文如後：
"No atheists in foxholes."

有些可能產生較多正向的結果，有些則可能產生較多負向的結果。

在心理學界，肯尼斯‧帕格蒙特（Kenneth Pargament）可能是研究宗教因應著力最深的（Pargament, 1997）。他的研究主要是描述與評量人們是以哪些方式來運用宗教信念，以作為因應資源。他指出，宗教因應很明顯與宗教承諾的程度有所連結。當宗教在人們的為人處世當中扮演了重要的角色，那宗教就變成一種重要的因應資源。

在初探的研究中，帕格蒙特與同僚確認了三種宗教因應的風格：⑴自我指引風格；⑵順從風格；⑶協同合作風格（Pargament, 1997; Pargament et al., 1988）。以下摘要列出這三種宗教因應風格的定義，以及自我描述樣本（擷取自Pargament, 1997, pp.180-182）。

1.自我指引風格（self-directing style）

人們依靠自己來解決問題，而不是求助於上帝的指引。這種人維持與教會的身分關係，但是宗教性的測驗得分較低。

「思考困難問題時，我會努力找尋可能的解決方法，而不會求助於上帝。」

「經歷坎坷遭遇之後，我會試著自己找出合理的解釋，而不會依賴上帝。」

自我指引風格的人在生活當中通常會有較高的個人控制、較高的自尊，以及探尋的宗教取向。

2.順從風格（deferring style）

人們把自己的問題以及解決問題的責任交付上帝手上。

「我比較不會試著自己去找尋解決問題的出路，而是讓上帝決定應該如何來處理。」

「遇到困擾的事情時，我會讓上帝來決定，我應該如何來看待該件事情。」

這種因應風格與宗教正統性（比較順服於教會或宗教的權威），以及外在宗教取向有較高的關聯。在這三種風格當中，順從風格的人傾向有最低的個人勝任能力、自尊、問題解決的效能。

高度依賴外在的因應資源可能是導致順從風格者特別容易感到無助與被動的源由所在。

3.協同合作風格（collaborative style）

上帝與個人是主動參與問題解決的合作夥伴。

「遇到問題的時候，我會把問題告訴上帝，然後與上帝共同來決定該項問題究竟是怎麼一回事。」

協同合作風格與內在宗教取向，以及強烈投入宗教信念與實踐有所連結。問題解決的協同合作風格與個人自我控制、勝任能力，以及自尊有顯著的正相關。

後來，帕格蒙特與同僚又研發了一套綜合性的宗教因應量表（RCOPE）（Pargament, 1997; Pargament, Smith, Koenig, Perez, 1998; Pargament et al., 2001）。在發展這項綜合量表過程，帕格蒙特與同僚（Pargament et al., 1998, 2001）發現，可以根據因應風格與福樂安適的關係，而區分為正向因應與負向因應兩大類。

1.正向因應策略（positive coping strategies）

反映出與上帝的安全關係，相信一定可以從人生（包括悲慘的遭遇）找出更深刻的意義，也可以找出與他人的靈性連結。正向因應方法包括：正向的宗教評估（例如：把人生逆境視為有益於靈性成長的考驗）、協同合作的因應、透過上帝的愛與關懷，尋求靈性的支持、尋求教會文職人員或教友、信徒的協助，以及宗教的淨化滌罪（祈求上帝寬恕與祝福）。

2.負向宗教因應（negative religious coping）

反映出一種比較缺乏安全感的與上帝的關係，以及對於世界抱持一種不確定而且充滿威脅的看法。負向因應方法包括：負向與懲罰性的宗教評估（例如：認為悲慘的事情乃是上帝對於人類罪行的懲罰，或是惡魔降諸人世的災難）、重新評估上帝的能力（懷疑上帝沒有拯救人類的能力）、靈性的不滿（對上帝感到困擾與不滿）、人際之間的不滿（例如：對於神職人員或教會的不滿）、拖延消極的宗教因應（消極等候上帝來解決問題）。

研究學者針對各種不同的族群，探討正向與負向宗教因應對於福樂安適的影響，其中包括：奧克拉荷馬市社區居民對於爆炸事件的因應、大學生因應生活的逆境（諸如：摯愛身亡或失戀）、生病住院、老年人重病在身、教

會文職人員（Pargament et al., 1988, 1998, 2001）。雖然涉及的危機處境或挑戰有相當大的不同，但是結果大致相同，正向因應方法通常會有比較好的結果，而負向因應方法則有比較不好的結果，或是不好不壞的結果；大部分的研究參與者表示自己使用正向的因應方法。正向宗教因應比較可能會有較高的福樂安適，宗教成長比較高，比較少焦慮，心理比較健康。負向宗教因應比較可能會有較低的福樂安適，比較多的焦慮與憂鬱。

帕格蒙特與同僚（Pargament et al, 2001）研究對照比較長老教會文職人員、教會長老、神職人員使用因應方法的影響。結果相當有趣，正向因應與負向因應對於教會文職人員影響最大。他們從正向因應獲得最高益處，但負向因應也給他們帶來很大的損害。絕大部分的教會文職人員主要使用正向因應方法，再者，他們也比其他兩組人員使用較多的負向因應方式。相較於教會長老與信徒，年輕的教會文職人員負向因應與憂鬱的關聯尤其強烈。

為什麼會這樣呢？帕格蒙特與同僚（Pargament et al, 2001）解釋，這可能反映教會文職人員心裡存在某種宗教掙扎，因為他們的個人認同與專業認同有相當程度繫諸宗教信念，不論在生活或工作對於宗教投入都很深，當他們遭遇危機之餘，個人的宗教信仰可能就會受到挑戰，從而對於個人生活與個人認同造成相當的混淆與困擾。對於教會文職人員而言「……那些在逆境中遭遇靈性掙扎的人（例如：感覺上帝拋棄他們、對上帝發怒、對宗教產生懷疑），或許會發現因應過程打擊尤其大。教會文職人員與領導人士可能會經歷到這樣的痛苦掙扎，深深感覺和自己所接受的宗教訓練與生涯格格不入，因此威脅到個人認同的核心面向」（Pargament et al, 2001, p.510）。

10.3.8 解釋宗教vs.釋除宗教

本節標題是擷取自帕格蒙特所寫的一篇文章的標題：「宗教不過只是……？解釋宗教，抑或釋除宗教？」（Is Religion Nothing But....? Explaining Religion versus Explaining Religion Away）（Pargament, 2002）這個標題的重點是要提問，宗教與靈性是否有任何獨特之處，而且是心理學、社會學、生物學沒有辦法提供合理解釋的？比方說，如果我們移除宗教對於健康的種種益處，諸如：社會支持、發現人生的意義與目的、提

高自尊與能力，以及增強免疫系統，除了這些益處之外，是否還有任何屬於宗教本身特有的價值？

心理學家對於上述問題的答案，對如何研究宗教有著重要的蘊義啟示。如果宗教的效應全然是透過其他因素的中介作用而產生，那麼只需要研究該等中介因素即可，根本不需要研究宗教。不過，如果宗教靈性的生活有其不可替代的貢獻，那麼心理學家就有必要認真關注研究宗教。我們先前有特別提及，控制若干可能影響健康的中介變數之後，宗教／靈性對於健康的效益確實有所縮小，但沒有徹底消失，因此推論宗教／靈性可能有其本身獨特的效益。就目前而言，最好的結論或許就是如同帕格蒙特所說的：關於這個問題，「陪審團仍然沒有達成定論」。

10.4. 宗教與美德

本章先前討論的「行動價值方案」（Peterson & Seligman, 2004）有相當多的成分是擷取自世界各地宗教倡導或隱含的道德原則。有些人可能不抱持任何宗教情懷，但是卻不減其美德。雖然如此，但是宗教還是提供了重要的基礎，可以讓人們思辨道德、美德等議題，以及分辨是非對錯。目前，宗教與美德關聯的實徵研究仍然處於初探發展階段。調查研究發現，宗教屬性越強者，對於當代爭論議題可能會傾向比較傳統保守的道德態度。

史皮卡等人（Spilka et al., 2003）回顧研究文獻顯示，平均而論，個人的宗教屬性越強，就越有可能反對色情、以離婚作為解決婚姻不快樂的出路、同性戀、愛滋病教育、婚前性行為、女性主義、饒舌音樂。宗教屬性的人也比較可能贊成較嚴苛的刑責，支持大眾媒體性與暴力的節目分級查禁制度，政治立場也比較傾向保守派。不過，問題就出在「平均而論」，畢竟也有很多宗教屬性較強的人，他們對於政治與道德的態度也是相當開放的自由派。而且有些人基於宗教信仰的緣故反對死刑，支持性教育與愛滋病教育。

派特森和塞利格曼（Peterson & Seligman, 2004）引述支持宗教與德性行為有許多正向關聯的研究，諸如：健康的關係、寬恕、仁慈、慈悲、利

他、社區義工服務。不過他們也提醒，宗教信仰與美德之間的一般關聯還必須考量個別差異的影響，以及個別研究者對於宗教的定義與評量方式。

10.4.1 寬恕

關於寬恕（forgiveness）的價值，大部分研究者主要是著眼於寬恕具有一種正向的潛能；在人們遭受他人傷害之餘，難免會有報復的心理，連帶產生憤怒的情緒與敵視態度，而寬恕恰恰可以發揮潛能，抵消有可能損害身心健康的負向情緒與態度（Fincham, & Kashdan, 2004; McCullough, Pargament, & Thoresen, 2000; McCullough & Witvliet, 2002; Worthington, 1998）。遭受羞辱、背叛、被人占便宜，或是被人誤解，這些都是人生在世無可避免會遭遇的痛苦經驗。這當中產生的憤怒與怨懟情緒可能會摧毀關係，受到的傷害始終難以釋懷。比方說，有相當多的研究建議，糟糕的婚姻有一個典型特徵就是針鋒相對、不甘示弱，而結果往往就是以負向批評與報復行為相互攻擊（Gottman, 1994, 1998; Reis & Gable, 2003）。寬恕有一種潛能，可以修補關係，弭除報復與怨恨關聯的諸多負向情緒。

雖然心理學界對於寬恕的定義至今未有定論，不過有若干文獻回顧指出，在主要的論點之間，還是存有某些共通的核心特徵（Fincham & Kashdan, 2004; McCullough et al., 2000; McCullough & Witvliet, 2002; Peterson & Seligman, 2004）。芬克姆和凱斯丹（Fincham & Kashdan, 2004）論稱，「在諸多寬恕定義的核心存在如此一種想法，出於被侵犯者的自由選擇，動機產生轉變，不再急切渴望報復與避免和侵犯者的接觸，這樣一種轉變過程有時候被形容為一種『利他的禮贈』」（p.618）。

大部分研究者也同意，寬恕和若干相關的概念，譬如：原諒、免罪、否認，彼此有所區別，不可混為一談。原諒（excusing）是指，當事人認為傷害並不是侵犯者有意的過錯；免罪（condoning）是指，變換觀點，改而認為該項行為並不是真有侵犯的意思；否認（denial）是指，不去正視該項侵犯行為；淡忘（forgetting）是指，讓時間沖淡該等侵犯的記憶（Enright & Coyle, 1998）。和解（reconciliation）也有別於寬恕，因為涉及當事人雙方努力恢復侵犯發生前的關係（McCullough & Witvliet, 2002）。

⚐【表10.5】寬恕和若干相關概念的區別

寬恕（forgiveness）	被侵犯者自由選擇，動機產生轉變，不再急切渴望報復與避免和侵犯者的接觸。
原諒（excusing）	被侵犯者認為，傷害並不是侵犯者有意的過錯。
免罪（condoning）	變換觀點，改而認為該項行為並不是真有侵犯的意思。
否認（denial）	不去正視該項侵犯行為。
淡忘（forgetting）	讓時間沖淡關於該等侵犯的記憶。
和解（reconciliation）	當事人雙方努力恢復侵犯發生前的關係。

　　如何才算是寬恕呢？是否需要有正向的感覺與行動來對待侵犯者（例如：增加和善、慈悲的對待，主動與侵犯者接觸），還是只需要不表現出負向的反應就足夠了（例如：減低怨恨、仇視的態度，不再刻意避免與侵犯者接觸）？關於此一議題，研究學者見解分歧不一。

　　研究建議，寬恕的正向與負向反應可能是相互獨立的兩個面向，各自導向不同的結果，而且可能各自連結到寬恕的不同階段。比方說，恩萊特等人（Enright et al., 1998）把寬恕看做是一種涉及不同階段與程度的歷程，並且可以依據真誠（genuineness）的程度來加以衡量寬恕是處於何種階段與程度。寬恕可能是真心真意的，也可能是虛情假意的。真誠的寬恕需要以慈悲、善意、愛來對待侵犯者，同時還必須放棄復仇、怨恨與冷淡的權利。

　　最後，關於寬恕的定義還有一個問題，就是一般人與心理學家對於寬恕的理解雖然有不少近似之處，不過也有若干值得關注的差異（Kantz, 2000; Kearns & Fincham, 2004）。根據心理學家的見解，寬恕不同於原諒、否認、淡忘、和解。

　　但是，柯恩斯和芬克姆（Kearns & Fincham, 2004）發現，一般人和心理學家的看法顯然不太一致，28%的一般人相信，寬恕的一個重要特質就是淡忘侵犯的事情。再者，28%認為，和解是寬恕的一個重要潛在結果。

　　有關寬恕的研究結果分歧不一，部分原因可能是由於研究人員對於寬恕的定義與測量方式存在不少歧異所致（Thompson & Snyder, 2003）。有些文獻回顧指出，寬恕的結果通常會有增進健康與福樂安適的微幅正向效益（例如：McCullough & Witvliet, 2002）；不過也有人認為這樣的結論可能還言之過早（例如：Fincham & Kashdan, 2004）。研究人員都明白，寬恕

的研究仍然是很新的領域，目前的研究結果只能算是暫時的結論，未來還需
要更多的研究釐清可能影響寬恕效應的諸多中介因素。比方說，寬恕的理
由對於寬恕的效應是很重要的。有一項研究顯示，寬恕的理由如果是出於
義務，而不是出於愛，結果就不會減低憤怒與相關的生理反應，譬如血壓
（Huang & Enright, 2000）。接下來我們將回顧討論若干研究說明，受到侵
犯傷害之後的敵視態度對於健康的損害影響，以及寬恕如何可能減輕這種敵
視態度的損害影響。

　　憤怒與敵視態度很可能和心血管疾病有相當的關聯（Friedman &
Rosenman, 1974）。最近，維特弗列、路德維希和凡德‧朗恩（Witvliet,
Ludwig, & Vander Laan, 2001）研究證據支持，寬恕可能抵消敵視態度對於
健康的有害影響。寬恕想像組，學生被要求發揮同理心，諒解罪犯也是人，
因此原諒他們犯的錯。不寬恕的對照組，學生透過想像，該等侵犯行為所帶
來的傷害，強化他們對於罪犯的痛恨感。結果顯示，不寬恕組的學生，呈現
顯著較激烈的心血管反應（心跳加快、血壓上升）、較多的交感神經激起
（膚電反應），並且報告有較多的負向情緒反應（例如：憤怒、悲傷）。相
對地，寬恕組的學生則有較緩和的生理激起反應、較多正向的情緒反應，並
且有較高的控制感。雖然只是短期的實驗室研究，這些結果還是肯定了寬恕
可能發揮的健康效益。

　　情感關係難免會發生衝突，需要有所修補。在這方面，寬恕扮演的角色
似乎特別重要。本書多次強調指出，關懷支持的關係是有益個人健康與快樂
的重要因素。研究支持寬恕有助於提升婚姻的品質，研究也發現，寬恕與下
列情感關係的若干面向有關聯，譬如：整體關係滿意度較高、對伴侶的同理
心較高、對關係的承諾較高、比較不會斤斤計較對方以往的過錯、比較願意
原諒犯錯的一方（Fincham & Beach, 2004; Fincham, Beach, Davila, 2004;
Finkel, Rusbult, Kumashiro, & Hannon, 2002; McCullough & Worthington,
1997; McCullough et al., 2000; Paleari, Regalia, & Fincham, 2005）。在情
感關係當中，寬恕似乎有兩方面的作用：一方面，*表達親密、關懷與健康的
關係*；另方面，*增進親密、關懷與健康關係*。首先，就寬恕的表達面向而
言，研究發現，在婚姻關係中，有若干變數可以預測當事人是否會寬恕對
方。具體而言，強烈的承諾、高滿意度與親密感、以同理心看待侵犯的伴

侶，這些因素都可以預測當事人可能會原諒所愛之人施加的嚴重侵犯行為。其次，就寬恕的*增進效益*而言，則是顯現在婚姻的品質有所提升、未來再次寬恕的可能性增高，還有在侵犯行為事發之後，寬恕也有助於親密感的修復（例如：McCullough et al., 1998; Paleari et al., 2005）。

10.4.2　感恩

　　如同寬恕一樣，**感恩（gratitude）**也與大多數的宗教有很深的淵源，但是很難給出簡單的定義。感恩普遍被認為是一種美德，而不知感恩則是一種惡德（Bono, Emmons, & McCullough, 2004）。研究顯示，感恩的感受是相當普遍能經驗到的正向情緒，感恩讓吾人感到快樂、知足與喜悅（Bono et al., 2004; Emmons & McCullough, 2004）。感恩的表達方式相當多樣化，小至日常生活禮貌客套的一句「謝謝你」，大至終身的感激。感恩的一個重要特質就是感謝我們自身之外某個來源（例如：人、上帝，或自然），讓我們的福樂安適有所增進。當我們是自由施與的，而且施惠者在這當中必須付出某種代價與犧牲奉獻，在這些情況下，感恩的感受與表達就會特別強烈（Emmons & Shelton, 2002）。

　　根據麥卡洛、蔻克派翠克、艾默斯和拉森（McCullough, Kilpatrick, Emmons, & Larson, 2001）提供的定義，感恩是一種*道德的情意（moral affect）*，因為感恩的起因與結果都與他人的福樂安適有關。換言之，感恩起源於做對的事情的一種美德。感恩也是一種維持與增強美德實踐的正向社會行為，因為施惠者與受惠者都同樣有獲益。感恩有別於其他道德的情意，譬如羞恥與罪惡感，因為這些情意代表我們沒有達到道德標準，並且侵犯了他人；相對而言，感恩則是源起於接受他人的協助或施惠。

　　麥卡洛等人相信，感恩可能發揮三種道德或社交層面的功能，分別是：道德氣壓計、道德動機、道德增強。在*道德氣壓計（moral barometer）*功能方面，感恩顯示社交關係的變化，施惠者與受惠者各自承認彼此對於個人福樂安適所扮演的角色，呈現在道德氣壓計的結果就是正向感覺的高低程度。在*道德動機（moral motive）*功能方面，感恩驅使受惠者產生一種回報對方恩惠的心態；受惠者也會開始想起其他人對於自己的

恩惠，從而促使他們想要對該等施惠者表達感恩之情。在道德增強（*moral reinforcer*）功能方面，感恩讓施惠者受到鼓舞，未來更樂於幫助更多的人。換言之，真情流露的感謝可以讓人感受到滿滿的正向情緒，這就會發揮增強作用，從而增高了未來助人的可能性。從實徵研究的證據來看，道德氣壓計的功能獲得中等程度的證據支持，道德動機只獲得輕微程度的支持，道德增強的支持程度最強（Bono et al., 2004; Emmons & McCullough, 2004; McCullough et al., 2001）。

10.4.3　焦點研究：感恩與福樂安適的增進

　　由於感恩與正向感覺有連結，那麼多想想值得自己感恩的事情，是否有助於提升福樂安適呢？

福分還是累贅：日常生活中感恩與福樂安適的實驗探究[2]

　　艾默斯和麥卡洛（Emmons & McCullough, 2003）的這項研究，發表於《性格與社會心理學期刊》，目的是探討感恩與正向感覺的連結關係。研究分成三部分，第一部分的研究，參與研究的大學生分成三組。

　　感恩組的情境：「在生活當中，有許多讓我們感恩的大小事情。請你仔細回想，然後寫下發生在上一週你身上，讓你感恩的五項事情」（p.379）。學生的回答包括：朋友的鼎力相助、父母親真好、感謝上帝恩典。

　　厭煩組的情境：「厭煩的事情，發生在許多不同的生活領域，包括：情感關係、工作、學校、住宅、財務、健康等等。請你仔細回想，然後寫下發生在上一週你身上、讓你感到厭煩的五項事情」（p.379）。學生的回答包括：財務狀況每況愈下、廚房髒亂沒人清理、考試成績很差、沒有朋友欣賞你。

2　英文論文原始標題如後：

Counting bless versus burdens: An experimental investigation of gratitude and subjective well-being in daily life.

中立組的情境：「上個星期，有哪些狀況或事件對你造成某些影響？請仔細回想，然後寫下對你造成某些影響的五項狀況或事件」（p.379）。學生提及的事件包括：參加嘉年華、學習新技能、旅行、清掃住所。

學生也填寫福樂安適量表，自我評量心情、整體福樂安適、身體健康症狀，以及30種正向與負向的情緒經驗。每星期評量一遍，為期10個星期。

第二部分的研究，學生每天記錄自己的反應，為期2個星期。相較於厭煩組與中立組，感恩組的學生顯然獲得若干有助於福樂安適的效果。他們比較感恩，感覺生活比較好，有較多正向情緒經驗，較少負向情緒，對未來比較樂觀。在10星期的研究期間，學生也報告較少健康問題，睡眠量與質都有提升。至於在2星期的日記研究，則沒有發現明顯有益於健康的效果。

第三部分的研究，參與者是透過大學附屬醫院神經肌肉科找來的成人。參與者分成兩組：感恩組與控制組（只有填寫自我評量的福樂安適測驗），連續寫21天的日記。研究結果顯示，感恩組自陳報告有較高的整體福樂安適，對於未來較樂觀，有較頻繁的正向情緒，負向情緒減少，睡眠較多，睡眠品質有所改善，與他人連結的感覺增強。此外，旁觀者的評量也顯示，感恩組的福樂安適有所提升。

在研究結論中，艾默斯和麥卡洛建議，因為感恩的表達使得人們有較多正向情緒，所以感恩可能是促成福樂安適向上螺旋的重要因素（有關福樂安適向上螺旋，請參閱第三章，正向情緒擴展與建設理論）。換言之，感恩具有一種潛能，可以促進正向情緒、修補關係，以及抵消怨懟仇視情緒的有害影響作用。就某方面而言，這些效益頗吻合芙德麗克森的論點，亦即正向情緒可以建立心理與社會資源，從而發揮健康適應的最佳機能。

本章介紹討論了行動價值方案，目的是希望提供一套描述正向心理的語言，平衡傳統心理學長期偏往「壞的」或「有問題的」等負向層面。精神疾病診斷與統計手冊分門別類描述說明困擾人們的各類心理疾病與情緒問題，而心理健康專業人士則發展了各種方式來治療這方面的問題；從許多方面來看，VIA方案的人類美德與品格分類計畫也有類似的期許，目標是希望分門別類釐定促成福樂安適的各類正向行為。就此而言，表現寬恕與感恩就等同於某種心理治療，不過焦點是在促進零度以上的正向生活，而不是像傳統心理治療著眼於心理疾病的治療。

本章　摘要問題

1. 為什麼心理學家傾向避免研究道德與品格的問題？

2. 行動價值方案研究學者如何發展選擇他們表列的6大類24細項的品格？

3. 智慧和「書本學問」智能、技術知識，或所謂的「聰明」有何差異？我們說一個人有智慧，那是代表什麼意思呢？

4. 根據史坦柏格的平衡理論，有智慧的人擁有非常高明的技巧，非常善於平衡哪三類利益與哪三類行動？

5. 根據貝爾茲與同僚的主張，智慧是一種關於「生活基礎實用智能」的專家知識，請問這是什麼意思？

6. 根據貝爾茲與同僚的研究，智慧和幸福快樂有何關聯？有智慧的人是否比較幸福、快樂？

7. 根據貝爾茲與同僚的SOC模式，智慧在有效管理人生方面扮演什麼角色？

8. 有哪些證據支持自我控制乃是所有美德的核心所在？根據鮑曼斯特與艾克斯萊恩的研究，「七大致命罪惡」如何明顯呈現出自我控制的失敗？

9. 根據鮑曼斯特的研究，宗教如何滿足四種需求，從而達成有目的、價值、自我效能、自我價值的有意義人生？

10. 有人說，自己有靈性情懷，但沒有宗教情懷，請問他們說的可能是什麼意思？研究結果發現，有多少比率的人合乎這樣的描述？

11. 帕格蒙特如何定義宗教與靈性？核心的定義要件為何？為什麼宗教被認為是比靈性涵蓋範圍較廣的概念？

12. 針對宗教與福樂安適之間的關係，一般研究的主要結論為何？在四種測量宗教性的評量當中，其中哪一項預測福樂安適最有力？

13. 健康與宗教之間的關係，如何予以解釋（請依照3項因素提出解釋）？

14. 根據戈登‧艾波特的經典研究，內在宗教取向與外在宗教取向如何幫助解釋宗教—成見關聯的弔詭？

15. 依附上帝如何可能發揮類似依附家長的功能？

16. (1) 根據帕格蒙特與同僚的研究，正向與負向因應風格有何差別？

(2) 根據帕格蒙特與同僚的研究，哪些「宗教的掙扎」可能導致宗教文職人員使用比較負向的因應做法？

17. 根據帕格蒙特的研究，「解釋宗教」與「釋除宗教」之間有何差異？

18. 為什麼研究人員相信，寬恕可能使人們免於負向情緒（例如：憤怒或復仇）的損害影響，也有助於修補與增進情感關係？初探研究對於這些可能性有何建議？

19. (1) 根據麥卡洛與同僚的研究，感恩如何扮演道德氣壓計、道德動機，與道德強化劑等角色？

　　(2) 在艾默斯和麥卡洛的研究當中，神經肌肉性疾病的大學生與成年人中，感恩與哪些正向結果有所連結？

關鍵字

行動價值方案（values in action project）

智慧（wisdom）

勇氣（courage）

人道（humanity）

正義（justice）

節制（temperance）

超越（transcendence）

平衡理論（balance theory）

專家知識智慧（wisdom as expert knowledge）

SOC模式：選擇、理想化與補救（SOC model: selection, optimization, and compensation）

目的（purpose）

價值（value）

自我效能（self-efficacy）

詮釋控制（interpretive control）

自我價值（self-worth）

宗教（帕格蒙特）（religion (Pargament)）

靈性（帕格蒙特）（spirituality (Pargament)）

神聖化（sanctification）

內在宗教取向 vs.外在宗教取向（intrinsic versus extrinsic religious orientation）

探尋宗教取向（quest religious orientation）

依附理論（attachment theory）

正向因應風格（positive coping styles）
負向因應風格（negative coping styles）
寬恕（forgiveness）
感恩（gratitude）

網路資源

· 價值行動方案
http://www.viastrengths.org/index.aspx?ContentID=1
行動價值方案（VIA）網站。點選「VIA Measurement Instruments」（VIA人類美德與品格量表），免費註冊登入之後，提供個人背景資訊，就可以在網路上接受各種線上品格測驗。研究人員將彙整你的測驗結果與個人背景資訊，以供研究之用。
· 真實的快樂／幸福
http://www.authentichappiness.sas.upenn.edu
馬汀·塞利格曼個人網站，隸屬於美國賓州大學。站內也提供「VIA人類美德與品格量表」，以及測量寬恕的量表。
· 宗教心理學
http://virtualreligion.net/vri/psych.html
提供許多宗教心理學的研究與研究人員，包括：威廉·詹姆斯的經典研究，乃至於最新近的研究。
http://www.apa.org/about/division/div36.html
美國心理學會36分組──宗教心理組網站，可供查詢研討會與最新研究等方面的資訊。
http://www.bgsu.edu/organizations/cfdr/about/facultymembers/pargament.html
宗教心理學大師肯尼斯·帕格蒙特，隸屬於美國俄亥俄州保齡格林州立大學（Bowling Green State University）。站內提供帕格蒙特過去的研究成果，以及最近的研究案。
· 感恩與寬恕
http://www.psy.miami.edu/faculty/mmccullough/index.html
麥可·麥卡洛感恩與寬恕的相關主題研究和寬恕問卷；另外還提供勞勃·艾默斯與其他研究學者的網頁連結。

延伸閱讀

Baumeister, R. F. (1991). *Meaning of life*. New York: Guilford.

Baumeister, R. F., & Exline, J. J. (1999). Virtue, personality, and social relations: Self-control as a moral muscle. *Journal of Personality, 67*, 1165-1194.

Baltes, P. B. (1997). On the incomplete architecture of human ontogeny: Selection, optimization, and compensation as foundations of developmental theory. *American Psychologist, 52*, 366-380.

Emmons, R. A. (1999). *The psychology of ultimate concerns: Motivation and spirituality in personality*. New York: Guilford Press.

Hill, P. C., & Pargament, K. I. (2003). Advances in the conceptualization and measurement of religion and spirituality. *American Psychologist, 58*, 64-74.

Koenig, H. G., & Cohen, H. J. (Eds.). (2002). *The link between religion and health: Psychoneuroimmunology and the faith factor*. New York: Oxford University Press.

Koenig, H. G., McCullough, M. E., & Larson, D. B. (2001). *Handbook of religion and health*. New York: Oxford University Press.

Linley, P. A., & Joseph, S. (Eds.). (2004). *Positive psychology in practice*. Hoboken, NJ: John Wiley & Sons.

McCullough, M. E. (Ed.). (1999). *Forgiveness: Theory, research and practice*. New York: Guilford Publications.

Pargament, K. I. (1997). *The psychology of religion and coping: Theory, research and practice*. New York: Guilford Publication.

Paulus, D. L., Wehr, P., Harms, P. D., & Strasser, D. H. (2002). Use of exemplars to reveal implicit types of intelligence. *Personality and Social Psychology Bulletin, 28*, 1051-1062.

Peterson, C., & Seligman, M. E. P. (2004). *Character strengths and virtues: A handbook of classification*. Washington, DC: American Psychological Association/New York: Oxford University Press.

Spilka, B., Hood, R. W., Jr., Hunsberger, B., & Gorsuch, R. (2003). *The psychology of religion: An empirical approach*. New York: Guilford Press.

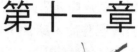

第十一章

親近關係與
福樂安適

人類是社會性的生物，人際的連結關係對於健康與
快樂是不可或缺的。在本書許多章節，我們可以
清楚看到相當多的證據強力支持情感關係與福樂安適
的緊密關聯（請參閱第三章、第五章）。

　　針對情感關係對於健康與幸福快樂的貢獻，大
衛・邁爾斯乾脆稱之為「根深柢固的真理」（deep
truth）（Myers, 1992, p.154）。情感關係與福樂安
適之間的這種關聯似乎是普世存在、顛撲不破的真
理。在對於福樂安適有所貢獻的眾多因素當中，只有
情感關係這項因素得以跨越文化差異的界線，而能夠
有效預測幸福快樂（Diener & Diener, 1995）。

　　人類最大的喜樂和悲痛，都與情感關係脫離不
了關聯（請參閱第三章）。個人生理和情緒的安適
感，都會因為支持和關愛的情感關係而有所提升；相
對地，孤苦無依，或是關係惡劣，則會損及該等安適

感。就身體健康與長壽而言，上述情感關係的增益強度，差不多就相當於抽菸、肥胖症、節食、缺乏運動等負向因素所造成的損害強度（請參閱第三章）。對於個人心理方面的健康與福樂安適，情感關係好壞也同樣有著相當程度的正向效益。健康的人往往與他人有著穩固而且支持的情感關係，而快樂的人社交生活比較豐富精采，也擁有比較滿意的友情，以及美滿的婚姻（請參閱第三章、第五章）。

不論心理學界或其他領域，專家學者普遍都認同正向情感關係的重要性。一般而言，人們都會把親近關係列為最重要的生活目標，以及生活意義的首要來源（Emmons, 1999b）。研究發現，參與研究的大學生有73%表示，在不得不放棄感情之前，會先考慮選擇犧牲人生的其他重要目標（例如：好教育、職業）（Hammersla & Frease-McMahan, 1990）。在回答「臨終考題」（deathbed test）時，大部分的人表示，情感關係是構成滿意而且有意義人生的重要因素（Reis & Gable, 2003; Sears, 1997）。充分體認親近關係的價值乃是人生最重要的一項課題，然而人們往往在遭受威脅衝擊之餘，才會猛然體認箇中真諦（有關創傷後成長的討論，請參閱第四章）。

另外，我們還會討論情感關係對於福樂安適發揮貢獻的多種途徑。情感關係提供了一項重要的因應資源，其中包括：社會支持、滿足人們對於親密感的需求、透過自我揭露來分擔彼此的人生負荷，以及透過與他人的互動而提供源源不絕的喜悅與諸多正向情緒。許多心理學家相信，這些正向的效應乃是建立在人類演化遺傳的生物基礎上。相較於史前時代人類面臨的野獸，人類的體型並不特別強壯勇猛，而且出生之後有好幾年處於毫無抵抗力的嬰兒階段。演化可能在人類身上選擇了依附連結的基因，獨來獨往很可能就代表個人基因的終結。簡言之，如果不是天生內建的生物性動機，促使個人與他人形成合作關係，以及呵護後代子嗣的親情連結關係，那麼人類很可能早就無法存活下來。有鑑於人際的連結有其演化上的基礎（請參閱第五章），再加上眾多研究文獻，這些都凸顯人類依附連結的重要性，於是促使鮑曼斯特和黎瑞（Baumeister & Leary, 1995）做出如後結論：歸屬感乃是人類的基本需求。根據他們的描述，歸屬感的需求乃是「一種全面滲透的驅力，時時刻刻驅使人們至少要建立與維持最起碼數量的正向而長久的重要人際關係」（p.497）。就如同食物和飲水是健康生活的必需品一樣，類似的道

理，與他人相互關愛的關係顯然也是福樂安適的必需品。

　　最近，也有研究開始探索個人歸屬感需求的生理根源所在。比方說，**催產素（oxytocin）**具有反制遁逃—對抗壓力反應的作用。換言之，這種賀爾蒙可以透過產生放鬆與平靜的感覺，從而降低壓力產生的恐懼與生理激起（Carter, 1998; Taylor, Klein, Lewis, et al., 2000; Uvnas-Moberg, 1998）。有時候，催產素也稱為「擁抱賀爾蒙」（cuddle hormone），因為撫摸、擁抱、親吻之類的身體親密接觸會引發此種賀爾蒙的釋放（Hazan, Campa, & Gur-Yaish, 2006）。催產素與母乳分泌有關，這種賀爾蒙產生平靜與安全的感覺，有助於嬰兒與母親的連結；對於男女之間而言，催產素的濃度在性高潮期間會達到最高（Uvnas-Moberg, 1997）。根據這些研究發現，我們似乎可以看出，渴望與他人親密連結，以及因而產生的舒服感覺，在相當程度上，乃是透過生理反應的中介而產生的。擁抱當然不只是生理反應而已，不過如果少了生理反應，那擁抱的感覺可能就不會如此美好了。

　　滿意的情感關係與福樂安適之間的關聯很清楚是存在的，比較不清楚的是人們如何建立與維持良好的關係。本章將會探討介紹心理學家對於下列問題的研究與發現：親密關係與泛泛之交有何差別？親密關係如何發展？和某人成為朋友，是什麼意思呢？和某人相愛，又是什麼意思？好的關係與壞的關係分別有哪些特徵？為什麼最後都以離婚收場？

11.1. 親近關係的定義

11.1.1　親近關係的特徵

　　我們每天生活都會遇上許多人，不論是上街購物、講電話、約會、訪客、工作、上學、上教堂，一天結束之餘，回到家裡和家人、另一半或朋友一起放鬆心情。諸如此類的關係當然都有其重要性，但是研究人員花最多時間探究的則是人們最親近的關係，特別是友情、浪漫之愛、婚姻。在這所有關係當中，好朋友、愛人與配偶是我們生活當中最重要的人，對於個人生活

週期各階段的整體福樂安適有著最大的影響。

　　親近關係與泛泛之交的差別可能表現在許多不同地方，但其中最主要的似乎還在於親疏程度的差別。在日常生活用語當中，「親密」通常隱含性愛與浪漫的關係。我們通常會說好朋友、最好的朋友、親近的朋友，而比較不會說親密的朋友。不過，在學術界研究關係的人員則是使用「親密」（intimacy）這個術語，來捕捉相互了解、深刻的連結、投入的深度，以及性愛的關係。「親密」可以用來描述朋友與愛人。雖然，某些研究人員相信，親近關係與親密關係是各不相干的（請參閱Berscheid & Reis, 1998），不過，我們在本書則不做此一區分。

　　米勒、帕爾曼和布雷姆（Miller, Perlman, & Brehm, 2007）參照大量文獻回顧結果，提出六項核心特徵，可以有效區分親密關係與泛泛之交。這六項核心特徵分別是：(1)相知；(2)信賴；(3)關懷；(4)相互依賴；(5)相互一體性；(6)承諾（請另行參閱Berscheid & Reis, 1998; Harvey & Weber, 2002）。這六項特徵的簡要描述說明，請參閱表11.1。

相知

　　我們的密友與伴侶對我們的認識比起其他人來得更深刻。他們對於我們的經歷、深層感受、優點、缺失等等，都知之甚詳。親近關係的這種相知乃是通過相互自我揭露而建立起來的。**自我揭露**（**self-disclosure**）是指互相揭露自我私密的細節（Derlega, Metts, Petronio, & Margulis, 1993）。該等細節關係到個人「真實的自我」，以及個人生活的真實狀態，那是不同於日常較不親密的溝通當中公開呈現的自我。對於陌生人或是一般泛泛之交，我

【表11.1】親密關係的六項特徵

相知	基於互惠自我揭露的相互了解。
信賴	相信對方不會傷害自己。保持信心。
關懷	真心關切對方，持續檢驗與維繫彼此的關係。
相互依賴	雙方生活的盤綜錯節，互相影響
相互一體性	共同體的意識，彼此的生活相互重疊。
承諾	即使歷經關係的起伏，仍然不放棄彼此的關係。

們通常只會呈現公開的自我，而不會呈現私下真實的自我。若能分享私密的自我資訊，轉而會提供基礎，進而發展較深層的關係，而不再只停留於泛泛之交。能夠讓某人對我們個人無所不知，從而贏得該人的接納、喜歡或愛，那是對於我們自我整個人相當強而有力的肯定。好朋友或親密的愛人，他們對於我們知之甚深，甚至可以說是相當無所不知，他們的拒絕可能就會讓人感到難以承受。相對地，某人如果對於我們知之甚淺，或是只有局部的認識，那麼遭受該人的拒絕可能就比較不會那麼讓人難受。

　　研究指出，自我揭露標示與增強相互的喜歡與愛意。柯林斯和米勒（Collins & Miller, 1994）發現，有三類與揭露相關的效應：(1)我們會傾向對自己喜歡的人自我揭露；(2)我們會比較喜歡那些揭露較私密自我資訊的人，而比較沒那麼喜歡只揭露較不私密自我資訊的人；(3)我們會比較喜歡我們有向其自我揭露的人。研究也發現，自我揭露的行為有一種禮尚往來的傾向，也就是所謂的**揭露互惠（disclosure reciprocity）**（Derlega et al., 1993; Miller, 1990; Reis & Shaver, 1988）。再者，人們也會傾向雙方揭露私密程度相當的內容。在初期，通常會從比較不私密的揭露開始，然後逐漸提高揭露的私密程度。如果，初期的結果令人滿意，那就會逐漸提高揭露的廣度（主題的多樣性）與深度（對於當事人的重要性與敏感程度）（Altman & Taylor, 1973）。這種揭露程度由淺而深的進展，被認為是關係發展的一項重要元素。互惠的自我揭露可以讓我們看見人們交往由淺而深的發展過程，互惠揭露的結果也就構成了人們對於彼此的相知。

　　在下列研究，讀者可以看得非常清楚，自我揭露能夠產生親近的感覺（Aron, Melinat, Aron, Vallone, & Bator, 1997）。研究之初，參與者互不相識，第一階段15分鐘交談，內容都是私密程度較低的話題，譬如：「你最近一個人唱歌是什麼時候？」接下來，第二階段15分鐘交談，私密程度提高，譬如：「你最珍惜的記憶是什麼？」最後階段15分鐘交談，涉及個人私密極高的話題，譬如：「你最近在別人面前哭泣是什麼時候？獨自一個人哭泣？」、「請完成下列句子：『我希望，可以有人分享……』。」控制組則是進行45分鐘不涉及自我揭露的交談（例如：你最喜歡的假日是哪一天？）。研究結果發現，相較於控制組參與者不涉及自我揭露，實驗組參與者有逐步提升自我揭露，在實驗結尾時，表示對交談對象有較親近的感覺。

這樣的結果給自我揭露對於親密關係發展的重要性，提供了很強的支持證據。

互惠的自我揭露在關係發展初期比較明顯，當關係建立穩固之後，就比較沒有那麼明顯（Altman, 1973; Derlega, Wilson, & Chaikin, 1976）。在關係發展初期，人們會感到有義務揭露個人私密的資訊；在戀情萌芽階段，浪漫關係有一種弔詭，就是當彼此認識越深入之後，揭露的興奮感就會遞減。鮑曼斯特和普茲拉夫斯基（Baumeister & Bratslavsky, 1999）論稱，激情與親密關係的深化乃是緊密關聯的。他們相信，長期婚姻激情消退的一個原因，就是配偶彼此了解已經太透徹了。

在情感關係建立之後，親密感能否維繫的關鍵是在彼此回應的方式或感覺，而不在於彼此是否有互相回應（Reis & Patrick, 1996）。換言之，我們與好朋友、家人、婚姻伴侶的互動，比較重要的是支持、關切與情感的表達方式，而比較不是在於彼此的回應是否有所互惠（Laurenceau, Barrett, & Pietromonaco, 1998）。如果你把累積了一整天對老闆的怨怒，一股腦兒全向你的另一半傾洩，你應該不會想要他或她也反過來對你投桃報李。在這樣的狀況之下，你不會真的想要聽他或她也向你抱怨今天過得有多糟糕。你想要的是回音板，有同理心的耳朵，靜靜傾聽，適切表達關心，能夠感同身受你的處境與感受。

信賴

信賴某人意味著，你期待你所信賴之人不會做出傷害你的事情，其中最讓人在乎的就是不會破壞你對他或她的信任。當我們向別人打開心門，我們同時也就變得可能受到傷害。在朋友或同事圈，有些敏感的資訊可能會導致傷害性的後果，比方說，如果某人告訴其他人你對於你老闆的真實感覺。違背信賴會給關係帶來傷害，而且很可能會導致遭受背叛者在未來比較有戒心，不太願意開放揭露個人私密敏感的事情（Jones, Crouch, & Scott, 1997）。信賴是親密關係不可或缺的要素，其中部分原因就在於信賴是自我揭露的必要前提，對於我們不信賴的人，我們就不會自我揭露。

關懷

　　關懷是指在乎而且小心應對他人的感受。我們對於親密伴侶會有比一般大多數人較多的情感、理解與欣賞。當我們問一般泛泛之交：「最近好嗎？」我們多半期待得到的是諸如：「還行」、「馬馬虎虎」、「還不錯」，諸如此類一般性的回答，沒有人會期待對方揭露個人深層的感受。在點頭寒暄之際，我們並不是真的想要知道對方真正過得如何，我們只是行禮如儀打個招呼而已。但是，在親密關係當中，同樣這個問題就會有全然不同的期待。我們會期待而且會想要得到比較詳細而且真實的回答，尤其是如果對方情況不是很好的話。對方應該要坦誠以對，詳細訴說自己的真實感受，而不是敷衍了事，隨便回答。

　　關懷還包括許多小地方的表現，以表達我們對親密關係的認真與重視：在有需要的時候提供協助；記住慶祝生日、特定假日與紀念日；聚餐或是其他同樂活動；藉由通電話、喝咖啡、吃午餐等保持聯絡。所有這些事情反映的是一項簡單的事實：我們真的有把親密關係擺在個人生活優先順位的前面地位。我們投入越多，就越關懷，也越期待能夠維持親密關係的品質。

相互依賴

　　親密關係的人彼此生活盤根錯節。某些學者主張，親密關係的特徵就是彼此的行動、感覺與想法會受到相互的影響（Berscheid & Reis, 1998）。相較於認識不深的泛泛之交，我們通常會比較在意我們家人、朋友與配偶的勸告、判斷，也會比較認真看待他們提供的見解。電腦有問題的時候，我們可能會詢問專家，但是當我們面臨個人挑戰處境的時候，譬如：工作遇到人際衝突，或是照料老邁雙親的問題，我們就比較可能找尋配偶或朋友的支持與建議。我們的感覺與行動也是相互糾葛的：親密伴侶之間的情緒高低起伏會影響我們個人的情緒狀態與行動；親密伴侶會分享彼此的情緒經驗；相對於泛泛之交，親密關係特有的相互影響不只比較頻繁，涵蓋較多的生活領域，而且影響比較深遠。比方說：大部分的家長發現，不論孩子年紀有多大了，自己一直都沒放下擔任家長的角色；兒女可能會同意，即使離開父母自立成家之後，家長的影響仍然沒有中斷。

相互一體性

互為一體性是親密關係的另一種特點，指的是雙方生命互相重疊、各自分離為二或合而為一的親疏程度。人們用來描述雙方關係的用語就可能透露此種親殊關係，複數代名詞（我們、我們的）可以表達也有貢獻於雙方的親密關係（例如：Fitzsimons & Kay, 2004）。人們用「我們」的說法來表達彼此的親密。在關係發展過程中，單數代名詞（例如：「她和我」）的說法會逐漸轉變成複數代名詞（「我們」、「我們的」），這樣的轉變有助於親密感與相互一體性。

另外一種捕捉親密感與相互一體性的方式就是，請人們從兩個重疊程度不一的圓圈當中，挑選最能夠代表自己和另一半關係的圖案（請參見圖11.1）。這種測量方式就是「自我與他人相互包含量尺」（the Inclusion of Other in the Self Scale）（Aron, Aron, & Smollan, 1992），包含若干圖樣代表人際關係的親疏程度。自我與他人相互包含量尺的使用非常簡單，只需要從各種圖樣當中，選出最能代表研究人員指定的親殊關係（例如：親密關係、最好的朋友、配偶等等）。這種圖像呈現的方式可以直接又貼切地表達個人對於彼此親疏程度的感覺。

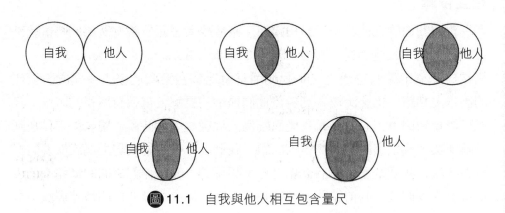

圖11.1 自我與他人相互包含量尺

承諾

這是指希望努力讓彼此的關係能夠持續到未來的心意。研究發現，人們往往把承諾和下列特徵相互連結，諸如：忠實、信用、信守諾言、盡心盡力、竭盡所能（Fehr, 1988, 1996）。簡言之，承諾意味著同甘共苦，不論順境或逆境都要長相廝守。與此相反的則是缺乏承諾，那是只能同甘而不能共苦的所謂「酒肉朋友」。友情與婚姻需要相當程度的努力付出，需要投入時間與心力來維持親密性，以及修補長期關係可能孳生的衝突與問題。親近關係也需要若干程度的自我犧牲與妥協，而互相承諾有助於確保雙方會願意為了維持親密關係，做出必要的犧牲與妥協。

最令人滿意的情感關係應該會包含上述六項特徵（Miller et al., 2007）。研究與日常經驗似乎都指出，這幾項特徵確實可以代表親密朋友或親密伴侶的本質要素。如果把這六項特徵當成理想的標準，那麼就可以根據這六項特徵的相對顯著程度，來判斷親密關係的親疏程度。費爾（Fehr, 1996）論稱，在朋友、好朋友與最好的朋友之間的差別，主要其實是程度上的差別。最好的朋友與我們相知程度最深，對我們的信賴與關懷程度最深，彼此的承諾程度也是最深。不過，有一點值得提出來，那就是情感關係相當多樣而複雜，可能不是上述六項特徵就能明確界定。有些感情關係非常深厚，但是也可能無法完全通過上述六項特徵的檢驗。

比方說，電影《見色忘友》（*Grumpy Old Men*）描述兩位老友〔華特‧馬修（Walter Matthau）與傑克‧李蒙（Jack Lemmon）主演〕，彼此為了爭奪女友芳心，而不斷嘲弄與羞辱對方，五花八門的報復花招層出不窮。即便如此，卻是絲毫不減兩位老先生長年深厚的友情。拿上述六項標準來檢視他們的友情，那肯定有許多不合格的地方。婚姻關係的多樣面貌與複雜程度也絕對不遑多讓，伴侶雙方各有獨特的需求與個性，有可能不完全符合上述六項標準，例如各自獨立而不是相互依賴，但是仍不失為成功美滿的婚姻；雙方不會影響或干預對方的工作、度假旅遊、共同朋友或是在家的活動，而是尊重對方的獨立空間。這或許不是每個人都適用，但是對於某些情侶或夫妻而言，卻是夢寐以求的理想情感關係。

還有一點值得注意的是，這六項特徵單項本身並不能保證肯定會有親密

關係。比方說，自我揭露並不保證親密或是深厚的情愛；有時候，當你真正了解一個人，你會發現自己其實不喜歡對方。再者，承諾也不代表你會渴望要改善或增進彼此的關係；婚姻不美滿的雙方可能會彼此承諾不離婚，因為他們相信這樣對子女最好。簡言之，關係是很複雜的。親密關係的六項特徵應該視為概括的引導通則，而不應該視為不得踰越的準則。

11.1.2　交換關係與共同體關係

　　除了定義親密關係的六項特徵之外，根據克拉克與米爾斯的觀點，關係可分為兩大基本型態，分別是交換關係與共同體關係（Clark, 1984; Clark & Mills, 1979, 1993）。這兩類關係分別關聯到若干特定型態的思考、評價與行為，以及不同程度的親密性與親近感。克拉克與米爾斯提供證據顯示，當親密感增進，人們的情感關係就會從交換關係轉向共同體關係。

交換關係

　　交換關係（exchange relationships）比較正式化，比較少私人性，而且是處於關係發展的初期。這種關係乃是建立在公平與互惠的基礎之上。換言之，交換關係中的雙方會期待彼此禮尚往來，我對你幾分好，你也應該等量回應。交換關係的評估是在心裡比較彼此的付出與收穫，如果付出與收穫的交換比率還算公平，那我們就會對關係滿意；如果覺得自己挖心掏肺，而對方回報卻很少，那就可能會心生怨懟；如果覺得自己不如對方對自己那麼好，就可能會產生虧欠感。

共同體關係

　　共同體關係（communal relationships）比較常出現在親密朋友、情人、家人之間。在這種關係當中，如果是依循交換關係的錙銖必較，那可能會讓人覺得有點好笑，甚至有傷感情。如果你最好的朋友凡事要求禮尚往來，就像會計師記錄收支平衡表一樣，你會作何感想？克拉克和米爾斯（Clark & Mills, 1979, 1993）發現，在低親密的正式化關係中，禮尚往來的互惠舉動有助於增進彼此的喜歡程度；但是在朋友與比較親密的關係中，

同樣的禮尚往來的互惠舉動卻會損害彼此的感情。對於多年的老朋友、親人、配偶，我們會傾向多關心對方的需求，而比較不會斤斤計較彼此為對方做了哪些事情。我們會敏於感受對方的情緒狀態，並且視情況需要，合宜回應。在共同體關係中，我們會持續相互關懷，聚焦在關係的全面品質，以及對方的需求與福祉，我們不會期待每一次收到來自對方的好處就一定要回報。

交換關係與共同體關係並不是截然二分，所有關係都有某種程度的交換性與共同體親密性。再者，親密關係也不必然意味著雙方都會抱持共同的觀點（Clark & Mills, 1993; Mills & Clark, 2001）。當然，有些夫妻確實會聚焦於計較彼此的付出與收穫，不過這可能也代表他們的關係不太健康，或不夠成熟。而且當親密關係出現傷害、衝突，或是完全偏向其中一個人自我中心的需求時，那思考彼此的付出與收穫，似乎就是相當合宜的反應。

11.2. 親近關係中的輕鬆面向

愛情與友情都是建立在相同的基礎元素之上，包括：相知、信賴、關懷、相互依賴、相互一體性與承諾。當這些基礎元素隨著關係持續進展，思考模式就會由交換的觀點轉為共同體的觀點。情感關係和健康、幸福安樂之所以有那麼強的連結，其中一個原因就是情感關係提供了一種安全網，讓人們在生活失去平衡時，能夠支撐、保護我們。親密關係的特徵，諸如：相知、關懷、信賴等，都不是孤獨一個人能夠擁有的。許多研究一致發現，來自朋友、親人與親密伴侶的支持，乃是遭遇困境時最強而有力的一種因應資源（Berscheid & Reis, 1998; Ryff & Singer, 2000; Salovey, Rothman, Detweiler, & Steward, 2000; Salovey, Rothman, & Rodin, 1998; Taylor et al., 2000）。不過，即便是處於順境，關係也會增進我們的福樂安適。大部分的美好時光通常會涉及分享的活動，以及和親朋好友的歡樂活動。這些美好的時光會讓人產生正向情緒經驗，進一步還會讓人獲得芙德麗克森擴展與建設理論研究顯示的那些正向情緒的諸多益處（第三章）。

11.2.1 玩笑與幽默

　　除了性愛之外，歡笑應該是人們最常經驗到的正向情緒。男女老少每個人都有歡笑的經驗，而且通常是發生在與他人互動的場合（Lefcourt, 2002）。當然有些時候，我們也有可能私下一個人歡笑，但是大多數的歡笑都是有其他人在場的。我們喜歡惹人歡笑的人，也會主動去親近這樣的人。大規模調查研究發現，幽默感是選擇異性或同性朋友、約會對象、婚姻對象最重視的一項特質（Sprecher & Regan, 2002）。當然，幽默也可能被用到負面的地方，譬如：校園霸凌的羞辱、嘲弄。不過，在滿意的關係當中，幽默通常是發揮正向的功能（Keltner, Young, Heerey, & Oemig, 1998）。親密關係少不了嘻笑逗鬧，以及相互感染的歡笑，而這也是人們喜歡親密關係的一個主要原因。即使是嚴肅的場合，也時常出現幽默。比方說，在喪禮告別式，敘說亡者有趣的故事也不是不常見的。幽默是面對失落時的正向因應策略（Bonanno & Keltner, 1997），幽默以正向情緒來替換負向情緒，因此有助於緩和嚴肅或緊張的狀況。人們廣泛認為，幽默是有效釋放壓力的方法，能處理敏感性的問題，幫助面對與化解人際衝突（Argyle, 2001; Lefcourt, 2002; Martin, 2007）。歡笑可以幫助心理與身體輕鬆自在。

　　幽默是建立與維持社會連結的重要元素。我們喜歡可以讓我們開懷暢笑的人（例如：Fraley & Aron, 2004），包括老師與教授，而且也感覺這樣的人比較親近。研究顯示，學生相信幽默感是優質老師最重要的特質，有助於營造課堂的樂趣、參與投入，以及學習的效果（請參閱Martin, 2007，第11章）。研究也一再發現，幽默有助於維持長期關係的滿意度（文獻回顧與討論，請參閱Martin, 2007）。

　　結婚50年以上的夫妻被問到，為什麼婚姻可以維持如此之久，最常出現的答案其中一項就是：「時常一塊兒歡笑」（Lauer, Lauer, & Kerr, 1990）。反而，很少人回答說是「令人遐想的性愛」。隨著年歲逐漸增長，魚水之歡的重要性也逐漸下降，幽默就轉而變成婚姻樂趣的重要來源。年老之後，我們或許不會有慾望或是有能力經常去享受性愛的樂趣；但是，我們並沒有失去享受其他樂趣或表達情感的能力。

　　就建立與維持親密關係而言，有一項與幽默有關的重要特徵就是具正向社會性質的趣味玩笑（playful prosocial teasing）。戀愛中的情侶少不了都會有調情的玩笑（Keltner et al., 1998）；許多不同的文化都一致認為，趣味的玩笑乃是友情的基本元素（Argyle & Henderson, 1984, 1985）。大規模的跨文化調查研究發現，人們普遍期待友情之中應該會有玩笑的存在。「玩笑既有批評，又有讚美，一方面攻擊，另一方面又讓人感到更加親近，既是嘲弄取笑，同時又是友愛的真情交流」（Keltner et al., 1998, p.1231）。雖然，開玩笑表面上帶有負向的感覺，比方說，「我是喜歡你，才會開你玩笑」、「我就是喜歡大家一起嘻笑怒罵，互相捉狹作樂」。能夠盡情開玩笑代表彼此之間的親密、信賴、關心、相互了解。相對地，一般點頭之交開玩笑就有可能會有誤解的危險，因為玩笑嘻戲與損人嘲笑之間往往只有一線之隔。還有一點頗有意思的，那就是如果彼此之間完全沒有玩笑，或是把玩笑當真，那麼關係八成就是有問題了。如果我們的好朋友不再和我們開玩笑，或是我們善意的玩笑卻被認為是一種侵犯，那我們就會清楚注意到情況有點不對勁，而且也會反省哪兒出錯了。更不用說，如果玩笑讓人感到火藥味或是讓人覺得受傷害，當然也會傷害到彼此的感情（Keltner, Capps, Kring, Young, & Heerey, 2001）。

11.2.2　研究焦點：分享人生的美好時光

　　因為關懷的關係會增進正向情緒經驗，所以也對於我們的福樂安適也會有增進的作用。根據**直接效應假說（direct effects hypothesis）**，即使在沒有面對壓力生活事件時，親密關係中的社會支持也能夠發揮有益健康與快樂的效應（請參閱第三章）。這背後的基本概念在於，正向情緒的正向效益乃是獨立於而且超越於負向情緒的負向作用。也就是說，正向情緒除了抵消負向情意的負向作用之外，本身還具有正向作用，能夠增進吾人的生活品質。

分享人生美好時光對於個人自我與人際之間的益處[1]

最近，雪莉・蓋博與同僚的這項研究，目的即是要檢視直接效應假說，接受支持的反應方式其影響效益是否不亞於實質支持的效益（Gable, Reis, Impett, & Asher, 2004）。當人們和他人分享或慶祝正向生活事件時，他們就會從中獲取超乎正向事件本身益處的額外效益。蓋博和同僚把此一過程稱為**資產效益化（capitalization）**（亦即把正向事件當成資產投資，從而獲得額外的利益）。

資產效益化的效應之所以會發生，可能是因為和他人分享正向事件讓我們得以再次體驗該等情緒效應。此外，伴侶的熱切反應，顯示他或她對於我們的好運真心感到高興，也會提升我們的正向感覺。透過四項研究，蓋博與同僚檢視分享正向事件對於個人福樂安適與人際福樂安適的助益。

第一項研究，參與者記錄每天的正向情緒、負向情緒、生活滿意度，為期五天。每一天，參與者也記錄個人最重大的正向事件，以及有無和他人分享該等事件。結果顯示，參與者70%的日子有與他人分享最重大的正向事件。逐日分析正向情感與生活滿意度的結果顯示，相對於「沒分享」的日子，「有分享」的日子的福樂安適有所提升。

第二、三項研究，伴侶檢視對方對於正向分享的反應程度是否有助於提升關係的品質。伴侶雙方各自獨立進行關係品質的評量，包括：承諾、滿足、信賴與親密。這項研究的成果之一就是特別設計的「資產效益化反應感覺量表」（Perceived Responses to Capitalization Attempt scale），此量表可供評量伴侶對於正向事件的反應程度。回答下列問題：「*請你思考一下，當你告訴伴侶某件發生在你身上的**美好的事情**，他或她聽了之後會有什麼樣的反應呢？*」（Gable et al., 2004, p.233，粗體字為原作者強調）。正向事件的例子，諸如：獲得升遷、和家人相談甚歡、贏得獎項，或是在學校有出色的表現。每個研究參與者評量另一半的反應屬於下列哪個類型：

1　英文論文原始標題如後：
What do you do when things go right? The intrapersonal and interpersonal benefits of sharing positive events.

1. 主動—建設型：例如：「有時候，我感覺另一半比我還要高興些。」
2. 被動—建設型：例如：「我另一半盡量表現出沒什麼大不了的態度，不過還是為我感到高興。」
3. 主動—破壞型：例如：「明明是一樁好事，他／她卻硬要挑出其中不好的地方。」
4. 被動—破壞型：例如：「我另一半不怎麼在乎我。」（Gable et al., 2004, p.233）。

這第二、三項研究結果顯示，只有主動—建設型的反應有助於提升情感關係的品質，至於其他三種反應類型，關係品質則是降低。由此可見，資產效益化的產生有賴於主動、熱切、支持的分享表現方式。

第四項研究，為期十天，檢視資產效益化對於個人的效益，也就是說，分享正向事件是否也能增進主觀幸福安樂感？答案是肯定的。有分享的日子，亦即有告訴別人當天最重大的個人正向事件，生活滿意度與正向情感都會增高。訴說得越多，尤其是對方聽後表現很支持、熱情，福樂安適增高的幅度也就越顯著。

整體而言，這四項研究提供了強而有力的證據，這些研究結果也讓我們看出，正向情緒與福樂安適關聯的另一項基礎。與關愛我們的人相連結，正向情緒對於福樂安適的效應可以獲得提升，並且延伸至雙方。

11.3. 友愛與愛情

喜歡和愛，友愛和愛，這當中存在著相當程度的重疊（Rubin, 1973）。我們愛好朋友，也喜歡自己的愛人。當人們被問到關於個人的浪漫關係，主要回答的內容都和友情有關，幾乎有半數的人回答說愛人也是最親密的好朋友（Hendrick & Hendrick, 1993）。雖然，我們用「愛」字來形容親密關係的許多面向，但是「愛戀」（in love）似乎帶有比較多關於性慾與性愛吸引的意涵。邁爾斯和柏雪德（Myers & Berscheid, 1997）請研究參與者將個人與某人的關係歸類為愛、愛戀、性吸引／慾望當中的一種。結果

顯示，最多的是愛，其次是性吸引／慾望，屬於愛戀的次數最少，而且與性
吸引／慾望有很高的重疊。簡而言之，愛戀意味著浪漫的關係，而且帶有強
烈的性愛吸引與慾望。在這兒，友愛與愛分道揚鑣。如果告訴愛人，「讓
我們只當朋友吧」、「我愛你，但是我對你已經沒有愛戀了」（I love you,
but I'm not in love with you），這通常意味著浪漫愛情已經走到終點，因為
性愛的吸引與慾望已經由濃轉淡，或是消失無存。浪漫愛情包含迷戀、激
情、熱戀、性慾望，以及一往情深、毫無保留的投入。我們很少使用浪漫關
係的語言，來描述我們與好朋友的關係。友愛的情緒強度比較沒有那麼強
烈，部分原因可能是其中沒有牽涉到性愛的親密關係。

友情與浪漫愛情的區分，除了有*情緒強度*的差別之外，也涉及到下列幾
項因素，分別是：原則的明確度、感覺的複雜度，以及對於關係的期望。

11.3.1　原則的明確度

阿蓋爾和韓德森（Argyle & Henderson, 1984）的一項經典研究指出，
人們對於「什麼是朋友」的看法，似乎存在著某些舉世皆準的原則。這項研
究讓若干不同文化（英國、義大利、香港、日本）的參與者，勾選個人認可
的友情原則。結果發現，頗有趣的，表11.2列舉的原則當中，有許多項目都
獲得跨文化的普遍認可。

你可以把這些原則想像為人們用來評估友情的測驗。友情包含了許多的
義務，以及定義朋友應該如何彼此對待的原則。如果你能夠實現該等義務，
也能夠遵行該等原則，那麼你就算通過了友情的測驗。阿蓋爾和韓德森發
現，人們在反思過去失敗的友情時，確實有想到朋友或自己是否有疏於遵守
其中某些原則。

這些原則是否也適用於檢驗浪漫愛情？還是說，另外有一套不同的愛
情原則？談到婚姻與愛情的發展與維持，你可能會想到歐普拉、菲爾博士，
還有坊間書店的自助叢書部門，無所不有的各種意見和建議，可能會讓人看
得眼花撩亂，聽得頭暈腦脹。還有專門研究情感關係的學者也提出了許多引
導原則，可供維持健康的情感關係（例如：Gottman & Silver, 1999; Harvey

⌂【表11.2】友情的原則

支持

在朋友急難需要協助的時候，義務相助。

展現情緒的支持。

在朋友不克為自己出聲的時候，挺身仗義直言。

值得信任、可以放心傾吐秘密

尊重朋友的隱私。

彼此信任、可以放心傾吐秘密。

守口如瓶。

不在公開場合批評彼此。

能夠和朋友傾吐個人的感覺或問題。

歡樂與幽默的來源

盡力希望對方能夠快樂。

說笑或逗弄朋友，討對方歡心。

與對方分享彼此的成功喜悅消息。

容忍與接納

不忌妒或是挑剔彼此的關係。

包容對方的朋友。

虛心請教對方提供建言或忠告。

不要嘮叨、碎碎唸。

& Omarzu, 1997, 1999）。不過，就我們所知，似乎還沒有實徵研究發現，愛情與友情擁有合理而又描述清楚的通用原則（或許可以參考Baxter, 1986）。有句反話形容得相當貼切：「在愛情與戰爭當中，一切都是公平的」。激情與浪漫的複雜與變化莫測，似乎早就排除了清楚原則存在的可能性。事實上，由於愛情特別注重自發、激情，以及獨占性，因此有些人可能會論稱，如果你遵循所謂的愛情原則，那麼你很可能根本就是沒有陷入愛情之中。相較於友情，愛情似乎變化多端，不論是情感的表達，或是愛情的意義，都有著相當濃厚的個人獨特色彩。

11.3.2　感覺的複雜

　　相較於友情，浪漫愛情牽涉較複雜的感覺，要求與期許也比較高。愛情有多複雜呢？從研究人員無法明確擬具定義，以及音樂、電影、流行文化有關愛情主題的千變萬化，或許可以稍微看出箇中端倪。

　　哈維和韋博（Harvey & Weber, 2002）引述著名關係研究學者伊蓮·柏雪德（Ellen Berscheid）對於愛這個主題的一席話（引述自Sternberg & Barnes, 1988, p.362）「……愛就像個大雜燴，涵括了五花八門的諸多行為，而共通點只在於全都發生在個人與另外一個人的關係之間……」。在音樂、電影、流行文化當中，總有許多作品從各種推陳出新的角度，描述愛的迷樣多元面貌，以及社會名流的愛情生活細節。我們對於愛情癡迷的程度顯然是友情難以望其項背的。愛情出租或販賣、權力之愛、終生的愛、致命吸引、愛情悲劇、征服情海、克服萬難的愛、奮不顧身的愛、由恨生愛或由愛生恨、愛恨交織……。相較於數不完的愛情歌曲、愛情電影，有多少作品是關於友情的「奧秘」呢？

　　再者，對於一般朋友，我們也不會要求他們要像我們的愛人一樣忠心不二（Miller et al., 2007）。做某人的好朋友並不會阻止你成為其他人的好朋友；聽到好朋友和其他朋友共進晚餐或看電影，並不會讓你心生芥蒂。但如果是發現伴侶出去和某人約會吃飯、看電影，那可能會讓你妒火中燒，至少也會要求給個解釋。如果愛人私下偷偷發展異性友情，那難免就會招來感情不忠的疑慮。類似的道理，如果你欣賞某人或是和對方開玩笑，這些行為看在好朋友眼裡，一般並不會構成任何問題；但是，如果你把同樣的行為看做是調情，那你和親密伴侶之間可能就有麻煩囉。

11.3.3　期望

　　友情與愛情的最後一項差別就是有關情感面的期望。有不少社會觀察家注意到，我們目前比起過去，對於婚姻與愛情期待更多情感面的滿足（例如：Myers, 2000b; Phillips, 1988）。在過去，婚姻基本上是建立在實際的事物，諸如：財務、家庭連結、養兒育女。浪漫之愛固然重要，但並非考

量是否結婚的主要或唯一因素。目前，大規模的調查研究顯示，愛情是結婚的主要基礎，維持愛情則是維繫婚姻的重要條件（Simpson, Campbell, & Berscheid, 1986）。現在比起過去，更期待透過婚姻來滿足個人最深層的情感需求。人們期待婚姻能夠讓個人生命圓滿充實，永浴愛河，白頭偕老。許多研究者已經指出，對於婚姻的許多期待最終難免落空或失望。相對地，我們就比較不會把自己生活的不圓滿或不快樂怪罪到朋友身上。當然，朋友確實可以帶來某些快樂，但是個人生活的圓滿則是我們自己的責任，而不是朋友的責任。朋友給我們自由空間，可以依照個人的意思各自過活，去追求自己的志向與興趣。相對地，在婚姻當中彼此則會有強烈的期望，兩人的幸福快樂相互交纏、密不可分。影響幸福快樂的因素太多了，從基因到生活的選擇，不足而一，期待婚姻讓我們幸福快樂，可能是期待太多了，要一肩扛起對方幸福快樂的責任，可能也是太沉重的負荷。

11.4. 愛的類型

11.4.1 激情之愛與伴侶之愛

愛情有許多不同的樣貌。其中最基本的一種分類就是：激情之愛或浪漫之愛與伴侶之愛（Berscheid & Walster, 1978; Hatfield, 1988; Walster & Walster, 1978）。

激情之愛（passionate love），或**浪漫之愛（romantic love）**涉及濃烈的性吸引、迷戀、徹底的投入，還有狂喜到痛心的情緒。激情之愛包括：一心只想著對方、理想化他或他的人格特質、只要在身旁就會感到生理的激起、渴望肌膚親密接觸，以及強烈的互惠需求（需要被愛）（Hatfield & Sprecher, 1986）。你可能已經猜想到，激情或浪漫通常出現在情感關係發展的初期。

伴侶之愛（companionate love）則是建立在一種特殊的關愛友情。以我（本書第一作者）為例，若干年前，內人和我每年結婚紀念日都會寫一張

卡片給對方，這些卡片讚頌的是歷久彌新的深刻友情，而不是浪漫或激情的愛。至於那些寫滿濃情密意的卡片，倒是讓我們開始感到有些尷尬，譬如：「迫不及待想和你上床」、「你圓滿了我的生命」、「沒有了你，我什麼也不是」。我們仍然深愛著對方，但這不是乾柴烈火的濃烈情愛，而是歷經40年甘苦與共的試煉，建立起來的深厚感情，以及彼此的欣賞與體念。經年累月緩慢發展的伴侶之愛，不像激情之愛那麼充滿情緒化的火花，比較冷靜，比較沉澱。這樣的關係反映的是兩人在數十年共同人生的經歷之後，已經由愛人轉變成攜手相伴的好朋友，或相知相惜的心靈伴侶。數十年的婚姻生活，光是時間累積的份量就絕對不容小覷，畢竟人生一輩子除了自己的另一半之外，還有誰能夠更了解你自己呢？還有誰有著更多的共同生活回憶呢？

雖然，伴侶之愛與親近關係有許多類似之處，兩者還是有不同的地方。夫妻之間的溫暖擁抱畢竟不同於同性好友的溫馨擁抱，即使老夫老妻不像新婚之初那樣做愛頻繁，但還是有可能會燃起性愛的火花；至於同性好友就算熱情擁抱，也不太可能會慾火中燒而擁吻做愛。

11.4.2　愛情三角理論

史坦柏格愛情三角理論（**triangular theory of love**）描述了愛的本質要素（Sternberg, 1986, 1987）。在史坦柏格的模式中，親密、激情與承諾代表了兩人愛的關係的三個面向：親密、激情、承諾。

1. **親密（intimacy）**：相互了解、溫馨的情愛，以及對於彼此福祉的關懷。
2. **激情（passion）**：強烈的情緒、興奮、生理激起，通常連帶有性愛的慾望與性吸引。
3. **承諾（commitment）**：有意識的決定長期維持一段情感關係，包括奉獻犧牲的意識，以及努力維持的意願。

藉由這三項要素的不同組合，史坦柏格的模式描述了若干種不同的愛情類型。

浪漫之愛（親密＋激情）

　　有人可能會覺得有點奇怪，為什麼浪漫之愛沒有納入承諾，但是史坦柏格論稱，承諾與否不是定義浪漫之愛的必要條件。比方說，夏日的浪漫戀情可能會有著雙方的相互揭露、強烈的激情，但是不見得會承諾夏日結束之後還會延續該段浪漫戀情。

伴侶之愛（親密＋承諾）

　　伴侶之愛是建立在親密與承諾，經年累月緩慢發展而來的。結婚之後，當激情退卻，以深刻關愛、友情為本的伴侶之愛就會提供穩固的基礎，讓兩人關係得以維持恆久而美滿。

迷戀之愛（激情＋承諾）與狂熱之愛（只有激情）

　　建立在激情之上的不成熟、盲目或不理性的愛。迷戀之愛結合了高度的激情與承諾，但是缺乏親密。雙方可能萍水相逢，就陷入難以自拔的激情狂戀。激情是建立承諾的基礎，也是承諾賴以維繫的唯一因素。因為激情可能會隨著時間而消退，所以迷戀之愛的關係也就不太可能維持長久。狂熱之愛也有類似的問題。狂樂之愛只有激情，而沒有親密，也沒有承諾。青少年的浪漫把激情愛慾當成愛；或是陌生人之間的一夜情，只有激情愛慾，而沒有發展情感關係的意圖。偶像崇拜、愛慕好萊塢電影明星或歌星而產生性愛之類的感覺也算是一種狂熱之愛。

名存實亡之愛（只有承諾）

　　沒有激情，也沒有親密關係，只有承諾維繫著彼此的關係。這種關係恰如其名，就是感情實際上已經死亡，但是雙方為了某些理由（譬如：為了方便、財務利益、義務或責任感），而勉強維持雙方的名分關係。

完整之愛（親密＋激情＋承諾）

　　這是許多人渴望得到的愛，但是史坦柏格卻懷疑，人們不太可能維繫這樣的愛，畢竟激情終究會隨著時間而消退。然而，誠如海克（Hacker,

1979）指出，我們大部分人周遭或認識的人當中，似乎都有這樣的模範夫妻：「我們都認識有些夫妻結婚都已經二、三十年了，彼此卻還是如膠似漆，相看兩不厭。眉來眼去的模樣，就彷彿剛做完愛，或是迫不急待要上床做愛。三不五時，就看他們兩個人上餐廳，含情脈脈，情話綿綿。也或許，他們就喜歡窩在自家的小天地裡，兩人各自沉浸在書中，漫漫長日，遙遙相對守望，而又互不干擾。」（p.27）。

史坦柏格的愛情三角理論得到相當多的實徵研究支持。人們對於感情關係的主要特徵與類型的理解，似乎頗符合三角理論親密／激情／承諾的概念（Aron & Westbay, 1996; Sternberg, 1998b）。比方說，理想的愛人在這三項元素都獲得高評分；友情在親密與承諾獲得高評分，但激情則是低評分；手足之情在承諾高評分，親密與激情低評分。還有其他學者提出若干不同的愛情分類模式，也頗能捕捉愛情的多樣面貌（例如：Hendrick & Hendrick, 1993, 2003; Lee, 1988）。在這麼多的愛情類型之中，浪漫之愛與伴侶之愛似乎是最基本的型態，可以廣泛應用來思考人類最親密的關係。

11.4.3 愛、婚姻與離婚的文化背景

本章最後，我們將會集中論述人類最重要的一種親密關係——婚姻。婚姻與福樂安適有著很強的關聯，圓滿的婚姻是增進個人健康與幸福快樂最強而有力的因素之一（請參閱第五章）。婚姻不愉快連帶著福樂安適與身體健康的情形也會比較不理想。誠如邁爾斯指出：「……糟糕的婚姻，比不結婚還要更糟糕」（Myers, 1992, p.158）。由於大部分的人都有結婚，因此社會眾人的婚姻狀態（不婚、未婚、離婚、鰥寡等等）與婚姻生活的品質，似乎也就會影響到該社會整體的福樂安適水準。根據美國戶口普查局統計資料顯示，90%的美國人終其一生至少結婚一次（Goldstein & Kenney, 2001; Noller & Feeney, 2006）。2002年美國全國戶口普查統計資料顯示，60%的女性，57%的男性，在受訪時為已婚狀態。雖然，成功的婚姻有所貢獻於個人的福樂安適，但是目前美國人婚姻成功的比率卻是低迷不振。回顧各種戶口調查、全國態度調查、長期追蹤婚姻狀態的縱貫研究，結果都顯示，當前美國人的婚姻狀態實在讓人相當沮喪（例如：Berscheid & Reis, 1998;

Bryant, Bolland, Burton, Hurt, Bryant, 2006; Goldstein & Keeney, 2001; Miller et al., 2007; Myers, 2000b; Popenoe & Whitehead, 2004）。

　　1960年代中期開始，直到70年間，美國人的婚姻狀態開始出現劇烈變化，而且惡化的趨勢直到目前仍然未有減緩。我們最熟悉的重大變化就是：婚姻不再終老一生。目前在美國，首婚族有50%最後以離婚或分居收場（Myers, 2000b; Popenoe & Whitehead, 2004）。其他西方社會，諸如：荷蘭、瑞典、加拿大、英國，離婚率也都出現增高的趨勢，但是美國的離婚率幾乎是其他已開發國家的兩倍。婚後5至7年間，離婚率都比較高，這一點頗符合「七年之癢」（seven-year itch）的說法。不過，目前即使是10年以上的婚姻，也出現難以維持的趨勢。似乎沒有任何結婚年數的安全點，可以保證撐過那點之後，就可以維持婚姻不破裂；雖然，15年以上的婚姻，離婚率是有顯著程度的降低。當大部分的人離婚之後，最後都會再婚，梅開二度或三度者離婚率甚至比首婚族還更高。

　　其他統計似乎亮起逃避婚姻的警訊燈號（統計資料擷取自下列文獻的回顧，Bryant et al., 2006; Miller et al., 2007; Myers, 2000b; Noller, 2006）。相較於1950、60年代，結婚年齡有越來越晚的趨勢（當時是20歲出頭就結婚，現在則是快要30歲才結婚），而且有超過33%的男女，一直到35、36歲仍然單身。不想結婚的現象也反映在如後的諸項現實：越多人選擇維持單身；再婚比率下降，尤其是女性再婚比率更低；未婚同居比率升高。這些年來，婚前同居比率急遽上升，估計約有50%的大學男女生未婚同居。同居是否有助於提高未來婚姻的成功呢？試婚可以幫忙弄明白彼此是否適合，如此的想法其實禁不起考驗，因為婚前同居的夫妻比沒有婚前同居的夫妻離婚率更高。我們似乎可以這樣推論，比較會受到婚前同居吸引的人，似乎有以下的特質或傾向：他們比較無法對婚姻做出承諾，也比較沒有意願面對長期關係無可避免的衝突。再者，同居也可能使得婚姻變得不是那麼令人渴望追求，而且如果覺得不滿意的話，也比較容易結束同居的生活。同居可不可能是另一種型式的穩定婚姻？答案顯然是否定的。洛勒爾（Noller, 2006）引述研究證據顯示，同居的伴侶有50%在2年之內分手，90%在5年之內分手。

11.4.4　婚變的原因

　　從美國的高離婚率，我們可以清楚看到箇中有著文化變遷的背景。如果離婚率不是50%而是1%，那麼婚姻失敗有可能就是個人因素造成的。我們可以問離婚的夫妻：「為什麼大家的婚姻都沒事，你們的婚姻卻失敗？」然後，我們就可以根據該等答案資料，研究分析究竟是哪些獨特的個人因素導致婚姻失敗。不過，高達50%的離婚率，卻可能告訴我們兩件事。第一，應該有些共同的原因導致離婚。每年美國約有100萬對夫妻離婚，是否有可能有100萬種不同的離婚理由？第二，離婚如此普遍，沒有離婚的夫妻反而是特例，因此比較值得去探究沒有離婚的特殊原因。也就是說，研究者應該問幸福快樂的夫妻：「為什麼大家婚姻都破裂了，你們卻沒事？」

增加自由、減少限制

　　不少研究者已經注意到，個人是否繼續維持或斷絕關係，可能取決於當事人內在因素與外在因素之間的交互影響（例如：Kelley, 1979; Kelley & Thibaut, 1978; Levinger, 1976; Levinger & Levinger, 2003; Myers, 2000b）。比方說，列文傑（Levinger, 1976）和羅斯伯特（Rusbult, 1983）的研究聚焦於探討個人對於婚姻的承諾如何受到下列因素的交互影響：婚姻滿意度、放棄婚姻的代價與障礙、可茲選擇的替代出路、在婚姻當中累積的個人投資程度。如果，我們考量過去40年來上述因素相關的文化／歷史的變遷，那就不難理解為什麼離婚率會上升得如此急遽。現在要結束不愉快的婚姻，相對比過去容易多了，而且付出的代價也比較小。簡而言之，自由增多、限制減少，離婚就隨之增多了。

　　在過去，婚姻不快樂的夫妻如果要考量離婚，就必須面對許多的障礙（文獻回顧與評論，請參閱Bryant et al., 2006; Harvey & Weber, 2002; Miller et al., 2007; Myers, 2000b）。首先，在婦女運動與雙薪家庭之前，許多家庭主婦必須依賴丈夫提供家庭財務，離婚通常就代表收入會大幅縮水，子女的撫養支出跟著也可能會遭遇不少困境，工作能力與經驗的欠缺也會使得重回就業市場的難度相對高了許多。其次，在過去，離婚一度被認為是不名譽的事情，不論男女，離婚都是見不得人的醜事。比方說，政治人物

必須隱藏個人的婚姻問題，維持婚姻美好的形象，以免離婚之類的醜聞玷汙了政治生涯。第三，過去人們普遍持有一種信念，而且社會也強烈期待，為了子女的緣故，為人父母者即使婚姻不愉快，也應該顧及子女的幸福，犧牲個人的快樂，勉強維持婚姻，而不輕言離婚。第四，相信婚姻是神聖的，應該不計一切代價維護婚姻，這種信念反映在社會常模與婚姻法當中。比方說，婚姻發生問題的婦女如果尋求朋友、家長、諮商師、牧師等的建言，得到的答案很可能就是勸合不勸離的：「親吻，修好」（也就是想辦法讓婚姻和好如初）。在法律上，只有夫妻之間發生相對重大的犯行，或是長期嚴重的衝突，才可能批准離婚。在過去，即使婚姻不愉快，夫妻雙方總能找出許許多多的理由來維持彼此對於婚姻的承諾。這或許就促使某些夫妻努力化解了箇中許多困境，從而發展出滿意的婚姻。不過，有些人則可能陷溺在情感空洞，而且衝突不斷的怨偶關係之中。

1960年代以來，文化變遷使然，離婚的障礙與代價已經越來越低。目前，已婚夫妻各自擁有職業的情況相當普遍。如果婚姻結束，夫妻雙方都可以自力更生。在美國，女性投入職場工作的增加趨勢與離婚率的增高，兩者之間有很高的相關。相對於收入相等或低於丈夫的女性，收入高於丈夫的職業婦女離婚的危險度最高（Miller et al., 2007），財務獨立使得女性更有自由選擇結束不快樂的婚姻。離婚者也比較不像從前那樣會受到社會的譴責；因為離婚日益普遍，昔日汙名化的情形也不像從前那麼強烈。政治人物、企業主管，以及其他社會名流，也不像從前那樣遮掩婚姻失敗的事實，即便公開也沒有帶來太大的傷害。調查研究顯示，為了小孩而勉強維持婚姻的情況也越來越少。桑頓（Thornton, 1989）發現，1985年調查的時候，只有20%的婦女相信，為了子女的緣故，婚姻不愉快的夫妻應該不要離婚。目前，社會普遍的看法似乎是，相較於充滿情緒困擾問題的雙親家庭，穩定而少有衝突的單親家庭反而比較能夠提供孩子較好的成長環境。

最後一點，法院與常民智慧也吸收了文化變遷下婚姻的各種不同考量。目前，美國有許多州已經採行無過失離婚法，因為「難以調和的差異」例子洋洋灑灑，包括無趣、不快樂，乃至於「我認為，我跟別人會過得更好」。因為離婚已經受到普遍接受，協助與輔導婚姻困擾的第三方也比較可能提供勸離不勸合的建議。總而言之，目前似乎有更多的人相信，離婚是合

理解決婚姻問題的一種可行出路。一方面，自由意味著可能擁有更好的生活，而不再只能陷溺在不快樂的婚姻中；另一方面，更多的自由可能會使得結束婚姻變成輕而易舉的選項。人們可能會認為，離婚是最簡單而方便的解決方式，而不再堅持對於婚姻的承諾，努力去克服或化解婚姻遭遇的難題。

攜手于歸、白首偕老：愛是答案嗎？

現今社會觀念開放，再也不需要等到結婚才可以有性關係，或是生小孩，而結婚也不再是女性追求財務福祉的唯一出路。社會已經普遍接受婚外性行為（Myers, 2000b）；三分之一的新生兒不是合法婚姻的婚生子女（Miller et al., 2007）；許多婦女享有財務上的獨立自主。當女人在財務方面可以自給自足之後，嫁人尋求可以供給財務資源的必要性就大幅減低了。再者，人們以往相信未婚懷孕的男女一定要「奉子成婚」，如果不從，那女方父親就會舉槍動武，強迫男方必須為女兒懷孕負責。時至今日，結婚多半是出於自由選擇，卸除了昔日種種的限制、社會規範，以及實際面的必要性。調查研究指出，愛情成了結婚主要甚至唯一的考量因素。

「如果對方擁有你渴望的所有特質，可是你們並不相愛，請問你願意和該人結婚嗎？」針對這個題目，1967年調查結果，在美國大學生當中有35%男生以及76%女生表示願意（Simpson et al., 1986）。對於婚姻的基礎，男生明顯有較多浪漫的看法；相對地，女生的考量則比較實際，實質的條件比愛情更為重要。不過，時隔30年之後，情勢大為改觀，同樣的問卷題目，不分男女，絕大多數回答都是「否定」（86%男生，91%女生給了否定的回答）（Allgeier & Wiederman, 1991，轉述自Hatfield & Rapson, 2006）。當前美國文化，戀愛似乎是結婚的主要理由。浪漫電影的主題往往凸顯愛的能力可以超越社會地位、宗教、背景等方面的差距，電影《麻雀變鳳凰》（*Pretty Woman*）就是很典型的例子。為什麼有錢有勢的律師會娶妓女為妻？答案很簡單：他墜入愛河了。

重視浪漫愛情是西方社會個人主義文化特有的現象嗎？在過去，歷史研究曾經傾向認為，浪漫愛情是西方文化的發明，在其他非西方社會，並沒有同樣顯著的地位。在集體主義的社會，尤其是父母安排婚事的社會，婚姻比較偏向實際條件的考量，譬如：社會地位、宗教相容等。不過，近年來，人

類學家廣泛而詳盡的研究結果則指出，激情的浪漫愛情幾乎普遍存在於全球各文化（只有極少數的例外）（Jankowiak, 1995）。不同文化凸顯浪漫愛情的程度或許有所差異，表達方式可能也有不同，但是激情的浪漫愛情並不是西方個人主義社會特有的。

　　大規模的調查研究肯定了，跨越全球各種文化，人類普遍都把激情與浪漫視為婚姻的基礎。在其擇偶研究中，巴斯（Buss, 1994）橫跨37個國家，10萬人針對18項屬性予以評估，其中包括：富裕、語言、宗教、種族背景、政治理念。所有國家，不分男女，大多數人選擇的頭號答案就是：愛情／相互吸引（love／mutual attraction）。值得注意的是，不同文化之間，對於某些擇偶條件的優先順位確實存在不同的看法。比方說，在中國、印尼、伊朗、以色列等文化，貞操是很重要的。但是，在法國、挪威、瑞典，貞操就不是很重要的擇偶條件，甚至有些人還認為貞操是扣分。

　　「如果對方擁有你渴望的所有特質，可是你們並不相愛，請問你願意和該人結婚嗎？」針對上述題目，跨文化調查研究結果也呈現強烈證據支持愛情—婚姻的關聯（例如：Levine, Sato, Hashimoto, & Vema, 1995; Sprecher et al., 1994）。調查研究涵蓋全球各地文化差異極大的地區，結果都顯示，很少人認同沒有愛情的婚姻。根據回顧檢視激情之愛觀念的文化差異與歷史演變，海菲爾德和瑞普遜結論道：東西文化的差異似乎「急速消失」，「……許多傳統文化地區的年輕人越來越趨向採行『西方』模式——注重『墜入愛河』，要求兩性應該擁有戀愛與性愛的平等權，以及堅持為愛情而結婚（相對於同意接受家長安排的婚姻）」（Hatfield & Rapson, 2006, p.240）。

　　激情與浪漫已經成為結婚的主要原因，這樣的趨勢和人們離婚有何關聯呢？如果你回想我們討論過的友情與愛情的差別，你可能就會猜出這個問題的答案。首先，許多社會觀察家相信，由於越來越強調婚姻中的激情／浪漫，連帶就會期待婚姻能滿足更高的情感／情緒需求（Miller et al., 2007; Myers, 2000b; Phillips, 1988）。人們已經不再為了實用理由而步入婚姻，取而代之的則是期待能夠從婚姻當中獲得個人的滿足。現今的婚姻似乎更加仰賴於「婚姻內容的甘美果實」（Berscheid & Campbell, 1981）。如果婚姻不快樂、不滿意、缺乏刺激，又不能滿足性愛與情緒的需求，那為了什麼

不離婚呢？在過去，不離婚的理由可能是為了子女、財務、社會尊重；今天，這個答案似乎是如果你不快樂、不滿足，那你的婚姻肯定是有些地方出錯了。但是，問題也可能在於現在人們對於婚姻的期待太高了，於是當現實開始有些不盡如人意，那就難免對婚姻感到失望，最後終至走上離婚一途。

不過，浪漫愛情與婚姻連結的第二項問題可以幫助釐清合理與不合理的期待：激情之愛的最大問題可能在於無法維持長久。人們可能為了浪漫愛情而結婚，但是如果把激情浪漫的持續當成維繫婚姻的前提，那可能就不是那麼甜蜜了。把浪漫與激情的強度作為評估婚姻的主要考量，那很可能就註定了幻滅與離婚的下場。許多縱貫研究一致發現，在結婚之後，婚姻滿意度、整體婚姻品質的評價、正向情感的表達頻率，全都呈現逐年下降的趨勢（Bradbury, 1998; Karney & Bradbury, 1995; Kurdek, 1999）。

讓我們來看看圖11.2所顯示的例子，該圖採用的是寇德克（Kurdek, 1991）的資料，婚姻滿意度在結婚最初幾年下滑速度最快，接下來，則是大致維持平穩，然後到了第8年到第10年之間，又出現第二度的快速下滑。研究結婚多年的婚姻（20年以上）的確顯示滿意度的水準比較平穩，而且也還有些爭論，尚未確定結婚很多年的婚姻，滿意度是否有上揚的結果（Berscheid & Reis, 1998）。這些資料並不是代表婚姻生活必然是從新婚的喜氣開場，然後逐步邁入悲慘的結局。下降其實是相對的，因為在新婚的時候，有較多的夫妻表示婚姻「非常快樂」，但是結婚多年之後，表示婚姻「非常快樂」的人數就少了很多。過去的研究有一度以為，婚姻滿意度的下降可能和撫養子女面臨的諸多挑戰有關。不過，最近研究則顯示，沒有子女的夫妻也呈現類似的婚姻滿意度下降結果（Berscheid & Reis, 1998）。

哈斯頓與同僚的研究可以讓我們清楚看見這些變化與離婚的關聯（Huston, Caughlin, Houts, Smith, & George, 2001; Huston, Niehuis, & Smith, 2001）。這項著名的研究為「親密關係適應過程研究案」（The Process of Adaptation in Intimate Relationships），簡稱PAIR研究案。

這項縱貫研究對象為1981年結婚的168對夫妻。前13年的研究結果顯示，35%的夫妻已經離婚，另外有20%自認婚姻不快樂，只有45%自認婚姻快樂。即使是自認婚姻快樂的夫妻，情感也比結婚最初幾年轉淡，滿意度也比較低。PAIR研究也發現很強的證據支持幻想破滅模式（disillusionment

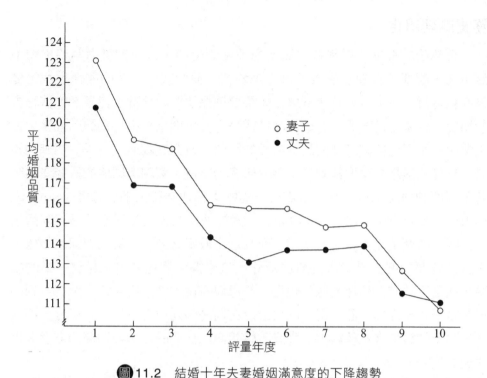

圖11.2　結婚十年夫妻婚姻滿意度的下降趨勢

資料來源：Kurdek, L. A. (1999).The nature and predictors of the trajectory of change in marital quality for husbands and wives over the first 10 years of marriage. *Developmental Psychology, 35*, 1283-1296. 美國心理學會版權所有，翻印轉用許可。

model）對於婚姻滿意度與離婚的解釋；最有可能離婚的高危險群，就是那些婚姻滿意度與浪漫情愛感覺下降趨勢最陡的夫妻。弔詭的是，結婚7年以上離婚的夫妻，當初結婚的時候，彼此的愛意和浪漫程度都比較高些。研究結果顯示「結婚超過7年以上才離婚的夫妻，就如同新婚夫妻一樣，幾乎總是意亂情迷的癡情樣，比起婚後才逐漸發現婚姻快樂的夫妻，他們的濃情蜜意還要勝出三分之一。不過，基於幻想破滅模式，浪漫的強度在婚後第1年就會逐漸消退，反映而出的就是雙方濃情蜜意的劇烈下降，彼此對於對方的反應程度也大不如前」（Huston et al., 2001, p.249）。

務實或理想化

　　大部分的夫妻似乎都會經歷幻想破滅的時期，當現實壓力開始壓迫婚姻生活，配偶的理想化形象不再完美如初，彼此美好無缺的關係也開始變得荒腔走板。這是否就意味著夫妻如果要確保快樂，那就要對婚姻抱持務實的態度，以避免日後的幻想破滅？抑或是對於婚姻還是抱持幻想，但努力去維繫使幻想不至於破滅？關於這方面的問題，研究文獻並沒有提供明確的答案，務實或理想的態度都有獲得某些研究的支持。莫瑞與同僚的研究建議，若干程度的理想化可能有所貢獻於夫妻的幸福快樂與婚姻滿意度（Murray, Holmes, & Griffin, 1996a, 1996b）。對於彼此的人格特質抱持最正向觀感的夫妻，婚姻生活不只比較快樂，而且也比較不會分手。莫瑞與同僚相信，有些人會傾向把對方看成比自己還好，這使得他們通常看不見另一半的缺點，或是不計較。這樣的態度也是一般母親看待子女最常見的，她們看到的通常是子女最好的一面，對於缺失或過錯則是傾向視而不見。如果雙方都抱持理想化的觀點來看待對方，那麼不難想像，彼此的自尊與關係的滿意度也會隨之提升。

　　自我證實理論（self-verification theory）主張，人們渴求獲得能夠肯定或證實自我的評價看法（Swann, 1983, 1987）。具體而言，人們希望他人肯定自己的正向特質，並且批評自己比較不喜歡的負向特質。史旺（Swann, 1990）指出，人們想要的是對方能夠「了解」我們，而不必然是想要對方「愛慕」我們。當伴侶證實你對自己的看法，情感關係就會增進，因為這代表伴侶真正了解你，而這種真正的了解可以帶來強烈的親密感。

　　理想評價與真實評價看似相反，但其實並非如此。(1)因為這兩種評價的利或弊還得取決於關係的時間長度與發展階段。(2)因為在健康的關係中，這種兩評價可能同時共存。研究指出，在短期的約會關係與關係發展初期，理想化與正向的觀點有益於親密感和關係滿意度（Campbell, Lackenbauer, & Muise, 2006; Swann, De La Ronde, & Hixton, 1994）。不過，在長期情感關係中，太多的理想化到頭來可能會使得關係陷入困境。重要是的，必須至少在相當程度上認清對方真實的優點與缺點。請你想像如果一味讚許對方酗酒的習慣，或是美化對方缺乏財務規劃與收支平衡的能力，

那會有什麼樣的結果呢？在健康的長期關係當中，或許同時存在某種程度的務實與理想化。對於特定的能力與特質給予真實評價，似乎有益於親密感，也比較能夠根據雙方的優缺點，有效分配彼此在關係當中的角色與責任。

　　另一方面，若干程度的理想化無疑非常有助於讓人感受到正向的尊重與接納。換言之，雖然我們有不完美之處，但還是需要獲得他人的愛、欣賞與尊重。最近，涅夫與卡尼有一項縱貫研究（Neff & Karney, 2005）即是肯定兼顧務實與理想化的重要性。新婚夫妻通常都有著濃烈的相互愛慕與全面的欣賞（「你是最棒的」）。不過，愛慕也不能脫離現實，否則對於情感關係反而有害無利。涅夫與卡尼結論道：「一味愛慕而完全不顧事實，當事實真相逐漸浮現，不但會讓另一半失望，並且會導致他或她懷疑你的愛缺乏可信度」（p.495）。

滿足與衝突

　　研究指出，相較於過去，目前的已婚夫妻遭遇更多的衝突，婚姻滿意度大不如前。現今的家庭生活似乎越趨複雜、忙亂，箇中部分原因可能是夫妻各別都有工作，共度的時間也就比較少了（Amato & Previti, 2003; Rogers & Amato, 2000）。管理家務事，舉凡照顧小孩、支付家庭開銷的帳單、接送孩子去上安親班或其他課後活動，這些都有可能搞得婚姻烏煙瘴氣。

　　美國全國性的調查研究顯示，相較於1970年代，現在的已婚夫妻自評婚姻非常快樂的比率下降了5%左右（Glenn, 1991; Glenn & Weaver, 1988），下降的原因不明。這是否反映現在的婚姻快樂程度確實有降低？而原因可能是由於衝突增多造成？抑或是對於婚姻期待過高，在現實不如預期，心生失望之餘，而導致婚姻滿意度的下降？還是上述兩種情況兼而有之？不論實際原因為何，有兩項事實值得我們特別注意：（1）已婚者仍然比從未結婚的單身者顯著來得更快樂些；（2）非常快樂的人有很高的可能性會自陳報告婚姻快樂與滿意（Myers, 2000a）。

　　接下來，我們要提出的問題就是：「構成快樂婚姻的要素是什麼？」這問題的答案透過下一節「人們將什麼帶進浪漫關係之中」的探討，或許可以得到部分的解答。

11.5. 人們將什麼帶進浪漫關係之中

專家似乎都同意，在文化快速變遷之下，目前婚姻比過去似乎更難維持長久的幸福快樂。除此之外，婚姻的成功或失敗也取決於夫妻雙方個性的互相適配情形。在浪漫關係當中，人們帶進許多個別差異頗大的個人信念與個性特徵（Fitness, 2006; Vangelisti, 2006）。比較而言，某些人似乎比其他人更適合親密關係。比方說，情緒不穩定、負向的情感性或性格（例如：神經質），比較難以達成較高的婚姻滿意度。我們也知道，吸毒、酗酒、身體虐待都是導致離婚常見的原因（請參閱Miller et al., 2007）。沒有疑問地，和不適合的人結婚也是造成婚姻失敗的部分原因。夫妻之間的差異太大可能會引發太多的衝突，從而使愛情難以維繫。人們會將什麼帶進婚姻之中呢？其中很重要的就是親密伴侶的依附型態。

11.5.1 依附型態

請你花個一分鐘，回想人生第一次的親密關係。什麼時候，你第一次學會信賴某人，讓情緒需求獲得關心照料？什麼時候，你第一次顯露深層感覺、恐懼與需求？什麼時候，你第一次表現大量的親密愛意（譬如：擁抱、親吻）？什麼時候，你第一次知道這就是你一生所求的親密關係？對於我們大部分人而言，人生第一次的「愛的」經驗就是跟家長，通常就是媽媽。幾乎所有人都會與主要照顧者（最普遍的就是親生父母），形成緊密的依附連結。

根據**依附理論（attachment theory）**，人們對於親密關係最根本的情緒反應（可能是無意識的），乃是受到幼兒時期與主要照護者依附關係的型塑。如果這樣的理論說法讓人覺得距離現實經驗有點太遙遠了，在此不妨讓我們從個人經驗來試想，首先，回想你的一段親密關係，你對另一半相知甚深，你知道包括他或她的所有小怪癖，然後再回想你第一次與對方家人見面的情形。當時，你是否也有如後「哇，原來如此！」的發現：「現在，我總算了解你在情感關係當中，為什麼老是躲避容易引起情緒激動的問題。原來

啊,你們家人全都是這樣。」或是「難怪,你心直口快,完全不管那些負面或批評的東西有可能會冒犯人,或是傷感情。」

嬰兒依附

約翰‧鮑爾比(John Bowlby)在心理學家當中最早開始描述兒童與家長之間的依附類型。二次大戰期間,許多英國家長把自己的小孩送往其他國家,以逃避德軍對倫敦的連番轟炸。根據鮑爾比的觀察,小孩對於與家長分離的反應有著相當程度的個別差異,而且反映出家長—嬰孩的鏈結或依附(文獻回顧與評論,請參閱Bowlby, 1988)。安華絲與同僚使用「陌生情境測驗」,建立了正式評量依附型態的方式(Ainsworth, Blehar, Waters, & Wall, 1978)。這些研究人員發現類似鮑爾比的觀察結果,嬰孩與母親(或主要照護者)之間有三種依附型態。陌生情境測驗乃是安排一間陌生的房間,裡面擺設了若干玩具,然後觀察嬰孩、母親與陌生成人之間的互動。研究結果發現,大部分的嬰孩呈現出安全依附型態。當母親在身邊的時候,他們會有信心地探索房間與玩具。當母親不在,只剩下自己或陌生人在場的時候,他們就會變得有些不安,探索的行動也會變得比較少。等到母親又回到房間內,他們又會顯出愉快、自信,重新開始放心探索。另外,居家觀察則發現,安全依附型態嬰孩的母親對於嬰孩的渴望接觸,通常會給予溫暖而且立即的回應。

另外,有少數的嬰孩則表現出退縮依附型態。當母親離開的時候,他們不會有明顯的不安感覺。當母親又回到房間內的時候,他們會很明顯設法避免接觸母親,在家的時候,這種風格嬰孩的母親總是表現出負面的態度,拒絕、批評、經常性的忽略,當嬰孩煩躁的時候,母親不會撫慰他們。最後,人數最少的是焦慮矛盾依附型態。這類型的嬰兒不太有探索的行動,即使母親在場也是如此。母親離開,他們會很不安。但是當母親回來,他們又會立即拒絕母親的撫慰。

研究顯示,嬰孩時期的依附型態可以用來預測日後的情感關係(例如:Ainsworth, 1989; Schneider, Atkinson, & Tardiff, 2001),安全依附的嬰孩日後通常與他人的關係會比較健康些。比方說,縱貫研究發現,相較於不安全依附的嬰孩,安全依附的嬰孩傾向會有較好的社交技巧,也比較能

夠和家人、朋友、愛人形成親密而持久的關係（例如：Carlson, Sroufe, & Egeland, 2004）。另外有研究發現，先前情感關係的依附型態可能遷移到後來其他的情感關係（Brumbaugh & Fraley, 2006），還有夫妻個人的依附型態也能夠預測在第一個孩子誕生之後，夫妻會如何看待、感覺（Wilson, Rholes, Simpson, & Tran, 2007）。他們的研究發現，焦慮與退縮依附型態會比較沒能支持另一半，也會比較嫉妒新生兒。

研究人員不相信幼兒時期的經驗會完全決定成年之後的命運（請參閱 Hazan et al., 2006）。雖然，研究證據顯示，在19歲之前，依附型態呈現中等的穩定度；不過，生活經驗還是有可能改變個人在情感關係當中的依附取向（Fraley, 2002）。離婚、配偶或父母死亡，新的情感關係、新的伴侶，都有可能影響個人的基本依附型態。此外，研究也顯示基因關聯的天生氣質，某些嬰孩天生就比較「安逸」或「躁動」，就這樣的孩子而言，決定家長—子女關係的主要因素是孩子本身的天生氣質，至於家長對待子女的方式影響就比較不是那麼關鍵。

另外還有一點值得注意，各種依附型態的意義與價值可能是西方個人主義社會（特別是美國）獨有的，不見得適用於其他文化。比方說，依照西方為準的依附型態理論與測量標準，日本家長顯然是在培養不安全依附，以及「索求無度」的子女（Rothbaum, Weisz, Pott, Miyake, & Morelli, 2000）。看在西方人的眼中，日本家長顯得比較溺愛、縱容、過度保護，他們似乎沒有培養子女獨立與自信所必要的安全基礎，而這些都是定義安全依附的特徵。不過，這樣的判斷很可能反映西方為準的偏見。日本與其他文化都有各自判斷關係優劣得失的判準，以及相對應的教養子女的適當方式。日本家長教養子女的方式或許不見容於西方的某些標準，但是重要的是子女長大成人之後可以適應自己的文化，那就應該算是健康的教養方式。羅斯鮑姆與同僚指出，現階段以西方模式為準的依附理論與測量，根本就難以適用於非西方化的其他文化。

最後一點，如果你和父母的關係很健康、溫馨而且充滿愛，這是否代表你未來也會有令人羨慕的情感關係？或許還會影響你的擇偶條件？把佛洛依德的論點拋開，我們想說的是，如果年輕男女喜愛、尊重、仰慕自己的爸媽，因為他們是很好的爸媽，婚姻也很美滿快樂，自己的童年也過得很愉

快，那他們為什麼不能以母親或父親為範本，來找尋未來結婚的對象？

　　研究者發現，藉由依附型態的描述說明，可以非常有效捕捉成年人對於浪漫關係與其他親密關係，可能會採取何種認知與情緒取向（Cassidy & Shaver, 1999）。

成人依附型態

　　下列A、B、C，哪一個描述最貼近你對於親近關係的想法（Hazan & Shaver, 1987）？

A.有他人接近的時候，我不知為何就會感到有些不舒服。我不容易完全信賴別人；我很難讓自己依靠別人。任何人太親近的時候，我會很緊張。很多時候，如果別人想要更親密一些，那就會讓我感到非常不舒服。

B.我蠻容易和人親近。有事依靠他人，或是有別人依靠我，我都很自在。我不擔心會被遺棄，也不擔心別人和我太親近。

C.我想要和別人親近，可是覺得別人似乎不太願意。我經常擔心另一半不是真正愛我，或是不想跟我在一起。我想要和另一半非常親近，可是有時候就會嚇跑對方。

　　薛弗與同僚發現，像上述這樣簡單的單一題目測驗，就足以區分個人的依附型態（答案A，代表退縮型依附；B，安全型依附；C，焦慮矛盾型依附）（Bartholomew & Shaver, 1998; Hazan & Shaver, 1987）。

　　關於成年人的依附型態，包括理論建構與測量方式，都有更進一步的發展。目前普遍接受的看法是，依附型態的範疇並不是壁壘分明的區別，範疇之間乃是連續漸進的區別，其中並且反映出兩個向度，分別是焦慮向度，以及退縮向度（Bartholomew & Horowitz, 1991; Brennan, Clark, & Shaver, 1998; Fraley & Waller, 1998; Hazan et al., 2006）。

　　焦慮向度描述的是個人對於遺棄與拒絕感到恐懼的程度。焦慮向度趨向較高一端者，會表現出低自尊，並且對於自我抱持負向的觀感，缺乏自信、認為自己能力不足，這會導致當事人對於親密關係的焦慮。原因可能是感覺

對方會發現自己出錯，或是覺得自己不是人們會喜愛的那種人。相對地，對於自我抱持正向觀感的人，焦慮向度就會趨向比較低的一端，這種人比較不會擔心會被人遺棄，在親密關係當中也比較自在而且有自信。

退縮向度描述的是有關個人信賴他人，以及對於親密關係感覺自在的程度。退縮向度趨向較高一端者，看待他人往往抱持著不信賴或猜疑的心態，或是拒絕親密關係，認為是不必要的（亦即「我不需要親密關係」）。相反地，退縮向度趨向較低一端者，比較樂於信賴人，享受親密互動，不會擔心自己受到不好的對待。

由於退縮與焦慮向度各有高低兩種可能偏向，所以就有四種不同的類型。其實這些類型之間互有重疊，在此只是為了描述方便才做此區分。以下的說明包含許多研究的結果，其中可以讀到各種依附型態與親密浪漫關係之間的關聯（文獻回顧與評論，請參閱Bartholomew, 1990; Collins & Feeney, 2000; Feeney, 1999; Hazan et al., 2006）。

圖11.3呈現的是由退縮與焦慮二維向度交互形成的四種依附型態：安全依附、執迷依附、拒斥—退縮依附、畏懼—退縮依附。分別說明如後：

安全依附（secure attachment）

退縮向度低，焦慮向度低，擁有正向的自我形象。這種人相信，自己有能力可以讓自己對於情感關係的各種需求獲得滿足。他們在親密關係或浪漫

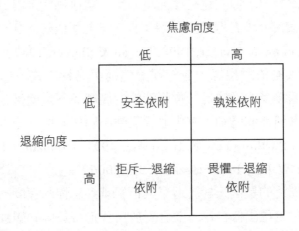

圖11.3　根據焦慮vs.退縮向度定義的四種依附型態

關係當中，表現出較高的信賴與親近感，正向情緒遠多於負向情緒，少有忌妒心，婚姻滿意度與適應程度較高，比較能夠敏銳感受另一半的需求，並且給予支持的回應。安全依附的人在遭遇困頓不安的情況時，比較能夠坦然尋求他人的支持。調查研究指出，大約有60%的人屬於安全依附型態（Mickelson, Kessler, & Shaver, 1997）。整體而言，安全依附者的親密關係連帶也會比較長久、親密程度比較高、滿意度也比較高。

執迷依附（preoccupied attachment）

退縮向度低，焦慮向度高。一方面，因為他們渴望而且喜歡親密互動，所以比較不會退縮；但是，另一方面，又由於自尊低落，而使得他們焦慮程度特別高。執迷依附有些類似前述的焦慮矛盾型依附，他們非常需要獲得他人的讚許與愛意，來支撐本身欠缺的自尊心。他們對於親密與接納的極度需求，甚至到了索求無度的瘋狂地步。他們或許會表現出敏感、關懷、支持的行為，但這些行為並非真心關懷對方，而是源自於他們自我中心的需求。被拋棄的恐懼可能導致對另一半極度控制、心情高低震盪、強烈的忌妒心。以電影《致命吸引力》（*Fatal Attraction*）為例，葛倫‧克蘿絲（Glenn Close）飾演的瘋狂情人，就代表了執迷依附最恐怖的例子。

畏懼—退縮依附（fearful avoidant attachment）

退縮向度高，焦慮向度高。害怕遭到拒絕，使這種人極力避免親近他人，追究其原因主要似乎是由於他們自我評價甚低。如果你不喜歡或不愛你自己，那很可能你也會認為別人也不會愛你。害怕自己得不到別人的喜愛，認為只要別人有機會更深入認清自己，很可能就會被遺棄，這就成了很強的動機，保持退縮而不敢追求親密關係。這種依附型態的人認為別人都是不可信賴的，終究還是會落得一場空。他們覺得依賴他人太危險，他們會在情感上保持疏離，甚至還可能帶有敵意。

拒斥—退縮依附（dismissing avoidant attachment）

退縮向度高，焦慮向度低。這種依附型態的人自信、獨立自主，而且引以為傲。在他們眼裡，他人是不相關的。也就是說，他們不是很在乎人們

是否喜歡他們,因為他們凡事都可以自己來,不需要仰賴其他人。他們認為
與人親密交往,問題太多太麻煩了,不值得(Carvallo & Gabriel, 2006)。
這種人的情感關係特色是沒有太多樂趣、較少承諾,也較不親密。我們先前
討論過,歸屬與情感的依附乃是人類共有的基本需求,那麼拒斥—退縮依附
的人是例外嗎?最近有一篇文章標題為〈沒有人是孤島:歸屬的需求與拒斥
—退縮依附型態〉,作者卡瓦洛與加布里埃爾結論道:「……拒斥—退縮依
附型態的人也有一種希望與他人連結的基本需求,但是因為他們把它埋藏在
拒絕與冷漠的堅固外殼之下,只有當他們不經意流露出所有人最需要與最渴
望的:融入他人與獲得他人的接納,才可能讓人瞥見該等隱藏內心深處的需
求。」(Carvallo & Gabriel, 2006, p.707)。

　　整體而言,安全依附是最有益於建立健康而且令人滿意的情感關係。根
據米勒與其同僚的文獻回顧(Miller et al., 2007),安全依附型態擁有一大
串的正向後果。相較於其他依附型態,安全依附的人對於伴侶的態度比較支
持,在遭遇困頓的時候尤其如此。他們也比較能夠揭露更多屬於個人私密的
細節,和朋友、情人的關係滿意度比較高。安全感比較高的人會有較多福樂
安適的正向情緒經驗,比較少有苦悶不安的負向情緒經驗。安全依附的人似
乎重新搬演年幼時與父母之間的健康依附關係,而這提供了一個可供發展美
滿情感關係的穩固基礎,有益於人生的幸福。

　　研究指出,大部分的人(60%)或多或少可以算是屬於安全依附型態。
不過,有一點必須注意,那就是這四種依附型態彼此之間乃是程度上的差
別,而不是各自壁壘分明的。所以,雖然安全依附擁有許多優點,大部分的
人可能仍有某種程度的焦慮與退縮。

　　這兒的重點在於,高自尊與低自尊之間,還有謹慎與退縮之間,當中有
著相當大的距離。即使我們不是屬於純粹的安全依附型態,我們仍然可以擁
有滿意的關係。

11.5.2　衝突與溝通技巧

　　依附型態描述個人對於親密關係整體態度的重要特質,大部分有關增進
或減損關係的行為與思考方式都已經研究得相當多了。而因為親密關係無可

避免會有或多或少的衝突，因此有相當多的研究聚焦在探討伴侶如何因應處理關係當中發生的衝突，以及如何詮釋箇中的負向行為。

夫妻雙方對於關係當中的許多事情可能會有不同的期望，諸如：金錢的管理、花錢的習慣、性愛的頻率、愛意的表現、小孩的教養、親戚的應對，以及家裡的整潔等。研究清楚顯示，婚姻的成功有相當大的部分有賴於開放的溝通與化解意見不合的能力。

11.5.3　焦點研究：壞的力量

一旦關係建立之後，能否成功似乎與衝突的不出現比較有關係，而與情感的出現比較沒有關係（Reis & Gable, 2003）。婚姻的滿意度與衝突的程度有比較顯著的連結，與正向行為程度的連結則比較沒有那麼顯著。有一項廣為人知的日誌研究發現，婚姻滿意度幾乎有三分之二與有無負向行為或衝突關聯比較深，至於與有無正向行為的關聯則比較弱（Wills, Weiss, & Patterson, 1974）。在親密關係當中，壞的似乎比好的強而有力多了，一件壞的行為似乎就足以抵消無以數計的情感愛意與柔情善意。

研究婚姻衝突最徹底的心理學家，首推古特曼與其同僚（Gottman, 1994, 1998, 1999; Gottman & Krokoff, 1989; Gottman & Levenson, 1992）。其中，最值得注意的就是古德曼「愛情實驗室」對於許多對夫妻的深入觀察研究。這個實驗室其實是一棟公寓，參與研究的夫妻談論古德曼提出的各種主題，錄影機記錄他們互動的情形，包括：語言行為、非語言行為，以及生理的反應。其中，談論的若干主題是關於衝突的來源，以及他們如何看待彼此的優缺點。不過，主要目的還是讓該等夫妻交談，然後分析他們的溝通型態、觀察捕捉相當細微的非語言行為（例如：輕微的苦笑或皺眉），以及較為醒目的行為（例如：微笑、打斷對方的說話、表達憤怒、怨懟、情愛、支持）。

古特曼與同僚相當一致地發現，負向溝通型態相較於正向的情感與善意表現，更能有效預測婚姻滿意度，以及整體的關係品質。古德曼總結歸納四類的負向互動型態，稱之為「四騎士啟示錄」（Four Horsemen of the Apocalypse），因為這四類負向互動型態對於情感關係具有毀滅性的影響作

用。這四類負向互動型態分別是：

1. 批評：相對高比率的負向批評意見和非語言溝通。
2. 防衛：面對伴侶的意見，傾向視為針對個人的批評，而且傾向訴諸情緒的反應，而不是針對事情本身來回應，腦海還會一再浮現防衛性的想法，譬如：「我受夠了」，或「下次，他／她再這樣說，我就會……。」
3. 冷戰：用沉默處罰伴侶，拒絕回應，把憤怒、怨懟、受傷的感覺按捺住，不動聲色，也不說明拒絕溝通的真正理由。
4. 輕視：透過語言與非語言的方式（例如：滾動眼珠子），表達對他人行為、動機或人格的蔑視、憤怒、拒絕與譴責。

所有的婚姻都有若干程度的相互批評，在雙方激烈爭吵中，也難免有傷害感情的說詞。古德曼的研究發現，這些負向的言行不單純只是出現在走向離異之途的婚姻，同樣也會出現在幸福快樂的婚姻。因此重點就不在於負向行為的*有與無*，而在於正向與負向行為之間的*相對比率*，以及負向行為的*交互往來程度*（「負向情感的針鋒相對」）。「愛情實驗室」的觀察發現，正向互動與負向互動次數為五比一的比率，可以作為一種分界點：比率高於五比一，為成功的情感關係；比率低於五比一，則為失敗的情感關係。

五比一的比率支持「壞的比好的強而有力」。一句壞話所造成的傷害，需要五句好話才能夠抵消。五比一的比率也意味著，要改善情感關係的品質，有一個顯而易見的方式，就是想辦法去獎賞或稱許你的伴侶。

古特曼和列文森（Gottman & Levenson, 1992）論稱，時常表現小小的溫柔、關切、照料，以及表達情感愛意，可以提高正向／負向之間的比率。這可以減少衝突，在有發生衝突時，也比較容易化解。

負向情感的針鋒相對（negative affect reciprocity）可能是導致不幸福夫妻正向／負向比率偏低的癥結所在。負向情感的交互性描述的是負向語言與非語言表達的你來我往，彼此針鋒相對。古德曼與其同僚發現，這種互動型態是造成情感關係向下沉淪的重要因素。伴侶一方的負面意見說詞很容易就會招來對方反脣相譏，而這又會激發更多的反擊，最後往往就演變成不可收拾的激烈惡鬥。就如同古德曼指出的，憤怒、衝突與爭執不下的意見，當然可能提供機會深化相互理解，增近未來情感關係的滿意度。成功的伴侶會

把握機會，設法把彼此相左的意見轉化為關係的成長，也會設法修補衝突或爭執造成的傷害。不過，感情關係不良的怨偶似乎就深陷在負向情感的針鋒相對，而沒有能力或沒有意願採取比較建設性的回應方式。

除了論述上述的負向互動模式之外，古德曼等人的研究還描述了**強求—退縮（demand/withdraw）**的互動向度。親密關係雙方對於衝突的反應，在強求—退縮向度上，就反映出性別差異的傾向（Grossman & Wood, 1993）。一般而言，女人對於親密關係的品質比較敏感，也比較關切，因此她們要求的會比較多，希望解決關係當中的問題，以及改善關係的品質（Christensen & Heavey, 1993）。相對地，男人對於關係中的問題則比較不敏感，也比較難以自在談論這方面問題。這樣的性別差異可能就產生了強求—退縮的兩性反應差異化趨向：一方面，女方一再要求談論關係當中發生的問題；另一方面，男方則一再退縮，或是高舉防衛的態度，拒絕面對該等議題。伴侶一方提出的關係問題往往涉及敏感層面，因為直接或間接意味著對方的批評。女方在提起這類的問題時，通常會有比較多的情緒化表達，也會有較多情緒方面的抱怨問題（Grossman & Wood, 1993）。一般而言，男人似乎比較不敏感（Eldridge & Christensen, 2002），太太會因此感到挫折，這樣的互動型態會使夫妻雙方感到挫折，問題也會比較難以獲得化解。

11.5.4　歸因

除了負向的溝通型態之外，解釋風格也對關係滿意度有相當程度的影響（Bradbury & Fincham, 1990）。如果伴侶忘了你請他幫忙的事情，或是不記得你的生日或結婚紀念日，你會怎麼解釋呢？你會認為那代表他不在乎你，還是你會覺得他應該有合理的解釋？你可能已經猜出答案了，沒錯，婚姻滿意的夫妻通常會往好處設想，而不滿意的夫妻則是往壞處設想。

關係增進歸因（relationship enhancing attributions）就是解釋對方的過失是因為情境因素導致的，而不是因為對方的個人特質，或是缺乏關心。比方說，「都怪今天一整天糟糕透了」、「真的是因為太忙了，所以才會一時忘記了」，這樣的解釋有助於緩和可能緊張的情況。關係增進歸因也可以運用在正面的情況，正向行為被解釋為出自對方的特質，或是代表對方關

心。好事情發生時，傾向做個人歸因，而不是情境歸因。比方說，「他就是這麼體貼、這麼愛我，你們看看，我收到什麼結婚紀念日禮物。」

相對地，不快樂的夫妻則是表現出**不安維繫歸因（distress-maintaining attributions）**。負向行為、傷人的說詞，以及忘記特殊的日子，全都歸因於個人特質：「那代表你根本不在乎，你一直都是我行我素，不可能有任何改變的，你就是這樣的人。」這也難怪，縱貫研究長期觀察婚姻生活的各個階段，發現不安維繫歸因與婚姻滿意度低落有著相當高的關聯（Fincham, Harold, & Gano-Phillips, 2000; Karney & Bradbury, 2000）。

11.5.5　情感關係的默會理論與期望

人們在面對情感關係的時候，心中隱隱約約都會抱持著關於情感應該如何的期待想法。這些想法會影響人們如何具體回應、評估個人所面對的情感關係。C. 雷蒙·盧與同僚找出兩種截然不同的默會理論，一種是相信**浪漫宿命（romantic destiny）**，另一種是相信**關係成長（relationship growth）**（Knee, 1998）。

浪漫宿命理論的基本前提就是，兩個人要不是天生一對，否則就是不適合彼此。如果婚姻亮起紅燈，就會認為問題的癥結是因為兩人不合。相對地，關係成長理論則是主張，情感關係本來就充滿了各種困頓與挑戰，應該會隨著時間磨練，而逐漸成長、茁壯。就如同C. 雷蒙·盧與同僚的描述：「……主要的興趣是在於發展關係，而且相信關係的成長不是因為沒有阻礙，而是恰好相反，是由於有阻礙，關係才因此有所成長」、「困頓與阻礙很可能讓愛情更加堅強」，而且「需要投入相當多的時間與精力，才有可能建立好的情感關係」（Knee, Patrick, & Lonsbary, 2003, p.41）。

C. 雷蒙·盧與同僚的研究似乎指出，這些信念影響情感關係的許多面向，其中最重要的或許就是關於繼續廝守或是分道揚鑣的決定（Knee, Nanayakkar, Vietor, & Neighbors, 2002; Knee, Patrick, Vietor, Nanayakkar, & Neighbors, 2002; Knee, Patrick, Vietor, & Neighbors, 2004）。個人如果強烈信仰浪漫宿命，那麼就會傾向把衝突詮釋為兩人不合的跡象，那是彼此很難加以掌控的（亦即「我們若非天生一對，否則就是不適合在一起」）。

對於問題的歸因也比較可能聚焦於個人的特質（諸如個性不合），而比較不會想到可能是外在情境的影響。這就會導致問題更加牢不可破。結婚之後通常都會出現婚姻滿意的下滑，但是浪漫宿命的想法卻往往將這種結果看作是錯誤婚姻的前兆。事實上，研究顯示，抱持強烈宿命信念的人，如果不滿意情感關係初期發展的情形，比較有可能選擇結束情感（Knee, 1998）。

關係成長的信念提供了一種比較正向的觀點，比較能夠接受夫妻無可避免都會遭遇的衝突與失望。從關係成長的觀點來看，所有人的情感關係少不了都會發生衝突，這是很自然的，不過這並不代表其中有一方一定有過錯，或是雙方個性不合。相反地，他們會把問題看成暫時的，因為特定情境而發生的，應該是可以解決的。所以，努力與承諾的程度深淺就可能關係到婚姻的成功或失敗。

11.6. 幸福婚姻的形貌

在經過本書先前各章節的反復介紹之後，我們希望讀者已經能夠掌握正向心理學的兩項重要原則：(1)沒有「壞的」，並不代表就有「好的」；(2)正向與負向情緒乃是相互獨立的現象。如果把上述原則應用來檢視婚姻生活，那麼我們應該可以得到兩項暫時的結論：(1)先前檢視的各種負向的關係行為，固然會使婚姻不美滿；但是，沒有該等負向的關係行為並不代表就會有美滿的婚姻。(2)好的關係行為並不單純就等於有破壞性的關係行為的相反情形。誠如芮斯和蓋柏所言：「雙方關係良好並不等同於雙方關係不糟糕」（Reis & Gable, 2003, p.152）。那究竟是什麼因素得以讓婚姻維持在零度以上呢？不只是沒有不好的情形，還能夠達到某種程度的歡喜、滿足與快樂？研究結婚多年的幸福快樂夫妻，或許可以提供若干線索。

11.6.1　幸福夫妻的秘訣

　　在珍納和勞勃・勞爾的一項經典研究當中，研究對象為結婚超過15年以上的351對夫妻。夫妻分別獨自作答，從39句陳述句當中，選擇最能夠解釋婚姻維持的一個句子（Lauer & Lauer, 1985; Lauer et al., 1990）。結果發現，夫妻之間選擇的句子雷同程度高得驚人。其中，選擇頻率最高的句子可以歸類為兩大類，分別是：友情與承諾。

友情

　　夫妻認為，婚姻持久與成功的首要原因就是深刻而歷久不變的友情。夫妻雙方都同意：「我老公或老婆是我最好的朋友」。其他的陳述句子則是釐清何謂好朋友的意思。「我把我老公或老婆視為一個完整的人來喜歡」、「我老公或老婆越來越有趣」、「我完全信任我老公或老婆」。至於在開放式的問答題，有位婦人回答，即使沒有和她老公結婚，也會想要和他成為最好的朋友，因為她就是那麼喜歡他。另外一位結婚超過30年的先生則回答，他好像和「一連串不同的女人」結婚，因為他看著自己的老婆隨著時間持續成長與變化（Lauer & Lauer, 1985, p.24），他發現老婆比當初結婚的時候更風趣有餘。其他人則認為，在婚姻當中，喜歡和愛同樣重要。「我們一起歡笑」。先生們表示：「我們共享戶外嗜好與興趣」，女士們也有所附和：「我們彼此交流啟發對方的想法」。共享的活動好玩、刺激、興奮，可以排解長期婚姻可能會出現的無聊。實驗研究支持了這種可能性，夫妻完成新奇而興奮的活動之後，總體的婚姻滿意度會隨之上升（Aron, Norman, Aron, Mckenna, & Heyman, 2000）。這項研究發現顯示，夫妻在該等共享活動當中的正向的情緒經驗，類化感染到兩人關係，從而導致較正向的婚姻評價。總之，成功婚姻的一項重要成分似乎就是能夠找到兩人可以一起做的有趣而興奮的事情。

　　對於婚姻當中有可能產生爭議的重要問題，幸福的夫妻雙方也往往有著類似的看法。「我們對於生活的哲學看法相同」、「我們對於表達感情的方式與頻率看法相同」、「我們對於性愛生活的看法相同」。還有一項有趣的發現，只有不到10%的夫妻相信床笫之歡是維持婚姻美滿的重要因素。

大部分的夫妻對於性愛生活都算滿意，但是其他的夫妻即使不甚滿意，或是彼此完全沒有性愛生活，對於兩人的婚姻卻還是相當滿意（Lauer et al., 1990）。顯然，如果你的配偶也是你的親密好友，那麼性愛就不是婚姻美滿與否的關鍵所在，至少在結婚超過15年之後，性愛生活就不再有決定性的影響作用了。

承諾

　　幸福的夫妻都肯定承諾對於婚姻美滿的重要性，並且同意「婚姻是長期的承諾」。

　　承諾的基礎可以從如後的陳述看出端倪，例如：「婚姻是神聖的」、「持久的婚姻對於社會安定是很重要的」、「我要這份關係美滿成功」。呼應C. 雷蒙・窪關係成長理論的研究，婚姻美滿的夫妻相信任何婚姻都可能出狀況，你就是必須面對它，設法處理它，直到找著解決的出路。幸福夫妻都同意「我們心平氣和討論問題」，這意味著，他們乃是以正向的態度與方式來化解婚姻當中的衝突。

　　這些研究結果支持我們先前有關友情與激情之間差異的討論。珍納和勞勃・勞爾研究的幸福夫妻特徵包括：深刻的友情、強烈的好感、尊重、自在舒服、自娛娛人的感覺；相對地，另外有些婚姻則是建立在激情的浪漫之愛，這種婚姻就比較薄弱，而且時好時壞，起伏動盪，變化莫測。這兩類婚姻形成頗為強烈的對比。蘇珊和克勞岱・韓卓克（Hendrick & Hendrick, 2002）對照比較伴侶之愛與激情之愛親密關係。他們指出，若干研究顯示，大學生有相當高的頻率把浪漫關係的伴侶視為最親密的好朋友。蘇珊和克勞岱・韓卓克寫道：「如果個人能夠和激情愛戀的對象成為好朋友，甚至是最好的朋友，那麼兩人的關係也許就能夠平安通過激情起伏動盪的考驗」（Hendrick & Hendrick, 2002, p.473）。

11.6.2　幽默與相容

　　對於親密關係而言，社會支持、親密、關愛固然很重要，但是如果說到純粹的歡樂與享受，沒有任何事情比得上和自己關愛的人共同享受樂趣

的生活。因此，毫無意外，幸福的夫妻一致表示，找尋理想結婚對象的優先考量條件包括能夠共同歡笑，以及擁有幽默感。我們知道，性愛的頻率即使在美滿的婚姻當中，也會有所下降。蘇珊和克勞岱·韓卓克（Hendrick & Hendrick, 2002）論稱，如果研究人員把擁抱、親吻，以及其他肢體的愛意表達也納入性愛表達之列，那麼「性愛的表達」也許不會顯得下降得那麼多。不過，幽默卻是明顯地沒有減少的情形。為什麼結婚50年的老夫老妻會表示，共同歡笑是他們白首偕老的重要因素（Lauer et al., 1990）？毫無疑問，幽默是幸福夫妻喜歡彼此相伴的重要原因。誠如本書所提出的有關正向情緒的諸多好處，無怪乎，婚姻美滿的夫妻都享有較理想的健康與快樂生活。除此之外，幽默有助於緩和衝突，並且減輕情感關係當中的壓力。

幽默的價值不止於情侶或夫妻倆人生活充滿樂趣。夫妻擁有類似的幽默感，可能還有更深的意涵，那就是兩人的個性與情緒取向可能也很合得來。探討幽默的理論家與研究人員普遍相信，個人覺得好笑的事物，可能提供了一個很好的管道，可以讓旁人窺見當事人的性格（請參閱Martin, 2007）。這論點背後的邏輯在於，對於大部分的人而言，好笑與否是假裝不來的。出於義務或客套而勉強假笑，很容易就被看穿不是真正感到好笑，因為真正的大笑比較不會受制於有意識的控制，所以比較能夠代表真正的感覺，而真情流露之餘，也比較能夠反映出真實的性格。不論是研究或日常互動都肯定前述的看法有相當的可信度。研究顯示，幽默與性格有所連結，而且往往反映出個人性格當中最重要的特質（文獻回顧與評論，請參閱Martin, 2007, chapter 7）。比方說，進取心強烈的人比較偏好嗆辣或攻擊性的笑話；保守的人比較偏好雙關語之類的「安全」笑話；至於知性冒險的人，比較容忍語意曖昧，也比較能夠接受新奇的經驗，可能就會比較喜歡詭異或充滿想像力的笑話。我們個人生活當中應該都有類似的經驗，在場有人講了笑話，結果有些人聽了捧腹大笑，有些人卻覺得深受冒犯，而這當下可能就會產生疏離的念頭。我們內心可能會開始默想：「如果你覺得那很好笑，那你可能就不是我會喜歡的人。」反之，雙方如果有同樣的幽默感，則會產生相反的感覺：「那正是我最喜歡的笑話，所以你應該是我會喜歡的人。」

從幽默當中，可以窺見個人意識控制不到的想法與感覺，這種論點在

拉普柏特《種族與性別幽默》[2]（Rappoport, 2005）一書當中，有相當精湛的論述。拉普柏特論稱，涉及種族與性別的幽默通常都被認為是一種羞辱或偏見，事實上也確實如此。不過，這類的幽默也發揮了一種功能，讓人們得以透過比較無傷大雅的方式，表達一些礙於禮貌或政治正確氛圍而不敢直接表達的想法或感覺。喜劇演員或丑角拿自己的種族或性別開玩笑，減低了那些抱持種族或性別偏見者內心的焦慮、不安與罪惡感，這也就開啟了一道門窗，讓人們可以公開而且坦然思考其中存在的刻板印象與敵意。因為有意識的否認與被壓抑的真實想法和感受之間，會產生不安的緊張壓力，而笑聲就可以釋除這樣的緊張壓力。拉普柏特論稱，因為幽默把刻板印象與偏見拿來作為公開嘲諷的對象，所以可以發揮某種消毒的功能，其淨效果反而是減低而不是增高該等刻板印象或偏見的傷害強度。

拉普柏特相信，幽默也可能在婚姻生活當中發揮類似的功能（L. Rappoport，個人溝通，2007年4月20日）。每個人對於好笑與否的感覺各有偏好，因此幽默可以反映個人的個性。因為感到好笑而自然流露的笑聲是強求不來的。人們表現在外的很多是不真誠的，這倒也不是出於存心想要操弄別人，而是因為禮貌，想要給人留下好印象，或是為了順應特定的社會期許。相對於有意識控制的行動的相似性，可能有或多或少刻意的塑造，對於幽默的相似反應可能更可以代表彼此真實的相似。

研究支持類似性的價值乃是成功的親密關係的根本要素（Noller & Feeney, 2006）。雖然，俗話說是異性相吸，但是相反的特質或許會讓人感覺有趣，並不見得能夠吸引對方。造成夫妻最大困擾的往往是雙方重大的差異，而不是相似性。

雖然，在現有的文獻當中，沒有很多研究檢視雙方共同的幽默感對於情感關係的價值，不過，有些研究確實已經提供了某種程度的支持（請參閱Martin, 2007, chapter 5）。類似的幽默感是初期感情的基礎所繫，我們會喜愛和自己同樣偏好某類笑話的對象，部分原因是我們會設想雙方在其他信念與特質方面應該也會相互契合。結婚的雙方通常會有類似的幽默感，不過

---

[2] 英文原始書名如後：
Punchlines: The Case for Racial, Ethnic and Gender Humor.

幽默感相似度很高的話，也不見得能夠預測未來婚姻滿意度一定會很高，其中部分原因就在於自我評量報告的幽默感相似度可能不完全可靠。因為真實生活當中的幽默是當下自發性的反應，而自陳報告的問卷評量則是脫離了現實生活脈絡的反思結果，所以可能不是最理想的評量方式。古德曼的愛情實驗室觀察研究顯示，快樂夫妻的互動確實有相當多的幽默，以及相互契合的歡笑。研究也發現，幽默、婚姻和諧與有效的關係問題解決，這三者都是緊密相連的。或許我們還需要一座「幽默實驗室」，以便具體釐定夫妻之間共享與非共享的幽默。

雖然，關於幽默感與親密關係的最後結論尚未完全抵定，但是共同的幽默感不失為相當有意思的管道，頗可以作為顯示親密伴侶相容程度的一種基本指標。幽默感的近似程度有助於我們判斷彼此是否適合，還有未來關係是否能夠和諧融洽而持久。我們應該可以合理猜測，婚姻美滿的夫妻應該有共同的幽默感，姑且不論雙方在感情關係初期是否知道這一點。就如同研究顯示的，會吸引我們的人通常都會和我們一樣對同樣的事物感到好笑。

所以，現在我們知道了，婚姻美滿的三項根本要素是友情、幽默與承諾。你正在找尋理想的感情伴侶嗎？不妨給自己找個隨時隨地總能與你同聲歡笑的最佳拍檔／最好的朋友吧！你會發現，這樣比較容易維持長期承諾，也比較容易不變心。

本章 摘要問題

1. (1) 有哪些演化論的論述支持歸屬感乃是人類的一種基本需求？

   (2) 催產素如何發揮與他人關係的生物基礎角色？

2. 自我揭露的互惠如何有助於親密關係的建立？

3. 信賴與關懷對於親密關係有何貢獻之處？

4. 請簡要闡述：親密關係的特徵可以透過高層次的相互依賴與相互一體性來加以描述之。

5. 為什麼承諾對於親密關係很重要？

6. 交換關係與共同體關係的概念如何描述一般泛泛之交與親密關係之間的差異？

7. 根據研究結果顯示，在發展親密關係的過程以及白首偕老的婚姻當中，開玩笑與幽默扮演何種角色？

8. 根據蓋博與同僚的研究，如何提升個人的福樂安適與關係的品質？

9. 友情與浪漫愛情之間的差別？

10. 根據史坦柏格的愛情三角理論，愛情的三項本質要件是什麼？

11. 為什麼同居無法增高未來婚姻成功的機率？

12. 什麼證據支持美國社會增加自由、減少限制的趨勢，乃是影響該國高離婚率（50%）的重要因素？

13. 將浪漫愛情視為婚姻的基礎，是否是美國文化獨特的現象呢？

14. (1)將愛情視為重要的婚姻基礎如何提高離婚率？
   (2)哈斯頓與同僚的研究如何支持離婚的幻想破滅模式？

15. 涅夫與卡尼的研究如何支持兼顧務實與理想化，對婚姻滿意度的重要性？

16. 根據依附理論，有哪些論述支持嬰兒—家長關係與成年人浪漫關係之間的關聯？

17. 成年人的依附型態如何反映焦慮面向與退縮面向？

18. 在古德曼的「愛情實驗室」研究，哪一個關鍵比率可以用來有效區分好、壞婚姻？

19. 根據珍納和勞勃‧勞爾的研究，長期快樂的夫妻有哪些特徵？

20. 哪些論述與證據指出幽默感可能是檢測浪漫關係伴侶相容程度的重要工具，而且可能有益於提升婚姻滿意度？

關鍵字

催產素（oxytocin）

自我揭露（self-disclosure）

揭露互惠（disclosure reciprocity）

交換關係vs.共同體關係（exchange versus communal relationships）

直接效應假說（direct effects hypothesis）

資產效益化（capitalization）

激情之愛（passionate love）

伴侶之愛（companionate love）

愛情三角理論（triangular theory of love）

親密（intimacy）

激情（passion）

承諾（commitment）

自我證實理論（self-verification theory）

依附理論（attachment theory）

安全依附（secure attachment）

執迷依附（preoccupied attachment）

畏懼—退縮依附（fearful avoidant attachment）

拒斥—退縮依附（dismissing avoidant attachment）

負向情感的針鋒相對（negative affect reciprocity）

強求—退縮（demand/withdraw）

關係增進歸因（relationship-enhancing attributions）

不安維繫歸因（distress-maintaining attributions）

浪漫宿命（romantic destiny）

關係成長（relationship growth）

網路資源

· 關係研究—古德曼

http://www.gottman.com

古德曼關係研究院網站，站內提供許多有用的資訊、研究論文，還有古德曼愛情實驗室的研究，以及其他相關網站與文章。

· 愛情與親密關係

http://www2.hawaii.edu/~elaineh

伊蓮·海菲爾德的網站，站內提供許多研究參考文獻，以及若干有關激情之愛與伴侶之愛的常用測驗。

· 愛情三角理論

http://psychcentral.com/lib/2007/sternbergs-triangular-theory-of-love-scales

心理中央（PsychCentral）網站，由許多心理健康專業人士經營。站內提供許多有用資

訊。上述網址連結的是史坦柏格愛情三角理論，以及評量愛情三大基本面向的問卷。
· 依附理論
http://psychology.ucdavis.edu/labs/Shaver/measures.html
菲利浦·薛弗與克里斯·法萊依附實驗室的網站。除了提供該實驗室發表的論文之外，站內提供的相關連結也可參考查詢其他依附理論研究學者的實驗室與研究。

 延伸閱讀

Baumeister, R., & Leary, M. R. (1995). The need to belong: Desire for interpersonal attachments as a fundamental human motivation. *Psychological Bulletin, 117*, 497-529.

Gable, S. L., Reis, H. T., Impett, E. A., & Asher, E. R. (2004). What do you do when things go right? The intrapersonal and interpersonal benfits of sharing positive events. *Journal of Personality and Social Psychology, 87*, 228-245.

Gottman, J. M. (1994). *What predicts divorce? The relationship between marital processes and marital outcomes*. Hillsdale, NJ: Erlbaum.

Keltner, D., Capps, L., Kring, A. M., Young, R. C., & Heerey, E. A. (2001). Just teasing: A conceptual analysis and empirical review. *Psychological Bulletin, 127*, 229-248.

Meyers, S. A., & Berscheid, E. (1997). The language of love: The difference a preposition makes. *Personality and Social Psychology Bulletin, 23*, 347-362.

Miller, R. S., Perlman, D., & Brehm, S. (2007). *Intimate relationships* (4th ed.). New York: McGraw Hill.

Noller, P., & Feeney, J. A. (Eds.). (2006). *Close relationships: Functions, forms and processes*. New York: Psychology Press.

Ryff, C. D., & Singer, B. (2000). Interpersonal flourishing: A positive health agenda for the new millennium. *Personality and Social Psychology Review, 4*, 30-44.

Simpson, J. A., & Rholes, W. S. (Eds.). (1998). *Attachment theory and close relationships*. New York: Guildford Press.

Sternberg, R. J. (1998b). *Cupid's arrow: The course of love through time*. New York: Cambridge University Press.

第十二章

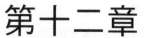

零度以上的人生

12.1. 重訪正向心理學

　　對於探討正向心理學的教科書而言，像「零度以上的人生」這樣的標題，乍看之下，可能會讓人有些摸不著頭緒。不過，我們正是要透過這樣一個標題，來凸顯這個心理學新興領域的一項核心主旨：快樂與健康絕非只是沒有病痛，或是沒有不快樂。如果你不憂鬱、沒有感到不快樂、不無聊，也沒有感覺有壓力，或是遭受重大的挑戰或失敗，沒有看到家人或重要他人有爭執，這些只代表你沒有不快樂，也沒有情緒方面的困擾，但是這並不等於你就享有健康與快樂。像這種沒有負向也沒有正向的生活，也許可以稱為「零度的生活」。這樣的生活沒什麼不對勁，但是也沒有值得慶幸的地方。舉凡生活的興趣、目標或樂

趣，一概付諸闕如。傳統心理學多半著墨於「零度以下的人生」，包括：壓力的破壞性作用、不美滿的婚姻、功能失調的家庭、基因不良對於心身疾病的影響，諸如此類聚焦負向的心理行為現象。然而，這只能告訴我們，哪兒出了什麼狀況，所以會產生這樣或那樣的不幸與痛苦後果。可是，負向聚焦「零度以下人生」的傳統心理學卻沒能告訴我們，有哪些正向的心理行為如何可能帶來健康與快樂。就是在這個缺口上，正向心理學許諾帶領我們前去探索，需要如何才可能活出「零度以上」的人生。

當我們不再只是透過沒有生病來間接推論健康、快樂，而是直接檢測個人的正向生活機能，我們所看到的健康與快樂的圖像就會大幅改觀。透過柯瑞·基斯（Corey Keyes）突破性的理論概念模式與實徵研究，我們可以清楚看到這種巨幅的轉變。基斯的理論與研究，主要是將卡蘿·黎弗（Carol Ryff）關於心理健康的理論基礎（Keyes, 2003, 2005; Ryff, 1989; Ryff & Keyes, 1995）予以發揚光大。根據基斯的心理健康模式，從完全心理健康到完全心理疾病兩個端點之間，乃是呈現一種線性漸進的連續變化。採用幸福主義為理論基礎的心理福樂安適模式（請參閱第二章），除了考量傳統定義心理疾病的症狀之外，必須再增加考量正向的心理健康狀態與最佳機能，如此才能判斷個人是否福樂安適。

因此，**心理疾病（mental illness）**的判斷就有必要兼顧健康與疾病的標準：一方面，要呈現相當高程度的心理疾病症狀；另一方面，還必須呈現相當低水準的心理健康指數。完全的心理健康〔**「心理興盛」（flourishing）**〕定義就是沒有心理疾病症狀，而且有相當顯著的心理健康跡象（而不是傳統心理疾病模式隱含主張的，只是沒有呈現心理疾病症狀）。最有意思的是，健康與疾病的程度恰好落在兩個端點之間，呈現漸進的變化連續趨勢。**中等心理健康（moderate mental health）**包含若干程度的正向機能，以及低度的心理疾病症狀。**心理蕭瑟（languishing）**狀態符合零度附近人生的概念，其定義是低度的心理疾病與低度的正向心理健康。基斯（Keyes, 2003）形容心理蕭瑟就如同一種不完全心理健康的狀態，因為固然少有疾病的跡象，但是健康的跡象也同樣不多。

心理興盛（Flourishing）的定義

沒有心理疾病症狀，而且有相當顯著的心理健康跡象。

心理蕭瑟（Languishing）的定義

低度的心理疾病與正向心理健康，符合零度附近人生的概念。

基斯（Keyes, 2003）

基斯透過調查研究檢視「完全健康模式」（美國中年生活調查研究，MIDUS—Midlife in the United Survey；請參閱Keyes, 2003, 2005）。研究參與者包括3,032位成人，年齡25至74歲之間。參與者接受電話訪問，以及自行填答自我評量問卷，題目是評量個人的心理健康與心理疾病跡象。研究結果發現，大多數的成人符合中等心理健康水準（約60%）；完全心理健康或心理興盛，只占五分之一弱（約17%）。而且有趣得很，心理蕭瑟所占的比率和心理興盛不相上下。由此項研究的樣本外推到整體人口，似乎可以約略估計在25到74歲的美國民眾當中，有相當比率的人屬於心理蕭瑟（Keyes, 2003，大約17,860萬人）。然而，這些人雖然面臨相當程度的心理問題，卻是目前心理疾病模式無法診斷出來的。基斯認為，這個族群的人屬於未來有可能會出現心理健康問題的高危險群。正是基於這項理由，基斯相信，正向心理健康的推廣應該獲得與心理疾病治療同樣的重視。而這也是支持發展零度以上生活模式的理由所在（Keyes, 2007）。

12.2. 「好」與「壞」的交互關聯

正向心理學把焦點放在最佳生活機能、心理興盛與幸福快樂。但是，這不應該解讀為，正向心理學只片面關心正向的經驗、理想的個人特質，或是逍遙悠哉、無憂無慮的生活（Ryff & Singer, 1998）。相反地，正向心理學

的目標乃是要倡導一種比較平衡的心理學模式，透過聚焦長期遭受忽略的正向生活層面（主要即是正向的心理健康與幸福、快樂），以便對於人類的行為有更為周延的理解。這也就是說，正向心理學是要提供與傳統心理學互補的觀點，而不是要全面取代之。

心理學家對於人類的反彈復甦，以及否極泰來的逆轉情形，早就有所知悉。人生少不了總會有波折、失望、衝突、挫敗與悲劇。創傷後成長（PTG）的研究已經讓我們見識到，人生的逆境與苦難可以為當事人帶來許多寶貴的啟示。正向心理學家並不是「發現」反彈復甦或PTG，早在正向心理學家將這類主題納入研究之前，發展心理學與健康心理學等領域早就有研究探討這方面的相關議題。類似的道理，健康心理學的研究也早就發現，幽默、愛與親朋好友的關懷支持所帶來的正向情緒，可以抵消生活壓力造成的負向影響。最後一點，正向心態比負向心態有益，這一個也早就不是什麼新知。早在正向心理學發軔之前，許多正向的心理特質（諸如：樂觀、強韌、自尊等），早就被研究發現與正向結果、有效因應有相當程度的關聯。

就我們來看，正向心理學真正別出心裁的特色在於把傳統主流心理學視為邊緣的議題，正式納為聚焦的核心理論構念。我們認為，正向心理學的獨特貢獻就是釐清「好的」與「壞的」之間的相對獨立性，以及發展出一套以實徵經驗為基礎的健康、快樂的定義與評量標準。以往心理學很容易就假定心理健康的前提就是沒有心理疾病，而快樂就是沒有苦惱、憂慮。比方說，快樂的婚姻就是少有衝突、怨恨。不過，正向心理學的發展則提出了若干不同的見解：

1. 沒有壞的並不代表就一定是好的。比方說，先前第十一章的討論，我們已經知道，婚姻生活當中關係好與關係不好，兩者並不是簡單對立而不並存的。

2. 正向心理學一再凸顯正向情緒對於健康、快樂的重要性，並不止於抵銷壞處而已。就如同第三章的描述，正向情緒有許多潛在的助益效應，包括：增進免疫系統抵抗疾病的能力、改善與標識心理與情緒健康、促進個人成功與婚姻美滿，而且正向情緒的這些好處往往超過負向情緒所導致的不良效應。正向情緒的益處很多情況都可以發揮，而不只是限於困擾不安的情況。零度以上的人生意味著，好的事物有

益於滿意而有意義的生活，其效應不只是限於單位補償壞的事物的損
害。

3. 或許也是最重要的一點，在正向心理學正式成立以前，傳統心理學領
域很少有人發表有關心理健康與幸福快樂的論述，這方面的實徵研
究更是少之又少。當然，人本主義的心理學家（亦即馬斯洛與羅傑
斯），以及其他前瞻性的思想家（例如：Jahoda, 1958; World Health
Organization, 1948），都有注意到正向生活機能的重要性，以及有
必要發展心理健康的正向評量標準。從許多方向來看，正向心理學可
以視為把前輩理念發揚光大，從而轉化為系統化與實徵經驗基礎的研
究。正向心理學的新穎之處或許就反映在研究的數量較多，以及投入
研究正向心理機能的學者人數較多。正向心理學已經把「零度以上的
人生」從邊陲搬向中央舞台。

12.3. 正向人生的樣貌：意義與途徑

12.3.1 正向人生的意義

沒有任何正向心理學家會狂妄自大、自以為是認為自己掌握了正向生活
的意義與方法。從古希臘到當今的哲學家、宗教學者、社會文化觀察者、心
靈成長大師，都針對美好人生提出了各式各樣的見解。正向心理學家能有什
麼別出心裁的貢獻呢？僅提一例，正向心理學持續產出豐富的實徵文獻，幫
忙耙梳諸多可能促成福樂安適的複雜因素：正向情緒、人生情境與階段、金
錢與幸福快樂、物化主義、個人目標、正向特質、美德與性格、超越目的，
以及親密關係，提供了生活選擇、個人優勢能量、人生參與投入，增進福樂
安適，以及那些產生一時短暫的快樂，或是減損健康與幸福快樂。

正向心理學家也發展了關於美好人生的模式與理論，並且研究確認了若
干重要面向：主觀幸福安樂、正向健康與最佳機能、德性的分類體系、智慧
本位的美好人生SOC模式，以及評估個人目標對於福樂安適之衝擊的研究與

理論。這些領域的研究提供了各自獨特而又相互重疊的觀點，成為可茲吾人判斷美好人生的判準。

社會文化研究提醒我們，美好人生的意義是受到文化與脈絡的型塑。人們關於自我、價值、情感關係、人生任務、生活目的，再再都受到文化、歷史、社會情境的強烈影響。我們在第六章比較西方與東亞社會，對於幸福快樂與健康的定義有著相當大的差異。類似的道理，社會文化的變遷也影響人們對於是非善惡的看法，譬如：女性的角色定位，以及人們對於同性戀的看法，在過去40年期間，都有相當巨大的變化。社會狀況也是很重要的影響因素，貧窮與資源的取得使用（包括：優質教育、醫療衛生等資源），也可能影響美好人生的意義。不過，承認文化、歷史與社會狀況的中介角色，並不因此否決有普遍認可的健康、快樂的美好人生。

雖然，個人的生活有其獨特之處，反映出社會與文化對於個人的差別影響，但是，塞利格曼和契克森米哈賴（Seligman & Csikszentmihalyi, 2001, p.90）論稱，人類擁有普遍的人性，跨越「社會與文化的差異」，所有人都有著共通的目標與需求。他們相信，「所以心理學家最終目標必須致力於理解所有文化重視的正向狀態、特質與規定」（Seligman & Csikszentmihalyi, 2001, p.90），這也是正向心理學未來研究的重點。

除了文化因素之外，美好人生的意義也需要考量人生不同階段的發展脈絡。美好的人生不是終其一生固定不變的靜止狀態，而是努力追求最佳生活機能，這當中自然涉及持續不斷的成長與改變。幸福主義尤其強調這一點，福樂安適的人其特徵應該要能夠適應人生不同階段的挑戰，並且擁有適合人生各階段的勝任能力、自我概念和社會關係。

發展心理學研究指出，人生不同發展階段，健康的人也必須面對各階段獨特的發展任務，以及完成該等任務所需培養的技巧、個人特質。比方說，15歲青少年的健康、快樂，顯然不同於80歲年長者的健康、快樂。不過，就如同人類共通的目標與心理需求可能創造一種超越文化差異的普遍人性，相近似的目標與需求也可能超越不同年齡層差異的普遍任務與挑戰。

讓我們來思索心理福樂安適的六大面向（Ryff, 1989）：環境掌握、生活目標、自我接納、個人成長、自主與正向關係（請參閱第二章）。對於青少年與老年人而言，這六項正向特質會有如何不同的表現呢？雖然，青少年

與老年人在這些方面的表現不盡相同，而且不同年齡階段涉及的發展任務也有所差別，不過應該還是可以透過若干共通的判準（諸如：掌握、目標、成長），來評估健康的程度。心理健康的核心定義元素容許吾人有可能採用一套普遍適用的標準，來描述各種年齡層與各種發展階段的美好人生。

當我們把文化因素與個人發展因素列入考量，就可以回顧塞利格曼對於幸福快樂的三元素分析（請參閱第一章），以茲作為美好人生的一種摘要描述說法。塞利格曼融合了享樂主義與幸福論的主要元素，提出了三種可能的美好人生，分別為：(1)歡樂的人生；(2)認真的人生；(3)有意義的人生（Seligman, 2002a; Seligman, Rashid, & Parks, 2006）。

歡樂的人生

歡樂的人生（pleasant life）凸顯正向情緒與正向經驗對於福樂安適與健康的重要性。主觀幸福安樂的享樂主義，其定義乃是較多的正向情緒、較少的負向情緒，以及整體的生活滿意度。這種享樂主義恰好與歡樂的人生不謀而合。本書各章節一再顯示，正向情緒（以及促進、維持正向情緒的心理特質、關係、承諾）有助於增進健康與快樂。根據芙德麗克森的擴展與建設理論（第三章），正向情緒擴展我們的生活觀點，有助於建立生理、心理與社會的福樂安適資源。因此，開發正向情緒的活動、選擇與自我改變，往往都有助於生活品質的改善。「福樂暢流」（flow）與「欣賞品味生活」（savoring）（第三章）就是增進正向情緒經驗的兩種例子。第十一章描述分享正向生活經驗的益處，以及幽默對於情感關係的價值。根本而言，好玩的事情有其內在的歡樂價值，可以降低諸如壓力、焦慮、憂鬱等負向情緒，因此應該被視為有助於增進福樂安適的重要因素。

認真的人生

認真的人生（engaged life），特徵就是積極投入能夠實現自我與滿足個人需求的事物，諸如：工作、家庭生活、休閒活動。在這些事物當中，個人的特殊才能，或「個人註冊商標的優點」能夠獲得充分的發揮，對於當事人而言，尤其別具意義，也特別讓人感到心滿意足（Seligman, 2002b）。認真投入的人生會讓當事人肯定自己的能力，生活有目標，也助於個人的成

長（Ryff & Singer, 1998）。

至於哪些類型的認真投入最能讓人心滿意足，也最有助於增進身心健康？參考幸福論的福樂安適模式與個人目標的研究，應該可以找到一些線索。比方說，根據自我決定理論，認真投入促進與表達個人自主性、發揮個人才能，以及正向關係的活動，最有益於福樂安適。目標研究肯定支持自我決定理論的觀點，追求個人自由選擇、具有內在趣味性，以及心理需求的目標。反映個人價值與個人獨特認同的目標也能夠提升福樂安適。辨別「正確的」目標與「錯誤的」目標似乎是選擇符合塞利格曼認真人生活動的基礎。

選擇正確的目標需要自我覺知與自我理解。自我覺知能夠讓人理解哪些目標最符合個人獨特的需求、興趣與才能。如此的理解可以發揮緩衝作用，免於必須依照他人的期望來生活，或是受惑於物慾文化傳遞的訊息：「金錢可以購買幸福快樂」。我們希望本書的介紹與討論，可以讓你更能夠覺知與辨識哪些人生選擇可能增進福樂安適，哪些則否。當然，支持個人選擇的資源也很重要（例如：社會支持、決心與財務資源）。貧窮會損害福樂安適，箇中有許多因素，而其中一項主要因素就是缺乏資源限制了個人表現選擇。

有意義的人生

認真的人生與有意義的人生（meaningful life）有許多相互關聯的地方。別的不說，沒有意義的生活應該很難認真投入，更別說要持之以恆了。塞利格曼相信，有意義的人生將我們與大我產生連結，而不只是局限於個人小我的利益。根據行動確認理論（Vallacher & Wegner, 1987, chapter 8），任何活動其意義與普遍性都有若干不同的層次，端視個人與脈絡情境而定。比方說，酒可以只是朋友舉杯小酌的飲料，或是用來消除一天緊張疲勞的鬆弛劑，也可以是愛人之間的一種浪漫象徵，或是宗教儀式中的聖物。塞利格曼認為，高層次、超越的意義比較能給人深層的滿足感，對於個人生活是否美好的感受，影響比較持久，意義也比較重大。重大的生活意義包括：宗教、靈性、人類美德、服務他人、分享彼此累積的人生智慧、社區志工服務、為有意義的事物貢獻心力（第十章）。

發掘生活的意義，不論大小，乃是心理健康不可或缺的要素（Ryff & Keyes, 1995）。人類是意義的製造者，人生尋求崇高、深刻、恆久

的目的。在最根本的層級，人生乃是一場「意義的追尋」（search for meaning）（Frankl, 1976/1959）。簡而言之，有意義的人生乃是個人生活滿意度與健康的重要基礎所在；相反地，沒有意義的人生則可能伴隨極大的不快樂與情緒的焦慮不安（Baumeister, 1991）。

12.3.2　正向人生的途徑

描述美好人生的意義已經很困難了，如果還要具體說明達成的途徑，那就更是難上加難。露柏茉絲姬、薛爾頓和史凱德（Lyubomirsky, Sheldon, & Schkade, 2005）提醒我們注意有三點因素作梗，以致於人們不太有可能提高長期的幸福快樂水準。

1. 相當多研究顯示，快樂的水準是基因決定的，如第九章所述，某些人天生就是三杯快爽，某些人則是三杯慢爽，而且本性生來如此，想要不這樣，似乎也埋藏不住。我們每個人似乎都有一條快樂的基礎線，相對穩定而且幾乎可說是個人的特色，不論歷經生活的任何大喜大悲，在情緒起伏波盪之後，最後都會回歸原點。

2. 人格研究者顯示，有若干基本心理特質與個人的長期福樂安適有很強的相關。比方說，神經質與外向（人格特質五大要素的其中兩項）不只與個人的快樂水準有強烈的相關，而且跨越人生的各個階段，該水準都維持相當的穩定不變。由於人格特質五大因素相當程度是遺傳的，因此可能相當程度決定了個人的快樂基準線，以及人們對於人生的樂觀／悲觀傾向（第九章）。

3. 人類生物學認為任何情緒都不可能永遠維持不變，而且人們能夠很快適應充滿情緒的事件（第六章）。就像走在跑步機一樣，你腳步一直在走動，但是卻永遠停留在原地不動。根據理論，快樂的水準只可能有短期的增加。

不過，露柏茉絲姬與同僚還是從中看到可以樂觀的理由。基因與生物性因素的影響並不是全然命定而無從改變。根據她們的估計，基因決定快樂基準線的比率可達50%，生活情境因素10%。除此之外，尚有40%的變動空間，那是個人的意向活動可以發揮影響作用的（請參見圖12.1）。所謂意向

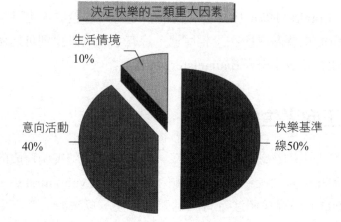

圖 12.1　影響個人快樂水準的三類重大因素

資料來源：Sheldon, K. M., Lyubomirsky, S. (2004). Achieving sustainable new happiness: Prospects, practices, and prescriptions. In P. A. Linley & S. Joseph (Eds.), *Positive psychology in practice* (pp.127-145). New York: John Wiley & Sons出版社版權所有，翻印轉用許可。

活動（intentional activity），是指人們有意識選擇並且需要持續投入心力的活動。

　　由於有這40%的個人可能變動空間，因此福岱斯（Fordyce, 1977, 1983）早期的研究倡議人們可以透過有意識的覺察與努力而提升福樂安適。根據研究結果，福岱斯提出了「快樂的14項基礎要素」（14 happiness fundamentals），用以描述快樂人的特徵，並且指出一般人可以仿效學會這些特徵而變成快樂的人。這背後的道理其實很簡單：如果你讓自己變得更像快樂的人，那你的快樂就會增加。福岱斯找來他在社區學院任教心理學課程的學生參與實驗應用，以檢視這套增進快樂計畫的實際效用。他給參與的學生綜合回顧快樂研究，並且具體講解增進這14項基礎要素的實用策略（Fordyce, 1983, p.484）。

　　1.變得更主動積極。

　　2.花更多時間與他人社交。

　　3.有意義的工作。

4. 更妥善的組織與規劃。

5. 減低擔憂的事項。

6. 調低期望與志向。

7. 學習較為正向與樂觀的態度。

8. 轉變成當下導向的態度。

9. 發展比較健康的性格。

10. 發展持續的社會性格。

11. 忠於自我，做自己。

12. 減少負向感覺與問題。

13. 正視親密關係對於幸福快樂的關鍵地位。

14. 將幸福快樂列為重要的人生優先目標。

　　除了討論快樂研究之外，福岱斯提供學生有關這14項基礎要素的詳細資訊，包括：快樂研究的發現與相關理論、說明該等基礎特徵對於個人快樂的重要性與可能貢獻。福岱斯也提供建議，包括：在每天例行事務之中安排愉快活動的策略、學習目標設定與優先順位設定的策略，以及記載平日煩心的事情，並且評估其重要性與實際的程度。

　　福岱斯綜合為期數星期到超過一年以上的眾多研究結果，發現相當一致的支持證據，在控制組的對照比較之下，他的計畫確實提升了個人的快樂水準。81%的參與者表示，快樂水準有所提升；38%的參與者表示，自己「快樂多了」。不過，對於這些結果，福岱斯自己承認還需要審慎看待而有所保留。首先，這些結果並沒有告訴我們這14項基礎要素的相對重要性。就增進快樂水準的效應而言，這14項基本要素是否同等重要？還是只有其中幾項比較重要？其重要性是否因人而異？其次，由於福岱斯是親自施行此一計畫，因此就難以清楚分辨究竟是來自計畫的內容產生的效應，還是計畫施行者潛在的動機與熱情驅策的結果。

意向活動與自我協和目標

　　最近，露柏茉絲姬與同僚（Lyubomirsky, et al., 2005）以目標研究為基礎，聚焦探究關於增進福樂安適的議題。她們論稱，如果能符合下列的三種情況，那麼長期快樂水準的提升就有可能發生：⑴追求自我協和的個人目

標；(2) 追求自由選擇的目標；(3) 實現目標所需的執行做法相對自動化，得以節約自我控制所需的有限資源。

許多研究結果都支持上述的觀點，請參閱本書第七章和第八章的研究回顧，以及露柏茉絲姬與同僚的回顧論文。比方說，許多關於大學生的研究發現，學期初採取自我協和目標的學生，學期末目標完成的比率較高，福樂安適的水準也較高（例如：Sheldon, Kasser, Smith, & Share, 2002）。

為期一年的研究結果發現，某些學生在初期追求自我協和目標有所進展之餘，福樂安適可能因此而升高（例如：Sheldon & Houser-Marko, 2001）。不過，要維持增高的福樂安適水準於不墜，還得依賴後續的成功。許多學生因為後來沒辦法繼續維持個人目標的成功進展，早先增高的福樂安適水準就下滑回歸原點。露柏茉絲姬發現，增加個人的快樂水準是很難的（Lyubomirsky, Krakovsky, 2007, *Scientific American*），研究結束之後，如果不再遵循介入的做法，研究期間提升的快樂水準通常就會消失。

美德的培養與表達

研究發現，還有許多介入方式也有增進福樂安適的效應，但是同樣擺脫不了難以持久維持的問題。研究發現，各種美德行為包括：和善（Lyubomirsky et al., 2005）、寬容（McCullough & Worthington, 1997）、感恩（Emmons & McCullough, 2003），皆能顯現出增進福樂安適水準的長期正向效應（有關這些研究的回顧與討論，請參閱第十章結尾處）。

在眾多美德當中，智慧普遍被視為美好人生的重要基礎，而且獲得最多的研究關注。根據巴爾茲與同僚的SOC模式（選擇—最佳化—補償），美好人生的基礎就建立在統合智慧、目標選擇與目標追尋（第十章）。智慧輔助選擇人生重大的目標：即使只是書寫個人目標也可能有助於人們釐清個人目標的優先順位，更清楚什麼對於自己是重要的。就此而言，金恩（King, 2001）發現，書寫「未來可能的最佳自我」，結果發現福樂安適有所提升，而且提升的水準維持達5個月之久。

除了選擇值得追尋的目標之外，智慧有助於選擇最有利於達成目標的理想途徑，而最佳化的效應有相當程度與自我規範的議題有關（相關討論，請

參閱第八章）。最後，追求重要而且具有挑戰性的目標：當先前有效的方式不再能夠發揮應有的效應時，有智慧的人能夠想辦法，找尋其他可行的替代出路。比方說，老年人必須設法彌補逐漸衰老的體力與活動力，以便能夠繼續享有讓自己滿意的生活。

應用正向心理學來治療憂鬱症

塞利格曼與同僚（Seligman et al., 2006）結合這些治療憂鬱症的做法，再加上其他介入方式，推出正向心理治療（positive psychotherapy，縮寫PPT）。正向心理治療的基礎是塞利格曼與派特森關於美德與性格的研究，透過鼓勵個人努力培養個人特色的品格優點，增進福樂安適（第十章）。輕度與中度憂鬱的參與者分享討論個人的正向經驗，以及如何變換觀點來看待負向的經驗。參與者還必須完成若干回家作業，包括：確認與培養個人特色的品格優點、寫信寬恕侵犯自己的人、向過去沒能致謝的恩人表達感恩謝意、培養樂觀與正向的態度、遇到問題的時候從中找尋機會而不是執念於錯失機會或失意、享受與品味生活的樂趣與有意義的時光、幫助他人與服務社會以發揮個人特色的品格優點。若干PPT介入計畫的研究結果顯示，在為期6個月至1年的計畫測試期間，相對於安慰劑的控制組，有參與PPT計畫的參與者，憂鬱症狀有顯著的減輕，許多人用「脫胎換骨」來形容這種生活大獲改善的經驗。但是，塞利格曼與同僚也承認，這些初探的研究發現雖然頗為激奮人心，還不能視為最後定論，因為測試的對象只有人數不多的小群體。

增進心理的福樂安適

魯尼和法佛（Ruini & Fava, 2004）最近回顧探討他們投入實踐多時的心理安適療法（well-being therapy，簡稱WBT）。這乃是以黎弗（Ryff, 1989）的幸福主義心理安適模式為基礎的心理治療法。WBT的目的是透過黎弗模式改良的六項健康判準，診斷當事人的心理機能障礙，再設法協助改善之。魯尼和法佛發現，黎弗的模式相當容易就可以改造而適用於臨床治療。病人通常會呈現這六類心理機能障礙的其中某一或若干類型，而且黎弗的模式提供了有用的定義，很方便就可以參考而擬出心理治療的結果目標。黎弗的心理福樂安適模式改良適用臨床治療的六大面向，請參閱表12.1。

心理安適療法仍處於初期發展階段，主要目標是提供輔助之用，而不是要完全取代行之有年的各種傳統心理治療法。魯尼、法佛與同僚開發的心理安適療法，基本上包括為期八周的療程，每次療程30到50分鐘。心理安適療法非常仰賴病人自我觀察，寫日記描述每天的想法和感覺。在第一次療程，病人記載個人健康福樂安適的事項，具體描述該等事項發生的情境。接下來中間數次的療程，則是記錄確認各種阻礙心理福樂安適的想法或感覺。病人最普遍記錄的就是不理性的想法，以及引發壓力的念頭，而這些想法或感覺往往就會使病人退回到原先的心理不安水準。這些療程蒐集到的資訊就會用來評定各個面向的心理障礙程度（黎弗模式改良的六項健康判準）；個別病人的報告與日記則會用來討論和黎弗改良模式的相關議題（請參見表12.1）。魯尼和法佛認為，研究結果雖然只是初探階段的暫時發現，但是仍然呈現不少令人鼓舞的徵兆，可以證明WBT可能是有效的介入方式，可以透過增進心理的福樂安適，從而有助於對抗心理不安等狀態。

「正念內觀」親密關係

友誼、婚姻與家庭的品質和個人生活品質有相當的關聯，健康快樂的人通常會有滿意的關係（支持此一論點的研究，請參閱第十一章）。這意味著，維持與增進親密關係的品質很可能也會增進彼此的福樂安適。關係研究者已經開發了許多模式，以茲描述人們如何維持與修補個人最重要的關係（請參閱Harvey & Weber, 2002; Miller, Perlman, & Brehm, 2007; Noller & Feeney, 2006）。「正念內觀親密關係」（minding the close relationship）就是其中頗值得注意的綜合型理論，提供維持與增進親密關係的普遍原則（Harvey & Omarzu, 1997, 1999; Harvey, Pauwels, & Zickmund, 2002）。

根據哈維和歐瑪茹（Harvey & Omarzu, 1997, 1999）的論述，「正念內觀」涉及五項相互連結的思考與行為模式，分別是：(1)相知相惜；(2)歸因；(3)接受與尊重；(4)互惠；(5)連續性。伴侶雙方長期投入實踐這五種正念內觀的思考與行為，有助於增進關係的穩固與滿意度（Harvey & Omarzu, 1997, 1999; Harvey, Pauwels, & Zickmund, 2002）。正念內觀親密關係就好像是照顧花園，必須長期投入，以及細心的呵護照料，而不是心血來潮偶一為之，或是等到雜草蔓生才想到要整理。

⚐【表12.1】黎弗心理福樂安適模式改良的六大面向

心理福樂安適六面向	心理障礙狀態	最佳心理健康狀態
環境掌握	管理日常生活事件有困難，或感覺有困難；感覺無法改變或改善。	有一種能夠掌握與勝任管理環境的感覺；控制外在的活動；能夠有效把握應用周遭的機會；能夠創造或選擇適合個人需求與價值的環境。
個人成長	遲滯不前的感覺；感覺不到自己隨著年歲增長而有任何的改善或進步；感覺無聊，對於人生興趣缺缺；覺得無法培養新的態度或行為。	感覺持續有所發展；看到自己有成長；對新經驗開放；有一種能夠實現個人潛能的感覺；看見自我與行為與時俱進。
生活目的	感覺生活沒有意義；生活少有目標，缺乏人生的方向感，看不出自己過往的人生有何目的；未來沒有展望，沒有任何的信念或信仰可以賦予生活意義。	生活有目標與感覺人生有方向；覺得目前與過去的生活有意義；相信生活有目的；生活有方向與目的。
自主	過度擔憂他人的期許或評價；重大決定總是依賴他人判斷；想法與行為舉止總是順從社會壓力。	自我決定、獨立自主；能夠抗拒社會壓力；從內規範自己的行為；以個人的標準來評價自我。
自我接納	不滿意自己；對於過去的人生感到失望；對於個人的某些特質備感困擾；希望自己能夠有所不同	對自我抱持正向態度；接受自己的優缺點；對於自己過去的生活有一種正向的感覺。
正向人己關係	很少與人有可信賴的密切關係；人際關係當中，很難保持開放，時常有孤立與挫折的感受；不願為了維持與他人的連結關係，而自我妥協。	溫馨而信賴的人己關係；關心他人的福祉；能夠表現強烈的同理、情感與親密；了解人際關係的施與受。

資料來源： Ruini, C., & Fava, G. A. (2004). Clinical applications of well-being therapy. In P. A. Linley & S. Joseph (Eds.), *Positive psychology in practice* (pp.371-387). New York: John Wiley & Sons出版社版權所有，翻印轉用許可。

相知相惜

相知相惜大抵是一種互惠的自我揭露，動機在於雙方都渴望能夠了解彼此的想法、感覺，以及個人的生命史。哈維和歐瑪茹強調，要主動尋求雙方真誠而坦白的自我表達，而不只是單方面表達自己的感覺，而不鼓勵對方表達自己的感覺。開放的氣氛，雙方感覺自在，得以安然交談棘手的難題、希望與恐懼。信賴感降低了防衛心，或是不安感。比方說，結婚多年的夫妻可能透過非語文的線索，就能夠直覺感知對方有什麼樣的想法或感覺。在團體當中，夫妻可能四目對望，會心一笑，因為不為外人知悉的笑話。反映彼此獨特的個性、怪僻、死穴、強項與弱點。因為長期相處之餘，伴侶雙方與生活情境難免都會有所變化，因此相知相惜是永遠沒有終點的重新發現與再適應的歷程。以下列出的行為與思考有助於彼此的自我揭露（Harvey & Omarzu, 1997, p.235）：

- 針對伴侶的感受與行為提出發問。
- 運用有效的傾聽回應。
- 正確反思伴侶揭露的內容。
- 正確理解伴侶的個人偏好與見解，並且能夠掌握其相關細節。

歸因

歸因討論的是關於給予伴侶行為的典型解釋類型。在第十一章，我們討論過增進關係之解釋與責怪、懲罰伴侶之解釋之間的差異。成功的關係是建立在不任意懷疑伴侶、避免匆促的解釋。一般而言，這意味著內在個人特質（例如：關懷與敏感）與外在情境因素（例如：一整天工作不順心）。不過，在適切正念內觀的關係當中，應確實了解伴侶的個性，取得內在與外在解釋的平衡，以避免片面或扭曲的理解。

- 一般而言，對於伴侶的行為給予較多正向的歸因。
- 對於負向的關係事件給予較多外在的歸因。
- 以符合伴侶自我歸因的方式，來做出歸因。

雖然，本真性沒有列入用心關照的五項基本要素之中，但是其重要性顯然是無庸置疑的。*本真性*（*authenticity*）是指忠實於自己與他人，是成

功情感關係不可或缺的重要元素（Harter, 2002）。就日常生活而言，就是待人處事自然而不虛偽、做作；真實做自己，不虛假，不掩飾自己的真實感覺，不虛情假意，刻意迎合討好所有人，以便製造好印象；個人可以保持真實自我，而無須妥協以維持人我之間的良好關係。哈特論稱，在成功的關係當中，有一種相互自主性（mutuality）的特徵，也就是說，人們會取得自主性與關聯性之間的平衡，人們不會自我聚焦（自己的需求優先於他者的需求），或是他者聚焦（犧牲自己的需求，以優先滿足他者的需求）。在相互自主性的關係中，人們會表現出高度忠實於本真性的行為，同時又能夠接受與肯定伴侶的真實自我。他們不會失去自我，相反地，他們會平衡自我獨立的需求，同時又能兼顧與對方關係的需求。在用心關照的關係當中有一項特徵：接受與尊重，也有助於提升相互自主性。

接受與尊重

接受與尊重的相反就是批評、盛氣凌人的防衛與鄙視。哈維與歐瑪茹援引古德曼的「愛情實驗室」研究，詳細探討健康婚姻與不健康婚姻的相關議題（研究回顧與評論，請參閱第11章）。在健康的關係中，人們會尊重、傾聽，擁抱伴侶的好壞特性，接受而不是鄙夷、忽視伴侶的感覺，找尋方法妥協，以及解決彼此的差異；不健康的婚姻則呈現出相反的模式。在用心關照的關係中，伴侶雙方會覺知關係陷入長期負向互動的危險。對於伴侶的相互看待，以及所有的互動（即使是涉及衝突與敏感性議題的互動）而言，都應該以接受與尊重作為基本原則。長期以往，接受與尊重可以促進互信、真誠、關切的感覺，從而建立雙方的親近感。有助於接受與尊重的行為摘列如後：

- 對於伴侶的能力感到驕傲。
- 表現出信賴與承諾的感覺。
- 認可伴侶偏好或關心／擔憂的行為。
- 認可自我揭露的行為／語文表現。

互惠

互惠是指伴侶雙方都必須用心關照彼此的感情關係，雙方投入相對等量的心力來理解彼此，努力調適，歸因必須根據彼此用心的理解基礎，而且要

相互接受與尊重。女人或許比男人更懂得如何用心關照親密關係，不過，哈維與同僚論稱，「用心關照不是堅持男人必須如同女人一樣，用相同的方式來覺知彼此的關係，而是堅持雙方應該努力，以便能夠對於自我、對方，以及彼此的需求有同等的覺知」（Harvey et al., 2002, p.429）。與互惠有關的行為摘列如後：

- 感覺伴侶在關係中的努力付出程度和自己相當。
- 有能力可以確認伴侶對於關係的貢獻。
- 認可伴侶的支持與努力付出。
- 感覺有一種綜能感（synergy，感覺彼此在一起比各自分開來得強些）。

連續性

連續性成功的關係需要時間，而且正念內觀是一種持續進行的過程，是關係持續健康的必要元素。雖然，關於正念內觀親密關係的實徵研究，目前仍然處於初發階段，哈維與同僚相信，伴侶雙方如果能以適切正念內觀的關係為基礎，協同建立各自的生命史，那就比較可能享有下列的益處：

- 感覺在關係當中擁有影響力。
- 對於關係的起落，彼此見解相同。
- 樂觀看待關係的未來。
- 對於未來，總能抱持希望。

12.4. 正念內觀與福樂安適感

前述各種增進福樂安適的策略紛紛出爐之餘，東方哲學與西方心理學的相會，也掀起了另一波不同的進路。東方的靜坐冥想（諸如佛教等傳統的冥想靜坐）有其悠久的歷史，但是在心理學的應用則是最近才開始的發展。不過，當佛教哲學，尤其是正念內觀的概念與修練做法，被引入西方的實徵心理學之後，也開始產生轉變。其中，首開先河而且最受注視的當屬艾倫・朗

格的相關著作（Langer, 1989, 2002; Langer & Moldoveanu, 2000）。

　　傳統上，主流心理學界一直把正念內觀與冥想靜坐視為屬於「意識狀態」的概念，在1970、1980年代風靡一時。當時，並且發行了不少相關主題的專論與選集（例如：Ornstein, 1973; Wallace & Fisher, 1983）。自此以後，標準規格的心理學教科書一定會把人類意識納入專章介紹討論。

　　正念內觀是不太容易掌握的概念，在接下來的篇幅，我們會盡可能給予較為詳細而深入的討論。就眼前而言，我們暫且把正念內觀設想成一種聚焦於當下此時此地經驗的一種關注。換言之，就是清楚看見個人心裡所存在的各種希望、慾望、需求。正念內觀的冥想靜坐是提高知覺澄明的一種途徑，目標是要提高自我理解的確實性，以達到自我改進，以及提高生活品質。

　　心理學界對於正念內觀的研究，一直是把它當作治療生理與心理疾病的一種方法，尤其是關於重大壓力的治療。雖然，有些學者批評這方面的研究有欠嚴謹（例如：Bishop, 2002）；另外有些則論稱，過去30多年以來，為數可觀的研究已經確立正念內觀的價值，冥想靜坐等做法確實有改善許多問題的實際效果（例如：Shapiro, Schwartz , & Santerre, 2002; Walsh & Shapiro, 2006），其中包括：身心症、心血管疾病、氣喘、高血壓、慢性疼痛、癌症、恐慌症、焦慮、恐懼症、飲食障礙。在臨床應用方面，最著名的是正念醫療中心主任喬・卡巴辛（Jon Kabat-Zinn）開發倡導的正念減壓療法。正念醫療中心的網站提供許多資訊豐富的資源；有關正念減壓法的詳細介紹，請參閱卡巴辛的名著：《擁抱災難：運用身體與心靈的智慧來面對壓力、疼痛與疾病》（*Full Catastrophe Living: Using the Wisdom of Your Body and Mind to Face Stress, Pain, and Illness*）（Kabat-Zinn, 1990）。

　　不過，直到最近幾年，才開始有心理學家針對非臨床的場域與族群，試圖開展有關正念內觀的定義與測量，以及評估正念內觀對於福樂安適的影響作用（Brown & Ryan, 2003, 2004; Wallace, 2005, 2006; Wallace & Shapiro, 2006; Walsh & Shapiro, 2006）。在這諸多努力背後，根本的想法就是，正念內觀可能是一種重要的工具，有助於自我改變，以及增進福樂安適。

12.4.1　什麼是正念內觀？

正念內觀（Mindfulness）

　　正念內觀是對抗心不在焉的解藥。

　　正念內觀是活在當下的覺知與關注。

正念內觀──心不在焉的解藥

　　正念內觀（mindfulness）的相反就是心不在焉。在這兒，心不在焉（**mindlessness**）並不是指懶惰或輕率、不在意，而是指在個人的意識當中，不太有覺知到當下正在發生些什麼，那是一種「由規律與例行事項主導」的心理狀態（Langer, 2002, p.214）。比方說，我們可能在讀一本書，或是在與他人交談，但是我們的心思卻是沉浸在自己對於未來與過去的諸多想法、情緒、擔心、掛念與焦慮。

　　第八章回顧討論自我規範的研究指出，心不在焉的另一種重大來源即是無意識的自動化行為。在日常生活當中，我們的許多行為都是習慣而自動化的，不太需要太多有意識的注意（開車就是很典型的例子）。巴格和查蘭德（Bargh & Chartrand, 1999）形容這樣的生活乃是「生命中難以承受的自動化」（unbearable automaticity of being）。他們相信，自動化且無意識控制的行為當然有其不容否定的價值，但是該等行為之所以說是「難以承受」，乃是因為違反了心理學家乃至於常民百姓的一種信念：行為應該是基於意識、意志控制的自我導向。巴格和查蘭德論稱，自動化的益處包括：讓人們得以解除負擔，不需要無時無刻不斷投入心力，執行有意識的控制，並且可以透過非意識的表達，而讓人見識到行為更真實的理由，而不是當事人有意識解釋的理由。由於人們相信，個人應該「知道」自己的行為是出於什麼理由，因此自動化雖然有其價值，但是普遍仍然認為是負向的。

　　正念內觀的倡議人士承認，行為的熟練自動化具有效率，以及節約有

意識的自我控制資源的價值。不過,他們指出,自動化的結果也可能讓人成為自己無意識習慣的受害者。關於這一點,戒菸或減肥者知道得最清楚。壞習慣往往連結許多外在與內在的訊號,例如:早餐配咖啡、飯後來杯酒、壓力、無聊,這些都是很難破除的。從心不在焉的角度來看,覺知自己何時與為何會抽菸或暴飲暴食,乃是控制該等習慣的必要條件。

布朗和雷恩(Brown & Ryan, 2003)指出,許多探討注意力在自我規範扮演重要角色的研究(請參閱第八章),可以見識到正念內觀對於增益福樂安適的潛在價值。成功的目標追尋需要某種程度的持續關注(正念內觀),目標進程必須受到監督、適度的調整,以及聚焦的投入心力,而不能分心忘卻努力的目標。除此之外,正念內觀對於比較自我決定與自動化的行動也可能有所貢獻。就如同我們在第七章見識過的,相對於外在情境或他人施加的目標,自由選擇的個人目標比較有可能表現自我,因此較可能讓人獲得較高的滿意度。

自主性意味著面對多重選擇時,可以自己做主來選擇。就定義而言,自動化的行為乃是未加思索的(亦即心不在焉的),因此也可能限制了自由選擇的意向行為。在某些方面而言,自動化的行為就像是基因大抵決定的快樂基準線,因為該等行為代表了阻礙自我改變的潛在障礙(譬如:壞習慣或火爆急性子)。在如此的情況下,自我改變顯然就需要有意識地正視,過去的行為絕大部分乃是受制於自我沒有覺察的諸多因素。有了這樣的覺察之後,還必須持續注意觀照,並且用心努力投入去控制行為。正念內觀的狀態聚焦此時此刻的當下,高度的覺知意識讓人免於陷入心不在焉的心態,從而得以避開自動化的行為(請參閱Brown & Ryan, 2003;另外,最近的研究,請參閱Chatzisarantis & Hagger, 2007)。正念內觀可以讓人有更大的自主性,因為它讓我們不再依賴反射的思考模式,以及習慣/自動化的反應,從而讓我們明白自己可以有更多的選擇。而且當我們知道可以有較多的選擇,就比較可能做出自由選擇並表現自我的抉擇,從而增進我們的福樂安適。

正念內觀──活在當下的覺知與關注

根據衛斯頓(Weston, 1990)的描述,意識(consciousness)是覺知與關注相互連結的一種心理狀態。*覺知*(*awareness*)是指對於當下所有存在

的事物有所覺察。在任何時刻，我們可能覺知（外在）周遭的情境與活動，以及與之連結的諸多（內在）感覺與經驗。*關注*（*attention*）則是把我們的覺知安置於比較聚焦的經驗。我們可能對於事物有所覺知，但是卻沒有做出回應，也有可能將該等事物放在我們的關注中心。覺知與關注彼此緊密連結，「注意力的關注持續把『景物』從覺知意識的『背景』拉向前來，置放於關注焦點所在，於此維持或長或短的時間」（Brown & Ryan, 2003, p.822）。

布朗和雷恩（Brown & Ryan, 2003）論稱，正念內觀的核心特徵是一種開放、接納，以當下為中心的關注與覺知，而且是未經反思，不帶有判斷或分別心的意識狀態。**正念內觀**（**mindfulness**）是指聚焦當下，而不反覆思索過往，或對於未來抱以憂慮或期待的想法。這意味著活在當下，而不是為當下而活（living *in* the present-not *for* the present）。正念內觀不是不管過去、未來，只為了當下而活。就此而言，正念內觀可說是類似於契克森米哈賴「福樂暢流經驗」（Csikszentmihalyi, 1990, chapter 3）描述的當下中心的覺知，與聚焦行動的關注。其次，正念內觀雖然可以藉以發揮自我分析的功能，但是基本上乃是朝向純粹的觀察，而不在於評估自我。就此而言，提高正念內觀類似於提高雷達的感應度，雷達本身並沒有設定特別要偵測哪些對象，而必須由使用雷達的人來決定什麼值得或不值得注意。雷達的主要優點是有能力「看見」更多實際存在的對象，而不是受到注意力限制或偏頗導向而只看見某些特定的事物。就是這種「看見」更多實存對象的能力，使得正念內觀可以有效對抗生活匆忙步調下的鈍化無感、自我檢視評估的防衛心態，以及潛存於各文化當中，未受檢視的關於吾人應該如何生活的假設。不再依賴於習慣反應，或是將當下現實擠入既存的思考框框之內，正念內觀提供了一個開口，讓我們在進行判斷、分析與評價之前，得以了解「事物本然的真實面貌」。

這種似乎無所不能的全知狀態，可能會給人過於理想化的感覺，但是我們每個人都有過類似徹底而清楚的領悟經驗。許多人可能因為遭遇重大事故，迫使自己重新思考關於自我與生活的假設，從而獲得如此的徹底領悟。誠如第四章所見，死亡、失落與其他人生悲劇，諸如此類的人生劇變往往促使許多人對於自我與人生有更清楚的認識。在正式討論介紹正念內觀靜坐冥

想之前，讓我們先來回顧討論最近關於創傷後成長（PTG）的研究，以及面對死亡可能導致的生活價值改變的研究。

12.4.2　焦點研究：迎向生命的最底線

我們在第四章介紹過的現實場域的研究顯示，許多遭遇人生威脅事件的人都表示該等經驗讓他們有所獲益（相關研究文獻回顧與評論，請參閱 Tedeschi, Park, & Calhoun, 1998）。其中，論及的人生威脅事件包括：離婚、性侵犯、骨髓移植、癌症、心臟病發作、HIV感染、住家失火、摯愛的人過世；另外還有針對瀕臨死亡經驗的研究。這些研究都發現，在歷經人生重大變故或大難不死之餘，當事人往往會有正向的成長，最普遍的改變就是個人的價值取向由外在轉向內在。人們會變得比較不那麼在意物慾方面的需求，譬如：金錢、財產、外貌、社會地位；轉而比較重視個人與他人的關係，比較懂得慈悲喜捨，也比較傾向追尋超越個人小我與超脫世俗的意義與生活目標。在歷經生死交關的人生變故之後，財富與成功往往讓人覺得膚淺而沒有意義。許多人也自陳表示，感覺更多的自主、自立、反彈復甦，也更能欣賞與熱衷投入生活。簡言之，人生變故似乎徹底翻轉了個人的優先順位，生命當中最重要的事情，也可以說是生命的最底線，就此變得明朗透徹。你可能已經注意到，這些新的優先順位與自我當中，有許多都與正向心理學確認的健康、快樂者的生活取向不謀而合。

本書第一作者在正向心理學課程討論創傷後成長（PTG）時，學生常會提出兩類的問題：（1）悲劇之後的正向改變能夠維持多久的時間？（2）如果沒有實際面臨悲劇或威脅生命的瀕臨死亡經驗，該等改變是否也可能發生？是否可能只透過想像而不需要真正親身經歷，就足以產生PTG的效應？根據最近研究結果來看，PTG的改變似乎可以維持相當長的時間，而且可能透過想像而發生。

接下來回顧介紹的兩個研究，就是聚焦於PTG研究（第四章）與恐怖管理理論（第七章）之間表面上的矛盾。PTG研究記錄人們遭遇生命威脅之後猛然萌生死亡意識，從而導致個人價值轉變的情形。恐怖管理理論與貝克爾的《死亡的否認》（*The Denial of Death*）則稱，死亡意識會引起相反的結

果，因為思及個人無可避免的死亡，在減低焦慮的需求驅策之下，反而促使當事人做出防衛性的反應。因此，根據恐怖管理理論的預測，死亡意識不但沒有改變人生價值的優先順位，反而是重新肯定既存的信念與自我價值感，並且藉由財物的累積來尋求安全感。比較而言，PTG研究支持死亡意識會導致人們轉向內在價值，並且接受死亡的命運；相對地，恐怖管理理論則是預測死亡意識會增強外在與物慾價值，以期能夠拒絕接受死亡的現實。

恐懼管理研究是屬於實驗室的研究，運用一種名為**死亡顯著性**（**mortality salience**）的操作程序來創造死亡的意識。這可能涉及短暫暴露於死亡相關的情景（例如：殯葬禮儀社），或是與死亡相關的字詞。最常用的程序就是讓研究參與者寫下當他們想到自己死亡時，有什麼樣的想法、感受與情緒。相對地，PTG研究是屬於現實場域的研究，是真正親身經歷重大事故者，那是無法在實驗室複製的。研究者指出，相較而言，PTG比較具體，情緒張力比較大，發生的時間比較長，容許個人在險些因為重大事故而釀成慘痛失落之餘，重新檢視自己的人生（Cozzolino, Staples, Meyers, & Samboceti, 2004; Lykins, Segerstrom, Averill, Evans, & Kemeny, 2007）。萊金斯等人與科佐林諾等人的研究檢視死亡威脅的嚴重程度、威脅的時間長短、重新檢視人生的重要性等項目，以茲區分PTG效應（轉向內在價值）*vs.*恐怖管理理論的預測結果（例如：肯定外在價值）。

提醒死亡顯著性之後的目標轉移：創傷後成長與恐怖管理理論的區分[1]

萊金斯等人（Lykins, et al., 2007）的這篇研究發表於《人格與社會心理學期刊》，旨在對照比較兩組大學生親身經歷1994年加州大地震*vs.*透過媒體報導想像911紐約世界貿易中心恐怖攻擊事件，其價值改變的情形。相對於控制組的學生，直接或想像面對該等事件的學生（理論上，應該有被提醒個人的死亡顯著性），個人價值取向呈現顯著的轉向，由外在目標

---

[1] 英文論文原始標題如後：
Goals shifting following reminders of morality: Reconciling posttraumatic growth and terror management theory.

（金錢、外貌、社會地位），轉向內在目標（親密關係、施捨助人、個人成長）。結果與預測一致，威脅感的強度與時間長短，和價值的轉變程度有顯著相關。在地震的研究，最強烈感覺自己可能死亡的參與者轉向內在價值的程度最高。在911的研究，在攻擊事件發生幾個月之後，轉向內在價值的程度最明顯。萊金斯等人論稱，時間的因素與威脅的強度，對於PTG的發生是相當重要的，而且可以區分PTG與恐怖管理理論預測的差別。當威脅強度不高，而且為期短暫時，面對死亡比較可能採取防衛反應。當事人感到較重大的威脅，而且需要較長時間來發展，如此才會發生PTG，重新評估個人的生活優先順位。人們對於威脅生命的事情，一開始可能會採取防衛的反應。不過，時間拉長之後，長期的死亡意識則可能促成正向的心理成長。

貪婪、死亡與價值：從恐怖管理理論到超越管理理論[2]

科佐林諾等人（Cozzolino, et al., 2004）的這篇研究發表於《人格與社會心理學期刊》。研究者設計了一種**死亡反思（death reflection）**的操弄程序，可以讓參與者替代想像類似瀕死經驗。瀕死經驗的正向效益可能是源自重新檢視人生，以及採取他人的觀點。參與者表示，自己的生活，還有與親密他者的互動都有巨大的改變。再者，重新檢視過去的生活，以及從他人的觀點來檢視自己，這些都促成了生活優先順位與自我概念的改變。

死亡反思組的參與者閱讀下列文章，並想像文中描述的情況真實發生在自己身上（p290, 附錄A）：

> 想像你去拜訪朋友，他住在市區老舊公寓20樓。午夜時分，突然傳來一陣尖叫聲，還有令人窒息的煙味，把你從沉睡的夢中驚醒。你摸黑打開床頭夜燈，猛然看見屋內濃煙密布。你連忙跳下床，跑向門口，伸手試圖去找門上的把手，卻被燙得趕緊縮手。你回頭抓了床上的毯子，用作隔熱保護再去轉開門把，門一打

2　英文論文原始標題如後：
Greed, death and values: From terror management to transcendence management theory.

開，大團火焰與濃煙立即衝進門口，你整個人往後跟蹌倒地。沒有任何出路可以逃離了。你沒有辦法呼吸，狂燒的火海溫度高得無法承受。你嚇死了，爬著找到屋內唯一的窗戶，你拼命想把窗戶打開，無奈陳年的窗框油漆早就把窗戶牢牢黏死。你的眼睛幾乎睜不開來，煙燻得淚水直流。你想要呼喊求救，但一句話也說不上來。你整個人癱跌在地板上，想要逃離火場，無奈為時已晚。整個房間煙霧瀰漫，火海一片。你動彈不得，只剩心臟碰碰跳著。剎那之間，你明白了，你差不多瀕臨死亡邊緣。那一刻，終於來臨了。氣若游絲，你闔上眼睛，等待生命走向終點。

在閱讀過上述死亡事件之後，參與者回答下列問題（p.281）：

1. 當你在想像這個事情時，請詳細描述你的想法與情緒感受。

2. 如果你遭遇這樣的事情，你覺得自己會如何？

3. 再次想像那樣的事情發生在你身上，請描述在那之前你的生活都是如何過活的。

4. 如果你發生這樣的事情，你覺得你的家人可能會有什麼樣的反應？

上述問題3、4是用來模擬瀕臨死亡倖存者的真實經驗：人生回顧與採取旁人的觀點。研究結果發現，死亡反思的操作程序（想像自己將要葬身火窟）使得情緒與價值取向產生顯著的改變。針對參與者的答覆進行內容分析，結果顯示，死亡反思組的參與者顯著揭露較多人生的反思，特別是聚焦於個人生命當中重要他人的懊悔與種種想法。與瀕臨死亡經驗研究結果相符合，想像個人遭遇火災垂死的經驗似乎促發人生回顧與採取旁人觀點。除此之外，死亡反思造成原本外在價值取向的個人變得比較內在價值取向（透過貪婪行為檢驗結果顯示，比較不會貪求高於自己應得或合理比率的樂透彩獎金）。以下兩則陳述可以提供證據，支持替代性死亡經驗的效用（p.289）：

「我如今已然了解，人生在世的時間是相對短暫的，這使我更想要活得充實圓滿。這麼寶貴的時間，如果老是想著追求物質慾望的生活，那真的是好浪費。」

「我不時自我反省，是否有竭盡全力充實生活的意義。我也常常
在想，要有所表現，讓家人知道我愛他們。我也一直在反省，是
否有傷害任何人的感情，對於我造成的傷害，我深感抱歉。」

　　萊金斯等人承認，其研究結果仍屬於初探性質。不過，他們的研究針對
PTG的效應是否能持久的問題，倒是提供了部分的解答。他們論稱，答案可
能是肯定的。他們指出：「轉向內在目標似乎促成建立重要資源（亦即親密
關係、勝任能力的感覺），這就很難想像，其影響效應只是過渡性質的。因
此，目標價值似乎是有可能發生長期的變化，這一點可以見諸死亡與PTG之
間的連結關係」（Lykins et al., 2007, p.1097）。
　　沒有實際經歷威脅生命的事件，PTG效應是否可能發生？前述回顧的兩
項研究結果似乎給了有條件的肯定答案。有三種情況似乎會提高個人死亡反
思的顯著性，從而更加清楚覺知人生的最底線，亦即什麼是人生最重要的。
(1)死亡反思需要一段時間的沉澱，而不是急切的反應，否則很可能會造成
防衛性的反應。 (2)死亡的反思需要促使個人重新回顧檢視人生，從而把死
亡整合到人生當中，接受而不是一味否認死亡。 (3)死亡反思應該納入考量
親人與朋友可能會如何看待自己的死亡。生命的一項重要底線就是讓愛我們
的人進入我們的人生，彼此投入努力建立重要的連結，而不是理所當然逕自
以為必定會有該等連結。
　　科佐林諾等人在結論清楚陳述，死亡覺知與正念內觀之間的關聯。針
對死亡覺知具有的存有哲學意義，科佐林諾等人（Cozzolino et al., 2004,
p.289）指出：「……人生在世上，可以選擇兩種不同的存有途徑：一種是
遺忘、無視於存有，另一種是正念內觀存有」。第一種途徑就是忘卻死亡的
事實，其結果就是縱身物慾世界載沉載浮。相對地，第二種途徑，「……能
夠正念內觀存有的人，較易於親近覺知個人的存有，感覺有責任而且有能力
改變自己的人生。就是這樣的人，他們能夠擁抱個人潛能，清楚覺知自己有
能力超越自我的限制」（p.289）。人生最需要超越的重大限制就是死亡的
焦慮；正念內觀死亡，並且接受之，如此可以減低恐懼與否認死亡的損害影
響，迎向更充實而圓滿的人生。

12.4.3　正念內觀的靜坐冥想

在東方哲學傳統（例如：佛教、道家思想）中，正念內觀的實踐，諸如歷史悠久的靜坐冥想、參禪等做法，乃是增進心靈澄明與福樂安適的工具。鈴木俊隆（Shunryu Suzuki）的《禪者的初心》（*Zen Mind, Beginner's Mind*）（1986），針對禪修、靜坐等，有極出色的介紹。李奧・迪波塔（Leo DiPorta）的《禪修行旅》（*Zen Running*）（1977）提供了作者投入一年探索禪修的行旅紀實。最近，《美國心理學人期刊》發表了幾篇文章，介紹討論佛教與福樂安適心理學的議題，例如：沃許與夏皮洛（Walsh & Shapiro, 2006）、華勒斯與夏皮洛（Wallace & Shapiro, 2006）；麥金塔（McIntosh, 1997）文獻回顧禪宗與社會心理學的關係；另外，在通俗讀物方面，卡巴辛（Kabat-Zinn, 1994）的《日常生活的正念內觀修行》（*Wherever You Go There You Are: Mindfulness Meditation in Everyday Life*），以平易近人的文字，介紹了正念內觀修行的目的、價值與特殊技巧。我們在回顧討論正念內觀修行時，會大量引用卡巴辛的著作。

根據沃許與夏皮洛（Walsh & Shapiro, 2006），東方的靜坐冥想傳統雖然有許多不同的來源與內涵，但是有一個共通焦點就是都很注重關照與覺知：「*靜坐冥想是指自我規範的修練，其焦點在於鍛鍊關照力與覺知心，以便能夠讓心智活動歷程獲得更高的自主控制，從而促進一般的心理福樂安適、心理發展與／或特定的心理量能，諸如：冷靜、明察與專注（斜體字為原作者加註強調）*」（p.228）。

雖然，靜坐冥想是內在於東方哲學與宗教的一種要素，但是它本身並不是宗教，尤其是經由轉化進入西方心理學與文化之後，原先與宗教的根源連結關係更是淡化。誠如史培卡與同僚（Speca, Carlson, Goodey, & Angen, 2000）指出：「靜坐冥想原本主要是在宗教或靈性的一種修練，後來屢經改造而轉化出諸多世俗的用途。」靜坐冥想並不是要人們去信仰任何事情——也許除了相信自己吧！俗世的靜坐冥想是要透過自我發現來達到自我變化，而不是要讓人放棄原有的信仰（如果原本有信仰的話），轉而信服某種特定的信仰。許多不同宗教的傳統都有修練正念內觀的做法。卡巴辛（Kabat-Zinn, 1990）指出，正念內觀不是一種神秘或靈性的活動，也不是

「‧‧‧‧‧‧人生所有問題的『解答』；毋寧說是，可以透過更清明的心，來看待人生所有的問題」（p.26）。

正念內觀靜坐冥想（mindfulness meditation）的基本理念，始自覺察我們平常大部分的意識總是受制於未受檢視的想法與感覺。這種意識流當中嘈雜不休的想法與感覺接連不斷耗盡了人們的心理能量，根本難以專心關注當下發生的事物。即使我們活在當下，但是心思卻是經常飄到過去，或是擔憂著未來的事情。由於心無法安於當下，人們往往分不清自己的想法與事實之間的差別。在極端的例子當中，個人想法與事實的混淆不清，就導致許多種的病態心理與非理性的恐懼。內在的信念或想法扭曲他們對於現實的觀感，從而衍生困擾個人的心理問題。比較輕微的例子，如活在自己的想法中而不是活在當下，這種情形其實是相當普遍的日常經驗。卡巴辛（Kabat-Zinn, 1990）舉例說明個人的注意力如何可能完全給吸攝到夕陽美景之中。有個人面對夕陽美景當前，但是他沒有盡情享受品味，而是向同伴描述自己對於夕陽的感覺，回憶起過往曾經看過的景色。在這樣思索與描述當中，夕陽本身其實也就失落不見了。

朗格（Langer, 2002）論稱，進入正念內觀的狀態，人們可以理解，「事件並不會帶著評價而來，是我們把事件加諸於經驗之中，從而創造了我們對於該等事件的經驗」（p.219）。正念內觀的重點就是看見當下世界，而不要先判斷、評價，把世界塞入既存的概念範疇與框架。

相對於前述觀看夕陽的例子，就是自然風景攝影師或畫家敏銳觀察、捕捉當下令人嘆為觀止的景觀。舉例而言，名聞遐邇的自然攝影大師安瑟‧亞當斯（Ansel Adams, 1985），總是展現了慧眼獨具的眼光與出神入化的高超技巧，巧妙捕捉千變萬化的光影構圖，如此令人無限神往的絕色美景，一般人難以望其項背。經驗老道的攝影家可能花了好幾天的時間，靜靜等候最適合拍攝的絕佳狀況，等到萬事具備之後，他們還會在現場花上好幾個小時，以便找出最恰當的位置、角度與感覺，最後才會滿意地按下快門。類似的道理，內行的球迷由於見多識廣，所以在觀看球賽的過程，總是能夠看到一般觀眾視而不見的精采內容。

上述例子有兩個重點：⑴正念內觀並不是一般人完全陌生的稀奇經驗。我們所有人都有活在當下的經驗，而且每個人可能也都有自己擅長的領

域或生活的某些面向，能夠比一般人更懂得專注當下、觀察入微。（2）靜坐冥想的一個目的是要讓有限的正念內觀經驗予以延伸，以便能夠更清楚覺知更多的生活面向，充分感知當下豐富而幽微不顯之處。要培養正念內觀的普及能力，首先是透過靜坐冥想的特定情境修練，然後逐漸轉移到生活的其他面向。這就好比你投入某個特定領域，長期密集學習與深入觀察，結果後來你會發現自己不知不覺開始以新的眼光，來看待生活的其他領域。比方說，有些老釣友當初純粹只是喜歡釣魚的樂趣，不過，長期下來，隨著經驗與知識的增長，他們就累積了許多關於昆蟲魚餌的知識、鱒魚的生態系統、環境的破壞，從而深刻體會環境保護的必要性。除此之外，在電影《大河戀》（*A River Runs Through It*）當中，我們還可以看到，溪釣能夠讓人學會紀律、耐性、專注細節，以及覺知生態環境的變化，還有鱒魚行為的複雜細節。從釣魚當中學來的這些技巧與態度，也會隨之擴延到生活的其他面向。

正念內觀覺知的特性

透過冥想靜坐的修行，人們得以進入正念內觀的狀態，這過程包括安排時間（也許一天15至45分鐘）與地點，讓心安靜下來，取得洞視，看清楚自己的想法如何控制經驗。雖然修練正念內觀的實際做法有頗多差異，其中大致都包括靜坐與吐納。卡巴辛（Kabat-Zinn, 1994）描述的做法應該頗適合西方一般民眾。你可以找個坐墊、抱枕盤腿坐下來，兩手擱放在膝上。你的姿態應該舒服，些許放鬆，但是頭、頸、背部應該保持垂直，以便你能夠維持正確的姿勢。然後，把注意焦點放在呼吸，順著氣息自然吸入、吐出，不要想去控制或改變，就只是單純感受氣息來去流動。當注意力開始轉到某些其他事物時，只需要記住該等分心，然後就把注意力轉回你的呼吸吐納。初學者往往會發現，這看似簡單的事情其實頗難做到。心裡的各種念頭不斷湧現，分心的事物像潺潺不絕的溪流——不舒服、無聊、幻想，還有來自記憶與未來的諸多人事物。你會想到另一半、老闆、工作、假期，還有靜坐結束之後你必須做哪些事情……。我們心裡的念頭就像有自己的生命一樣，不斷湧流而出，很難說斷就斷。就如同卡巴辛（Kabat-Zinn, 1990）告訴初學者的建議，不管你的心思讓你想到任何事物，你就是承認它，然後讓它離開。不要判斷或評價，就只是接受，然後回到你自己的呼吸。箇中道理就是

要如實靜觀你的想法，而不是要設法去壓抑。

就如同夏皮洛與同僚論稱的，「所有靜坐冥想的技術都是立基於關注力的培養。不過，如果完全只是著眼於關注力本身，那就會有所缺失」（Shapiro et al., 2002, p.639）。卡巴辛（Kabat-Zinn, 1990）描述七項相互關聯的態度，正念內觀修行的目的就是要培養這些態度。從小處一點一滴的培養，逐漸融入日常生活當中，將會有助於提升個人正念內觀的水準。

1.無分別心（non-judging）

無分別心就是要明白，我們在日常生活當中不停評斷各種人事物的好壞，而事實上，大部分的人事物本身並不必然是好或壞。朗格（Langer, 2002）指出：「事物本身並沒有具備不證自明一定是好，或一定是不好的內在本質」，而且「我們生活當中的價值判斷，有絕大多數並沒有揭顯外在世界的真相，更多的其實是反映出我們的內在心理感受」（p.218）。正念內觀與心不在焉的一項重要差別就在於有無覺知現實世界的真相。正念內觀修練的重點不是斷絕我們對於世界的評斷，而是要能夠明白我們其實有在做評斷。換言之，如果「評斷我們有在做評斷，結果把事情搞得更複雜而難以應付」（Kabat-Zinn, 1990, p.34），那就會產生反效果了。無分別心的價值在於，透過正視個人的喜好或憎惡很多其實並不是反映現實真相，從而把世界看得更清楚。這意思並不是指，我們應該放棄個人偏好，或採取完全中立的立場，這不僅愚蠢而且也不可能做到。無分別心其實是讓我們清楚覺知，個人的即時反應很多時候往往是受限於個人偏好。朗格（Langer, 1989）論著主要著力於揭顯，正念內觀的重要益處乃是打開習以為常的封閉心胸，讓人們得以擁抱新奇的想法，以及面對生活事物的方法。當我們開始覺知自己往往陷溺於個人偏見或狹隘的框框之內，封閉的心胸就有可能打開。正念內觀容許我們「跳出思考的框框」，不再因循拘泥於個人既有的思考模式。

2.耐心（patience）

耐心意味著容許事件順其自然展現，而不是強行加以催促、施以外力作用，或希望該等事件能夠順著我們的意願發生。卡巴辛舉例說明，有小孩打破蝴蝶的繭，希望蝴蝶能夠提早孵化，這樣做對於尚未完全成熟的蝴蝶幼蟲當然是不好的。耐心包括對待自己、他人，其價值在於能夠讓我們以開放的心態，來對待當下正在進行的事情，並且鼓勵我們放心事情的發展自然會有

其合宜的時程，揠苗助長反而會適得其反，甚至造成不必要的傷害。

3.赤子之心（beginner's mind）

赤子之心意味心胸開闊，「願意抱持每次都是初次相見的心態，去看待每件事物」（Kabat-Zinn, 1990, p.35）。知識與老練的缺點就是可能流於理所當然的心態，因為已經看過、做過了，所以就認為一切瞭然在心。如此心態就會讓人失去了敏感的覺察心，很難以新鮮的觀點來看待舊識的人、事、物，或環境的諸多面向，也較難體會其中可能發生的變化。比方說，你可能每天都會經過某顆樹、建築物，或是特定的地景，卻沒有認真看過。然後，有那麼一天，你突然注意到好像有些不尋常或有趣的地方。類似這樣的例子，我們原本十分熟悉的東西，突然之間卻像是頭一次看見那樣新鮮。赤子之心的價值就在於它讓我們看見世界當下的無盡寶藏，而不只是透過我們習以為常的過往經驗或理解。赤子之心可以讓我們抵抗無聊的疲乏心態，促使我們常保好奇之心，想要去看、去做「新鮮」的事情。新鮮事一直都在，需要的只是我們擁有一顆能夠感受的心。

4.信賴（trust）

關於信賴的真諦所在，我們可以從莎士比亞的名言：「To thine own self be true.」（譯者按：換成現代英文說法如後：「Be true to yourself.」，中文意思約略就是「忠於自我」）略窺一二。信賴意味著負起自己應負的責任；某些心理學家認為這就是所謂的「真實自我本色」（authenticity）（Harter, 2002）。模仿他人，嘗試成為自己所不是的某人，而且太過依賴他人的想法，這些都顯示出缺乏自我信賴。信賴很重要，因為就算你順著自己的直覺而犯錯，最起碼那也是屬於你自己造成的錯誤。要認識自我，首要之務就是要努力忠於自我。

5.不強求（non-striving）

不強求是不太容易掌握的概念，因為經常被認為代表缺乏慾望或目標，彷彿靈修冥想目的是為了要排除慾望，或是認為慾望或目標是不重要的凡俗瑣事，甚至有礙於達成「更崇高的」覺知境界。不過，卡巴辛強調，不強求的心態應該是要人們在從事正念內觀的靜坐冥想時，排除先入為主的意念，不要去想靜坐冥想應該或可能會有如何的進展。如果心裡一直想著要達成某種特定的靜坐冥想狀態，那在過程當中就免不了會去比較當下進行的狀

態與自己心中設定或預期的那種目標狀態。這樣一來，就會扭曲或過早封閉了靜坐冥想的自然進展，也就無從發現當下實然發生的事態。不去預期，也不去強求，這樣我們的心靈就會比較能夠如實感應正念內觀對於個人的意義。

6.接受（acceptance）

接受意味著做你自己，而不是否認你自己，希望自己有所不同，或是因為你不如自己所想要的那個樣子，因此感到不滿意。接受不等於消極放棄，或是失去慾望，不想去改變你自己或你的生活。反之，接受的意思是拋除沒完沒了的比較心，不要老是拿自己的現狀來和自己希望的理想狀態相互比較。換個角度來看，接受等於是對自己的一種慈悲對待。接受的價值在於「當你更清楚地看見事物真實發生的情況，而不再受到個人自私自利的判斷或慾望的遮蔽，也不再受制於恐懼或先入為主的意念，那麼你就比較可能會明白該怎麼做，並且擁有堅定的信念，必須付諸具體行動」（Kabat-Zinn, 1990, p.39）。換言之，接受乃是行動的基礎，而不是阻礙行動的進行。

7.釋懷放空（letting go）

就如同不強求與接受一樣，釋懷也很容易被誤解為放棄，或是棄絕生活目標。在正念內觀的靜坐冥想當中，「釋懷放空」是指不執著於顯著的想法與感覺。在靜坐冥想時，人們發現某些想法、感覺、經驗出現特別頻繁，而且情緒反應也特別強烈。也就是說，有某些事情，「我們的心靈似乎特別想要抱持」（Kabat-Zinn, 1990, p.39）。人們可能因為某些想法讓自己感覺喜樂，因此就抱持該等想法，再者也可能因某些想法不舒服，因此就避免之。在靜坐冥想時，人們的注意力集中於呼息，於是單純地注意到如此的傾向，然後自然釋懷放空。釋懷放空之餘，就有了放空的餘地，得以接納，並且超然沉思為何某些想法、遐思或經驗會在我們的心靈有著如此凸顯的地位。很重要的是我們得以反身自問，為什麼我們對於某些特定的想法或經歷會有如此深的執念，而這些反過來就會成為自我內觀很寶貴的資訊來源。

整體而言，正念內觀是從類似不帶判斷的外在觀點，來觀察自己的心靈。這和我們通常的意識心靈狀態迥然不同，我們時常會深陷於個人的想法、感覺與行動，而渾然未覺自己有該等執念。卡巴辛論稱，修習者施行正念內觀的靜坐冥想，最戲劇化的效果就是清清楚楚看見自己和自己的想法是

各自分離的。「能夠明白看見自己的想法就只是想法而已，既不是『你』，也不是『實存之物』，那真的是讓人感到非常解脫與自由」（Kabat-Zinn, 1990, p.69）。這樣的領悟讓人們得以清楚選擇如何來回應，或不回應自己對於自我與生活世界的種種想法與感覺。正念內觀幫助我們清楚分辨真實與虛幻，亦即清楚區分如其本然所是的世界乃是不同於個人心靈所建構的世界。如果你有興趣想嘗試靜坐冥想，最好是去尋求有經驗者的協助。大部分的大都市都有禪修與其他靜坐冥想中心，網路也有相當多資源。比方說，卡巴辛的網站就提供了許多關於靜坐冥想的教學視訊影帶與文字出版品。

12.4.4　正念內觀與正向心理學研究

夏皮洛等人（Shapiro et al., 2002）針對最近文獻回顧與評論指出，有相當多的研究，檢視卡巴辛描述的那種正念內觀的靜坐冥想對於福樂安適的好處（請另行參閱Walsh & Shapiro, 2006）。雖然，早期的研究年代比較久遠些，而且也比較缺乏嚴謹性，但是夏皮洛等人相信，這些研究文獻確實提供了令人可以樂觀期待的出發點，未來更嚴謹的研究應該很有希望找到實徵證據，支持正念內觀具有增進正向健康與福樂安適的價值。除了情緒與生理健康（諸如：放鬆有效應付疾病、壓力與痛苦），研究也發現正念內觀的靜坐冥想有助於提高自我實現、正向的控制感、情緒成熟與自主性、敏感覺察性、專心與注意力。就更直接關聯的正向心理目標而言，夏皮洛等人採用五大人格因素評鑑模式，評鑑結果指出，短期的正念內觀靜坐冥想（1至6星期）與自尊、快樂、日常正向情感性、個人成長，有著相當緊密的關聯。

具體而言，研究者發現，投入正念內觀靜坐冥想之後，外向、親切宜人、開放接受新經驗、情緒穩定度、自尊、快樂與日常正向情感性都有所增進。正念內觀也似乎有助於改善若干人際互動行為，諸如：同理心、信賴、對於靈性關懷與經驗的較高感受性。這些研究者結論道：「靜坐冥想似乎提高了生理、心理與超越個人的福樂安適。更具體觀察到的增進事項包括：生理的平靜、增高的快樂、接納、融通的感知、抗壓的強度、同理心與自我規範。因此，靜坐冥想可能有助於人們確認與實現個人的潛能」（Shapiro et al., 2002, p.638）。不過，他們也註明指出，未來還需要進一步的研究以便

釐清正念內觀是經由何種機轉而促成福樂安適的增進。

　　在先前的討論中，我們曾提及正念內觀可以發揮對抗心不在焉的功效，布朗和雷恩於此特別從自我決定理論的觀點切入正念內觀的效益，特別是檢視正念內觀能否增益自主行動與自我規範行動。透過嚴謹的量表開發、效度檢證，這些研究人員賦予正念內觀清楚的操作型定義，再透過嚴格控制的實驗研究，證實了正念內觀與福樂安適感之間的正向關聯。根據他們的定義，正念內觀就是「對於當下發生的情事，展現一種開放或如實接納的覺知與關注」（Brown & Ryan, 2004, p.116）。我們認為，像布朗和雷恩（Brown & Ryan, 2003, 2004）最近完成的這些研究，恰恰可以作為福樂安適研究的範本，提供一種解決以往福樂安適相關研究的不足或缺陷之處。

　　布朗和雷恩認為，正念內觀可能是一種有著個別差異的個人特質屬性。也就是說，不論是否有接受過任何形式的正念內觀的特別訓練，某些人對於當下狀態的覺知感受能力就是比其他人來得比較敏銳。為了檢證此一論點，他們特別開發了一套「正念內觀關注與覺知量表」（Mindful Attention Awareness Scale，簡稱MAAS量表）。或許是因為心不在焉、不關照、不覺知的例子比較容易辨識，相較而言，正念內觀覺知的例子則比較難以辨識，因此布朗和雷恩（Brown & Ryan, 2003）發現，就統計的角度來看，最方便的方式就是測量心不在焉、不關照、不覺知「沒有出現」的程度，藉此間接推論正念內觀覺知的程度。這樣做其實有些問題，不過，針對量表效度檢驗的研究結果強烈顯示，這份量表確實可以用來有效測量正念內觀覺知的展現程度。

　　MAAS量表總共有15道題目，每道題目分別描述某種心不在焉的情況，受試者依照個人的情況自我評量。表12.2摘錄其中幾道題目（Brown & Ryan, 2003, p.826）。

　　測試結果顯示，MAAS量表有很高的再測信度，測驗的反應模式也與自我意識、自我監督、反復顧慮、全神貫注、心不在焉等經驗或心理狀態，呈現有意義的正相關或負相關。此量表與包括注意力、經驗清晰、主動投入等多種量表呈現頗強的正相關，符合正念內觀聚焦當下的本質；MAAS量表與反復顧慮（rumination，反復顧慮過去或未來事物）、自我意識的測量呈現負相關，與主觀幸福安樂、幸福主義的福樂安適的測量呈現顯著正相關，與

↗【表12.2】MAAS正念內觀關注與覺知量表──題目摘錄

	幾乎總是如此					幾乎從未如此
	1	2	3	4	5	6
我可能經歷某些情緒，但是當時卻渾然不知，一直到事後才有所意識。	○	○	○	○	○	○
我發現自己很難聚焦在當下發生的事情上頭。	○	○	○	○	○	○
除非身體緊張或不舒服的感覺已經明顯到不可能不注意，否則我往往不會有任何感覺。	○	○	○	○	○	○
我好像「機器人自動自發」一樣，但是完全沒有意識到自己到底在做些什麼。	○	○	○	○	○	○
從事任何活動時，我總是匆匆忙忙，沒有真正用心去體會當中的過程與細節。	○	○	○	○	○	○
我全部心思都擺在想要達成的目標，對於當下在做的事情根本沒有任何感覺。	○	○	○	○	○	○
我發現自己一心二用，一邊聽著對方對我說的事情，另一邊同時還忙著做其他事情。	○	○	○	○	○	○
我發現自己的心裡總是惦念著過去或未來。	○	○	○	○	○	○
我嘴巴吃零食從沒間斷，但是渾然不知自己在吃東西。	○	○	○	○	○	○

負向情感性呈現負相關。

根據自我決定理論預測，正念內觀與自主性應該有正向的關聯，MAAS量表測量結果顯現與自主性、自我勝任能力、情感關聯性有正相關。此外，複本信度也有0.7的水準。整體而言，這些結果顯示，正念內觀程度高的人比較能夠覺知個人的內在經驗與外在行為，也比較可能滿足自我覺知理論提及的基本心理需求。因此之故，相較於正念內觀得分低者，他們比較能夠享有較高的福樂安適。

進一步的效度檢驗結果顯示：(1)有投入修練正念內觀的學生，MAAS

測驗得分顯著高於對照組（相同社區內，沒有修練正念內觀的配對抽樣學生）；(2)正念內觀程度高的人，意識控制的外顯情緒反應與無意識、直覺的內隱感受之間，顯現較高的協同程度；(3)觀察一天當中各個時間點，結果發現，正念內觀的程度越高，自主性的程度也相對提高，至於負向的情感強度則相對降低；(4)正念內觀的修練減低前列腺癌與乳癌患者心情混亂與壓力的程度。布朗和雷恩（Brown & Ryan, 2003）因此做出如後結論：「……正念內觀是一種能夠經由心理量表予以測量的心理特質，而且測量具有相當的信度與效度水準，在心理健康的許多層面都扮演了重要的角色。進一步研究將有助於開啟新的管道，對於增進人類的福樂安適將有重大的貢獻」（p.844）。

就其最普通的型式而言，正念內觀可以視為許多提升福樂安適介入方法的基礎。這許多介入方法的共同之處就在於培養一種正念內觀的覺知，促使人們更加聚焦於當下，更清楚覺知個人生活所處的情境，也更能夠在意識清楚的情況下，自由選擇最能夠促進福樂安適的行動。比方說，當人們被要求知道感恩、寬恕、書寫有意義的目標，或是投入表達自我的意向行動，在這些情況下，他們應該就會「發現」關於自我的某些重要面向，以及什麼事情能夠讓自己快樂、健康。正念內觀可以培養一種覺知意識，能夠讓人更敏於如此的「發現」。

12.4.5　正念內觀與心理治療

為什麼提高正念內觀可以改善福樂安適？根據沃許和夏皮洛（Walsh & Shapiro, 2006）的論點，主要原因可能在於靜坐冥想所產生的「優化覺知」（refined awareness），而這也恰恰是許多心理治療致力促成的一種心理狀態。他們指出，昇華的覺知乃是東方靜坐冥想與西方心理治療的核心所在，其本身即具有治療與促進健康的特質。不論東方或西方都認為，能夠清楚觀照自我，並且摒絕習性與反射性的情緒反應，乃是健康生活的基礎所在。

當生活陷入困境或是傷痛的經驗，當事人很容易就會自憐自艾，或是焦慮得想要找尋解決的出路。我們通常會訴諸「防衛機轉」，這在短期之間倒也不失適應之效，因為人們得以維持正常生活機能，安然度過危機時期可能

難以承受的極端情緒波動。但是，就長期而言，防衛機轉如果使用過度而且僵化不知變通，那就可能會剝奪當事人直接面對解決困境的機會，而解決困境癥結才是止傷療痛的終極之道。防衛機轉運用太深的結果，就會使得當事人必須花費許多心力去鞏固防衛，如此一來，也就沒有多少餘力可以用來直接因應問題了。

就本質而言，心理治療就是一種引導案主進入正念內觀狀態而產生療癒效果的歷程。尋求治療的案主深陷於擾人匪淺的困境難以脫身，拼命掙扎就只想要生活不至於徹底崩潰。當人深陷如此處境，會有一種強烈的傾向，促使他們採取防衛機轉，不論付出何等代價，也不想面對那些排山倒海襲來的真實感覺。他們會害怕，如果容許自己去感受真實的感覺，自己就會被徹底擊垮。於是乎，他們把自己那些強烈的情緒視為「敵人」，需要設法去消滅之。有技巧的心理治療師會協助案主，讓他們有自信勇敢去面對感受自己的情緒，而不至於害怕失去控制。

案主在與心理治療師溝通個人情緒時，經常會詫異發現，在這之前，幾乎從未覺察自己有那些感覺。有時候，僅只是聽著他們說出那些強烈的情緒，這就足以促成澄明的覺知。另外有些時候，防衛實在太牢固了，以致於治療師必須協助案主聽見真正的自我心聲，這通常需要借助一項最基本的治療技巧——簡單反映（simple reflection）。這項心理治療師經常使用的技巧就是靈敏關注溝通當中的語言與非語言細節，並且盡可能確實做出回映，就像是鏡子的反映作用一樣，協助案主得以透過反映，而看清楚自己的狀態。無數次的場合，我聽著案主陳述某些涉及強烈情緒的事情，但語氣卻幾乎沒有流露任何情緒。在這種情況下，治療師只需要適時而和緩的簡單反映，通常就可以讓案主卸除心防而真情流露。案主往往淚流滿面，這是極具挑戰的痛苦時刻，但也是治療得以有所突破的關鍵轉折時刻，因為一旦案主承認自己的真實情緒，原本必須用來壓制該等情緒的心力就能夠騰空出來投入療癒的工作。箇中發生的，本質上，就是治療師邀請案主進入一種正念內觀的狀態，強烈的情緒逐一反映而清楚顯現，並且獲得承認、接受與擁抱。一旦達到這種階段，治療師就可以鼓勵案主和該等情緒共處，而不是退縮採取防衛的姿態。案主在感受強化的正念內觀經驗之後，通常會豁然開朗表示，原本費盡心力拼命去壓抑自己的情緒，但那些情緒根本沒有想像中的可

怕，自己其實有能力承受得住衝擊，結果有一種油然而生的解脫與完整感。

弗列德列克‧波爾斯開創了完型心理治療法（Perls, 1969）。這種治療法的基礎理念是認為，當人們的自我分裂瓦解，拒絕承認我們認為不好或不安的情緒或性格特質，這時候就會產生心理問題。完型心理治療法的目標是要提高案主對於原本受到壓抑否認的情緒與個性的覺知，以便恢復個人情意與人格的完整性。這也可以算是描述正念內觀的另外一種專業化的語言。

最後一個有關正念內觀與心理治療關聯的例子，就是阿諾‧貝克的認知治療法（Beck, 1967; Beck, Rush, Shaw, & Emery, 1979）。貝克發現，許多憂慮症的患者陷溺於一種特定的負面方式來詮釋自己的經驗，如此又加深了原本憂鬱的情緒。研究顯示，憂鬱的人傾向相信自己必須為發生在個人身上不好的事情負責，他們凡事總是看到最壞的情況，而且感覺幾乎無法控制不愉快經驗的發生（Abramson, Metalsky, & Alloy, 1989; Alloy & Abramson, 1979; Seligman, 1975）。認知治療法幫助病人看見個人對於經驗的詮釋（而不是經驗本身）如何導致或加深自己的憂鬱。其中有些病人得完成若干回家作業，譬如：記錄自己對於情緒事件的當下反應，以及當時的思考模式。然後，再鼓勵他們轉換其他比較無害或自我貶損的解釋想法。

情緒困惱的一個徵兆就是杞人憂天。憂鬱的人在等待某位重要他人打電話來，但是對方卻沒有打來，這可能會讓他相信對方不在乎他。比方說，這人可能會想到「另外一段失敗的情感關係」，或是「人們了解我之後，就不會喜歡我了」。認知治療法的重點在於清楚覺察不理性而且憂鬱的解釋，轉換成比較理性的解釋，譬如：「也許她必須加班」，或是「也許她正在等我打電話給她」。由於認知治療法是要藉由提高覺知意識以達到治療的目標，因此頗類似於正念內觀的靜坐冥想，兩者都是要促成對於「現實」的新洞視，釐清原本較為負面或憂鬱的想法。這種新的洞視可能是經由靜坐冥想的**解除認同（disidentification）**而獲得。不過，認知治療法與其他治療法也有可能涉及類似解除認同的心理運作歷程（Walsh & Shapiro, 2006）。解除認同的意思是指緊密觀察自我，並且停止認同不切合事實的想法。當我們解除認同該等想法，那些想法就不再能夠控制我們的反應，如此一來，也就容許我們能夠更清楚辨識真正發生的事實與我們的詮釋之間的差別。

簡言之，許多心理治療法的目標是在強化、釐清與增進案主自我覺知的

確實性，使他們能夠看清楚自我與所處的情境。有了清楚的自我了解、自我接受、「擁有」完整的情緒經驗之後，療癒和成長就會自然而然發生。

東方的靜思冥想修行當然不限於解決西方心理治療聚焦的諸多問題，而是旨在改善生活整體的福樂安適，亦即追求一種全人的健康、安樂（Wallace & Shapiro, 2006; Walsh & Shapiro, 2006）。正念內觀藉以改善健康、快樂的過程似乎與認知治療的諸多做法有頗多共通點。雖然，正念內觀源自於東方，對於西方人而言，容或有諸多陌生的感覺，但是只要有所接觸與了解之後，應該就不會顯得有任何的「神秘感」與「異國色彩」。

12.5. 東方—西方與正向心理學

當東方哲學與佛教靜坐冥想等傳統，經由翻譯途徑引進西方文化與心理學界之後，原先各自的宗旨與脈絡背景很多都已經消失不見了。「結果，大多數有關靜坐、冥想的研究，其焦點都是著重在靜坐或冥想的實質內容，以茲作為可供重複應用的通用技術，而完全自外於該等做法歷史發展過程中的宗教與哲學的脈絡背景」（Shapiro et al., 2002, p.39，斜體字為原著作者強調標註）。佛教的各種派別提供了美好人生的意義與實踐的方法，佛教的各種論點也廣泛探討幸福快樂與平衡人生的意義，以及促進心理健康的能力。達賴喇嘛寫道：「人生目的就是要尋求幸福快樂」（達賴喇嘛，Dalai Lama & Cutler, 1998, p.15，轉述自Wallace & Shapiro, 2006, p.691）。

最近，正向心理學除了描述與定義美好人生的意義之外，也開始投入探討實踐的方法。東方哲學提供了有關美好人生的意義與實踐途徑的全方位綜合觀點；許多學者指出，東方對於健康與快樂的理念，再加上如何達成的途徑，或許可以給正向心理學未來研究指出一條成果豐碩的新方向（McIntosh, 1997; Shapiro et al., 2002; Wallace & Shapiro, 2006）。若干研究學者倡導以正念內觀的做法來增進福樂安適，他們指出正向心理學對於增進福樂安適的論述與做法缺乏深度，零散而且不夠直接。有位批評者指出：「如果，你住屋的牆壁傾圮頹廢，在牆壁裝飾，讓外觀看起來好看，這樣做

根本沒什麼意思」（L. Rappoport，個人私下溝通，2007年6月14日），比較合理的做法應該先去檢視與修補牆壁的基礎結構。正念內觀就是檢視與修補自我基礎結構的一種方式，基礎穩固禁得起時間考驗之後，才有可能追求進一步的改善或改變。正念內觀培養的許多個人特質，似乎與人本心理學經典與正向心理學文獻描述的生活機能完善有相當的連結。許多學者有志一同指出，不論是西方或東方的型式，正念內觀可以提供一種綜括的觀點，讓人們得以全面思考福樂安適的意義，以及實踐的途徑（例如：Brown & Ryan, 2003, 2004; Demick, 2000; Kabat-Zinn, 1990, 1994; McIntosh, 1997; Wallace & Shapiro, 2006; Walsh & Shapiro, 2006）。

　　不論如何，毫無疑問，當然有許多不同的道路可能通向福樂安適。如果真如佛教思想所言，佛無所不在（這也就是說，覺知的機會俯拾皆是），那麼秉持明確而堅定的自我改變目標，虔誠專注，潛心修行，或許可以開啟更澄明的覺知，從而通往更高境界的福樂安適。就如同博物學者打開觀察入微的雙眼觀遍世界萬物一樣，某一生活領域的深化鍛鍊，也可能擴展到其他的領域，讓我們可以看得更寬廣，更澄明。

　　正念內觀有個吸引人的地方就是入門相當簡單，每個人都有能力可以辦到，這在當今資訊爆炸的時代尤其顯得難能可貴。我們可能迷失在匆忙、瘋狂的生活步調當中，沒有時間、精力去關注太多爭奪吾人注意的諸多世事，只能任由外在壓力拖拉牽扯，而不是意識清明地走上美好人生的大道。正念內觀提醒我們，不妨放慢腳步，平心靜氣，注意看清楚我們心裡與周遭的世界。萬法歸一，正念內觀提醒我們，用心便是！

本章 摘要問題

1. 相對於傳統心理學的主張，「零度以上的正向人生」對於快樂／幸福、健康的意義，有哪些不同的看法？

2. 柯芮‧基斯如何創造一種關於心理健康的連續向度模式，並且以此克服了沒有疾病就是健康的定義之缺陷？

3. 根據本書作者的觀點，正向心理學有哪些真正新穎之處？

4. 根據塞利格曼的主張，「美好人生」應該包含三大組成要素，請你分別簡要陳述這三大要素。

5. 根據露柏茉絲姬與同僚，使得個人幸福快樂難以提升的主要障礙是什麼？

6. ⑴ 意向活動與自我目標如何可能幫助增進長期的福樂安適？

⑵ 福樂安適的向上螺旋的發生可能需要哪些前提條件，還有可能會受到哪些限制？

7. 正向心理治療法的主要構成元素是什麼？根據塞利格曼與同僚的研究，正向心理治療法對於治療憂鬱的成效如何？

8. 什麼是福樂安適療法（WBT）？這種治療法如何以黎弗心理福樂安適模式改良的六項健康判準作為基礎？

9. ⑴ 「正念內觀」親密關係具有什麼樣的行為與思考特徵？

⑵ 為什麼本真性對於成功的「正念內觀」很重要？

10. 正念內觀有哪些特徵？自動性如何有所貢獻於這種心理狀態？

11. 正念內觀的覺知如何類比於提高雷達的感應度，經由無偏差而且無分別心的方式，「看見」更多事物？

12. ⑴ 創傷後成長（PTG）效應與死亡突出顯著性的效應之間有哪些差異？

⑵ 想像或替代的死亡經驗如果要發揮類似PTG效應，必須有哪些條件？

13. ⑴ 正念內觀靜坐冥想的目的是什麼？

⑵ 根據卡巴辛，正念內觀靜坐冥想的七大特徵是什麼？

14. 根據布朗和雷恩正念內觀關注與覺知量表，正念內觀的定義是什麼？

15. 從自我決定理論的觀點來看，為什麼正念內觀可以增進福樂安適？

16. 正念內觀靜坐冥想和心理治療有哪些共通點？

17. 東方哲學如何增益正向心理學關於美好人生之意義與實踐途徑的主張？

關鍵字

心理疾病（mental illness）

心理興盛（flourishing）

中等心理健康（moderate mental health）

心理蕭瑟（languishing）

歡樂的人生（pleasant life）

認真的人生（engaged life）

有意義的人生（meaningful life）

正向心理治療（positive psychotherapy, PPT）

心不在焉（mindlessness）

正念內觀（mindfulness）

死亡顯著性（mortality salience）

死亡反思（death reflection）

正念內觀靜坐冥想（mindfulness mediation）

無分別心（non-judging）

耐心（patience）

赤子之心（beginner's mind）

信賴（trust）

不強求（non-striving）

接受（acceptance）

釋懷放空（letting go）

解除認同（disidentification）

網路資源

‧ 行動價值方案

http://www.viastrengths.org/index.aspx?ContentID=1

行動價值方案官方網站。點選VIA測量工具，讀者可以免費註冊登入，自行選擇完整版或精簡版的品格量表，測驗結果可以得知個人的特色品格優點。你必須提供個人背景資訊，連同你的測驗反應彙整之後，提供網站研究人員相關主題的分析研究。

‧ 真實快樂

http://www.authentichappiness.sas.upenn.edu

馬汀‧塞利格曼個人網站，隸屬於美國賓州大學。網站內可以點選自行施測前述的VIA行動價值方案的品格測驗量表。你也可以自行在線上施測，測驗結果可以得知個人的整體快樂狀態與個人特色品格優點。

‧ 正念內觀

http://www.umassmed.edu/cfm/idex.aspx

這是正念內觀醫療保健與社會中心（the Center for Mindfulness in Medicine, Health Care and Society，縮寫CFM）的網站，隸屬於美國麻州大學醫學院。網站內提供豐富而周延的資訊，頗有助於認識正念內觀與增進健康的益處。站內可供查詢西方學院心理學的正念內觀。另外，使用網路搜尋「mindfulness」（正念內觀），可以查到許多資訊豐富的英文網站，其中有許多網站都有談論到東方的靜坐冥想。

http://www.umassmed.edu/behavmed/faculty/kabat-zinn.cfm

這是卡巴辛的個人網站，隸屬於美國麻州大學醫學院。網站內提供卡巴辛的研究：正念內觀靜坐冥想治療。

 延伸閱讀

Brown, W. K., & Ryan, R. M. (2003). The benefits of being present: Mindfulness and its role in psychological well-being. *Journal of Personality and Social Psychology, 84*, 822-848.

Harvey, J. H., & Omarzu, J. (1999). *Minding the close relationship: A theory of relationship enhancement*. New York: Cambridge University Press.

Kabat-Zinn, J. (1990). *Full catastrophe living: Using the wisdom of your body and mind to face stress, pain and illness*. New York: Delacourt.

Kabat-Zinn, J. (1994). *Wherever you go there you are: Mindfulness meditation in everyday life*. New York: Hyperion.

Keyes, C. L. M. (2005). Mental illness and/or mental health? Investigating the axioms of the complete state of mental health. *Journal of Counseling and Clinical Psychology, 73*, 539-548.

Keyes, C. L. M. (2007). Promoting and protecting mental health and flourishing: A complementary strategy for improving national mental health. *American Psychologist, 62*, 95-108.

Langer, E. J. (1989). *Mindfulness. Reading*, MA: Addison-Wesley.

Lyubomirsky, S., Sheldon, K, M., & Schkade, D. (2005). Pursuing happiness: The architecture of sustainable change. *Review of General Psychology, 9*, 111-131.

Ryff, C. D., & Singer, B. (1998). The contours of positive human health. *Psychological Inquiry, 9*, 1-28.

Seligman, M. E. P., Steen, T. A., Park, N., & Peterson, C. (2005). Positive psychology progress: Empirical validation of interventions. *American Psychologist, 60*, 410-421.

Wallace, B. A., & Shapiro, S. L. (2006). Mental balance and well-being: Building bridge between Buddhism and Western psychology. *American Psychologist, 61*, 690-701.

Walsh, R., & Shapiro, S. L. (2006). The meaning of meditative disciplines and Western psychology. *American Psychologist, 61*, 227-239.

國家圖書館出版品預行編目資料

正向心理學／史蒂夫·鮑姆嘉納(Steve R.
  Baumgardner), 瑪麗·克羅瑟斯(Marie K.
  Crothers)著；李政賢譯. －－二版.－－
  臺北市：五南圖書出版股份有限公司,
  2024.06
  面；　公分
  譯自：Positive psychology.
  ISBN 978-626-393-436-8 (平裝)

1.　CST: 心理學

170　　　　　　　　　　113008057

1BWL

正向心理學

作　　者 ─ 史蒂夫·鮑姆嘉納（Steve R. Baumgardner）、

　　　　　　瑪麗·克羅瑟斯（Marie K. Crothers）

譯　　者 ─ 李政賢

發 行 人 ─ 楊榮川

總 經 理 ─ 楊士清

總 編 輯 ─ 楊秀麗

副總編輯 ─ 王俐文

責任編輯 ─ 金明芬

封面設計 ─ 姚孝慈

出 版 者 ─ 五南圖書出版股份有限公司

地　　址：106台北市大安區和平東路二段339號4樓

電　　話：(02)2705-5066　　傳　　真：(02)2706-6100

網　　址：https://www.wunan.com.tw

電子郵件：wunan@wunan.com.tw

劃撥帳號：01068953

戶　　名：五南圖書出版股份有限公司

法律顧問　林勝安律師

出版日期　2011年9月初版一刷（共六刷）

　　　　　2024年6月二版一刷

定　　價　新臺幣680元

經典永恆・名著常在

五十週年的獻禮——經典名著文庫

五南，五十年了，半個世紀，人生旅程的一大半，走過來了。

思索著，邁向百年的未來歷程，能為知識界、文化學術界作些什麼？

在速食文化的生態下，有什麼值得讓人雋永品味的？

歷代經典・當今名著，經過時間的洗禮，千錘百鍊，流傳至今，光芒耀人；

不僅使我們能領悟前人的智慧，同時也增深加廣我們思考的深度與視野。

我們決心投入巨資，有計畫的系統梳選，成立「經典名著文庫」，

希望收入古今中外思想性的、充滿睿智與獨見的經典、名著。

這是一項理想性的、永續性的巨大出版工程。

不在意讀者的眾寡，只考慮它的學術價值，力求完整展現先哲思想的軌跡；

為知識界開啟一片智慧之窗，營造一座百花綻放的世界文明公園，

任君遨遊、取菁吸蜜、嘉惠學子！